项目管理核心资源库

PROJECT MANAGEMENT NEXT GENERATION

The Pillars for Organizational Excellence

[美] 哈罗德·科兹纳（Harold Kerzner） 艾尔·泽顿（Al Zeitoun） 里卡多·维亚纳·巴尔加斯（Ricardo Viana Vargas） 著

杨爱华 吴 江 译

下一代项目管理

成就组织卓越的十大支柱

電子工業出版社

Publishing House of Electronics Industry

北京·BEIJING

图书在版编目（CIP）数据

下一代项目管理 ： 成就组织卓越的十大支柱 / (美) 哈罗德•科兹纳 (Harold Kerzner), (美) 艾尔•泽顿 (Al Zeitoun), (美) 里卡多•维亚纳•巴尔加斯 (Ricardo Viana Vargas) 著 ; 杨爱华, 吴江译. 北京 ： 电子工业出版社, 2025. 6. -- (项目管理核心资源库). -- ISBN 978-7-121-50417-4

Ⅰ. F27

中国国家版本馆 CIP 数据核字第 20259RY005 号

责任编辑：刘淑敏
印　　刷：三河市良远印务有限公司
装　　订：三河市良远印务有限公司
出版发行：电子工业出版社
　　　　　北京市海淀区万寿路 173 信箱　邮编：100036
开　　本：787×1092　1/16　印张：26.25　字数：622 千字
版　　次：2025 年 6 月第 1 版
印　　次：2025 年 6 月第 1 次印刷
定　　价：118.00 元

凡所购买电子工业出版社图书有缺损问题，请向购买书店调换。若书店售缺，请与本社发行部联系，联系及邮购电话：（010）88254888，88258888。

质量投诉请发邮件至 zlts@phei.com.cn，盗版侵权举报请发邮件至 dbqq@phei.com.cn。

本书咨询联系方式：（010）88254199，sjb@phei.com.cn。

献给我们的妻子们乔·埃琳（Jo Ellyn）、尼古拉（Nicola）和泽利亚（Zelia），还有我们的孩子们杰森·B.（Jason B.）、林赛（Lindsey）、安德里亚（Andrea）、杰克琳（Jacalyn）、杰森·K.（Jason K.）、亚当（Adam）、泽雅德（Zeyad）、莎拉（Sarah）、安娜（Ana）和加比（Gabi），你们一直是我们写作的动力源泉。

哈罗德·科兹纳 博士（Harold Kerzner, Ph.D）
艾尔·泽顿 博士（Al Zeitoun, Ph.D）
里卡多·维亚纳·巴尔加斯 博士（Ricardo Viana Vargas, Ph.D）

致中国读者

在充满活力的项目管理世界中，此刻的变革之风比以往任何时候都更加强劲。我们正身处新时代的边缘，本书恰可作为指引这一变革的灯塔。本书是项目管理权威团队集体见解的结晶。在本书中，我们共同构筑了一段探索之旅，对将在未来十年重新定义组织成功的十大基本支柱进行了讨论。

我们三位作者之所以会构筑这样一段走进项目管理世界的旅程，不仅仅是出于职业上的兴趣，更是因为我们拥有共同的愿景和抱负。对推进项目管理学科发展的相同热情，使我们想要一道为从业者和组织提供未来所必需的远见和工具。我们相信项目管理是一种关键的战略能力，并致力于打造文化上对其具有深远意义的重视和理解——本书就是我们信念和努力的体现。

中国项目管理实践的经验和教训在本书的内容中有着特殊的地位。中国在全球市场的快速崛起验证了其富有创新性和敏捷性的项目管理策略。来自中国的见解提供了项目管理在不断变化的商业环境中适应和繁荣的独特视角，同时展示了项目管理原则在不同文化背景下的多样性和潜力。

同样，项目管理的演变对中国及其新兴的项目管理界具有重大意义。本书向中国读者发出了探索和拥抱这些新兴趋势的邀请。将项目管理的演变与中国的动态增长相结合，项目管理的变革潜力就可以促成无与伦比的成就和创新。

因此，了解如何在当前环境下学习和利用本书至关重要。本书不仅是理论和案例研究的集合，更是专为立即开展项目管理实践而设计的实用指南。无论你是在职的项目经理、企业高管还是学生，本书都提供了切实可行的策略和见解，能够完善你的项目管理方法，从而帮助组织培养卓越的文化。

在此，我们衷心感谢杨爱华教授和吴江（Jack Wu）先生，他们为本书的翻译做出了宝贵的贡献。他们的专业知识和奉献精神使本书能够与更广泛的读者见面，帮我们架起了文化和思想沟通的桥梁。我们还要由衷感谢电子工业出版社（PHEI）及为本书出版做出卓越努力的编辑，他们为本书在中国出版给予了有力的支持和坚定的承诺，他们确保了本书讨论的见解和实践能够惠及那些最能从中受益的项目管理专业人士。

本书不仅仅是一本读物，它更像一个“宣言”，它呼吁所有项目管理的领导者要采取行动。我们邀请你一同探索、适应和领导未来的项目，以共同创造一个由项目管理作为组织卓越基石的未来。让我们一起踏上这段发现、成长和变革之旅。

随着你翻开本书，我们也诚邀你与我们一起塑造一个超越国界和文化的、通过项目管理推动全球进步和创新的世界。本书是你掌握项目管理艺术和科学的路线图，可以让你做好准备，应对未来的挑战和机遇。

再次感谢你与我们一起踏上这段旅程。让我们共同引领项目管理的未来，培育卓越和创新的新时代！

译者序

第一次拿到要翻译的英文样书，惊奇于封面上印有二十多个世界著名企业的Logo，包括IBM、飞利浦、思科、博世、西门子等。我曾在摩托罗拉和亚马逊工作了二十多年，这些企业之所以能够成功，原因之一就是一直践行着较为先进的项目管理体系。作者与这些企业的项目负责人进行了深入的交流，总结了卓越企业在极具挑战的全球大环境里如何不断创新。根据一个个惊心动魄、助力企业取得卓越成就的案例，本书归纳了新兴的项目管理实践十大支柱，为更多的企业和组织提供了翔实的实战指导，值得我们潜心学习和研究。

本书的三位作者——哈罗德·科兹纳（Harold Kerzner）博士、艾尔·泽顿（Al Zeitoun）博士和里卡多·维亚纳·巴尔加斯（Ricardo Viana Vargas）博士个个都声名卓著。其中，科兹纳是全球著名的项目管理大师，所著的《项目管理：计划、进度和控制的系统方法》享誉全球，目前已出版发行到了第13版；艾尔和里卡多都曾担任过PMI的董事会主席，之后持续进行项目管理的实践和推广工作。这次三位携手，基于他们的人脉和影响力收集并总结世界著名企业的项目管理最佳实践，向更多的组织分享，这和PMI一贯的行事思维相当契合。

在过去的三年里，我参与了PMI出版的《PMBOK®指南》第七版及《过程组：实践指南》的中文审校。与以往的内容相比，《PMBOK®指南》第七版有了颠覆式的创新，诠释了最新的项目管理理论，并站在当今世界流行的各种项目管理体系之上，创造性地提出了用项目管理理念指导所有项目实践的理论。它要求学习者提升到更高的层次。《过程组：实践指南》则是将传统的项目管理理论再创新，与《PMBOK®指南》一起构成了项目管理知识的完整体系。另外，我参与翻译了安东尼奥·涅托-罗得里格斯教授的《哈佛商业评论项目管理手册》，它提出了项目经济的概念和一种简单实用的工具“项目画布”，目的是重塑项目管理理论，简化以往复杂的管理方法，以利于更多的项目干系人参与到项目活动中，共助项目成功。所有这些，包括本书，都对项目管理实践者有实实在在的帮助，可以在当今的项目环境中指导项目管理专业人士提升个人的技能（Power Skills），掌握所有的项目管理方法（ways of working），同时拥有商业敏锐度（Business Acumen），从而体现出新型项目管理专业人士的“管家精神（Stewardship）”，为企业做出更大贡献。

与杨爱华老师合作翻译本书，十分荣幸。其中杨老师翻译了第1章~第5章，我负责第6章~第10章，杨老师还进行了全面修改和审校。杨老师作为国内项目管理界最早一批实践者，翻译出版了几十本项目管理方面的书籍，为推广项目管理做出了杰出贡献。我由衷地佩服。

本书的英文版于2022年出版，其中数个案例都与新冠疫情有关，论述了如何进行危机时刻的项目管理，这的确是我们面临的新挑战。电子工业出版社以敏锐的眼光及时引进，我们则快马加鞭完成翻译，目的是帮助读者尽早学习并掌握全面的项目管理知识体系，学习世界著名企业的先进项目管理经验。期待各位项目管理从业者通过阅读本书，提高项目管理的实践经验，并在实际工作中不断总结，提炼出有效的新的项目管理理念或方法，提交给 PMI。希望在《PMBOK®指南》第 8 版或第 9 版里有来自中国的项目管理智慧样本，分享给全球的项目管理同人。愿我们一起为全球的项目管理贡献力量。

前 言

全世界公共组织和私营机构的主管们都已认识到有效的项目管理能给他们的组织带来好处，并愿意为实施有效的项目管理做出必要的改变，特别是文化上的改变。项目管理的内容也正在发生变化，出现了项目管理的十大支柱。我们认为这十大关键支柱将推动未来十年的项目管理，那些愿意花时间学习并应用这十大支柱的组织，其绩效一定会显著提升。

本书囊括了项目集、项目、转型举措和投资组合等各种项目类型，是多种全球实践经验强大而平衡的研究和实证的组合。本书得以出版的关键因素是世界上许多公司和组织为全书若干章节提供了重要资料。这些资料揭示了未来组织和学术界将关注的战略变化和项目管理能力的改进。本书将使管理人员、专业人士和项目管理学生能够更好地为未来的工作做好准备，因为项目经济已经在渴望保持卓越的组织中占据了中心地位。本书的内容由10章构成：

第 1 章：讨论项目管理如何成为真正的战略交付能力，为组织的卓越和高绩效奠定基础。

第 2 章：讨论为什么人道主义和社会使命会给理解项目管理在全球范围内建立的真正影响提供很好的例证。

第 3 章：讨论创建创新文化的重要性，并介绍了一个模型，以帮助整合推动转型变革所需的许多要素。

第 4 章：讨论数字化如何成为交付项目成果的关键组成部分，并展示了一个框架，将数字化颠覆与变革的人为因素统一起来。

第 5 章：讨论项目管理技能是如何发展的，以及该技能未来对管理项目的要求是什么。

第 6 章：讨论未来十年组织卓越所必需的新领导力形式，并阐述文化、领导力和相关项目管理含义之间的紧密联系。

第 7 章：讨论项目工作方式的转变将如何主导未来的工作，并突出展示了未来大型复杂全球化项目所需的文化转变的关键示例。

第 8 章：讨论自适应框架和项目生命周期的变化趋势，以及在寻求持续卓越的组织中，在一致性和自主性之间建立精确平衡的必要性。

第 9 章：讨论项目管理办公室将如何继续发展，并在敏捷和多变的世界中成为组织必须拥有的战略管理机构。

第 10 章：讨论项目管理将如何从传统衡量标准转变为基于价值和战略的衡量标准中受益，并说明如何考虑建立可持续的衡量标准的管理计划。

我们感谢所有为本书做出贡献的专业人士和公司，他们分享了各自在卓越行动实践中的关键信息，也分享了他们对项目管理未来的看法。这些公司包括：空中客车公司、巴西的安贝夫（Ambev）饮料公司、阿联酋的 ASGC 公司、瑞典的阿斯利康（AstraZeneca）生物制药公司、博世（Bosch）公司、思科（Cisco）公司、迪拜海关、邓达斯数据可视化（Dundas

Data Visualization）公司、美国礼来（Eli Lilly）制药公司、法比奥·多勒（Fabio Doehler）公司、美国中部农业信贷协会（Farm Credit）、GEA、通用公司、巴西阿尔伯特·爱因斯坦医院（Hospital Albert Einstein）、IBM、IdeaScale、国际学习研究院（IIL）、美敦力（Medtronic）公司、德国默克（Merck KGaA）制药公司、美洲饮料、飞利浦、PMO 全球联盟（PMO GA）、美国前进保险（Progressive Insurance）公司、项目管理联盟、雷普索尔（Repsol）公司、现代服务（ServiceNow）公司、西门子公司、SITA、Solvo360、Sunrise upc、Wuttke & Team。

衷心感谢我们的各方朋友和读者。

哈罗德·科兹纳
艾尔·泽顿
里卡多·维亚纳·巴尔加斯

目 录

01 第1章 支柱1：战略交付能力

1.0 战略交付的步骤

“项目管理”这个职业一直在快速变化。这是因为我们所处的时代与推动这门学科诞生的世界已经大大不同。当我们第一次提出想编写本书时，我们的动机是构想和描述这个职业的下一代是何种情形，这可能会让我们花费此后的十年时间。我们越仔细地审视这一雄心壮志，并与全球许多公司合作，了解它们对未来工作的看法，我们就越意识到，项目管理确实处于一个拐点，它最终要被放在一个更广泛的生态系统中来考虑。这个生态系统包括文化、商业价值，更包括专注于与客户和其他干系人共同创造解决方案。我们选择了10根支柱作为本书的基础，它们涵盖了这个更广泛的生态系统。它们使我们能够看到项目在哪些方面处于战略准备状态，从而为未来创造一种独特的工作方式。

当我们着手解决这10根支柱时，我们已经意识到，预测下一代项目管理是一个复杂的话题。战略规划是很难的，找到连接支柱的模式，使组织在未来的工作中脱颖而出，不是一门精确的科学。混乱的世界和多变的环境掺杂在一起，导致战略决策越来越难。它最终只能依赖未来的项目经理来承担我们在过去预测变革的领导角色。这些未来领导人将带来的全系统思维模式，已经到了值得高度重视的时候。我们希望本书和它的支柱能够成为一个关键路标，以便未来的组织可以跟随这些路标来驱动各自组织的战略目标、投资正确的技能，跟随这些路标来重新创造他们的工作方式，并决定什么数据真正重要。

随着对复杂基础设施、绿色能源需求的不断增加，随着越来越多的组织致力于实现气候碳中和的宏伟目标（在2050年实现碳中和，同时在2030年实现碳达峰），有效交付的战略项目的作用只会成倍增加。基于行业趋势，作者的经验，以及仍然表明预期目标和执行结果之间存在巨大差距的多项研究，本书将重点放在卓越实践上，这些实践将增加这个世界看到项目管理原则可以帮助我们实现目标的机会。

第一根支柱为我们看到的下一代项目管理的一系列关键转变奠定了基调，即项目管理是一种真正的战略能力。在了解第一根支柱的背景和障碍之前，让我们从支持朝着这个方向前进的卓越行动部分开始。在本书中，我们将通过世界一流组织的案例来展示项目管理的下一代趋势。这个趋势是从我们选定的10根支柱周围可观察到的。这些一流组织很好地运用了成熟的项目管理原则，已经成功地在其运营中展示了卓越的证据。

在本章的第一个卓越行动的案例中，一位致力于推动和改变项目管理行业的专业人士，她在妙佑医疗国际（Mayo Clinic）领导战略工作中走出了一条清晰的成熟之路。作为项目管理协会（Project Management Institute，PMI）认证的项目组合管理专业人士，她通过将一组相互关联的变更计划作为其项目组合职责的一部分，处理了将项目管理转变为战略能力所需的关键转换目标。

1.0.1 卓越行动：妙佑医疗国际的战略管理服务①

在我们生活的各个方面，有一件事是肯定的，那就是"一切都在变化中"。不管我们做了多少计划，做了多少准备，用了多少项目管理的技巧，变化仍将继续以预期的或非常意外的方式发生着。虽然在我们的职业生涯和个人生活中能很明显地感受到这种环境变化的影响，但我们也应该明白它必定会对项目管理的职业发展产生重大影响。

1.0.2 过去、现在和未来

我们当中许多从事了多年项目管理的同人，或者像我们这样从事了几十年项目管理的人，可能还记得那些日子，项目管理并不是真正的"一件事"，也绝对不是一种值得向往的职业。人们通常被指派去"完成某件事"，也会使用他们能够想到的任何方法将人们聚集在一起，找出问题，并使用"项目英雄"的方式去完成它。在早期的项目管理中，这些基础的项目管理技术取得了一些成功，但更有可能以失败告终，因为项目时间很长，需要额外的资源，同时还会遇到各种意想不到的突发情况。

幸运的是，一些非常聪明的人发现一定存在更好的管理项目的方法，并致力于创造一系列的方法、标准、工具和模板。当PMI等组织以分享知识、提供教育、认证从业人员和建立项目管理专业而闻名时，正式的项目管理时代就开始了。

当项目变得更大、更复杂、成本更高时，这一点尤为重要。随着项目成功率的提高，以及组织意识到项目管理的必要性与价值时，项目管理便得到了全世界的认可和应用。在此期间，成千上万的人成为经过认证的项目管理专业人士，"项目管理"一词也成了标准业务术语的一部分。

随着时间的流逝和事物的不断变化，当我们进入"下一个时代"时，项目管理则需要再次适应时代的变化。为了使我们的组织比以前更快地满足新的需求和挑战，项目管理方法需要调整方向，项目管理学科需要迭代成长，增强管理技术，增加商务敏捷性，加速创造可交付物。正如科兹纳博士所指出的，"更多的项目经理被期望管理战略项目，而不仅仅是传统

① 本节资料由Terri Knudson（她担任妙佑医疗国际战略管理服务的高级主管）提供。她拥有多个行业的工作经验，曾在全球最大的非营利性综合医疗组织之一担任财务、运营、审计、战略规划、商务管理和项目组合管理等领导职务。版权归Terri Knudson所有，经许可转载。本文中分享的信息和观点是作者基于其专业知识提炼而成的，不应属于妙佑医疗国际。

项目或运维项目”。随着这种情况在过去几年的频繁发生，是时候在组织中引入下一代项目管理了，并继续建立“战略管理服务”（Strategy Management Services，SMS）（见图 1-1）。

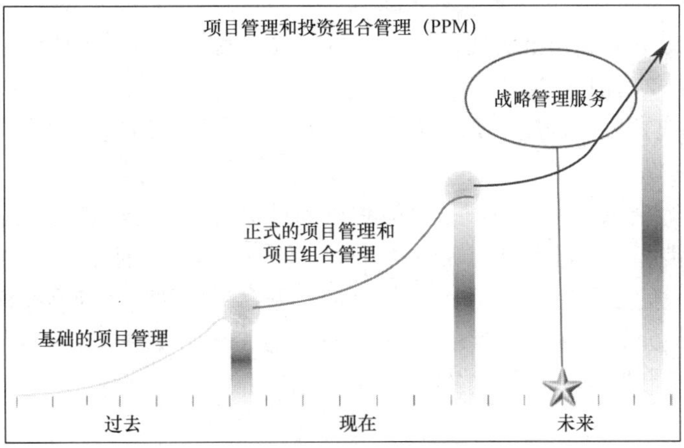

图 1-1　PPM 的过去、现在和未来

我的组织已经建立并领导企业投资组合管理（Enterprise Portfolio Management）10 年了，是时候进入下一代了。幸运的是，我有机会通过在组织中一个大型创新部门担任新职位来追求我的 SMS 愿景。在这个角色中，我被授权与一个需要新方向的、已经成立了项目管理办公室（Project Management Office，PMO）的团队一起创建下一代项目管理。我们花了几个月的时间来制定战略方针、进行结构重组和引入新的方法。经过短短两年的时间，我们现在是一个成熟的高绩效团队，拥有强大的商业伙伴，并被充分认可为 SMS 机构。

1.0.3　战略管理服务全谱系

由于充分认识到了战略执行和价值交付的重要性，SMS 愿景站到了超越与项目管理和 PMO 相关的历史视角上。虽然 SMS 提供的许多服务都是以项目管理、商务分析、变更管理和其他标准为基础的，但是 SMS 认识到最终目标是交付由组织的战略愿景所指导的价值。

虽然有很多关于战略规划和执行的著作，但很少有著作能把所有的部分结合起来。我们大多数人都充分意识到，如果你不能成功地执行，世界上所有的最好战略规划都只是一纸空文。SMS 的“全方位战略服务”的重点是使用逻辑方法，认识角色之间的相互关系，从战略开始，以成功的结果结束。该模型促使所有项目干系人都去认识自己的具体角色，并清楚地了解所有阶段需要怎样协同工作以获得期望的成果。

SMS 模型的阶段定义如见图 1-2 所示。

图 1-2　SMS 模型

01 – 战略规划。与商务部门合作开发实现战略目标的方法。

02 – 架构变更。评估业务和系统能力，以确定能力、弱点和差距，突出需要做出的调整。

03 – 制订计划。为满足业务需求，通过确定项目目标、领导、资源、成本、进度、指标和其他项目属性，编制计划。

04 – 执行解决方案。为满足业务需求，通过一个由高素质员工组成的多学科团队，成功交付业务解决方案。

05 – 衡量执行成果。为实现商务目标和目的提供切实可见的进度衡量标准。

项目管理通常着重于模型的第 3 阶段和第 4 阶段。提供这种全方位的服务强调了 SMS 团队参与所有阶段的必要性，包括“上游”和“下游”。随着时间的推移，全方位服务在其他阶段就会自然地发挥作用，因为 SMS 员工被视为战略交付中的业务伙伴，并因他们为战略规划、架构变更和交付结果带来的技能而得到认可。

1.0.4 SMS 的演进

向战略管理服务的过渡需要高层的支持，需要经验丰富的领导，也需要愿意适应下一代项目管理的敬业团队。就像上一代项目管理以及我们向项目管理和项目组合管理的过渡一样，SMS 是一个伴随各种步骤和阶段的旅程，这些步骤和阶段随着时间的推移而发展。为了获得成功，有必要制订一个计划，概述这个旅程要走的理想路径和旅程沿途的各开发阶段（见图 1-3）。

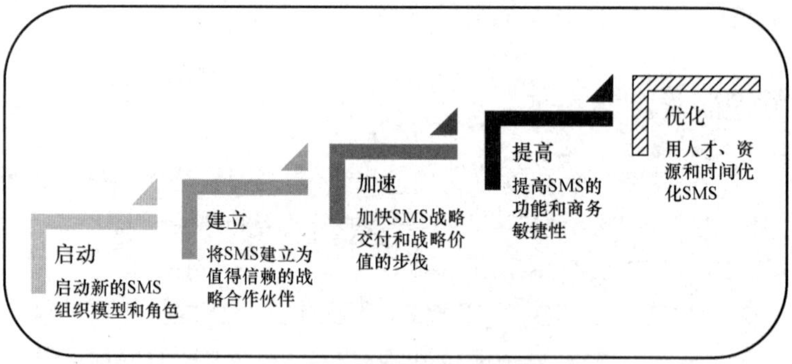

图 1-3　战略管理服务演进的框架图

以下是我们的 SMS 领导团队基于典型的成熟度模型所创建的五个阶段。

（1）**启动**。过渡从“启动”阶段开始，向领导者、团队和干系人介绍新的战略管理概念。这包括对员工进行掌握和使用新方法的培训，传输 PPM 的一些基础知识，以强调其持续的重要性。此阶段的另一个主要组成部分是需要组织与战略保持一致，以确保与每个战略支柱建立清晰的业务关系。

（2）**建立**。一旦组织和战略保持一致，下一阶段的主要任务便是每个团队的领导者和成员与他们的战略业务伙伴建立牢固、信任的关系。这给业务领导者和团队提供了充分参与的机会，作为一个积极和负责任的成员，完全可以用来帮助、支持和响应企业的业务需求。

（3）**加速**。有了稳固的业务伙伴和高效的团队，你就可以通过提升团队的能力来快速响应和适应不断变化的业务需求了，从而为完成这一阶段的任务做好准备。这包括参与战略构想讨论，提供商务分析，评估决策可选方案，以及计划和执行。

（4）**提高**。持续改进和持续前进是任何高绩效团队不可或缺的一部分，也是 SMS 员工不断发展新技能、提升业务能力、利用新工具和技术，并在 SMS 范围内创建创新解决方案的下一发展阶段。

（5）**优化**。成功的顶峰是达到最优化水平，此时 SMS 团队可充分参与战略管理的各个方面，成为业务团队的重要成员，并且在交付战略和商业需求上保持持续成功。

1.0.5　下一代项目管理路线图

一旦决定开始战略管理服务之旅，就要有一份详细的路线图，并标出沿途有哪些弯道。这不是一段轻松的旅程，每个人在此次旅程中的经历都是不同的，取决于组织关怀、领导支持、团队协作和自己的努力。在这段旅程中，作为领导者的你是至关重要的，因为你会带来高水平的知识、广泛的经验、作为战略领导者的信誉，以及引领人们走向下一代项目管理的坚定承诺。

旅程从项目管理和项目组合管理的基础级开始，我们当中的许多人通过多年的教育和经验已经获得了这些基础级技能（见图 1-4）。图中的“中级”是近年来大多数成熟组织使用的下一个级别，主要关注资源管理和能力管理的最佳实践。

图 1-4　下一代项目管理路线图

随着旅程的继续，当你进入具有战略一致性、能力模型、业务敏捷性和执行仪表板的高级阶段时，“攀登”变得更加困难和复杂。一旦你达到了这个级别，你就具备了迈向下一步所需的条件，可以通过建模、路线图、投资组合平衡和充分的利益实现来优化你的战略管理实践。

达到最终级别的最高“奖品”是由你的组织、你的业务干系人和你的 SMS 团队共享的。这是你和你的团队交付成果的战略价值，是在此过程中吸取的经验教训和建立的关系，是你完成了全方位战略服务的满足感。祝你旅途愉快！

接下来我们开始介绍项目管理向战略能力转变的革命性历程，然后听一些多样化的、具体的卓越行动案例故事，这些故事有助于我们用好这 10 根支柱。

1.1 背景

项目经理现在既管理战略项目，也管理运营项目或传统项目。公司高管们好像认识到了项目经理对业务增长所做的贡献，并给予了肯定。这增强了大家对有效的项目管理实践可以为公司带来好处的认识。

有效的项目管理已经为人所知一段时间了，其好处包括：

- 能够用更少的资源和更少的时间完成更多的工作。
- 能够提高利润和客户满意度。
- 能够提高组织效能和效率。
- 能够提高竞争力。
- 能够改进质量。
- 能够更好地控制范围变更和范围蔓延。
- 适用于所有的业务部门和所有类型的项目。
- 能够在问题解决和决策中找到更好的方法。
- 以公司的最佳利益而不是各业务部门的最佳利益来做决策。
- 为客户提供解决方案而不仅仅是产品和可交付物。

随着越来越多的组织认识到这些好处，项目经理现在被视为管理公司战略的一部分，而不仅仅是管理项目。公司面临的挑战是确定公司扩展所需的各种项目管理技能的最佳方式。

1.2 视角

要求项目经理管理战略项目的信任促使建立了一条从项目团队到高级管理层的可视通道，这样团队就可以随时了解战略商业目标，以确保所有战略项目能正确地协调一致。可视通道不仅为员工创造了正确的决策心态，而且为员工提供了更多关于组织的知识，从而减少了无效行为的机会。可视通道也能让人们更容易养成适当的风险管理心态。随着战略信息的广泛共享，“信息就是力量”的观念正在项目管理领域消失。

1.3 持续竞争优势

那些主要收入来自竞争性投标的公司（如项目驱动型组织），会提升其交付系统，使公司的成果或可交付物获得客户的认可。这些公司已经认识到了卓越的项目管理能够带来可持续的竞争优势。实现卓越并不难，但保持并不断提高卓越是一个挑战。保持卓越是一段永无止境的旅程。

通常，在项目管理方面达到某种卓越程度的组织会变得自满，但当它们意识到自己已经失去了竞争优势时却为时已晚。在组织未能认识到持续改进对于保持竞争优势的重要性时，就会发生这种情况。

图 1-5 说明了公司面临的风险及为什么需要持续改进。当公司在项目管理方面开始成熟并达到一定程度的卓越时，它们就获得了竞争优势。如果企业选择利用这一优势，该竞争优势就成了企业唯一重要的战略目标。

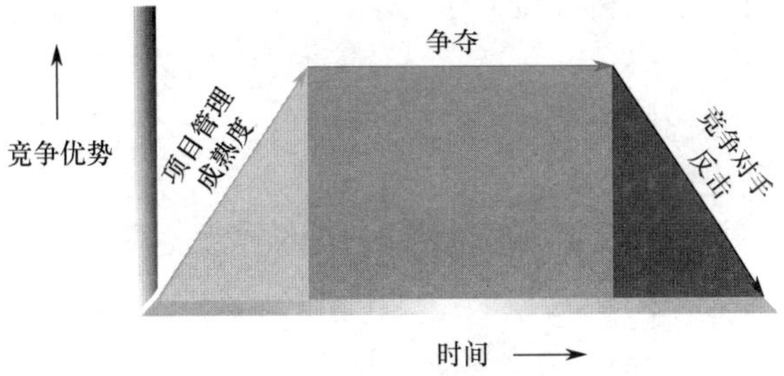

图 1-5　伴随保持竞争优势的风险

遗憾的是，竞争优势通常是短暂的。因为竞争对手不会袖手旁观，眼睁睁地看着你发挥自己的竞争优势。当竞争对手开始反击时，你可能会失去大部分竞争优势（即使不是全部）。为了保持竞争的有效性和竞争力，组织必须认识到持续改进项目管理的需要，如图 1-6 所示。持续改进使企业即使在竞争对手反击时也能保持竞争优势。只有通过不断改进的努力，竞争优势才能持续下去。

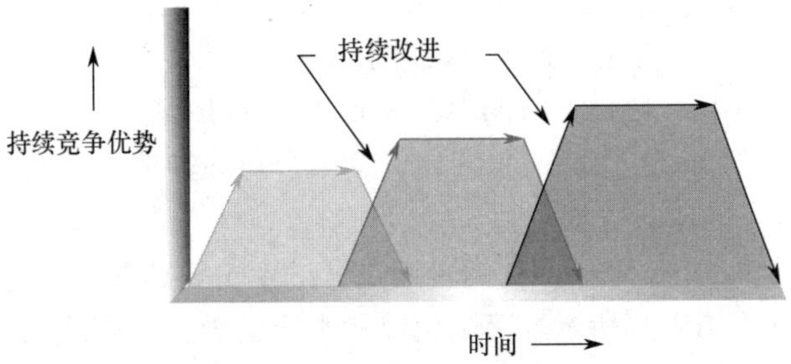

图 1-6　持续改进的需要

1.4 高绩效团队

当讨论持续的项目管理改进工作时，公司通常关注过程优化、工具增强和技术精进。经常被忽略的是对高绩效团队的需求，包括对人际技能的提升。并不是所有的公司都需要高绩效团队；在每个公司内部，高绩效的定义也是不同的。但是，通过提供适当的教育和培训，强调人际技能和领导能力，高绩效团队经常能够超越同类工作团队，为公司的可持续竞争优势做出重大贡献。

目前，高绩效团队应该具有哪些特征没有清晰的定义。学术界和研究人员认为特定行业的高绩效团队和特定项目的高绩效团队各有其特征。Warrick（2014）认为高绩效团队一般应该具有如下特征：

- 有效的领导。
- 团队成员是有能力的、和谐的，并致力于团队的成功。
- 领导者和团队成员对卓越有强烈承诺。
- 清楚地了解团队成员要致力于实现的使命和目标。
- 清楚地了解团队成员的角色和责任。
- 有效的规划程序。
- 有效的跟踪程序和控制体系。
- 快速响应所需变更的灵活性。

其他经常被提到的特征还包括有效的协作、团队成员之间的高度信任及对环境变化的快速反应。

1.5 高绩效组织

公司现在意识到，战略重点应该放在创建一种高绩效组织（High-Performance Organization，HPO）上，而不仅仅是高绩效团队上。其理由是：如果我们相信自己是通过项目来管理整个业务的，那么应该推动组织而不是单个团队去获得高绩效的结果。这样才能获得潜在的、可持续的竞争优势。

HPO 可以通过快速响应环境变化和调整对策来消除可能阻碍实现战略目标的障碍。高度的相互信任和清晰开放的沟通，为跨职能协作和组织层级扁平化提供了保障。

HPO 的文化注重知识、协作、共同愿景和正确的员工技能。员工被赋予了权力，公司会征求他们的意见，他们就愿意承担职责和责任。公司应向他们提供必要的信息，以满足客户和干系人的需求，确保业务成功。

什么是高绩效组织，并没有一个人们普遍接受的定义。Akdemir 等（2010）确定了 HPO 的 26 个特征，如表 1-1 第 1 列所示。第 2 列展示了有助于支持高绩效组织特征的典型项目管理实践。第 3 列确定了本书中讨论的项目管理支柱，这些支柱也将支持 HPO 的特征。

表 1-1 项目管理如何支持高绩效组织

HPO 的特征	项目管理对建立 HPO 的贡献	支柱#
充分理解愿景和价值观	执行者通过建立可视通道为项目团队提供清晰的愿景和目标	1
正确使用组织氛围	创建一种没有威胁的环境，团队成员可以畅所欲言、各抒己见，并且接受一些项目可能因风险而导致的失败	3
明确的具体目标	可视通道为项目团队提供了目的和战略目标	1
强有力的沟通	有效的社交型领导和合作文化促进了清晰和开放的沟通	3
信任和信心	能促进有效的社交型领导和合作文化；充分的授权会促进团队成员之间的高度相互信任	6
令人愉悦	有效的服务型领导和社交型领导能让团队成员看到他们努力的成果，并使工作富有挑战性和乐趣	6
最低层次的决策	有效的社交型领导和充分的授权允许团队成员，甚至是最低级别的成员参与决策	5
有效的培训	公司致力于终身项目管理教育	2
绩效反馈	公司坚信能从绩效反馈中吸取经验教训和获取最佳实践	10
以客户为中心	促进高水平的客户和干系人的协作与互动	
绩效衡量技术	不断探索新的有形和无形的绩效衡量指标	10
战略变更管理	在必要时清楚地理解并支持变更管理的需要	
鼓励创新	鼓励团队成员运用头脑风暴技术、设计思维和创造性的问题解决技能等	4
强调团队的努力	有效的社交型领导实践强化了团队概念，建立了高水平的协作与合作，清楚地定义和理解了角色和职责	8
参与型领导	社交型领导技巧鼓励团队成员参与创意和决策；重点是参与而不是个人领导	8
激励和表彰	团队成员对胜利成果的贡献得到认可和奖励	3
招募和雇用最优秀的人才	认识到项目团队对公司成功的贡献有助于为吸引有才华的项目管理人员创造一种渠道	9
工作与生活的平衡	有效的社交型领导鼓励一种可接受的工作与生活的平衡	9
管理多样性	项目管理的全球化为如何管理和控制多样性项目团队提供了更好的解读	2
激励	有效的社交型领导注重通过授权来激励	6
薪酬与绩效考核	采用 360°绩效评估技术，并通过补偿或表彰提供奖励	6
知识管理	公司有一套知识管理系统	4
有意义的工作	社交型领导和授权鼓励对有意义的工作进行表彰	3
有效的多面手计划	项目团队成员通常有资格在项目团队中担任不止一个关键职位	7
有效的规划	组织保持几个支持有效规划实践的框架，规划中要包括消除实现战略目标障碍的方法	8
保持道德标准	有效的社交型领导是以高道德标准为基础的	6

1.6 战略能力

表 1-1 中的第 2 列清楚地表明，项目管理实践在帮助公司成为高绩效组织方面具有重要作用。如图 1-7 所示，项目管理知识和专业技能现在是公司的关键能力。

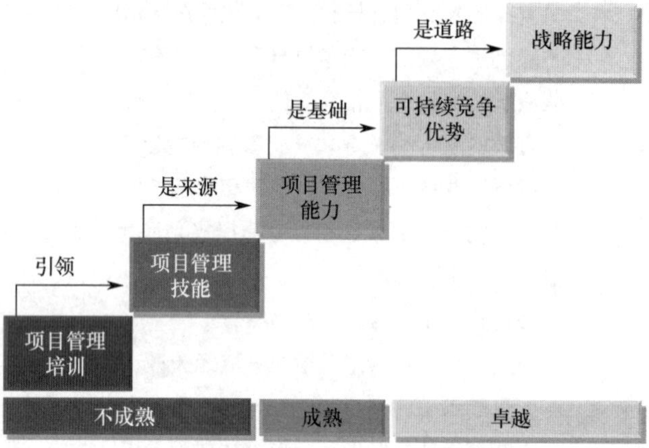

图 1-7 项目管理变成了一种战略能力

如今，许多公司每一两年就会进行一项研究，以确定公司必须培育的四到五条战略性企业道路，保证公司的业绩增长是可持续的。项目管理列出了这四到五条企业发展道路的简表。因此，项目管理现在被视为一种“战略能力”而不仅仅是员工的另一种职业道路。

从项目经理现在向谁报告项目状态和向谁演示项目进展就可以看出这一点。从历史上看，项目经理向项目发起人进行汇报，也偶尔向高级管理人员汇报。现在，由于有责任管理可能影响公司未来的战略项目，项目经理可能会向所有高级管理层汇报，甚至向董事会汇报。

通过在项目实施之前理解和识别障碍，成功实施项目的机会将随着战略能力的认可而提高。

1.7 障碍的背景分析①

尽管项目管理的大多数核心概念已经被认可并成功地使用了几十年，但仍然存在阻碍项目管理的所有知识或特定组成部分成功应用的障碍。随着新技术开始在项目管理环境中的使用，如数字化、人工智能、物联网（Internet of Things，IOT）、大数据、区块链和颠覆性项目管理实践的影响，新的障碍也将出现。了解这些障碍可以帮助我们预防或

① 本节部分改编自科兹纳和 J.勒罗伊・沃德（J. LeRoy Ward）的《实施项目管理的障碍》一文。沃德（PMP、PgMP、PfMP、CSM、CSPO），Ward Associates 公司总裁，IIL 企业解决方案公司的前执行副总裁。

减少它们的影响。

直到大约十年前，关于这些障碍的识别和影响的研究成果仍然十分有限。部分问题在于，当时的文献似乎主要关注成功而不是失败，因为没有人愿意承认自己犯了错误。今天，我们认识到，我们不仅可以从最佳实践和经验教训中发现持续改进的机会，还可能从失败和错误中发现更多持续改进的机会。

在科兹纳和泽顿（2008）的一篇早期论文中，他们重点关注了主要存在于新兴市场的障碍。他们说：

> 计算机技术和虚拟团队的发展使世界变得更小了。发达国家纷纷涌向新兴市场国家，以获得大量高素质且相对廉价的人力资本，这些人力资本愿意参与虚拟项目管理团队。
>
> 然而，跨国虚拟项目管理团队可能会让人头疼。随着项目管理在世界范围内的发展，许多管理人员表面上愿意接受其提供的服务，但在幕后，他们设置了重大障碍来阻止其正常工作。这给虚拟团队中那些必须依靠新兴市场国家的团队成员提供支持的工作带来了巨大的困难。
>
> 有效实施项目管理的障碍在世界范围内都存在，但在新兴市场国家，这些障碍更为明显。既然我们已经意识到可能存在的障碍及其对项目管理实施的影响，那么我们现在就开始主动去克服它们。

今天，许多以前出现在主要新兴市场的障碍，在发达国家和可能已经使用项目管理几十年的公司内部也已非常明显。障碍不再仅仅局限于特定的国家或地区。有些障碍可能是行业特有的，从而出现在公司的某些职能部门中，或者是由于某些经理和高管的个人突发奇想而产生的。障碍随时随地都可能出现。

有些行业似乎比其他行业更容易出现项目管理的实施障碍。Johansen 和 Gillard（2005）、Khan 等（2011）、Khan 和 Keung（2016）、Marly Monteiro de Carvalho（2014）、Niazi 等（2010）、Polak 和 Wójcik（2015），以及 Terlizzi 等（2016）在文献中讨论了 IT 行业的壁垒。Sakellariou 等（2014）、Santos 等（2012）和 Sommer 等（2014）已经解决了研究和开发障碍。最近，正如 Blixt 和 Kirytopoulos（2017）所描述的那样，也有关于公共部门障碍的研究。

另一个经常被讨论的行业是建筑业，正如 Arnold 和 Javernick-Will（2013），Hwang 和 Tan（2012）、Loushine 等（2006）、Moore 和 Dainty（2001），以及 Senesi 等（2015）所指出的那样。一些作者关注特定国家的障碍。例如，Wenzhe 等（2007）研究了中国建筑业，而 Hwang 等（2014）研究了新加坡的小型建筑项目。Magnier-Watanabe 和 Benton 研究了日本工程师面临的障碍。

也有研究表明，障碍可能会影响某些《PMBOK®指南》的知识领域，或影响特定的项目管理过程、工具和技术。Kutsch 与 Hall（2009、2010）与 Paterson 和 Andrews（1995）研究了影响风险管理的障碍。Ambekar 和 Hudnurkar（2017）专注于六西格玛的使用。Ali 和 Kidd（2014）研究了配置管理活动。Hwang 等（2017）调查了影响可持续性工作的障碍。

影响项目管理的障碍有很多，分类的方法也不少。这里简要讨论如图 1-8 所示类别中一些较为突出的障碍。

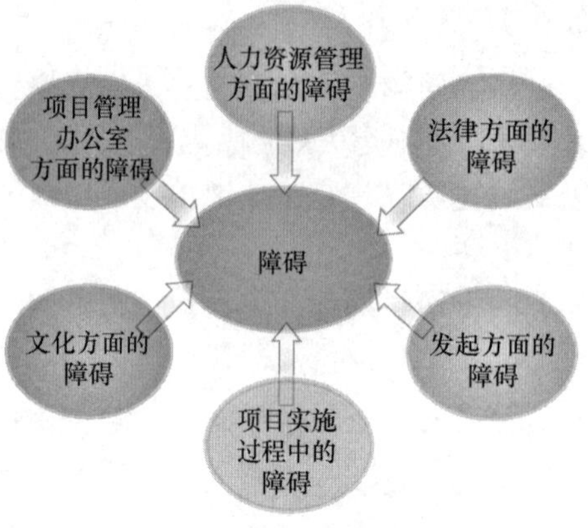

图 1-8 障碍类别

1.7.1 人力资源管理方面的障碍

每当我们改变或引入新的管理流程时，无论是项目管理、敏捷、Scrum、六西格玛，还是其他实践，我们都必须考虑对工资和薪酬管理制度的影响。员工们希望因为他们良好的表现而得到认可，甚至奖励。遗憾的是，我们经常在引入新的管理流程时没有考虑对员工绩效评估的影响，导致出现一些损害和阻碍新流程正确实施的障碍。

有时，人力资源障碍的产生会导致项目的最佳利益与员工的最佳利益之间的冲突。项目团队没有意识到障碍的影响，甚至到项目结束时才意识到它的存在，这并不罕见。在大多数情况下，如果障碍识别太晚，则可能导致项目失败，即使项目取得成功，也是有限的成功，如图 1-9 所示。

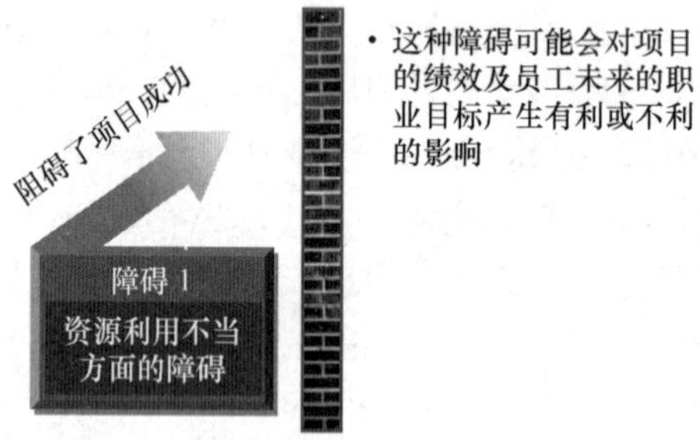

图 1-9 人力资源管理方面的障碍

1. 情景 1：集中办公的障碍

一个在政府机构工作的项目经理被安排负责一个为期两年的项目，他想要一个集中办公的团队。项目经理担心，如果团队成员留在他们的职能区域，职能经理可能会频繁地在其他项目上使用这些员工，从而影响他的项目进度。在项目人员配置过程中，项目经理也要求最好的资源，而且他非常清楚，对于任务来说，许多员工的资质过高，因此不会得到充分利用。尽管对最佳资源的需求有利于该项目经理的人员分配，但其他需要具有这些特定技能员工的项目却人手不足，并且举步维艰。项目经理的决定可能对项目有利，但不一定对整个公司有利。

项目经理在一栋政府大楼里找了一层空楼，所有员工都被全职安置在那个地方，尽管这项任务不一定要求员工全职。然而，即使这些员工被从他们的职能组织中调离，他们的职能经理仍然对他们的绩效评估负责。

两年后项目结束时，这个项目被认为是成功的。但是，许多员工很不高兴，因为：

- 在这两年时间里，大多数员工的绩效评估一般，因为他们的职能经理不知道他们表现如何。
- 在这两年时间里，当让职能经理推荐谁应该升职时，职能经理首先提拔那些仍然在本职能部门工作并为本职能部门多个项目做出贡献的员工。
- 一些员工发现，他们的职能经理用其他员工填补了他们调离时空缺的职位，而这些现在返回到原职能部门的团队成员不得不去其他地方寻找职位，还可能会失去一些职业资历。

“情景 1”中的例子发生在一个发达国家，项目取得了成功，项目经理得到了晋升。遗憾的是，员工们没有看到在这个项目上工作对他们的职业目标有任何好处，并表示他们不想再为这个项目经理工作了。组织必须重新考量使用团队集中办公方法的好处。障碍可能存在于任何地方。

2. 情景 2：员工盼望长聘的障碍

在一个新兴市场国家，一家政府运营的公用事业公司开始了一个为期三年的建新电厂的项目。为了最大限度地减少项目成本并支持当地经济发展，公司决定使用当地的劳动力，而不是聘请更昂贵的国外承包商。这将有额外的好处，即可为许多当地工人提供就业机会。

工人们很高兴有这个就业机会，但他们担心项目结束后可能会失业。为了保证长期就业，以及可能的退休福利，工人们开始放慢工程进度，并开始犯错误，导致工程进度计划被延长到了十年。项目管理（劳动力本土化政策。——译者注）的实施成了进度延迟的障碍。

3. 情景 3：任人唯亲的障碍

这种情景具有“情景 2”的一些特征。在一些国家，你的薪水、权力和权威取决于你所管辖部门的规模。在这种情况下，雇用三名低于平均水平的工人来做两名平均水平工人的工作，更有利于任人唯亲。此外，尽管找到足够的人力资源可能很困难，但有时也是公司故意不花力气去招募，目的是制造朋友和家人可以先被雇用的机会，不管他们的资格如何。在这种情景下，项目的进度计划通常会被拉长，这样所雇用的亲情员工就会获得更多的工作机会。

4. 情景 4：加班的障碍

当团队面临要保证进度计划的压力时，通常需要加班。然而，在一些文化环境中，加班被用作一种奖励制度，让工人有机会赚取额外收入。即使没有必要加班，这种情况也会发生。

有些国家对加班有限制，于是就会出现请求政府批准加班的情况，特别是有加班费的加班。国家担心如果加班时间延长（加班者会获得过多的收入。——译者注），就可能产生一个新的公民阶层，所以必须加以限制。还有一种危险是，有人在项目中故意制造错误，以证明延长加班时间是合理的。

5. 情景 5：职业道路的障碍

一个政府机构发现，当他们开始将更多的工作外包给国有承包商和非国有承包商时，他们评估项目管理绩效的能力会变得越来越困难，因为每个承包商报告的状态不同。通过使用《PMBOK®指南》的流程，他们发现一些承包商的项目管理水平似乎比其他承包商更高，但政府无法在授予未来合同时比较承包商的绩效。后来政府鼓励所有承包商根据《PMBOK®指南》使用项目管理，并强烈建议管理合同的个人必须获得 PMP 认证（项目管理专业人士资格认证）。

虽然政府认识到了在承包商组织中促进项目管理专业化的价值，但政府没有看到公共部门项目管理专业化的好处。因为公共部门的项目经理更多地被当作了项目监督员而不是项目经理。政府人事管理办公室无法为政府项目经理编写职位描述，因为他们的职责、权限、责任和决策能力不符合其他职位描述的“标准模式”。因此，作为政府项目经理被视为一个不可能晋升的职位，可能会影响他们的职业生涯。

6. 情景 6：职业资格证书的障碍

一个新兴市场国家认识到了项目管理实施的好处，并鼓励政府承包商和政府机构支持项目职业资格的培训计划，使个人成为经过认证的项目管理专业人士（Project Management Professional，PMP）。培训计划由私营企业和大学实施。在大多数情况下，公司或政府机构为他们的受训人员支付培训费用。

一旦这些人成为 PMP，他们就会向公司要求加薪。该公司辩称，公司在他们的教育上投入的成本应被视为近期的加薪，其他经济利益将在未来考虑。这些员工对公司的反馈不满意，他们希望获得认证后能立即获得经济利益。因此，持证的员工纷纷跳槽到其他公司和其他国家，那些公司和国家会为他们提供加薪。这导致许多公司不再支付项目管理培训费用，不再支持认证工作，并且在许多情况下不再鼓励遵循《PMBOK®指南》。

7. 情景 7：培训的障碍

当公司认识到项目管理实施的必要性时，便会将他们的员工送去参加项目管理培训。而员工再回到工作岗位时，期望能够实现他们在培训中学到的工具和技术。当员工发现他们的公司不愿意实施他们所学到的许多工具和技术时，员工就会离职并另寻出路。

1.7.2 法律方面的障碍

一些国家制定法律，对该国拥有的财政资源可以离开该国的数量（如果有的话）进行了限制。这就产生了如图 1-10 所示的障碍。国家可以限制出国采购活动，也可以出台关于工人加班费的法律。

希望在这些国家开展业务的公司遵守这些法律，即使这些法律看起来并不合适。比如，即使工人的绩效考核不合格，工人也有权保留工作。有些法律甚至可能助长腐败行为，因为它明确规定，在竞争性招标活动中，某些情况下允许贿赂和“送礼”。

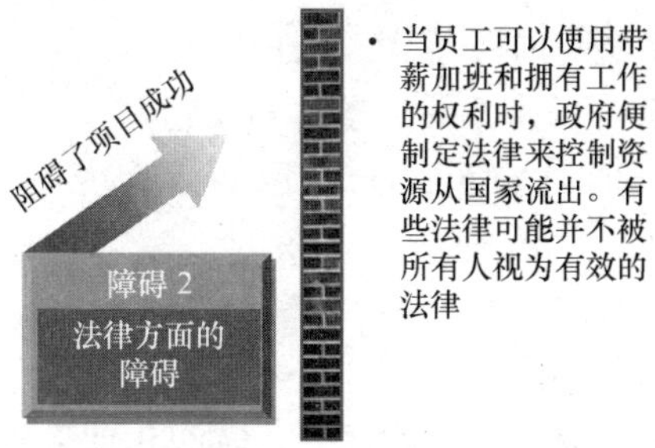

图 1-10　法律方面的障碍

1. 情景 8：采购障碍

某个新兴市场国家的政府希望限制从国外采购商品和服务。在竞标过程中，公司被要求准备一份国内合格供应商的名单，以供政府批准。即使国外承包商可以提供更高质量的产品和服务，项目经理也只能被迫使用该国内承包商。更糟糕的是，在失业率最高的城市，无论供应商的能力如何，都要在选择承包商时优先考虑该国内劳动力。

2. 情景 9：失业率的障碍

一位项目经理迫于压力，将一份采购合同授予了一个高失业率城市的供应商。随着项目的进展，项目经理意识到自己可以通过加班来加快进度。遗憾的是，加班费的批准需要政府的许可。项目经理很快发现，政府不仅不批准加班，而且不愿意让项目提前完成，也不同意项目缩短员工的聘用时间，因为他们担心增加社区的失业率和贫困水平。

3. 情景 10：僵化政策的障碍

一家公司在一个严格使用官方公共采购程序、规则和法律的国家获得了政府机构的合同，但法律环境造成了很大的麻烦。《PMBOK®指南》中的许多传统流程（如变更管理活动）就不符合该国政府的要求。为了坚持政府的这种僵化规定，项目的预算增加了，进度也被拉长了。

4. 情景 11：地区限制的障碍

一些国家的政府政策可能会限制承包商，与谁合作要获得政府许可，无论是在政府机构所在地国家，还是由于政治考虑或竞争因素而可能的其他国家，都是如此。有些政策还规定总承包商必须雇用谁作为分包商，即使分包商对项目的兴趣和重要性与总承包商不同。

即使客户或政府机构遵循《PMBOK®指南》中的流程和原则，仍可能存在与决策标准、决策时间和决策各方相关的法律或政策。每个政府机构都可以对项目可交付物的接受/拒绝标准、质量评估和与所需许可证相关的决策有自己的解释。国家之间可能存在的一些差异包括：

- 定义客户要求、技术规格和质量要求的级别标准，因为当客户和承包商来自不同的国家时会察觉到差异。
- 根据国家适用的法规和法律，获得许可证和施工许可证的时间和要求。
- 对项目及其可交付物的验收要求或条件的解释或协议。

- 与客户协商项目范围变更时，组织各部门参与。
- 明确必须遵守的规范、法律、国际条约和规则。
- 在与其他国家打交道时，与第三方进行机器和设备租赁的管理、行政监管和谈判过程。
- 在其他国家市场上现有的机器、设备和软件的性能，以及生产力方面处于领先地位，并设法将它们带到你的项目中来。
- 通过授权的变更请求，分析变更对风险、时间和项目资源的影响，制定变更控制系统并有效地管理它。
- 在组织中创造 PMO 的价值，监督项目的治理，并构建方法、过程、政策和信息系统的公共框架。

1.7.3 发起方面的障碍

我们为项目选配发起人或组建治理委员会，以便为项目团队提供与高级管理层接触的机会，共享战略信息，为不能完全由项目团队做出的决策提供帮助，协调大型干系人群体，并解决发起人可以更有效地处理的问题。有的人不了解项目管理，不明白作为发起人的角色和责任，不理解项目治理与职能治理的不同，但还会被命令为项目发起人，这种情况并不少见。此外，还存在个人滥用职权的风险。在任何情况下，如图 1-11 所示的障碍都可能对有效项目管理的实施产生阻碍。

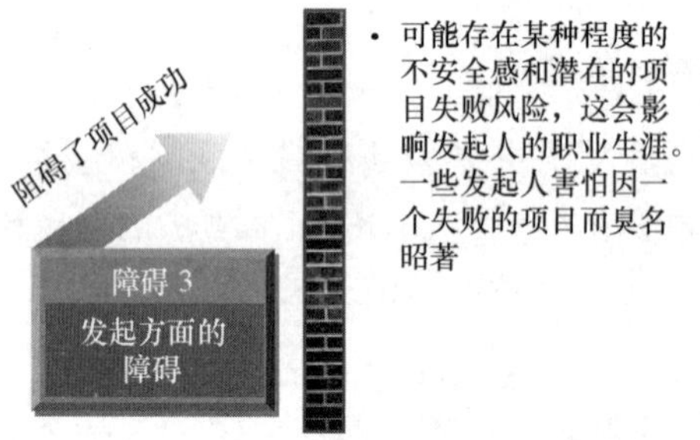
阻碍了项目成功
障碍 3
发起方面的障碍
• 可能存在某种程度的不安全感和潜在的项目失败风险，这会影响发起人的职业生涯。一些发起人害怕因一个失败的项目而臭名昭著

图 1-11 发起方面的障碍

1. 情景 12：集权障碍

许多国家保持着一种文化。在这种文化中，很少有人有权做决策。在私营公司和政府组织中，决策都是巨大权力的结果。而项目管理提倡权力和决策分散。在这些国家，行政管理层永远不会把他们的权力和决策权交给项目经理。项目经理可能会像傀儡一样运作，无法有效地管理项目。

2. 情景 13：缺乏高层发起的障碍

项目发起可能存在于公司的某个层级，但通常不在高层，原因有两个：首先，高层可能认识到了他们对项目管理知识的欠缺，因此他们当发起人可能会犯错，而让他们当发起人的领导也容易发现他们的错误。其次，可能也是最重要的一点，即在一个失败的项目中充当发起人，可能会在政治上终结高管的职业生涯。因此，发起人（如果存在的话）通常处于组织层级结构中的较低层次，在这个层次上的员工是可以“牺牲”的，结果是发起人不能或不愿在困难时期做出决策或帮助项目经理。这样，项目就出现无人发起的状况。

3. 情景 14：组织层级化的障碍

在传统的项目管理实践中，我们倾向于相信问题是在项目发起人层面解决的。但是在组织等级制度神圣不可侵犯的国家，遵循命令链会将项目管理过程延长到进度计划变得无关紧要的程度。同样，支持项目管理的基本组织结构可能只是为了过滤来自执行层的坏消息，并证明职能经理的存在。一些决策可能需要政府部长来做，一些消息可能需要向政府部长汇报。简单地说，项目经理可能不知道决策将在何时何地做出，也不确定项目信息将送达何方。可能存在过多的官僚主义，这在项目管理层面是不可见的。

4. 情景 15：管理层不安全感的障碍

高管们可能对作为发起人的表现感到不安全，因为他们的职位是政治任命的结果。此外，项目经理可能被视为未来的明星，因此对高管来说是一个威胁。项目管理的实施可能会逼迫高管丧失其地位，而这种地位往往伴随着附加福利和其他特权。在高管们考虑支持一种新方法（如项目管理实施或上马一个项目）之前，他们会担心这对他们的权力、权威和晋升机会的影响。

5. 情景 16：社会责任障碍

在新兴市场国家，由宗教信仰和政治引起的社会责任是高管们与那些让他们掌权的人保持联盟的一种方式。因此，项目经理可能不被允许与可能拥有关键信息的特定群体进行社会互动。在传统的项目管理实践中，项目经理可能有权与每个人进行沟通，而新兴市场国家的项目经理如果不通过项目发起人，就难以做到该有的沟通。

6. 情景 17：缺乏项目管理知识的障碍

并非所有发起人都了解项目管理或有参加项目管理课程的愿望。由于对自己作为发起人角色的不确定，他们主要关注如何以更低的成本更快地交付项目成果，而不考虑质量、风险或实现项目成果的最佳方式。有时，发起人会向客户承诺返工或额外的测试，而不需要客户承担任何费用，这给项目团队带来了混乱。

7. 情景 18：项目章程障碍

如果缺乏项目管理的粗略知识，发起人就不愿意准备和签署项目章程，因为他们担心成本和进度没有得到很好的估算。这就迫使一些团队成员甚至干系人在没有事先授权的情况下开始执行一些任务。

1.7.4　项目实施过程中的障碍

今天，大多数组织都了解实施有效的项目管理可能带来的好处，但不能确定与获得战略利益相关的成本。因此，在做出承诺时可能会有忧虑甚至恐惧，并且会产生如图 1-12 所示的障碍。

图 1-12 项目实施过程中的障碍

令人担心的是，熟知《PMBOK®指南》第 6 版的读者会认为，必须实施所有的过程、输入、输出、工具和技术，才能实现战略效益。事实并非如此。《PMBOK®指南》有扩展，可以根据特定需求缩小规模。这可能是《SCRUM 指南》的内容变得流行的原因，或者是《PMBOK®指南》第 7 版中对原则的关注变得有用的原因。

1. 情景 19：实施项目管理的成本障碍

与实施项目管理相关的成本包括购买硬件和软件成本、创建项目管理方法的成本、开发项目绩效报告技术的成本。诸如此类费用需要大量的财务支出，而公司可能无法负担。项目管理的应用还需要在较长时间内占用公司的大量资源。由于有限的资源和较好的人力资源（实施所需的）要从正在进行的工作中抽取，公司可能会拒绝使用项目管理，即使高管们认识到了项目管理的好处。

2. 情景 20：项目实施失败的风险障碍

即使公司愿意为项目管理的实施投入时间和金钱，也存在实施失败的重大风险。即使实施是成功的，但是项目失败了（尽管这有许多原因），责任可能被归咎于错误地实施了项目管理。高管们必须解释他们在没有实际成果的情况下所花费的时间和金钱。他们也可能会发现，他们在公司中的地位现在不稳固了。因此，一些高管拒绝接受或明显支持项目管理。

3. 情景 21：培训费用的障碍

没有对员工的培训，项目管理的实施是困难的。这包括项目经理、团队成员和发起人的培训。满足培训需求可能会产生额外的问题。第一，必须拨多少钱用于培训？第二，由谁来提供培训？培训师的资格证书是什么？第三，相关人员可以从目前的项目工作中脱离出来参加培训课程吗？培训项目管理人员既耗时又昂贵，将实施成本和培训成本加在一起，可能会吓得高管们不愿接受项目管理。

4. 情景 22：复杂要求的障碍

项目管理要求复杂，不仅体现在技术上，而且体现在大家一起工作的能力上。在新兴市场国家，员工可能没有接受过团队合作的培训，也可能没有因为他们的团队合作贡献而得到奖励。沟通能力可能较弱，也写不好进展报告。人们可能仅仅将团队合作视为一种媒介，通过这种媒介，他们能够认识到自己能力的不足和错误。

1.7.5　文化方面的障碍

可持续战略项目管理的成功需要一种合作文化。在这种文化中，团队成员一起工作，并根据公司的最佳利益一起做出决策。这通常是在不考虑权威、权力或薪酬等级的情况下完成的。合作文化通常决定项目使用的组织结构类型。例如，矩阵型组织结构似乎最适合合作文化。然而，即使在合作文化中，如果员工感受到威胁或有隐藏的议程，也会产生如图 1-13 所示的障碍。

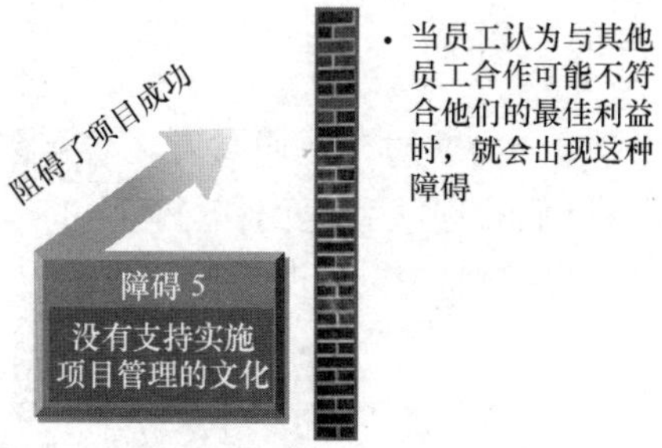

图 1-13　文化方面的障碍

1. 情景 23：规划方面的文化障碍

如果组织缺乏项目管理的标准或承诺，那么规划过程可能会与对工作量、持续时间和成本的糟糕估算做斗争。如果组织不能支持项目管理方法的应用，就会出现规划障碍，结果可能是范围和需求不明确。低劣的规划通常会转化为经常变更的规划，不切实际的里程碑，以及各级管理人员对项目管理能够成功缺乏信心。如果存在规划失败的风险，员工可能会制造障碍，并为自己不能参与规划活动找借口。

2. 情景 24：海量文档的障碍

当查看《PMBOK®指南》中活动的数量时，可能会有过多的非生产性时间被花费在完成所需的所有文书工作上。这就会产生一个障碍，有很多理由说明某些报告和文书工作是不必要的。如果任何组织都相信“没有写在纸上的就是没有说出来的”这一理念，那么这种障碍就会很重要。

3. 情景 25：项目完工障碍

随着项目逐渐结束，员工们开始担心他们的下一个任务。如果他们不确定自己的下一个任务，他们可能会延长项目结束的过程。他们也可能在工作完成之前离开目前的项目，以确保在其他地方就业。这可能会给剩下的团队成员带来困难。

有时，可能缺乏对项目收尾的投入。员工通常害怕在项目收尾时，在吸取了经验教训和最佳实践之后，将自己的失误记入项目档案中。经验教训和最佳实践总结基于哪些做得好、哪些做得不好。员工可能不想要任何书面的东西，表明最佳实践是通过他们的错误发现的。

4. 情景 26：管理储备金障碍

合作文化倾向于找到保护自己和同事免受某些风险、返工、模糊的估算和其他类似情况带来损害的方法。管理储备金就是这样一种方式。然而，当客户认为管理储备金仅仅是为了承包商的利益而不是客户的利益而设立时，障碍就会产生。

5. 情景 27：项目管理职业资格的障碍

并不是所有的组织都鼓励他们的员工成为项目管理专业人士。职业资格认证的好处之一是可以更容易地理解每个人的角色和责任，从而为合作文化提供良好的基础。在非合作文化中，项目经理的角色变成了“消防员”。

1.7.6　项目管理办公室方面的障碍

尽管有几种类型的 PMO，但 PMO 的存在通常意味着存在一个致力于项目管理持续改进的组织。遗憾的是，如果高管们对现状和他们在公司中的地位感到满意，并且不希望看到任何变化发生，那么高管们可能会将 PMO 视为一种威胁。这种障碍如图 1-14 所示。

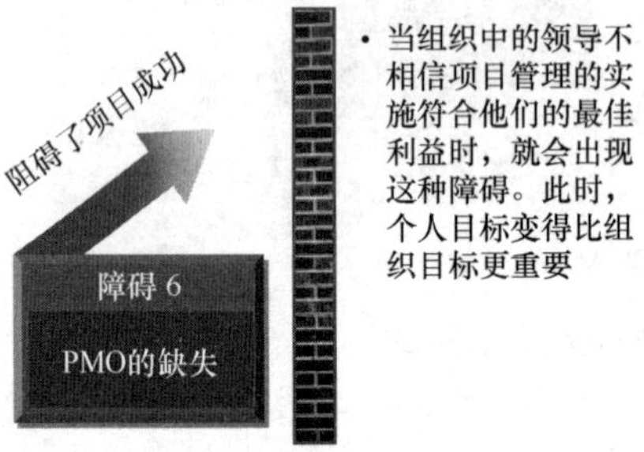

图 1-14　PMO 方面的障碍

PMO 不仅可以用来促进有效的项目管理实践，也可以用来获取和分享最佳实践与经验教训，还可以协助高级管理层监测可能影响决策的企业环境因素。这对那些与恶性通货膨胀做斗争、必须迅速控制本国稀缺资源的国家来说非常重要。

1. 情景 28：信息就是力量的障碍

当管理者相信信息就是力量时，他们就会制造障碍，阻碍信息收集和传播的组织形成。有时，他们会创建几个职能的 PMO 来集中职能信息并控制其发布。如果信息被视为权力的来源，职能单位就会发生谁控制 PMO 的内讧。

2. 情形 29：PMO 融资障碍

所有项目管理组织都需要人力和非人力资源才能发挥作用。资源需要资本支出，相信信息就是力量的管理者总是会制造障碍，证明不为 PMO 提供资金是合理的。障碍可以通过为 PMO 配备不合格的个人或限制提供给 PMO 用于监视和控制项目的工具来建立。

1.7.7　结论

所有国家，包括新兴市场国家，都有大量尚未被充分利用的人才。障碍可能出现在任何组织中，原因有很多，如本节所述的情况。虚拟项目管理团队及其对项目管理战略效益的认识可能是全面实施项目管理的起点。

随着项目管理的发展，管理人员将认识到并接受项目管理的好处，同时看到他们的商务基础正在增加。合伙企业和合资企业可能会变得更加普遍。尽管阻碍成功实施项目管理的障碍依然存在，但我们也要迎着障碍和约束去生活和工作，努力活出我们的精彩。

世界各地的公司高管开始更多地关注项目管理的价值，并已采取措施扩大其使用范围。如今，一些快速发展国家的高管们在提供突破许多障碍所需的支持方面似乎要积极得多。随着更多成功案例的出现，我们将看到不同经济体的实力得到增强，联系更加紧密，高管们将开始更全面地实施项目管理。

在下一节，回顾美敦力（Medtronic）公司的项目管理历程时，我们发现公司已经接近全面实施项目管理实践的成长历程。这段历程的优先次序是在全球范围内解决的，高度关注在所有关键商业领域成功传播项目管理。我们进行了仔细的战略思考，建立了所需的高层项目发起部门，创建了正确的培训机构和项目管理社区。

1.8 卓越行动：美敦力公司①

在过去的 35 年里，我见证了项目管理的许多变化。从初入项目管理行业，对自己在做什么没有信心，到成为正式的项目管理专业人士并获得了项目管理职业资格认证书，我见证了这个行业的重大发展。今天，项目管理有很多新的方面和培训机会，包括软技能培训、在线学习、敏捷方法培训、混合方法培训等。

我们的组织从项目管理的一些草根项目中受益，我们把这种草根项目称为创新项目管理的寒战（Project Management Rigor for Innovation，PMRI）。通过寒战，我们不断努力扩大项目管理的占用空间。PMRI 专注于项目管理，这已被技术领导者确定为我们全球研究、开发、创新和跨职能社区的核心竞争力，涉及产品和服务的开发与文档管理，以展示一流的创新。在我们的组织中，我们还有另一个草根项目，叫作项目管理领导者社区（Program Management Leader Community，PMLC）。这种草根项目致力于建立一个实践社区，为我们的项目经理提供机会，提高他们的项目集管理领导技能，加速他们的职业发展并扩展他们的工作平台。

这两方面的努力都集中在培训、建设网络和沟通平台，以及职业发展上。它们是自愿的和可选的举措，并专注于建立一个企业范围的项目和项目集领导者社区。它适用于在项目管理和项目集管理角色中的个人，他们正在领导跨运营单位、跨地区和跨公司的项目。重点是新的和现有的项目经理和项目集经理，他们渴望扩展他们的相关技能，并最终进入领导角色。它也是一个策划最佳实践的社区。这些努力与我们的使命一致，即“认可所有员工的个人价值，通过提供一种就业框架，让个人在工作成就、安全、晋升机会和分享公司成功的途径中获得满足感”。

① 本节资料由 Michael O 'Connor（博士、硕士、MBA、PMP、PgMP、IPMA-B、CPD、CSM、CSPO、DASM）提供，他是美敦力公司战略和项目管理总监。版权归美敦力公司所有，经许可转载。

这些计划不是新的、强制性的、由公司主导的，也不是教授基础知识的正式培训计划。它们也不是工具、标准或认证的授权管理机构。相反，这些课程的总体目标是根据运营单位、地区和公司领导与项目经理的具体需求和要求，培养未来的项目经理和项目集经理。

《PMI 职业脉搏》对我们团队的评审活动来说是一个很好的资源，可以帮助我们指导评审工作，帮助我们更好地确定行动方针。我们每年都会学习《PMI 职业脉搏》，并利用这些信息更新我们的 PMRI 战略。我们发现这些信息和研究非常有用，它最终将帮助我们规划组织未来的项目管理。

关键是我们要向高层领导证明项目管理或项目集管理的作用对组织的重要性。最近，我们的组织实施了一项重大的重组计划，它使我们处于更加敏捷的位置，我们可以自由发挥。

这些变化将我们带向了组织的新未来，并将我们的重点转移到了需要将敏捷性添加到项目管理培训和项目管理任务中。现在的问题是，我们如何用几种不同的选择来推广敏捷性。有 Scrum 联盟、Scrum 组织，还有项目管理协会和规范敏捷（Disciplined Agile，DA，2019 年已经被 PMI 收购。——译者注）。我通过 Scrum 联盟的培训成了一名敏捷大师和 Scrum 产品的负责人，我也是 PMI 规范敏捷的敏捷大师。两者都有各自的优点和缺点，但总体来说，我认为我们更倾向于 PMI 的规范敏捷过程，因为它是 Scrum、精益和看板等方法的工具箱。我也相信敏捷性提供了一种既新颖又一致的方法来创建仪表板，为执行人员提供必要的信息更新。我希望能用一种方法去工作，以确保像我们这样的大型组织有一种首选的方法，并保持一致的术语和定义。当然，对于提高注意力、增强意识和实施培训，这只是一个非常小的领域。

在我的组织中，我们进行了一次非常大的结构调整，使之变得更加灵活，能够快速适应变化，并保持简单。敏捷哲学将非常适用于我们在组织中做出的改变。我认为这是一个改变我们工作方式的机会，至少从瀑布方式到混合方式，在某些情况下可以提供更多敏捷的方法。我相信 PMI 规范敏捷方法将为我们提供必要的工具，以适应项目和情况的发展。衡量标准的使用还需要增加并提供项目成功的测量。这并不总是容易做到的，但如果你不测量，你就不会知道结果如何。当然，所有这些都需要人力、领导力和对培训的承诺来创造一个更高效的组织。

我还想将此类敏捷方式和混合方式的培训合并到我们的项目经理工具箱中，同时创建一套更一致的培训方案和技术体系，使研发项目经理尽可能地与组织里的临床部门、市场监管部门、质控部门和其他部门获得交流。在我们的组织中，目前有三大类职业：人事管理、技术领导和项目管理。这对一个组织的职业生涯的每个阶段都非常重要，因为它为成功奠定了基础。项目管理一直是我们创建项目管理知识路径的一个领域。目前，这包括职业发展领域，还包括参与和合作的机会，利用专业知识的机会，获得认可和奖励的机会，发现外部知识和创新的机会。事实证明，这是一个相当不错的学科集合，组织中的任何人都可以探索和学习。我还计划探索人工智能和项目管理知识途径，并更好地理解如何定义、沟通和改变我们的组织文化。

我们是一个全球性组织，在世界各地拥有多种文化。对我们来说，重要的是通过确保我们的包容性来创建和实施这些草根创新项目。目前，我很高兴地说，我们有来自美国、欧洲、印度和中国的代表。

为了让真正的创新取得成功，我们必须放眼全球，在我们的组织内部以创纪录的速度造就真正的创新。由于我们处于一个受监管的行业，我们需要依靠这些法规来推动我们的工作。我也在努力简化这个过程，让它更容易操作，但无论如何，我们仍然必须满足标准。我再一次强调，在工具箱中添加敏捷将是非常有益的，它有助于在需要多次迭代时调整项目的重点。这些冲刺将比瀑布方法更有价值。即使混合方法也会很快变得非常有用，因为我准备提供更多关于敏捷和混合方法的培训。

目前，草根创新项目管理的寒战计划提供内部和外部培训、安排圆桌会议、工作时间可以咨询、有文章分享、有知识路径指导、有项目管理社区，还为整个组织可转移的技能服务。这些服务内容中的每一项都创造了更强的职业道路，有向高层领导学习的更多机会，可以获取更多的指导，也有一流的资源和培训。

我相信，在我们的组织中，由于其庞大的规模和遍布全球，我们需要一个项目管理工具箱。需要什么样的工具箱，这取决于每个人的教育程度、经验和对工作的热情。在我看来，每个人都应该被区别对待，他们应该有能力挑选他们需要的最好工具和方法来完成工作。我们正在进入一个由新 CEO 领导组织的新阶段，新领导喜欢玩小游戏，也喜欢玩大游戏。要做到这一点，我们就要以更加灵活和敏捷的方式为客户服务。

我们的组织正行进在创造更高效率和生产力的旅途上，同时也使工作更容易。这不是一件容易的事，它需要时间来发展和创造成功。在项目管理中创造改进的工具、开展培训和加强沟通是我的人生旅程和激情。这将需要变革，但它开始可能不受欢迎。然而，要想取得成功，我们必须创造新的工作方式和“大”思维，以保持作为市场领导者的竞争力。作为一个组织，我们需要继续专注于提供强有力的创新战略和财务业绩。项目管理可以创建驱动持续成功所需的变革。总体来说，项目管理及其相关的所有工具可以使组织实现减轻痛苦、恢复健康、延长生命的使命。

1.9 战略改进

项目正在成为明确的战略变革和转型工具。旧世界的项目管理使用“最终”和“有限的思维”这样的语言。在许多情况下，我们被困在特定的规则和结构中。即使在今天，许多世界组织在其战略规划和相关的商务工作中也是短期的。随着将重点转向持续改进，我们希望看到这种改进是由一种持续增强的语言引导的，围绕的是适应性、协作性、情景驱动和包容性。新一代项目管理需要它，世界需要它，正确应用它的潜力是巨大的。

我们都会感叹，在生产方式的转变和生产方式的不断改进中，生产方式的所有制得到了广泛的发展。当我们展示实现组织卓越的实践时，许多为本书提供材料的组织只讨论了一两个支柱。但一些公司已经实施了许多支柱。我们希望这些经验能为你在自己的组织环境中准备开展实验和改进时提供好的起点。

创新是战略项目的一种形式。下一节将介绍的雷普索尔（Repsol）公司的创新行动，就是战略创新如何将公司引入项目管理的许多支柱的一个例证。该组织的历程表明，他们实现的新工作方式是一个集成的目的地。它将愿景的关键要素、合适的组织结构、启用的数字化工作场所、适应性方法和思维方式整合在了一起。

1.10 创新行动：雷普索尔公司[①]

雷普索尔公司（简称雷普索尔）是一家全球性的综合性能源公司。公司在 37 个国家开展业务，拥有超过 25 000 名员工，致力于建设可持续发展的未来。公司的愿景是成为一家以创新、效率和尊重为基础的全球性能源公司，以可持续的方式创造价值，促进社会进步。

在公司的愿景中，创新是一根重要的杠杆，也是公司的价值观之一（其他价值观还有透明度、责任、结果导向和协作）。在雷普索尔，我们相信竞争力和发展的关键在于我们有能力产生新的想法，并以合作和持续集体学习的精神将其付诸实践。为了让创新成为我们基因的一部分，我们已经被迫走过了一段漫长而艰难的旅程，现在依然有许多难题需要克服。

我们是如何营造创新文化和培育创新能力，成为我们想要成为的全球综合能源公司，并在市场中保持可持续发展的呢？下面我们就展开介绍。

1.10.1 第一阶段：获取知识（2011—2012 年）

2011 年之前，雷普索尔的创新主要集中在研发活动上。2011 年，为响应质量控制和知识管理职能的战略计划（2011—2014 年），启动了创新计划。创新计划由公司高层发起，决定自 2012 年起，将创新纳入企业价值观之中，主要目标是将创新融入文化和日常活动中。

此外，公司还创立了一个组织机构来支持和鼓励创新计划。企业创新部、业务创新部和创新委员会是这一新机构的组成单位，建立了包括企业家、创新团队和创新导师在内的创新网络。

1.10.2 第二阶段：加强组织建设——建立能力和评估进展（2013—2015 年）

2013 年的重点是组织能力建设。为了支持基于精益方法的持续改进过程，创新导师培训计划首次实施。

除此之外，化工业务的另一个试点开始了。这个试点在我们公司是一个成功的案例，它已经成为化工业务、其他业务和公司领域的精益转型项目，并根据需求进行了部署。

2014 年的目标是促进创新文化。战略创新评审（Strategic Innovation Review，SIR）由所有产生公司模式的创新单位参与，以增加创新的价值。与此同时，在 5000 多名员工和 500 多个项目的参与下，首届创新网络大奖启动了。2014 年，创新网络持续增长，拥有了 75 个创新和改进团队。

---

① 版权归雷普索尔公司所有，经许可转载。

2015 年，我们定义并应用了一些关键绩效指标来衡量创新的影响。一项名为“Go”的全球企业计划旨在提出创新建议，以提高未计利息、税项、折旧及摊销前的利润。此外，业务单位通过特定的路线图来部署创新模型，以便发挥其战略计划的作用。

图 1-15 显示了支持和鼓励创新单位在公司和业务领域进行创新的行动。

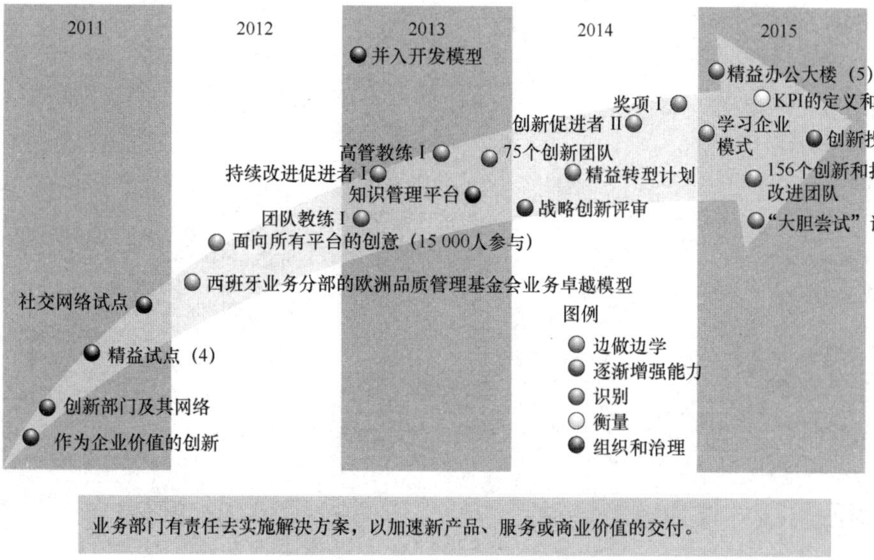

图 1-15　完成行动的详细信息

1.10.3　第三阶段：转型杠杆——管理创新和新工作方式（2016—2018 年）

管理原则：自 2016 年以来，各业务部门根据新的战略挑战完成了运营模式（流程、结构、政策和管理标准、工作动态和决策、知识管理等）的转变。伴随新战略的创新计划包括业务部门委员会对创新倡议的识别和优先排序。

在这种转型中，组织的协调和动员对实现共同的目标和愿景是必不可少的。除此之外，沟通是确保最终目标实现的关键因素。

人员和组织管理的新模式：敏捷哲学是变革的引擎。

一些全球性举措利用新技术的优势，营造出一种更加灵活和高效的企业环境：

- 制定和实施所需的各种政策，选择和运用所需的模式，以确保创新文化的推广。
- 根据各单位自身和全球的需求，提出在各单位要实行的新工作方式。
- 推动持续改进项目的实施以便优化流程。
- 定义并提出实现灵活又协作的组织所需的文化变革。
- 培养领导人才，确保他们会采取与创新和创业相关的行为。
- 奖励发起倡议的企业家和创新团队。
- 在项目团队和单位中培育和发展组织的能力。
- 对具有高潜在影响的有效又可复制的新方法进行跟踪、验证和推广，以应对业务中的问题和机遇。

结果是一种基于创新和新的工作方式的文化转型，这为雷普索尔向精益公司转型提供了一些重要的杠杆作用，如图 1-16 所示。

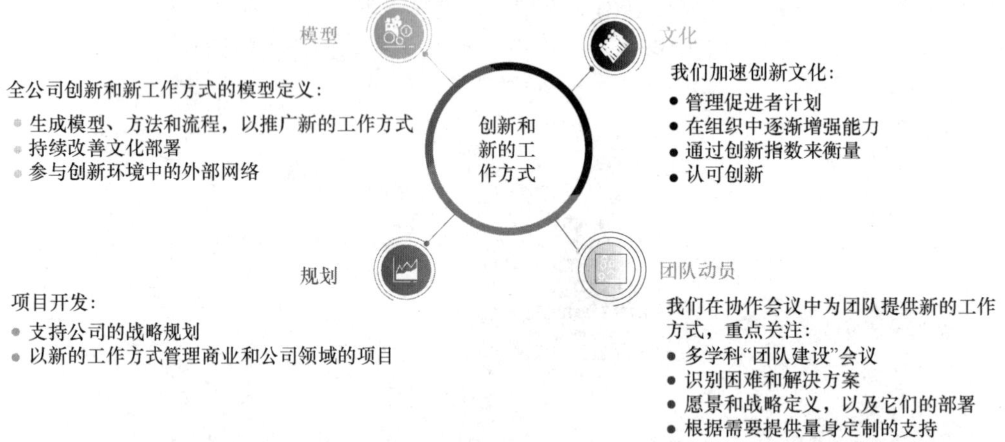

模型
全公司创新和新工作方式的模型定义：
生成模型、方法和流程，以推广新的工作方式
持续改善文化部署
参与创新环境中的外部网络
文化
我们加速创新文化：
管理促进者计划
在组织中逐渐增强能力
通过创新指数来衡量
认可创新
创新和新的工作方式
规划
项目开发：
支持公司的战略规划
以新的工作方式管理商业和公司领域的项目
团队动员
我们在协作会议中为团队提供新的工作方式，重点关注：
多学科"团队建设"会议
识别困难和解决方案
愿景和战略定义，以及它们的部署
根据需要提供量身定制的支持

图 1-16　文化转型：一家具有新工作方式的精益公司

1.10.4　第四阶段：作为转型驱动者的新工作方式（2018—2020 年）

前一阶段表明，雷普索尔同时考虑了敏捷和精益方法。结果是，我们创建了敏捷和精益模型，在整个价值链上交付价值，如图 1-17 所示。雷普索尔的敏捷与精益是一种管理模式，适用于从概念到扩展、后续优化和持续改进的举措和项目的组合。此外，加速计划项目通过所取得的成果产生了明确的价值，实际上主要的关键学习在整个公司得到了广泛的采用。

建立愿景
概念阶段
最小化可行产品的开发阶段
模型扩大阶段
学习总结阶段
阶段
描述
探索挑战和解决方案，关注客户的需求和满意度，与他们共情，并使他们成为构思解决方案过程的积极力量
通过验证假设，按照科学方法的原则设计解决方案并实施。根据经验教训做出决策
基于已验证的创意，开发解决方案的功能性和低成本版本。以迭代和增量的方式创造价值，不断地将客户的愿景纳入改进过程中
扩大解决方案的应用范围，并开始寻找可能的改进内容，以完善解决方案，使用敏捷的、循环的过程，逐步为客户创造更多的价值
优化当前流程以最大化价值创造，消除浪费并通过具体的、简单的行动来提高生产力，这些行动鼓励采用持续改进的心态。在数字化转型中，这个阶段被称为"成熟操作"
目标
对问题和提出的解决方案有明确定义
计划或项目的路线图
得到一个功能性和经过验证的最小可行产品，可用于扩大规模
得到一个稳定的、改进的产品，可以选择成为日常运营的一部分
工艺标准化/产品稳定化，并持续改进

图 1-17　创新过程模型

这些成果使雷普索尔进一步定义了"新工作方式"概念在组织中的意义。就组织所面临的不确定性、复杂性和技术颠覆的环境而言，整个组织都需要一种新的组织、工作和联系方式。

新的工作方式被定义为一组旨在改善和增强协作、敏捷性和生产率的工具和行动，并通过如图 1-18 所示的五个要素进行部署，这些要素在操作模型转换过程中实现。

清晰而一致的愿景
更扁平、更灵活的组织
数字工厂
采用敏捷和精益方法和实践
敏捷和精益思想
激励他人的领导者
共同的目的和透明的目标
一个确定优先事项的议程
清晰的治理框架、更灵活的结构和端到端的愿景
满足每个人需求的空间和技术
短周期执行
持续改进
多学科和自主团队
富于企业家精神的进取态度，始终以客户为中心

图 1-18　雷普索尔新工作方式的组成要素

转型过程的特点是由领导团队驱动的运营模式的变化，并激活五个要素。它们是通过组织变革来实现的，组织变革明确表达了领导者的愿景，使组织目标更加清晰，为产生新的动力奠定了基础，通常分为三个不同但又不孤立的阶段：开始、适应、采用。

- **开始**：组织知道转型的目的，明白转型的需求，并致力于适应和接受转型。
- **适应**：根据组织的需求和成熟度定义和设计转型路径。它包括识别当前需要解决的难题并提出解决方案。
- **采用**：通过巩固新的工作方式，使转型成为现实。它可能涉及调整我们在前一阶段所适应的变化，以实现持续改进的愿景。

在转换步骤的实施进程中，关键角色（见图 1-19）在组织中付诸实践，首先关注客户本身，并认识到领导者在其所有阶段对转换负有责任。这一事实使领导者成为转型过程的另一位顾问，正因为如此，领导者正在接受如何开启明天和改变今天的培训。

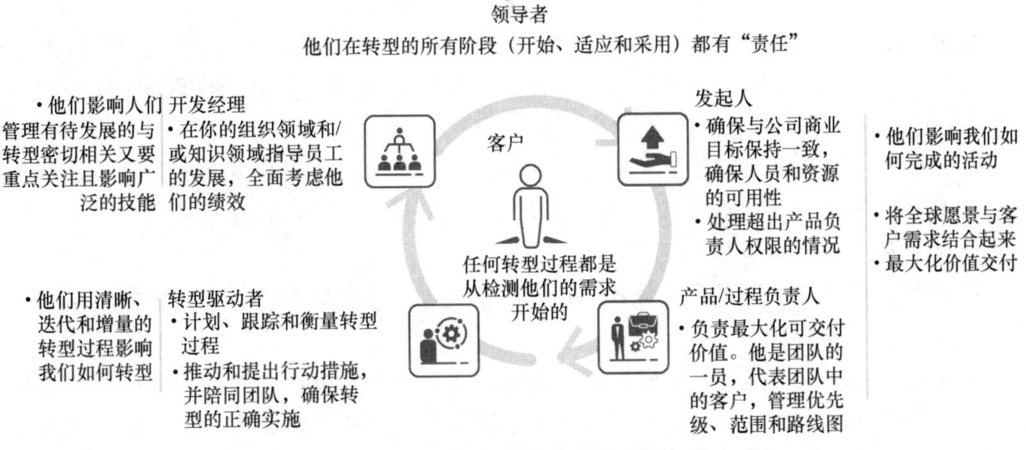
领导者
他们在转型的所有阶段（开始、适应和采用）都有“责任”
·他们影响人们管理有待发展的与转型密切相关又要重点关注且影响广泛的技能
开发经理
·在你的组织领域和/或知识领域指导员工的发展，全面考虑他们的绩效
客户
任何转型过程都是从检测他们的需求开始的
发起人
·确保与公司商业目标保持一致，确保人员和资源的可用性
·处理超出产品负责人权限的情况
·他们影响我们如何完成的活动
·将全球愿景与客户需求结合起来
·最大化价值交付
·他们用清晰、迭代和增量的转型过程影响我们如何转型
转型驱动者
·计划、跟踪和衡量转型过程
·推动和提出行动措施，并陪同团队，确保转型的正确实施
产品/过程负责人
·负责最大化可交付价值。他是团队的一员，代表团队中的客户，管理优先级、范围和路线图

图 1-19　转型过程中工作角色的主要新工作方式

在过去的几年里，雷普索尔推出了重要的举措：在化工和炼油领域推出精益化，在数字部门推出敏捷化，在技术和企业风险、人员和组织、审计、控制和风险、财务和企业战略等部门进行转型。组织转型的决定是一项战略决策，需要人力、资金和时间的投入。

雷普索尔的经验表明，这些新工作方式在应用中带来了改进的潜力（见图 1-20）：

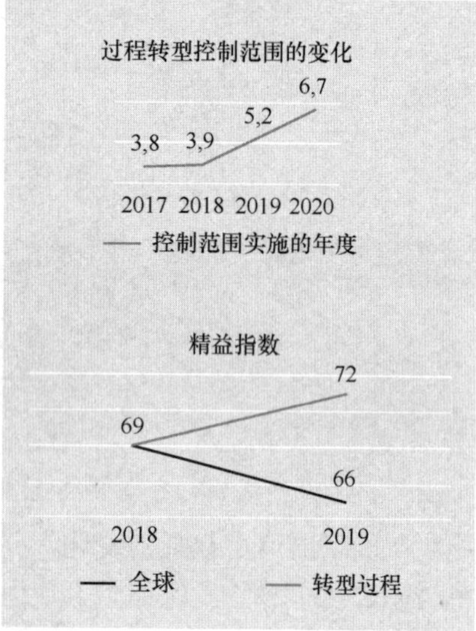

图 1-20　控制范围和精益指数的改进

- 在文化调查中，当比较已实施转型的部门和那些没实施转型的部门时，精益指数（平均 6 个百分点正差）和最有效员工的百分比（平均 14 个百分点正差）都有显著改善。
- 在组织层面，层级结构已被缩减，向领导报告的平均数量增加了 75%，控制范围（Span of Control，SoC)也随之增加。

1.10.5　第五阶段：加快转型（2021—2025 年）

2020 年年底，雷普索尔推出了一项新的战略规划，旨在改造整个公司，期望到 2050 年实现碳净零排放的目标。该规划考虑在整个价值链中采用敏捷和精益的新工作方式，由以下措施运行的新运营模式来驱动这一规划：

- 战略性人才管理。通过加强劳动力规划、再培训和提高技能来应对数字化、新业务和脱碳等新任务；通过数据开发来驱动文化；建立一个新的、适应的、多元化和包容性的专业发展框架。
- 组织的敏捷性。通过简化组织、提高组织的灵活性和生产力，以及搞好工作与生活的平衡来实现。

雷普索尔的目标是成为一家更具竞争力的公司，一个开发新的脱碳业务的雷普索尔，一个通过其行动和投资为全世界减少二氧化碳排放做出贡献的雷普索尔。雷普索尔将加速转型，用以客户为中心的战略，朝着他们想要的未来迈进，走向一个脱碳的世界。

1.11 战略的灵活性

接下来的三节将介绍战略敏捷性所需的多个维度。在过去的十年中，敏捷性在组织中的大量变化表明，这十年的剩余时间和下一个十年将见证工作方式的持续变化，以适应不确定性的需求，持续的客户压力，以及向我们的组织文化注入紧迫性的需要。以客户为中心的维度持续增长，成为适应性转变和解决方案共同创造期望的根本原因之一。

德国默克制药（Merck Kgaa）公司强调全球复杂事件对我们如何适应和建立恢复力的影响。思科（Cisco）公司（简称思科）将重点放在客户和员工体验上，并结合新形式的治理，因为组织正在经历一个训练有素的成熟之旅。继思科之后，现代服务（ServiceNow）公司的案例说明了战略敏捷性如何促使为未来的 PMO 探索新角色。此外，产品管理的维度被添加到组合中，以确认主导未来组织的产品和服务的不断发展。

这三节强调了在战略敏捷性的道路上整体和集成进展的重要作用。

1.12 卓越行动：德国默克制药公司①

世界正在迅速发展。这并不新鲜，但我们在 2020 年新冠疫情期间所看到的完全颠覆了以前的认知。这只是未来十年可能发生事情的第一次尝试。在这次疫情开始时，一些公司决定在短时间内重新分配预算和资源，以对抗病毒：口罩制造、疫苗研究、测试剂制造等。结果不确定，新冠疫情的持续时间也不确定。因此，在没有大量数据的情况下做出决策是有风险的。这就是项目管理和项目组合管理的功能可以展示其附加价值的地方：为了释放资源和预算，应该暂停哪个项目？这样做的风险有多大？值得吗？对于即将到来的新项目，预期的调整值是多少？

所有市场都受到了影响，不仅仅是阿斯利康、辉瑞和莫德纳等制药行业，文化产业、时尚行业、汽车行业等同样受到了影响。在所有领域，人们都已经做出了重新调整项目组合的决定，以保持竞争力并适应新环境。在我看来，这只是第一个迹象，在接下来的十年里，这将成为一个标准：如何快速移动/调整？如果你没有准备好这样做，你很快就会出局。就算你有一组很好的指标来运行你的投资组合，但这也不能告诉你这些指标在两到三年后仍然是有效的。为了应对变化，让我们行动起来。

世界正在迅速变化，在新冠疫情期间，我们对此有了明确的认识。在短时间内，世界面临着前所未有的局面，新的解决办法和行动方式出现了。

项目管理是这一变化的关键角色。让我们回顾一下发生了什么。一种未知的病毒开始同时感染多个国家的人，并且传播得非常快。所有国家、行业和服务都受到了影响。为应

① 本节资料由德国默克制药公司项目管理办公室主任 Alexandre Fara 提供。资料版权归德国默克制药公司所有，经公司授权许可使用。

对这一流行病，已经制定的解决方案都在考虑：如何控制这一流行病？如何测试人是否感染？如何保护尚未被感染的人？如何在短时间内研制出疫苗？如何保证关键食物、水等的送达？这么多问题，所有这些都包括一个项目管理角色。

作为项目和投资组合经理，我一直在大力参与处理这种新情况。在我看来，这只是一个起点。世界将不再是它在所有维度上原有的样子。有之前的病毒大流行，也会有之后的病毒大流行。

当我说项目管理已大量参与应对病毒大流行时，我可以提供几个例子：在制药行业，资源已被转移到疫苗和检测试剂盒的研究上，这意味着组合优先级排序已被广泛使用，因为我们不能只是打个响指就把所有东西都从桌子上丢掉。此外，物流主题是制造活动的核心，今天仍然如此。在这里，项目经理也是关键。

我可以找到很多例子，但这里的关键信息是，项目管理的重要性正在增长，其影响也在增加。另一点是，我们的方法已经进化，并将在未来一次又一次地继续进化。我们不能像五年或十年前那样管理今天的项目。我想与大家分享一些我们将面临挑战的领域，以便为未来做好准备。

- 项目管理活动越来越趋向于战略。我不想说战略将由 PMO 组织定义，就像主轴现在和将来都将由商务部门定义一样，但我们的角色正在演变为战略组成部分。投资组合在这里是去执行战略的，所做的活动和战略之间应该有一个明确的联系。仅仅说“我们所有的项目都在执行战略”是不够的，因为在某些时候，你需要做出关键的决策，就像我们在新冠疫情中看到的那样。

运营项目将继续由 PMO 管理，但我们越来越多地看到战略规划也需要一位专业的项目管理领导者。在未来的几年里，这种情况将会越来越明显。为了做好这样做的准备，我们的项目经理应该了解战略知识、客户和细分市场需求。我们不要求他们管理范围、预算和时间，但我们会要求他们对商务及其环境有额外的知识和理解。未来的项目经理将是一名真正的商业挑战者。

项目经理只是在一段特定的时间为一个特定的任务而被聘用，需要足够的灵活性，以便迅速转移到另一个公司/业务的另一个任务上。这意味着必须具备对商业环境的适应性和快速学习的能力。项目经理需要有比现在更广阔的视野：不仅要关注项目本身，还要关注周围的环境，以便能够预测风险和问题。我相信你已经听说过数据湖，以及我们可以从那里获得的所有信息。项目经理的技能是能够处理大量信息，并只保留对他/她正在管理的项目至关重要的信息。

在这个竞争越来越激烈的世界里，投资回报率（Return on Investment，ROI）是项目的关键。即使它与你的战略一致，项目对商务影响和价值的优先级也比以往任何时候都要高。有了数据湖工具和报告，访问信息将变得更加容易。作为 PMO，你拥有的信息越多，你就越需要消化这些信息，并利用它们向你的发起人提供一个明确的信息。PMO 也会在这个领域发展：财务、商业敏锐度和对商务的理解将是管理项目成功的关键。

- 管理远程团队开始成为今天的基础。我们现在使用很多工具来远程管理会议和项目。我们的干系人、合作伙伴、发起人对此已经习惯了，或者开始习惯了。几年前，当你让你的核心团队围坐在桌旁讨论即将到来的活动或向高层管理人员更新信息以使他们了解你的投资组合项目时，情况并非如此。如今，这类活动对项目经理来说需要新的技能：不可能看到参与者的肢体语言，不可能使用你的个人肢体语言来传达正确的信息。这并不容易处理，但这将是未来的状况。你如何管理一个文化差异和环境不同的远程团队？在传统的 PMO 中，流程建立良好并使用瀑布方法，恰当的治理不是成功的因素：人际关系才是关键！你可以拥有所有的文档信息和治理权力，但如果你不发展你的人际技能，你就会失败。

项目经理角色扮演的关键技能之一是人际关系。在没有等级关系的情况下管理员工是我们需要具备的最关键的技能。对管理全球的虚拟和远程团队成员来说，这一点变得越来越重要。在没有定期面对面会议的情况下与其他地方的人打交道是一个关键的挑战，需要以一种成功的方式来处理。如果你不具备这一技能，你就不可能毫无困难地获得成功。你如何远程管理你的团队？你如何以一种有效的方式让他们了解情况？

有很多数字工具可用，我们需要选择正确的工具才能成功。成功的关键因素不仅在于选择正确的工具，还在于如何使用它们。举个例子，当你在做一个项目演示时，尤其是面对面的，在一个房间里，很容易吸引观众的注意力：你的语气，你在台上的走动姿势，为了更靠近一些人来回答问题而在房间里的移动等。使用远程演示时，你需要改变演示方法，以确保每个人都参与其中。

在过去的一年里，这个话题变得越来越重要，并且在未来的十年里，它将成为项目经理的关键竞争优势。在新冠疫情期间，我们尝试了几种方法来管理这种情况，我可以告诉你，一种解决方案并不适用于所有情况和所有团队。他们每个人都有自己的现实状态，项目经理的作用是与核心团队一起提出并定义正确的制度。这可以是每周或每月一次的虚拟咖啡会议、一场虚拟游戏，或者只是一个专门的渠道来定期讨论和分享我们的想法。没有神奇的解决方案，这就是项目管理起关键作用的原因！我们在这里也是为了与我们的团队成员制定和实施正确的制度。这是我们工作的一部分，至关重要。

我们在日常工作中发现了一些技能和能力。不仅项目经理要求我们的发起人更多地授权、更多地参与，有更好的领导行为，而且整个团队也有这样的要求。但项目经理是触发因素。

- 当我们谈论远程团队成员时，我们还需要考虑到我们的干系人和发起人。在新冠疫情之前，这并不容易，但未来将更加复杂。绘制干系人图谱，让他们参与项目、让他们了解情况是关键，在远程情况下，这将更具挑战性。如果干系人没有得到很好的管理，一个好的项目可能也会变成一场彻底的灾难，而项目经理在这方面的作用是关键，他/她可以证明 PMO 为项目增加了价值。
- 不要期望项目一开始就有一张干系人图谱，到最后也会是同一张图。如前所述，一切都在快速发展，你的工作是确保每天都是最新的：谁是我的干系人？他们在哪里？他们叫什么名字？最重要的是，他们想知道什么？什么时候想知道？
- 一些干系人或合作伙伴经常问的一个问题是，我们如何衡量 PMO 对项目的影响？遗憾的是，这个问题没有关键的绩效指标。每个项目都是不同的，所以并不是因为没有项目经理来领导项目，项目就会失败。你永远不知道如果你有 PMO 的话，会发生什么！当我们开始建立我们的 PMO 团队时，我们很少有项目经理，但是我们建立了我们的愿景，我们向我们的领导提出了一些提案，以便更好地了解正在发生的事情，并且我们建立了与他们的沟通途径。几年后，团队发展壮大，现在每个项目都需要项目经理，对我来说，这就是 PMO 起作用的衡量标准。

- 我们正前所未有地进入一个数字化的世界：沟通管理和数据管理就证明了这一点。每个人都意识到了这种情况。问题是，我们准备好了吗？如果我们谈论的是项目管理工具和实践，我们还处于起步阶段。到目前为止，瀑布过程是我们遵循的主要规则，我们看到敏捷和混合方法正在兴起。

在我看来，项目经理的作用不是应用特定的过程，而是选择正确的过程，并在此基础上能够创建和管理混合在一起的几个过程。未来的项目经理将是有创造力的。适应性是确保以最有效的方式开发业务所需内容的关键：这可以是一个新组织、新产品、新基础设施。项目经理将带着工具箱，并由他/她选择正确的工具来实现目标。不会有一个单一的标准，但会有几件可用的工具，PMO 将作为参谋，帮助选择正确的、最适合情况的工具。

由于世界发展迅速，过程应该灵活。在任何公司，我们都需要定义清晰的过程，以确保所有项目方法的协调，同时需要一个全面而准确的报告系统和项目组合管理。即使建立了过程，PMO 也应确保过程对当前项目情况和环境的适应性。项目经理在这里不是应用过程，而是根据情况调整过程。

不要指望商务部门告诉你将来使用什么流程，他们要靠你来告诉他们。这就是 PMO 作为附加价值的地方：根据已定义的过程跟踪活动，而不是使过程适应所需活动以确保成功。这个过程是一个指导方针和一份检查清单，以确保不会忘记任何东西。适应性是成功的关键。

正如你所看到的，未来的项目经理将拥有额外的和改进的技术和能力。他/她应该更有创造力，适应性更强，更会管理远程团队和干系人，拥有丰富的业务知识。

1.13 卓越行动：思科公司[①]

本案例讨论两个问题：第一，思科公司的客户体验——项目管理的职责；第二，变革——行动中的转型。

1.13.1 思科公司的客户体验

该行业正处于历史上最苛刻的竞争环境中。动荡的时代正在推动戏剧性的变化。这些变化已经改变了世界各地人们的生活、工作、娱乐和学习方式。

但在这个艰难的时代，公司有一件事没有改变。那就是思科对客户的奉献：客户一直是思科工作的核心。其结果是，近年来，大胆而持续的以客户为中心的创新彻底改变了思科的客户体验（Customer Experience，CX）。如今，这已成为全公司的共识。

---

① 本节资料由 Julian L. Morris（荣誉理学士、MBA、PMP、SA）提供，他是思科公司客户体验事业部的全球项目管理社区领导者。版权归思科公司所有，经许可可转载。

这是一个承诺，通过我们卓越的人才和技术，推动业界最值得信赖的 CX。思科通过协作智能（Collaborative Intelligence）方法实现了这一目标，该方法由三个以客户为中心的体验组成：客户体验生命周期成功（CX Lifecycle Success）、CX 云（CX Cloud）及思科成功组合（Cisco Success Portfolio）。CX 确保了我们的客户在每一个思科接触点的每一次互动中都能获得最好的体验。这是如何实现的呢？方法就是以顾客为中心：关注客户的业务；牵挂每个客户的难题；对每一位客户所面临的任何问题都非常关注。

在思科，CX 是一项深思熟虑的、整个公司的任务。我们的团队与企业的各个部门（客户体验部、工程部、营销部、人事部和社区服务部）协同工作。

思科公司的 CX 是一次真正转型的结果：新的平台和新的技术、新的过程以及新的投资组合。迄今为止，在像思科这样复杂的业务和投资组合中，从未有过如此规模的成功。

正如我们的员工通过专业和支持服务提供卓越的客户体验一样，思科的 CX 之旅在数字能力、数据、门户、应用程序接口等方面带来了额外的价值。从我们的员工到我们的技术，每一个客户体验组件都是提供最佳全面客户体验的关键。

随着行业的转型，客户定义价值的方式也在改变。他们期望生命周期的每一步都有价值。在许多情况下，客户体验甚至超过价格和产品，成为品牌差异化的关键因素。在思科，CX 是突破性创新的核心。

思科客户生命周期通过关键接触点定义了客户旅程的各个阶段。如果客户在一个接触点上感到高兴，那么过渡到下一个接触点则是无缝的。这些经验交织在一起，增强了客户的信心，是在我们的全球生态系统中建立密切、有意义和持久关系的基础。

1.13.2　CX——全球角色社区和员工体验

角色社区的概念是作为思科 CX 转型的一部分实施的。如前所述，行业转型正在以惊人的速度发生。因此，思科正在以更快的速度发展，并继续引领这一进程。

我们已经认识到，要持续提升思科为客户带来的价值，就必须高度关注并推动一流的客户体验。我们还认识到，为员工提供职业发展机会同样重要。

思科推出了内部“角色社区”，旨在通过活跃的全球同行社区，传递强烈的“归属感”，传递在保持一致性和质量的同时发挥专业精神的“承诺”。这种亲和力对于优秀的企业文化至关重要，因为真正优秀的客户体验源自优秀的员工体验。

员工体验是建立令人惊叹的客户体验的基础，你需要首先从对员工重要的时刻开始。角色社区是提高员工体验的一个关键部分，它使员工参与和组织文化成为组织内部的优先事项。这是人和文化共同推动规范完善和文化变迁的表现。这是一种深思熟虑的方法，通过专注于重要的时刻，创造最令人满意的基于同理心的员工体验。

再将角色关注提升到个人层面，因为丰富的体验是个人的。每个角色都知道他们所做工作的价值，这就创造了一种授权、价值和创新的文化。思科在 2020 年获得了最大的认可：连续两年被《理想工作场所》（*Great Places to Work*）和《财富》杂志评为“全球最佳工作场所”榜单第一名！

CX 角色社区代表了一个横向的视角。每个核心角色都有自己独特的视角来看待 CX 之旅。基于同伴的观点也可以作为这些角色的变革推动者。

每个角色社区都代表一个单独的接触点，它拥有角色定义、过程、资产，以及总体核心 CX 角色的演进。角色社区的愿景是建立并发展由客户至上的专业人士组成的高度参与的全球社区，并在这个社区分享、创新和扩展各自的学习与最佳实践，共同提供非凡的客户体验。所有这些都基于三个根深蒂固的价值观：客户至上、专业可信和共同卓越。

角色社区是加速组织转型的关键机制。社区的影响是广泛而深刻的，通过使知识透明化和易于获取来解决战略核心角色演变、功能卓越和个人绩效问题。

每个独特的角色社区都将获取个人贡献者的意见，并促进全球范围内的互联体验，确保与商业战略和目标的协调性和一致性。

总之，角色社区通过角色参与、角色一致性、变革管理和转型来推动员工体验。

角色社区的一般概念如图 1-21 所示。

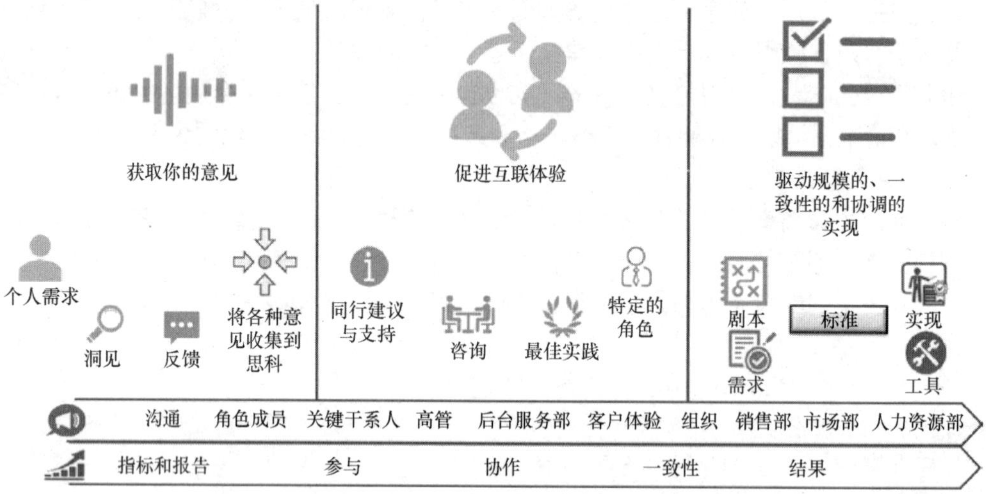

图 1-21　角色社区的一般概念

1.13.3　全球项目管理角色社区

如图 1-22 所示，项目管理是 12 个核心 CX 的客户角色之一。思科公司的 CX 全球项目管理团队由一千多名项目经理和项目集经理组成，负责交付超过一万个定期进行的项目和项目集，年收入达数十亿美元。

有三种主要的面向客户的项目管理交付角色：项目集经理、项目经理和项目专家。项目集经理成功地管理和领导项目集，为复杂的、事务性的和多组件相互依赖的项目集交付客户需要的商业成果。项目经理成功地管理和领导项目，为我们的客户交付商业成果。这两个角色也为规划团队和交付团队提供指导，以按时交付项目集和项目，在预算范围内以高质量提高客户满意度。项目专家在整个交付周期中支持项目经理和项目集经理。

实现项目管理角色社区的关键领域之一是创建正确的治理结构，以确保获得全球项目管理社区中关键组成部分的认可。这是通过创建全球项目管理理事会实现的。该理事会由三个主要的地区和有利于 CX 中心的潜在业务部门及关键的公司职能部门组成。这是为了确保我们能够管控公司全球业务的协调性、可伸缩性、一致性和合理转型。这种模式加速了项目管理角色与 CX 转型的演变。

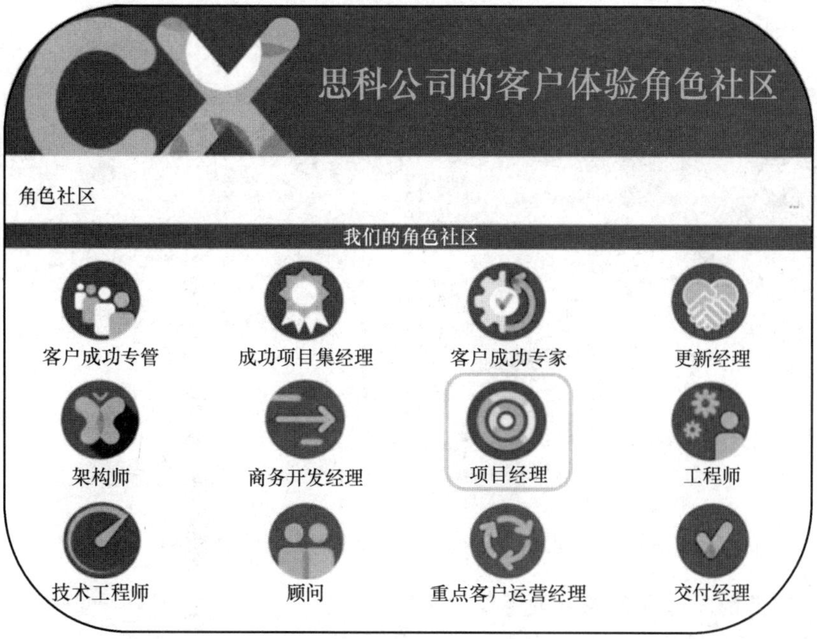

图 1-22　思科公司客户体验中面向核心客户的角色

1.13.4　全球项目管理理事会

项目管理理事会的全球和区域结构如图 1-23 所示。全球理事会由 12 位理事组成，代表了项目管理人员的关键部分。全球和区域理事会向两个方向传递信息。为了巩固全球理事会的作用，还制定了一部全面的《组织法》，以明确理事会的作用。

1. 理事会章程

制定了一个清晰的愿景：建立一流的项目管理社区，在整个客户旅程中提供最高水平的价值。

除愿景外，还定义了使命声明：

- 识别并响应全球项目管理社区的员工敬业度、采用率、工具、方法和技能需求。
- 与员工、客户和其他干系人沟通，确定当前和未来的技能需求，计划并确保相应的全球执行。
- 根据未来的业务/客户需求促进社区人才的成长，提高交付能力，促进创新。
- 建立一个包容的社区，以回应全球项目管理和更广泛的客户体验政策与举措。
- 为了提高项目管理能力，配合客户体验战略，建立一个中心机构，以区域差异推动全球一致性。

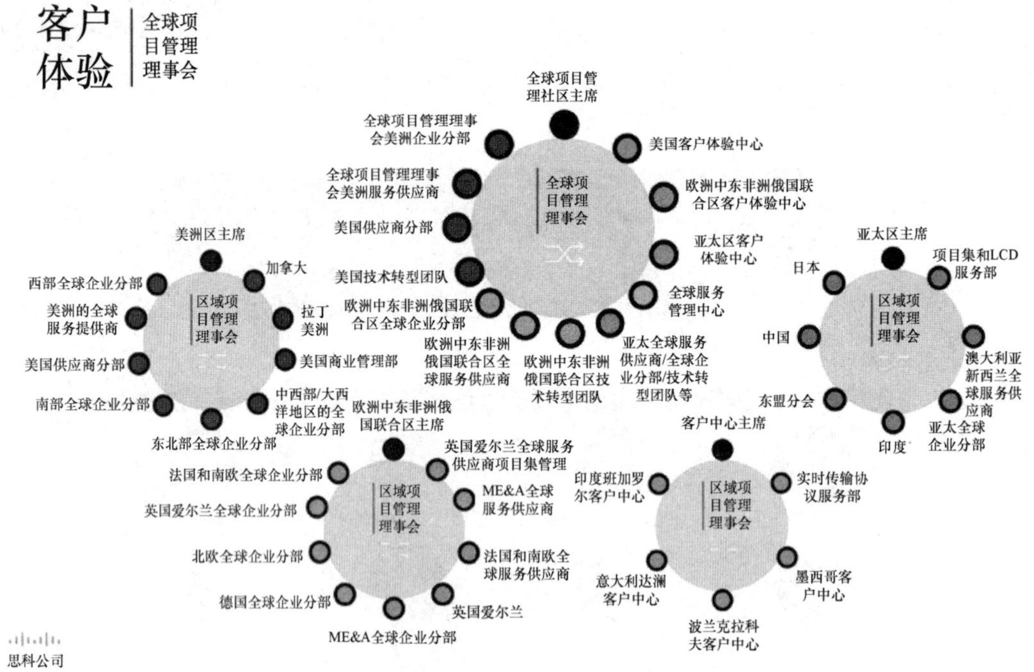

图 1-23 思科公司全球项目管理理事会的治理结构

此外，项目管理理事会成员须遵守以下原则：

- **客观性**：成员应该为他人的最大利益而行动。
- **问责制**：每个成员都代表他们所代表的干系人群体参加 PM 理事会，并且期望每个成员确保合理的安排，出席理事会，报告他们的工作。
- **开放性**：成员应尽可能地公开他们的所有行为，确保对项目管理理事会所做的决定做出回应。
- **保密性**：在相关情况下，每个成员都应尊重保密性，并确保机密材料受到保护，未经项目管理理事会许可不得使用。
- **促进平等和尊重他人**：每个成员都应履行自己的责任，充分考虑到促进所有人机会平等的需要，并对他人表现出尊重和体贴。
- **无偏见**：根据全球标准做出决定，无论个人对该主题的看法如何。

定义项目管理理事会成员的核心原则对理事会的成功至关重要。成员应在相互支持、共享价值观和联合协作的文化基础上工作。这种行为和成熟的方法是项目管理理事会所代表的一切核心。

2. 全球项目管理社区：治理模型

完整的项目管理社区的治理模型如图 1-24 所示。它的创建是为了直接将客户体验内项目管理角色的执行发起人与全球项目管理理事会（见图 1-23）联系起来，并最终与全球项目管理社区联系起来。我们使用创建、批准和采用的概念在整个社区实施这些举措。

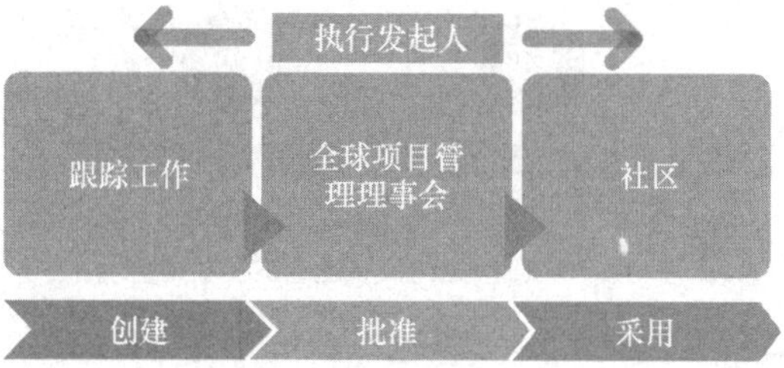

图 1-24　全球项目管理社区：治理模型

3. 全球项目管理社区：转型成功

要开始项目管理转型之旅，我们首先需要了解我们的起点。为了确定这一点，我们进行了几次评估，以明确我们的位置。

领导力转型成功调查由四个不同的领域组成：

- 你所在的项目管理区域/社区在一年内发生了什么“变化”？
- 你会给你所在地区的项目管理“成熟度”打多少分？
- 成功的“障碍”是什么？
- 你想“改变”的一件事是什么？

此外，使用集成能力成熟度模型（Capability Maturity Model Integrated, CMMI）的五个级别完成了项目管理能力的成熟度评估。项目管理社区的个人贡献者反馈是通过使用社区平台和官方季度角色社区调查结果的直接逐字评论获得的。所有这些数据点被整合并输入到关键分析输入阶段。

4. 确定重点领域

将转型成功分析（见图 1-25）和使用全球项目管理治理模型（见图 1-24）进行关键分析，并识别和确定一组清晰的焦点区域（见图 1-26），以代表全球项目管理社区与更广泛的客户体验转型保持一致。

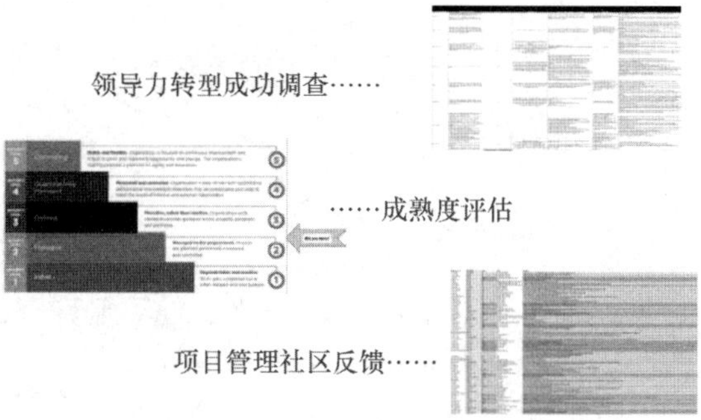

图 1-25　全球项目管理：关键分析

这些重点领域和更广泛的叙述被带回全球项目管理社区并进行测试，以确保每个人都是一致的。在这个阶段，社区和领导层的反馈得到了极大的鼓励。在进入下一阶段之前，我们收集了所有的想法，直到我们对四个重点领域形成了一个全面的列表。

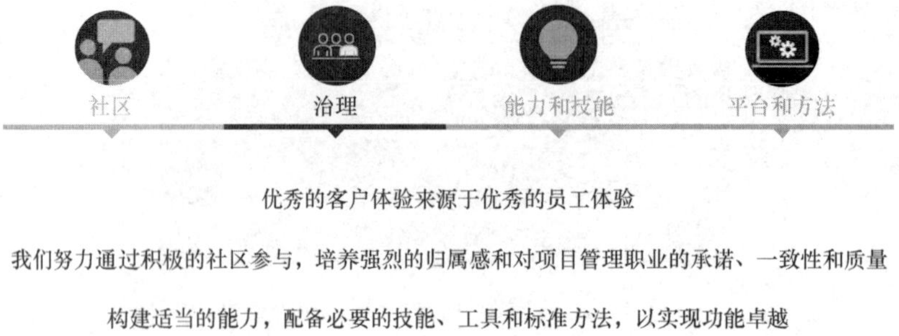
社区
治理
能力和技能
平台和方法
优秀的客户体验来源于优秀的员工体验
我们努力通过积极的社区参与，培养强烈的归属感和对项目管理职业的承诺、一致性和质量
构建适当的能力，配备必要的技能、工具和标准方法，以实现功能卓越

图 1-26　全球项目管理社区：重点领域

5. 全球项目管理：转型图

下一阶段，我们在北卡罗来纳州首府罗利市的思科办公室组织了为期三天的面对面展望未来研讨会。出席会议的有来自全球项目管理理事会的所有代表（见图 1-23），以及选定的项目管理主题专家和专业主持人。

我们从密集的展望研讨会中得到的是一张全面的转型图（见图 1-27），它确定了每个重点领域的所有关键计划，并按时间范围和逻辑顺序做了优先级排序。在每个计划下都有几个实现可交付物的措施，当我们移动到执行阶段时，这些措施就会被记录在转型措施日志中。

正如你从图 1-27 中看到的，全球项目管理社区最重要的演进路径是从关注成本的“可交付物协调者”，到最终服务于关注时间价值的“价值创造者”。在不同的重点领域和时间范围之间的一切都使这种演变成为可能。

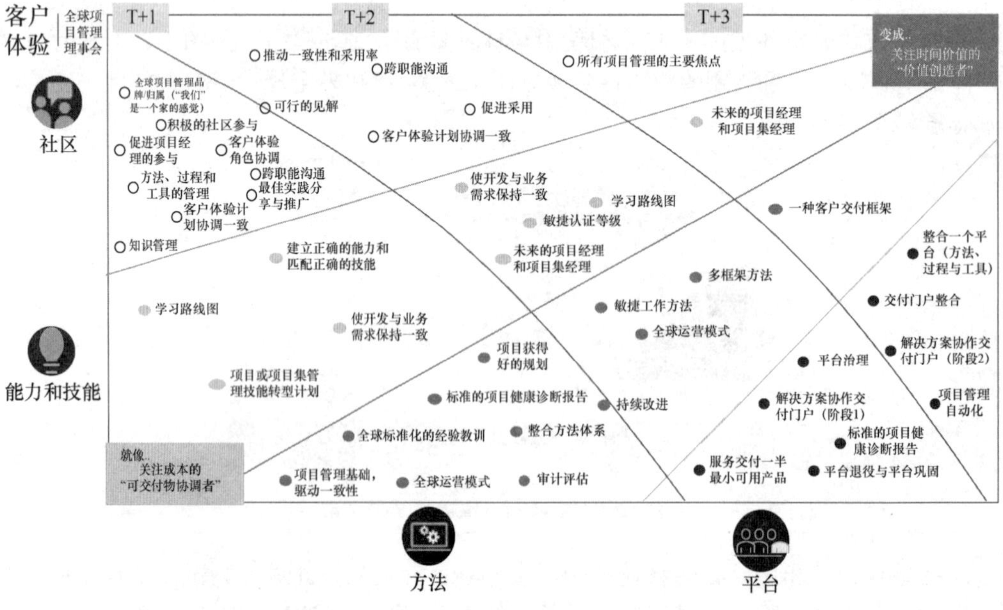

图 1-27　全球项目管理：转型路径图

1.13.5　结论

作为思科客户体验转型的一部分，实施角色社区是创造强大员工体验的关键一步。角色社区允许思科的 CX 将核心角色转移到 CX 转型旅程中。特别是项目管理社区允许角色以更快的速度发展，关注角色演变，从关注成本的“可交付物协调者”转变为最终服务于关注时间价值的“价值创造者”。它还允许我们大规模成功地嵌入行业里标准的项目管理能力和文化，同时保持项目经理与交付团队紧密整合，提供贴近客户的服务。

项目管理角色社区使每个项目专业人士都能使用他们的声音来提供直接的反馈，并在角色旅程的每一步中发挥他们的作用。它也创造了一种强烈的归属感，这是所有项目管理的主要焦点。因为它对所有员工开放，所以平台提供了一个访问资源、建议和专业知识的主要焦点，从而使项目管理成为一种战略能力。

这种方法为相互理解提供了清晰的叙述，并允许所有成员参与到旅程中来。实现个人反馈的正确融合，与商业目标保持一致，并将其转化为清晰的叙述，同时辅以一系列可衡量的举措，这是一项非常伟大的事业，正如亨利・福特所说：“因缘相聚同开业，团结友爱共成长，齐心协力创辉煌。”

1.14　卓越行动：现代服务公司①

不确定性一直是现代商业环境的特征，但新冠疫情使其成为主导因素。对于适应疫情的公司来说，随着组织试图调整人员、流程、战略和技术架构，应对新挑战（“全远程”的劳动力、不稳定的现金流和不确定的经济前景）的学习曲线变得陡峭（容易适应变化。——译者注）。但不那么灵活的公司就难以适应。

这种转向的能力是战略敏捷性的核心。成功的公司不仅通过保持业务连续性，而且通过快速适应新的业务挑战和机遇来应对疫情造成的中断。

在疫情开始时（2020 年年初），ESI Thought Lab（一个位于纽约的创新思想智库。——译者注）和现代服务公司进行的一项全球调查发现，只有 10%的大型企业称自己是敏捷的。到 2020 年年底，这一比例几乎增加了两倍，达到 28%。

然而，考虑到商业环境变化的速度越来越快，这个比例似乎也不大。企业正在争先恐后地适应客户需求和员工需求的巨大变化。疫情造成的这两方面的中断都使组织对不断变化的市场条件做出快速反应的能力得到了新的重视。

1.14.1　企业数字化转型是数字化转型的关键

现代服务公司开始意识到，为了实现战略敏捷性，他们必须将手工流程和工作程序数字化。数字化转型的需求正在推动企业对包括自动化和机器学习在内的一系列技术进

① 本节作者来自现代服务（ServiceNow）公司，他们是 Simon Grice（高级主管，创新专家）、Doug Page（高级经理，产品管理专家）、Rani Pangam（高级主任，IT 项目管理专家）和 Tony Pantaleo（主管，产品质保专家）。感谢现代服务公司的支持，许可我们使用这些资料。

行大规模投资。

根据国际数据公司的数据，预计 2020 年至 2023 年间，全球企业将在数字技术计划上投资 6.8 万亿美元（Manek，2020）。

通过专注于数字化转型工作，现代高管可以实现其战略敏捷性目标，以应对业务的不确定性。

1.14.2 项目管理办公室的转变

现代 PMO 需要新的能力和专业知识来为业务领导提供咨询服务，需要知道在哪里及如何快速重新分配资源，以响应业务需求的变化和风险的变化。重点是跨业务部门的成果实现。PMO 必须重新定位：为战略敏捷性所需的灵活的再分配决策提供咨询和管理服务。

项目管理传统上关注通过在时间管理、范围管理和成本管理等领域降低风险来建立确定性。但如果市场需求发生重大变化，控制风险就变得毫无意义。通常，传统方法可以按时在预算内交付项目，但不能交付真正需要的产品或服务。

在新冠疫情后的世界，PMO 必须将其思维方式从降低风险转变为战略敏捷性。在实践中，这意味着将重点转移到指导业务成果的实现上。要做到这一点，PMO 必须将他们的专业知识范围从项目管理扩展到项目集管理和产品管理。

我们面临的挑战是，开发战略力量来监督多个项目、产品和项目集，以确保业务成果和价值实现。

1.14.3 改变项目管理的定义

为了开发这些新的能力，项目管理的新定义正在出现（见图 1-28）。

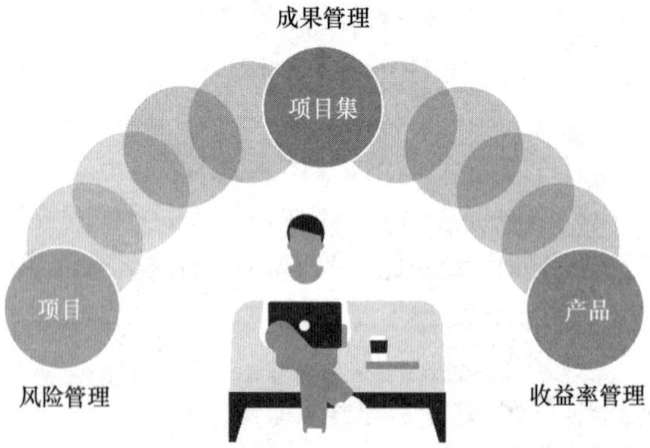

图 1-28 将 PMO 的重点从降低风险转移到战略敏捷性上

当今快速变化的世界要求项目经理的技能和心态也随之做出重大调整。敏捷性、团队协作和变更管理正在取代战术控制和严格治理的传统方法。

项目管理通常被定义为一组活动，旨在产生与产品或服务相关的特定可交付物。重点是治理：在时间、范围和成本方面进行管理。

新的定义将项目集管理和产品管理添加到了项目管理办公室的方法中。

产品管理关注产品或服务的开发和持续交付。在这种情况下，衡量成功的标准不是有效的治理，而是用户的采用和体验，然后利用用户反馈来推动自身的持续改进。成功的产品管理实践使公司能够通过变化来交付和维持有竞争力的产品或服务。

项目集管理是一种将一系列项目和/或产品打包在一起进行管理的能力。这些项目和/或产品的交付成果与公司的战略目标相关联，因此这些项目集又成了公司项目组合管理的一部分。例如，IT 项目组合就是共享生产力和运维效率目标的项目集和项目的组合，然后将其与公司的战略目标联系起来。

项目集管理代表了一种新的运行方法，它从项目级的战术风险管理转移到了价值和成果实现的企业管理上。在商业环境中，当项目的价值并不总是很明显，或者会产生意想不到的结果时，这个转移方向是很重要的。随着来自客户和员工体验的企业价值比例的增加，这种情况可能会变得更加普遍。向项目集管理的转变（见图 1-29）将现代 PMO 定位为：

- 影响干系人如何定义跨企业能力的价值和可衡量的成果。
- 提高在关键的公司战略和业务重点上的投资收益。
- 根据不同的项目成果和产品成果，与业务主管一起衡量项目的当前状况并就相关问题进行沟通。

图 1-29　现代 PMO 的职责

现代 PMO 应该能够衡量成果，根据业务优先级执行，推动投资收益，并向执行领导汇报项目进展。

利用其跨项目、产品和项目集的经验，现代 PMO 开发了对影响客户和员工需求的杠杆的理解和洞察力。有了这样的理解，PMO 就可以向业务领导提供一致的报告和建议，说明如何交付和实现结果，以及需要在哪里进行支点立柱，以支持公司的目标和优先级。

在下一节的农业信贷协会案例中，将重点回味项目管理实践中许多不断变化的实践。

1.15 卓越行动：美国中部农业信贷协会①

农业信贷系统由七十多个独立的金融机构组成。这些机构被称为协会，它们的统一目标是确保农村社区和农业的未来。我们的会员制合作结构确保我们的业务决策始终专注于我们所支持的客户。“我们的贷款和相关金融服务支持农民和牧场主、农民合作社和其他农业企业、农村居民和向全世界出口美国农业产品的公司”（Farm Credit　2021）。

美国中部农业信贷协会（Farm Credit Mid-America）是农业信贷系统中最大的协会之一，服务于印第安纳州、俄亥俄州、肯塔基州和田纳西州的农民和农村居民的信贷需求。我们提供广泛的金融服务，包括购买土地的房地产贷款，满足日常运营所需的饲料、种子和燃料的经营贷款，商业贷款，以及设备融资和作物保险产品。我们在四个州的农村地区拥有大约 80 个基层办事处。

2012 年，美国中部农业信贷协会是一家拥有 197 亿美元资产的协会（2012 年度报告，2021 年从美国中部农业信贷协会获取）。在为股东会员提供服务愿望的引导下，美国中部农业信贷协会在 2012 年年初成立了运营团队，目标是绘制业务流程并确定机会，不仅提高了效率，还通过深入了解其核心业务流程及如何为会员提供价值增强了客户体验。运营团队由具有六西格玛和精益生产背景的持续改进专业人员组成，举办了广泛的商业之声研讨会，不仅深入了解了当前状态的业务流程，还识别和优先考虑了与流程稳定性和增强相关的团队成员需求。

运营团队确定了数百个过程改进机会，而美国中部农业信贷协会的高级领导层确定了结构化方法的需求，不仅确定了优先级项目、选定项目并实施项目，还根据战略一致性和价值做出了决策。2014 年，美国中部农业信贷协会成立了过程改进和执行团队，负责管理协会的战略项目组合，包括分配资源和确定项目优先级，以满足组织的战略要求。由于在投资组合管理最佳实践的应用方面取得了成功，运营流程卓越团队于 2017 年成立，并扩大了过程改进和执行团队的范围，包括与执行委员会和董事会合作，为协会的战略规划过程提供领导，为关键业务流程提供业务指导，提供实时的业务流程支持，并收集和管理与业务流程相关的知识。

截至 2021 年 4 月，“美国中部农业信贷协会拥有超过 8 万名客户，拥有和管理的盈利资产达 288 亿美元”（美国中部农业信贷协会，2021）。以下概述了美国中部农业信贷协会从 2012 年到 2021 年的项目管理和持续改进历程，以及我们如何在基于从业经验和学术研究相结合的金融服务环境中，设计出了战略规划、战略项目组合管理、业务流程所有权和持续改进的结构化方法。

1.15.1 项目成功的三焦点透镜分析

正如科兹纳（2021a）所说，“许多高管了解项目管理的好处，但往往不知道如何实现

① 本节资料由 Chuck Millhollan 和 Daro Mott 提供。版权归 Chuck millholland 和 Daro Mott 所有，经许可可转载。

它们”。在过去的几十年里，项目管理已经显著成熟起来。然而，对于哪些因素导致了成功的项目，仍然存在着相互矛盾的观点。已发表的理论性研究论文关于成功的项目管理是什么及项目经理需要什么技能的观点很不一致。

Millhollan 和 Kaarst-Brown（2016）进行了大量的文献研究，他们从三个不同的角度确定了成功目标和衡量成功的潜在冲突：项目管理过程、项目经理和项目成果。这些观点中的每一个都不仅将焦点转移到了“成功”的衡量上，而且转移到了最大化组织中价值交付所必需的项目领导技能上（见图 1-30）。在实际应用中，每一个成功的角度都是由不同的干系人在不同的时间点定义的（Millhollan 2015）。

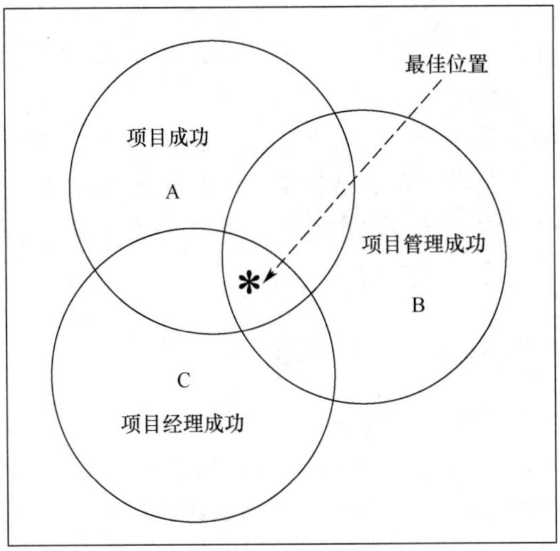

图 1-30　三焦点项目成功透镜

1.15.2　文献中关于项目成功的悖论

项目成功的挑战来自平衡不同的期望和看法（Judgev 和 Muller，2005；Shenhar 等，2001）。感知成功的定义不仅是满足技术要求，提供项目目标中定义的产品、服务或结果，还包括来自干系人群体的高水平满意度（Bakeret 等，1988）。对文献的分析表明，与这些不同的项目成功因素和不同的项目类别相关的挑战是三重的（Millhollan，2015）：

（1）一些有助于项目成功的因素是在项目期间实现的，如满足项目相关的约束、预算和进度、创造新产品或服务。

（2）其他项目成功因素可能要到项目完成后很长时间才能实现，如客户满意度或商业成功。

（3）影响项目成功衡量和感知的因素常常是相互冲突的。例如，满足预算或进度限制可能会对满足技术或功能需求产生负面影响。

这些观点还强调了成功的项目通常是在项目成功文献中没有考虑到的可度量功能：与干系人分析、决策、谈判、冲突解决、变更管理和变更政策相关的有效成果。

1.15.3 文献中关于项目管理成功的悖论

文献中一致的观点是，当项目失败时，项目管理没有提供预期的收益，干系人通常将责任归咎于项目管理。这种看法是正确的。失败是因为将需要植根于项目管理方法的无效应用未能有效地计划，或者缺乏与根据商定的约束和目标管理交付相关的结构化方法。Millhollan 和 Kaarst-Brown（2016）得出结论，文献中存在三个悖论，与 Munns 和 Bjeirmi（1996）、Azim 等（2010），以及 Lacerda 和 Ensslin（2011）的观点一致：

（1）有效的项目管理方法有助于项目的成功，因为它提供了结构化方法和标准的工具或程序。

（2）有效的项目管理提供了一种结构化方法，但并不能保证项目的成功。

（3）缺乏有效的项目管理方法导致了项目失败。

关于项目管理成功的文献中明显缺失的是与工具和技术选择相关的决策制定。我们说有一些技能是重要的，可以与各种项目成功的衡量标准联系起来，然而在项目管理文献和著名的项目管理标准如何关注这些方面也存在差距。项目管理（过程）成功的关键悖论是，它隐秘地依赖项目管理方法之外的技能。

1.15.4 文献中关于项目经理成功的悖论

文献中一致认为，项目经理的能力是项目成功的基本要素，项目的成功或失败受到谁管理该项目的影响，项目经理必须利用他们的软技能来有效管理复杂的多学科团队（Patanakul，2011；Pinto 和 Slevin，1988）。考虑到对成功的感知在很大程度上依赖项目成果，以及如何利用项目管理工具和技术来帮助产生预期的成果，项目经理在整个项目生命周期中，甚至在产品生命周期中，识别、理解和管理干系人期望的能力明显对项目成功至关重要。项目经理影响对项目成功看法的机会取决于他们的能力：理解干系人重视什么，管理影响项目如何交付价值的现实因素，并确保交付的现实成果与期望成果一致（Millhollan，2008）。

根据前几段中提出的差距和作者的经验，都把项目管理技术（硬技能）的应用和决策看作成功的项目经理的关键技能。这从以下几点开始（Millhollan，2015）：

（1）与人际互动相关的技能，用于识别和理解与特定项目相关的干系人的期望，以便人们可以使用这些信息来识别和优先考虑一些因素，而这些因素影响干系人对成功的看法。

（2）通过沟通、谈判和解决冲突的技能，确保不同干系人群体之间的期望一致，因为这些期望不仅可能存在冲突，而且随着项目从早期计划到执行和交付的进展，这些期望也会随着时间的推移而变化。

（3）制定战略的决策和谈判技能，不仅管理项目，而且管理干系人对商定的最终状态目标的期望。

如果研究表明一套特定的技能或一些技能领域是成为一个有效的项目经理所必需的，那么为什么专业标准没有提供更详细的描述或为获取和发展这些技能提供指导呢？如果我们知道成功的项目经理需要更广泛的技能，那么为什么我们不在基础或高级项目管理课程中包含这些技能呢？是因为它太难了，还是因为我们认为这些人格素质类技能不是可以教授的技能？这些都是重要的问题。与三焦点成功透镜相关的关键悖论如表 1-2 所示。

表 1-2　文献中的关键悖论总结*

文献中的类别	悖　论
项目成功	● 促成项目成功的一些因素是在项目期间实现的，如满足与项目相关的约束、预算和进度、创造新产品或服务。 ● 其他项目成功因素可能要在项目完成很久之后才能实现，如客户满意度或商业成功。 ● 影响项目成功衡量和感知常常是冲突的。例如，满足预算或进度限制可能会对满足技术或功能需求产生负面影响。
项目管理成功	● 有效的项目管理方法有助于项目的成功，因为它提供了结构化方法和标准的工具或程序。 ● 有效的项目管理提供了一种结构化方法，但并不保证项目的成功。 ● 缺乏有效的项目管理方法导致了项目失败。
项目经理成功	● 与人际互动相关的技能，用于识别和理解与特定项目相关的干系人的期望，以便人们可以使用这些信息来识别和优先考虑一些因素，而这些因素影响干系人对成功的看法。 ● 通过沟通、谈判和解决冲突的技能，确保不同干系人群体之间的期望一致，因为这些期望不仅可能存在冲突，而且随着项目从早期计划到执行和交付的进展，这些期望也会随着时间的推移而变化。 ● 制定战略的决策和谈判技能，不仅可以管理项目，还可以管理干系人对商定的最终状态目标的期望。

* 改编自 Millhollan 和 Kaarst-Brown, 2016。

科兹纳（2021b）强调“项目成功不符合任何预先定义的标准。每个行业对成功的定义可能不同，即使在同一个行业，成功的含义也会随着项目的不同和生命周期的不同而变化”。作为一名实践者，理解这种成功现象的不断变化的定义，并在三焦点的基础上设计了运营流程卓越团队和我们的方法体系，以允许将成功的焦点转移到每个视角的交叉点或最佳点上。

1.15.5　美国中部农业信贷协会价值驱动型战略投资组合管理

1. 战略规划

我们早期关注的一个基本概念是创造一种关注战略项目实现收益的文化，从执行委员会和董事会开始建立自上而下的利益实现精神。根据我们的战略要求（见表 1-3），我们在 7 月的年度战略规划启动期间，专门花时间由我们的董事会和执行领导人亲自主持讨论了战略项目及价值主张。

表 1-3 美国中部农业信贷协会的战略规划

提供卓越的客户体验	增加超出顾客期望的价值，使顾客愿意重复体验并把这种好的体验向外传播
建设性地成长	重视投资组合的持续增长，以一种有利于客户现在和未来的方式有效地服务于市场
确保信用质量并加强管理	以正确的方式做正确的事，以使我们能够在客户面临挑战时与他们合作。提供优质的新贷款，提供可靠的贷款管理，并及时为不良贷款提供服务
维持可持续的金融业务	尽管既要应对经济挑战，又要适应政府监管和政府各种政策的变化，但我们的不懈努力将增强协会未来的财务实力，提高协会的社会地位
努力实现我们的目标和价值观	我们协会的指导方针（见图 1-31）明确了我们的目标和价值观，我们所做的一切反映了我们的目标和价值观。我们一起工作，互相关心，指导和培养人才，以便更好地为客户服务

图 1-31 美国中部信贷协会的指导方针

2. 我们的指导方针

正如我们在“实现我们的目标和价值观”的战略规划中所提到的那样，我们利用我们的指导方针作为决策的透镜，通过它，我们将我们的客户，包括内部和外部客户，作为我们业务规划和决策的核心。

3. 创建战略收益管理文化

使用我们的战略规划来集思广益，我们定义了一组价值主张，以引导与每个战略项目及预期收益和收益实现时间表相关的讨论。已识别的价值主张及其定义如表 1-4 所示。

表 1-4　美国中部农业信贷协会的价值主张

提高生产力	用同样数量的资源做更多的事情。例如，信用分析师可以决定增加贷款的数量。这意味着积压的贷款已准备就绪
降低成本	通过提高效率消除不必要的费用（运营费或资本金）。例如，消除操作过程中的浪费
缩短贷款审批时间	缩短在贷款发放过程中完成各种手续所需的时间。例如，通过网络化公平合理的决策支持系统（批准和拒绝贷款），减少决定贷款所需的平均时间
提高客户的体验	数量、利润或费用的增长是可度量的。例如，创造一种激励会员整合竞争对手所持债务的体验
提高员工的参与度	衡量与我们协会的情感联系、工作关系和合作，对我们目标的承诺，以及对我们组织成功的承诺。例如，减少人员流动率或提高敬业度调查
维持长期业务的可持续性	从以长期增长、财务实力和协会稳定性为目标的整体视角，通过监管和应对财务挑战来维持运营能力。例如，关注长期业务影响与短期利润、价格或结果的关系

尽管我们的目标不是精确地估算和设定对特定利益的期望，但我们确实希望我们的董事会和高级领导参与讨论与每个战略项目相关的主要利益和次要利益，并有机会解释每个项目如何与我们的战略要求相一致，如何对我们的长期战略目标做出一致性贡献。我们将主要利益定义为与商业决策或项目集目标直接相关的预期结果，即从商业决策或项目集的预期效果中产生的利益，并且这些主要利益与计划的、可感知的成功相关联。我们将次要利益定义为实现主要利益可能产生的额外利益。当然，次要利益并不是主要目标。从本质上讲，次要利益不太重要或影响较小、规模较小，或者不会在典型的商业周期中实现。

在接下来的步骤中，公司的董事会、执行主管和高级领导合作进行了一次演练，以确定项目组合中每个战略项目的主要利益和次要利益。项目执行发起人介绍了他们的项目并解释了每个商业目标，然后小组讨论预期的收益。每个小组展示了他们的讨论结果并进行了说明，团队最后达成了一致，构建了一种“价值仪表板”（Value Dashboard）。价值仪表板的示例如图 1-32 所示。

整个过程不仅为公司选择具体的战略项目奠定了基础，也为实施后的效益衡量建立了预期标准。

4. 战略规划过程

美国中部农业信贷协会有一种每周期为五年的战略规划，每年都会根据影响公司战略方向的因素和影响公司进入市场战略的因素进行更新。公司的年度战略规划过程于每年 7 月开始，由公司的董事会与公司的执行人员和高级领导合作开展。在主管运营流程卓越的高级副总裁的主持下，公司开始了这一战略规划过程，并提交了一份关于本年度业务计划的进度报告，包括公司战略项目的当前状态和今年剩余时间的短期运营预测；然后将重点转移到未来的战略规划上，考虑迄今为止战略项目的进展，以及对公司的竞争地位和影响战略方向的市场因素的评估。公司把图 1-33 所示内容作为公司的“不确定性锥体”，它不仅说明了公司对战略方向的相对信心程度，而且强调了定期重新审视和更新战略规划的重要性。这个规划过程的结果是建立明确的指导原则，它不仅是公司短期发展的重点，而且是公司作为一个协会未来的战略方向。

◎ 主要利益 ● 次要利益	运营效率			增加收入	提高客户体验	提高员工的参与度	维持长期业务的可持续性
	提高生产力	降低成本	缩短贷款审批时间				
综合销售理念	◎			◎	◎	●	●
客户选择	◎	◎	●	◎			◎
信贷结构	◎	◎	●		●	●	●
零售结构	◎	◎	●	●	◎	◎	◎
农业贷款（农业贷款发放）	◎	●	◎	●	◎	●	◎
乡村住宅贷款制度	◎	●	◎	◎	◎	●	◎

图 1-32　战略项目价值仪表板

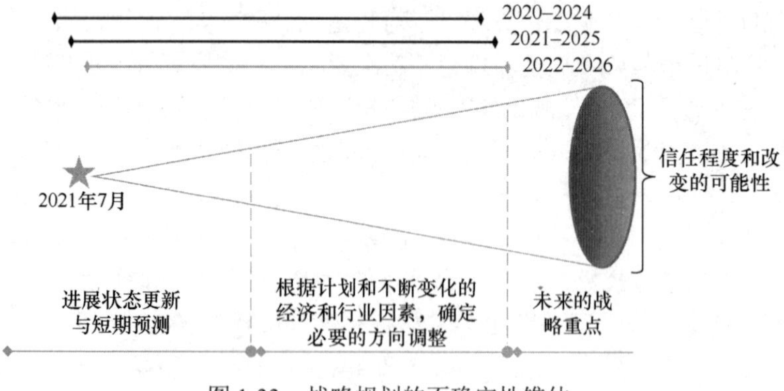

图 1-33　战略规划的不确定性锥体

高级领导团队使用这一指导方针为每个单独的业务部门和整个协会制定了五年的战略路线图。在流程改进和执行副总裁的协助下，高级领导团队将当前状态与预期的未来状态进行了比较，并利用分析确定了实现协会战略目标所需的潜在战略项目。高级领导团队的成员也担任战略项目的执行发起人。然后，根据进展情况和市场影响，这五年来，每季度对协会自身的所有工作进行一次回顾和更新，以提供对战略项目和业务工作的看法，我们由此可以预测未来几个月的情况。

在五年战略路线图中加入一个项目并不意味着一定会获得批准。当项目接近启动时，执行发起人确定商务发起人和业务技术发起人，他们将与指定的项目集经理和企业商务分析师合作，准备正式的战略项目申请书，以供高级领导团队根据当前项目组合和资源能力进行审查和批准。一旦基于项目申请书的优势、商业论证报告及与我们战略规划的一致性在概念上得到批准，战略项目就会被执行委员会正式批准并确定优先级。项目的优先级使用整数，数字只使用一次。例如，只有一个“第一”的战略重点、一个“第二”的战略重点等。然后，这个优先排序过程为资源分配模型提供信息。资源管理人员根据战略项目的优先级或商业价值，以及对战略目标的贡献来分配资源。

5. 运营流程卓越团队

运营流程卓越团队的结构不仅有助于有效的项目领导，而且有助于在项目完成之前、期间和之后很长一段时间内定义和管理价值交付，并转移到运营上。我们将团队发展到目前结构（见图 1-34）的长期目标是，既要实现协会的战略规划，又要通过专门的业务流程和产品生命周期管理，主动管理长期利益实现的执行。

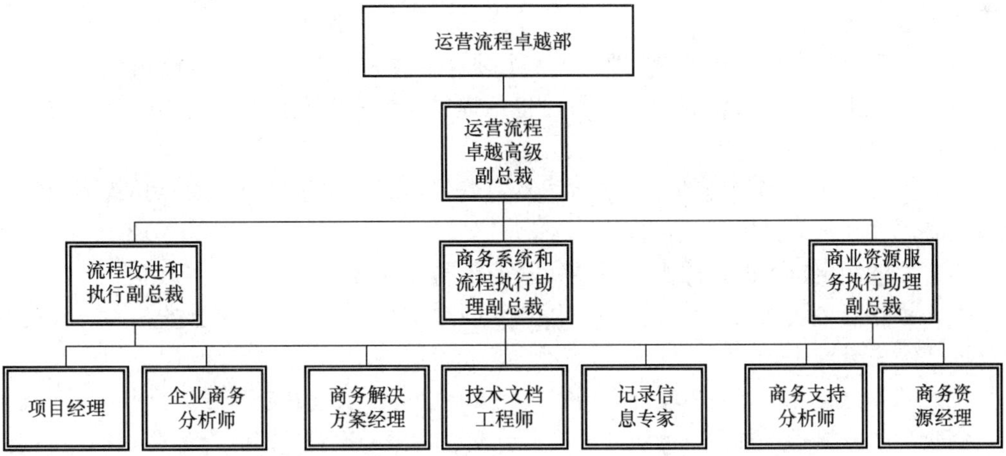

图 1-34　运营流程卓越团队组织结构

6. 过程改进和执行团队

过程改进和执行团队由项目经理、六西格玛黑带、精益实践者和企业商业分析师组成。团队的方法多样性，不仅是为了延续原有运营团队对持续过程改进的关注，而且是为了整合必要的技能工具箱，以满足超出标准项目管理知识体系的组织需求。许多因素影响了项目经理运用项目管理工具和技术的效能。

正如 Danity、Cheng 和 Moore（2003）所概述的那样，项目成功、项目经理个人绩效和对项目经理“绩效标准”的看法之间存在关系。考虑到观念在定义项目成功方面起着重要作用（Baker、Murphy 和 Fisher，1988），项目经理除在一套专业标准中总结的项目管理工具和技术外，还有一些必备技能，这是理所当然的。如果我们问有经验的项目经理，他们当中有多少人会认为他们在项目管理过程、工具和技术方面的知识深度是他们成功的关键，同样，如果我们去问高级领导和项目发起人，有多少人会建议他们需要对项目管理标准有更深理解的项目经理（Millhollan，2015）。“如今，越来越多的公司认为，他们正在把商务当作一系列项目来管理。对项目经理能力的信任已经显著增加”（Kerzner，2021a）。我们关注与战略项目管理相关的未来需求，再加上作为从业者的经验和该领域的学术研究，我们有针对性地建立了一个拥有更全面的知识、技能和能力的团队。除我们在团队成员中寻求的人际交往能力（本节稍后将讨论）外，我们要么外聘团队成员，要么在内部培养团队成员，他们不仅要执行给定的工作范围，还要为信贷协会服务、解决问题、进行批判性思考，并成为我们高级领导团队值得信赖的顾问。

结构化的商务分析和项目集管理给协会带来的价值在我们的过程改进和执行团队成员的地位或工资范围中得到了证明。商务分析师和项目集经理的薪酬与协会领导相似。

项目经理/项目集经理：我们协会的项目/项目集管理角色要求结合项目管理、统计过程控制（Statistical Process Control，SPC）、精益六西格玛、六西格玛设计、约束理论、信息技术、敏捷/Scrum、项目管理、内部管理咨询和团队促进等方面的知识和技能。其主要职责包括：

（1）管理项目的各个方面，从项目开始到项目结束，确保项目管理方法应用于项目生命周期的各个阶段。

（2）在多个阶段和地理位置监督 4～5 个项目组成的一个独立的投资组合。

（3）管理由多个项目组成的项目集，包括提供监督，以支持和协调项目层级的活动，确保项目集目标的实现。

（4）指导、协商和管理冲突解决方案，以确保跨职能团队成员（通常具有不同的优先级）始终关注项目集目标和项目目标。

（5）协助制定持续改进原则，以及实践的策略和部署。

（6）领导商务团队实现持续改进，以识别改进机会，确定改进机会的范围，并对改进机会进行优先级排序。

（7）领导企业形象事务和项目成功完成，实现企业形象提升或项目章程中预测的价值。

企业商务分析师：为了满足从项目构思到交付和效益衡量，跟踪商务需求的关键需求，我们向过程改进和执行团队分派了企业商务分析师。其主要职责包括：

（1）选择并确定战略项目的商务分析方法。

（2）在项目生命周期内与所有干系人进行有效沟通。

（3）获取、记录和管理需求并满足与这些需求相关的验收标准。

（4）提出探索性问题以了解用户需求，并能够对所有要求可能产生的影响提供反馈；准确、简明地向商务干系人、团队成员和管理层提出议题、问题和建议。

（5）与商务主管、项目经理和其他干系人合作，管理项目完成后实现的收益预期。

（6）通过讨论与优先级决策相关的商务和技术影响，以及依赖关系，与商务主管和其他干系人合作。

（7）识别、建立、运行、改进和度量相关的商务系统、商务过程和商业价值流。

7. 商务系统和流程团队

这个团队由商务解决方案经理（负责关键的商务流程，并作为项目的商务主管）、技术文档工程师（作为公司流程和程序手册的主编）及记录信息专家（提供集中的贷款文件准备、扫描、索引和质量保证）组成。

商务解决方案经理：我们协会的地理结构分散，在四个不同的州拥有 80 个零售办事处，因此需要有一个集中的商务流程主题专家团队，作为我们用户群体和项目团队之间的联络人。其主要职责包括：

（1）与关键干系人合作，执行整体业务流程愿景，并提供解决方案，使商务部门实现卓越运营。

（2）代表商务部门，通过战略项目、关键商务计划和部门要求，为实现公司目标做出贡献。

（3）通过技术系统的商务职责使贷款过程成为可能；积极征求不同业务用户对流程、新系统开发、特性和现有系统功能的反馈，以增强功能和持续改进。

（4）促进贷款和零售办公室业务流程和程序的开发、记录、运行、维护。

（5）管理待办事项并确定优先级；与商务部门合作，管理完成的预期。

（6）通过一致的、可重复的工作流程和对政策、程序的解释，为最终用户和领导提供及时、高效的支持与服务。

技术文档工程师：技术文档工程师职位的建立不仅是为了创建和管理文档分类治理过程，而且是为了与我们的项目团队合作，随着商务过程和技术的发展，维护我们的过程和过程手册。其主要职责包括：

（1）通过手册变更管理过程管理组织过程和程序手册。

（2）管理所有新请求或变更请求，并整合请求，与变更管理团队、公司流程和程序手册主题专家沟通所有手动变更请求。

（3）与变更请求方、手册主题专家进行手册内容需求评估、知识转移和批准会议。

（4）管理手册变更的沟通过程。

（5）管理手册和内部网文档分类治理流程，包括支持分类法和为内容创建相关元数据以改进搜索和查询，确保治理政策和程序的持续和畅通，并在相关情况下对协会进行分类法重要性的培训。

（6）与核心变更管理团队成员、变更管理主题专家和其他干系人合作，寻找手册变更管理流程的改进机会，记录和管理所有团队行动计划。

记录信息专家：借阅文件是借阅流程和系统的主要输出之一。我们成立了记录信息专家小组，以确保在整个贷款和服务过程中都能访问和轻松识别贷款文件。其主要职责包括：

（1）在设定的服务水平协议和准确性指南内，通过确保文档、电子图像和/或记录元数据的完整性来搜索文档。

（2）审核其他团队成员索引的批次的准确性和完整性。

（3）为其他部门提供文档成像方面的技术支持，协助用户查询索引文档相关信息。

（4）识别与业务过程相关的信息，形成文件并提交管理层，以提高记录管理程序的质量。

8. 商业资源服务团队

鉴于我们的业务在地理上分散的性质，我们再一次确定了对集中团队的需求。该团队将支持运营，并成为识别流程效率低下和系统增强机会的第一道防线。这个团队由商务支持分析师和商务资源经理组成。

商务支持分析师：商务支持分析师类似于商务流程的帮助平台。他们是我们关键商务流程的主题专家，也是我们核心贷款系统经验丰富的用户。其主要职责包括：

（1）为内部业务用户提供业务系统、政策/程序和流程方面的支持。

（2）积极参与系统、信贷政策/流程和零售/消费者运营方面的故障排除和问题解决。这需要深入了解协会的内部和外部业务系统和流程、工作流程、产品、信用哲学、政策和程序。

（3）通过询问探索性问题，分析和记录来自业务用户的关于复杂业务情况的详细信息，利用主题专家的经验和资源网络来推荐解决方案。

（4）作为项目团队的领导，根据获取的数据来研究、分析当前和历史问题，以评估最佳实践解决方案或趋势。

（5）建立、维护、共享工作流程、产品、信用哲学、政策和程序的文档化过程与解决方案，作为团队的知识资源。

（6）作为项目团队的领导，通过讨论确定贷款流程和零售/消费者业务领域的趋势、商务需求和最佳实践，为项目团队提供主题知识和持续改进工作，并实施积极的风险缓解措施。

商务资源经理：利用来自商务支持分析师的知识发现过程和知识创建过程，商务资源经理研究、审查和分析现有的文档化商业知识，并确定设计、开发、实现、支持和增强商务流程解决方案的机会。其主要职责包括：

（1）管理复杂或升级的商务流程关注的所有方面，升级系统和程序，调整政策和流程。为已经明确的短期解决方案分配专门资源，并评估和协同确定长期解决方案。

（2）监督有关系统、信贷政策/流程和零售/消费者操作的问题，并创建、评估和审查知识库中的相关条目。

（3）通过提出探索性问题，分析和利用主题专家和资源网络，以及记录来自业务用户的详细信息，研究并建议复杂业务情况的长期解决方案。

（4）评估全面的贷款和业务流程、手册和表格，并充当影响更新的主题专家；与运营流程卓越部门的资源主管、商务主管和合作伙伴进行协调和合作。

（5）通过文档和内部关键流程的更新，主动与团队成员分享知识，以保持有效的流程、安全和健全的贷款行为之间的平衡。

（6）评估和衡量业务需求的趋势，并就贷款流程和农业零售/消费者业务领域的最佳实践定期向干系人提供持续反馈，实施积极的风险缓解措施；与团队分享并始终如一地实施信贷、零售和客户运营方面的最佳实践。

9. 项目环境

“在过去的 20 年里，越来越多的实践研究表明，服务型领导能让公司发展并保持竞争优势。服务型领导是一种哲学，领导的主要目标是为团队服务而不是团队为领导服务”（科兹纳 2021b）。这种现象，加上我们的学术研究和实践经验，引导我们设计了我们的项目环境和项目领导过程，重点是服务型领导和可信赖的顾问哲学，以及组织变革管理和适应性方法。

10. 服务型领导和值得信赖的顾问哲学

值得信赖的顾问是领导者信任的，可以解决他们最大的难题（Green 和 Howe，2012）。对于代表领导解决问题的人来说，成为一名值得信赖的顾问是一个令人向往的特权职位。运营流程卓越团队认识到，它必须花费必要的时间来培养与组织内关键领导人的关系。一旦建立了互惠互利的关系，运营流程卓越团队就会指派最有才华和技能的人与组织内的团队和有影响力的个人保持关系。由于我们专注于与他们进行业务合作并为其提供服务，因此对于运营流程卓越团队成员（即项目经理、企业商务分析师和商务解决方案经理）来说，与业务部门领导团队一起嵌入决策、计划和执行过程是很常见的。

11. 组织变革管理

“这些新的或战略性的项目，需要一个战略项目领导模型，专注于创造竞争优势、变革管理和跳出框框思考”（Kerzner，2021b）。与战略项目相关的组织变革管理，由运营流程卓越团队来推进。变革管理是一种全面的、循环的、结构化的方法，用于将个人、团体和组织从当前状态过渡到具有预期商业利益的未来状态（PMI，2013）。战略项目代表协会的优先事项，这些优先事项都是官方授权的变更，这些变更能最好地帮助将美国中部农业信贷协会过渡到预期的未来状态。我们在设计过程中认识到，有效的项目选择、项目规划和项目实施只是价值交付的开始。运营流程卓越团队与对组织变革管理（包括组织发展、商务技术、公司沟通和其他共享服务）非常感兴趣并能够发挥作用的协会团队成员合作。

运营流程卓越团队以多种方式领导组织的变革管理。

（1）运营流程卓越高级副总裁是高级领导团队的主席，负责商务规划流程，并与执行委员会成员合作解决关键商务问题。高级领导团队是由商务领导和共享服务领导组成的跨职能团队，他们发起战略项目组合中的所有项目。

（2）负责运营流程改进和执行的副总裁主持跨部门的变更管理和沟通会议。这些会议的目的是改善公司范围内的沟通实践，并为实施变革的过程带来一致性。

（3）运营流程卓越团队，特别是企业商务分析师和项目经理，他们每天工作，以实现美国中部农业信贷协会的优先战略项目组合的商业目标。

（4）企业商务分析人员在收集来自企业股东、领导者和相关主题专家的业务需求的同时，识别业务流程的潜在变化，以及有效实施项目所需的相关知识、技能和能力，以报告给负责变更管理过程的相关领导和部门。

12. 混合式或自适式或其他方法体系

“项目管理的格局几乎每年都在变化。一些变化是相对较小的或增量的，可以快速实现，而其他变化可能需要重要的组织支持才能成为现实”（Kerzner，2021a）。当我们设计运营流程卓越团队和项目管理流程时，我们必须理解设计流程的重要性，避免不必要的僵化，适应不断发展的业务需求，并应用特定商务问题的工具和技术。

运营流程卓越团队领导的项目需要敏捷、传统和混合项目交付方法的实际应用。运用方法多样性的概念，使得运营流程卓越团队必须选择与业务需求相匹配的方法。例如，当为小额农业贷款开发新的贷款发放流程时，不需要像为大额贷款那样开发详细的审批流程，团队选择了敏捷方法。我们不需要双入口的传统系统或流程，并且商务环境允许增值功能的增量交付，因此项目管理团队与商务主管、跨功能主题专家及商务技术人员合作，定义优先级功能，以便在每个版本中分阶段提供可衡量的商业价值。作为另一个例子，由于数据完整性风险、业务流程风险和报告风险与同时使用两个系统相关，项目管理团队在替换总账系统时有目的地选择了瀑布方法。

作者简介

查克（Chuck Millhollan）是美国中部农业信贷协会运营流程卓越高级副总裁。他在战略规划、质量管理、项目管理、项目集管理和项目投资组合管理方面拥有超过25年的经验。过去的职位包括美国中部农业信贷协会流程改进和执行副总裁、Churchill Downs公司项目集管理总监、Humana公司应用工程项目管理办公室经理。除了作为一名从业者，查克还为几所认可的大学开发课程并授课。他是国际商业分析协会（International Institute of Business Analysis，IIBA）的成员、美国质量协会（American Society for Quality，ASQ）的高级成员、项目管理协会和肯塔基州PMI分会的成员。

查克于2015年获得锡拉丘兹大学信息管理专业研究博士学位，2003年获得威斯康星大学项目管理理学硕士学位，2000年获得佛罗里达大学工商管理硕士学位，1993年获得南伊利诺伊大学管理学学士学位。查克的认证证书包括项目管理专业人士（PMP）、项目集管理专业人士（PgMP）、敏捷认证从业者（PMI-ACP）、认证的商务分析专业人员（CBAP）、六西格玛黑带、认证的质量/组织卓越经理（CMQ/OE）、认证的软件质量工程师（CSQE）和认证的管理医疗保健专业人员（MHP）。

达罗（Daro Mott）的个人使命是帮助家人、朋友、同事和组织实现他们的战略。他是一位多领域的领导者，他将“从优秀到卓越”及“如何赢得朋友和影响他人”的核心理念应用于他的日常交往中。达罗对领导力、管理、系统、转型、建立卓越文化，以及应用数据和基于证据的解决方案来实现战略充满热情。他每年在包括美国和国际会议在内的十多个场合发表演讲。他与人合著了一本书，名为《可持续成功的教练（六西格玛）绿带》（*Coaching “Six Sigma” Green Belts for Sustainable Success*），于2015年5月由美国质量学会出版。他发表了不少文章，是认证的项目管理专家、六西格玛黑带、精益领导者、预测指数分析师和巴尔德里奇质量奖评委。他是内部管理顾问协会、路易斯维尔动物园和苏珊波尔加基金会的董事会成员。

达罗曾在路易斯维尔大学、印第安纳东南大学、凤凰城大学和ATA学院任教。他目前在路易斯维尔大学教授MBA课程。达罗先生拥有耶鲁大学的本科学位和路易斯维尔大学的两个研究生学位。达罗目前是美国中部农业信贷协会流程改进和执行副总裁，负责该协会战略项目组合的有效实施和效益实现。

当我们开始着手解决接下来的九个支柱时，我们将用两个贡献来总结未来项目管理的战略定位。第一个贡献来自项目管理会议BRIDGE 2021，作为一个平台，它为支持项目管理实践的未来愿景创造了一条合作的途径。第二个贡献是写给未来项目经理的信，旨在激励未来组织中的专业人士和实践者为未来做好准备。

1.16 卓越行动：项目管理联盟[①]

在过去几年里，疫情、气候危机、平等运动和其他影响我们生活的事件向我们的社会发出一个信号，即我们必须改变才能生存。如果我们考虑到疫苗接种的速度、可持续环境的创造或人类保护，那么技术和创新的进步是关键的主导因素。然而，转型不会在一夜之间发生，在大多数情况下，人们觉得他们在与时间竞争。纵观所有的转型，我们都能见到一个人的身影，他就是项目经理。

如果我们简单地将标准项目管理定义为监督三个主要约束（时间、预算和范围），那么在大多数情况下，它无助于克服我们在全球范围内面临的挑战。随着不确定性程度的增加，组织变得越来越复杂，要求进行变更管理的项目也越来越多。在这样的组织中，项目经理不仅面临着标准项目管理的恒定压力，还面临着在减少资源的情况下提高运营效率和创新的压力。如果不了解新的现实，不跟上正在进行的创新，并找到从标准项目管理中扩展出来的新方法，所有这些需求都将无法实现。

作为一名高级项目经理，我在一家提供创新软件以推进世界基础设施建设（维持全球经济和环境）的公司工作。我确实相信，为了成功实施变革，我们必须对未来的项目管理有一个清晰的愿景，同时了解我们正在做什么，如果我们想成为新一代项目经理，我们作为项目经理应该如何改变。

1.16.1　项目管理的未来会是什么样子

紧跟基于项目的组织的最新趋势，了解成功的变革和有效的项目管理，并通过添加新技术和试验新的工作方法来确定标准的项目管理组成要素可以在哪里运作，这是非常棒的。然而，在一开始，这些创新需要更多的投资，快速的学习，以及更高水平的风险承受能力，否则因为技术可能太复杂，或者团队还没有为变革做好准备，就达不到预期的效果。

如果我们在没有既有约束的情况下展望项目管理的未来，并想象所有的技术挑战都已经过去，那么它的愿景将从项目组织开始。一般来说，这意味着项目经理在涉及项目的任何决策中都拥有完全的权力。除此之外，标准的项目管理应该是简单的。“简单”一词在传统项目管理的各个知识领域有不同的含义。以下可能是项目管理简化标准的潜在例子。

- **计划简单，没有范围蔓延，项目计划经常更新。**如今，即使是敏捷或使用看板，也不能像我们希望的那样帮助我们实现可操作性。因为在我们完成一个迭代之前，事情就变得混乱了。仍然存在的常见问题是，当我们添加一些东西时，我们忘记了从迭代中删除较低优先级的任务，这通常会导致范围蔓延、团队超负荷及等待项目快速交付的不高兴的用户。在这种情况下，项目经理经常不得不派人去不断地调整待

① 本节资料由 Edita Kemzuraite 提供，他是一位 PMP，是项目管理联盟的联合创始人和业务主管，在宾利系统公司担任高级项目经理。宾利系统公司在复杂的软件开发和软件兼容项目中拥有丰富的经验，公司开发的创新软件为推进世界基础设施建设和维持全球经济与环境安全服务。他也是 PMI 立陶宛分会前主席（2020–2021）。他所提供的材料获得了项目管理联盟的版权许可。

办事项，移除剩余的工作，并关注优先级。在一种理想的操作方式中，项目经理不需要经常查看文件并手动调整计划。在未来，这些存在障碍的项目管理应该被遗忘。机器人将做好记录，提醒项目经理和团队成员讨论了什么，现在应该关注哪些行动内容，下一步计划做什么。

从我的角度来看，几乎每次新的战略会议或干系人会议都会对项目进行变更。当人类和技术在项目上携手合作时，项目计划不会在一开始就被创建并被遗忘。项目计划将只是上个审计跟踪器（记录和调整的集合），能够分析我们所采取的重要步骤，并强调吸取的教训。我们将忘记"过时"这个词，因为"实时自动更新"将成为我们的新常态。伴随项目团队进行的每一步工作，机器人或模拟器都将为项目经理提供服务。

- **轻松消除风险**。每个项目的风险管理都是不同的，并且高度依赖行业、部门或其他依赖方。在未来的愿景中，连风险管理都可以简单！想象一下，一个项目经理在管理一个建筑项目时不需要去任何地方：他所要分析、触摸甚至"闻"到的每一个细节都可以在数字孪生技术的帮助下模拟出来，而这些数字孪生将代表你需要在虚拟现实中创建的物理交付的虚拟副本。
- **干系人管理**。根据最新的研究，沟通管理和干系人管理是每种计划或项目的共同挑战。在未来，干系人管理可以使用智能技术来轻松实施。想象一下，基于项目需求，共同的用户角色将被创建，以帮助项目经理拥有可靠的 RACI 模型[①]，并避免在重要的项目协作中出现误解。

如果这个未来的愿景可以实现，那么我们可以想象，项目的操作部分将变得更加容易，这些任务将需要更少甚至不需要人工交互。然而，在减少了手工操作任务的负担之后，未来的项目经理将有更多的时间来为项目内外定下基调。项目的复杂性不会消失，通过使用可靠的技术来预测未来，我们将更好地做好准备。这些技术将取代重复的人类工作，不仅是项目经理的，而且是所有团队成员的。这就是为什么领导力和理解每个项目在可持续环境中扮演的角色将成为未来项目管理的关键组成部分。

与项目管理的未来愿景一起，项目经理的角色正在升级为管理战略项目。新的层次需要与组织高管不断合作，这样组织的成功就可以通过项目和项目结果对社会公益的影响来衡量。未来的项目管理应通过实施可持续的理念和确保长期的积极影响来提高生活质量。

1.16.2 未来几年项目管理可能发生的主要变化

我的个人经历和我所接触的世界领先公司如何打破组织孤岛的多个例子，激励我在职业生涯中支持这种面向未来的思维。作为国际项目管理会议 BRIDGE 2021 的联合创始人，我相信网络的力量。我们希望为下一代项目经理创建一个平台，使他们能够没有障碍地进行合作，不论他们毕业于何种项目管理学院、拥有何种认证级别、来自哪个行业。我们的

---

① RACI 模型是一种在项目管理或组织变革中常用于界定活动参与者角色的工具，它主要用于明确指定某一活动的责任归属。这个模型通过区分关键角色及其对应的谁执行（Responsible）、谁负责（Accountable）、咨询谁（Consulted）及通知谁（Informed）四个方面，帮助确保项目或任务的有效执行和管理。RACI 模型有助于识别参与者和他们的职责，从而优化团队的协作和工作流程的执行效率。——译者注

项目是独一无二的，但我们需要为未来构建的能力是共同的：组织能力、沟通能力、交付速度、快速学习能力、以技术为导向的管理能力，以及对任何不确定情况的适应能力。未来项目管理从现在开始。明天从现在开始。

好消息是，一些行业在先进技术的帮助下，未来项目管理的愿景已经变成了现实。例如，2015 年的 ESM 公司（ESM Productions，简称 ESM）就是应用不同项目管理技能的第一个例子。这家公司的任务是为教皇在美国宾夕法尼亚州费城的访问进行活动策划。ESM 公司聘请 AEROmetrex 公司为这一历史性事件设计复杂的物流。举办这次活动需要与市政府、州政府及美国特勤局进行大量的规划和协调。为了容纳所需的 56 400 个临时结构，布置周边 33 英里的安全路障，以及清除当地道路封闭的影响，同时确保整个规划过程和活动中的交通无阻和通信顺畅，ESM 需要全面、逼真、集成的 3D 建模和仿真软件。

宾利系统（Bentley Systems）软件公司提供的现实建模技术重新定义了城市基础设施的规划和管理，以及与资产和建筑物的所有者、政府机构和公众的合作。

数字城市的例子不仅可以帮助活动策划者和项目经理管理复杂性，而且在数字孪生技术的帮助下，它可以制定防洪策略，管理公共工程项目，并帮助城市治理项目经理完成许多工作，为居民提供高质量的生活。随着技术的飞速发展，如今我们在世界各地有多个数字城市，包括宾利系统软件公司和微软合作的都柏林城市数字孪生项目，以及赫尔辛基市数字孪生项目等。

然而，在一些行业和较小的国家，我们不应该期望项目管理发生如此迅速的变化。技术的采用和使用也需要额外的技能组合，在这个方向上的加速需要项目有额外的投资。

从另一个角度看，要实现未来的愿景，仅有技术进步是不够的。项目经理已经面临额外的风险和约束，它们必须被作为项目的一部分进行管理。我选择了几个关键的组成部分，它们已经变得至关重要，可能会显著改变每个项目的范围。

- **网络安全**。数字化项目管理可以节省时间和资源。然而，如果它成为网络攻击的受害者，它就可以摧毁整个项目，甚至使多个组织处于危险之中。随着数字化的发展，我们预期安全风险的可能性和影响将会增加，项目经理需要在项目团队中拥有安全专家，以确保项目数据在我们的数字环境中受到保护，并且确保端点和网络是安全的。
- **尊重隐私**。为了使项目管理更有效，任何可以实施的数字解决方案都应该仔细考虑。人工智能技术应该以有帮助和有效但不具有侵略性的交互为中心。未来的组织和项目经理必须确保人工智能的每一次交互都是简单的，并为团队成员创造便利，而不是增加复杂性和挫败感。
- **选择值得信赖的技术供应商**。未来项目管理的成功将高度依赖作为组织战略一部分的数据和选定的技术。例如，在没有任何人工交互的情况下监控关键项目绩效指标的数字仪表板在一段时间内很难被信任。组织必须选择可靠的供应商和技术协作方，因为这对项目经理获得基于可信信息的洞察力和下一步计划至关重要。可靠的数据是成功的关键因素。

为了加速未来的项目管理，我们应该期待组织战略层面的变化。负责组织内部技术投资的高层管理者和决策者不应该忘记项目经理角色的变化。他们的角色是授权项目经理通过提供必要的资源和培训来领导项目化战略，以便不断改进和领悟未来的组织愿景。

与典型的职能型组织不同，完全项目化组织中的项目经理并不局限于决策和资源利用等任务。这种变化需要标准的项目经理采用新的操作方式。有了额外的权力去利用资源，未来的项目经理必须确保他们周围有精通技术的专家和其他领导者，以克服所有的技术挑战，实现数字化项目管理的未来愿景。有了这种责任，我们应该期望未来的项目经理与人力资源经理密切合作，以建立更强大的团队，并为每个职位提供所需的技能。

随着项目化组织的加速发展，我们可以预期单个项目经理管理项目的数量将会增加，因为项目管理的操作部分将不再是手工进行的。项目经理必须对项目采用正确的方法，这将突出不同项目管理生命周期的重要性，以及在独特情况下采用正确方法的能力。它需要快速学习和快速变更管理，以保持项目管理的可操作性。在这种情况下，未来的项目经理将有足够的能力在极短的时间内从一个项目跳到另一个项目。然而，理解这一切如何融入大局是至关重要的。

否则，如果你认为一个项目的结果是一些独立的交付，“不适合”其他任何地方，你就很容易耗尽精力，失去对项目的热情。组织和项目经理应该一起制定有弹性和持久的项目化战略，以避免这些风险。

正如我们可以想象的那样，变更管理在转向未来的项目管理方法体系中将是至关重要的。实施所有必要的创新将需要在整个组织及其文化中接受变革。项目经理不可能单独发挥作用，每个人都需要出力。就如约翰·科特（John Kotter）在《我们的冰山正在融化》一书中描述的一种改变生命的情况一样，在这样的转型中，想象一群企鹅正试图找到一个创造性的解决方案，这总是有帮助的。在每个项目中，你都可能面临这样的情况：团队成员或重要的干系人会抱怨：“我们在这里不是这样做的。”然而，从另一个角度来看，在同一个团队中，你会发现有人会问：“我能帮什么忙？”这就是它的美妙之处。如果项目经理知道如何接近具有多种观点和不同个性的人，并把他们整合成一个团队，这种情况就可显著地改变。在未来，项目经理必须消除对变革的恐惧，帮助团队面对未来，并采取相关行动实现共同目标。这些挑战需要项目经理培养操控技能，如可接受性和勇气。

除变更管理外，未来的项目经理不可避免地要成为一个“总是把各种点连接起来”的人：要么是内部情况，当你需要解决不同小组之间的冲突时；要么是外部情况，项目经理需要将客户的重要信息发送给团队以达到项目需求。在这种情况下，我把项目经理称为连接器或桥梁。从我个人的经验来看，我曾经管理过几个项目，它们的定义是独一无二的。这些联合项目将来自两家不同公司的技术专家聚集在一起，创造出强大的东西：数字孪生。令人惊讶的是，项目中最大的困难并不是技术上的。两家公司都有大量的人才和专家，他们都能完美地完成自己的工作。

当我被指派管理这些项目时，文化差异、性格的多样性及无法找到共同的工作方式是我们面临的主要挑战。在这种情况下，项目经理应该怎么做？答案是成为连接不同部分的桥梁。这是一项复杂的任务，但积极倾听，找到痛点，将团队的心态从“两个不同的公司”转变为“一个团队”，可以带来意想不到的惊人效果！

1.16.3　我们如何规划未来

项目管理的未来愿景不是乌托邦或幻想。渐渐地，世界必须朝着这个方向前进，即使在立陶宛这样的小国，我们也有很多好的例子。通过对战略规划的投资，多家国际公司处于有利地位，可以在全球风险种类趋势中提供强有力的见解。

至少有两家主要的金融运营公司正在带头采取各自的可持续发展举措。瑞典银行立陶宛分行是“可持续商业”的主要合作伙伴，是一个讲述新的可持续发展理念的平台，也是其他公司重新思考其战略的地方。除此之外，瑞典北欧斯安银行还制定了企业可持续发展政策，自 2009 年以来，他们一直提供年度报告，说明他们的业务如何通过单独的项目和举措将环境、人类和社区的责任联系起来。在所有这些伟大举措的背后，我们都能看到的这样的人：项目经理/项目负责人。

穆迪（Moody）公司认为，“在当今的全球资本市场上，环境、社会和治理（Environmental, Social and Governance，ESG），以及气候变化是管理风险和抓住机遇的关键”。公司宣布了一系列商务合作伙伴，这些合作伙伴正在实施项目，并为绿色经济和全球可持续企业提供解决方案。穆迪是一家跨国公司，它的重要作用是通过帮助其他组织基于不同级别的互用性来给它们评级。可持续性是互用性评级的标准之一，它有助于开始用更可持续的资产改变整个文化。

总体来说，这些只是在大型组织中实施改变世界的解决方案的几个例子。这些大公司正在向小公司传递信息，这可以用海伦·亚当斯·凯勒（Helen Adams Keller）的一句话来说明。海伦·亚当斯·凯勒是美国作家、残疾人权利倡导者、政治活动家和演说家。他说：“单枪匹马，杯水车薪；同心一致，其利断金。”上面提到的瑞典北欧斯安银行宣布，立陶宛超过 50%的新公司正在将可持续解决方案纳入其商业战略，这在初创企业和小企业中比在中型企业中更受欢迎。作为战略实施的领导者，项目经理在每一个项目中都扮演着关键的角色。

为了加速实现未来愿景，我们应该开始从现有的例子中学习，并奖励那些已经遵循项目化战略概念的项目。就我个人而言，我很高兴看到宾利系统软件公司的年度基础设施奖，因为它年复一年地突出了在多个类别中获奖的基础设施项目。这些奖励可能最好地揭示了我所工作的公司是如何致力于可持续发展的：我们为行业专业人士和组织提供工具和服务，通过可持续的项目交付来帮助创造或改善生活质量。每个被提名的项目都是根据其对当地社会、经济或环境状况的积极影响来评判的。除了这些实际的例子，对未来愿景的规划和执行还离不开教育工作者和科学发现的支持。年轻的专业人士是技术的熟练使用者，他们可能就是那些可以帮助在数字环境中加速转型并为更未来的项目管理找到智能解决方案的人！在过去的几年里，大学、不同的项目管理学院、认证提供商和其他非营利组织已经开始在构建下一代项目管理方面发挥重要作用。

他们有能力传播这个词，从年轻一代到成熟的项目管理专业人士，他们需要思考如何应用他们的技能，提高他们对未来技术和可持续发展理念的认识。我们已经有很好的例子，可以帮助未来的项目经理改变思维方式，并掌握必要的技能，以实现项目化战略。

- 2021 年，《PMI 职业脉搏》报告中宣布了一个新的术语，把适合未来的组织称为“体操企业”（Gymnastic Enterprises），这些企业“赋予员工新的工作方式，强调人的因素，并理解组织文化在实现所有这些能力方面所起的核心作用，由此引领潮流”。

- 国际项目管理协会（International Project Management Association，IPMA）正在组织全球最佳实践周，推广“如何达到和保持弹性”的实践案例。
- 立陶宛的多所大学和商学院正在与 PM 学院和国际公司合作，通过让学生和专业人士参与项目来支持可持续发展，并推广可持续发展的理念。

为了说明这一点，我还可以提到宾利系统软件公司是创建智慧城市和基础设施中心的战略和商业合作伙伴之一。该中心于 2019 年在考纳斯科技大学（Kaunas University of Technology，KUT）创建。这种伙伴合作的结果是学生为当地城市开发了多种智慧城市解决方案，如智能废物收集系统、先进的街道照明系统、与城市交通联动的移动应用程序等，以确保和加速可持续发展。

它是否说明了项目管理的未来？是的，因为所有提出的解决方案都需要实施，而我们需要人（项目经理）来领导这些项目取得成果。

很高兴看到世界领先的组织正在加快步伐，通过伙伴关系和对创新思想的开放，加速这一进程。两个受欢迎的项目管理组织（PMI 和 IPMA）也强调了年轻一代的重要性。PMI 组织了“青年项目管理成就奖”，以表彰我们未来的顶尖领导者。同样，IPMA 也有一个“青年人联盟”作为他们组织的关键组成部分，支持和建立年轻专业人士的网络，帮助他们成长和成熟。

就我个人而言，我相信年轻的专业人士和成熟的项目经理可以一起创造出强大的多样性，因为他们使用不同的实践和操作方法。多个 PMI 分会也在跟进这些倡议，并鼓励通过共同创建联合行动来变得更加强大：从 2020 年年初的“意大利三个分会面对疫情封锁的联合行动”开始，PMI 英国代表处和 PMI 英国分会举办了“关于未来工作的交流网络研讨会”等。

总结上面多个例子，我认为这些最佳实践值得遵循。许多组织已经将社会公益的影响纳入其组织战略。然而，将这些战略转变为项目化的组织结构并不容易。我们正在逐渐地实现这一目标，但我希望世界领先公司能为多个行业定下基调，下一代项目经理的光明未来将很快到来。

1.16.4 结论

未来项目管理的愿景必须与授权项目经理控制项目的组织战略保持一致。根据未来的愿景，标准的项目管理将被技术简化，但项目经理需要在他们的项目中获得更好的领导、决策和人才管理技能。未来的项目经理应该将他们的关注点转移到更具战略性和实用性的层面。

在接下来的几年里，我们应该期待项目管理方面的多种变化。将思想传播到全世界并不难，但是向未来项目管理转型应该从多个层面开始：组织、社会和个人。项目管理会议 BRIDGE2021 作为组织领导人和项目经理、项目集经理、项目组合经理合作的平台，正在支持项目管理的未来愿景。

多个例子表明，面向未来项目管理愿景的变化正在发生。即使从一小步开始，我们也可以通过项目、产品或各种举措产生影响，并向世界传播有关可持续发展的重要信息。从各种专业会议和其他可用资源中学习成功的经验，总结失败的教训，可以帮助强化未来愿景并加速变革。

1.17 给未来项目经理的一封信

亲爱的未来项目经理：

祝贺你们！这封信是专门写给你们的，因为你们正在考虑从事项目管理这一多元化领域的职业。

你们选择的职业道路既令人兴奋又充满挑战。项目管理领域将允许你们探索不同的行业，并帮助这些行业进行转型变革。要为这段旅程做好准备，就要对社会趋势、组织实践和技术不断变化的影响进行评估。为了在你们所做的事情上做到最好，你们必须通过每一个机会（无论大小）去领导和管理项目，不断磨炼你们的才智和技能。

记住，知道该做什么的科学与掌握从事某种职业的艺术有很大的不同。你们将面临易变性、不确定性、复杂性和模糊性（VUCA）[①]的未来环境，且必定要在这样的环境中管理项目。培养自己的适应能力和学习能力将是你们职业生涯中最充实的几年。

作为经验丰富的项目经理，我们希望下面的建议能在你掌握项目管理艺术的过程中与你产生共鸣。

（1）**相信你是领导者，永远不要停止学习。**项目管理为项目经理提供了在特定时期内授权领导项目的机会。为了让你扮演的角色取得成功，你需要体现出与在特定时间内被派往一个国家的大使相类似的品质。迅速适应你将要工作的环境是很有必要的，花时间让自己沉浸在业务的细微差别中，以建立信誉。你要准备好熟悉干系人的兴趣和动机。你将需要与关键决策者接触，并婉转地运用你的影响力来推进工作。

影响力是你在管理你的上级、你的平级同伴、你的团队和外部合作伙伴时的权威。在任何时候，都要在各种演讲和论坛上传达价值，并不断地完善项目商业论证报告。然而，这些信息需要针对你的受众量身定制。生成情景报告对于实现战略商务决策至关重要。

采取这些行动将使你和你的干系人在项目走向不同方向的情况下做好准备。你在学习上的投资会让你有信心处理你遇到的任何情况。在你的行业中，仅仅成为最聪明的人是不够的。相反，要把你的项目管理领导技能应用到最能服务于商业领袖和客户的环境中。

（2）**成为实现组织目标的冠军，就像你是项目的冠军一样。**当项目变得更加动态时，你应该期望在没有特定结束日期的情况下管理项目和交付成果。项目需要快速转向，以便能够应对计划内和计划外的情况。专注于交付价值，其他项目变量（如范围、进度和资金）将紧随其后。了解哪些利益对你的领导和客户来说是重要的，然后在整个项目中始终牢记

---

① VUCA 是 Volatility、Uncertainty、Complexity 和 Ambiguity 的简称，它描述了在商业世界的某些行业和领域中不断发生不可预测的变化情况。VUCA 要求你抛弃传统的、过时的管理和领导方法，以及过时的日常工作方式。

这个最终目标。要意识到，一些项目在停工或取消而不是完成时可能对组织更有利。

（3）**在衡量成功时，要超越基础。**项目经理执行的最重要的活动之一是与所有层级的干系人合作，以定义和衡量项目的成功。当定义成功应该是什么样子时，要超越已知和预期的绩效指标，如跟踪预算、范围和进度，并定义评估标准和指标，这些标准和指标将帮助你和干系人积极评估资源和投资是否符合实现商业战略和结果。你的作用是向商务领导强调评估的重要性，如果仍然有商业价值，就继续根据当前时间点的情况开展工作。

（4）**数据规则和数据分析占主导地位。**我们所做的大部分事情都会产生数据并留下数字足迹。度量标准的自动化可以将数据转换为有用的信息，从而更好地进行决策。然而，标准本身并不足以做出明智的决定。相反，与项目背景、组织的优先级、干系人输入和风险承受阈值相匹配的度量标准，能够根据相关信息及时做出决策。

（5）**通过采用不同的方法来提升项目管理的价值。**由于期望增加交付商业价值和客户价值的上市时间，项目经理就要认识到将来自其他学科的各种实践混到一个有凝聚力的项目管理方法中的重要性。如果这些实践证明比仅仅依赖传统的项目管理实践增加了更大的价值，那么拥抱它们、扩展它们，并将它们纳入你的项目管理方法中。此外，不要烦恼。由于自动化简化了日常的项目管理任务，这将使你能够专注于项目最大化的商业价值。

不要因为这些建议很短而惊慌。尽管这些宝贵的建议既不详尽也不系统，但它们反映了从成功和失败的项目中学到的简单而有力的经验教训。如果你选择采用这些原则作为指导方针，你将会获得成功且令人满意的项目管理职业生涯回报。

作者简介

米歇尔·布隆（Michelle Brunn）在商业和技术服务领域参与和领导项目与项目集管理工作超过了25年。她擅长建立企业级项目管理。

格蕾丝·纳瓦斯（Grace Navas），PMP，在私营企业参与和领导项目与项目集管理工作也超过了25年，并将其职业生涯的很大一部分奉献给了公共服务。她的项目管理工作包括产品交付、项目管理功能的实施、项目监督和合规实践。

在美联储的职业生涯中，米歇尔和格蕾丝合作的工作使项目与项目集管理作为一门专业学科得到了提升和认可。

本节所表达的观点仅代表作者个人观点，并不代表美联储或美国的立场或观点。

02 第2章 支柱2：在人道主义和社会行动中应用项目管理

2.0 引言

组织实施的大多数项目都是由财务结果驱动的，如收入、利润和成本降低。然而，人道主义项目和社会行动项目是由一系列不同的利益驱动的（见图 2-1）。

图 2-1　人道主义项目和社会行动项目的区别

对资源、物流援助和支持的深刻需求是它们存在的关键驱动因素。它们的目标可能是缓解一个国家、一个地区或一个民族（受益人）面临自然或人为灾害、战争、冲突和贫困时的困难。

这类项目的另一个关键方面是它们对团队行为的影响。人类相互支持、带来更好生活或减少他人痛苦的自然倾向决定了人们的动机，让我们明白了他们为什么要为这些项目出力。

同样，人道主义项目也会对有关人员产生强烈的心理影响。在苦难、死亡、痛苦、暴力和悲剧的包围下工作，给行动带来了另一个层面的挑战。

在大多数情况下，这些项目的资源极其有限，截止日期对受灾难或悲剧影响的人来说意味着生与死的区别。

它们需要不同人员之间的复杂协调：从工程师到医疗专业人员，从采购人员到物流专家。所有这些都与发展当地能力的强烈需求相协调，这就是减少灾害风险的关键概念发挥作用的地方："重建得更好。"

2.1 项目管理实践在人道主义项目中的影响

社会行动项目和人道主义项目面临的最大挑战之一是其工作的独特方面：团队的动机和帮助他人的愿望。

给项目带来深刻意义的同时也带来重大问题，这听起来很矛盾。然而，使命感和社区意识，加上令人难以置信的高动机，可以创造出一种"超能力"感，使任何计划或协调解决方案都成泡影。

无论项目是否与人道主义工作有关，没有一个项目不能从适当的规划和协调的执行中受益：从对地震的应急反应到被战争蹂躏的村庄或地区的重建。

所有这些都需要合格且有效的管理。在本章中，我们将讨论三个案例。第一个是世界上最大的饮料公司之一安贝夫（Ambev）公司为支持与新冠疫情相关工作而采取的一系列举措。第二个是建造临时应急医院来治疗新冠病毒患者，这是由巴西一家领先的医院——阿尔伯特·爱因斯坦医院开发的。第三个案例介绍了联合国项目事务厅管理全球一千多个人道主义和发展项目所采用的方法。

2.2 卓越行动：安贝夫公司在新冠疫情期间应对挑战的人道主义方法①

这是一家公司的故事，其目的是将人们聚集在一起，创造一个更美好的世界。故事是由那些为创造更高的事业而生活的人创建的，他们总是寻求个人完善和环境完美（见图 2-2）。这就是安贝夫啤酒厂。安贝夫公司是一家巴西公司，在巴西所有州都有业务，拥有 100 个配送中心和 32 家啤酒生产厂。安贝夫公司的首席执行官是巴西人，其大多数高管也是巴西人。因此，他们认识到自己有责任为国家做出贡献，同时深刻理解巴西在新冠疫情期间面临的问题，这一点儿也不奇怪。安贝夫公司及其团队（包括其 3.2 万名员工和整个生态系统的合作伙伴、顾客和客户）一直在寻找一种方法，以利用他们的资源来动员和做一些对人们来说重要的事情。

---

① 本节资料由 Ambev SA 提供，由 Juliana Fernandes Alves、Beatriz Guitzel Borghi、Rodrigo Moccia、José Finocchio Júnior 和 Lucas Dato 撰写。Juliana Fernandes Alves 是 Ambev 工业项目创史人和项目总监，负责新建啤酒厂、创新和梦想。Beatriz Guitzel Borghi 是食品工程师，在 Ambev 的项目管理办公室工作，对生活和分享经验充满热情。Ambev 公司事务总监 Rodrigo Moccia 的宗旨是将人们聚集在一起，为更美好的世界而努力。他坚信新一代将领导企业、国家和社会走向更美好的未来。José Finocchio Júnior 是项目管理方法体系的研究员和作者，项目管理办公室顾问。Lucas Dato 是一名生物技术专家和酿酒大师，目前是 Ambev 酿酒厂经理，参与了疫情期间项目的执行。版权归 Ambev 公司所有，经许可转载。

图 2-2　让人们团结起来，共创美好世界

基于安贝夫公司改变世界的动机，公司与不同的合作伙伴联手，将想法变为现实，并在危机或困难时期为各种各样的事提供帮助。冠状病毒和新冠疫情的到来增强了这种合作精神，尽管它已经存在于安贝夫公司的文化和 DNA 中。在疫情暴发之初，安贝夫公司的团队除了采取必要措施保护员工，如安装洗手站、制造和分发口罩、提供监测接触者的应用程序、确保社交距离，还在寻找有目标的远大梦想，实施可以改变人们生活的项目。在他们的文化中有句俗话："当事情变得艰难时，强者会勇往直前。"带着目标工作，思考这些行为对人们生活的影响，会给团队、合作伙伴和消费者带来一种特殊的归属感。这里展示的所有举措，除安贝夫公司团队的主动性和奉献精神外，还与无数的国有公司和私营公司建立了合作关系。这些公司和安贝夫公司一样，愿意尽其所能，做出他们能做的最好贡献。

2.2.1　变化是如何发生的

巴西新冠疫情的第一个挑战是对洗手液的高需求，且需求量远远大于供应量，导致洗手液短缺。安贝夫公司有能力利用现有的产能和原材料在十天内生产并在全国范围内分销这种产品。为了把这样的行动集中起来，我们成立了"精英突击队"，确保快速批准和执行需要做的事情。

精英突击队是一个自主的跨职能团队，最初只有六个人专注于同一个目标："为了解决社会问题，我们如何调整现有的资源，或者我们能创造什么？"他们在所有行动中一起工作，相互支持，采用横向指挥结构。比捐赠洗手液或向医院捐赠资源更重要的是，公司捐赠了员工的技能：他们的专业知识、领导能力、敏捷性等。

为了确保此次善举尽可能惠及更多的人，必须及时了解当前的情况，评估使事情发生的每个行动的潜在影响，这是非常重要的。精英突击队负责研究和寻求每个时刻的高影响行动。他们每天早上开会，创造、提议和讨论可以改善社区状况和生活的举措。

团队很快开始朝着敏捷、全面和面向原则的管理大步前进。在安贝夫公司，对执行力的关注已经非常强烈，从 2020 年年初疫情开始，关注执行为精英突击队奠定了重要基础（见图 2-3）。

图 2-3 精英突击队：六人专注于同一目标

在同样的执行速度下，危机委员会处理项目的批准。该危机委员会推行每天结束时与公司副总裁举行会议的制度，以决定和讨论与疫情有关的话题。这个时间表允许精英突击队在不到一周的时间内构思项目方案、组建项目团队和获取项目许可。

安贝夫公司团队中所有可用的技术和能力对执行项目都很重要。这不仅仅是在管理一个项目，更是在评估员工的潜力，了解他们怎样能做得更多，以提供伟大的项目，更是在把人们凝聚成一个团队。

2.2.2 应对挑战

项目实施和管理的关键步骤包括贯彻一种新的不怕犯错、面对挑战和理解新现实的实验文化，与现有的创新文化保持一致，即更多的协作、更多的自主和更少的惩罚。这种文化允许多学科团队一起工作。这些不同领域的人一起工作，为项目提供了新的愿景，增加了团队的亲近关系，这有助于项目的灵活性。

安贝夫公司的行动一直聚焦于解决当时社会面临的问题。这不仅适用于之前提到的洗手液问题，还适用于对氧气、疫苗储存冷却器等物资的需求（见图 2-4）。这一直是精英突击队的工作重点。

在这一过程中，安贝夫公司团队开发了重要的工具和技能，允许快速评估项目，启动计划，并朝着稳健的执行方向发展。精英突击队的经验被推广到其他项目中，影响了整个团队，取得了以下改进：

- 以消费者为中心进行创新，提供高品质的产品。

- 缩短交货期，建立目标，以卓越的品质交付产品和项目，同时改变人们的生活。
- 促进商务分析、项目管理、项目组合管理和项目集管理领域的全面整合。

图 2-4　在新冠疫情期间安贝夫公司利用其知识和已有资源开发的众多项目

2.2.3　捐赠的不仅仅是金钱，更是最好的能力

看到这个国家和人民所面临的困难，许多公司通过捐赠和行动倡议动员起来了。安贝夫公司知道，在那个时刻，各种各样的帮助都是有用的，于是遵循公司的文化和原则，利用其所有技能来寻找最佳解决方案。通过这样做，公司更积极地参与到了公益事业中来。

首先采取的行动是改造安贝夫的生产线和瓶子，以便生产含酒精的洗手液，如前所述。这个产品在当时对巴西来说非常关键。安贝夫公司有现成的原料——乙醇，所以是时候了解公司如何使用它，对它进行研究，并将其转化为当时必不可少的产品，以便将其捐赠给医院和社区了。

安贝夫啤酒厂的乙醇被用于生产了 150 万瓶 237 毫升的洗手液。在分发首批 50 万瓶时，优先考虑了圣保罗、里约热内卢和巴西利亚等城市受影响最严重地区的公立医院。后来，安贝夫公司宣布将把产量增加一倍，再分发 50 万瓶，以服务该国所有联邦单位。150 万瓶已经全部交付。

与此同时，安贝夫公司向该国的卫生保健专业人员捐赠了 300 万个面罩。考虑到在 Datasus 数据库中有近 300 万名正式注册的专业人员，这笔捐赠足以为巴西的每位医疗保健专业人员提供服务。该产品是由 PET 制成的，与巴西传统饮料 Guaraná Antarctica 的瓶子制造材料相同。所有的面罩都被移交给卫生部。

新冠疫情在巴西开始时，这两件个人防护装备对医院和一般民众来说都至关重要。

精英突击队一直在寻找有助于生态系统的创意和举措（见图 2-5）。安贝夫公司是项目管理和啤酒厂建设方面的专家，所以他们有了建一家医院的想法，因为在新冠疫情期间，巴西各州都出现了床位短缺现象。

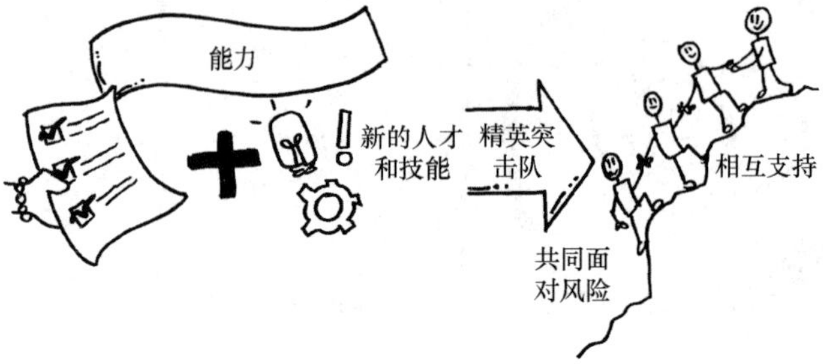

图 2-5 团队合作的重要性

建医院的规划花了五天时间，从最初的概念到开始在圣保罗市东侧建造一座完整的永久性医院。

该医院满足了新冠疫情造成的治疗需求，并成为圣保罗这个贫穷和脆弱地区的永久性遗产。由于团队和合作伙伴的大量工作和承诺，医院在创纪录的时间内建成。36 天后，它已经开始运行并帮助社区开展工作。

当时，这是巴西历史上医院建设最快的一次。这些床位不仅有助于抗击新冠病毒，还将成为圣保罗市这家非常重要和受人尊敬的公立医院的资产。这个项目最大的贡献是，它使同类项目成倍增加，产生了许多类似的医院建设项目，都是按照同样的模式建造的！

他们还设想了更大的项目，比如在巴西的疫苗合作伙伴，以及将啤酒厂的一部分改造成制氧厂，目的是将氧气瓶装满，然后捐赠给圣保罗农村的医疗机构。

所有这一切，只有在包括工程、采购和法律支持在内的许多专业人士的参与下才可能实现。领导的支持对所有这些项目的执行是至关重要的。有创造、建议和讨论的自由，在所有层面都有无条件的支持。

2.2.4 一加一并不总是等于二

对于那些习惯建造酿酒厂和生产啤酒的人来说，建造一家医院是一个相当大的挑战。然而，通过将不同背景的人聚集在一起，它变成了现实。有同样目标和大胆心态的人可以做以前从未做过的事情。

恐惧会阻碍人们前进。害怕犯错会终结你的事业和组织。为了避免这种情况，精英突击队决定互相支持，一起冒险，走出他们的舒适区，远离通常的结果，寻找难以想象的结果。在安贝夫公司的每个人都明白，他们不可能一直重复做同样的事情，他们期待不同的结果。创新就是要冒险！

1. 医院建筑项目：用不到 40 天的时间建成一所医院

在新冠疫情初期，安贝夫公司遵循其原则和文化，想要实现更大的梦想。精英突击队设想在拥有 130 万人口、每千名居民拥有 0.5 张病床的圣保罗市的一个区建造一所新医院

（见图 2-6）。与卫生部的建议相比，这一数字更令人担忧。理想的比例是每千人 2.5～3 张病床。

图 2-6　医院建筑项目

该项目的结果是显著的。

- 5 天完成规划，36 天执行完成。
- 医院采用模块化结构（更灵活）。
- 2020 年 4 月 27 日启用。
- 如今，该医院是圣保罗市公共医疗系统治疗新冠病毒患者的样本医院。
- 新增 100 张病床。
- 救助了 2 500 人。
- 为当地居民留下了一处永久性建筑。

2. 制氧工厂建设项目：把啤酒厂改建成制氧工厂

1 月中旬，马瑙斯（Manaus）市医院的氧气短缺到了一个关键阶段。玛瑙斯是一个物流困难的城市，位于亚马逊雨林的中部。由于缺氧，医疗保健系统崩溃，导致许多人死亡。

安贝夫公司很快决定成为其合作伙伴并提供帮助，最初向马瑙斯发送了 500 个氧气瓶（见图 2-7）。氧气是用 MD 型氧气钢瓶发送的，这种钢瓶最适合当时的情况，因为它易于处理和运输，为服务提供了灵活性。这些钢瓶捐赠给了国家，可以重复使用。

第一步是动员当地公司向该地区捐赠制氧厂。之后，安贝夫公司改造了自己的工厂，因为该工厂使用氧气来生产碳酸啤酒和软饮料（有制氧基础）。位于圣保罗州农村的里贝朗普雷图市的科罗拉多啤酒厂的一部分被改造成一家制氧厂。即使对这个业务一无所知，安贝夫公司还是召集了员工，面对这个挑战。

- 捐赠 500 个氧气瓶。
- 将啤酒厂的一部分改造成制氧厂，每天生产 120 个氧气瓶。

- 40 天完成改造项目并获得批准开始生产氧气瓶。
- 全市 10 家医疗保健单位约 500 人得到他们的氧气帮助。

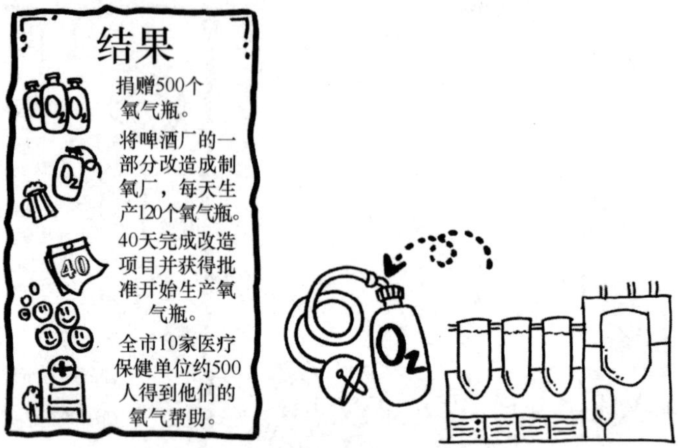

图 2-7　氧气生产厂

3. 疫苗生产设施：巴西境内疫苗生产的知识、速度和联盟

自新冠疫情开始以来，大多数巴西人（包括 100%的巴西公司，安贝夫公司也是其中之一）都梦想着能够找到新冠病毒的治疗方法或生产疫苗（见图 2-8）。这场危机使一些制造商有可能开发出一种疫苗来保护人类，但仍然存在一个巨大的挑战：当地的生产和分销。

图 2-8　疫苗生产设施的建设结果

安贝夫公司明白，疫苗将是对抗病毒最有力的武器，但巴西幅员辽阔，人口众多，迫切需要大规模生产，因此需要非常大的产能。该公司在基础设施、项目管理和应用于项目的敏捷性等方面的专业知识在当时是非常宝贵的资源。

为了加快疫苗生产并让巴西拥有在当地生产疫苗更大的自主权，安贝夫公司领导了一个公司联盟来提供资源，贡献必要的基础设施，建立一套疫苗生产设施，迅速将其捐赠给社会。

在这套捐赠的设施中，其实验室可以在巴西生产新冠病毒疫苗，这种疫苗是在全球数千名研究人员的奉献下研制出来的。

该设施的研发速度及为尽快开始生产 1 亿剂疫苗而调动的资源是至关重要的。安贝夫公司在几个方面进行了工作，包括商业谈判、与供应商对接及监控现场执行过程。

在安贝夫公司为社会产生积极影响的目标范围内，它还在圣保罗州的布坦坦（Butantan）研究所复制了这一举措，以提高该国境内的疫苗生产能力。

- 在巴西生产 1 亿剂疫苗的能力。
- 已提供近 4 000 万剂疫苗（占该国可获得新冠病毒免疫接种的 40%以上）。
- 11 名安贝夫专业人员专门致力于该项目。

2.2.5　项目管理和非局域性

新冠疫情给管理人员和专业人员带来了新的挑战，他们往往与流程执行的前线保持着紧密的联系。与此同时，工程团队也远离了他们的岗位，各个领域的专业人员也远离了他们过去生活的传统环境。

团队不再使用相同的物理空间，而是更多地诉之于虚拟共享，这不仅发生在项目管理中，而且涉及所有职能组织。还产生了重新设计、创建协作和整体模型的机会。

2.2.6　项目价值链的扩展视图

面对冠状疫情，我们吸取的主要经验之一是，项目始于一个想法，而不是始于项目章程。同样，它也不会在刚开始的时候就结束了，因为我们吸取了经验教训。如今，运营和项目之间不再有边界或孤岛。为了获得指数级的结果，你需要看到长期的价值。这种转变对干系人和参与项目的整个社区都非常有价值。

传统的项目管理模型涵盖了价值链的一个部分，将其从开头的准备延伸到项目最终产品的结论，收集客户的接受度。这只是价值链的一小部分（见图 2-9）。

项目管理在此之前就开始了，当问题被确认并进行头脑风暴时，为了解公司的需求，就要进行商务分析。

一方面，从对问题的研究到产品的推出进行分析。另一方面，项目生命并不会随着产品的推出而结束。相反，它通过交付业务功能来改变用户的生活。长期使用这些特征将为组织带来价值，或为其干系人带来一些重大转变。

在项目管理中，整体性意味着什么？

整体性意味着将系统视为一个整体，没有先于战略的个人目标，并且在所有工作团队中整合项目过程。

整体性还有另一个含义，它超越了多学科方法的概念：团队紧密整合在一起，结合团队成员不同的技术、能力和知识提供解决方案。

图 2-9 项目价值链

2.2.7 让我们更进一步

项目管理的新方法是以原则为基础的。这种变化为团队面对更大的环境提供了条件。在这些环境中，规定性的工具已经不够了，有必要给出一个更一般的方向，将范围扩大到不同的情况，而不考虑技术或工具。其中一些原则在特定的环境中是完全可以理解的，如复杂性。当有多个部分相互作用时，你只能通过观察瓶颈和观察整个系统行为来理解大局，这是一个一般的方向。我们也可以寻找促进这一点的工具，如约束理论、系统动力学、复杂性模式信息等。安贝夫公司相信管理可以保证每个人都有一个更美好的未来。管理意味着善待他人，为环境采取可持续的行动，关心社会，照顾团队和同事，善待股东，敬重发起人，尊重良好的做法和普遍接受的道德规范。

2.2.8 项目管理生态系统

在未来项目管理中的生态系统，项目的组织将超越组织边界。该项目将集成由生态系统提供的组件，其中每个组件都提供具有集成规则的服务目录（见图 2-10）。

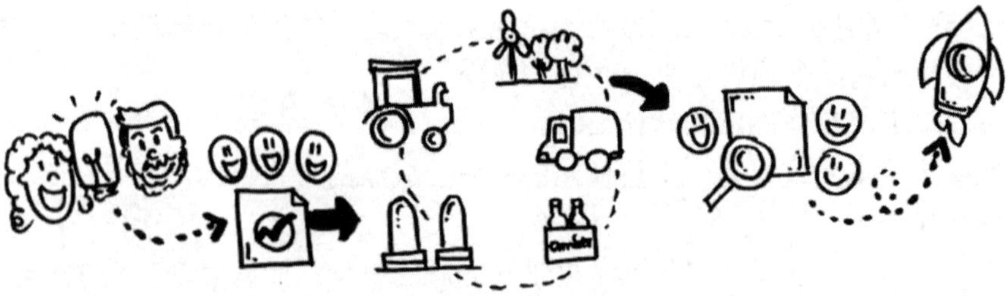

图 2-10 环境、社会和公司治理

例如，在医院建设项目中，安贝夫公司有一个工程合作伙伴，他在啤酒厂的模块化建设方面经验丰富。项目管理将通过生态系统的组件化和集成化演变为建模。

快速的反应，扩大影响的能力，激励公司和人们的能力，加上尝试、发现和创新的自由，这些都是安贝夫公司留下的或获得的许多遗产中的一部分，这些遗产无疑给其员工、客户，尤其是受其举措影响的人的生活带来了变化。总而言之，目标和影响力一直引领着安贝夫公司走得更远、梦想更大，并将人们聚集在一起，共创一个更美好的世界。①

2.3 卓越行动：阿尔伯特·爱因斯坦医院项目管理在应对新冠疫情中的健康危机管理和经验教训②

2.3.1 案例简介

当阿尔伯特·爱因斯坦医院（Hospital Albert Einstein）在巴西诊断出第一例新冠病毒患者时，这种疾病已经影响了大约 8 万名患者，并蔓延到亚洲、欧洲和其美洲地区。当时，轮到巴西受到病毒大传播的打击。一名刚从意大利来的 62 岁患者因典型的疾病症状被送进了医院的急诊室。后来，他的诊断结果在第二天通过补充检查得到证实。

几周前，该机构的专业人员讨论了与疫情有关的问题，即病人护理和防疫组织结构问题。由于制订防疫计划（要采取哪些主要措施、怎样减轻风险和如何制定同步的多学科协作）的需要，促使本医院管理层成立了一个应急管理委员会。该委员会由传染病和呼吸系统疾病专家及医院感染科的成员和所有部门的领导组成，通过病人护理、护理支持和管理之间复杂的互动模式来讨论和设计行动计划。

为了向应急管理委员会提供支持，该机构设立了一个规划部门，由一个多学科小组组成，其中包括项目管理专家和运营效率方法专家，还设立了一支接受管理培训的分散的医疗队。这些机构的重点是协调不同的任务包、项目整合和专业人员之间的沟通。从那时起，这些专业人员将致力于处理这场危机。

规划部门的主要行动如下：

- 促进医院运行所需资源的优化。
- 多条战线同时进行管理。
- 提高护理团队的绩效，即 100%致力于患者护理，并始终关注员工的需求和安全。
- 减少沟通失败。

本节的目的是介绍截至 2020 年 2 月底，阿尔伯特·爱因斯坦医院应急管理委员会计划

① 我们的承诺不会就此结束。本文于 2021 年 6 月结束，但有几项行动正在筹备中，而且这一过程仍在继续。

② 本节资料由阿尔伯特·爱因斯坦巴西以色列慈善协会提供，由 Juliana Pan 和 Haggéas da Silveira Fernandes 撰写。Juliana Pan 是战略规划、项目集和投资组合经理。她曾在多个行业工作，如工业、上游产业、咨询业和医疗保健行业。Haggéas 是医生，重症监护医学专家。在重症监护室工作多年后，他参加了医疗保健管理 MBA 课程，并对质量改进、患者安全、精益六西格玛以及医疗保健中的项目管理和敏捷方法产生了特别的兴趣。今天，Haggéas 是阿尔伯特·爱因斯坦医院医疗实践、质量和病人安全部门主任。版权归阿尔伯特·爱因斯坦巴西以色列慈善协会所有，经许可转载。

部门在新冠病毒引起的大流行情况下所开展的工作①。

我们采取了不同的行动，以支持该组织的工作，并为员工制定了安全措施。复杂项目的主要挑战之一是确保其顺利实施，并确保最终交付与计划一致，主要是在易变的和不确定的情况下，有必要将不确定性转变为风险管理。

2.3.2 计划模型

新冠疫情在全球范围内引发人道主义危机，使现代世界面临前所未有的复杂性。它对政府的财政和经济能力提出了挑战，给卫生系统和各种组织造成了压力，考验其应对情况不断变化的能力，以及及时应对病毒造成不同影响的能力。

这一流行病是在一个适应世界的巨大社会经济变化时期发展起来的，数字革命和与政府政策、事件有关的动荡加速了这一变化。这些政策和事件可能对地球上几乎每个国家的人民生活造成影响。结果，不确定性达到了极端水平。

对许多组织来说，最明显的影响与其运营和商业模式有关。从专业人员的工作方式到信息到达的速度，艰难的局面需要快速决策，需要劳动者的适应能力和应变能力，更需要领导力。

系统的异质性和训练有素的专业人员资源的稀缺与工作需求的显著增加形成对比，构成越来越大和不可预测的风险。由于数据的变化、疾病的流行病学行为及应对行动的影响，要求我们做出预测并迅速调整计划。这场流行病的特点实际上是医疗保健部门的“战争”情景。

快速而自信的规划，以及以加速的方式获得的数据，将是决策的核心。

在此之前尚未完全采用的敏捷模式②被用作应对新冠疫情需求的基础。

事实上，在新冠疫情刚开始时，表现较好的组织在其运营模式中采用了敏捷实践。这意味着需要一种反应结构，将信息、科学数据、专家指导、决策和资源分配转化为一种规划模式。这种模式的反应将是有效的，能确保必要的协调，以应对局势带来的挑战。

1. 适应危机时刻的敏捷模型

健康危机使该组织需要采用一种通常在有限时间内同时进行的果断交付模式。因此，该组织坚持用敏捷模式，它适用于高不确定性、高复杂性、高风险和高易变性的条件。

为了帮助推动决策过程，在建立多学科团队时采用了突击队③的概念，这是典型的敏捷

① 阿尔伯特·爱因斯坦巴西以色列慈善协会（The Sociedade Beneficente Israelita Brasileira Albert Einstein）在私营和公共医疗保健领域开展业务，涉及医疗保健、教学和教育、咨询、研究和创新，以及社会责任的各个阶段。它的总部设在圣保罗州，并在圣保罗市、圣保罗州内陆、里约热内卢州、戈亚斯州、米纳斯吉拉斯州、圣埃斯皮里图州、帕拉州、伯南布哥州及联邦区开展活动。其组织结构由圣保罗州和索罗卡巴州的 12 个私人医疗单位和巴西全民医疗保健系统的 27 个单位组成，通过与摩基达斯克鲁易斯市和圣保罗州政府签订的管理合同和协议运营，它在圣保罗州有 6 个教学单位，在里约热内卢州有 1 个研究所，在贝洛奥里藏特市有 1 个管理机构。

② 尽管敏捷宣言是关于软件开发的基本价值观和原则的宣言，但宣言和提议的敏捷开发方法对各类行业组织的影响是不可否认的。敏捷宣言的价值观是，个体和互动高于过程和工具，工作软件胜于全面的文档，客户协作重于合同谈判，响应变化优于遵循计划。

③ 突击队是一种组织模式，它将员工分成具有特定目标的多学科小组。

方法，以保持敏捷性和高效率。

突击队是多学科的团队，有自主权和时间来决定处理危机应采取什么行动，但也要为快速决策提供系统性报告。

维持一个大型组织的平衡并不容易。

操作系统是由许多因素（如目标和价值观、人才管理、数据库和技术）组成的，每一个因素都可能完全失控，或变得静态和保守，或变得危险和混乱。

维持平衡是主要的挑战，而领导力发挥了作用，创建了一个提供稳定性和敏捷性的精心平衡系统。总而言之，敏捷需要谦逊，这一点很明显。谦逊的人知道预测不可预测的事情是毫无意义的；相反，他们会创建快速的反馈循环，以确保计划保持在正确的轨道上。

以下是与传统项目管理方法相比，使用敏捷方法的一些优势：

- 团队之间更加协调一致，以便快速解决潜在问题和冲突。
- 降低风险，获得高质量的结果。
- 通过更自信的交付节省资源。
- 项目交付和项目执行更加敏捷和有效。
- 能够灵活地提出备选方案并达成最佳解决方案。

2. 初始规划步骤

危机计划考虑了本组织管理的医院和相关单位的整合经验。

准备工作开始于建立一个团队来监测世界上的新冠病毒感染情况，这个团队被命名为情报小组，由每天搜寻世界上正在发生什么的人组成。除阅读研究报告、时事通讯和新闻外，该团队还与国际专家进行了交谈。后来，由医学研究人员组成的该小组的核心成员脱颖而出，开始从迅速提供的无数研究小组的出版物中获取信息。然后，情报小组开始利用最新的预测数据开展工作，这对应对新冠疫情至关重要。流行病学小组进行了一些计算，为医院早期的组织安排提供了帮助，并由此预测了设备的需求（从防护口罩到机械呼吸机）和专业人员的数量。基于这些信息，流行病学小组能够对未来做出预测（见图 2-11）。这些计算帮助医院提前确立了应急管理的组织系统。

3. 规划部门

有了这些预测，规划部门就被分派下去，并开始与正在组建的各种突击队一起工作。

为了尊重当时为预防新冠病毒感染进展而出现的证据（如保持社交距离和使用口罩），确定了一个远离卫生保健区域的工作空间，后来被称为作战室。鉴于当时的隔离状态，数字会议工具开始被大量使用，这有助于继续举行会议，如更新医疗风险管理的安全会议[①]。规划小组和危机委员会的会议也使用了同样的工具。

安全小组遵循以下步骤：

（1）退回前一天未完成的事项。

（2）更新新冠病毒确诊患者的数据。

① 安全碰头会，也叫“安全会议”，是由卫生保健改善研究所提出的。这种方法提高了操作人员或一线人员的安全意识，并能帮助组织发展安全文化。

（3）更新休假员工疑似和/或确诊患者的数据。

（4）“观察”患者（法律/形象风险管理或其他值得高级管理人员支持的情况）。

（5）临床工作人员和/或多学科团队可能对患者构成安全风险的问题（如不安全处置或非常规处置、缺乏医疗评估、引起混乱的行为）。

（6）任何值得分享的严重不良事件或具有潜在严重危害的事件。

（7）报告基础设施、电子系统、设备等方面的问题（如材料或药品的缺乏）。

（8）任何可能影响其他领域，值得分享或需要管理层支持的新通知或紧急情况。

（9）成功案例（当天的积极事实，值得庆祝）。

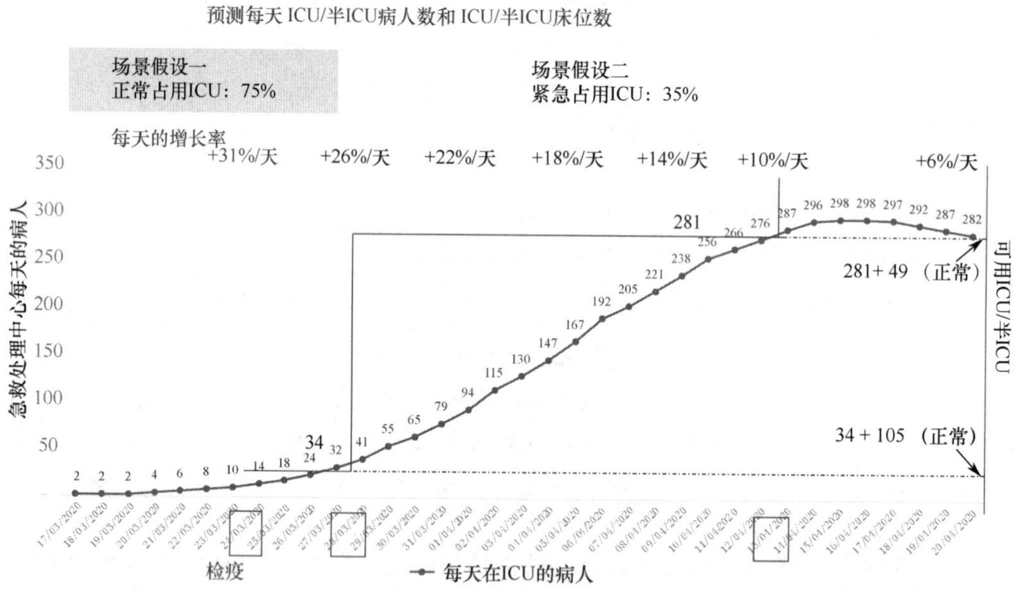

图 2-11 需求曲线

人们立即注意到口罩和手套等关键物资的短缺。由于对进口原材料的依赖，供应链变得很脆弱，商业精神常常与对形势的必要共情重叠在一起。

面对公共卫生的威胁，许多供应商利用当时的高需求，选择提高价格，并没有认识到保护在抗击疫情的斗争中一线卫生保健专业人员的极端紧迫性。

经理们扮演着关键的角色，这比以往任何时候都突出。他们的适应性和弹性在这段时间里对服务的绩效产生了影响，最重要的是确保了前端团队的安全性和可靠性，理解了整个生态系统，并尽可能地朝着未来的方向努力。

当管理一个有几个干系人的大型项目时，系统的跟踪是至关重要的，日志就是在这方面开发出来的，它集中了所有的信息和关注点，为干系人提供了活动的概况。

由于活动不断加速增长，规划部门将每天提供三次日志，以便向所有突击队通报每条战线的最新进展情况。

日志要报告行动开展的相关信息，包括但不限于以下内容：

- 流行病学规定的统计数据。
- 对巴西和全球经济的影响。

- 预测和生产曲线。
- 雇员管理方案。旨在确保危机期间各团队的福利和身心安全，包括建立职业健康机制对雇员进行健康监测。
- 部门运营状况、资源分配、招聘、员工离职、在职员工培训计划及新员工招聘。
- 库存覆盖率（关键物资和氧气）、服务和采购（设备）。
- 运营床位现状，扩建 ICU 床位和外科门诊部，新建结构和设施。
- 成本、费用、收入、利润和资本支出控制的实际情况。
- 循证医学，提交给国家研究伦理委员会和使用人体受试者的研究伦理委员会的临床研究的开发。
- 对公共卫生的捐赠。

明确了关键问题，以优化应对计划（见图 2-12）。

治理模式
确保董事会、执行董事会和技术部门之间的协调一致，以便始终如一地应对危机，并制定业务恢复和维护措施
人事管理组
及时沟通，并做到信息公开
财务影响
优先考虑营运资金的管理和维护，以及流动资金的保存
供应链
通过制订应急计划，识别供应链中的任何中断风险和运营中的潜在风险
客户与收入
在开展活动时，优先考虑关键客户，在支持业务连续性的努力中寻求他们的支持
数字
考虑用于远程访问和远程工作，以及终端客户服务的协作工具

图 2-12　关键行动图

4. 治理模式

该模式是为了监督和管理危机应对计划而设立的，得到了董事会、执行董事会和技术领域等成员的支持，并由危机委员会领导。

治理行动包括以下内容：

- 监测市场主体（主要是健康计划公司和监管机构）之间发生的主要变化。当时，这种变化经常发生。
- 为所有干系人制定和实施危机管理沟通策略。
- 确定应用事件检测工具来支持事件检测。这些事件有助于深化场景，并作为运营问题和敏捷模型执行的决策参考。

5. 人事管理组

开发人力资源管理综合行动的后续行动。从增加人员和重新分配内部工作人员来看，通过综合保健行动，该部门在适当分配人力资源方面发挥了重要作用。

（1）人员增加和重新分配。

为了满足日益增加的医疗需求，在 3 月份选择和雇用了新的专业人员，招聘工作完全在线进行，为期 14 天，在此期间雇用了 1 137 名专业人员（有的是临时聘用，有的是长期聘用），并在内部重新分配了另外 1 081 名员工。

由于新冠疫情，产生了新的培训形式，结合了基于持续培训平台的实践和理论方法。2020 年 3 月至 4 月，5 400 多名专业人员在模拟真实服务情景的实训站进行了培训，在线培训内容点击量超过 11.67 万次。

（2）整合员工支持行动。

与新冠疫情管理相关的风险之一是，参与照顾住院新冠病毒患者的一线专业人员因感染而病倒。该单位的工作包括：

- 建立机制，对员工进行一周 7 天、一天 24 小时的全程监测，指导确诊和疑似新冠病毒患者及其他健康问题的人，帮助有需要的员工。
- 为应对压力和倦怠提供情感支持，这已经变得很常见，并对疫情产生了极大影响。
- 设置隔离规则。
- 制订领导和技术团队的继任和预防计划。
- 实施和监控工作状况，提供所需的技术和信息。
- 重新评估出行许可政策、旅行政策、本地和全球流动政策。

6. 财务影响

营运资金的管理和维持，以及流动资金的保存是优先事项，其中包括：

- 重新评估未来 100 天的预计现金流量（预测），并确定相应措施。
- 注重成本控制和运营费用。
- 重新评估预定的资本支出。
- 与生态系统中的优先干系人进行谈判，与那些有类似问题的人进行谈判，并公开讨论议程。
- 了解合同义务对不可抗力事件的影响。同样，为重新谈判和合同索赔收集必要的文档材料。
- 商洽更灵活的供应商条款和额外的融资额度。
- 考虑政府最近制定的与暂停、推迟或减少纳税缴款，以及减少工资和暂停雇用合同有关的临时福利。

7. 供应链

通过制订应急计划，识别供应链中的任何中断风险和运营中的潜在风险：

- 对关键交付物所需的原材料、包装、材料和基本服务进行调查。
- 考虑与战略供应商的联合行动，如负荷优化、集成生产计划和协作能力管理。
- 生成财务上最脆弱、可能对供应链造成更大影响的供应商名单，并评估提供财务捐助和/或预付款的可能性，以便获得原材料，保持服务持续进行，并按时交付。
- 重新审查物流规划，重点是减少费用，这可能意味着暂时或永久关闭一些服务。
- 优化现有资产和资源，如能力、货物运输、专家重新安置等。
- 重新评估创新计划，以确定在危机时刻预测产品发布的机会。

为了保持设备和用品的及时供给，以应对新冠疫情，管理库存、预测需求及与供应商建立合作伙伴关系的责任是至关重要的。

在与合作伙伴的谈判中，有可能要确保必备的采购任务，并事先查明正规供应商不足以满足需求的情况。

在内部，信息技术支持了供应活动，如有数字平台上运行的材料计划系统和自动订单处理系统。

8. 客户与收入

医生和病人在抗疫活动方面得到优先考虑，设法使他们参与各项工作，以支持服务的连续性。

- 忠诚度得到加强，确保在特殊情况下对医生的支持。因为门诊活动的显著减少和外科护理的减少，导致医院收入减少，又要提供远程医疗支持。
- 评估消费者的旅程和体验，调整前往医院的策略，实施从实体渠道和服务交付到数字模式的过渡，并扩大家庭护理。
- 制定了清晰一致的沟通策略，将组织采取的措施告知医生、患者和员工。

9. 数字

实施用于远程工作、保健和病人护理的协作工具。

- 为新的交通工具和运营模式准备了基础设施，评估了安全性、身份验证和网络容量标准，并考虑了其合作伙伴和供应商。
- 一天 24 小时、一周 7 天的全天候组织安排和团队奉献精神，确保了在需要远程工作的应急状况下为业务连续性提供技术支持。
- 在网络环境中的信息暴露和传播进一步扩大的情况下，及时评估和解决了潜在的网络和系统漏洞。
- 开发了实时数据和警报仪表板，以服务于多个不同的执行层。
- 建立了数字化患者与医务人员的沟通渠道，这在远程医疗等制度化隔离状况中至关重要。

2.3.3　结果

2020 年 3 月至 2021 年 1 月期间，1.36 万名新冠病毒患者在爱因斯坦医院的住院部或日间门诊部接受了治疗（见图 2-13），其中 74%（10 027 人）住进了公立医院：有 6 330 名病人住在由爱因斯坦医院管理的公立医院（Dr. Moysés Deutsch 领导的 M’Boi Mirim 市立医院、Dr. Gilson de Cássia Marques de Carvalho 领导的 Vila Santa Catarina 市立医院和 Pacaembu 野战医院）；有 3 697 名病人住在急救中心，接受临时住院治疗，其中一些人在等待永久床位时需要用呼吸机。这一数字仅占同期圣保罗市所有患者入院人数的 18%，这一比例考虑了市卫生局的数据，该数据记录了公共医院网络中 34 962 名患者出院。

为了满足私立医院和公立医院的这一需求，爱因斯坦医院增加了呼吸机设施，雇用和重新分配了专业人员，并通过创造新的手术床，确定了优化现有资源的机会。私人保健系统和公共医疗系统都采取了这些举措，它是通过初级、二级和三级保健的综合办法来实施的。

结果

2020年3月至2021年1月期间

6 000名训练有素的员工照顾感染这种疾病的病人

爱因斯坦医院管理的两家公立医院的694名员工被重新分配到野战医院工作

从2020年3月至2021年1月，住院部或日间门诊部的住院患者为1.36万名

- 3 600人在私人医疗机构
- 1万人在全民医疗保健系统，占圣保罗市整个公共系统住院患者总数的18%

捐赠价值3 610万巴西雷亚尔的个人防护装备和外用酒精给五个土著特别保健区（DSEI），包括大约600个村庄，以及几个州的130多家公立和慈善医院，资金来自它们自己的资金和收到的非财政捐款

抗击新冠病毒爱因斯坦基金：筹集4 850万巴西雷亚尔，并将其全部投入全民医疗保健系统，用于扩大和改善公共部门的服务，为弱势社区捐赠卫生包和食品篮，并为几个州的卫生机构捐赠个人防护装备和外用酒精

图 2-13　结果显著

1. Pacaembu 野战医院

应圣保罗市政府的要求，爱因斯坦医院接管了 Pacaembu 野战医院。该医院是为缓解该市公共系统对医院床位的需求而紧急设立的。

在疫情最严重的时期，该医院运行了三个月，提供了 200 张简易病床，治疗了从其他公共卫生单位转来的 1 515 名轻症病人，以便腾出那些医疗机构床位来治疗重症病人。

该医院占地 6 300 平方米，位于 Pacaembu 足球场的草坪上，部分设备由爱因斯坦医院自己提供，有的是从其他单位调来的，有的是用捐赠资金购置的（见图 2-14）。在野战医院关闭后，爱因斯坦医院将现场使用的所有设备捐赠给了市政府，估计价值为 700 万巴西雷亚尔。

图 2-14　Pacaembu 野战医院

该建筑拥有一所完整医院的所有资源。电子医疗记录、诊断成像设备（放射照相、超声波、X射线断层扫描）、药房区和专业人员自助餐厅等设施一应俱全，此外还有远程医疗，可将当地医疗团队与中心医院联系起来，以获取诊疗支持。

由于不允许探视，家属和患者之间的联系是通过手机和平板电脑在 WhatsApp 上进行的。每日医疗报告也通过该应用程序发送给家属。

整个工作的重点是安全、质量和对患者的人文关怀，以及 520 名专业人员的安全，这些专业人员将在现场三班轮流工作。整个医疗团队由已经在该组织工作的专业人员和专门为应对新冠病毒而雇用的其他人员组成。

由于这是该国抗击新冠疫情行动中的第一家野战医院，因此没有可遵循的标准，这意味着该组织需要定义运营模式。这项任务被分配给了一个多学科小组，由来自医疗、物流、用品和药房领域的专业人员组成。后来，所采用的物理结构、操作模式、循环流程、卫生专业人员护理规程和保护规程，以及对患者和家属的人性化护理的所有规章制度，成为该国其他地区作为紧急情况而建立的类似医疗机构的参考标准。

2. M´Boi Mirim 医院

由爱因斯坦医院管理的M'Boi Mirim市立医院是圣保罗全民医疗保健系统[①]的主要机构之一，负责大型传染病防治，共有 514 个床位（重症监护室 220 个，医务室 294 个），专门用于治疗新冠病毒患者（见图 2-15）。全年有 4 000 多名患者在这里接受治疗，这对避免该市卫生系统崩溃做出了重要贡献。该单位由爱因斯坦医院管理，与约翰·奥·阿莫林博士（Dr. João Amorim）研究中心合作。

M 'Boi Mirim市立医院扩建工程从开工到交付，历时33天。附属建筑总面积为1 400平方米，分布在两层，与医院相连，可容纳100张病床。这项工作由安贝夫公司、盖尔道公司巴西和古巴的慈善机构及爱因斯坦医院投资了1 350万巴西雷亚尔，现在是医院结构的永久组成部分。

图 2-15　M 'Boi Mirim 市立医院

管理层的速度和紧迫感对取得成果至关重要。同样在 3 月，该医院在公共网络中率先进行了调整，以满足即将到来的医疗紧急情况，增加了手术床位，将医务室床位转换为 ICU 床位，并增加了呼吸支持设备。

2020 年 4 月，在私营部门的资助下，该部门扩大了规模，并以创纪录的速度建成。

① 全民医疗保健系统（Universal Healthcare System）是 1988 年联邦宪法创建的巴西公共医疗保健系统的名称。

这家医院也是人类护理最佳实践的一个例子，并创造了创新的方法来最大限度地减少病人和家属的痛苦与孤独。重症监护病房提供电视，在更严重的情况下可进行面对面沟通。穿上安全服，不属于危险群体的最亲密的家庭成员能够和他们的亲人道别。一个多学科小组被指派为患者和家属提供支持。

2.3.4 恢复计划

连续性计划（恢复计划）得到修订和启动，确保应用程序和服务能够正常运行，以及病人的基本功能得到恢复。此外，还经常对爱因斯坦医院各单位进行脆弱性评估（是否需要公共支持和物资补充）。

爱因斯坦医院证明，在新冠疫情期间，医疗保健环境是安全的。

1. 治理模式

- 反映了经验教训，制订了具有弹性的行动计划。
- 考虑了危机委员会的条款。

2. 人事管理

- 管理员工回归“正常”活动。
- 修订了在常规业务中的战略，吸收了在疫情中聘用和发现的人才。

3. 财务影响分析

- 重新确定了资本的支出组合和低成本与长期债务的额外融资的优先次序。
- 加快了财务报告规范化进程。
- 规模和运营模式（如固定资源与可变资源、人与技术）被系统地评估。

4. 供应和运营链

- 探索了整个供应链风险的透明度和可见性。
- 与客户和供应商合作，以便同步操作并在约束条件下满足优先事项。
- 实施了灵活的库存和现金流管理。
- 修改了订单、预约和库存。

5. 健康计划公司和收入

- 重新设计了加强客户参与的运营模式。
- 在客户互动和分销渠道中采用先进技术。
- 重新定义了应收账款周期、收款流程和 OKR。
- 优化了电子商务和营销渠道策略，以及与 B2C 和 B2B 的关系。
- 建立了风险防范和应对的控制机制。
- 制订了应对金融中断的应急计划。

6. 数字

- 加强灵活性和数字化工作条件的能力得到了发展。

- 构建了网络风险管理机制和整个技术基础设施机制。

通过对本组织在这一期间采取的主要行动进行统一监督，在几个月的时间里，有可能在巴西不同地区疫情最严重期间为满足较小的需求调整资源。

2.3.5　经验教训

这不会是最后一次传染病毒大传播：现在就要加大投资去重构我们的卫生防疫系统。

新冠疫情暴露了世界监测和应对传染病能力中被忽视的弱点。尽管这些弱点在以前的疫情期间造成过明显的损害，但这些弱点依然一直存在。

卫生系统的五项变革可能有助于减少未来发生病毒大传播的机会（见图 2-16 和图 2-17）。

从
到
基本原理
1
“临时抱佛脚”的响应系统
“永远在线”的系统和伙伴关系，可以在疫情期间迅速扩大
疫情暴发响应在使用定期应用机制时是最有效的
2
疾病监测不均衡
加强了检测传染病的全球、国家和地方机制
各级都需要有效的检测能力
3
等待疫情暴发
综合传染病预防议程
有针对性的干预可以降低病毒大流行的风险
4
争夺医疗保健资源
在维持基本服务的同时，系统准备好应对病人激增状况
传染病管理需要能够在不减少核心服务的情况下迅速转移医疗保健资源
5
对新发传染病的研发投资不足
传染病研发的复兴
对新冠病毒的应对表明，只要有动力，就可以迅速应对传染病

图 2-16　卫生系统的变化：第一部分

不确定的情况要求各组织给出明确的方向：“我们认识到存在危机。因此，我们选择个人或集体决策，从根本上确定了弹性原则，确保我们能够提供最好的服务（尽管面临复杂的挑战），并能够改变现状，而不会有任何损失。”

基于这一信念的思考、感受和行动，使愿景得以扩展、使命得以加强、目标得以一致。此外，还能以新的方式反思人员和活动的管理，发展、改进技能和新行为。这些技能和新行为对服务的创造和扩展、干系人关系的改善，以及使流程和服务更具创造性和创新性，具有决定性作用。

在充满不确定性的时代，面对不可避免的事情将成为个人和企业新思维的一部分。危机带来了一个巨大的提升机会，比如个人和集体改进所需的调整机会，使其明白了灵活性和适应力的重要性，最重要的是增强了不同实体之间的团结与合作。

在前所未有的情况下，医疗保健部门的多学科团队受到了考验。来自组织的支持（如提供所有设备、工作方法、培训、健康和情感等方面的支持）对项目的成功至关重要。我们的经验证明，基于敏捷模式、借助数字工具和非详尽数据支持的项目管理是应对新冠疫情的成功模式。

1 各国政府必须将疫情防范工作列入公共议程。

- 增强流行病学的应对能力。
- 保持强大的医疗用品库存和应急供应链机制。
- 定期开展防疫演练。

2 大多数国家在确定传染病风险时远未认识到整合先进数据和分析对补充传统的基于事件监测的潜力，致使当局不能开始努力切断个别传播链。

- 应该认识到一个国家造成的传染病威胁是对所有国家的威胁。
- 应该开展强有力的病原体监测，包括通过基因组测序。

3 虽然不可能预防所有传染病，但可以使用所有工具来预防它们，可以着重介绍四种方法。

- 通过发现未知的病毒威胁，降低人畜共患事件的风险。
- 通过限制人类与野生动物之间的互动来降低人畜共患事件的风险。
- 限制抗菌素耐药性（AMR）。
- 在更大范围内实施疫苗接种。

4 使卫生系统做好准备，制订详细计划，说明如何将能力重点放在病毒大传播的管理上，以及如何迅速调集和补充生产应急资源。应对病毒大传播的高峰能力计划必须考虑维持基本卫生服务的必要性。越来越清楚的是，新冠病毒对人类健康的二次影响与该疾病直接造成的影响相似。

5 有可能引发传染病研发的复兴。

- 缩小疫苗和应对已知威胁（包括流感）的治疗手段方面的差距，有效的研发可为此提供重大帮助。
- 扩大疫苗生产能力，在六个月内生产150亿剂疫苗，以便为全球人类提供足够的免疫覆盖。
- 投资开发新的疫苗、抗体、抗病毒药物和治疗平台，以对抗新出现的传染病。

图 2-17 卫生系统的变化：第二部分

变化是管理工作的本质。领导者必须将变化视为工作的本质，而不是偶尔的干扰因素。设定目标和实现目标的过程，执行这些过程，并认真地从中学习，这些应该是组织各个层级日常工作的特征。

克服任何危机都取决于领导层在调整其运营模式以适应新环境方面的敏捷性。

2.4 卓越行动：联合国人道主义项目和发展项目的项目集管理[1]

2.4.1 案例背景

人道主义和发展驱动的项目为需要援助的社区或整个国家提供物资、物流和能力建设

① 本节资料由 Ricardo Viana Vargas、Farhad Abdollahyan、Carlos Alberto Pereira Soares 和 André Bittencourt do Valle 提供。Ricardo 在担任联合国开发计划署（UNOPS）基础设施和项目管理处主任期间主导撰写了这个案例。本案例研究中所表达的意见不代表联合国的意见，也不代表会员国和联合国项目事务厅的意见。版权所有，经作者许可转载。

的援助。此类援助项目主要有启动应对人为灾害（如冲突、恐怖主义、技术危害等）的项目和计划；由自然灾害[①]（如地震、洪水、干旱等）引发的灾害救助项目；为解决诸如缺乏健康和卫生设施、饥荒和贫穷、文盲、缺乏人力资源资格和缺乏生计等发展需要提供解决办法的项目。简而言之，人道主义项目是“为减轻人类痛苦而采取的行动，特别是在负责该地区的当局无法或不愿为平民提供足够服务支持的情况下”（Reliefweb，2008），这意味着项目的环境可能不稳定，甚至可能对提供援助的人充满敌意。

人道主义项目主要集中在非洲、拉丁美洲和亚洲发展中国家的贫困地区。这些地区长期处于贫困状态，生活条件和生活质量通常低于人类发展指数（Human Development Index，HDI[②]）的国际标准。联合国开发计划署（United Nations Development Program，UNDP）的《人类发展报告》指出，“人类总体发展水平继续上升，但速度比以前慢。2013 年全球 HDI 值为 0.702，而 2012 年 HDI 值为 0.700”（UNDP-a，2014）。

人道主义和开发项目的范围从复杂的应急管理项目[③]（Reliefweb，2008）到小规模的、独立的、以产出为导向的、范围和重要性有限的举措。虽然前者与项目管理相关，但后者超出了项目管理的范围，除非项目被组合在一起并作为《英国框架：管理成功项目》（UK framework：Managing Successful Programs®）（Cabinet Office，2011）中定义的紧急项目进行管理。本节涵盖的人道主义和发展项目，是在灾后环境或长期饥饿和贫困情况下开展的。国际社会通过提供资金、专家、粮食、药品、农具和其他技术工具、建筑材料及其他相关援助条款等，对这些灾区进行援助。所有这些临时任务都是按照不同的效率和效果管理的项目。

人道主义和发展项目旨在创造对结果（提供产生预期成果的能力和提供对受益者产生影响的能力）有贡献的产出（可交付物）。因此，要么将它们组合在一起作为新兴项目集，要么从一开始就将它们作为实施一种愿景的计划来启动，这是有意义的（Cabinet Office，2011）。尽管这些举措的范围和规模各不相同，但都有一些原则（如透明度、相互问责制和治理）、特点（如复杂的多干系人环境）及关键的成功因素（如使用逻辑框架、效益图和基于结果的规划），这些都是所有这些项目所共有的。

人道主义和开发项目有来自外部的风险因素，如自然灾害、政治和经济的不稳定等，也有来自内部的影响因素，如缺乏透明的治理、地方政府能力太弱等。这些因素可能会干扰、改变甚至阻止人道主义和开发项目的进展。下面我们将会细致介绍这种情况。我们也将介绍人道主义和开发项目的特点、类型及如何评估其价值，还将举例说明用于这类项目的一些特定工具，如逻辑框架。此外，这一领域的两个项目管理实践案例，即缅甸的减贫和海地的城市重建，将说明项目管理框架的作用。

这些案例在性质、规模和范围上各不相同，最重要的是治理和领导方面。海地政府在

① 灾害清单可在联合国减少灾害风险办公室页面中找到。

② HDI 是衡量人类发展关键要素的平均成就的一种概括性测量指标，包括健康状况和平均寿命、受教育程度和体面生活状况。HDI 是三个维度中每一个归一化指数的几何平均值。

③ 在一个国家、地区或社会发生的多方面的人道主义危机，由于内部或外部冲突导致社会管理完全失控或即将失控，需要多部门的国际支持，它超出了任何单一机构和/或正在进行的联合国国家计划的处置能力。这类紧急情况对儿童和妇女的影响尤其严重，需要采取一系列复杂的应对措施（Reliefweb，2008）。

联合国机构的总体协调下与外国捐助者分享灾后重建发展项目的管理，而缅甸政府最初的参与要少得多。

海地重建项目组合中的一个项目是城市重建 16/6 项目（ONU-Haiti，2014）。它的目的是规划设计和实施将人口从六个临时分配的营地转移到被 2010 年地震摧毁的 16 个社区。

2.4.2 原则

除第一部分（项目集管理的基础）中所描述的一般的项目集管理原则外，一些特定的原则也适用于人道主义项目。这些项目遵循人道、中立和公正的全球原则（联合国，1991）。遵守这些原则反映了人道主义群体的一定程度的问责制。其他原则也适用于人道主义和开发项目，其中包括透明度、国家所有权和相互问责制，以及一些跨领域的概念，如可持续性、性别平等和社区参与。

根据经合组织的数据：

在第二届援助有效性高级别论坛（2005）上，人们认识到援助能够（也应该）产生更好的影响。《巴黎宣言》（关于援助有效性）得到了认可，它将开发工作建立在第一手经验的基础上，即什么对援助有效、什么对援助无效。它是围绕五个核心支柱制定的：所有权、一致性、协调、结果管理和相互问责制。

《阿克拉行动纲领》（2008）重申了加强伙伴国对其发展战略的自主权和加强关系的目标，使政府对其国内选民负责。它还扩大了这一概念，包括与议会、政党、地方当局、媒体、学术界、社会伙伴和更广泛的公民社会的接触。《阿克拉行动纲领》的原则是：

- **所有权**。各国通过更广泛地参与开发政策的制定、加强对援助协调的领导及更多地利用国家系统提供援助，对其开发进程拥有更多发言权。
- **包容性伙伴关系**。所有合作伙伴（包括经合组织发展援助委员会和发展中国家的捐助者，以及其他捐助者、基金会和民间社会）充分参与。
- **交付成果**。援助的重点是对发展产生实际和可衡量的影响。
- **能力建设**。建设各国管理自身未来的能力。这也是《阿克拉行动纲领》的核心。

2.4.3 风险管理的内容

- 正如最新的《人类发展报告》（Human Development Reports，HDRs）所显示的，大多数国家的人口在人类发展方面的表现正在逐步改善（UNDP-b，2014）。技术、教育和收入的进步可能最终会带来更长寿、更健康和更有保障的生活。然而，当今世界在生计、人身安全、环境和全球政治方面也普遍存在不稳定感。
- 15%以上的世界人口面临多维贫困。在健康和营养等人类发展关键方面取得的高成就可能很快因自然灾害或经济衰退期而受到破坏；盗窃和持械抢劫等城市暴力会使人们身心俱疲；腐败和冷漠的国家机构可能使那些需要援助的人没有其他选择。

在过去被视为独立范例的几个框架之间有一种趋同。事实上，发展领域的研究人员和从业人员将灾害风险、国家和地方能力建设及具有复原力的基础设施建设和社区建设视为人道主义和开发项目的一个组成部分（联合国减灾风险办公室，2009），或者其成功的先决条件（见图 2-18）。联合国开发计划署在其最新的《人类发展报告》（UNDP-b，2014）中从人类发展的角度考虑了脆弱性和复原力。

$$\text{灾害风险} = \frac{\text{危险}\times\text{暴露}\times\text{脆弱性}}{\text{恢复力}}$$

危险	暴露	脆弱性	恢复力
一种危险的现象、危险的物质、危险的人类活动或危险的状况，可能造成生命损失、伤害或其他健康影响、财产损失、生计和服务丧失、社会和经济中断、环境破坏	人员、财产、系统或其他要素处在危险区域，因此受到潜在损失的影响	使一个社区、系统或资产易受灾害破坏性影响的特征和环境	系统、社区或社会在面临危险时抵御、吸收、适应和及时有效地从危险影响中恢复的能力，包括通过保存和恢复其基本结构和功能 恢复力越高 = 灾害风险越低

图 2-18　灾害风险及其与恢复力的关系（改编自联合国减灾风险办公室，2009）

为了应对这些不确定性，联合国项目事务署（United Nations Office for Project Services，UNOPS）等联合国机构在与其合作伙伴（政府、捐助者和实施组织）接触时，应识别并应对以下类别的风险，这些风险甚至可能需要升级到计划委员会：

政府和监管机构的风险。那些可能发生的事件和情况，会改变管理项目的制度框架并影响其商业论证。例如，政府可能改变其国际合作政策，从而影响正在进行的项目治理结构。

声誉风险。任何可能影响执行组织作为透明和政治中立的人道主义和发展机构声誉的事件都应加以管理。

人力资源风险。在人道主义和发展项目中，人力资源风险与运行计划的各项目，以及管理项目本身所需的资源可用性和技能有关。大多数团队成员都是临时签约的，可能不容易被取代。

实施风险。风险可能不仅与解决方案的设计和执行有关，还与采购和物流、工作环境安全或供应商/承包商的质量和绩效的各个方面有关。这些风险将影响能力的交付，并可能延迟收益的实现。

可持续性风险。人道主义和发展项目以可持续成果为导向，因此所有可能影响项目集的环境、经济、社会和国家能力维度的事件和条件都应得到管理。可持续性风险的例子与对未来维护需求的假设有关，如可用的运营预算就与员工运营的能力和实现的利益有关。

2.4.4　复杂性

尽管在富裕捐助国和多边机构及其贫穷受惠国的参与下，所有这些协调一致的努力都取得了成效，但专家们对人道主义和发展援助的有效性提出了质疑（见图 2-19）。Fengler

和 Kharas（2010）观察到，在过去的 20 年中，尽管援助总额有所增加（从 1992 年的 920 亿美元增加到 2008 年的 2000 亿美元），并且有更多的参与者参与其中，但援助在大多数国家的相对重要性有所下降。这两位专家还说，一个新的、复杂得多的援助环境正在出现，在这个环境中，外国直接投资高于援助。

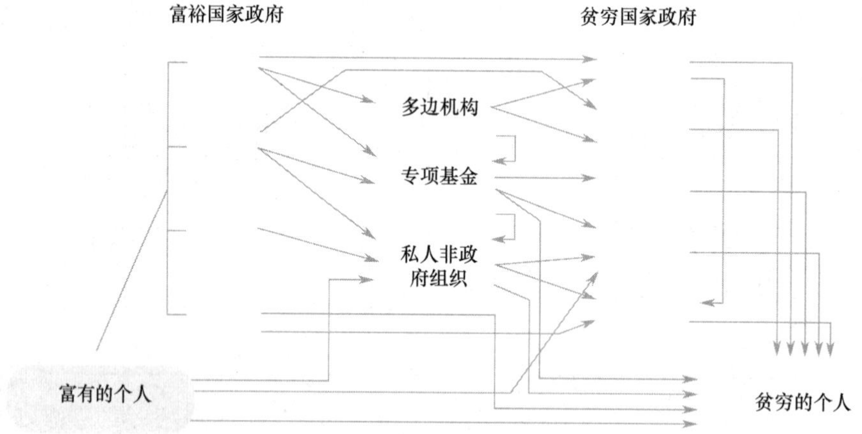

图 2-19　援助渠道的复杂性

捐助格局也发生了根本性变化，新的私人参与者（国际非政府组织、基金会和专项基金[①]）对援助份额的增长做出了贡献（见图 2-19）。目前，仅私人慈善事业每年就达到 600 亿美元，尽管大部分援助仍来自发展援助委员会（Development Assistance Committee，DAC）的成员，该委员会由 22 个富裕国家组成，每年捐款总额为 1 200 亿美元。“第三世界”不再千篇一律地贫穷，一些国家（如巴西）不仅在国内减少贫困，而且成为海地和非洲国家的捐助者。这种“南南”双边援助每年总额达 150 亿美元（Fengler 和 Kharas, 2010）。

尽管援助额在增长，但平均项目规模（即使传统援助国）却在缩小（见图 2-20）。较小的项目可以为孤立的社区带来好处，但它们增加了援助的碎片化，增加了行政管理成本，并使受援国政府的捐助协调复杂化。将小项目集中到项目集中可以缓解这种趋势。

Fengler 和 Kharas 建议在发展援助背景下开展新的项目集管理。

> 重点应放在发展的动力上。单个项目的成功并不总能带来系统的改变。一些运行良好的项目没有系统地扩大规模，捐助者在每个领域的长期参与或对结果的问责都很有限。关注发展的动力意味着要改变制度设置，对发展结果进行更积极的监测、评价和评估。必须鼓励采取与国家需要相称的可扩展的和项目集管理式的办法。重要的是要在地方和部门层面确定需求、干预措施和差距，并长期系统地监测这些领域的进展（Fengler 和 Kharas，2011）。

换句话说，如果采用项目集管理方法，不仅可以降低成本，提高援助资金的使用效率，还可以通过设计所要实现的正确利益组合、规划和监测，以及结果和成果的评估，提高效率。

① 专项基金由专注于单一主题的多边机构管理（如全球艾滋病、结核病和疟疾基金）。

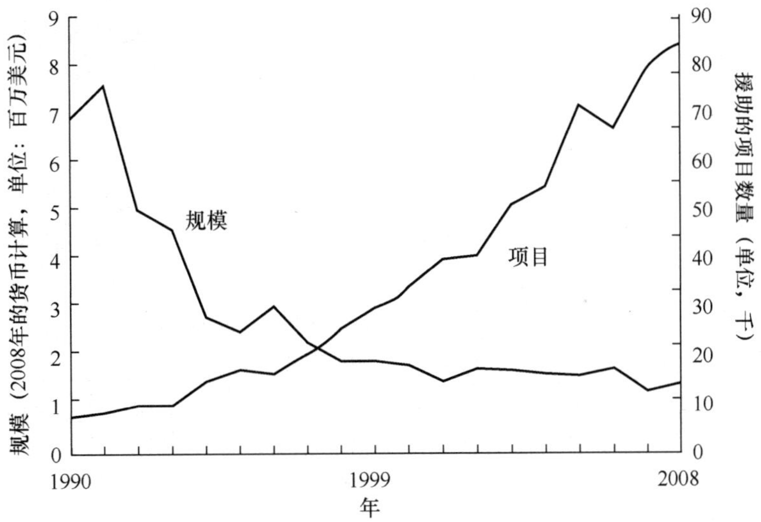

图 2-20　1990—2008 年援助的项目数量与规模

2.4.5　设计、监测和评估框架

本书的第 4 章介绍了适用于大多数项目集的项目生命周期、过程、方法和工具。自 20 世纪 90 年代以来，大多数人道主义和发展项目都是基于维斯等（Connell, Kubisch, Schorr 和 Weiss，1995）开发的“变革理论”（Theory of Change，ToC）模型进行管理的。

ToC 是一个严格但参与性强的过程，由规划过程中的团体和干系人阐明其长期目标，并确定实现这些目标所需的条件。这些结果以图表形式排列在因果框架中。ToC 描述了产生结果框架图中所述结果的干预措施（项目）的类型。每一次干预都与因果框架中的一个结果联系在一起，揭示了带来变革所需的复杂活动网络。它提供了一个工作模型，根据这个模型，可以测试什么行动最能产生模型中的结果，并验证所提出的假说。

对 ToC 方法的坚持使实施过程保持透明，以便参与的每个人都知道正在发生什么及为什么发生。需要明确的是，理论中的每一个结果都是明确定义的。所有结果都应给出一个或多个成功指标。随着实施的进行，各组织收集和分析关键指标的数据，将作为监测变革理论进展的一种手段。指标数据显示变革是否如预期的那样正在发生。使用指标数据，项目人员可以调整和修改他们的变革模型，因为他们更多地了解了什么是有效的、什么是无效的。

变革理论中的基本原理解释了结果之间的联系，以及为什么需要一个结果来实现另一个结果。假设解释了理论的语境基础。通常，基本原理和假设是由研究支持的，加强了理论的可能性和实施的可能性，并伴随一份解释框架逻辑的书面叙述，即输入、输出、结果和影响的链条。

ToC 既可以是计划和问题框架工具，也可以是监视和评估工具。在构想长期成果、设置前提条件和制定干预措施方面，ToC 构成了远景文件、战略和/或年度计划，以及目标设定过程的基础。作为一种评估工具，ToC 确定项目的具体目标，并将这些目标与特定的约定联系起来；然后收集数据来评估实现既定目标的进展情况，以及评估产生结果的干预措施的有效性。

ToC 分以下阶段制订计划：

- 确定长期目标及其背后的假设。
- 通过找出实现该目标所需的先决条件或要求并解释原因，从长期目标出发向后逆推。
- 陈述系统中存在的假设，如果没有这些假设，理论将无法工作，并阐明为什么某些结果是其他结果的必要先决条件。
- 权衡和选择最具战略性的干预措施，以实现所需的变化。
- 制定指标来衡量预期成果的进展，并评估计划的绩效。
- 质量评审应回答三个基本问题：①所用的理论是否可信？②所用的理论是否“可行”（或办得到）？③所用的理论是否可测试？
- 写一篇叙述性的文章来解释计划的核心逻辑。

另一个流行的模型是逻辑框架（称为 LogFrame），最初由 Rosenberg、Posner 和 Hanley（1970）为美国国际开发署（United States Agency for International Development，USAID）精心创造。该方法已演变为基于结果的管理（Results-Based Management，RBM）和开发结果管理（Managing for Development Results，MfDR），被联合国开发计划署和世界银行等多边组织用作标准方法。

逻辑框架是一种项目管理工具，可用于设计、实施、监控和评估项目。它以 4 × 4 矩阵的形式展示了与项目相关的丰富信息（见图 2-21）。

宏观目标	指标	验证来源	假说
直接目标	指标	验证来源	假说
产出	指标	验证来源	假说
活动（投入）	资源	手段	假说

图 2-21　逻辑框架矩阵

逻辑框架有助于反思项目的基本要素，如项目的目标、应该执行的活动、所需的资源、如何监控项目的进度和结果，以及可能威胁项目的风险。

4 × 4 矩阵的第一列显示了项目逻辑（也称干预逻辑），因此称为逻辑框架。项目的活动（投入）被记录在底部，这些活动完成后，预期会产生切实的产出。所有不同的结果都将有助于实现项目的直接目标（有时称为特定目标）。这是最初构思这个项目的主要原因，也是一个人想要解决的问题。在更广泛的语境中，项目的直接目标将有助于实现一个或多个宏观目标，这些宏观目标记录在顶部。术语“项目逻辑”意味着一件事导致另一件事：活动产生有形的输出，先实现小的项目成果（直接目标），再实现一个或多个宏观目标。

这两种模式都使用监测和评估来确保取得的成果和产生的影响，并将吸取的经验教训纳入项目的下一阶段。

2.4.6　生计和粮食安全信托基金项目背景

生计和粮食安全信托基金（Livelihoods and Food Security Trust Fund，LIFT）是 2009 年在缅甸成立的一个多捐助方联合基金，其总体目标是将生活在贫困和饥饿中的人数减少一半。LIFT 在占缅甸食物匮乏人口约 90%的地区开展工作，包括伊洛瓦底三角洲、干旱地区、钦邦、克钦邦、掸邦和若开邦。LIFT 的目的是通过执行伙伴网络增加粮食供应和增加 200 万个目标受益者的收入。

根据《援助有效性的巴黎宣言》和经合组织/发展援助委员会关于“协调捐助者的做法以有效提供援助”的指导方针精神，捐助国同意采用多捐助者信托基金的方式。推动该项目的信念是，汇集捐助资源可提高项目的一致性并产生更大的影响。UNOPS 负责管理这些基金并提供监测和监督。

在项目启动时，捐助者和 UNOPS 面临着迅速调动资金以支持易受飓风影响的三角洲地区生计恢复的挑战。在 LIFT 总体目标框架下，2 200 万泰铢（已经调拨）可持续粮食安全和生计计划于 2013 年开始实施，旨在公平和可持续地改善 214 个受飓风影响社区的生计。

项目管理结构和过程自开始以来已经成熟。LIFT 战略将结果置于其资金决策的中心。有一个总体的工作逻辑框架，其标题指标概括了 LIFT 的进展和绩效，以对照年度目标和项目目标。执行伙伴的逻辑框架汇总反映了整个 LIFT 逻辑框架。LIFT 基金工作人员根据商定的工作框架，通过两年一次的报告和 6 个月的实地访问来监测合作伙伴的绩效。LIFT 对逻辑框架有一个商定的计划，考虑到项目的复杂性，该计划包括几个层次。定期审查逻辑框架，以反映计划中方法和目标的任何变化。

英国国际发展部是 LIFT 捐赠联盟的主席，因此拥有这个项目的商业论证报告。报告中说，2010/2011 年由 LIFT 在三角洲资助的 Nagis 飓风恢复活动取得了非常积极的成果。通过 LIFT 执行伙伴，提供了新耕作和储存技术的强化培训、示范和农场试验，也提供了物资支援（耕作用的水牛、改良的种子、适合当地的肥料），使耕种面积增加了 20%～60%，作物产量增加了 40%～60%。除农业活动外，LIFT 还支持创建了 9 579 个以村庄为基础的小型企业，如杂货店、小食店、索宝丝原料生产、机械、裁缝等，通过培训帮助村民探索潜在机会，学习管理技能和记账，了解创业周转资金的申请与管理。鉴于其巨大的成功，原本计划于 2014 年结束的 LIFT 项目已延长至 2018 年。

2.4.7 确定项目

根据 MSP®（Managing Successful Programmes）的说法，推动变革的想法和最终愿景产生了项目授权，从而触发了整个项目管理过程。

以 LIFT 为例，一组捐助者于 2008 年开始讨论如何帮助缅甸在实现千年发展目标①方面取得更快进展。在与缅甸政府、大使馆、联合国机构和非政府组织的主要干系人进行广泛磋商后，LIFT 计划的任务是帮助缅甸实现千年发展目标，旨在消除贫困和饥饿。更确切地说，LIFT 的目的是增加 200 万个目标受益者的粮食供应和收入。2009 年 3 月，LIFT 正式启动了这个计划，声明如下：

LIFT 的愿景是在创新和学习方面发出有影响力的集体声音，并为加强可持续农业、食品安全和农村发展方面的政策参与提供一个平台。LIFT 的宏观目标是为持续减少缅甸生活在贫困和饥饿中的人数做出贡献。LIFT 的直接目标是通过侧重对增加收入、食品供应、食品获取的途径和食品获取的稳定性等采取干预措施，提高缅甸贫困人口的生存能力和营养。

LIFT 项目的目标和宗旨将通过取得以下四项成果来达成：

（1）农民家庭收入增加。

（2）提高农村贫困家庭和社区抵御冲击、压力和不利趋势的能力。

（3）改善人们（特别是妇女、老人和儿童）的营养状况。

（4）完善农村发展的扶贫政策，提升公共支出的效率。

根据 LIFT 的逻辑框架，八项关键产出的交付将促使上述四项成果的实现。推动 LIFT 项目的产出是：

（1）为少地农民增加可持续的农业产品。

（2）改善少地农民的市场准入和营商期限。

（3）增加少地农民和无地劳动力在非农活动中的就业。

（4）增加少地农民和无地劳动力获得负担得起的金融服务机会。

（5）改善人们（特别是妇女、老人和儿童）的饮食。

（6）保障少地农民和无地劳动力获得自然资源并可持续利用。

（7）增强当地支持和促进粮食安全和生计保障的能力。

（8）生成了少地农民和无地劳动力相关政策实施的资料文档。

将这些成果和产出联系起来的详细叙述可以在 LIFT 对农村经济的结构性动力的理解和 LIFT 对其目标群体（贫困少地农民和无地劳动力）影响的理解中找到。该战略将其目标群体分为：

- 有商业潜力的家庭有望“提升”价值阶梯，摆脱贫困。由于可以获得土地、劳动力和市场，他们将有机会投资实现更高生产率的农业和获得更好的市场待遇，而且 LIFT 可以支持他们这样做。

---

① 千年发展目标：将每天生活费低于 1 美元的人口比例减半；实现包括妇女和青年在内的所有人的充分就业和生产性就业，且体面工作；将饥饿人口的比例减少一半。

- 随着时间的推移，这些家庭能够有效地“走出”农业，进入生产率更高的经济部门。这可能也是当地经济的“走出去”，在当地的非农业活动中找到收入更高的工作。它也可以是一种“迁徙”，即利用更远地方的机会。LIFT 可以促进这些过程，并最大限度地减少实施这种转型对家庭的不利影响。没有商业潜力或机会离开农业或农村经济的家庭别无选择，只能“坚持下去”。对他们来说，自食其力的农业或从事农业劳动实际上是一个安全网。对处于这种情况的人，LIFT 可以采取直接措施，改善他们的粮食安全和营养。

项目需要初始的和持续的顶级发起方，以获得并维持对所涉及的投资、资源、时间跨度和变更交付的必要承诺。

LIFT 项目的发起团体是来自澳大利亚、丹麦、欧盟、法国、爱尔兰、意大利、荷兰、新西兰、瑞典、瑞士、英国和美国的捐助国代表，他们组成了捐助者联盟。该联盟是基金管理方面的最高权威机构，也是基金的最终决策机构。开始时，捐助者联盟理事会每年至少召开两次会议。自 2014 年以来，该会议每年举行一次。

捐助者联盟和基金董事会将全权负责政策对话、确定基金的政策和战略，以及批准基金经理和执行伙伴实施的活动（见图 2-22）。

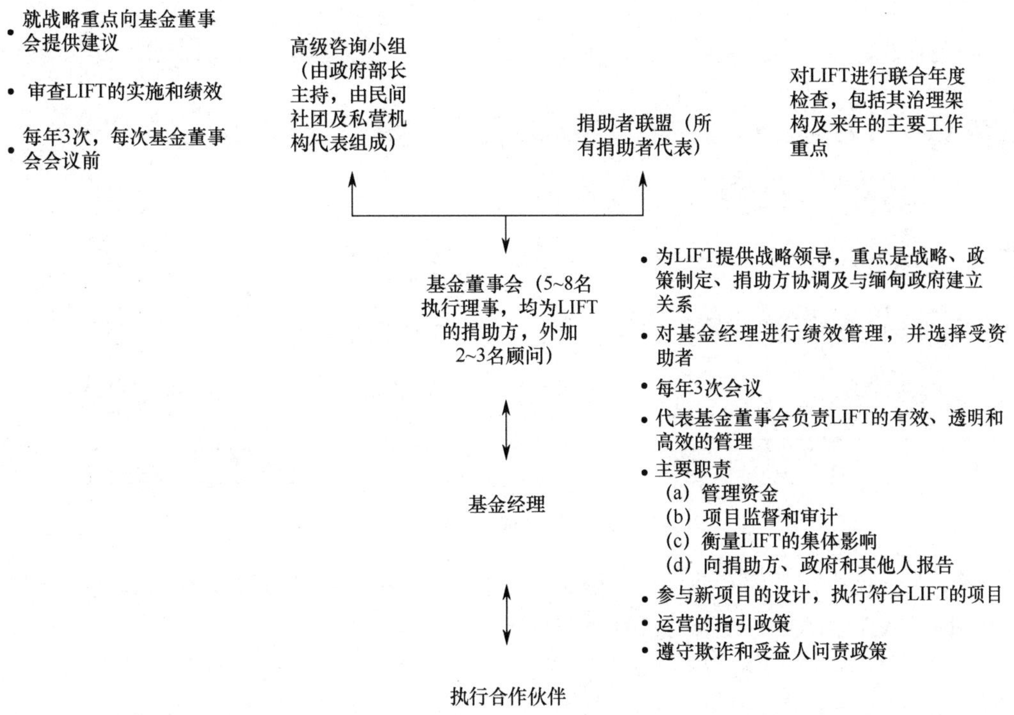

图 2-22　LIFT 项目治理结构

LIFT 的每个捐助方将与基金经理签订双边捐助协议。这些捐助协议是每个捐助方对其为 LIFT 提供的资金行使信托和法律权力的主要机制。捐助者联盟的总体目标是为捐助方提供一个结构化的论坛，让他们了解 LIFT 的成就和当前的挑战，以及它的财政状况和来年的主要优先事项。

高级磋商小组由缅甸政府的高级代表、执行伙伴、民间社团和私营企业的代表组成，是基金董事会的咨询机构和传声筒。高级磋商小组在 LIFT 内没有正式的决策权。

基金董事会将根据捐助者联盟授予的权力采取行动，为 LIFT 的执行提供战略领导和监督。基金董事会将重点关注战略决策、政策制定、捐助方协调、与缅甸政府建立关系及基金经理的整体绩效管理。基金董事会还在基金经理的指导下选定已获得 LIFT 资金的项目。英国是基金董事会（高级责任所有者，Senior Responsible Owner，SRO）的现任主席。澳大利亚、欧盟、瑞士、英国和美国国际开发署是基金董事会成员。基金董事会还有 3 名独立董事和 1 名捐助方观察员。基金董事会至少每 4 个月召开一次会议。

UNOPS 是 LIFT 的基金经理（就如 MSP®中定义的项目经理角色）。基金经理将代表基金董事会负责有效、透明和高效地管理基金，并根据 UNOPS 的细则和条例，以及基金董事会核准的战略授权管理基金（见图 2-23）。基金经理负责基金的全面管理，并监测和监督执行伙伴的财务和技术业绩。基金经理还负责实施监测和评价，进行知识积累和总结经验教训。

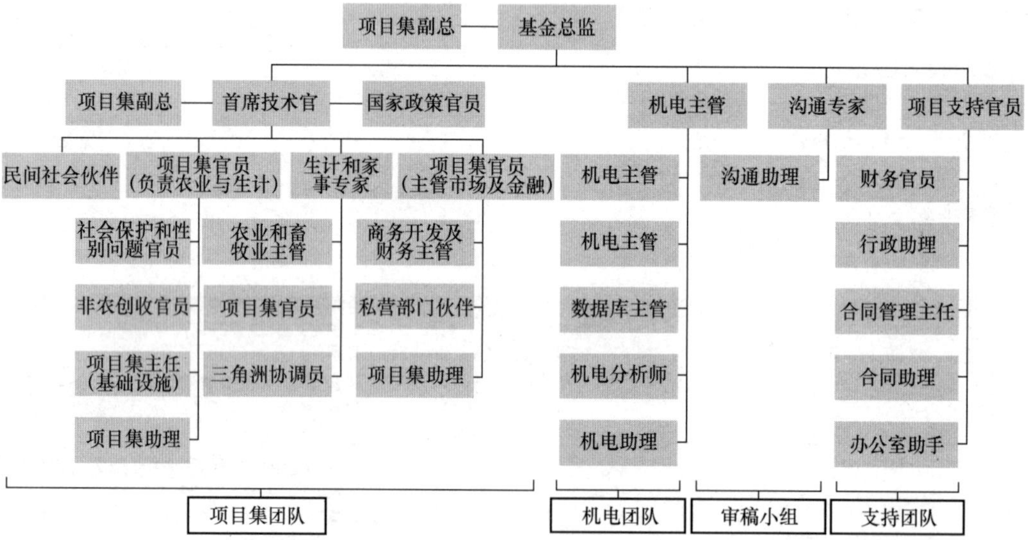

图 2-23　项目集管理办公室的组织结构

为了在项目执行期间有效地使用资金，基金董事会根据某些标准仔细选择执行伙伴。目前的执行伙伴包括地方组织、国际组织和联合国组织。

LIFT 项目包含一系列文件和协议，以及一份 LIFT 概念文件，这些文件和协议共同涵盖了 MSP®在项目简介中引用的工作内容。没有如《项目准备计划》这样的正式文件来指导项目的初步动员和规划。但是，捐助者联盟批准的文件中包含了实施方法和进度计划。

建议对项目概要进行独立的正式审查，以评估项目范围、项目成立的基本理由和项目目标。然而，LIFT 的独立审查并没有遵循结构化的门径审查，如 OGC（英国政府商务办公室）门径审查。

OGC 门径审查适用于英国公共部门的项目，以及在签署协议之前采用相同保证模式的其他一些国家。然而，LIFT 使用另一种方法进行评估，即物有所值评估。

UNOPS 和 LITF 基金董事会代表于 2009 年 10 月 2 日签署了项目协议。根据 MSP®的方法，该事件触发了一期拨款、能力交付和利益实现。

2.4.8 定义项目

根据 MSP®，定义项目过程提供了根据项目的详细定义和计划决定是否继续进行项目的基础。因此，定义项目过程被用作更详细地开发项目定义的起点。

项目定义文件详细说明了成功的项目将如何改变组织，以及如何在质量、干系人、问题解决、风险、利益、资源、计划和控制方面对组织进行管理。在项目正式成立之前，必须得到赞助集团和高级负责人的批准。在这个阶段进行详细的计划，以确保提出最佳和最现实的情况。

在此定义阶段，项目集计划文件对提供管理项目的结构化框架至关重要，它包括：

- 时间范围、成本、产出和项目依赖关系。
- 风险和问题管理。
- 项目集分期分段的详细时间表。
- 过渡计划。
- 监控绩效和目标的计划。

英国国际发展部作为捐助者联盟的主席，为 LIFT 准备了一份商业论证。然而，项目集计划文件是根据出现和变化的情景、事件（如飓风和其他自然灾害），通过工作流程逐步详细制定的。新的 LIFT 战略（2014—2018）于 2014 年 9 月定稿，并于 2014 年 10 月获得捐助者联盟的批准。在整个项目集活动中，LIFT 监测并试图加强其项目对家庭营养的影响，同时通过严格的监测和评估过程警惕可能对家庭和社区恢复力产生的不利影响，而且往往是意想不到的影响。

2.4.9 管理项目集

项目集通过分期来实施和管理，其目的是执行为该项目集制定好的项目集管理战略，确保能力交付与组织的战略方向相一致，并实现收益（见图 2-24）。

分期是某个整体物的一部分。在本案例中，一个项目集分期是一组在能力上带来了阶梯式变化的项目和活动。在项目集分期管理的过程中，每个分期完成后，可以在当期的期末举行本期的评审，依据商业论证报告和收益实现计划来评审项目到这一期所获得的收益。一旦实现了战略规划，这个管理过程的主要功能就是监视所有的项目活动，以确保按照制定好的治理政策正确地完成事情。

2014 年 10 月，该项目集已经进展了一半，达到了最高水平，进行了期末评估，并启动了新一期。

当然，农村地区的情况是不稳定的，对外部事件很敏感。新的道路和进入市场的途径或新技术可以给家庭带来以前不存在的商业机会，而周期性危机的自然和人为灾害也会使一些人陷入贫困。

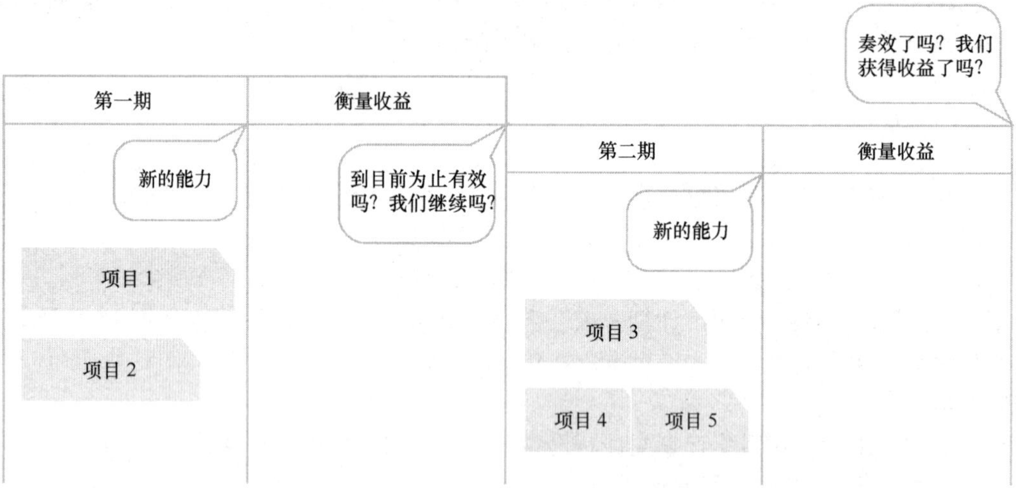

图 2-24 管理分期

LIFT 将其资源积极地用于支持农村经济，并通过以下方式为其目标群体的所有成员增加机会：

- 以村为基础的干预措施，帮助家庭挖掘其作为农民（提高生产力活动）的经济潜力，挖掘作为无地者（在非农业经济中的创收活动和就业）的经济潜力，或挖掘作为潜在移民（使移民安全和富有成效）的经济潜力，同时（通过社会保护措施）保护最贫困人口的生存权利，增强最贫困人口抵御贫困的能力。
- 支持在区域或国家层面发挥作用，有助于改善整体环境和提供经济机会的经济活动，如提供一系列金融产品、支持包容性价值链和更好地利用信息技术。
- 积极总结经验教训并收集证据，通过有针对性的宣传实现系统性变革，为制定更好的扶贫政策和更好的有效公共支出提供信息。

2.4.10 交付能力和实现收益

如图 2-25 所示，LIFT 项目集取得了非常好的成果。截至 2011 年年底，已有 49 个项目获得了 LIFT 的资助，其中 22 个项目于 2011 年完成，27 个正在实施的项目在四个不同的农业气候区展开：伊洛瓦底江三角洲、干旱地区（该国中部低洼地区，包括曼德勒、马格威和实皆省南部地区）、丘陵地区（克钦邦、钦邦和掸邦的丘陵地区）和沿海地区（若开邦的沿海地区）。包括 2010 年和 2011 年提供的支持在内，超过 20 万户家庭（超过 100 万人）作为直接受益者获得了 LIFT 项目的援助。

2013 年，LIFT 向其执行伙伴支付了 3 130 万美元，比 2012 年增加了 14%。基金组织在缅甸 330 个乡镇中的 107 个乡镇支持了 58 个项目。

2013 年，各捐助国增加了资金，爱尔兰共和国加入了基金组织，使基金捐助国增至 11 个。

LIFT 的任务期限又延长了两年，直到 2018 年年底。

利用执行伙伴的数据，并将其与 LIFT 2013 年广泛的住户调查数据进行交叉引用以确保准确性，该基金能够根据其产出和目标指标跟踪项目的稳步进展。截至 2013 年年底，LIFT 资助的项目已惠及 511 505 户家庭，约 250 万人。此外：

- 29 万多户受益家庭报告称，他们的粮食安全水平提高了一个多月。
- 近 6 万个家庭的收入因 LIFT 的支持而增加。
- 获得负担得起的农业信贷的家庭数量（自 2012 年以来）翻了一番，达到 13 万户。
- 基金组织在 22 项指标中有 17 项超过了其进展目标。

	2010	2011	2012	2013
项目编号	22	27	44	58
LIFT活动的乡镇数目（330个乡镇中）	28	94	100	107
达到的累计户数	153 808	223 229	372 528	511 505
委托进行的研究数目	0	2	8	15
累积发放给住户的贷款数（农业及非农业用途）	1 218	8.103	86.568	151 212
累计数量增加	1 682	3 467	6 391	9 389

图 2-25　活动、范围和影响（资料来源：LIFT 年度报告，2013）

2.5 海地 16/6 项目

2.5.1 案例背景

2010 年 1 月的海地地震造成 22 万人死亡，150 万人无家可归，分布在一千多个难民营。他们当中的许多人已经生活在贫困之中，虽然他们的房屋没有完全倒塌，但他们住在不稳定的住房和首都附近的街区，面临极端气候和自然灾害的风险，无法获得基本服务。

由于太子港的低收入街区过去常常建在陡峭的山坡上，很少或根本没有规划，使用的建筑材料质量低劣，许多街区受到地震的严重影响。

当务之急是着手改善太子港的重建工作，办法是为流离失所者和邻近地区的原居民确定可持续的住房解决办法，并改善他们的生活条件。

为了应对紧急情况，海地共和国总统于 2011 年 9 月 30 日在联合国的支持下，通过联合国开发署、国际劳工组织（International Labour Organization，ILO）、国际移民组织（InternationalOrganization for Migration，IOM）和 UNOPS 等联合国机构，制定了为期两年的“16/6 计划”试点方案。

除重建首都的街区和提供改善的住房外，这个由海地重建基金和加拿大政府资助的试点方案还设法改善受灾地区居民的生活条件，推动街区优先发展的基本社会服务和创造增收活动。这一综合解决方案包括关闭 6 个优先难民营地和战神难民营地，重新安置和改善流离失所者的生活质量，同时满足街区选择的物质基础设施和社会服务的迫切需求。

2.5.2 确定项目

由于缺乏抗震标准，被选中进行重建的街区中有一半以上的房屋在地震中遭受了部分破坏或严重破坏。这些高密度街区的许多居民别无选择，只能在附近的临时营地被重新安置，包括广场街、皮埃尔广场、布瓦耶广场、普里马托广场、卡纳普广场、西尔维奥卡托体育场和梅斯门体育场，这些临时安置点现已关闭。该试点项目旨在通过改善住房重建、提供社区优先考虑的基本服务及创造增收机会，促进16个区[①]的重建（见图2-26）。与此同时，该项目旨在帮助生活在6个难民营中的流离失所者返回家园。这些难民营容纳了大约5 000户家庭，主要来自分布在太子港、德尔马斯和佩蒂翁维尔市的16个区。这个试点项目被命名为“16/6计划”（如果考虑到它的性质和特点，“16/6项目集”可能会是一个更好的名字）。

图2-26 海地16/6项目恢复后的现场图

该项目的目标是确保给与16个区有关的6个难民营中的流离失所者找到解决住房问题的办法。高质量住房的重建促进了对原始街区的回归。16个区原居民生活的恢复工作是根据其人民的优先事项进行的。人民收入的增加和就业机会的增加支持了基本社会服务的可持续性和获得信贷的机会，确保了适当居所的维持。通过应用16个区的模式，增强了海地干系人在海地进行重建的能力。

街区的重建和获得可持续住房解决方案，包括根据要求的质量和安全标准对租赁或维修的房屋提供补贴，也包括对重建住房提供补贴。该项目还为建筑行业的微型、中小型企

① 指海地的这16个区：Morne Hercule, Morne Lazard, Nérette, Delmas 60 Argentina, Upper Pan, Pan Netherlands, and Morne Villa Rosa, Bas Canapé Vert Bois Patate, Jean Baptiste, Mapou / Mont Elbo, Spoiled maize 1 and 2, Barbancourt, Carrefour Clercine Backgrounds Delmas 31 and 33。

业的建筑专业人员提供支持和培训。通过街区加固管委会，确保了各区协调的顺利进行。街区加固管委会为各级政府、项目组织和社区利益之间的对话创造了一个平台，设计并实施了一项沟通策略，以确保获得良好的信息并与该项目的受益者持续互动。

保护维度和公平维度在该项目中发挥了关键作用，特别是在为街区居民和流离失所者提供住房解决方案和优先投资发展基础设施、优先获得服务方面的最佳选择上。该项目还计划在住房解决方案上投入等量的资源，其干预措施旨在改善该地区的生活条件，发展创收机会和就业机会。

该项目的干系人有三个层次：国家、市和地方。关键的干系人是基层理事会和社区委员会、其他社区领导人及目标街区和营地的受益家庭。该项目经常与这些干系人进行磋商，以确保实现项目目标。

鉴于该项目的多维性及与现有或计划中的干预措施可能重叠，项目的战略是积极寻求与其他项目和举措的协同作用，包括住房和街区重建支持项目（住房支持项目）。该项目涵盖了对该试点项目有用的能力建设和数据收集的许多领域，包括 UNDP 的第一次和第二次的地震碎片清理项目、国际劳工组织的培训项目，以及 UNDP 为弱势妇女创造收入项目。

2.5.3　项目规划与控制

“16/6 项目集”的结构围绕四个项目或活动来设计，根据其任务和专门知识领域，每个项目或活动分配给一个支持海地政府实施“16/6 项目集”的联合国机构。

1. 灾民回归流程

2011 年 2 月，国际移民组织在市民保护组织的支持下开始登记流离失所者，为海地政府和国际机构提供了有关这些人的需求和现状的可靠数据。

回归意味着回到安全的栖息地。换句话说，考虑到山体滑坡、洪水、与飓风相关的暴雨和大风、可能的余震等自然灾害，以及城市运行的不一致性问题，在不危及人员安全的情况下返回原来的住所和街区，这事与建筑质量息息相关。

有必要把重点放在原始街区和与这些街区相关的难民营。个人和社区的参与是一个关键因素。项目的这一工作流程还应促进创收活动，以满足受影响人口的重要关注点。为了避免社区之间的紧张关系和向受影响人口提供公平的援助，还必须促进支持回归家园活动的公平，并与经济和社会机构建立广泛的伙伴关系。

2. 住房

地震破坏或摧毁了大约 20 万所房屋，同时增加了大约 100 万户家庭的赤字，其中一半发生在太子港。因此，该计划通过其住房项目建立了四种房屋修复和重建模式，旨在支持原社区受影响的家庭，同时增加房屋租赁的供应能力。

房屋修复通过“机构驱动”和“业主驱动”两个实施规则进行。重建房屋也有两种方式。一种是在现有的共管公寓上重建，由业主分配土地；另一种是找到可用土地，房屋建在更高的地面上。自 2010 年以来，海地更多地使用了重建方法。

3. 社区重建

“16/6”项目始于2011年11月，以社区平台的形式帮助每个社区重新确立了地方治理结构。这些平台由每个领域的不同领导人（15～20名成员）组成，如基层组织领导人、宗教领袖、妇女团体代表、青年或知名人士。

社区平台成为代表社区有效发言的单一对话者。他们将是代表特定邻里社区的包容性团体，并整合法律规定或暂时没有规定的所有不同参与团体，做出特别的努力，以确保一般被排除在外或处于边缘地位的群体被恰当纳入。“对话空间”成为一个开放的讨论论坛，促进地方和国家政府之间的对话，表达居民的意愿。邻里重建进程的成功取决于社区的积极参与。在这个意义上，他们的意见得到了适当的考虑和采纳。

社区平台的成员了解他们的邻里及其已有的需求和潜在的需求，参与社区规划工作。最初，这些街道缺乏城市规划。为了使领导能看懂街道的地图，明白整体布局，确定要点、优先事项和未来干预措施，还对领导进行了培训。这样，每个街道和地区都得到了准确的诊断，提出了一个指导未来行动的管理计划，也产生了社区确定的每个优先事项的项目简介。

有关的管理计划考虑了分区图条例。这些条例是由“16/6”项目的技术专家与国家权威部门一起合作制定的。这些分区图确定了每个地区在山体滑坡、洪水或地震方面面临的风险等级。这种监管分区图分析确定了本地区的哪些地方可以被视为红色区或橙色区，这意味着不鼓励返回这些地方，因为此地面临非常高的风险，是不可能减轻的风险；黄色区被列为相当大的风险，但可以通过对诸如管道、排水系统、挡土墙等的维修和加大投资等缓解措施来减少风险，使这些地区可以安全居住；适宜居住条件的是绿色区。监管分区图附有一项规定，规定了每个区域的条件、要进行的工作建议、要进行的投资及必要的技术指导。这一规定最终可以转化为标准（法律）。

4. 监测、评估和知识管理

该项目体现了人道主义应急救助和所要求的长期行动之间的平衡，为此建立了一个监测和评估系统，以监测项目的实施及其对社会经济指标的影响，特别是考虑到该项目的广泛意图。在此过程中创造的知识被记录在经验教训文件中，允许相关的未来干预措施使用，并将其作为城市规划和重建项目的参考，向加强项目的公共提案和项目制度化迈进。

2.5.4 经验教训

在过去的几十年里，人道主义和开发项目的格局发生了很大的变化。Fengler和Kharas（2010）认为，更多的资金被用于发展援助和紧急人道主义行动。然而，每个项目的价值正在下降，因此比以前更需要物有所值的原则（根据经济、效率和效果来评估项目）。将项目分组并将其作为一个项目集进行管理，似乎是使国际捐助团体的投资获得更多价值的方法之一。基金管理、监测和评价技术等专业知识能确保对这类应急行动的投资成功地产生效益，并最终达到受益者预期的结果。

案例研究表明，当扎实的设计、计划和治理从一开始就到位时，成功的机会将大大增加。在LIFT的案例中，观察到减贫的显著结果。海地的重建项目表明，如果社区参与和所有权正确结合，弹性建设方法和恰当治理正确结合，灾后重建可以在时间、成本和质量上得以实现，同时确保实现效益和获得投资的社会回报。

2.6 结论

人道主义和社会行动项目是任何人都可以从事的最具挑战性和最有回报的项目。同理心和动机等人性方面的结合，如果再与规划技术、敏捷性和风险管理正确地结合，则可以为受益者和整个社会带来可持续的结果。

03 第 3 章 支柱 3：项目管理正在营造创新文化

3.0 引言

“文化把战略当早餐吃”是传奇管理顾问兼作家彼得·德鲁克的名言。这越来越符合未来战略项目要获得成功所需的创新文化。有几个属性反映了这种创新文化：敏捷性是组织如何开展业务的一种非常明显和有价值的趋势，它用专注于提高犯错的安全性和支持工作的自主性来驱动创造力。

高级管理层现在似乎认可和欣赏以项目管理原则和动态工作方式为基础的创新文化可能给他们的公司带来贡献。围绕项目管理日益增强的紧迫性必将引起未来组织执行领导层的重视，这就导致了对其原则的端到端执行的集成需要。

本章提出了一种创新文化的模式。它的每个主体架构维度和基础维度都将得到不同来源的卓越行动成果的支持，以塑造这种创新文化。这些成果的关键主题清楚地突出了未来组织在构建文化模式时可借鉴的一些关键经验。

3.1 创新文化模型概述①

创新文化的外观和感觉与其他文化不同。我们想想亚马逊、谷歌和其他一些以客户为中心的组织，它们体现了创造性解决方案的持续发展速度，也难怪它们的文化中有一些独特的属性，使得它们在战略项目中以速度和卓越的方式交付脱颖而出。

图 3-1 所示的“创新文化模型”为本章处理这种外观和感觉奠定了基调。它显示了四个主体架构维度和三个基础维度。主体架构维度为项目管理原则如何帮助创建这种创新文化奠定了基础。基础维度描述了如何在未来组织的这些创新文化中展示外观和感觉价值。

① 创新文化模型由 Al Zeitoun 开发，并作为西门子数字行业软件白皮书《Simcenter:数字孪生的心跳》的一部分发布，采用数字化思维来交付和扩展未来的创新解决方案。版权归 Al Zeitoun 所有。

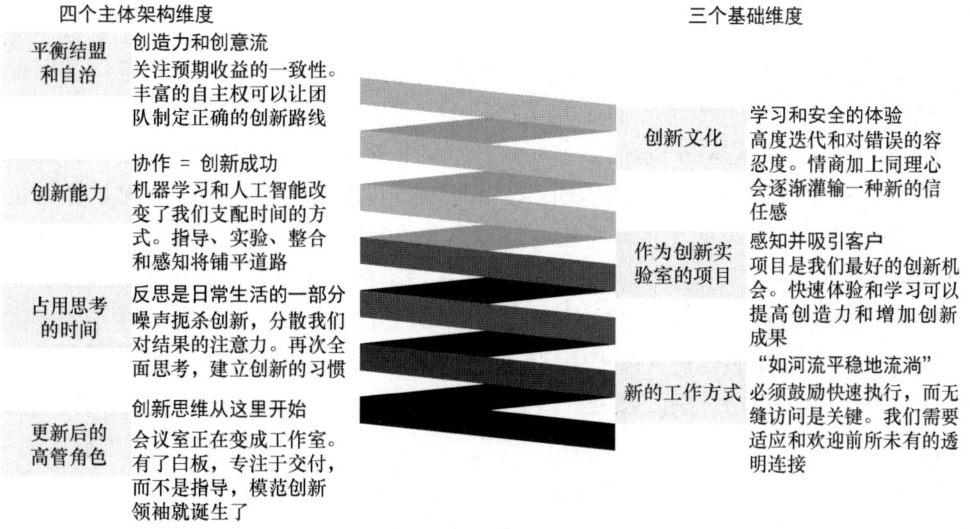
四个主体架构维度
三个基础维度
平衡结盟和自治
创造力和创意流
关注预期收益的一致性。丰富的自主权可以让团队制定正确的创新路线
创新能力
协作 = 创新成功
机器学习和人工智能改变了我们支配时间的方式。指导、实验、整合和感知将铺平道路
占用思考的时间
反思是日常生活的一部分
噪声扼杀创新，分散我们对结果的注意力。再次全面思考，建立创新的习惯
更新后的高管角色
创新思维从这里开始
会议室正在变成工作室。有了白板，专注于交付，而不是指导，模范创新领袖就诞生了
创新文化
学习和安全的体验
高度迭代和对错误的容忍度。情商加上同理心会逐渐灌输一种新的信任感
作为创新实验室的项目
感知并吸引客户
项目是我们最好的创新机会。快速体验和学习可以提高创造力和增加创新成果
新的工作方式
“如河流平稳地流淌”
必须鼓励快速执行，而无缝访问是关键。我们需要适应和欢迎前所未有的透明连接

图 3-1　创新文化模型

3.2 平衡结盟和自治

组织所做的最困难的决策之一是正确的治理水平，这给了他们实现战略成果的信心，同时又不会在施加过多的控制方面做得过度。当我们探索第一个主体架构时，我们受到工作或方法不断变化的动力影响，也受到不断增长的新一代人的影响，他们期望与目标有更强的联系，期望在工作上有更大的灵活性。在过去几年中，结盟和自治之间的紧张关系一再出现。未来的工作是混合型的，这正是关于混合型未来方法需要回答的关键问题之一。文化模型显示了这种平衡的主题，反映在“创造力和创意流”中。这种创意流允许关注价值和利益的实现。当团队不断调整他们的路线并回到创造力和实现创新的解决方案时，自主性的强度就会受到考验。下面介绍的 Sunrise UPC 公司卓越行动的案例，说明了组织正在进行的一些转变，要想达到未来组织的卓越，就要先在组织中实现这种微妙的平衡。这种转变从未来的项目经理开始，在面临团队动力、沟通、参与和塑造变革文化等方面的其他变化时，这种转变为项目经理成长为项目领导奠定了基础。

3.3 卓越行动：Sunrise UPC 公司[①]

从项目经理到项目领导者的文化变迁

当今世界正以令人难以置信的速度发生变化，比过去 20 年快得多。所谓的数字颠覆推

① 本节资料由 Luca Gambini 提供，他是 Sunrise UPC 公司的商业计划管理总监，在电信行业有 20 年的经验，是伦敦经济学院的专家顾问。版权所有，经许可可转载。

动了新商业模式的兴起，许多行业已经受到这种转变的压力。仅举几个例子就可以证明，没有空间让我们回到过去了：WhatsApp 每天都在连接数十亿人，但没有电信基础设施；Uber 是最大的出租车公司，但没有出租车；Airbnb 是最大的住宿提供商，但没有房间；亚马逊网络服务（Amazon Web Services）是最成功的计算机基础设施提供商之一，但没有生产服务器；PayPal 的市值超过了德国所有上市银行。即使在传统的汽车领域，革命也到来了，像特斯拉这样的公司现在也与丰田、通用汽车这样的巨头平起平坐了。

2020 年的新冠疫情只是加快了这一步伐。各区域隔离封控鼓励了许多行业的数字化业务增长，如在线零售、数字金融、在线娱乐、游戏和远程医疗，预计这些变化中的大多数将是持久的，未来将进行新的投资，以确保它们能够坚持下去。为了在这个充满挑战的经济环境中保持竞争力并赢得市场份额，公司必须实施新的战略并重新塑造自己。技术的作用在任何领域都变得至关重要，并成为创新的真正引擎（不仅仅是提高效率或降低成本的推动者）。几年前，荷兰国际集团首席执行官哈默斯（Ralph Hamers）明白了这一趋势，并在一次采访中表示："我们希望把自己描绘成一家拥有银行牌照的科技公司。"

因此，在唯一确定的是不断变化和技术力量不断增长的社会中，支持这种转型所需的项目与过去不同，并且成功交付它们的工作方式也将不同。特别是在一些行业（如电信），近年来发生了一场全面的革命。在 Sunrise UPC（瑞士第二大电信运营商）这样的公司中，敏捷方法的引入和推广，改进了项目实施的许多方面：

- 缩短新产品上市时间。
- 提高客户满意度。
- 更好的软件质量，创建和授权自主的"跨职能"团队。
- 减少 IT 和业务部门之间的障碍。
- 消除组织内部的孤岛。
- 创造新的"探索者心态"。

所有这些完美地迎合了混乱时期的要求。

在这种环境中，项目经理的专业技能要求是什么？是否也在改变？很明显，这些转型的议题给项目管理专业人士带来了新的挑战。为了适应这种新的环境，项目经理的技能也必须发展。

让我们来分析一下进化的方向。如果看看 PMI 的人才三角图，我们就会发现在这种复杂的和全球化的环境中，技术型技能已经不够了。这些公司正在寻求战略和商业管理，以及领导力方面的额外技能。

领导力是项目管理专业的核心，并且随着时代的变化而变化。它不再与权威、头衔或个人的权力联系在一起。相反，它与赋予他人最好的工作能力有关，能够消除他们可能遇到的所有障碍。在危机时期尤其如此，因为危机时期的特点是不确定性，遇到的问题是不熟悉的，缺乏信息，又不了解当时的情况。因此，培养有应急能力的领导至关重要。这种领导能够设定明确的优先级，并会自然地赋予团队发现和实施新解决方案以解决应急问题的权力。

这完全适用于项目管理行业。在这个行业中，"命令和控制"的风格将越来越少，而"服务型领导"对于在如此复杂的环境中管理项目将越来越重要。正如 Kerry R. Wills 几年前在

PMI 大会上发表的一篇论文中所总结的那样："过去的项目经理主要关注的是制订项目计划，告诉人们该做什么，以及沟通状态，现在这些都已经过时了，在当前充满挑战的环境中，还这样做项目是不会成功的。这是一个新的世界，项目领导者将在其中茁壮成长。"

项目领导者角色需要更关注与团队成员和项目干系人的关系。它还要更多地关注个人品质，这决定了人们会在多大程度上追随你这个真正的领导者，因为没有追随者就没有领导者。

以下的领导力改进行动解释了成功建立从项目经理到项目领导者转变的基础，以及如何在 Sunrise UPC 公司的"商务项目集管理"部门应用这些措施：

- 团队管理是项目领导者最重要的活动之一。这意味着让你的团队处于最高水平的绩效状态，确保所有人都专注于项目目标，并顺利实现目标。作为一名领导者，你需要能够为每个不同的岗位匹配最合适的人，就像足球队的教练一样。根据我在 Sunrise UPC 公司的经验，我可以建议团队中的每个人，无论是公司内部的还是外部的，都必须拥有相同级别的授权，避免只勉强建立一种简单的客户—供应商关系。如果你还与"近岸"或"离岸"的外部供应商合作，那么让他们完全了解项目的最终目标及支持哪些战略商务目标是非常重要的。这看起来很明显，但是我已经发现，许多项目的失败只是因为开发团队忽略了他们所要开发软件的真正范围。
- 为了在团队中的不同成员之间建立信任感，参与和激励也是至关重要的。项目领导者应该有一个清晰的愿景，并使用它来吸引人们，激励他们并给他们的工作指引方向。倾听和考虑员工的需求应该是项目领导者优先考虑的事情。在 Sunrise UPC 公司，我们始终致力于营造友好的工作氛围，营造一种没有相互指责的文化，让人们充满奉献精神并有激情地去工作。庆祝项目的成功也很重要，以确保技术和业务员工的辛勤工作得到同样的认可。项目领导者不要放过任何令人沮丧的迹象，一旦发现，就必须立即采取应对措施，以确保人们按时保质达成项目目标。这需要你深刻理解团队真正动机背后的心理。
- 对项目经理来说，沟通显然是一项至关重要的技能，因为这项工作的本质是能够在不同层次上与不同的干系人进行适当的沟通。但项目领导者要做的远不止这些。一个真正的领导者关心沟通的透明度，而不是在背后制造隐藏的议程或信息。这不仅会增加你对他/她所说内容的信任，也会增加你对他/她真正意图的信任。客观和公平也至关重要，因为在复杂的项目中肯定会出现冲突，领导者必须能够在不偏袒的情况下减轻冲突。特别是在压力下，即使项目出了问题，在 Sunrise UPC 公司，我们都会对管理层和发起人保持透明和开放的沟通。这保证了所有干系人都得到了平等的信息，能够对项目团队产生正确的共鸣，并且在需要的时候愿意提供帮助。
- 解决问题的心态对提高团队绩效也很重要。领导者很容易被意想不到的问题或麻烦的负面影响所困扰。以积极的态度面对它们并实施最好的解决方案更加困难。更困难的是分析问题的根本原因并消除它，但这是我们在 Sunrise UPC 公司指导解决问题的方法，以减少团队未来的工作量。
- 变革文化是未来领导者必须完全接受的另一个关键因素，因为变革是我们工作场所不可避免的一部分。根据我的经验，让员工为过渡做好准备需要花费相当多的时间和精力，而且通常会有一种对变革的自然抵制，尤其是当它出乎意料或超出你的舒适区时。但既然我们无法避免变革，我们就需要为员工提供正确的培训，为他们提供应对变革所需的软技能，增强他们的心理适应能力。适应能力不仅仅是我们的性格或环境的一个因素，它可以被开发和滋养。

- 服务型领导者并不是一个新概念。它是 1970 年由 Robert K. Greenleaf 在他的《作为领导者的仆人》一书中引入商业世界的，但它代表了今天项目领导者可以用来提高团队绩效并使项目成功的最强大的框架之一。它背后的整个概念非常简单：要成为一名领导者，你首先需要成为团队中最好的仆人。只有证明了这一点，人们才会追随你。这意味着你要承诺给你的员工所有的资源和支持，使他们以最好的表现来工作，不断克服道路上的障碍或困难，并保护他们免受不必要的干扰。用 Max De Pree 在他的书《领导是一门艺术》中的话说："简而言之，真正的领导者能让他或她的下属充分发挥他们的潜力。"这就是我试图在我的部门运用的领导风格，它将指导我的经理们进行决策。

总之，世界瞬息万变，项目经理的角色不能被固定在一个能完成计划的人身上。项目经理的角色必须转变为领导者的角色，以成功地实施支持组织战略目标所需的任何变更。在接下来的几年里，这个职业还会有需求吗？很难预测，但即使在未来，自动化和人工智能系统将逐渐取代许多专业人士的工作，项目经理仍将提供不可替代的情商、领导力和道德行为的组合。

3.4 创新能力

未来组织的思维模式是项目化的。这需要在组织生态系统的所有领域进行项目革命。在未来十年的卓越组织中，如何看待教练、体验、整合和感知质量的趋势越来越明显。这十年来，我们看到对合作的需求日益增长，这是卓越运营所需的独特能力。未来十年，这种能力的价值将继续增长，工作方式将以团队为中心，或以在复杂的大型全球项目集中工作的团队为中心。

"协作=创新成功"是第二个主体架构维度，它的主题说明了这种能力的重要性。考虑到主导未来工作的日益增长的技术本质，如人工智能（Artificial Intelligence，AI）的赋能效应，它改变了项目经理花费时间的地方，从计划活动转向参与活动成为成功变革的标志。未来的卓越工作是非常吸引人的，要在组织的适当层面上促进项目管理的价值并营造这种思维模式。下面博世公司贡献的案例就强调了这种伟大的想法。

3.5 卓越行动：博世公司①

在 21 世纪 20 年代初，我们看到了项目思维和行动的下一个重大步骤。它们对成功的

① 本节资料由博世公司项目管理总监（已退休）Dieter Butz 博士（PMP）提供。版权归博世公司所有，经许可转载。

贡献也将得到组织和社会的认可。

“项目”已经成为一项有时间限制的工作的常规用语。其他先决条件并不总是与这个术语的使用联系在一起，尽管在大多数公开可用的定义中使用了更多属性来定义项目。最重要的是工作的独特性，有时在如何才能达到一个成功的结局时要考虑不确定的程度。两者都是“项目”的必要方面，以便将其从沿着已知且定义良好的路径（无论大小）的“（重复）任务”中分离出来。此外，在开始一个项目时，明确努力要达到的目标是必不可少的。即使高级开发项目或基础研究项目，在开始之前也需要对所要探索的内容有一个大致的了解。

在大多数组织中，不管项目目标如何，也不管项目规模如何，任何定义的项目都已成为常态。

在最近的历史中，特别是在大型硬件项目中，人们开始描述他们的预测方法或计划驱动的进度安排方法，其中直到结束的每个细节都会在开始时固定下来。只要重点放在可预测的成功上，在分层管理环境中使用来自不同功能模块的大型团队，且不用考虑应对突发事件，这种安排还是管用的。一旦后者不再适用，计划中的细节程度就变成了“滚动计划”。在这种计划中，只有近期的未来是详细计划的，中期的未来就不怎么去详细计划了，而长期的未来就只是粗略的里程碑了。当软件成为一个常规的组件，甚至本身就是可交付物时，变更可以更快、更容易地处理这类项目。而且我们看到的大多是由在不同软件开发领域（相同的功能）的高能力专家组成的小团队。这就是变更驱动方法或敏捷方法的诞生。

在最初尝试将敏捷方法复制到纯硬件项目或软件—硬件组合项目之后，人们发现这既不是大型项目中加速和减少计划工作的灵丹妙药，也不是习惯于严格分层思维的组织中加速和减少计划工作的灵丹妙药。

然而，计划驱动方法和变更驱动方法都有各自的优点，应该结合起来为客户提供可预测的可交付物，并快速适应不断变化的边界条件。这就是人们所说的混合方法，它在不同程度上借鉴了两种来源。早期阶段可能会使用更多的敏捷元素，而后期阶段可能会使用更多的预测方法。因此，在没有更好的方法进化和扩大执行项目的方法工具箱之前，混合方法将是近期最好的选择。

我们在组织中看到的项目越多，项目就越被理解为实现组织战略的最合适的方式。这样的项目组合需要积极地去管理，由组织的高级管理人员做出决策。这就要求将项目置于企业的战略地位，将负责项目策划和执行的人置于企业家的地位，甚至战略本身也可以使用项目管理元素来开发。

在 2000 年左右，博世公司通过协调在许多单位相当独立地发展起来的活动和组织结构，开始建立一种全公司范围的项目管理方法。从那时起，各单位分享和学习了程序和知识，并通过密切的合作进一步推动了这一主题。本节将讨论公司的几个重要方面。

3.5.1　跨部门、跨行业的项目管理方法和工具

就我们所掌握的文献资料而言，项目管理起源于建筑“行业”（例如，公元前 2570 年左右胡夫金字塔的建成，公元前 210 年左右中国长城的建造）。考古学家已经发现了大型团队以计划和协调的方式修造建筑物的记录。

在更近的历史中，项目管理方法是针对研究和开发领域的项目而开发的（例如，20 世纪 40 年代美国军方的曼哈顿工程和 20 世纪 60 年代美国阿波罗太空计划期间的预测方法；20 世纪 80 年代引入的“滚动计划”——只有最近阶段的计划是详细的，而下一阶段的计划是粗略的，越后阶段的计划越粗糙；在 20 世纪 90 年代用于软件开发的敏捷方法，最终在 2001 年发布了最初的“敏捷宣言”）。

今天，项目管理仍然被广泛认为是一个与新的硬件或软件产品/服务的开发及推进基础设施建设（例如，修造建筑物或修建交通运输线路，开发原材料）相关的概念。

但这个概念的意义远不止于此。私营和公共部门，以及私人生活中的一些组织（如俱乐部和社团）正在将其用于战略、管理、行政、财务或法律等众多领域。他们得出的结论是，在专业水平上应用项目管理有助于他们取得成功。较小的或非专业化的组织可以选择一种单一的项目管理方法，并在整个组织中使用它。在许多组织，尤其是大型组织中，多个项目管理框架必将并行存在，这将导致相互交织或混合的方法。

这些方法可能是特定于组织的，因为下级单位的需求是多种多样的。如果它们服务于多个行业或部门，则更是如此。这些下级单位的规模差异很大，有成熟环境中拥有数万名员工的设施完备的老企业，也有利基市场或新兴市场中只有不足 10 人的小型初创企业。然而，如果最高领导层希望在整个组织范围内采用一种方法，则需要一定程度的统筹来保持对所有单位内和跨单位的全部活动的总体掌控。这将促进各部门之间的协作和共鸣，并允许员工在部门间流动，而无须重新学习、重新适应全新的环境和项目心态。

这个统一的基础包括三个主要方面，这些方面可以得到专业标准的支持：

- 各种项目管理概念和方法的工具箱，可以提示其最佳点和组织设置的要求。它们通常还提供相当详细的工具和模板，便于组织采用和裁剪。
- 兼容的角色定义和通用的技能准备，以适应组织的更大目标。
- 对整个组织的项目管理具有一致的心态和不断发展的心态。

基于这些支柱，项目管理的现有概念可以传播到组织中尚未使用它们的领域，并且通常在选定的单位进行试点阶段之后，新概念可以整合到总体方法中。如果没有这种尝试和适应的心态，就很难持续地发展一个单位或整个组织，以获得更高的效率、更好的效果和更高的客户满意度。

当项目可交付物被接收方接受时，通常认为项目已经结束。参与项目的人员解散了，项目也就被遗忘了，对接受者的影响既没有监控也没有跟踪。这就是许多项目被认为是失败的原因之一。接受者没有意识到项目带给自己的好处。这可能不仅包括新产品或服务在市场上的成功，还包括导入一种新的工作方式（例如，一种新的功能流程，一种新的 IT 工具，一个新的组织设置）。

这种情况在未来将会改变。利益实现管理将发挥更加突出的作用，这需要一个长期高度活跃的发起人。几个敏捷框架将系统地支持整个项目的收益。

许多组织将使用项目来创造期望的结果。为了方便员工，他们将设立一个专门的团队，为员工使用选定的最有益的方法/工具提供支持，为员工进入项目角色提供帮助；帮助员工认识建立一致的项目管理治理和支持结构的好处，并推动他们去努力获取这些好处。

尽管大量的项目还将继续创造新的产品，提供新的服务，但所有的职能都将（或至少）对项目有所贡献，这通常比任何新的提议对组织的影响都要大。这将在项目管理中传播知识和专业精神，并在许多项目中考虑额外的组织变革。

3.5.2　项目管理方法工具箱的扩展

在 20 世纪 80 年代和 90 年代，当软件作为一种项目可交付物变得越来越重要时，构建和测试变得更快、更便宜了，并且你可以在此过程中对项目可交付物的变更做出反应（如果可交付物的接收者和可交付物的实现团队密切合作的话）。这种新方法不需要正式的项目经理（相反，它有一个方法管理员），并且对进一步的细节没有那么正式的计划。新方法被称为“敏捷”，并为 2001 年首次出版的“敏捷宣言”奠定了基础。它提出了四项比以前更有价值的、更好的软件开发内容。

因此，在（纯）软件开发环境中运行良好的方法是对硬件世界中“老派”方法的挑战，在硬件和软件日益交织在一起的世界中更是如此。第一次尝试是将敏捷方法（理想情况下是所有的方法）复制到硬件领域，并声称这是唯一可行的、面向未来的项目管理方式。但实际情况比被错误地理解的敏捷内容更复杂一些。特别是规划和文档被认为过于繁重时，它会使组织在未来陷入麻烦。

敏捷方法的这个起源向许多人证实了项目是一些开发硬件或软件/IT 产品的更小工作。它将对敏捷的理解主要局限于单一地点的研发项目。随着产品变得越来越大，越来越复杂，以及对组织的影响越来越大，就需要多个功能之间的协作。这种并行工程（Simultaneous Engineering，SE）涉及工程与制造并行，工程与采购并行，工程、制造与采购并行，甚至是额外的功能或多个地点并行，有时还是多个国家并行。

这表明，对一个不存在的项目经理的需求已经超出了首席工程师和团队组织者、方法专家或主题专家的平常能力。这个职位现在至少需要其他职能方面的基本知识，需要不断增强的商业敏锐度和领导力技能。随着团队规模的增加，领域专家成为团队的成员，项目经理不再是项目主题的最佳专家。新发展起来的敏捷扩展框架解决了这个问题，它为优秀的领导者（特别是在不能直接指挥团队成员的情况下）和具有广泛方法的企业家打开了一个全新的世界，使他们能够专注于为组织的长期业务利益最大化而努力。这种趋势将持续下去，并使项目经理变成组织为未来实施成功战略的基本要素。

许多被专业团体接受的管理项目的知识体系都是由 PMI、IPMA 和 AXELOS（英国一家推广良好管理实践的公司。——译者注）等专业组织发布的。背后的共同思想在 ISO 21500 中有描述。起源于计划驱动的方法，在软件行业出现了具有多交换驱动方法的敏捷世界。所有这些知识体系包括如何在阶段或迭代中计划和执行项目工作，以及某些角色应该如何协作以实现项目可交付物。所有的专业组织都提供他们的知识体系解读和各种各样的证书来证明他们的熟悉程度。由于认证是所有认证机构的相关收入来源，并且每个认证机构都认为自己的方法是“最好的”，因此来自不同认证机构的证书并不能进行真正比较或交叉转换。即使有人对特定情况有最好的方法，也不存在适用于所有项目的万能方法。

想要加强其项目管理能力的组织通常会选择一个首选的知识体系，加上其他知识体系的某些添加或混合，用于他们的内部项目管理设置。这样，他们就能从这些知识体系的进一步发展中受益。有些人甚至积极地为这些知识体系的发展做出贡献。

对项目经理和团队成员来说，熟练掌握大量方法的工具箱将是必不可少的常态要求，如预测型方法、敏捷方法，以及它们之间的任何混合形式，或者项目管理中将要出现的新方法。发起人和可能的评审委员或指导委员会成员需要对所有这些方法有一个基本的了解。随着数字化传播到今天我们甚至没有想到的领域，新的软件开发方法（如“全民开发方法”，没有编程能力的人可以编写应用软件和更小的程序）将会应用到更多领域。

图 3-2 展示了 Stacey 矩阵[①]，它是一种选择初始方法的指南。我们可以更加清晰地知道：

- 解决任务的途径（诀窍、过程），无论任务有多大。
- 可交付物的目标。

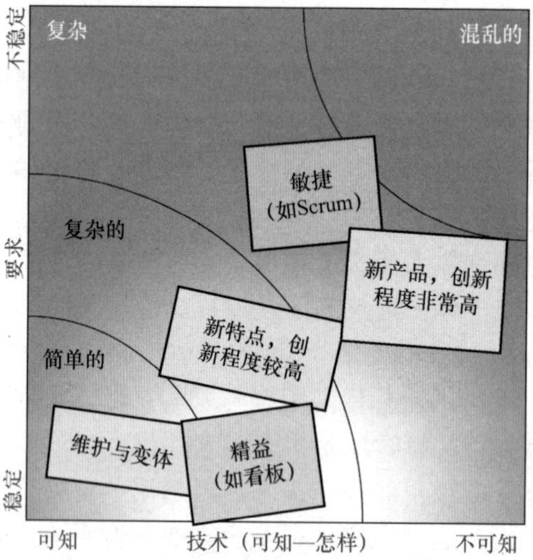

图 3-2　Staey 矩阵

标识项目的起点。在项目进展过程中，定期重新评估这个点将会经常显示在图中，无论我们从哪里开始，我们都将朝着左下角前进。

这个图中项目路径的轨迹越长，或者可以预见的是，项目经理和团队就越需要精通这条路径所建议的方法。

已知流程中的特殊任务将在左下角开始和结束。它们将不再被称为一个项目，即使它们有开始和结束的时间约束。

AI 的兴起将影响方法和工具的格局。第一步，数据分析将支持建立和评估已执行项目的数据。准确性、完整性和一致性将是很大的挑战。第二步，项目报告将是自动化的。第三步，AI 将为项目计划提出建议。第四步，在完整的项目组合背景下，将自动对单个项目

① 1996 年，Ralph.D.Stacey 提出了著名的 Stacey 矩阵，这个方法可以帮助项目经理判断所做的项目应该使用哪种（可以为一种或者多种）开发方法。这个矩阵也告诉我们，并不能一味地套用自己最熟悉的开发方法去开发所有的项目，开发方法还得取决于项目的场景和属性。——译者注

或完整项目组合进行情景分析。这将以最高效和最有效的方式支持组织中的项目经理、投资组合经理及决策者。

另一个不容忽视的方面是，项目越大，它包含的组织变革或新的工作方式就越多，甚至被组织变革或新的工作方式所主导。这不仅加强了对项目可交付物的关注，而且加强了对项目收益的关注。因此，项目发起人必须意识到这一点，项目经理也必须对这些方面有相当的认识和理解，并采取相应的行动，如主要关注干系人及对他们的管理。通常情况下，这两个角色都忽略了这一点，特别是当他们被委派去管理具有大部分技术内容的小型或中型项目时。

此外，项目团队越大和/或组织中的项目主题越敏感，发起人和项目经理需要展示的领导能力和政治技巧就越多。他们为自己项目的美好事业发挥影响。更多的细节将在项目角色一节中介绍。

组织发展或组织变革将变得与实现项目可交付物的专业知识一样重要。这将体现在项目管理方法和工具的新版本中。至少更大的项目需要考虑项目可交付物对工作方式、组织结构或受影响单位的新权力分配的影响。

直线型职能部门将继续作为功能卓越的基础，而项目将被视为利用多个职能部门的专业知识实现组织目标的主要临时组织。

综上所述，项目绩效指标将包括项目对组织成功的贡献，并且组织的绩效指标将反映其项目的综合影响，这并不奇怪。这分为项目可交付物和项目收益。

对于新产品或服务，收益可能是它们在市场上的预期表现（营业额和结果）、对组织声誉的影响、在环境中的法律地位、客户满意度等。

这将最终导致各组织采用项目驱动的指导方法；反过来，这也有助于对财务规划和行政管理产生新的影响。然而，这并不容易实现，因为现有的预算分配系统将不再适合，而分层等级管理中的在位者将拒绝放弃对资金和直接下属的控制。

3.5.3　支持 IT 工具

如今，许多项目都是使用独立的 IT 解决方案（如简单的电子表格或幻灯片）进行计划和报告的。这被认为是最少的管理工作。与此同时，这使所有的知识和经验都留在项目职员和相关人员的头脑中了。如果优先级发生变化，它会阻止其他项目的学习，或者组织无法进行总体掌控或干预。

大多数项目使用组织提供的 IT 工具。然而，它们并不总是被对齐并托管在同一个服务器平台上，而且很少有数据被存储在公共数据库中。这个数据库只需要最小的数据结构、完整性和条目的正确性。

因此，我们将看到更多支持以下功能的 IT 工具：

- 在使用单一方法体系中的方法或多种方法体系中的方法的多项目环境中，规划、监督、控制和调整/终止单个项目，无论是并行的还是有顺序的。AI 将减少管理负担，甚至预测项目下一步进行中的机会和威胁。这将作为项目经理和发起人的早期预警系统。

- 指导项目组合，使组织的投资组合利益最大化。AI 也将在这里减轻管理负担，并将为投资组合经理和决策者提供方案。

3.5.4 项目角色

与熟练掌握方法同样重要的是，对成功执行项目所需的相应角色有很好的理解：

- 发起项目并负责为组织实现其利益的人（如发起人）。
- 负责实现项目可交付物的人（如项目经理）。
- 负责实际项目工作的团队。
- 更多的其他角色，尤其是在规模化的敏捷框架中。
- 所有角色的适当资格。

大多数敏捷框架都没有预见到一个单独的人负责实现项目的可交付物，而是将这项任务分散到一个完整的自我管理团队中，并且有人负责了解和遵守规则。

描述角色的一个重要元素是明确地说明他们的职责和相应的权限。否则，角色承担者就是“没有牙齿的老虎”，可能会阻碍他们扮演好自己的角色。

3.5.5 发起人

发起人是项目的发起者和倡导者，他们确保提供足够的（财力和人力）资源，并负责为组织实现项目利益。项目发起人领导项目走完启动过程，直到项目得到正式授权。发起人要处理超出项目经理控制范围的问题，还可能要处理其他重要问题，如在风险特别高时授权变更。因此，发起人需要处于适当的层级，以确保项目成功，考虑项目影响。此外，发起人需要有足够的时间来扮演发起人的角色，尤其是在发起多个项目的情况下。

发起人是短期（项目团队组建和可交付物的实现）和长期（持续的项目收益）战略实施的贡献者。这将提升他们的地位。作为组织战略实施和相关项目利益实现的推动者，他们的薪酬将受到“他们所管”项目成功的影响。

还有一个问题（至少对于较长的项目持续时间：从确定项目目标到准备项目开始，再到实现项目可交付物，最后到实现项目效益）就是最初的发起人可能在项目结束时不再担任该发起人。只要组织的治理层和高级管理层不能帮助保持对项目可交付物和收益的兴趣，那么继续由前任开始的工作并不总是容易的。组织需要找到一种方法来确保从项目启动到利益实现的一致性。

1. 发起人的职责（示例）

- 明确对项目目标、可交付物、风险和收益的所有权和责任。
- 根据商业论证报告制定项目章程。
- 监控商业论证。
- 关注项目可交付物。
- 支持项目团队，确保高级管理层和所有相关职能部门对项目的全面支持。
- 确保项目可交付物的长期利益实现。

2. 发起人的权限（示例）

- 启动项目，定义项目目标和指导商业论证。
- 根据组织的规则确定项目影响类别。
- 签发项目章程并批准其变更。
- 选拔项目经理并进行授权。
- 协助项目经理的目标设定和绩效评估（如通过参与）。
- 成立指导委员会，并成为其中一员。
- 签署项目管理计划和批准计划变更。
- 可追踪地批准里程碑/主要版本，如在项目阶段之间和项目收尾时。
- 终止项目。

3.5.6　项目经理

项目经理是由执行组织指派领导项目团队的人。这个团队负责实现项目可交付物。

由于项目经理通常领导跨职能或多学科团队，他们必须向负责其项目可交付物的商业目标或利益的上级管理层报告。

在敏捷项目中，项目经理从领导团队转变为为团队服务。因此，他们将重点转向指导那些想要或需要帮助的人，促进团队中更大的协作，并协调干系人的需求。作为领导者，项目经理鼓励在团队中分配责任：请那些有知识和经验的人来完成工作。

更大的项目通常会因为其结构的复杂性、主题的政治敏感性和方法的多样性而变得更具挑战性。这需要更广泛的方法来处理项目可交付物，包括它们的方法、规范/实现原则，以及责任/遵从性问题。项目经理不再需要是项目可交付物的最佳主题专家，但仍然能够理解所涉及的功能领域，以了解事情何时及为什么不顺利，并帮助团队成员分析绩效不佳的原因。这在较小的和集中的项目或子项目中就足够了。许多项目经理没有认识到这是在组织中晋升的一个重要方面。在恢复一个失败的项目时（无论是由于内容上的缺陷还是“政治”上的成功），对项目主题的深厚专业知识甚至可能阻碍项目重新启动。

因此，项目经理需要作为一个多面手，他的能力需要涵盖与项目可交付物相关的部门或业务所涉及的所有主题。在许多情况下，这并不需要成为项目主题的最佳专家。最佳专家在项目团队中可能是必不可少的，但不一定是领导。老实说，这些专家通常并不谋求（或并不喜欢）宽泛的领导职位。

至少在大型组织中，项目经理的角色不会消失。

1. 项目经理的职责（示例）

- 领导项目团队，管理项目，达成项目目标。
- 根据项目章程，结合其他项目的经验教训，制订项目管理计划。
- 与项目团队及所有其他资源一起实施项目管理计划，在项目团队成员参与项目的范围内承担目标责任。
- 恰当地运用所有项目管理的知识领域，尊重所有相关法规。

2. 项目经理的权限（示例）

- 在批准的项目管理计划范围内做出决策。
- 将项目管理计划以外的决策需求上交给发起人。
- 在尊重普遍的法律限制的情况下，为所有项目团队成员适当地贡献以下内容：
  - 晋升的提名权。
  - 目标设定和绩效评估（如通过参与）。
  - 确认资格的措施。

每个员工都需要一份适合其角色及其对组织影响的技能或能力的评价信。四个能力领域是相关的：创业能力、领导能力、人际交往能力和专业能力（见图 3-3）。

能力区域	能力	维度
创业能力	结果导向	关注目标和利益实现 决策 范围管理（包括需求的变更管理）
	未来导向	战略思维与创造力；战略实施 持续改进 商业智慧 不确定性管理（威胁和机会）
领导能力	领导自己	自我意识 好奇心和适应力
	领导他人	领导原则 团队管理和团队促进 资源管理
人际交往能力	合作	跨文化能力（跨国家、行业、企业、部门等） 了解客户需求/流程 干系人参与（包括客户关系）
	沟通	谈判管理/冲突管理 沟通管理（包括网络） 语言技能
专业能力	经验广度	项目管理方法（包括预测/混合/敏捷等项目管理方法） 集成管理（包括项目相关过程的协调和项目变更管理） 采购/供应商管理
	知识深度	系统和领域专有技术 进度管理 质量管理 问题解决 成本管理

图 3-3 创业能力、领导能力、人际交往能力和专业能力

组织可以定义一个特定的项目经理职位或职位类别需要多少维度。这样的程序一方面将有助于找到符合这些要求的个人。另一方面，它将帮助个人评估自己并为这样的任务做好准备，如参加培训。

因此，项目经理将被视为组织的领导者并接受培训。

这也将导致这样一种情况，即项目可交付物的实现程度将在比现在更多的层面上决定性地影响项目经理的薪酬。

项目经理（至少是大型项目的经理、长期项目的经理）将成为其团队成员（核心）的直接上级。团队成员将回到他们的职能部门，以更新他们的专业知识或职能部门的专业知识。

博世公司在 1989 年为领导项目建立了职业道路（见图 3-4）。虽然最初被描述为一种独立的职业，但现在它被理解为单一领导职业道路的两种变体之一：领导一个项目或领导一个职能部门。为了领导和激励他们的团队，任何一个职位的人都需要几乎相同的优势和人际交往技巧。职位越高，这种情况就越明显。不同的是管理方面：直线职能培养专业知识（例如，用于项目的专业知识）。目前，从劳动法的角度来看，他们在雇用、解雇和赔偿方面都是且一直是优势方。他们经常单独或与项目经理一起设定目标并评估目标的完成情况，但是我们看到越来越多的例子是与项目经理共同进行的。

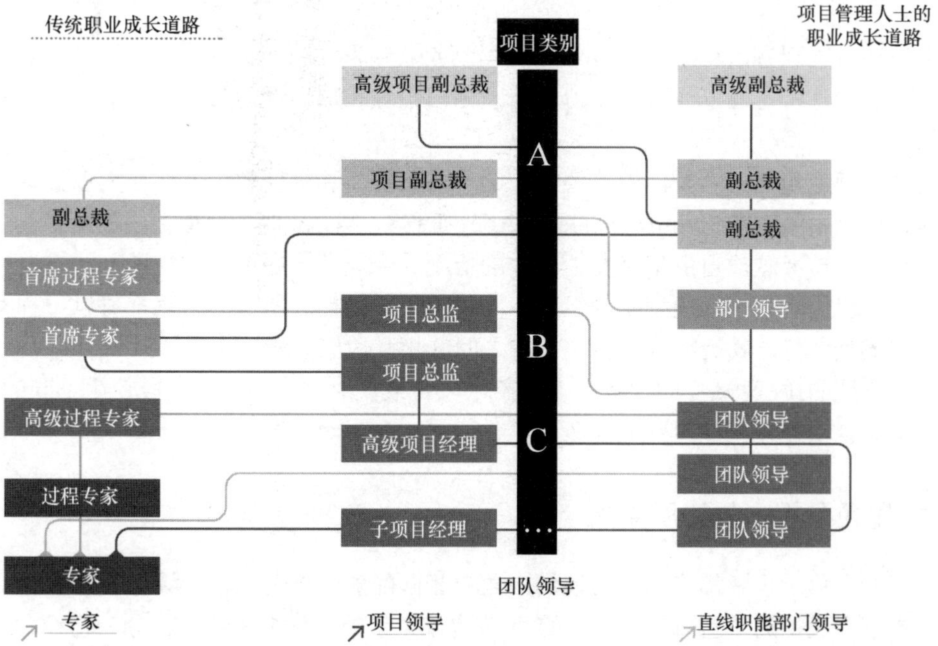

图 3-4　职业成长道路

从预算的角度来看，项目经理负责项目期间发布的项目预算，这可能由多个成本中心提供，而职能经理通常负责单个成本中心，并发布单个年度的预算。这是因为许多公司的监事会或董事会必须公布公司的年度预算计划，然后将其分解到各成本中心，以便后续跟进。

因为项目而建立起来的组织可能会选择基于多年项目计划的预算计划，并根据计划发布过程确定下一年（可能提前几年）的计划。然后，除非项目被有意推迟或终止，否则它们将连续几年占据优先地位。这在年度正式发布制度下也是可行的，我们将在未来几年看到越来越多的基于项目的预算计划的实施。

3.5.7 项目团队

项目团队（在敏捷环境中，通常称为开发团队或实施团队）根据为项目生命周期（阶段）选择的方法创造项目可交付物。在大型项目中，项目团队可能是由一个核心团队和多个子团队组成的，每个子团队可能使用不同的项目管理方法。项目经理需要建立一个合适的管理结构，以确保整个项目的成功。

在敏捷团队中，成员可以相互介入，决定哪些待办事项需要实现，以及如何实现。这限制了团队规模和任务所需的专业领域。这将是应用敏捷方法的最佳点。在未来，我们将看到更多的预测性和敏捷性的混合方法。例如，早期的敏捷和后期的预测，要求团队成员理解并应用这种混合方法，以便从令人满意的、管理良好的项目可交付物中获取最大好处。

3.5.8 更多的其他角色

掌握项目管理方法将成为大多数管理职位或领导职位的必备条件。无论是否有直接下属，领导能力都将是双方的必备能力。职能部门经理和项目经理将组成他们组织的联合领导团队。

更多的其他角色（例如，敏捷环境中的产品负责人和敏捷教练）将在大多数敏捷环境中持续存在。如果使用 Scrum at Scale、SAFe、LeSS、Nexus 或其他框架，甚至是其中一些框架的混合，扩展敏捷角色也会发生同样的情况。今天的一些扩展方法引入了更高层次的角色，这让我们想起了直线型职能组织中的传统等级结构。所有的角色都将以一种不那么教条的方式被看待，我们将看到各种方法之间的相互适应和相互交叉。

我们遇到的挑战将是，即使有些人对整个项目或仅对项目的单个阶段使用不同的方法，也要保持监督项目并保持项目可管理。

3.5.9 角色承担者的资质要求

所有的角色承担者都将拥有与他们的角色相匹配的资格证书，无论是在职获得的还是经过正式培训获得的，包括外部认证的和/或内部认证的。培训和认证将分为初级、中级和高级等多个层次。项目越大，影响越大，我们就会看到越多经过正式培训的角色承担者熟悉所需的硬技能和软技能。这些将按照项目经理角色所描述的方式来定义。在将指定角色的每个能力维度的要求水平与个人评估相比较后，将确定个人的培训需求。

至少在较基本的层次上，正式培训将依靠培训市场提供的机会，有的培训师精通内容并获得一个或多个专业协会的认证，有的培训师精通培训内容并以培训为生。但兼职的内部培训师可能由于组织中的紧急问题而无法在短时间内抽出时间，或者他们可能无法进一步发展他们的培训技能。

如果项目规模、具体情况或任何竞争优势等有特定要求，新聘人员的上岗内部培训和认证将进一步增加层次。

以博世公司为例，图 3-5 展示了主要的培训设置。

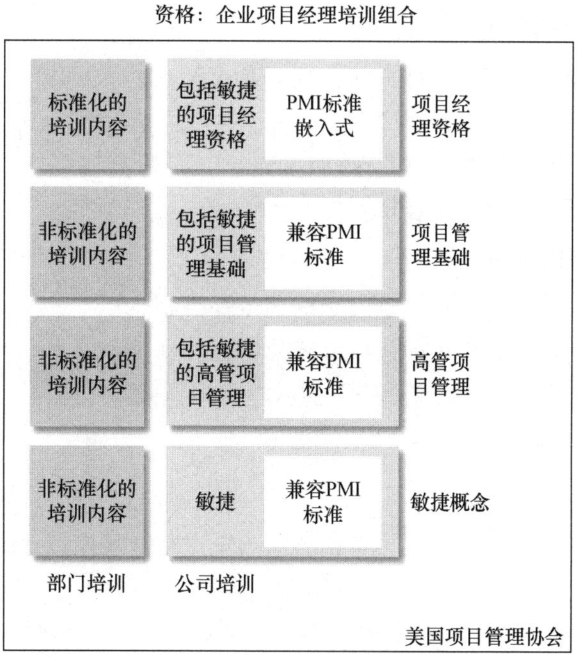

图 3-5　企业项目管理培训组合

3.5.10　组织内的项目管理中坚力量

项目将被视为实施组织战略和战略要素的标准方式，甚至战略本身也将作为一个项目来开发。组织将建立总体项目管理结构，以支撑其竞争态势，改善其竞争环境。

持续成功的项目需要一个支持性的生态系统，这一点往往被低估了。对项目管理组织来说，愿景和使命，以及经过深思熟虑的支持系统在现在和将来都将变得更加重要。项目管理组织至少需要两类角色：一类是负责组建项目管理机构的高管；另一类是执行、监督和改进该机构的人员，他们也为高管提供咨询，并为下级单位的项目管理部门提供咨询（通常称为项目管理办公室）。

项目组合将被用作引领组织的重要元素。项目组合将由专门的工作人员管理，他们准备和评估可选决策，而高层领导则做出决策。项目组合将侧重于外部和内部可交付物的内部和外部资源的利用，而产品组合则侧重于服务特定（主要是外部）客户的“产品”。两者重叠但不完全相同。

项目效益是立项的决定性因素，其基于项目可交付物的价值和交付物接受者的利益。

3.5.11　项目管理顾问

顾问是最高领导层的成员，因此是组织中项目管理的最高权威。项目顾问强调项目管理对组织的重要性，并关注其实施，从而支持项目成功。

1. 项目管理顾问的职责（示例）

- 在整个组织中确保项目管理方面达到专业水平。
- 在组织中塑造项目管理。
- 确保在所有下属单位都有项目顾问。
- 与项目团队建立并维持支持性的工作关系。

2. 项目管理顾问的权限（示例）

- 制定组织内所有项目管理的规章制度和审计机制。
- 获得并讨论所有下属单位的成熟度评估目标和结果。
- 提名 PMO 负责人，寻找合适的资源。

3.5.12 项目管理办公室

PMO 是一种管理结构，它使与项目相关的治理过程标准化，并促进资源、方法、工具和技术的共享。

对一个完整的组织来说，需要建立一套适当的治理规则（例如，至少粗略地定义方法工具箱，从哪个工具箱中选择，何时选择，如何及向谁报告，以及使用哪些衡量标准）。这些规则不仅应该反映项目的真实情况和当前状态，还应该反映项目可交付物对本单位的影响。这有助于项目顾问在项目经理和团队移交项目后，发起人再次接管后跟踪项目的综合效益。这些好处越大，组织战略就越能成为衡量标准的指路明灯。这一过程将在未来吸引更多发起人的兴趣。PMO 将更多地扮演领航员的角色，引导组织通过“麻烦的水域”。在拆分组织或大型组织中，需要定义并将定义一个如何在多个层次上引导和审查项目进度的概念。

1. PMO 的职责（示例）

- 开发、实施、维护和改进项目管理的所有要素。
- 促进跨各下属单位的学习。
- 在内部和外部沟通，并代表内部和外部的项目管理。
- 利用外部知识进一步发展内部项目管理。
- 与项目管理顾问建立并维持良好的工作关系。

2. PMO 的权限（示例）

- 发布有关项目管理的规章制度。
- 与内部审计部门共同审核下属单位对公司规章制度的遵守情况。
- 设计和进一步开发公司项目管理资格认证程序，并审查执行情况。
- 对参加认证的人员进行测试，给合格者颁发项目管理内部证书。

PMO 提供的服务内容是根据图 3-6 所示的 PMO 服务的项目组合来定义和协调的，并且必须来源于组织的需求。每个下属单位都有自己的项目管理办公室。

PMO为项目组合管理提供的服务内容

服务对象	运营支持	战术指导	战略指导
高管层	· 作为项目经理和高管层之间的接口	·为组织内各下属单位的项目组合和资源提供统一的指导	· 提供咨询服务并成为高管的陪练
各类项目	·为各项目评审提供运营支持 ·提供项目办公室的基本职能支持	·在问题升级/遇到危机的情况下指导和支持项目	· 管理项目/项目组合的利益
项目经理	·建立和维护为项目经理建立的网络和知识传递的社区 ·对项目经理职位和项目头衔进行清晰定位 ·为项目经理提供指导	·为项目经理开辟合适的项目领导职业道路 ·请有经验的人指导新项目经理和敏捷管理者 ·为项目经理和敏捷管理者的职业发展提供咨询	· 做项目经理的学术领头人
组织	·协调组织内部各部门与项目管理相关的事项 ·作为项目管理相关主题与其他组织单位的接口	·协调组织内所有部门特定项目的生命周期 ·在整个组织内提高项目管理意识 ·进行项目管理成熟度自我评估和项目审计	·定义并提供组织单位范围内的项目管理过程、工具和方法 ·制定并执行项目领导职位的人员配置规则 ·为所有项目人员提供项目经理资质培训

特别提示：这个PMO为项目组合管理提供的服务内容是博世公司的PMO工作内容。
每个PMO必须根据各组织的需要定义其服务项目组合的内容。

图 3-6　PMO 为项目组合管理提供的服务内容

3.5.13　组织发展

看看项目管理的重要性，很明显，它需要成为组织发展的决定性部分。知道从哪里开始进行某种成熟度评估会有所帮助。应用多层次的组织成熟度模型（无论是自己开发的还是来自专业协会的）有助于在创业型环境和竞争环境中确定组织的潜在目标。监控和实现这些自我确定的目标，可以支持对项目管理的认同，熟练掌握项目管理。

项目管理顾问和支持性 PMO 的角色在使组织朝着有益的项目方向发展过程中起着重要作用。它们可能存在于公司级别，并向下联到普遍的组织设置中，如图 3-7 中的博世公司示例所示。因此，在应用可比较的评估程序时，跨复杂组织设置的单位仍然可能具有不同的成熟度。

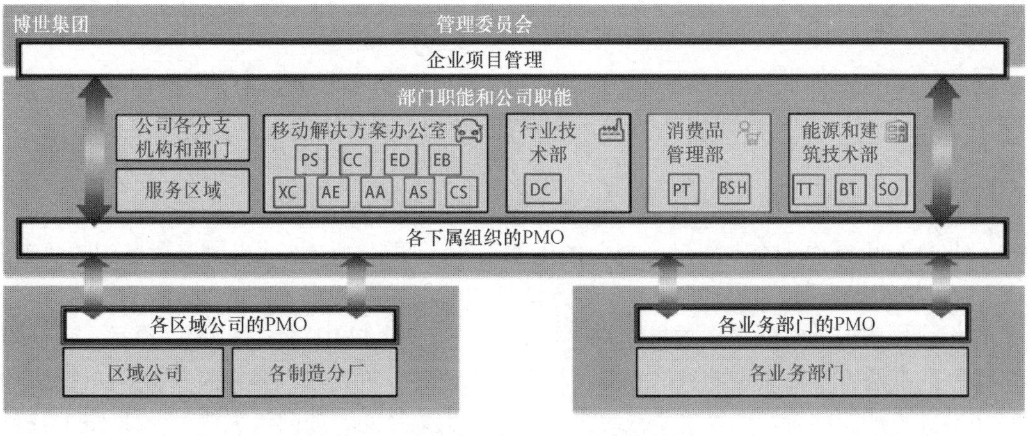

图 3-7　博世公司的项目管理组织结构

这样的项目管理系统将在支持连贯方法的组织中变得更加广泛。它甚至可能导致使负责组织发展的执行者成为顾问，并将 PMO 和组织发展部门联系在一起。

在公司以下的第一层级，所有部门都将复制公司设置，并任命执行领导团队中的成员作为部门的项目责任人，由主管该部门 PMO 的部门流程责任人提供支持。还可能进一步细分成业务单位、区域单位或工厂。类似的设置将在更多部门和行业的更多组织中实施。

3.5.14 企业的项目思维和项目意识是创业精神的重要因素

很明显，如果没有组织高层领导的支持和下面所有层级的实施，上面所描述的一切都不会发生。

因此，博世公司决定由一名董事会成员接任公司项目发起人的角色，成为博世集团项目管理的最高权威。与公司的项目管理办公室一起，他们根据博世集团的项目管理愿景和使命发布了关于项目管理知识体系和要素的公司法规和具体说明，这非常适合为整个组织提供指导（见图 3-8）。这包括职业道路的进一步发展，项目经理参与目标设定，参与对没有直接报告关系的团队成员的绩效评估，并与公司人力资源部门联合提供全公司范围的培训。

由公司项目管理办公室监督遵守规则，并由公司审计部门检查。

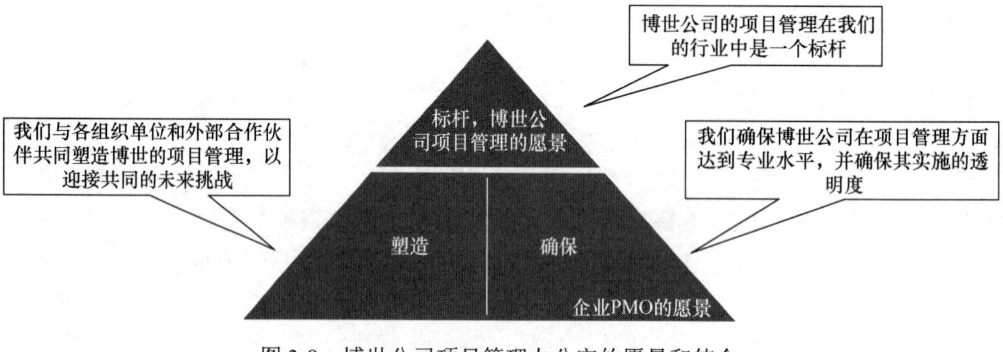

图 3-8 博世公司项目管理办公室的愿景和使命

3.5.15 结论

在组织中实施面向未来的项目管理方法是基于组织所有层级项目思维的，涵盖了许多相互关联的方面，并且需要长久坚持。在后敏捷时代，仅仅宣布正在遵循某种方法是不够的。

组织将更加强调他们的项目管理系统，该系统具有一致的、描述清晰的角色和方法，是一种将项目思考作为企业行动一部分的生态系统。项目导向将成为大多数组织的“新常态”。这包括组织设置、预算机制和领导方法。

组织发展将成为实现组织项目化的重要手段。它支持 PMO（或与 PMO 合并），以确定执行项目的最适方法体系中的方法和角色概念，无论是一种方法、并行的多种方法，还是两种或更多种方法的结合。项目将是与组织中提供适当数量的、面向未来的专业知识的直线职能部门一起工作的未来平台。高级项目经理将被允许进入甚至被要求进入组织的领导层。

更多的自动化将使管理项目的日常工作（例如，计划和报告）更容易。数据自动化和人工智能将有助于预测当前项目中合适的下一步措施或潜在的问题。项目的成功将不再由实现项目可交付物来定义。长期利益将成为决定性因素，因此组织目标将由项目来支持。

因此，组织将在更广泛的项目管理中投入更多的精力进行培训和认证，无论是在招聘新人才还是通过内部或外部措施进一步发展现有人才时，它所衡量的远远超出了单纯的面向方法的技能。

3.6 为思考留出时间

如果有人设想存在一位创新文化的差异制造者，并专注于一种成分，这就是一个很好的例子。在过去的十年里，巨大的干扰影响了我们的工作方式，而且各种相互竞争的需求也在不断增加，要想花时间好好思考几乎是不可能的。尽管这听起来很有理，但现实是，成功地留出这样的思考时间已经成为一种奢侈，下一个十年必须扭转这种现象。未来的项目经理将会重新考虑变革！

高层领导们早就知道给自己留出思考时间的好处。这些好处将把未来组织的业务线连成一体，并可能在以下几个领域做出卓越贡献：

- 有助于更专注、更有动力地完成更多的工作。
- 找到解决问题的创造性方法。
- 增强以客户为中心的意识和提高满意度。
- 建立更清晰的端到端生态系统视图。
- 增加学习新方法和有效措施的机会。
- 有助于质量改进。
- 更好地整合各个业务部门和整合各种项目。
- 使决策质量更高、更及时。
- 创建以解决方案为基础的组织文化。
- 提高时间和资源最有效利用的优先级排序能力。
- 在业务工作中重新获得乐趣，并有助于提高团队和员工的道德。

我们将在下一节看到 3M 公司的卓越案例，它展示了实现这个主体架构的简单步骤，不仅获得了上述一些好处，而且改变了这种环境中的工作动力，从而激发了团队和公司的活力。

3.7 卓越行动：3M 公司

许多公司经常在如何激励和奖励员工参与项目管理流程方面感到为难。在一些公司，员工认为只有研发团队或其他创新团队才有责任提出创新想法并加以利用。3M 公司采取了一种不同的方法，并为如何让整个公司参与创新制定了标准。

3.7.1 案例背景

在创新和战略项目管理方面非常成功的公司会将创新作为企业持续增长的驱动力。3M公司就是最好的例子。大多数研究人员都认为，3M 公司的成功源自其培养创新思维的企业文化。正如 Irving Buchen（2000）所说：

3M 公司宣布，所有员工每个工作日都可以自由地花 15 分钟来研究他们想要研究的任何想法。唯一的限制是不能牺牲他们的正常工作。他们的项目不需要获得批准。他们不需要告诉任何人他们在做什么。如果他们需要更多的固定时间，他们可以把他们的零散时间集中起来。他们不需要拿出任何东西来证明或回报所花费的时间。结果如何？空气中充满了激情。员工来得早，走得晚，以延长他们的创新时间。许多人脸上挂着一种奇怪的淘气微笑，甚至是有趣的微笑；有些人甚至开始大笑。但他们也非常多产。透明胶带就是由这种方式孵化产生的；便利贴也是如此。

也许同样重要的是，士气得到了极大的鼓舞；总体生产率更高；团队关系似乎更密切，合作得更好；不同部门中层管理人员之间的关系似乎有所改善。简而言之，这是一个双赢的局面。与创新成果相匹配的是一种改变了整个文化的新精神。

谷歌（Google）和惠普（Hewlett-Packard）等公司也有类似 3M 公司的 15 分钟自由创新的项目。3M 公司的这项计划始于 1948 年，从那以后，它为公司创造了许多最畅销的产品，获得了 22 800 项专利，年销售额超过 200 亿美元。3M 公司的文化有几个显著的特点，首先是鼓励员工创新和提出创意。公司鼓励员工跟随自己的直觉，抓住机会。3M 公司为员工提供论坛，让他们了解其他人在做什么，由此获得新产品的创意，找到解决现有问题的方法。这种文化在开放的沟通和信息共享中蓬勃发展。公司还鼓励员工与客户讨论他们的需求，并鼓励员工参观 3M 公司的创新中心。

战略方向是 3M 公司文化的另一个特点。公司鼓励员工考虑未来，但不能以牺牲当前收入为代价。按照三成原则，每个部门收入的 30%必须来自过去四年推出的产品。这几乎是一种狂热的追逐，因为它构成了员工奖金的基础。

员工可以获得资金来源，以进一步开发他们的创意。对创意进行初步探索的种子资金可以向本业务部门申请。如果资金申请被拒绝，员工可以向公司提出申请。

奖励和认可是 3M 公司创新文化的一部分。许多公司面临的一个共同问题是，科学家和技术专家认为，管理环境比技术环境“草更绿”。3M 公司创造了双阶梯制度，技术人员可以保持在技术阶梯上，与企业管理人员享有相同的薪酬和福利。通过留在技术阶梯上，即使他们的研究项目失败了，员工也能保住他们以前的工作岗位。

与迪士尼公司和苹果公司类似，3M 公司创建了以公司前总裁理查德 • P. 卡尔顿（Richard P. Carlton）命名的卡尔顿协会（Carlton Society），以表彰开发创新产品和为创新文化做出贡献的 3M 科学家。

3M 公司文化最显著的好处之一表现在招聘上。拥有专业技能的员工受到大多数公司的追捧，3M 公司的文化为创新提供了最大的“自由度”，这有助于他们吸引有才华的员工。

3.7.2　结论

3M 公司的成功树立了一个标准，其他公司都在模仿如何让整个组织参与到创新思维中来。所有员工都必须意识到，他们可以为创新做出贡献，他们的想法会被听取。

3.8　更新后的高管角色

未来组织的卓越将始终从董事会开始。这是一个千载难逢的机会，可以用正确的视角来看待项目管理，并像我们在第 1 章中所强调的那样，项目管理作为一种战略能力而重生。这些未来的董事会的行政领导，以类似项目系统的方式思考和运作。他们不再仅仅只掌舵，他们必须更加精力充沛，更加投入。这标志着项目经理将成为未来许多公司的掌舵人，从而使公司达到理想的成就。

这种全新的高管角色对传统的官僚主义、等级制度和过去几十年许多孤岛式的工作方式产生了重大影响。通过示范产品责任人的角色，并提供适当的、平衡的、真正像船长一样的支持，这些高管将在行动中展示我们要在第 6 章中强调的许多服务型领导行为。

下一部分，通用汽车的卓越案例展示了第四个也是最后一个主体架构的情况。面对前所未有的挑战，当文化及其领导者准备好展现韧性并快速适应他们所扮演的角色，同时擅长提供重大项目集和项目的好处时，对改变社会的承诺就会有成功的故事。

3.9　卓越行动：通用汽车①

3.9.1　通用汽车和呼吸机

当人们想到项目风险管理时就会想到通用汽车和呼吸机，那时，如果病毒大流行在风险管理的榜单上，它通常也不会在榜首。2020 年，当新冠病毒袭击世界时，情况真的颠倒了。2020 年 3 月，通用汽车（General Motors，GM）关闭了其大部分制造和组装工厂，以减缓病毒的传播并保护工人。这是世界上最大的公司之一，拥有最多才多艺的员工队伍之一，它停滞不前了，等待着下一个消息。接下来发生的事情是一个辉煌的转折，需要使用项目管理人才和应用制造资源来帮助应对影响其汽车生产的新冠疫情。GM 动员了与制造汽车相同的项目管理和项目集管理资源，为实施一项企业社会责任计划产生了令人难以置信的快速结果。像 GM 这样的公司都保持着一种自我监管的战略，称为企业社会责任（Corporate Social Responsibility，CSR），它被整合到公司的商业模式中，并确定了公司将为消费者、社会、生态和政府监管的利益而进行道德导向的活动。许多公司的传统 CSR 活动侧重于某些自然资源和可再生资源的消耗问题，如水、能源和其他材料。然而，正如 GM

① 本节资料由通用汽车公司全球采购及供应链高级开发主管 J effrey J.Hall（PMP）提供。版权归通用汽车公司所有，经许可转载。

令人钦佩地展示的那样，还有其他方式来展示 CSR。公司的 CSR 描述中通常包含“社会”一词，它可以被定义为在不影响支持生态系统能力的情况下改善或关注人类生活。这就引出了“社会创新”这个词，它指的是创造新的产品和服务来支持 CSR。社会创新的结果往往更聚焦于对社会的关注，而不是盈利能力。GM 在呼吸机方面的社会责任项目始于 3 月 17 日。此前，首席执行官联盟（为阻止新冠病毒传播而创立的一个组织。——译者注）与 GM 取得了联系，该联盟试图把企业组织起来去帮助阻止新冠病毒的传播。该联盟联系了 GM 的首席执行官玛丽 • 巴拉（Mary Barra），并建议 GM 与位于华盛顿州博塞尔市的小型便携式呼吸机制造商 Ventec 公司合作。在 24 小时内，GM 的高管和 Ventec 公司的高管举行了第一次电话会议；第二天，GM 的一个团队飞往西雅图与 Ventec 公司高管会面。

高级干系人很快就总体目标达成一致，并且每天都与所有项目工作团队保持联系。被授权的团队每天开会，团队是松散耦合的，需要协调依赖关系，理解时间线，并快速解决问题。他们将问题记录在共享文件夹中，进行分类并加以解决。

路障并没有存在太久。做出决定后，团队继续前进。通常需要数周才能完成的可交付物和审批，由于清晰的沟通路径，由于团队侧重优先级事务并执行优先级事务，只花了几分钟。资金得到批准，合同得以落实，最小化了所需的行政监督和审批。

所有这一切之所以成为可能，是因为 GM 预先建立了清晰的愿景，以及公司的各级通用人坚定不移地承诺交付呼吸机。大家想方设法齐心协力来完成这件事，就像自己家里有人依赖它一样。人们对能参与其中都很兴奋。每次发货都是一次庆祝，直到合同截止日期午夜前的最后一次发货。

—— Jeffrey J. Hall（PMP），通用公司全球采购及供应链高级开发主管

到 3 月 20 日，GM 已经与其全球供应基地接洽，并在 72 小时内，供应商就做好了获得所有必要零部件的计划。美国汽车工人联合会的全国领导和地方领导都签署了该项目，到 3 月 25 日，工作人员开始准备 GM 在印第安纳州科科莫市的综合设施生产。GM 约有 800 名全职和兼职员工被派往该项目，准备生产 3 万台呼吸机。GM 发言人表示：

这家底特律汽车制造商将在 8 月底前生产并向政府交付 3 万台呼吸机，首批 6 132 台将在 2020 年 6 月 1 日前交付。

GM 的高级管理层致力于 CSR 呼吸机的生产项目。GM 表示：“我们制造 Ventec 高质量重症监护呼吸机 VOCSN 的承诺从未动摇。”“Ventec 和 GM 的合作结合了全球在制造质量方面的专业知识和对安全的共同承诺，使医疗专业人员和患者能够尽快获得挽救生命的技术。整个 GM 团队都为支持这一举措感到自豪。”

GM 信息技术（IT）集团是呼吸机生产的重要组成部分。虽然为了满足 GM 的产量预期，Ventec 的工艺得到了大幅提升，但每个呼吸机部件都必须在整个制造步骤中进行跟踪。GM 立即联系了 Ventec 的 IT 合作伙伴，并迅速完成了满足质量、跟踪和产量的业务需求所需的合同和架构。在 GM 首次访问 Ventec 后的 3 周内，建立了初始制造空间，同时开始生产“不可销售”的产品订单。

—— Jeffrey J. Hall（PMP），通用公司全球采购及供应链高级开发主管

GM 和合作伙伴 Ventec Life Systems 按计划交付了欠美国政府的 3 万台呼吸机中的最后一台。GM 表示，整个联邦订单在 154 天内完成，大约每 7 分钟生产一台呼吸机。GM 首席执行官玛丽·巴拉表示：

“GM 生产重症监护呼吸机的动机是由 GM、Ventec 和我们的供应商的数千名员工推动的，他们都希望在疫情期间尽自己的一份力量来帮助拯救生命。看到这么多人这么快就取得了这么大的成就，真是令人鼓舞。”

GM 在 5 个月后退出了呼吸机业务，并请 Ventec 在完成政府合同后立即接管生产线。由于精心计划，在转换生产过程中停机时间最短。Ventec 继续在同一条生产线上生产呼吸机，直到 2020 年晚些时候呼吸机需求减少。

——Jeffrey J. Hall（PMP），通用公司全球采购及供应链高级开发主管

GM 对 CSR 的承诺并没有随着最后一台呼吸机的交付而结束。GM 仍在生产口罩。GM 表示，将向密歇根州的公立学校捐赠 200 万个口罩，作为密歇根州口罩援助合作伙伴关系的一部分。GM 的捐助包括 75 万个面向小学生的儿童口罩。GM 表示，这些口罩将于 9 月 14 日交付。此外，为高中生和教职员工准备的 125 万个成人口罩将于 9 月 28 日之前交付。

3.9.2　结论

没有人知道将来会发生什么事。可能会有另一场病毒大传播、天灾或战争，要求公司能够将资源从公司当前的主要目的转向专注于人类利益的目的，就像 GM 在呼吸机和口罩上做的一样。这种能力将给公司带来的不仅仅是经济利益。当需要创新和智慧来应对与企业社会责任相关的挑战时，人们就会求助于 GM，即使在全球范围内。

3.10　创新文化

为了吸引 Z 世代（美国文化中的一种分代方式，Z 世代指 1996 年以后出生的一代。——译者注）和之后的几代人，未来的组织将别无选择，只能创造大规模的体验文化。在文化中建立这种级别的安全能力将使未来的项目工作更具吸引力。当我们说未来的工作正在转向零工经济（a gig economy）时，我们看到越来越多的信托货币证明了这一点，这需要成为未来明确的投资领域。创新文化是有趣的、高度网络化的、社会化的、轻松的，并且把快速学习作为加强创新的唯一答案。为了实现这一目标，未来的卓越将需要在项目管理实践的使用上有更高程度的灵活性，并且需要将这些实践仅仅作为指导的理念付诸实践。项目人员未来的工作环境将是最重要的，这将使他们对创新如何在工作方式中占据主导地位产生一定程度的信心，并导致明确的市场差异化。当我们想到前面如图 3-1 所示的创新文化模型的第一个基本维度时，苹果公司就会浮现在脑海中，可能排在第一位。该公司在过去几十年里制造的颠覆（包括颠覆自己的产品）数量，清楚地证明了领导者需要有勇气，才能在创新文化中创造出对卓越的不懈关注和热情。下一节苹果公司的卓越故事，

突出了这些持续创新的文化属性，并为我们提供了一个反思的时刻：什么可能主导未来的组织，寻求大规模的扩张，而不仅仅是维持他们的进步。关于所有权模型的一个强有力的信息也在这个案例中被强调，并且直接反映了下一代项目经理的潜力。

3.11 卓越行动：苹果公司

当人们想到有持续创新历史的公司时，他们通常会从苹果公司开始。但许多人没有意识到的是，通往持续创新成功的道路可能会布满一些失败、障碍、挑战，甚至可能遭遇诉讼，像苹果与微软、三星在知识产权问题上所遭遇的诉讼那样。

未来的许多非传统项目或战略性项目将伴随着比平常项目要高的风险。失败可能有很多不同的原因，可能会有知识产权诉讼。项目团队必须明白，这可能是未来的一种生活方式，企业文化必须容忍失败。

3.11.1 案例背景

苹果的一些成功产品包括麦金塔电脑、iPod、iPhone、iPad、苹果手表、苹果电视、HomePod、软件、电动汽车和苹果能源。但是，20 世纪 90 年代推出的消费品也有不成功的，如数码相机、便携式 CD 播放器、扬声器、游戏机和电视设备。不成功的消费品不是创新失败的结果，而是因为不切实际的市场预测。

成功的创新会增加市场份额和股价，而不成功的产品会产生相反的效果。从 1984 年到 1991 年，苹果公司凭借麦金塔电脑取得了巨大成功。从 1991 年到 1997 年，由于创新有限，苹果在财务上陷入困境。苹果在 1997 年至 2007 年间恢复盈利。2007 年，苹果在移动设备方面的创新是其取得惊人成功的重要一步。

创新往往会在知识产权的所有权和控制权方面产生法律问题。互联网的发展给音乐产业带来了盗版问题。苹果公司的史蒂夫•乔布斯在谈到苹果音乐业务的成功时说："现在全球已经有超过 100 万首歌曲被合法购买和下载，这代表了一股打击音乐盗版的主要力量，也代表了音乐发行的未来，因为我们从 CD 转向了互联网。"

苹果在其战略项目中使用了几种不同类型的创新。有些产品采用渐进式创新，如手机的更新版本，其他产品则采用激进式创新。苹果也采用了开放式创新和封闭式创新。对于开放式创新活动，包括与公司以外的人合作，苹果创建了一套苹果开发者工具，使产品的创造更容易与苹果的需求保持一致。

苹果还在商业模式上进行了创新，旨在改善与客户的关系。苹果利用在线商店的概念和实体店的位置，发起了一个零售计划。尽管媒体最初猜测苹果的这种零售商店概念会失败，但它却非常成功，超过了附近竞争商店的销售额，并在三年内达到了 10 亿美元的年销售额，成为历史上最快达到这一目标的零售商。多年来，苹果增加了零售店的数量，扩大了地理覆盖范围，截至 2017 年 12 月，苹果在全球 22 个国家拥有 499 家零售店。强劲的产品销售使苹果跻身于顶级零售店之列。

苹果创造了一种创新文化，让人们有机会发挥创造力。不像其他文化，高管们把人分配到创新项目中，然后坐等结果的出现。与此不同的是，史蒂夫•乔布斯在许多项目中都是积极的参与者。许多苹果员工表示，没有乔布斯参与的项目往往比有乔布斯参与的项目耗时更长。预计这将是未来的趋势，各级行政人员和管理人员将为项目提供积极的支持和帮助，而不是旁观者。

在苹果公司，员工都是专家，不触碰自己专业领域以外的事。乔布斯认为这是一种让每个岗位都有“一流”员工的方法，包括项目管理。在传统的项目管理中，项目经理通常与为项目分配资源的职能经理共同承担项目成败的责任。

苹果以严格执行一人问责制而闻名。每个项目都有一个“直接负责人”，用苹果的行话来说就是直接负责的个人（Directly Responsible Individual，DRI）。

为了表彰最优秀的员工，苹果公司创立了苹果研究员计划，奖励在公司期间为个人电脑做出杰出技术或领导贡献的个人。这在拥有源源不断创新项目的公司中正成为一种普遍做法。迪士尼创建了一个类似的社团，名为“梦幻传奇”（Imagineering Legends），以表彰卓越的创新。

3.11.2 结论

如果公司能够容忍一些失败，并认识到市场可能不喜欢某些产品，那么持续成功的创新就是可能的。此外，苹果公司的商业模式可能会发生变化，就像苹果零售店的开业一样。苹果公司的创新是一个卓越的案例，说明了项目经理必须同时做项目决策和商务决策。

3.12 作为创新实验室的项目

当我们展望未来，并发现自己身处一个敏捷性和适应力已经主导工作场所的地方时，我们发现实验和学习的欲望达到了最强烈的程度。这就是创新文化的基本维度诞生的地方。创新实验室的理念将改变未来几代项目经理和团队的游戏规则。它代表了未来几代人喜欢的工作方式。这种工作方式是令人兴奋的，是变化的，是可以快速看到结果的，是能够亲眼看到自己的工作成就的，而且是工作和娱乐相互结合的。

这个创新实验室概念的一个自然元素是项目或项目集工作的成果。测试不同的方法以过程或想法的形式达到这些成果，从而使项目团队实现价值，这在创新文化的必不可少的创造力中是一个独特的角色。然而，这个创新实验室概念的要素不仅仅与成果有关，它们在很大程度上是针对人的。尝试正确的技能组合，在项目团队中转换角色，轮换领导，找出正确的自主权和正确的一致性组合，找到可以达到最佳效果的团队互动的强度和节奏，这些都是未来实验室的工作内容。这是创建未来学习型组织的核心。在未来学习型组织中，项目管理将被视为学习如何跨越组织孤岛，创造紧密相连的卓越运营的核心。当我们在下一节看到三星的卓越案例时，实验室的理念体现在如何建立战略和创新中心作为创新成功和知识管理有效性的关键因素。

3.13 卓越行动：三星公司

偶尔推出一些新的创新产品和成为全球创新领导者之间有很大的区别。正如三星所掌握的那样，主要的区别在于，它创造了一种高度关注商业价值创造的文化。有效的文化是围绕一套核心能力建立的，项目团队的所有成员都必须支持这些核心能力。

3.13.1 案例背景

三星和其他公司采用了价值创新的方法，这使他们能够创造一种企业文化，成为创新的领导者，而不是创新的模仿者和追随者。三星文化的一些特点包括：

- 支持以创新为导向的项目和从组织层级自上而下的治理。
- 让所有员工都能看到高管的愿景、公司的战略和战略目标。
- 运用开放式创新实践，在内部寻找创新思路。
- 建立战略中心和创新中心，以及开放式创新中心，加强知识管理。
- 认识到知识管理是支持研发活动中知识存储和重复使用的核心竞争力。
- 认识到不稳定环境中的全球化需要非传统体系。
- 保持以客户为中心的产品创新。
- 愿意接受创新和冒险。
- 组织层级扁平化。
- 制定以速度为中心的创新战略和战略执行。
- 做决策的速度比以前快。
- 将创新产品的周期从几个月、几年缩短到几周。
- 低成本制造。

3.13.2 结论

这些特点使三星形成了更强大的核心竞争力。三星以价值为导向的文化带来了产品、技术、营销、成本降低和全球管理方面的创新。

3.14 新的工作方式

项目经济的优势之一，正如项目是完成工作的核心所反映的那样，是我们工作方式变化的流动性。在前所未有的新冠疫情期间，世界经历了需要转变为高度远程的过程，在组织及其员工的思维过程中产生了一种严重的紧张关系，即究竟什么是要优先考虑的？还要用办公室吗？如何组建团队？怎样衡量成功？何为成果实现？如何评估和处理重要的价值观？

有一件事变得很明显：回归正常、寻找新常态的想法，以及围绕这个问题的各种争论，可能会消耗大量的精力。除一些组织对变革的明显抵制外，这些争论证实了项目管理在未来组织的运作方式中仍然有很大的潜力。考虑到变更是项目的核心，项目推动了许多新的工作方式所需的弹性、适应性和流动性。这场争论的理想结果可能是，想要在未来脱颖而出的组织需要在其运营模式中接受持续的流动性，并快速调整工作完成的地点和方式。

在新的工作方式中，风险偏好比我们在不同组织中经历的平均水平要高得多。此外，每一个优秀的未来组织都需要成为一个数据驱动的组织。在这个组织中，对数据质量和从数据中收集情报的更高投资是排在最优先地位的。也许最适合这些未来组织的表达方式是把自己想象成一条平稳流动的河。这种流动性有力地说明了文化、实践和人之间所需要的联系。这些未来组织的领导能力和主导技能将有助于增强这种流动性。人们更期望拥有 T 型技能，其中有广泛的关键技能，可以在整个企业中实现倾斜，并且可能始终包括与数据相关的专业知识。在“T”字的另一边，我们仍将依赖特定的专业知识，尽管对技能培训和技能提升的开放态度可能会主导未来的工作方式。

我们还必须鼓励快速增量执行，而无缝反馈和获取价值是关键。我们需要适应和欢迎前所未有的透明联系，这也需要勇敢的领导者和不断增加对未来领导者脆弱性品质的尊重。

3.15 卓越行动：西门子公司①

3.15.1 用敏捷产品驱动的项目管理能力来控制复杂性和交付可靠性

一个新的项目管理范式是以速度、敏捷性和可追溯性交付新的创新（见图 3-9）。

有许多类型的项目和项目集可以推动全球客户的创新。我看到许多公司面临的五大问题是：

（1）**缺乏项目集管理的专业培训**。公司没有在适当计划和执行的关键流程上进行投资，如以一种临时的方式组织重要的供应商进行投标/邀标。不可追溯。.

（2）**方法论缺乏灵活性**。项目/项目集是复杂的，需要不同的方法体系来恰当地管理风险和加速交付，不存在一种万能的方法。通常情况下，项目要么管理不足，要么管理过度。

（3）**资产被重新创建，而不是被再利用**。许多项目/项目集都完成了，就好像它们是公司曾经和将来做的第一个也是唯一的一个项目。知识产权部门没有正确地管理将来可重复使用的资产文档和可追溯性。如果公司只知道在哪里找到知识却不知道拥有重复使用知识的权力，那么许多项目就会在已经完成的任务上浪费大量的精力。

（4）**孤立的过程和不相连的团队成员**。项目经理把具有不同计划的不相连的团队成员

---

① 本节资料由 Suzanne Kopcha 提供。Suzanne 是西门子数字工业软件公司的战略副总裁。她在全球战略、商务开发、领导数字化转型和并购项目方面拥有 31 年以上的经验。她拥有两项美国专利，并在两个专注于青年发展的非营利性董事会任职。

聚集在一起，在流线型工作并同时执行中缺乏协作。通常，这些团队不知道何时停止、何时加速，因为集成计划在状态更新时才聚集在一起，并且不是实时可用的。

（5）**合适资源的能力约束**。资源分配不是基于可交付物的需求，公司缺乏灵活性来理解资源需求变化的影响。

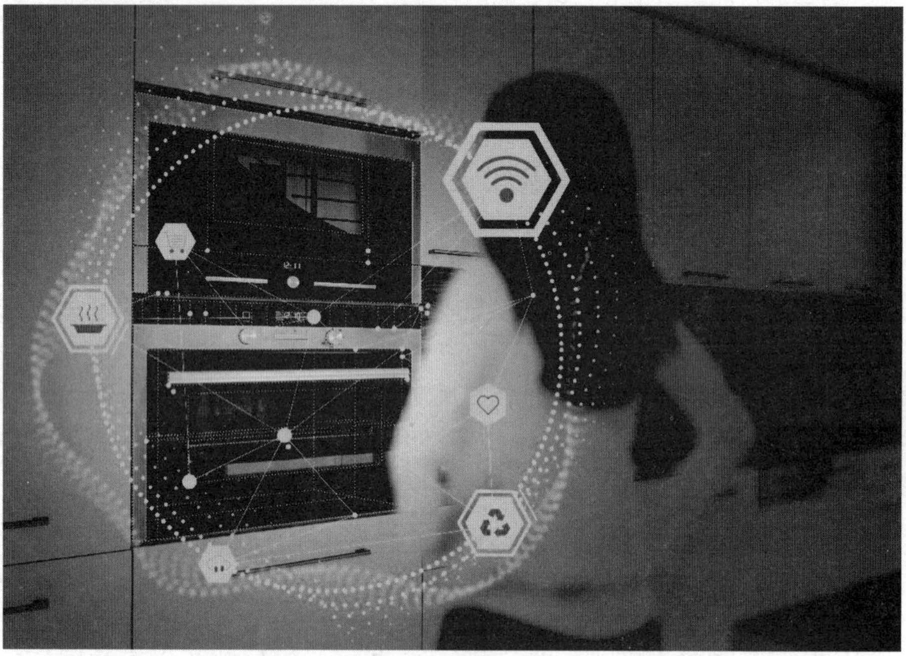

图 3-9 加速创新

3.15.2 加速将行业推向新方向的趋势

- 动态的市场。复杂性不断增加，需求不断变化。
- 提高创新的速度和复杂性，即创新是新的、个性化的、互联的、智能的。
- 竞争加剧。来自小型、灵活的竞争对手的进入门槛降低，网络营销激增。
- 可持续发展、循环经济和产品生命周期的重要性日益提高，不仅仅是产品的发布。
- 为售后服务收入和闭环持续改进提供无限数据。
- 供应链复杂性。完成一个项目/项目集所需的供应商数量。

3.15.3 透明、系统的方法可以带来新的途径

在同一平台上建设项目/项目集管理能力，与产品生命周期管理能力的集成，使公司能够加速创新，推动实时系统驱动的敏捷、灵活和严格的方法，提供更好更快的创新、更低的风险和一次就把事做对的准则。

凭借这种新方法，从航空航天到消费品等不同行业的企业正在改变工作方式，以采用以下七种新的最佳实践。

3.15.4　七种最佳实践

（1）**产品/品牌主数据**。将公司产品组合的商业背景引入创新平台，使公司能够跟踪其创新组合制品的设计和验证，跟踪它们被用在什么产品上。当需要更换补救时，这是至关重要的，并且有助于提升在一个步骤中跨多个产品追踪更换的能力。

（2）**项目和产品里程碑/制品的无缝集成**。项目和产品里程碑/制品在同一平台上的无缝集成，使项目里程碑与设计可交付物的实际发布状态联系起来。它不是在一个单独的系统中进行更新的。公司不能再忍受未满足的需求或未实现的依赖关系。所有的状态对每个团队成员都是实时可见的，并且无缝集成的工作流程可以防止经常使用断开的手动方法所犯的错误。

（3）**系统驱动的需求方法**。产品之间的联系越来越紧密，也越来越复杂。需求管理和计划设计的系统驱动方法，将所有的部分与系统中定义和管理的相互依赖的清晰关系联系在一起，甚至是跨供应商的联系，包括采购决策和可交付物。

（4）**创新/重复使用的文档和可追溯性**。产品开发项目的所有步骤都可以通过交付该步骤所需的完整文档进行跟踪。有了这种级别的记录保存和可追溯性，公司就有能力跨多个产品和跨多个项目系统地重复使用创新资产，以加速新产品开发项目的进程。想象一下，在项目进行了三分之二的设计和验证后开始一个项目。这在许多公司中都是一个非常真实的场景，但是大多数公司没有所需的可追溯性，最终会为下一个项目重新做同样的工作，浪费宝贵的时间和资源。

（5）**智能规划**。包括基于产品和项目复杂性的动态模板，并利用机器学习和人工智能不断提高系统制订正确计划的能力，这样可以在风险可控的情况下优化速度。该系统还使项目经理能够为项目的正确部分匹配正确的方法，即根据工作的复杂程度，该用敏捷方法的时候用敏捷方法，该用传统方法的时候用传统方法。智能规划过程还将考虑到新产品的再利用潜力，消除不再需要的工作。

（6）**闭环变更过程**。把握变更及其影响的实时可见性能使决策更好，更有信心，减少因未完全了解变更影响而导致的错误。

（7）**从顺序执行转向并行执行**。由于实时可见性项目和产品状态被捆绑在一起，这使公司能够加速工作，并开始并行开发更多的东西，同时知道何时根据其他工作进度（或工作延迟）来决定推进或停止。

3.15.5　好处

- 速度提高了。直接与工作相关的计划可以在管理风险的同时快速、自信地做出如何加速的决策。
- 质量提高了。系统驱动的需求与可交付物相关联，消除了过程脱节和需求缺失的风险。
- 消除了非增值工作。用智能计划、人工智能驱动的持续改进和工件重复使用可以将数月（或数年）的工作从项目中剔除。
- 灵活性和控制力提高了。能够快速适应不断变化的市场动态，充分了解变化的影响。

3.16 准备和维持明天的卓越文化

在未来创造卓越的动力将集中在更加看重创意、让年轻人成为变革的中心及使用无缝的数字人模型方面。消除阻碍流动性的文化障碍和心理障碍，将是董事会经常讨论的战略重点。治理将以风险为中心。持续评估与运营流动性相关的企业威胁和机会，以及这些评估与这些组织使命的相关性，将使董事会会议室更有趣，更能激发创造力。我们将看到董事会的控制作用不断消失，将看到设计和测试创意作用的更多证据。

以下三个组织卓越的例子代表了本章迄今为止所强调的文化要素的额外扩展视图，并在文化模型中进行了演示。第 3.17 节的第一部分提供了胡安・卡洛斯（Juan Carlos）对本章中强调的关于未来组织文化的文化动力学的有趣观点。通过将项目经理和项目集经理视为整体性的个体，他们需要被激励以应对未来工作场所的流动性，胡安・卡洛斯清晰地描绘了某位领导者一天的生活。他指出了我们在这十年中测试的许多实践，以及它们将如何成为未来组织中保持成功的一致规范，这些组织必须作为透明而又高度以价值为中心的实体运作。这是一个很好的例子，说明了我们需要在未来更频繁地看到相互联系的文化，每一项努力都可以很容易地追踪到它做出了什么贡献，它影响了什么战略目标，最终创造了什么健康的结果。

接下来的第 3.18 节，Solvo360 公司的卓越行动展示了项目管理在推动新兴经济体未来增长方面的巨大机遇。无论是以拉丁美洲为例，还是在非洲的发展中地区，或在发展中国家的其他地方，项目管理可能产生的影响的强度仍未得到开发。这个例子对所见证的变化进行了历史性回顾，然后将我们带入今天，以及项目管理在推动成长型投资组合方面的未来价值的潜力。它坚定地强调了本书中许多支柱的应用可能对世界上许多国家及其青年产生新的重大影响。

最后的第 3.19 节展示了持续创新所需要的案例。德州仪器公司的例子表明，可将成功金字塔的理念作为未来组织工作方式的连接点。这个金字塔在创造企业家心态和跨项目团队所需的强大而清晰的所有权方面的影响是非常宝贵的。

3.17 项目经理生命中未来（工作）的一天[①]

这是一个关于信息通信技术公司项目经理未来工作的故事。我相信我们会有更多的项目集而不是项目，原因是我们将使用不同的方法为客户提供价值和商业效益。所谓的项目经理将更多的是项目集经理或商务解决方案的执行者，其目的是为他们的客户维持一个可持续的价值流。

---

① 本节资料由 Juan Carlos Guzmán Monet（PMP、IPMA b 级、SAFe SPC，MSc.Eng）编写。版权归 Juan Carlos Guzmán Monet 所有。

在未来，组织很可能会使用敏捷管理、传统项目管理和产品管理混合的方法体系来实现他们想要的变更。此外，还需要将精益和系统思维方法应用到他们所做的工作中，以提供可持续的价值流。

未来社会对管理框架的需求越来越大，这些框架可以结合或集成来自组织内多个行业和专业的实践、知识和能力。组织作为一个大系统中的子系统，由有助于实现一个目标的多种职能部门组成，它需要这些职能部门的有效协作，以便及时和可持续地交付价值流。

为了确定团队将如何应对所面临的挑战，敏捷方法为他们提供了高度的自主权。其目标是建立拥有自组织能力和跨职能的团队，可以在任何可能的情况下独立地交付客户价值。团队成员将在他们开始掌握主题的同时相互协作，来理解他们需要解决的问题。团队调查研究和学习得越多，创造更好创新的可能性就越大。为此，团队需要时间和空间进行创新。提供这些资源是组织领导者的责任。每个人都是赢家。首先，通过使用系统思考方法，团队的动力会随着他们对目标的了解和对工作与大局一致性的理解而增长。其次，领导们也有时间来定义、发展和沟通他们的愿景。最后，领导们和团队可以确定有助于组织愿景的目标和关键结果。

这些方法体系和管理框架会对项目经理或项目集经理的项目管理工作及他们的行为方式产生影响。精益、敏捷和系统思维将如何影响项目经理或项目集经理的未来工作呢？未来项目经理或项目集经理的一天可能是下面这样的。

一天开始时，他会冥想几分钟。他会锻炼 30 分钟来唤醒他的身体，为接下来一天的学习机会获得所需的耐力。之后，他会检查他的日记或日历，核实为这一天制定好的计划工作内容，并提醒自己每年、每月和每周的目标。他会考虑这一天该怎么过，要参加的会议，要见的人，以及预期的结果。

到达工作岗位后，他将与团队（项目集团队中的其中一个）进行每日的早会，讨论正在进行的工作进展，即将开展的活动，以及阻碍他们进展的困难和障碍。会议部分是虚拟的，因为部分团队成员来自世界各地。团队决定每周开两次这样的会议，因为这比每天开会更有价值。每周两次的会议使他能够与团队接触，亲眼看到目标实现的状态，了解团队的感受，并理解和认识到需要采取哪些可能的行动来帮助团队成员实现目标。

会议结束后，他将留下来与一些团队领导或成员交谈，讨论团队提交的障碍解决方案，以及他如何为这些解决方案做出贡献。会议结束后，最好到食堂去喝杯美味的咖啡或茶。因为在那里，他可能会遇到组织的其他成员，与他们聊聊生活，聊聊组织中正在发生的事情，也许会捕捉到一些可能影响项目集目标的微弱信号，或是捕捉到其他需要他注意事项的微弱信号。当咖啡喝完并收集到足够的信息时，他将回到他的办公室，在项目集仪表板中查看当前的进展状态。

在新项目集团队组建时，团队制订了一份为期三个月的工作计划，并定义好了在这一时段内可以交付的工作范围。管理项目范围的方法已经从传统的项目管理三重约束方法发生了转变。在传统的项目管理三重约束方法中，项目范围指导时间规划，规定可交付物的质量和项目所需费用；现在管理项目范围的方法反转了，范围由计划的时间、可用人员的数量及他们在可用时段内交付价值和实现利益的能力来决定。

在一定的时间框架内，通过目标和关键结果来衡量项目集进展。项目集目标和关键结果是以组织的目标及组织对社会的责任为基础的。目标和关键结果是分层的，从上一层级关键结果派生出下一级的目标。这使我们能够看到目标与组织战略的一致性，以及我们将如何实现它。

从仪表板报告中，他可以从整个公司战略深入到组织战略目标的特定部分，甚至到项目集的商业计划，最后到团队层级。他可以从几个维度看到结果：价值的交付情况（比较预期的商业价值与实际的价值）、结果的实现情况（比较计划的结果与已实现的结果）、团队的快乐程度、比较计划的改进数量与实现的改进数量、范围的变更情况（比较分析计划的功能特性数量、实际交付的功能特性数量与请求增加的新功能特性数量），还可以观察到团队的学习曲线。在这种情况下，关键功能特性是在特定时期内已解决的功能或问题的总和，以及它们对客户期望价值的贡献。报告中显示的其他信息是与质量相关的信息，如自动化测试样本的百分比、解决方案中发现的缺陷数量及他们的解决方案所需的时间。此外，他还可以观察到需要他关注的项目集和团队的风险、障碍和依赖关系。

在仪表板审查期间，他在日记中做笔记，看看需要采取什么行动来解决他从数据中发现的问题，但仅仅根据这些事实来做决策是不够的。重要的是对数据进行定性分析，才能做出更精准的决策。出于这个原因，他要去拜访团队成员和其他干系人，询问有关项目进展的问题，看看他们正在使用哪些新的方法，了解他们在哪些方面需要项目经理的支持。

在走廊里，他遇到了一位团队领导，并与他讨论了他的团队所面临的问题。团队领导重点汇报了团队的一些障碍和依赖关系，一个问题来自内部，一个问题来自外部供应商。在讨论过程中，他们意识到最好是走进房间，不被打断地讨论这个话题。他们查看走廊的地图，立即预订一间空房，讨论这个团队当前问题的可能解决方案。因为他们需要更多的人来找到替代的解决方案，他们就打电话给一些主题专家，请他们参加会议，以获得他们的意见和帮助。由于这些人当中的许多人都很忙，他们很幸运能请到两个人来参加他们的讨论。他们开始在墙上画架构，开始定义他们需要解决的问题，但不是直接跳入解决方案，而是要真正地找到项目延误的原因。

项目集经理更愿意倾听、促进讨论，并指导团队自己找到解决方案。团队成员是专家，他们知道可能的解决方案，但项目集经理的角色是引导人们自己找到解决方案，而不是为他们找到解决方案。为了决定向项目集经理提供哪一条建议，团队描述了他们认为可以产生结果并能够进行结果测试和结果评审确认的几个备选解决问题方案和选项。

午餐时间到来时，他将与指导组成员之一进行午餐会议，了解指导组成员对该项目进展情况的兴趣，以及他如何支持该项目在常设组织内实施变更。他们讨论项目环境，以及正在进行的变更如何影响项目，项目交付的商业价值，组织在这个项目上已经投资了多少，以及它对整个组织未来的重要性。理解这些信息是至关重要的，因为它定义了实现项目目标的行动计划，以及项目的目标和关键结果。

午饭后，是时候在大楼里好好散散步，清理一下头脑，反思一下今天到目前为止发生的事情了，不要忘记项目和个人的长期目标和短期目标，以及项目正在实施的路线图。散步带来了新的想法，澄清了目标，并明确了项目目前的位置。

其中一个团队正在组织一个演示，他被邀请去看看他们做了什么。团队收到了关于提出的解决方案和改进建议的反馈。然后，他们对团队在计划期间所做的工作进行了回顾。团队记录了他们学到的东西：什么是不好的，他们计划在未来做什么来改进它；什么是好的，他们应该继续做。这些信息进入数据库后，其他团队可以看到彼此团队的结果和未来的计划行动。

会议结束后，他一边继续在大楼里散步，一边与其他人讨论这个项目和他们所面临的问题：通过走动来管理。当他回到他的办公室时，他认识到是时候准备下一个阶段的计划会议了，他将与商务经理和产品经理定期开会，优先考虑在下一个计划期间（三个月的时间期限）要执行的工作，并审查该项目支持的解决方案的路线图，以实现预期利益和商业价值。

在会议中，他们认识到范围的变更，以变更的优先级和交付顺序的形式确认了变更，但这些变更不会影响项目商业计划中规定的项目资金，所以他在回家前放松了一会儿。

在一天或一周结束之前，他会写一些日志。他会这样写：

- 我今天/这周学到了什么？
- 我该换什么学习内容？
- 我应该继续做什么？
- 我如何为实现目标做出贡献？
- 我对公司的目标有何贡献？

在他的日记中回答了这些反思问题后，他安排随后两周的工作并写入日记中。在计划中，他详细说明了未来两周要实现的目标和关键成果。这些结果是定量和定性的。

在未来，大多数人都将拥有安装了高达每秒 1000 兆位高速互联网连接的智能家居，所以在离开办公室之前，他会检查智能冰箱的应用程序，看看他应该从杂货店买什么食物。他在网上下了订单，并收到通知，告诉他什么时候可以在回家的路上取货。他的汽车 GPS 会为他推荐快速取货的路线，避免交通拥堵。他感到快乐，因为他意识到他的工作有一个目的：改善人们的生活。

你的目的是什么？作为一位项目经理，你未来的日常工作是怎样的？

3.18 卓越行动：Solvo360 公司①

新兴国家项目管理的未来

如果不考虑过去发生的事情，就很难理解现在的行为。历史研究是一门学科，它使我们能够了解和解释过去的事件，为我们理解现在提供基础，从而指导信息的生成，为未来

① 本节资料由社会学家、商业经济和项目管理专家 Ofelia Pérez Figueroa 提供。版权归 Solvo360 公司所有，经许可转载。

的决策和行动提供指导。这对避免犯同样的错误是非常有用的，也能够减轻变更管理（排除真正的障碍）的影响。通过知道我们从哪里来，我们可以更好地设想我们要到哪里去，了解正在发生什么，因为现在是我们过去的结果，也是寻求这些变更所产生的多重困难的最佳解决方案的来源。

每天发生的事件和困难都会影响和塑造人类努力的方向，知识也无法逃避这一点。这种动态产生了新的情况，需要考虑新的前提和条件，并克服它可能带来的不利影响。在分析和预测这些新情况的过程中，我们寻求最佳选择和持续改进。人们必须考虑识别和描述：发生的事件、对现实的正确解释、支持事件的概念框架的基础，以确定最佳解决方案。

在伦敦 PMI 会议上①，项目管理的演变与每个历史时刻发生的事件都联系在一起，这对我们反思项目管理的未来很重要。接下来，我将列举一系列事实来证明我所说的那种关系。

在 20 世纪 60 年代，一个以征服太空旅行的讨论为标志的时期，那时时间因素对取得成功至关重要，讨论集中在分析和管理太空旅行项目的进度计划及定义时间控制的所有工具上。此外，它还强化了这一原则：规划是一种强有力的管理工具。

在 20 世纪 70 年代，我们看到了嬉皮士等亚文化的出现，看到了世界各地政治意识形态的加强，看到了强调人类哲学和政治思想的发展。此时，团队合作开始凸显，团队不再只是在生产线流水布局中的把人组织起来的一个过程。团队合作自 20 世纪初以来已经出现，而且将它作为补充现场项目工作每个人的技能和能力的一种措施，作为在项目规划和实施执行中整合和协调团队的一种能力。

在 20 世纪 80 年代，人们开始观察到规划基线可以被影响结果的非规划组件修改。环境和自然的变化加快，不可预见的因素频发，这些可能对要实现的结果产生影响，而我们又没有足够的时间寻求解决方案。因此，有必要加强风险管理和不确定性管理。这将要求我们使用模型和工具，创建一个关注的焦点，采取一些有计划的行动，以减轻环境变化带来的不必要的影响，或用最初没有想到的新行动来加速预期结果的实现。

在 20 世纪 90 年代，随着个人和企业需求的快速增长，一些市场扩大了。这种情况下，在理解如何最大限度地提高用计划处理同时性的能力时，也就是说，在面对这种旋风式的情况时，出现了困境。问题是如何制定连贯的执行策略，在短期内有效地管理大量的项目。对于这些项目，项目集管理和投资组合管理至关重要。开发管理它们的方法是一个优先事项，组织添加了一些工具来指导、调整和促进项目的执行。

在 20 世纪的头 20 年里，知识不断涌现和繁殖。新概念和新技术的出现为人们提供了新的联系方式。这使得这些公司采取了在全球化时代可能有效的新战略。我们看到，随着时间的推移，巨大的地理距离是如何显著缩短的，政治决策的影响在世界的每一个角落都能感受到。谁会说委内瑞拉的政治决定会对整个美洲产生如此大的移民影响呢？

2020 年发生了一个标志性的事件，即新冠疫情及似乎有助于克服其后果的隔离。隔离成为了一种催化剂，促成了几十年前不可能实现的若干荒唐举措，它对人类产生了重大影

① SHENHAR，Aaron J.：“项目管理的演变：过去的历史和未来的研究方向”，引自 2004 年 7 月在英国伦敦举行的 PMI 会议材料。

响，影响了人类的群居精神，且必定影响了人类沟通和诱发情感。随着技术的进步，“虚拟”在每个领域的使用都处于首位，项目管理也无法摆脱这种情况。在几乎所有的公司中，项目领域的必要性，以及知名的项目管理技术和工具继续被使用，因为它们被认为可以提供好处。但是，了解如何有效地面对这种新的表达方式，使我们认识到我们正面临着人类文化的变革。因此，多样性必须存在，这将迫使维持适应和战略原则的有效性，但现在对多样性的容忍被纳入其中。

必须对事实进行评估，因为问题没有单一的、神奇的解决方案。正是这种情况和对它们的理解，使我们能够克服现有的障碍，甚至在实施与组织环境的成熟度有关的更有效的管理模式时也是如此。因此，未来需要有足够的支柱，成为在不确定的、变化的和充满挑战的未来指导行动的基础。本书很好地阐述了这些支柱，它们是未来实施项目管理的成功因素。

解决方案的成功将在很大程度上取决于这些因素的结合。但是，国家和地区在管理社会行为和组织行为方面的成熟度不同。这些国家可分为发达国家和新兴国家。在这种情况下，我们提出了三个社会经济指标，用来对它们进行分类。这三个指标就是：

（1）国内生产总值。按购买力平价（Purchasing Power Parity，PPP）计算的人均国内生产总值（Gross Domestic Product，GDP），即一个国家在一年内生产的所有最终产品和服务的总和，除以估计的人口数。它以百万美元为单位，使我们能够辨别一个国家的增长能力，是国家更多的消费、更强的购买力、更多的就业及更大的经济正规化能力的反映。这个指标越高，增长的机会就越多。

（2）经济效益。做生意，其结果可以从 0 到 100，一个国家的经济效益当然也是越高越好。国家为企业和公司的发展提供明确的监管规则，在开办公司、管理施工许可证、财产登记、获得信贷、保护投资者、纳税、国际贸易和其他活动等方面都要有明确规定。这样，既保护了企业的利益，反过来也会提高各区域和国家的制度信誉，保持商业发展的可持续性，促进经济增长。

（3）人类发展。人类发展意味着要以人为中心，实现他们的幸福，让他们有更多的机会发展他们的潜力，过他们珍视的生活。人类发展是一个概念，包括促进国家发展的自由、健康和教育等要素。评估得分在 0 到 1 之间，得分结果越高越好。

在美洲大陆，人们可以观察到地理上的极大分散和巨大的人口数量，以及地理环境、种族和文化的差异。分析的第一个指标是指按购买力平价计算的 GDP [①]。美国是该地区价值最高的国家，在世界上排名第 5 位；其次是巴西和阿根廷，分别在世界上排名第 8 位和第 28 位；最糟糕的是圭亚那，在世界上排名第 158 位。《营商环境报告》[②]显示，美国在该地区排名第 1 位，在全球排名第 8 位，其次是智利，在全球排名第 56 位，在拉丁美洲排名第 1 位；最差指标由委内瑞拉实现，排名第 188 位。拉丁美洲没有一个经济体跻身全球前 50 强之列，一直滞后于全球经济。最好的人类发展指标[③]是加拿大，排名第 16 位，美国排

① 国际货币基金组织（IMF）（2018）“Report for Selected Countries and Subjects”。2019 年 2 月 21 日检索收集。

② 世界银行:《2020 年营商环境报告》，第 17 版，2021 年。

③ 联合国开发计划署（UNDP）“人类发展指数”。2019 年 12 月 11 日检索收集。

名第 17 位，而在拉丁美洲，智利排名第 43 位，阿根廷排名第 46 位。该地区排名最差的是海地，排在第 170 位。因此，拉丁美洲还有很长的路要走。在新兴国家，可持续性原则很难实现。

通过分析这三个指标，我们可以得出结论：美国和加拿大是发达国家，与其他国家（我们称为拉美国家，也叫新兴国家）相比，这些指标在一段时间内是可持续的。新兴国家范围很广，差异明显，但这些国家都还没有足够的能力来可持续地维持这三个指标，再加上体制和规章制度的不稳定，使它们的发展不能长期持续下去。在过去五年中，这些指标急剧增加或减少，从而使我们能够得出结论：所有拉丁美洲国家都属于新兴国家。

另一方面，美国和加拿大的居民人口总量是 3.282 亿[①]，而拉丁美洲的人口是 6.3 亿[②]，几乎是美国和加拿大人口的两倍，因此其居民的福利保障也不可持续。拉美地区的项目发展情况同样如此。虽然已经制定了一些有吸引力的举措，但这些举措的脆弱性也很明显。委内瑞拉就发生了一个典型案例，就是我们下面将要讨论的委内瑞拉石油公司（Petroleum de Venezuela，PDVSA）案例。该公司曾经在取得成就的道路上一帆风顺，但 20 年后的今天，它似乎是一家几乎破产的公司，因为它是国家收入的主要来源，因此对国家产生了相应的影响。

PDVSA 成立于 1975 年 8 月 30 日，根据政府法令，它吸收了委内瑞拉石油公司旗下各公司的业务和资产，并在能源和矿产部的监管下，在《碳氢化合物有机法》的法律框架下，对该国所有石油业务进行规划、协调和监督。最初，它主要是参与各国有经营公司（包括 CARBOZULIA 公司和 BITOR 公司）总部的活动。这些国有公司后来加入了 PEQUIVEN，后者接管了石化行业。CARBOZULIA 开采了 Guasare 的煤层。BITOR 是奥里油的生产、运输和销售商。1982 年年底，PDVSA 开始了国际化计划。该计划一直持续到 1998 年，其主要目标是利用自己的资源或通过与跨国公司的合作伙伴关系收购国外资产。PDVSA 是根据以下前提成立的：

- 公司的管理团队和经营业绩建立在对员工的职业生涯管理的基础上，公司的发展是根据个人业绩来实现的。
- 你的员工有竞争力的薪酬，并由此获得职业发展路径。
- 其结构是为了“控股”使命和“政治”任命，仅由母公司董事会组成。子公司是运营机构，有一个根据业绩选出的董事会，并对母公司的代表大会负责。
- PDVSA 及其附属公司采用了与该国其他现有国有公司不同的法律形式。它们是根据私法而创立的上市公司。PDVSA 只有一个股东，即委内瑞拉政府，由政府代表出席股东大会。
- PDVSA 的预算和财务管理没有遵循其他公共部门的审批程序。这是遵循《商法典》的规定，在股东大会上获得政府批准后在商业条款和石油政策中实施的管理办法。

① 根据美国人口普查局 2021 年 4 月 26 日公布的“2020 年人口普查分布结果”。2021 年 5 月 3 日访问该网站查询获得。
② 联合国拉美和加勒比经济委员会的“最新拉丁美洲和加勒比国家的人口估计和预测”。2020 年 4 月 22 日检索获得。

- 它建立在一系列法律的基础上，这些法律允许高度的管控和经营自主权。作为石油公司，他们将根据自己的业务和商业价值进行评估，并在这些领域给予灵活性。直到 1999 年，这都是国家和全球成功的一部分。

1975 年，委内瑞拉石油产量为 2346 MBD（每天千桶），低于 1970 年 3708 MBD 的峰值产量，已探明原油储量约为 18390 MMB（百万桶）。

1998 年，委内瑞拉的原油日产量为 3279 MBD，液化石油气（LPG）为 170 MBD，天然气为 3965 MMCFD（每天百万立方尺），相当于石油当量的总产量为 4133 MBD，原油储量为 76108 MMB，天然气储量为 146573 BCF。该国拥有世界上最大的探明储量。原油炼制总产量为 3096 MBD，其中委内瑞拉（包括库拉索岛）为 1620 MBD，美国为 1222 MBD，欧洲为 252 MBD。

所有这些发展都需要技术和训练有素的人员。技术由子公司 INTEVEP 负责，它的研究实验室注册了 300 多项专利，拥有 200 多名硕士学位研究人员和 160 多名博士学位研究人员。教育培训主要由子公司 CIED 进行。CIED 是公司的企业大学，成立于 1995 年，在全国 12 个部门平均每天培训 2000 人，采用面对面的授课形式。在网络学习培训的开发方面也取得了进展，它包括从基本的技术培训，直到高级管理教育。

在 PDVSA 内部，项目投资非常重要，必须高效管理。因此，有必要遵循在执行过程中允许人员协调、人事管理和信守承诺的战略。由于其重要程度、规模和性质，当时的投资组合具有巨大的潜力。比如，巴拉圭炼油中心的扩建，使其成为世界上最大的炼油厂；创建何塞・安东尼奥・安索阿特吉工业园（一个石油和石化综合园区），以促进该国东部石油化工产品的发展；开发克里斯托瓦尔・科隆项目，目的是开采天然气田，以及在该国各个地区增加生产工厂。为此，需要采取以下行动：

- 创建资本投资指南（Create the Capital Investment Guidelines），成为整个项目生命周期管理中运营执行的参考。这被认为是最佳实践。
- 重组项目人员，在工程指挥部、项目指挥部和维修指挥部下成立公司项目管理部，下设四个部门。项目定义和开发管理处，项目领导所在的位置，他们决定了每个项目的结构，并从早期阶段就整合进工作团队中；项目管理计划和控制处，制订计划并对其进行监控；合同管理处，负责监督规范的编制和合同的协调，因为项目的执行方案是由非当地市场上的公司来实施的；项目开发管理处，跟踪调研适用的实践经验，以实现持续改进，并确定和开发员工所需的技能。
- 通过促进项目管理协会委内瑞拉分会（该分会于 1994 年成立，是第一个拉丁美洲分会）的创建，与相关方建立了相互联系。

1996 年，根据资源优化和管理效率的经营需要，显然急需培训一千多名在 PDVSA 项目中工作的人员，随后是培训为 PDVSA 提供服务的相关公司的员工，最后是 PDVSA 本身和公众的培训。作为项目管理培训的公司协调员，我的目标是培养员工的技能，尤其是培养领导者、高管和项目工作团队成员的技能。培训工作的难题在于根据角色确定知识领域，确定应掌握的水平及怎样传递所需的能力。因此，在价值观和道德准则的框架内，技术模块的能力和方法技能得到了开发，而且态度、行为和业务知识也都得到了发展。

我的责任是带领团队设计在这个领域实施的战略，这是基于：

- 制订培训计划，根据受众的培训要求，针对培训人员在理论和工具等管理知识方面存在的具体弱点，通过课程和讲习班实施培训计划。仅在2002年，就举办了56个讲习班和项目管理课程，培训了1 120人。
- 项目负责人通过PMI的项目管理专业人士的多项认证计划进行项目管理专业化培训，开设了12门以上的认证备考课程，培训人数约240人。凡培必考，最后在加拉加斯的CIED企业大学考场进行了考试。2002年，100多人通过了PMP认证。
- “研究生项目管理课程班”是在与安德雷萨梅斯·贝罗天主教大学（UCAB）达成协议并获得项目管理协会的许可后，在专业化和硕士学位水平上设计的，课程班的师资由两所大学的教授和培训师组成。到2002年，共举办了21期，平均每期20人。因此，在委内瑞拉，超过880人在国家层面上进行了项目管理的第四级学习。

培训成为企业文化的一部分。因此，作为个人和工作团队，员工被视为主要资产，提高了企业的竞争力，也提高了公司分享信息、经验、个人知识和集体知识的能力。最后，寻求增强工作人员的能力，并确保他们与既定的战略目标保持一致。通过系统地提供学习指导图，为规划和发展教学过程的专业行动和管理提供增值服务。所有这一切都得益于公司的指导方针，即每位员工每年应该接受80小时的培训。

1999年，共和国的新总统赢得了选举，带来了他对石油工业的偏见，也对由PDVSA的历史对手组成的顾问产生了偏见。这造成了一种不信任的气氛。2002年，在普遍的社会和政治危机的背景下，紧张局势爆发了。从此，PDVSA将不能再恢复。其中最突出的事实是：

- 委内瑞拉政府寻求新的战略，以摆脱对美国市场和美元的经济依赖。
- 2003年解雇了2000多名熟练工人。
- 2007年CIED消失了。
- 2007年，政府颁布法令，将该地区的所有特许经营权转换为一家混合公司，国家将通过PDVSA成为该公司的控股股东。
- 该国石油产量大幅下降，尽管2004年至2008年期间油价上涨，达到每桶140美元。
- PDVSA的管理现在掌握在毫无准备的军事人员和无资质、无准备的运维人员手中。
- 炼油厂的勘探和维护的资金不足。
- 北美政府针对PDVSA公司展开经济制裁，目的是结束该公司的腐败。

根据欧佩克发布的2019年信息，这一管理结果报告称，全国石油产量降至680MBD，2021年2月的平均产量为521MBD。在炼油领域，为保障国内消费，汽油和柴油变成进口。因此，可以看到，国有企业的麻烦也不少，要么是效率低下，要么是政治干预的受害者，委内瑞拉国家石油公司也不例外。

只有员工技能得到提升，新兴国家项目管理的成功未来才有可能实现，这与知识管理和变革管理密切相关。能力模型及其增强版，强调开发与知识和技能相关的培训机制。正是在知识管理的背景下，它才对技术和商业管理中运营和管理职位的适当技能的管理有直接影响。变革管理将加强了解如何成为和知道如何管理所需态度的能力，并在适当的环境中促进决策。

总而言之，对这些新兴国家的许多高管来说，今天预测未来，而不让它看起来像乌托邦或科幻小说，确实不易。这意味着打破常规，创造一种包容和宽容的文化，以及更加开放、同时不忘记采取行动的道德框架。总的原则是增长，寻求最大的福祉，不破坏环境。

未来似乎充满不确定性和动荡因素，但这并不意味着它充满挑战和机遇。我们都别无选择，只能经历这一切。现实的复杂性，知识的广泛性，以及将一群经常具有矛盾原则的人组成一个团队，使我们陷入认识的困境，没有单一和绝对的解决方案，只有最合适的解决方案。我们看到了机会，如果应用本书中讨论的支柱概念与方法，组织将能够走向卓越。要做到这一点，公司必须聘请有管理能力的管理者和领导者，他们有能力引导工作团队走上最佳道路，提供坚定有效的解决方案，并为企业管理建立创新、创造和发展的路线。作为新兴国家不可或缺的一部分，我们必须以更精确的步骤走向未来。如果你做不到，就给自己犯错的权利，吸取教训，争取下次做得更好。

3.19 卓越行动：德州仪器公司[①]

当公司意识到新的或战略性项目需要持续创新时，他们往往不知道从哪里开始。一些公司倾向于关注技术、工具、过程和组织结构重组。德州仪器公司很快发现，通过从人开始，有效的项目管理领导和支持战略项目的组织文化可以加速这个过程。

3.19.1 背景介绍

大多数人似乎认为，项目管理的未来始于开发一种新的或经过修正的项目管理方法。虽然这在某些情况下可能是正确的，但在项目管理方面表现出色的公司意识到，方法是由人来实施的，如果最初关注的是人而不是工具，那么在创新领域和传统项目管理领域中的最佳实践可能会更快实现。因此，重点应该放在文化上。

擅长项目管理的一种方法是建立一个成功金字塔。如何搭建成功金字塔，每个公司都有自己的方法。德州仪器公司认识到以人为本是加速创新项目成功的重要途径。公司开发了一个成功金字塔来管理全球创新项目。这个成功金字塔如图 3-10 所示。

德州仪器公司的一位发言人描述了成功金字塔在德州仪器公司管理全球项目中的开发和使用：

到 20 世纪 90 年代末，传感器和控制的业务机构已经从本地化团队迁移到全球团队。我负责管理 5～6 个项目经理，他们再向下管理新产品开发的全球团队。这些团队通常由来自北美、欧洲和亚洲的 6～12 名成员组成。尽管我们在全球商业环境中运作，但团队依然

① 本节的部分内容改编自哈罗德·科兹纳的《高级项目管理:项目实施的最佳实践》，第 2 版。

面临着许多新的和独特的挑战。我们开发了成功金字塔来帮助这些项目经理完成这项任务。

虽然金字塔中的信息非常简单，但这个工具的使用威力非常强大。它基于从下到上建造金字塔的原则而创建。最底层的构建模块是基础，被称为“理解和信任”层。这里传递的信息是，一个全球团队要想运转良好，就必须有一个共同的纽带。团队成员必须彼此信任，项目经理必须确保建立这种纽带。在这个层级构建的模块中，我们提供了额外的细节和示例来帮助项目经理。一些团队成员在项目开始之前可能从未见过面，这是很常见的，所以建立信任的任务绝对是一个挑战。

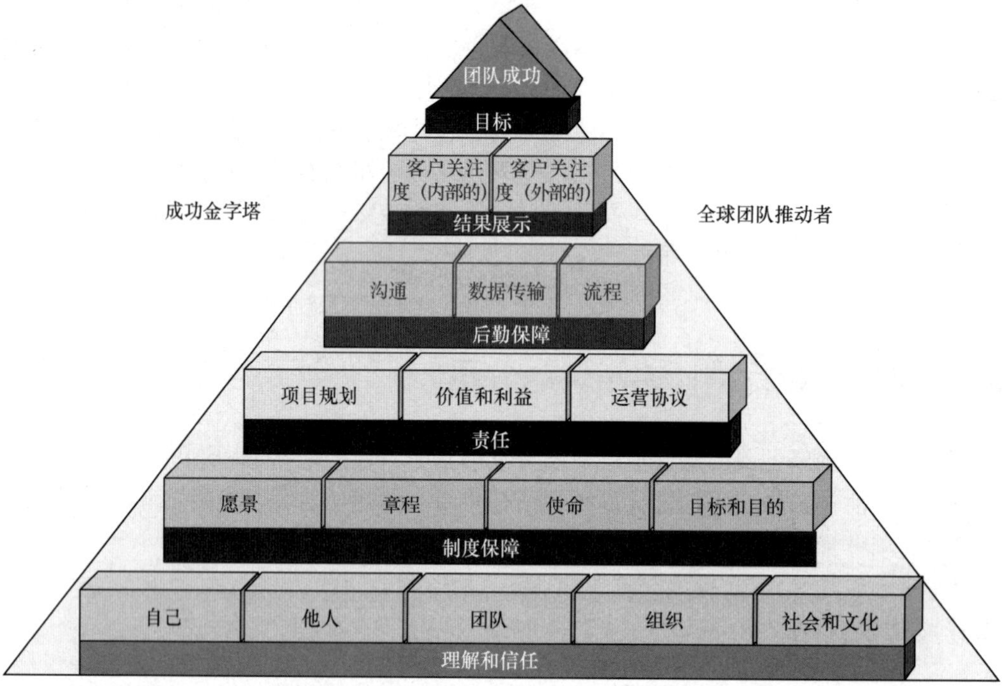

图 3-10　成功金字塔

金字塔的第二层是“制度保障”层。这一层包括团队章程和任务，以及正式的目标和目的。由于这些团队是虚拟的，通常很少有直接的面对面的互动时间，所以这个层级的信息是为了让项目经理获得所有参与项目的区域经理的批准和支持。这一步对避免来自异地团队成员的优先级冲突至关重要。

金字塔的第三层是“责任”层。这一层强调了包括所有团队成员的价值观和信念的重要性。在全球团队中，这方面可能会有很多变化。通过允许所有团队成员发表意见，不仅可以使项目计划更完整，而且每个人都可以直接参与计划。在这个阶段使用分布式领导方法的项目经理通常做得很好。秘诀在于让人们从承担义务的态度转变为承担责任的意愿。

金字塔的第四层是“后勤保障”层。这一层是团队在项目期间生活和管理日常工作的平台，包括所有每日、每周和每月的信息沟通，还包括要遵循公司此类项目开发流程的协议。在德州仪器公司，我们对新产品开发项目有一个正式的流程，全球项目通常会应用这个流程。金字塔的力量在于，只要下一层有坚实的基础，上一层的细致工作就能进行得非常顺利。

金字塔的第五层是“结果展示”层。在执行金字塔中下面四层的任务后，我们可以期望得到良好的结果。这是由内部客户和外部客户两个方面驱动的。内部客户可能包括管理层，也可能包括对整个项目拥有财务所有权的业务中心站。

金字塔的顶层是“团队成功”层。它显示了总体目标。我们的经验表明，在一到两年的项目中取得成功的全球团队通常会提升到有更强的信心和更高的能力水平的层次。这种成功孕育了更多的热情，并使团队成员能够承担更大、更具挑战性的任务。管理者要有能力去利用这种更高层次的力量为公司创造竞争优势，并利用团队成员的能力去取得成功。

3.19.2 结论

在德州仪器公司，对文化的重视不仅有利于他们的创新和战略计划，而且获得了支持其他计划的最佳实践。德州仪器公司关注的是人而不是工具和流程。一些公司认识到文化因素、社会领导力培训和其他以人为本的技能可以为公司带来好处，这是一个很好的起点。遗憾的是，更多的公司没有意识到这种方法的重要性。

04 第 4 章 支柱 4：数字化是实现项目承诺的核心

4.0 引言

数字化将继续存在。无论我们是否关注 AI，以及当前的这股浪潮是否会在未来十年乃至更长时间内占据主导地位，还是我们被它的前景所激励，过去几年已经见证了 AI 对企业商业模式和工作方式的颠覆性影响，考虑到数字化的成熟潜力，未来十年将面临更高的加速度。一些人认为，AI 的影响类似于电的发明。这将创造多少自主的工作和生活互动是摆在桌面上的许多悬而未决的问题之一。

新冠病毒引起的疫情和相关的中断已经弥补了数字化转型组织中许多延迟的差距。数字化最终成了显而易见的解决方案。今天的许多项目经理都在处理围绕增强数字化使用的决策，这可能会导致实现项目未来承诺的更高水平的准确性。对项目经理来说，优先级的经典主题集中在信息流、数据分析、网络安全、对产品开发速度的影响上，以及跨组织边界的典型矩阵集管理中的众多影响上。

未来项目承诺的实现将直接有助于组织的卓越性。这些承诺将需要与组织的战略目标建立更紧密的联系，并始终以成果为基础，而不是以产出为基础。从高度关注项目交付的受控方式到高度关注价值的最终转变将通过扩展的数字化来实现。当项目在连接商务和技术方面发挥更大的作用时，这一承诺将扩大潜力。这是一个很好的机会，可以让项目经理有很多积极的行为转变，也可以让项目经理有时间重新思考变化，并像真正的企业家一样运作。

根据《PMI 职业脉搏》[①]对 3 950 名项目管理专业人士进行的“超越敏捷”调查，结果显示数字化及其对未来组织的影响已经出现了多种模式和变化。该研究涉及的关键问题的一个例子是，新冠疫情对数字化步伐的影响。该研究显示，数字化转型是企业在新冠疫情暴发后的一年中所经历的最大变化（占受访专业人士的 68%）。紧随其后的是商业战略和组织适应性，分别占 64%和 61%。毫无疑问，这已经直接影响了这些组织中各个项目团队的

① 项目管理协会的《PMI 职业脉搏》研究报告。版权所有。

工作方式。

研究中提到的另一个有趣的领域是组织工作中日益增长的适应性，这证实了关于灵活交付方式的一些模式。研究中使用的术语“体操组织”（gymnastic organization）反映了与选择项目交付方法相关的开放性，而不是局限于坚持一种甚至很少的几种交付形式。这种额外的灵活性很可能会主导未来组织的卓越行动。该研究还显示，数字化在云解决方案、物联网和 AI 等领域的应用越来越广泛。

对下一代项目经理来说，其成功在很大程度上取决于这些多样化技术集成的程度。在很大程度上，数字化仍未被开发，而且在未来十年，随着一些正在发展的行业领域发生的许多具体革命，这种情况将迅速改变。

下一节重点介绍了 ASGC 的一个优秀案例，揭示了许多数字化原则，并展示了它们在建筑行业的应用。ASGC 案例所提出的观点挑战了一些关于数字的主流看法，解决了文化因素，并围绕未来的数字人才革命展开了对话。

4.1 卓越行动：ASGC①

4.1.1 建筑业数字化转型的脱轨者

世界正在见证一场历史性的非凡的工业颠覆，一场需要人类转型的革命。与以往的线性扩张不同，工业 4.0 正以指数级的速度传播。它正在革新所有的传统战略，旨在改变不同于其他部门的国家、政府、公司、行业和整个社会的商业模式。建筑业一直难以在很大程度上利用技术优势。

自过去十年以来，建筑业面临着前所未有的转型。这个行业一直被认为是缓慢、分散、劳动密集型、技术采用晚、利润率低的行业。无论如何，它也要跟随全球不同行业的发展步伐。

改进已成为一项任务，特别是在复杂、预算有限和交付时间紧迫的情况下。重新思考建筑项目的交付对于计划、运维、交付和衡量成功至关重要。

数字化转型为各行业提供了无与伦比的价值创造机会，从建筑角度理解工业 4.0 概念意味着采用智能技术来改变建筑过程和项目交付，使其更加高效、有效和敏捷。

它将实现建筑交付过程的自动化，最终促进技术进步，以提高生产力、提高效率和价值（King 2017）。通过改善客户体验和期望创造新的利润空间将推动行业内的商业成功。然而，建筑和建设环境中的不同干系人还没有很好地理解数字化转型。

Xu 等（2018）将工业革命的不同浪潮归纳为四个主要阶段。第一阶段是蒸汽时代，水力被用来推动机器；大规模生产始于电力的发现，从而引发了第二次工业革命浪潮；计算机和自动化的存在是第三次工业革命的基础；最近，随着互联网速度和物联网概念的发展，

① 本部分资料由 Maged Elhawary 博士（PMP、EVP、英国皇家特许测量师、ASGC 集团首席信息官）提供。他曾在著名国际公司担任管理职务，并管理过住宅和商业、石油和天然气以及工业部门的重大项目。Maged 在阿联酋的 AACEI 担任多个领导职务。版权归 ASGC 所有，经许可转载。

第四次工业革命的思想阐述了网络物理系统（Cyber-Physical Systems，CPS）的思想，这是包括建筑业在内的大多数行业的不久的将来。

当公司愿意改变交付方式并更多地依赖技术时，就会使用小数字化（digitization）、大数字化（Digitalization，D）和数字化转型这三个术语。澄清疑问并定义这些术语之间的区别是至关重要的（见图 4-1）。

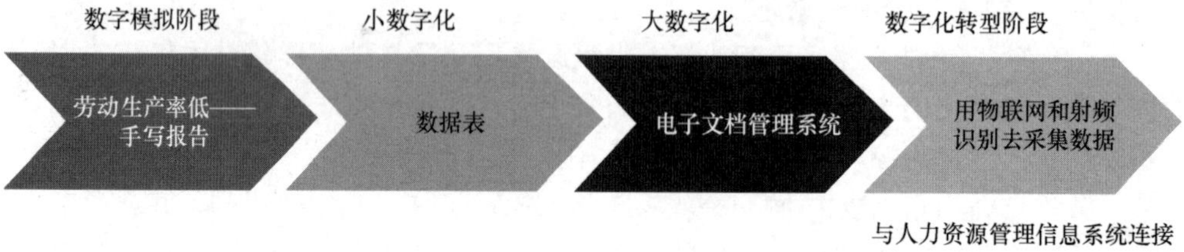

图 4-1 数字化的演进[①]

小数字化中的数字化，是指将信息从任何格式转换为计算机易于阅读和理解的另一种格式，从而使机器能够进行数据管理、数据处理和数据分析。一个明显的例子是将手写的课程转换为数字格式。

另一方面，大数字化中的数字化，是利用数字技术来改善交付和改变商业模式，同时通过类比数字系统，通过自动化实现数字化，以提高透明度和准确性，为流程和操作增加新的价值和机会。

然而，小数字化和大数字化是一个紧密相关的术语。数字化转型是应用数字化理念改变交付方式的环境。公司可能会将信息数字化、流程数字化，然后使用物联网应用程序来改变信息管理和沟通。

图 4-1 描述了完整数字化转型过程中使用的四个术语的主要区别。以获取和记录劳动生产率为例，从手写（模拟）重新记录的数字模拟阶段开始，然后使用电子表格进行记录（数字化初始阶段），再到使用电子文档管理系统（Electronic Document Management System，EDMS）的迁移（这是迈向数字化深化阶段的先进一步），最后使用物联网和射频识别（Radio Frequency Identification，RFID）技术及其与企业资源规划（Enterprise Resource Planning，ERP）和人力资本管理（Human Capital Management，HCM）不同系统的连接来实现完整的数字化转型。

数字化转型总是盼望提高不同行业的绩效，而许多公司可能因各种原因而失败。下面的讨论考虑了转型举措的一些脱轨者。

4.1.2 模糊的定义

由于缺乏对数字化转型的明确定义，企业未能将数字化战略与业务增长联系起来，导致其在数字化采用和变革的快速旋涡中漂流。

在过去的几十年里，从电信和智能手机发展中汲取的经验教训不只是推动了建筑业的

① “小数字化”可理解为“数字化初始阶段”，“大数字化”可理解为“数字化深化阶段”。——译者注

发展，因为没有一个行业会孤立于游戏和竞争变化之外。在定义数字化转型的含义时，一些肤浅的人认为这是他们的 IT 专业人员过去制造出来的术语的升级版。其他人则专注于数字营销、软件或销售，但很少有人对数字化转型有全面的认识。

4.1.3　数字化转型的经济学困惑

许多不同行业的专业人士都知道一套多年前学习和采用的基本财务准则，并掌握了其应用的结果。这种固有的认知可能与新时代的事实和数字经济的经济学相矛盾，如数字化终结了经济租赁。

经济原则（如重资产比租赁好、资本支出比运营支出有更好的财务结果）是行业专业人士在经济学研究中学到的早期经验之一。但数字正在为获取盈余、为客户和最终用户增加更多价值提供最佳策略，数字也正在改变计算投资收益率的方法。

4.1.4　关于常见威胁的困惑

由于数字环境的性质、不寻常的可疑行为、数据存储和安全性，大多数企业都担心进入数字世界的负担。采用尚未成熟的尖端技术，并将注意力集中在不寻常的问题上，这是一个可能影响公司数字化转型的关键问题。

不同的行业都有敏感数据，但数字化转型从未停止，因为网络安全和数据管理高度发达，可以保持信任和机密性。

4.1.5　缺少数字的双重性

在与建筑行业专业人士讨论数字威胁时，一个共同的回应是："如果被破坏了，那么我需要创造一些全新的东西。"然而，这不是一个正确的论点和方法。考虑一个基本的 2×2 矩阵来理解挑战取决于两个主要因素，即变化的程度和变化的速度，它们会影响所有行业的不同干系人。

发展的速度和程度因行业而异，因为重大和快速的变化，在电信、营销和金融机构等行业需要连续性快速操作的业务程序中，会使操作缓慢的付款人面临风险。相比之下，低而缓慢的变化能给不同的行业参与者提供调整和适应的机会。

4.1.6　培养数字人才和所需技能

根据 Agarwal 等（2016）的说法，缺乏人才开发和缺少培训导致建筑行业的生产率提升乏力，因为该行业难以获得和维持合适的人才和技能。

在讨论工业 4.0 概念和技术时，这个问题至关重要，因为新的技能被要求采用和实施数字文化。技术意识和高端培训要求被列为与个人和升级技能相关的数字化转型战略的重大挑战。

Agarwal 等（2016）将英国和德国在 1995 年至 2014 年期间的建筑业绩效和生产率与

总体经济绩效进行了比较，结果如图 4-2 所示。

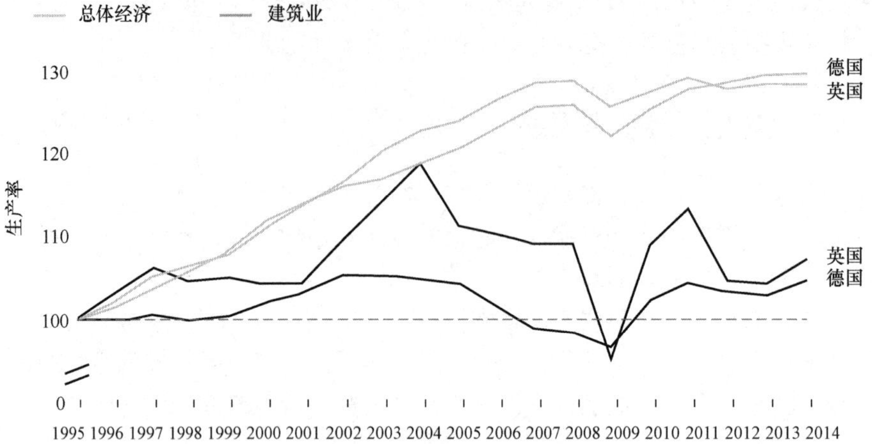

图 4-2 劳动生产率比较

它显示了多年来建筑行业的生产率表现出季节性。它的绩效始终低于平均经济绩效。他们认为，绝大多数的低效现象都与缺乏培训和缺少人才有关。

4.1.7 文化的阻力

文化是变革的最大挑战之一。人们坚持做他们曾经做过的事情，不想离开他们的舒适区。对变革的恐惧，对新技术的无能，以及对失去控制的忧虑，是不同行业转型的显著不利条件。

4.1.8 网络安全问题

根据 Kusiak（2018）的说法，随着前所未有的技术进步，信息和数据安全成为每个人最关心的问题。因为工业 4.0 概念主要是关于网络物理系统中的技术、连接、二元性和数据交换的。

确保数据交换、网络风险和安全存储是关键的商务风险。物联网技术实施带来的数据脆弱性是数字化转型面临的新风险之一。采用工业 4.0 技术，包括因数据安全而进行的网络安全投资，是商务安全和延续计划的基本规则和关键规则。

4.1.9 合作环境

由于建筑业数字化转型的广泛范围及性质，不同干系人之间、供应链和不同项目生命周期中的相关方（包括政府实体）之间的充分合作和整合对于转型计划的成功至关重要。

成功实施工业 4.0 概念和技术的支柱是合作，这是网络和数字化转型计划基本的和必要的要求。供应商、竞争对手和全球公司等不同层面的合作将创造一种环境，它能降低投资风险，增加数字化转型的成功概率（Kagermann 等，2016）。

4.1.10　生态系统集成

生态系统集成是工业 4.0 整合的终极目标。所有的系统、人员和机器都被连接起来，以实现所需的可交付物。其中一个生态系统集成是未来的工厂作为一个连接的生态系统。

在智能政府的保护下，通过移动、供应链、智能建筑实现多维度的互联互通，将推动生产力和自然环境中的资源优化。

同样，在建筑生态系统中，集成是必不可少的，特别是随着时间和成本约束的建筑项目日益复杂，这需要高水平的控制和集成。

4.1.11　对公司优势和差距的认识不足

许多公司未能识别它们的技能集合，也没有分析公司在人员、流程和技术方面的优势和差距，这被认为是变革和改进的最大陷阱之一。

分析不同商务交付和运营维度的核心能力与潜在改进领域对于为采用技术和探索未来机会奠定坚实的基础至关重要。

4.1.12　投资竞争力与低利润率

Agarwal 等（2016）提到，建筑业用于研发的资金比其他行业少得多，因为它达不到 1%，航空航天行业为 4.5%，汽车行业为 3.5%，而与电信和制药行业的数字更没法比。

建筑业研发投资的减少对变革和改进是一个巨大的挑战，尤其是在利润率较低的情况下。这种困境的积极一面是，建筑业可以从不同行业的无边界特性中受益，除本行业主动加大研发投入外，还可以采用其他行业的现成技术。

4.1.13　关注产出而不是关注商业成果

只注重技术产出的集中而忽略了与商业成果的联系，是适应性失败的主要关键因素之一。与商业成果相联系的技术在决定和选择新项目，以及更新业务流程方面是至关重要的。

跟踪和阐明商业目标和客户目标对启动开发计划至关重要，因为技术成果的责任应该由技术领导者和不同业务流程的负责人共担。

4.1.14　配置和变革管理

在不同行业的所有组织中，变革管理始终是一项关键任务，特别是在建筑业，文化变革、人们的抵触变革心理和露天作业等多种原因导致变更频繁，使得变革管理更加重要。

忽略变革管理过程是一个重大问题，它会将商业延续计划置于风险之中。在采用数字化转型战略之前，创新文化是一种授权活动，这需要管理、流程和人员的支持来实现必要的目标。

转型变革的三大支柱都是技术、流程和人员。在转型过程中，人们抵触变革仍然是一个关键因素，因为他们可能会对采用新的方法体系感到不安，或者发现要改变过去的做法而自己能力不足。

4.1.15 可扩展性和战略一致性

当股东能够评估其价值和对不同商业成果的影响时，数字化转型项目和技术进步项目就容易获得管理层的支持。

核心成果之一是新提案的可扩展性。这种提案可以在更大的范围内使用，并获得规模经济概念提供的机会，而不仅仅是一种特殊的实现或具有有限商业成果的单个项目。

IT 计划和企业战略目标的一致性是成功的关键。缺少 IT 开发计划和公司战略目标之间的联系对于技术实现目标影响极大。

这些缺失的环节可能会带来过于乐观的大规模变革计划，而忽略了在途项目的逐步改进和有机扩展，以及最新进展的当前成就。

因为新项目的财务影响和业务流程负责人的参与兴趣仅仅依赖于新项目而忽视利用当前的优势，则可能导致失去管理层和干系人的支持。

表 4-1 总结了数字化转型的主要挑战，并提出了成功实施数字化转型所需的解决方案。

总之，数字化转型是一次令人兴奋的旅程，它需要不同的企业配备足够的技能和足够的资源，并有明确的标准来接受新的举措，且能将 IT 目标与企业战略目标结合起来。

表 4-1 数字化转型的主要挑战

关 键 挑 战	解 决 方 案
1. 生态系统集成	-数字化战略协调一致 -数字化转型架构 -应用程序和软件的可用性 -数据湖的可用性 -服务和技术支持的集成
2. 培养数字人才（等级）	-管理层的支持 -正确选择转型变革的代理商 -专家的参与 -数字化意识 -适当的人才引进
3. 标准化	-标准、程序和流程 -创新小组和审核员
4. IT 和商业战略的一致性	-企业战略目标 -IT 战略
5. 数字化环境	-数字化商务计划 -变革管理计划 -提升个人的才能 -高管层的支持

（续表）

关键挑战	解决方案
6. 商业增加值	-利益实现 -增加价值 -项目管理原则 -数字化投资收益率
7. 数字化转型持续前进	-创新成为一种文化 -考虑技术成熟度

4.2 数字化和项目框架

解决数字化与实现未来项目承诺相关性的可能框架如图 4-3 所示。这个框架突出了六个可能对下一代项目经理的工作方式影响最大的关键要素。当然，在实验能力、情景驱动规划、协作创造、虚拟团队参与、注重成果的工作及不断变化的工作方式这六个要素之间存在多个重叠。

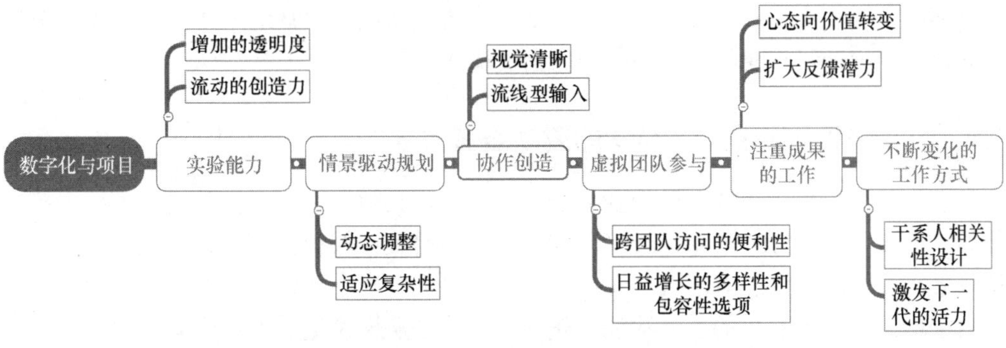

图 4-3　数字化和项目框架

正如《项目管理世界》的“洞察栏目”所强调的，数字化的机会是巨大的，本章中强调的许多案例证实了它在项目和项目集领域的应用是巨大的。将项目集团队和项目团队解放出来，让他们专注于创造力，专注于真正的协作，专注于学习主题间的整合，这样将会更好地利用人们的时间。数字化的集成实现消除了许多与不准确的估算、错误的假设、沟通不足及其他经典障碍相关的压力，从而改善了未来的工作方式。

4.3 实验能力

数字化在项目中日益增长的优势之一是实验能力。项目是组织的主要投资，因此，我们通过实验创造的任何节俭，都会得到项目发起领导的极大奖赏。让我们以数字孪生为例，看看创建产品或解决方案的物理副本的能力如何在投资周期的早期收集更密切的见解和争论，并确保更接近这些投资计划的预期战略价值。如图 4-3 所示，六个关键要素中第一个要素的两个子要素是增加的透明度和流动的创造力。未来项目的承诺和相关的组织卓越性与这两者密切相关。这两个子元素创建了一个不同的组织模型，为项目经理提供安全保障，使他们能够在与团队舒适、紧密合作的同时，提出最合适的解决方案，以应对未来的挑战。当透明度增加时，我们可以从数字技术中获得更多的有效数据，组织文化又为创造性对话和批判性讨论提供了开放的空间，通过 PMO 的努力推动，许多增长指标通常都可以实现。在下一节中，现代服务公司的卓越案例强调了自动化和数据质量在驱动有效决策方面的影响。这个案例还清楚地描述了 PMO 的角色变化，因为数字化为更强大的跨职能协作创造了空间，有助于建立透明的文化，并以最好的方式整合数据，以便更好地理解业务趋势，更好地了解数字化对组织成果的影响。

4.4 卓越行动：现代服务公司①

数字化是将业务流程（任何企业的循环系统）自动化的过程，是将业务流程转化为数字化工作流程的过程。将这些流程中重复的手工部分数字化，可以改善客户体验，并使员工有更多时间去完成更有意义的工作。自动化还可以帮助公司从数字化工作收集的数据中获得洞察力，推动组织变革，并创建新的商业模式。

4.4.1 数字化工作流程对 PMO 的成功至关重要

数字化的核心是让 PMO 给企业领导做好顾问，为他们在企业投资组合中提供资源分配指导。数字化使 PMO 能够通过他们在项目和项目集中获得的洞察力，在指导企业敏捷性和成果实现方面发挥战略作用。

数字化为 PMO 提供的差异化能力是对公司各个层面价值实现和成果实现的洞察力。PMO 领导者需要对其投资组合有足够的关注和洞察，以便向商务领导提出正确的建议，以应对变化。数字化工作流程对确定项目间结果的依赖关系、帮助跨方法管理及创建出色的客户和员工体验至关重要。

数字化工作流程还可以将 PMO 从重复的、手工的、低价值的任务中解放出来，并使他们能够将精力转移到推动企业范围的数字化转型上。

4.4.2 为驱动力统一系统

从根本上说，数字化转型的驱动力使 PMO 的能力得到了大大提升，能够使其从管理单个项目的战术能力提升到监督实现变革的战略能力。有了正确的数字能力，项目领导者便可以管理大规模的项目组合，以确保他们不断地优化策略以获得最佳结果。侧重点转向

---

① 本节作者：Simon Grice（创新高级总监），Doug Page（产品管理高级经理），Rani Pangam（IT 项目管理高级总监），Tony Pantaleo（成果确认总监），经现代服务公司许可使用，特此致谢。

工作完成了什么，而不是如何完成。

领导者可以选择正确的项目方法来满足业务需求，然后通过数字化工作流程将需求和结果联系起来。有了这个“闭环”，PMO 便可以掌握和测量跨业务部门端到端的战略交付物，发现哪里是企业正在开发的新能力，确定工作在哪里停滞不前。

要做到这一点，PMO 应用的数字化能力应该支持五种需求，如图 4-4 所示。

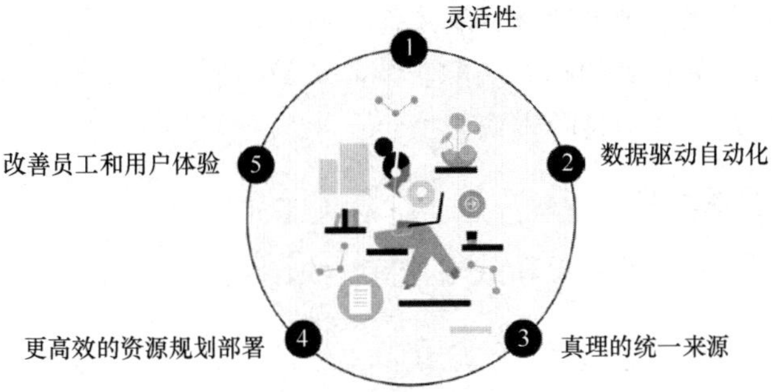

图 4-4　数字化能力推动 PMO 卓越

1. 灵活性

数字化应该提供容纳和适应多种工作方式的能力，无论是对于需要传统的基于瀑布的项目管理方法的项目，还是对于那些使用敏捷方法的项目。瀑布和敏捷的混合会有所不同，但每个企业都需要数字工具，使 PMO 能够跨多种方法和多个方法体系进行管理和沟通。对于大多数大型企业来说，这种能力是必不可少的，即使用一个单一的、闭环的工作管理平台来管理（做项目计划、进行优先级排序和实施计划）所有类型的项目，也用这个平台来评价实施的成果，并将这些信息反馈给组织战略。

2. 数据驱动自动化

为了在更具战略意义的层次上进行管理，PMO 应该将手工的、低层级的流程自动化。项目管理流程可以转换为数字化工作流，将手动任务标准化、自动化和优化。例如，聊天机器人已经被用来减轻项目管理过程的负担，如创建需求和发送状态更新、进行任务提醒或发送要关闭的问题。随着人工智能的成熟，它为范围管理、时间管理和风险管理带来了新的视角。随着更多的项目数据被捕获和吸收，它还优化了项目管理科学。

领先的 PMO 将把这些能力引入超自动化战略中：将以前孤立的自动化技术结合起来，在项目管理的效率和有效性方面产生飞跃性的变化。像可以机器学习、业务过程挖掘和机器人过程自动化这样的技术结合在一起，可以将标准项目管理活动端到端的工作流自动化，如工作分解结构的开发。

这些进步有望将项目经理从项目管理的一般性日常工作和繁杂的行政活动中解放出来，让他们将重点放在更具战略性的活动上，如组织变更管理和组合投资的协调。

3. 真理的统一来源

拥有单一的数据存储库对于将项目和项目集连接起来并回到可度量的业务结果上至关重要。来自记录系统的数据需要在一个平台中可访问，该平台能将项目依赖关系映射到商务领导的公司范围的视图中，这是任何单个业务单元都无法提供的视图。这种方法支持更有效的沟通、知识共享和跨系统、跨方法的洞察。为了实现这一目标，数字化必须提供实时数据和分析，显示商业成果的进展，以及支持共同商业成果的相关项目的建议和联系。

通过对整个项目组合中资源、瓶颈、变更请求和其他因素的统一评审，资源分配变得更加容易。项目经理可以避免过度承诺和资源交付不足，并确保更高的效率。项目领导应该能够看到一个项目或项目集的端到端的影响，从最初的需求，到项目的设计和启动，再到项目的实施和结果，或者项目的投资回报。

4. 更高效的资源规划部署

由于 PMO 将其工作组合与公司战略保持一致，商务活动将需要一个单一的规划系统来支持资源分配。

随着商业领域向“零工经济”（根据需求提供灵活的临时工作）靠拢，如何用好“零工经济”将成为成功的关键。商业领袖需要从不同的业务领域寻找特定的技能来解决短期需求。

企业级项目规划将需要有能力为“一大群人”或使用特殊的、跨职能的团队提供技能，以快速完成大型项目或项目集，并加快将产品推向市场。随着业务面临需要更大敏捷性的新运作模型，加强这种能力将变得更加重要。

5. 改善员工和客户体验

优秀的客户和员工体验将推动更快的收入增长、更高的生产率和更高的用户满意度。特别是在高变化的业务环境中，设计良好的用户体验对减少复杂性和干扰至关重要。这些复杂性和干扰会影响有效的项目管理，特别是当项目的范围扩大和项目数量增加时。

PMO 的数字化应该包括对项目经理和干系人体验的关注，并积极征求反馈，以便可以快速地扩展、修改或改进能力。数字工作流可以通过包含部署、学习和调整方法的时间框架来支持这一过程。

4.4.3 超越 PMO 的数字化转型

PMO 的数字化转型和项目管理的数字化转型是 PMO 实现更广泛的企业数字化转型的关键先决条件。凭借其跨业务部门和职能部门的优势，PMO 可以使用通用的标准（如速度、智能或经验）来比较数字化进程和成熟度，并启用围绕数字化转型优先级的跨职能和跨行政部门的对话，使用诸如热力图之类的工具来评估跨业务职能和能力的数字化成熟度。

如图 4-5 所示，仪表板可以为高管提供有关其投资绩效的透明度。通过将自己的重点转向结果和战略敏捷性，PMO 可以将自己定位：为企业的其他部门提供最快和最佳的数字化转型路径。

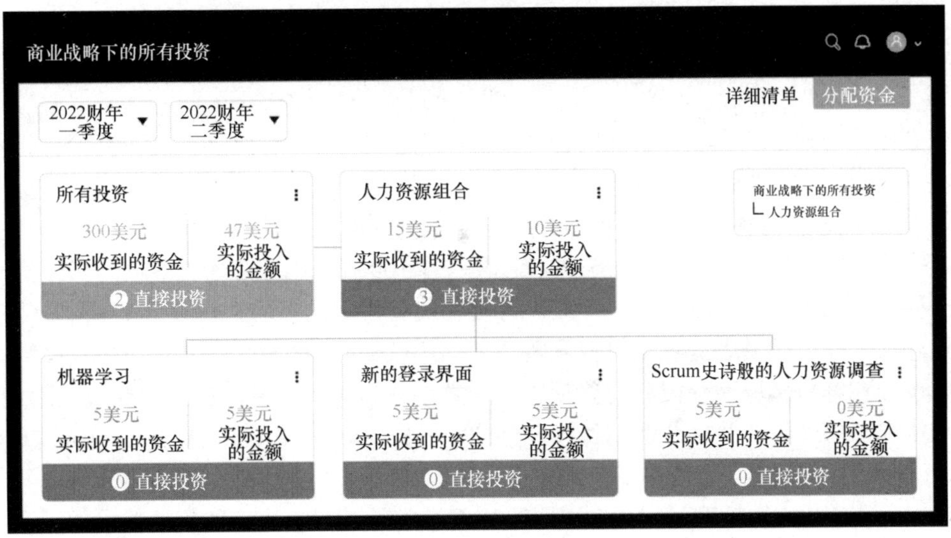

图 4-5　使技术投资与价值保持一致

4.5 情景驱动规划

在过去十年中，数字化和项目的第二个关键因素推动了关于项目交付框架的大部分对话和决策过程。在过去的几年里，在各个组织中收集了大量的案例和结果，并确定了向混合工作方式的转变，证明了在正确的组织敏捷性需求周围很少有成长的烦恼。

两个子元素中的第一个是动态调整，它解决了对如何进行项目规划迭代方法日益增长的需求，现在已成为规范。在过去十年中，建立在主导项目管理实践的渐进式精化概念的基础上，组织将被期望发展出更强的适应能力，并在不牺牲清晰的社会化项目期望的完整性的情况下不断调整计划。第二个子元素与第一个子元素紧密对齐，并以适应为中心。这种适应是由对项目复杂性更深入的理解，以及通过确保扩展对话和对裁剪的接受来驱动的。这些裁剪应该在规划程度上达到适当合理的舒适和控制水平。

下一节中前进保险公司的案例很好地说明了这种情景驱动规划的价值。这个案例使用组织的成熟度之旅作为背景，为项目经理准备数字化的未来，以及他们为了在未来取得成功而需要开发的扩展能力。

4.6 卓越行动：前进保险公司[①]

前进保险公司（Progressive Insurance）是如何为其数字化的未来培训他们的项目经理和构建他们的项目交付组织的？

---

① 本节资料由 Ganesh Kumaraswamy（PgMP、PMP）、Kim Newton（PMP）和 Joe Anastasi（PMP、PMI-ACP、DASM）提供。版权归前进保险公司所有，经许可转载。

4.6.1 公司简介

前进保险公司是美国领先的保险公司之一。超过1800万人信任前进保险公司为他们珍视的财产投保，如他们的汽车、船、房子或摩托车，因此公司成为第三大汽车保险公司和排名第一的摩托车/特种汽车/卡车保险公司也就不足为奇了。消费者几乎可以为任何东西投保，而且大多数产品都可以在线上购买。这家财富100强公司成立于1937年，其经营理念是以一种创新的方式进入汽车保险行业，这是其他公司所没有的。1997年，前进保险公司成为业内第一家为消费者提供实时在线购买（而不仅仅是报价）汽车保险的公司，并开始因网站设计和客户体验而获得行业奖项。处于数字化转型的前沿，使我们拥有保险业最大的信息技术部门之一，包括企业项目管理办公室（Enterprise Project Management Office，EPMO）。截至2021年，我们在EPMO中有超过220个项目经理向客户交付产品。

几十年前，数字化转型只出现在IBM、微软和谷歌等科技巨头的信息技术领域。今天，保险公司已经受到技术进步的显著影响。整个行业采用数字化的第一阶段侧重于自动化流程和提高工作效率，采用的后期阶段侧重于增强客户体验和从客户那里收集更多数据。目前，保险公司的重点是满足客户需求和击败行业内外的竞争。保险公司使用最新技术，包括云计算、大数据、人工智能和实时聊天工具，使客户服务更加个性化和高效。

在竞争激烈的保险业中，这些变化阶段已经改变了业务合作伙伴看待项目管理的方式。我们不能再维持传统的方法体系和项目管理技能，专注于按时和在预算内根据定义好的范围要求交付项目。在当前快节奏、不断变化的技术环境中，交付具有敏捷性和商业价值的项目对我们的业务和客户至关重要。

4.6.2 前进保险公司项目管理的演变

在20世纪80年代和90年代初，为了按时完成项目，强制人们每周工作60小时，连续几个月都是非常普遍的。我们都在问：我们怎样才能做得更好？当时，项目管理在IT领域仍然相对较新，管理人员在有限的工具和不切实际的期望下尽力做到最好。项目管理不被认为是一个职位；相反，它被看作不同的人（包括服务经理、程序员、业务分析师等）在业余时间扮演的一个角色。培训的内容也很有限，有些人接受了工作持续时间估算、工作分配和工作依赖关系的概念，学习创建和管理关键路径；其他人则继续使用电子表格中的工作列表进行管理。

20世纪90年代末，IT部门开始出现小型的PMO，每个PMO都有不同的职能。我们认识到桌面调度工具不支持许多人从事的跨项目工作，不断导致项目人员苦乐不均和项目工期混乱。企业采用的项目管理工具并没有带来预期的结果。部分PMO取得了一定的成功，但这种成功并没有全面实现。我们再一次问自己：我们怎样才能做得更好？

这个反复出现的问题导致了单一职能的IT EPMO的产生。2010年年初，将大多数IT人员整合到一个功能矩阵中，这是一个更大组织变革的一部分。过程和标准、治理和项目组合监督等管理手段，现在在项目中被强制执行，大多数遵循标准瀑布方法。一些项目应用内部开发的软件开发方法，并将敏捷实践纳入瀑布方法。我们变得更可预测了吗？是的，所有人都同意我们更可预测、更透明，但许多人认为我们仍然没有达到预期。我们与业务伙伴的合作不够紧密，我们的结构化流程阻碍了我们更快地交付最重要的东西。我们又再一次问自己：我们能做得更好吗？

在 21 世纪 10 年代的中期，许多小模块的开发人员开始寻找更好的工作方式，Scrum 迅速成为所有人认为的草根阶层工作的灵丹妙药。经验和学习是无价的，伴随着精益和敏捷思维的采用，在新的和改进的应用程序的交付工作上，我们可以做更多的事情来增加灵活性，由此也能使我们保留和扩大我们的客户群。随着我们乐意接纳和拥抱更好的工作方式，这种演变还在继续。正如我们所看到的，持续改进是我们文化的一部分。我们现在问自己：我们怎样才能变得更加精益和敏捷？

图 4-6 展示了活动的时间轴。

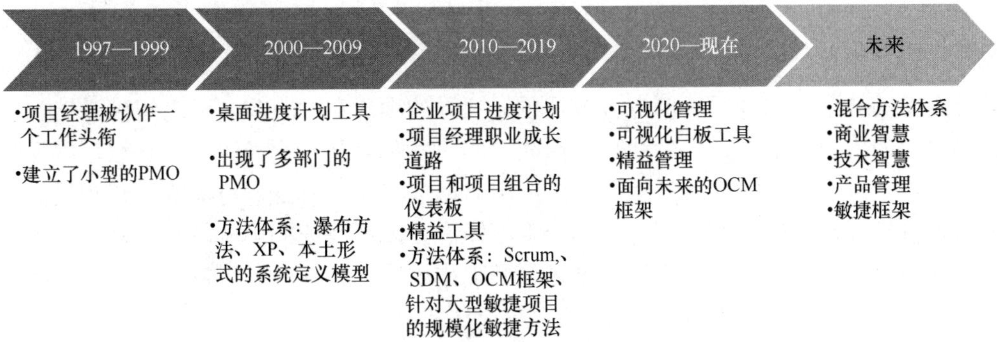

图 4-6　前进保险公司项目管理的演进

4.6.3　当前状态

作为对这种需求变化的回应，前进保险公司近 70%的项目都是使用敏捷方法（如精益、Scrum 和看板）交付的。当我们过渡到一种新的管理项目方式时，项目经理的职责范围与其他角色混合在一起了。这为我们对方法体系的新期望创造了一个环境。在这个环境中，项目经理发现他们的角色在不断演变，以调整方法体系和行业实践。组织管理一个跨时多年的项目，按时按预算交付项目不再被认为是完成一个项目的唯一成功标准。对实现传统的工时和持续时间等类项目指标，EPMO 和领导层已经调整了他们的期望，重点已经转移到将项目分解为小的客户价值可交付物上，并增量地发布产品。项目经理被期望去定义最小可行产品（Minimum Viable Products，MVP），该产品具有业务或产品所有者测定并同意的商业价值。随着这种变化，项目经理和发起人已经接受了新的领导心态，如敏捷和服务型领导。

由于业务重点是敏捷性和上市速度，前进保险公司内部的多个部门已经将他们的团队组成常设 Scrum 团队，从而使他们的组织变得更加敏捷。各部门已经将他们的运营和项目工作框架交给这些 Scrum 团队来管理。在这些团队中工作的项目经理扮演非传统的角色（例如，敏捷教练、障碍移除者、与其他团队的集成管理等），与方法体系定义的功能保持一致。在某些情况下，常设团队没有利用 EPMO 之外的人员。项目经理消除了可能妨碍 Scrum 团队工作的干扰，他们协调和/或集成跨团队、跨部门和跨投资组合的工作流。他们还收集、合并和解释不同的数据源（工作请求），以帮助确定优先级。

随着未来的项目集和项目专注于市场商业价值交付的速度，企业项目管理组织已经发展到支持更多关于如何组建团队的体验，以及与交付的项目类型相一致的新方法体系：实现全新的技术，升级现有的技术，开发新的业务线产品，增强当前市场的开发，项目合规管理，以及项目运营效率。不同的执行方法给项目经理带来了新的挑战，他们领导的项目或项目集在一个具有多种方法体系的矩阵环境中工作。此外，不同的方法体系已经打破了我们传统的企业关键绩效指标。项目组织正在努力提供更多关于在什么情况下使用哪种方法的指导，以及我们如何继续使用不同的方法体系有效地跟踪指标。

4.6.4 未来状态

在追求敏捷交付的过程中，组建部门常设团队来支持项目和运营，这给在这种新环境中领导项目的项目经理带来了新的挑战。这些挑战包括团队成员在支持产品并同时支持项目执行之间的分配，以及需要跨混合方法体系执行的项目和项目集。随着组织意识到实施敏捷和精益的价值，我们预计信息技术团队中的更多部门将采用一种交付方法，确保与业务伙伴保持一致并获得支持。在矩阵式组织中启动项目的项目经理将面临调整和灵活运用他们的项目管理领导风格和流程，以领导由不同常设团队组成的团队。在一些情况下，我们期望项目经理调整他们的策略，通过将项目工作放置在长期的团队待办事项中，而不是将特定的人分配到他们的项目中来完成工作。

混合方法或混合框架环境引导我们调整项目交付的过程和标准，以跟踪项目进度并管理团队之间的依赖关系和信息流。传统的项目经理角色和职责必须变通，并且必须反映新的交付环境。在未来的项目中，项目经理将担任发布经理（负责协调多个常设团队为单个产品发布所做的工作）、敏捷教练（确保团队遵守 Scrum 的理论、实践和规则，并最大化 Scrum 团队创造的价值）、集成商（负责协调内部和外部依赖关系、协调供应商参与和协调 Scrum 团队的合并报告）等角色。

我们期望项目组织的另一个未来体验是将项目经理与特定的产品线结合起来，以获得更深刻的知识和经验，去交付改进的产品和解决方案。此外，项目经理必须培养强大的商业和技术敏锐度来领导创新项目。如果项目经理没有武装好自己以跟上技术的步伐，或者没有商业头脑来推动业务讨论，那么他们将在支持组织的方向和需求方面遇到困难。

4.6.5 前进保险公司如何为未来的项目经理做好准备？

随着敏捷方法和产品管理的快速发展，企业项目管理组织评估了项目经理在数字业务的新解决方案交付环境中的可行性。一些战略投资用来支持未来项目经理能力的开发。

首先，该组织与内部敏捷教练和外部供应商合作，以使敏捷方法实践成熟起来，并开发团队的能力，以适应更大的团队。这些能力是通过敏捷方法和敏捷领导力培训、Scrum 培训及专门为团队提供的教练开发的。

其次，组织投资创办了企业项目管理学院。一位高级院长领导着这个学院。一群拥有不同项目管理交付和服务经验的副院长对学习和发展充满热情，使领导团队更加完善。

学院对各个岗位的项目经理进行了多次项目管理技能评估。评估包括对每个项目经理的项目管理技术能力进行评级，并与主要干系人和发起人召开焦点小组会议，以评估项目经理的领导能力。在整合了这些数据后，该团队对项目经理技能发展的投资排序如下：

- 商业敏锐度。院长们与商业团队合作，开展商业敏锐度培训，举行圆桌会议和商业演讲，以增加项目经理的商业知识。
- 技术敏锐度。学院与企业架构组织合作，传授最新的技术，介绍最新技术的发展趋势，并向项目经理传授基础技术知识。这是通过小组讨论和研讨会来完成的。
- 领导能力。评估显示，需要加强项目经理在未来任务中管理模糊性、沟通、领导风格和变革管理的能力。该团队正在利用其与在线教育门户网站的合作伙伴，提供短期体验式学习。项目经理可以集中接受几小时的集体培训，然后回来分享他们的经验，在短时间内丰富他们的知识。院长们还为新上任的项目经理建立了点对点的支持系统，以加快他们的学习速度，提高他们的绩效。

与任何职业一样，项目管理也在快速发展，以跟上商业环境的快速变化。随着环境变得更加全球化、数字化、不确定和易变，公司需要比以往更快、更敏捷地适应环境变化，并更快、更敏捷地将服务和产品推向市场。项目经理是能够实现这一目标的人，前进保险公司的项目管理组织已经准备好迎接未来需求的挑战。

4.7 协作创造

如果没有协作创造的艺术和科学，人们就无法谈论实现项目的承诺。这指的是客户、用户、供应商、合作伙伴、各种专家和许多其他干系人的互动参与，根据需要形成给定计划的解决方案并创造预期产品或服务。未来肯定会看到人们对这一原则的兴趣和期望越来越大。框架中被选择为最相关的两个子元素是视觉清晰度和流线型输入。

视觉清晰度在本书的案例和想法中被多次提到，并强调了对清晰故事的不断增长的需求，以及围绕简单而简洁的视觉效果连接团队和干系人的方式。第二个子元素，流线型输入也贯穿全书的各章。这里特别要提到的是，设计思维的思想及获得的持续输入如何形成正确的解决方案，特别是如果数字化更广泛的丰富数据能力能够确认获得的输入如何与以前的成功和未来的潜力相一致的话。

接下来从第 4.8 节到第 4.18 节中进行的论述和讨论的观点，包括邓达斯数据可视化（Dundas Data Visualization）贡献的四节内容，有力地支持了框架中这一元素的重要性，并支持了在这个数字时代成为以知识为中心的组织的价值。

4.8 信息库的增长

项目管理在更多商业应用程序和非传统项目中的扩展和使用，迫使项目经理学习新的技能，并在这些未知的水域中航行。现在出现了与解决问题和决策有关的新挑战。所有这些都需要比当前挣值管理系统中可用的更多的信息。

随着项目管理应用程序的发展，最初的重点是创建一个项目管理信息系统（Project Management Information System，PMIS）。该系统几乎完全基于挣值管理工作，只使用时间、成本和范围三个标准。额外的信息，如有必要，可以通过个人联系获得。大多数决策都是基于与三重约束相关的信息，以及它可能对工作陈述中列出的定义良好的需求产生的影响。今天，项目经理期望能够获得必要的信息、工具和过程，以支持复杂问题的分析和决策。技术的进步、竞争约束的需要、项目管理向战略项目的扩展及信息库的增长正在推动公司走向商业智能（Business Intelligence，BI）系统。20 多年来，项目经理获得了与项目管理卓越性和持续改进工作相关的当前信息的主要来源——来自 PMO 或由 PMO 管理的最佳实践库。与业务相关的信息由商业论证或项目发起人提供。今天，我们相信我们正在通过项目管理推动我们的业务，项目管理是可持续商业价值的交付系统。因此，项目经理被期望推进商务决策并做出项目决策，并且需要直接访问在挣值衡量系统中没有出现的大量项目和商务信息。挑战在于选择获取这些信息的最佳方式。在项目的整个生命周期中，特别是在前面几个支柱中讨论的战略项目中，必须收集大量的数据，包括与项目商业论证、项目利益实现计划、项目章程、项目总体规划、客户接口和市场分析相关的信息。这些信息对于创新决策是必要的。信息库中包含的知识，以及信息量和访问速度，为公司提供了竞争优势的来源。如果一个需要创新的战略项目的意图是制造一款商业上成功的产品，那么团队成员必须了解产品商业化生命周期所需的知识，即使许多团队成员在商业化过程中可能不是积极的参与者。在项目早期阶段做出错误的决定可能会在商业化过程中造成严重损失。团队成员应该审查之前引入产品的商业化数据记录，以便了解商务决策的下游影响。这些信息应该包含在信息库中。

4.9 知识库

公司现在正在创建知识管理系统和知识库，如图 4-7 所示。然而，大多数公司的知识类别明显多于图 4-7 所示的类别。知识管理系统中包括标准/ KPI 图书馆，这些库存储了什么标准是可用的，以及应该怎样使用这些标准。

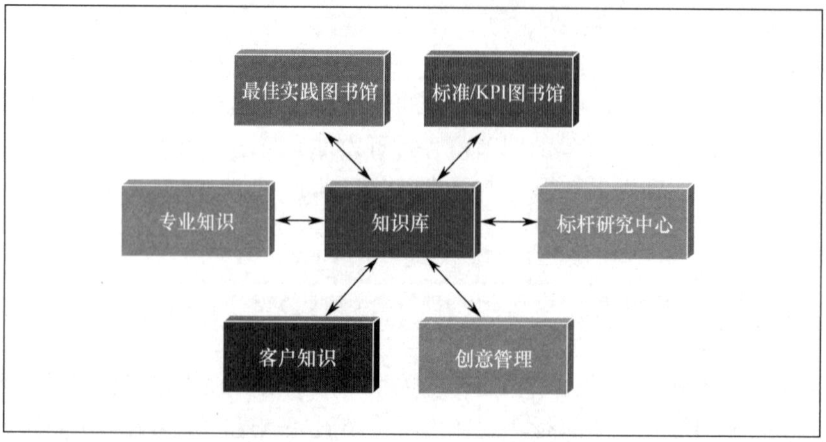

图 4-7　知识库的构成要素

要让人们正确使用知识管理系统是极其困难的，除非他们认识到使用知识管理系统的价值。随着知识管理系统中包含的信息量的增加，必须注意提取信息的多少。通常会犯的一个错误就是，提取的唯一信息与你的公司和目标客户群有关。虽然并非所有的客户和干系人都同等重要，但为了增加项目创造的价值，我们还必须考虑可能最终购买我们产品和服务的新客户。专注于更大客户群的不同需求可能会被证明是有益的，总会有一些老客户对产品失去兴趣，也总会有一些新客户加入，但新客户进入市场的需求肯定与现有客户是不同的。

公司投资数百万美元开发信息库和知识管理系统。关于客户及其好恶和购买习惯，有大量丰富但往往复杂的数据。这些知识被视为有形资产和无形资产。但最难的部分是如何将这些信息转化为有用的知识。

4.9.1　知识库的好处

知识管理系统的使用预计将成为所有未来项目团队的必要条件。项目团队应该首先找到支持项目战略所需的关键任务的知识资产。下一步是确定使用和利用哪些知识资产。通过整理知识资产，你可以为项目设计划定界限。可惜的是，知识管理系统的唯一真正价值是对商务的影响。简单地说，我们必须证明对知识管理系统的投资有助于未来的竞争优势。

知识管理可以提高竞争力，允许更快地决策和更快地应对颠覆性的变化，并快速适应环境的变化。在设计思维中，检索知识管理相关信息库是至关重要的。信息的增长产生了对云计算的需求。

4.9.2　无形资产：智力资本

知识库中包含的信息通常被称为智力资本。如图 4-8 所示，智力资本通常被视为无形资产，分为人力资本、产品资本和结构资本。这些与知识相关的资产通常不会出现在公司的资产负债表上，但它们可以转化为价值，从而带来可持续的竞争优势。智力资本的组成需要知识数据库和信息库来支持。这些被用来定义智力资本的无形资产在战略上对公司的成长和生存比有形资产更重要。项目团队越来越了解无形资产的重要性了。

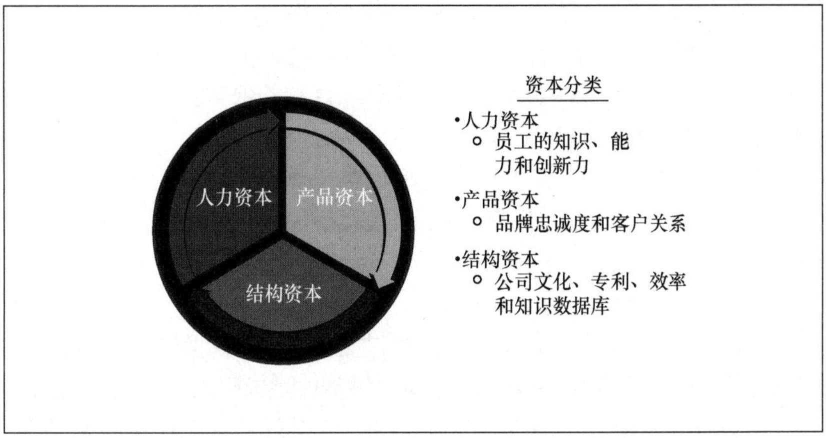

图 4-8　智力资本的三种关键无形资产的组成

4.9.3 知识的分类

在图 4-7 中，我们展示了一个知识库的构成要素。每个要素中的知识都可以有多种来源。知识的来源有好几种，它们并不是相互排斥的。知识来源的分类方法如表 4-2 所示。

表 4-2 知识来源的分类

知识的来源	描　述
显性知识	可以在书籍、杂志和其他文档中找到的编码知识
隐性（默示）知识	知识在人们的头脑中。此外，还包括供应商和销售商保留的知识。知识可能很难解释
情境型知识	与特定情况有关的知识，如产品的具体用法
分散型知识	不受某个人控制的知识
经验型知识	从客户使用产品的经验或观察中获得的知识。必须了解用户行为
程序型知识	如何做某事的详细知识

尽管我们在这一支柱中强调了使用知识管理系统的重要性，但是项目团队必须理解他们工作的一部分将包括更新每一个知识类别。

4.10 对商业智能系统的需求

对许多公司来说，仅仅拥有知识库和信息库不足以支持未来的商业目标和战略项目。BI 系统通常被认为是在某种程度上将商业信息与技术结合起来的下一个步骤，以允许执行人员和管理人员制定战略和/或运营的商业决策。同样，BI 可以使项目经理做出与战略项目相关的决策。

BI 系统的组件是数据收集、数据存储和知识管理。指标信息是 BI 系统的关键组成部分。BI 系统中包含的信息可以是历史的、当前的和预测的。这些信息可以有几个来源，包括通常由项目管理办公室进行的战略和运营项目管理的基准研究。

BI 技术旨在处理大量的“大数据”，无论是结构化的、半结构化的还是非结构化的，并将数据呈现在有意义的仪表板上，以实现更好的商业决策并利用商业机会，特别是在实施战略项目时。BI 系统中使用的技术允许公司同时查看外部数据（例如，来自公司运营所在市场的信息）和内部数据（例如，财务和运营数据），并创建商业智能信息来支持战略项目、战术项目和运营项目。BI 系统通过将原始数据转换为有意义的、有竞争力的商业智能来优化企业决策支持系统。然而，仍有一些公司认为 BI 系统仅仅是商业报告系统的扩展。

项目经理需要学习新的决策工具，包括数字经济学、人工智能和物联网。有了大量的数据，团队可能不得不依赖统计分析方法，其中包括：

- 描述性数据分析：分析历史数据，包括过去的成功和失败。
- 预测性数据分析：通过分析数据来预测可能发生的事情。
- 规定性数据分析：研究可能发生事件的原因、减轻未来工作风险的备选方案及利用机会的备选方案。

4.11 大数据

大数据的增长很可能会影响全球大多数公司。为了有效地分析数据，项目团队需要具备数据科学技能的技术人员。这些技能包括统计方法、计算智能和优化技术。

目前使用大数据支持项目决策的数学模型有很多，例如：

- 财务模型（包括 ROI、IRR、NPV、投资回收期、收益成本比、盈亏平衡分析等）。
- 时间（调度模型）。
- 资金（现金流模型）。
- 资源（能力模型）。
- 材料（采购模型）。
- 工作时间（估算模型）。
- 环境变化模型。
- 消费者品位和需求模型。
- 通货膨胀效应模型。
- 失业效应模型。
- 技术变化模型。
- 模拟和博弈模型。
- 心理模型。

有效使用大数据的预期好处包括：

- 可以检测与时间、成本和范围相关的现状和趋势。
- 可以与其他项目进行比较。
- 能够识别问题的根本原因。
- 能够更好地使用“假设”场景。
- 能够更好地权衡竞争约束。
- 能够更好地跟踪假设和约束条件。
- 能够更好地跟踪 VUCA 和企业环境因素。
- 能够更好地应对超出容忍范围的情况。
- 能够获得更好的资源容量规划决策，包括资源利用。
- 有能力制定战略决策而不仅仅是运营决策。
- 有能力做出变更管理决策。
- 决策可以向下推到组织的各垂直层级，但会建立“决策规则”。
- 能够拥有长远的眼光，而不仅仅是短期的。
- 能够降低因缺乏信息而做出错误决策的风险。

项目团队似乎专注于 BI 系统的知识管理部分。主要包括：

- 如何创建和报告绩效指标。
- 如何提取标杆信息。
- 统计和预测分析。

- 数据可视化技术和仪表板设计。
- 为高管和干系人提供业务和项目报告。

PMO 和项目团队现在正在参与设计和管理 BI 系统项目。对一些公司来说，这将带来与理解 BI 系统和数据可视化实践相关的额外挑战，包括设计 BI 仪表板和与干系人交互的新方法。因此，项目团队成员有责任采用本支柱前面部分中确定的新技能。

对于刚刚开始实施 BI 项目的公司来说，选择现有的知识库作为第一个 BI 项目可能是评估 BI 技术有效性和组织准备程度的好方法。它还可以提供控制范围（从小范围开始）和让项目经理有一个合适的学习曲线的双重好处。

接下来的四节内容是 Dundas 数据可视化公司慷慨地提供的白皮书内容，它们解决了 BI 项目的一些挑战。

4.12 选择 BI 工具时需要考虑的 7 件事①

选择 BI 和分析工具可能是一个漫长的过程。有无数的供应商可供选择，它们似乎都提供类似的功能，并都能做出类似的承诺。你如何从众多选择中为你的组织选择合适的供应商？在这里，我们列出了在审查和选择 BI 工具时需要考虑的最重要的因素，以便你可以为你的组织做出正确的选择。

4.12.1 视觉功能及呈现

在创建数据可视化时，要关注几个问题：该工具是否易于使用，是否支持各种用户类型？数据可视化软件是否允许定制级别或定制灵活性大小？你是否需要支持你的目标，以及组织中各种功能组的需求？你的商业智能报告工具是整个操作的脸面。这是你的用户在做商业决策时所参考的内容。因此，虽然在选择 BI 工具时视觉效果似乎并不那么重要，但如果你的仪表板难以创建或理解，或者具有低质量的视觉效果，那么就会让人们真正使用该工具变得更加困难。

4.12.2 集成

在选择 BI 工具之前，你需要弄清楚你是在寻找一个独立的解决方案，还是一个集成的解决方案。独立的解决方案只能在自己的应用程序中访问和查看，而集成的解决方案可以通过公司内任何预先存在的应用程序、网站与服务来访问和查看。集成允许你将 BI 的优点直接放入用户已经使用并熟悉的服务中。

现在，如果你决定使用独立解决方案，那么你可以自行选择。几乎每个 BI 解决方案都可以作为一个独立的程序运行。但是你使用独立解决方案遇到的最大问题是，它们的采用率最低。这一切都可以追溯到那句古老的格言：眼不见，心不烦。独立的解决方案存在于

① 本节资料由 Dundas 数据可视化公司提供，版权归 Dundas 数据可视化公司所有。

单独的应用程序中，每次使用时都需要打开它。坦白地说，大多数人都会忘记。集成的解决方案会将你的分析工具带到一个不容忽视的位置。

集成工具有两种类型：部分集成和完全集成。两者之间的区别很重要。虽然从美学上看，它们没有太大的区别，部分集成和完全集成的解决方案都有基本相同的外观。最大的区别在于数据安全。部分集成的解决方案远不如完全集成的安全（以至于它们实际上给你公司的数据带来了安全风险）。

如果你选择使用集成的解决方案，那么一定要明确该解决方案是部分集成的还是完全集成的。大多数公司会宣传集成，但不会具体说明。

4.12.3　定制

每个组织的操作和需求都是独特的，因此你需要确保你所选择的 BI 供应商能够满足你当前和将来的特定需求。BI 供应商能否构建适合你的业务和数据需求的解决方案？解决方案是否灵活，它可以扩展或修改以满足未来的需求吗？许多供应商只提供最低限度的定制功能，有些甚至不提供扩展功能。虽然这可能适用于一些公司，但大多数公司将需要一个定制的设置，一个可以将其完美地集成到他们的运营中并随着他们的发展而相应扩展的设置。商业用户可能对他们使用数据的方式非常挑剔，因此在选择 BI 供应商和工具时，定制和可扩展性是需要考虑的关键因素。

4.12.4　移动性

移动 BI 工具是保持联系的一种简单而强大的方式。对那些需要访问公司数据以提高效率和获取信息的员工、董事会成员或合作伙伴来说，移动性是一个至关重要的因素。确定你需要从移动 BI 应用程序中获得什么很重要。你的用户需要简单地查看仪表板和报表，还是需要为创建或编辑它们忙个不停？移动性在 BI 领域取得了长足的进步，越来越多的供应商开始提供移动解决方案，只要确保它们提供了你们操作成功所必需的功能即可。

4.12.5　培训要求

高质量的 BI 工具都需要进行几次产品使用的培训。为了获得 BI 解决方案的全部好处，你需要进行必要的投资。BI 有能力从根本上改变你的组织，使其变得更好，但前提是你愿意在时间和精力上进行前期投资。尽早决定花时间对用户进行 BI 产品的使用培训，否则就有可能错过 BI 提供的一些最大好处。你需要记住的另一件事是所提供培训的质量和灵活性。你的供应商是否能同时对高端业务用户和技术用户进行培训？一些供应商只为技术组提供培训，这意味着你现在必须花费自己的资源来培训高端业务用户。选择一个能够培训所有用户的解决方案，这样你的组织才能获得最大的回报。

4.12.6　报价

关于成本，有三个主要因素需要考虑：订购费、追加费和隐性费用。立即获取你的解决方案的所有成本的完整详细信息，并随着需求的变化和用量追加再重新获取。供应商是否要求每季度或每年的订单，以及任何前期费用？这些信息可能不会被公开发布，但可能会在以后产生影响。

随着业务的增长和扩展，你的 BI 需求也会随之增长。供应商是否允许你使用灵活的定价模型来扩展你的解决方案？是否存在没有在定价模型中列出的额外费用，但对于你的 BI 报告工具的全面实施或扩展是必要的（如硬件、服务器使用、开发/测试环境等）？一定要提前找出你在 BI 解决方案上的花费，以避免将来出现任何意外。

4.12.7 IT 支持

让你的商务用户和技术用户都满意的一个简单方法是使用自助服务 BI 工具。自助式 BI 可以让商务用户轻松使用 BI，可以让你的 IT 部门专注于其他任务。确保当你的选择提供自助服务功能时，它仍然允许 IT 轻松地控制已经部署的功能并防止终端用户混乱。并不是所有用户都想使用自助服务选项（有些用户只是简单的消费者），也不是所有用户都应该具有相同级别的数据访问和控制权。确保你的供应商也有一支完全有能力的支持团队来解决你的技术用户可能遇到的任何问题或疑问。

你希望确保你依赖的是一个专家，一个灵活的供应商，他将帮助你根据组织的需求或问题定制解决方案。供应商支持团队的出色表现确实会改变你的整个 BI 体验。

BI 工具将从根本上改善你公司的运营，但前提是它是适合你的组织的工具。这不仅包括产品本身，还包括供应商为你提供的培训、支持和专业知识。通过选择合适的 BI 供应商和报告工具来满足组织现在和将来的需求，你就可以轻松地获得 BI 所提供的所有好处。

4.13 停止将商业智能项目视为 IT 项目①

在现代社会中，公司和员工都想要数据驱动和分析，因为这意味着他们会有更好的绩效，取得更大的成功。每天都有数百甚至数千个新的商业智能项目启动。

但在现实中，这些新启动的项目大多会失败。根据 Gartner 公司的预测，到 2020 年，只有 20%的 BI 项目会产生实际结果，这意味着其余的项目将会失败。我认为造成如此高的失败率的主要原因是存在一系列常见的错误和误解，我将在下面的网络日志中加以阐述。

4.13.1 商业智能不是一个 IT 项目，而是一件战略工作

在实施 BI 计划之前，了解 BI 究竟是什么是有帮助的。根据 Gartner 公司的说法，商业智能被定义为：

① 本节由 Dundas 数据可视化公司的一位高级顾问撰写。版权归 Dundas 数据可视化公司所有。

“一个总括性术语，包括应用程序、基础设施和工具，是能够访问和分析信息以改进和优化决策与绩效的最佳实践。”

公司最常犯的错误之一是将其 BI 项目视为 IT 项目，而实际上，它应该被视为战略业务项目。是的，数据和分析项目总是依赖技术专长和 IT 支持，然而，它们应该主要由业务需求来驱动。在评估 BI 项目是否成功时，主要的效益总是从业务方面来看。你应该正在期望并努力争取的 BI 项目结果将会提高业务绩效、做更好的决策、增加竞争优势并优化投资收益率。如果你的 BI 项目没有影响你的业务，那么它要么不是一个 BI 项目，要么就是一个失败的 BI 项目。

4.13.2　商业智能项目是一种变革举措

假设我们有两家虚构的公司：A 公司和 B 公司。这两家公司都推出了非常相似的 BI 项目，目标是提高它们的整体业务绩效。每家公司雇用的员工都拥有非常相似的技能，为他们的项目维持相等的预算，并且都遇到了他们想要解决的类似业务问题。

有了这些信息，我们可以放心地假设两家公司最终会得到非常相似的结果。如果 A 公司获得了巨大的投资回报率，业务效率大幅提升，你自然会认为 B 公司也获得了同样的成功，对吧？但如果 B 公司的投资回报率可以忽略不计呢？如果他们的 BI 项目完全是浪费时间呢？他们哪里出了问题？有什么不同？在大多数失败的商业智能项目中，我发现差异制造者（在成功与失败之间倾斜天平的关键因素）是：是否把 BI 项目当作需要适当变更管理的战略业务项目。

4.13.3　变革管理是商业智能项目成功的关键

变革项目通常始于某人认识到数据驱动决策的重要性，有了解更多和做得更好的愿望，因此迫切需要变革。就像在任何其他商业项目中一样，如果支持只来自高层管理人员，而员工不理解变更的价值，他们将继续尽可能地使用旧的流程、旧的方法和旧的工具。这就是为什么改变态度和行为而不是改变工具和流程如此重要，这意味着我们首先需要遵循变革管理的最佳实践，其次才是商业智能的最佳实践。为了证明这一点，让我们来看看使商业智能项目成功所需的步骤：

（1）跨层次、跨部门的员工都认识到项目的重要性及其带来的效益。

（2）你的员工必须具备支持项目所需的知识和技能。

（3）项目有一个内部支持小组，由各个层面的支持者/倡导者组成，以解决出现的任何争议和问题。

（4）项目从小的、容易实现的目标开始，以证明它的好处，建立一种稳扎稳打、逐步推进的文化。

（5）你必须在整个项目中保持积极和透明，并确保员工参与到持续的主动性工作中。

（6）项目必须在公司文化氛围里持续展开并融入其中。

是的，上面的六个步骤基本上描述了组织中的任何变更举措，这意味着商业智能项目应该被视为战略变革项目。

4.13.4 成功的仪表板不是数据转存

变革项目要成功的另一个关键是确保干系人的心态发生变化。在通常情况下，在实施BI时，项目负责人和干系人倾向于停留在旧的Excel世界中，仍然希望看到一堆表格或希望在单个屏幕上显示尽可能多的数据，因为在他们看来，每一行和每一列都是至关重要的。事实并非如此，商业智能下的这种方法必须改变。一个合适的BI项目始于对业务需求和待解问题的理解，但它的成功取决于对我们使用数据的方式的理解，这比一次看到所有数据更重要。

4.13.5 我们应该从中吸取什么教训？

我想强调的是，我们应该停止将商业智能项目纯粹视为IT项目。BI项目是业务项目，它涉及数据消费的演变、旧流程和工具的增强、商业绩效的提升和分析决策的改进。通过多个Excel电子表格和大量不必要的数据来发现见解的日子已经一去不复返了。

正如列奥纳多·达·芬奇曾经说过的，“简单是终极的复杂”。现在我们努力寻找一种更简单、更快捷的方法来做出更有效的决策。这就是为什么我们要从变更开始，这就是为什么BI项目应该作为一个整体被视为战略变更项目。

4.14 仪表板与报告：你应该选择哪一个？①

4.14.1 报告到底是什么？

报告，企业的生死取决于它，员工的生死取决于它。那么，为什么在报告和仪表板上存在这样的混淆呢？“报告”这个术语经常被用来描述报告和仪表板，用户通常把放在仪表板中的简单表称为报告。传统上，大多数IT主导的商业智能工具都专注于向用户提供交互性和视觉效果很少的报告。然而，现代数据发现工具彻底改变了这一点，并引入了允许特殊交互式可视化的工具，这些工具通常通过仪表板提供给更多的受众。今天，大多数BI工具要么管理报告，要么管理仪表板（或者倾向于主要关注其中一个，而将有限的功能输出到另一个）。

在决定使用报告还是仪表板时，出现的问题是，这两个术语通常被解释为彼此的同义词。两种可交付物之间的差异通常很难解释，在报告和仪表板方面常常存在脱节。

4.14.2 报告和仪表板有什么区别？

区分这两个概念最好的方法是突出每个术语的差异。重要的是要理解每种媒介都是可概括的，因为每种情况都有例外。

① 本节由Dundas数据可视化公司市场部编写。版权归Dundas数据可视化公司所有。

4.14.3　企业报告

企业报告或生产报告是一种在组织内分发报告的方法，以便为用户的工作提供支持。通常，在传统的 BI 工具中，报告主要是基于文本和表格的，并且定期包含可视化组件。通常情况下，这些报告被安排为自动分发，因为它们倾向于在更定期的基础上使用。这些报告可以通过分页来安排，分页是元素在页面上的确切位置。该技术能够用于创建印刷体报告或在线操作报告的复杂显示逻辑。尽管越来越不受欢迎，但在显示原始级别数据或为打印而设计的点对点显示数据视图时，分页报告将继续是标准的报告方法。重要的是要注意，报告可能很长，并且跨越多个页面。因此，报告的创建可能会更复杂一些，适合更有技术含量的用户。总体来说，报告通常由背景数据和其他决策信息组成。

4.14.4　仪表板

相反，仪表板提供了实现特定商业目标所需的最重要的信息，一目了然。它们是为一目了然的监控和决策而设计的。一般来说，仪表板的目标是在一个屏幕上显示所有必要的内容，并在不会让人眼花缭乱的情况下驱动决策。仪表板将侧重于视觉、交互功能，并允许用户在物理上“挖掘”信息。仪表板主要关注决策驱动而不是通知，并针对关键绩效指标或其他决策驱动信息。

现在，这些都是一般化的。每个仪表板都不需要是交互式的，每个报告也都不需要是静态的。非表格报告的一个很好的例子是多页、点对点显示的报告，它包含地图、数据图像、数据标签和其他报告元素，这些元素可以被精确地掌控。

4.14.5　例外报告

例外报告绝对是报告世界的一部分，但与企业报告和仪表板不同，因为它是为非常特定的目的而设计的，通常没有太多的事先计划。例外报告是自服务的，它允许在不消耗开发人员资源的情况下使用用户需要的确切信息轻松构建报告。用户能够创建这些报告，以便分析在组织现有的企业报告和仪表板集合中没有回答的明确的业务问题。通常，使用例外报告时，BI 解决方案将连接到所需的建模数据源，建立参数，并指定最终用户将看到的框架。例外报告的目的是使最终用户能够通过拖放创建自己的解决方案。因此，当最终用户数量过多时，这种方法更可取。这些用户渴望独立地对数据和信息采取行动，同时仍然可以访问类似的数据集。

在传统的 BI 工具中，例外报告通常被称为例外查询，因为它允许用户只需选择所需的数据字段（表列）就可以简单地生成数据集（通常以具有不同列数据表的形式），而无须编写 SQL 或其他查询代码。

在现代 BI 工具中，这包括数据发现功能，以及允许通过拖放创建例外查询，但结果通常更倾向于可视化。使用不同类型的可视化而不是表格，用户可以显示趋势、模式和数据关系。通常，使用这些工具创建的视觉效果可以作为仪表板的起点。如上所述，这通常是混乱的来源，因为这些也可以是仪表板中包含的简单表。

4.14.6 那么，我应该用哪一种呢？

重要的是，所有类型的报告都有空间。撇开例外报告不谈，企业报告和仪表板都是用来与高管和信息工作者交流数据和信息的，他们需要监控数据并快速做出决策，使他们能够继续工作。这是不可或缺的，能传递管理者和用户的目标，也能轻松地将两者整合起来。理想的情况包括从仪表板开始，并深入到更详细的报告，该报告已经过滤了仪表板上先前确定的问题。另一方面，例外报告将为那些试图进一步分析新业务情况并找到新见解的商务分析师和主管提供服务。

由于不同的用户有不同的技能和需求，因此拥有一个允许所有用户根据需要与其数据交互的 BI 环境是很重要的。理想情况下，我们希望所有这些类型的报告在一个单一的前端解决方案中，而不是分散在多个工具中，以避免数据不一致和信息孤岛问题。

4.15 将仪表板映射到目标上①

4.15.1 概述

仪表板解决方案允许组织以一种有意义的方式可视化和监控他们的数据，同时使他们能够做出更好的运营和战略决策。为了构建一个功能性的仪表板，我们需要回答以下关键问题：

- 组织需要实现的商业目标是什么？
- 我们的现状和我们想要达到的目标之间有什么差距？
- 帮助我们实现目标的关键成功因素是什么，使我们能够监控我们的关键成功因素是否得到满足？
- 目前阻碍我们实现目标的问题是什么？
- 什么是关键绩效指标？哪些关键绩效指标能使我们积极主动地降低风险？
- 谁是帮助我们确定关键绩效指标的干系人？

4.15.2 将来的、现在的和差距

仪表板解决方案是实现组织目标的手段。因此，在构建仪表板之前，我们需要列出组织需要实现的目标。

目标必须是具体的，为整个组织所理解；目标是有时限的，并且是可测量的。一旦设定目标，我们就要确定我们离实现目标还有多远。为此，我们需要问自己以下几个问题：

- 我们达到目标了吗？
- 如果没有达到，那是什么原因？列出目前阻碍我们实现目标的问题。

① 本节资料由 Dundas 数据可视化公司提供，版权归 Dundas 数据可视化公司所有。

- 对于每个发现的问题，我们有什么解决方案？
- 对于每个确定的解决方案，我们需要做些什么来实施方案？
- 对于每个实施的方案，我们如何知道它是否正常发挥了作用？

回答这些问题时，我们就能知道我们在哪里，我们需要做什么才能达到我们“将来的”状态。

4.15.3　如何到达目标

现在我们知道了我们想要实现的目标，我们离实现目标还有多远，以及要实现这一目标我们需要实施什么解决方案，我们需要列出必须监控的措施，以便知道我们的解决方案正在正确工作。KPI 是一组关注我们必须监控的关键领域的措施，以确保我们走在正确的轨道上。有效的关键绩效指标应包括以下内容：

- 我们正在监控的数值。
- 我们正在监控的这些数值的维度（例如，我们是否按部门或按地区等，按 12 个月监控这些数值）。
- 我们用来分割数据的过滤器是什么（例如，我们是按日期范围过滤这些数值，还是按员工过滤，等等）。
- 我们用来比较这些数值的目标/基准（例如，今年与去年）。
- 我们需要知道数值是好是坏的状态（例如，0 到 100 之间的值是坏的，100 到 200 之间的值是正常的，200 以上的值是好的）。

4.15.4　验证

一旦我们定义了 KPI 列表，我们就要确保这些 KPI 实际上有助于实现我们的目标。因此，对于定义了的每个 KPI，我们需要问以下问题：

- 所有干系人是否都理解 KPI ？
- 当 KPI 反映负值时，是否知道纠正措施？
- KPI 能否追溯到组织的成功因素和确定的解决方案？
- KPI 是否与特定部门挂钩，以便我们在发现问题时知道谁负责？

4.16　虚拟团队参与度

当全球组织动员合适的人才，在文化上支持他们的成长，并为他们提供技术和基础设施，以打破跨组织成功管理项目的障碍时，框架的这一元素与提高的生产力直接相关。世界上发生的事件导致了更多的数字化实验，以连接团队并参与团队，且在第一个子元素（跨团队访问的便利性）的潜力方面创造了前所未有和意想不到的增长。

该团队不仅设法与他们在特定地区很少接触的人建立联系，而且设法扩大了他们的影响范围，并在全球范围内以巨大的能量几乎无缝地合作。这很好地支持了参与度中的第二个子元素，即不断增长的多样性和包容性选项。

在过去的十年里，我们需要对这一子元素的证据进行研究。然而，在使用数字技术方面的时机和出色表现，加上组织需要进行的文化变迁，使我们能够很好地为下一个十年做好准备，拥有尊重、吸收不同和独特观点的能力。当我们最终带着同理心去倾听，而不是带着自己的观点去倾听时，这必然会为未来的项目领导者和他们的团队带来一个清晰的成熟趋势。

下一节的 IBM 多方面的卓越案例涵盖了框架中的许多元素，包括参与度元素。突出的技能风暴是相当有趣的。未来的数字项目团队成员、PMO，以及对人才、认证和未来工作的可能影响，是一个伟大的预测集合，当本书中的许多支柱聚集在一起塑造这些不断变化的实现组织卓越的方式时，这些预测支持了所经历的复杂性。

4.17 卓越行动：IBM 公司①

4.17.1 案例背景

对于每个企业来说，2020 年都是一个重要的教训，即敏捷性和弹性对业务成功的重要性。新冠疫情、食源性疾病、恶劣天气、地缘政治变化，甚至国际贸易政策变化等突发事件都可能破坏组织的正常运转。高管们非常清楚这一点，并继续努力在企业职能部门之间创建更有弹性的运营方式。

今天的运营必须是动态的、响应性的，并且与组织的生态系统和工作流程相关联。这需要端到端的企业可见性、实时洞察和果断行动，特别是在不断升级的情况下。借助 AI 和自动化等指数技术，将核心业务流程转变为智能工作流程的企业，有望应对当今的劳动力转移、供应链挑战和客户服务中断，并在未来复苏的市场中蓬勃发展。

4.17.2 智能自动化的兴起

几十年来，自动化已经触及了大多数行业，从工厂车间到银行交易和炼油厂。但智能自动化使变革达到了一个全新的水平。人工智能和自动化（它们一起成为智能自动化）改变了人与机器的交互方式，包括数据的分析、决策的制定及工作流程或系统中任务和活动的执行。除潜在的成本节约外，智能自动化还可以极大地增强企业在挑战性市场的响应、适应和发展能力。构建强大自动化程序的组织将广泛的技术（包括硬件机器人、软件机器人和设备）与 AI 功能（如机器学习、自然语言处理、增强智能，以及计算机视觉和听觉）相结合。针对手头任务的适当技术的混合支持了智能工作流效率，也可以帮助增加收入和利润。

IBM 商业价值研究院与牛津经济研究院合作，进行了一项全面的研究，以发现更多关于智能自动化计划在今天（2021 年）和不久的将来的影响。他们向来自全球 26 个国家 21 个行业的 1 500 名高管提出了一系列与自动化投资、优先事项、利益和影响相关的问题。

---

① 本节资料由 IBM 全球服务有限公司项目管理全球卓越中心负责人 Jim Boland 提供。版权归 IBM 所有，经许可可转载。

受访高管报告称，在未来三年内，定义竞争优势的两个最重要的因素将是客户体验和劳动力技能（见图 4-9）。他们还告诉我们，数字计划可以极大地影响这些因素：当被问及他们的数字计划在哪里为他们的组织带来最大价值时，75%的受访者指向客户体验，而 64%的受访者指向劳动力管理。

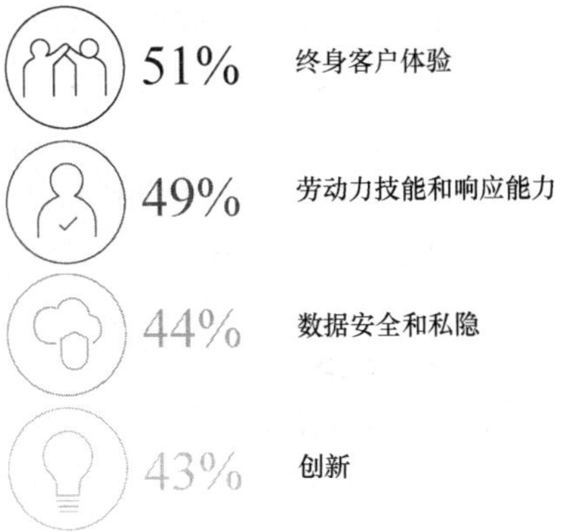

图 4-9　客户体验和劳动力技能

4.17.3　技能风暴

纵观经济史，有才能的人一直是创新和进步的源泉，他们的技能是经济增长的动力。然而今天，多种因素包括持续快速的技术发展及商业和运营模式的创新，促成了重新定义行业的市场变化。再加上各种经济和市场混乱，以及许多国家的重大人口结构变化，这些因素形成了一场完美的风暴，正在影响劳动力技能的价值、需求和可用性。其结果导致迫在眉睫的全球人才短缺，并可能在全球范围内严重影响个人生活和经济发展。

数字时代提供了追求速度的机会和需求，这反过来又催生了新的工作方式。远程工作、永远在线、高透明度、扁平化、跨职能和组织边界的快闪式团队，以及在合作伙伴生态系统中运营的组织，都需要敏捷性文化，反过来也需要员工的新技能。在 IBM 最近的一项研究中，高管们对关键技能优先级的看法已经从数字和技术转变为行为。2018 年，软技能在全球高管寻求的前四大核心竞争力中占据主导地位（见图 4-10）。

高管们的回答表明，要在职场取得成功，员工需要数字技能和软技能（也称行为技能）的结合。为什么行为技能越来越重要？可能有几个因素在起作用。过去几年的特点是对技术技能进行了大量投资。事实上，数据科学和机器学习等全新的专业领域，已经在一个充满强大技术的新商业环境中渗透到了几乎所有行业。

组织仍然要努力解决技术技能方面的差距。已经有了大量的努力和投资来解决这些差距，以减轻对组织的影响。管理人员现在的任务是在不断变化的环境中不断创新和取得成功。他们认识到，要驾驭这一趋势，就要具备有效沟通的能力，运用解决问题和批判性思维的技能，利用新技术推动创新，并从海量数据中获取见解并采取行动。它还需要创造力和同理心，需要快速改变方向的能力，还要有寻求个人成长的习性。不出所料，团队合作和组织灵活性是高管们成功创新的最重要因素。

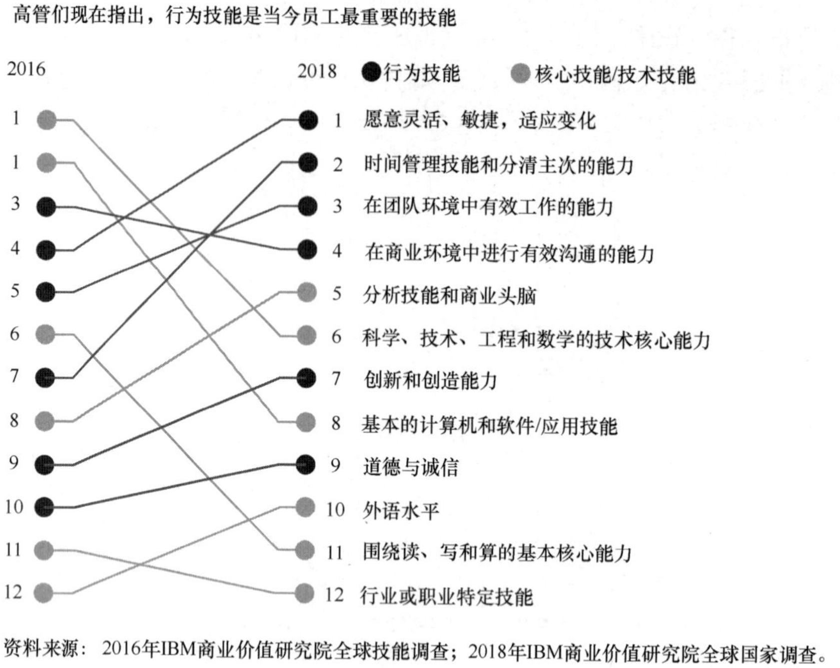

图 4-10　最关键的行为技能

4.17.4　项目管理的未来

2020 年《PMI 职业脉搏》的数据显示，由于项目绩效不佳，11.4%的投资被浪费了。那些低估项目管理作为推动变革的战略能力的组织报告说，他们的项目彻底失败的占比平均有 67%。数据还显示，大多数组织几乎同样重视培养领导技能和技术技能（分别为 65%和 68%）。

IBM 是全球领先的混合云、AI 及企业服务提供商。我们帮助超过 175 个国家的客户利用其数据洞察力，简化业务流程，降低成本，并在其行业获得竞争优势。金融服务、电信和医疗保健等关键基础设施领域的近 3 000 家政府和企业实体，依靠 IBM 的混合云平台和红帽 OpenShift 快速、高效、安全地实现了数字化转型。IBM 在 AI、量子计算、行业特定云解决方案和商业服务方面的突破性创新为我们的客户提供了开放和灵活的选择。所有这一切都得益于 IBM 对信任、透明、责任、包容和服务的传奇承诺。

自 1997 年 IBM 卓越项目管理中心（Project Management Center of Excellence，PMCOE）成立以来，IBM 一直敏锐地意识到项目管理的战略重要性。项目管理、领导力和人际交往技能（这三项通常被称为权力或行为技能）与新兴技术的知识一起被视为我们项目管理专业人员的必要条件。

IBM 全球 PMCOE 通信项目负责人 Orla Stefanazzi 表示："为了最大限度地发挥颠覆性技术的好处，项目专业人员必须接受人工智能和改变游戏规则的工具为他们的未来赋能。IBM 卓越项目管理中心正在拥抱颠覆性技术，以授权和支持我们的全球项目管理社区交付他们的项目。"

对个人发展和获取未来技能的关注在 IBM 是至关重要的。

IBM 全球 PMCOE 领导 Jim Boland 说：

IBM 转型成功的基础是其员工的技能和能力。每个 IBM 员工都被要求定期评估自己的技能，为未来的市场做好准备。在 IBM 的 Your learning 平台的支持下，整个企业都有一种持续学习的文化。我们都需要广泛的技能来取得成功，如项目经理需要了解人工智能和混合云，顾问和架构师需要了解项目管理等。

1. 拥抱智能自动化

项目经理需要接受曾经的新兴技术，如云计算、AI 和自动化，并思考如何在项目的整个生命周期中最好地利用这些技术。

作为一个以云和 AI 为核心的组织，IBM 在内部和外部嵌入这些技术方面处于最前沿。

我们的项目经理需要考虑：

- 如何利用 AI 协助决策过程，识别和解决风险与问题。
- 他们如何在项目团队中使用自动化来授权员工，并为更高价值的工作腾出时间，如记录会议纪要、任务分配、跟进行动、问题升级等。
- 如何将数字机器人和其他自动化技术嵌入他们的解决方案集，如结合人力资源和机器资源重新设计业务流程。

以下是在 IBM 中运行的一些值得注意的智能自动化示例。

（1）IBM 检查项目运行状况的仪表板。

这个仪表板可以帮助我们的项目经理识别项目在哪里出现了“交付”风险的早期迹象。它使用由我们的数据科学家开发的预测性风险评分表，通过分析进展顺利和不顺利的项目，并识别可能导致这一结果的属性，从历史数据中提取经验教训。这是通过相关数据分析（描述性统计、回归、多元统计、时间序列），识别感兴趣的属性，使用随机森林和梯度提升回归器的模型定义来实现的。预测的输出是对风险影响最大的因素及其原因的列表。

例如，我们是否有一个良好的跟踪记录，可以给这位客户如期交付项目吗？在过去的几年里，我们在这个地区或市场区域成功地提供过这种类型的解决方案吗？在项目的这个阶段，我们的财务状况是否与过去成功交付的类似规模的项目一致？

（2）数字化 PMO 工作者（名叫博的机器人）。

项目经理的工作永远不会结束。管理客户，管理团队成员，还要管理供应商，然后还有运营任务。从各种项目报告的上线提交和检查，到计划跟踪、任务分配，花费在手动数据提取、准备、审查和跟踪上的时间是惊人的。数字化 PMO 将通过点击按钮自动完成大多数这些操作任务，为项目经理跟踪工作和计划工作提供有价值的支持。

数字化 PMO 为项目经理节省了大量的精力和时间，使他们能够专注于客户和团队管理任务，专注于处理关键问题。数字化 PMO 正在学习新技能，同时变得更加熟练，如自动任务跟踪和分配、人员配备预测和风险预测。

数字化 PMO 通过一组在运行时编排的自动化组件来实现每种项目管理操作技能的工作流程，以执行一组标准的任务。一个或多个技能被配置为特定的账户需求。项目经理可以配置数字化 PMO，以便在需要时安排特定技能的自动执行或按需执行。

（3）争议管理器：数字工作者。

这是一种数字工作者或机器人，它增强了员工处理账单纠纷的技能。它会收集争议案件并将相关支持文件数字化，识别缺失数据，验证争议案件，执行争议批准或拒绝或基于需求的升级汇报，并在最终完成/结束争议案件之前处理争议。数字机器人与人合作做出关键决策，使员工能够通过人机交互界面与之交互。它提供了一个统一的仪表板，用于实时监控争议案件的管理流程，并利用整个流程收集的数据生成报告和 KPI。

（4）IBM 项目管理卓越中心的 AI 虚拟助手（名叫雨果）。

雨果是一个使用 IBM Watson 构建的 AI 虚拟助手，可以帮助我们的全球项目经理解决与项目管理相关的所有问题，也可进行查询。它是一个自我学习的引擎，位于 IBM 的各种知识库顶端。我们的项目经理与门户网站互动，搜索和定位最相关的信息，以满足他们的需求（文本、视频等）。门户将解释所提出的问题和所提供的答案，以不断增强其功能。

自动化可以支持几种不同风格的工作。这些风格可以通过“工作的独特性”和“工作量”的组合来定义，如图 4-11 所示。

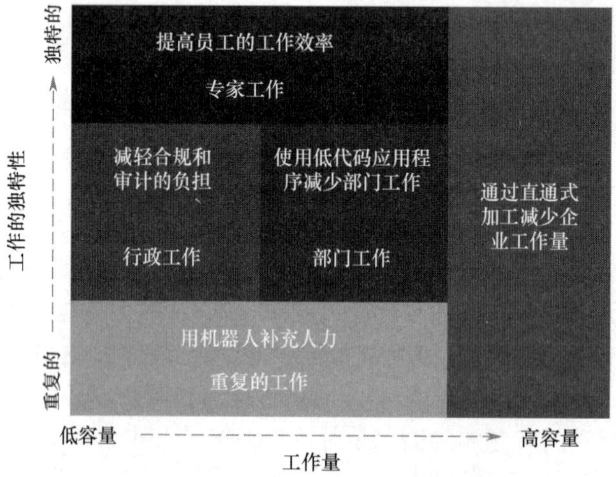

图 4-11　自动化支持的工作方式

2. 转型的过程、方法和工具

项目和项目集的成功实施需要一个管理系统来处理计划、控制、集成业务和技术过程的所有方面。

- IBM 的结构化项目管理系统解决了交付挑战，能够可靠地向客户交付商业承诺。
- 风险被更有效地管理，因为项目在客户的商业环境中得到了适当的定义，风险得到了清晰的识别和管理。
- 对角色、职责和可交付物的清晰定义提高了工作效率，通过使用知识管理加快了启动速度，减少了返工，提高了项目的生产效率。
- 沟通更容易、更清晰，因为客户和 IBM 项目团队组成得更快，使用了共同的术语。
- 增强客户对项目计划、进度和项目目标实际表现的可见性，有助于提高客户满意度。

IBM 全面的项目管理解决方案有三个维度：适应于项目和项目集的范围、广度和深度

（见图 4-12）。

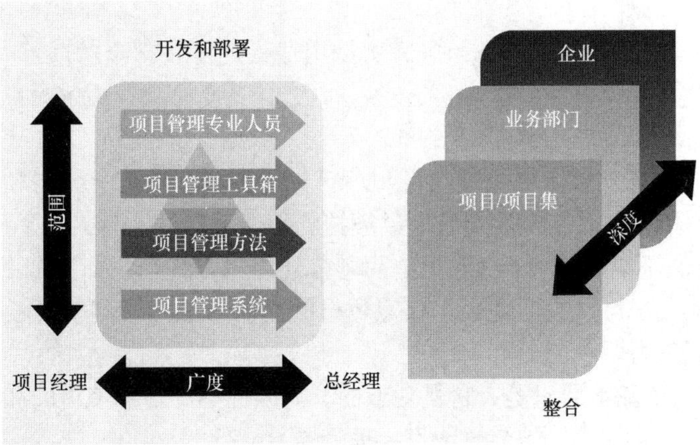

图 4-12　IBM 公司项目管理系统的三个维度

第一个维度是范围。IBM 已经开发了管理各种规模和复杂性的项目交付和项目集交付所需的项目引擎，并培养了专业人员。这些项目引擎包括全面的项目管理方法、项目管理工具箱、项目管理系统和一群在这些项目引擎方面受过培训且经验丰富的项目管理专业人员。项目引擎是集成的，因此它们相互补充和支持。

第二个维度是广度。确保了项目引擎（方法、工具箱和过程）是全面的和可伸缩的，以恰当地满足企业管理团队的需求，从项目到项目集再到项目投资组合。IBM 的 PM 专业人员也拥有从项目经理到执行人员的一系列技能和经验。

第三个维度是深度。深度处理项目或项目集管理规程、数据与企业各级管理系统的集成。

总之，项目管理方法包括构建 PM 可交付物，这些可交付物具有实现和控制项目或项目集交付所需的全部工作范围，具有适用从组织的顶部到底部都覆盖的广度特征，并且具有集成到企业本质的深度。

IBM 管理项目和项目集的结构化方法包括理解和满足客户的需求，以及适应客户的环境。项目管理系统是这种结构化方法的核心。

（1）IBM 全球项目管理方法。

IBM Methods 功能模块提供了关于如何以经过验证的一致方式构建和交付客户解决方案的指导。它们通过利用我们的智力资本、整合各种提议和价值创造的统一能力来提供市场差异化。IBM Methods 功能模块将我们独特的文化和方法直接嵌入日常工作中，使解决方案和交付更加稳健。应用敏捷、DevOps 和设计思维实践，以及认知工具，有助于加速向客户交付价值。

为了向项目团队提供实现全球项目管理的一致方法，IBM 开发了全球项目管理方法（Worldwide Project Management Method，WWPMM）。它建立并提供了关于最佳项目管理实践的指导，用于定义、计划、交付和控制各种各样的项目和项目集。IBM 项目管理方法的目标是为交付解决方案提供经过验证的、可重复的方法，最终确保项目/项目集成功并赢得满意的客户。WWPMM 深入地涵盖了人员、过程和业务环境的核心领域，并指定了 PM 工作产品的内容。

WWPMM 系统由三种不同的项目管理方法组成：用于管理全球项目的 WWPMM，用于管理复杂项目集的 WWPMM（Program），以及用于管理敏捷或混合项目的 WWPMM（Agile）。它包括与敏捷方法一致的工作产品。

WWPMM 描述了在 IBM 中管理项目和项目集的方式。它可作为指导所有项目管理活动的计划和程序的集合，以及为其实施提供证据的记录而形成文件。为了在 IBM 中通用和适用，项目管理方法不描述生命周期阶段，而是描述可以在任何生命周期中重复使用的 PM 活动组。这使得该方法可以灵活地用于任意数量的交付方法（预测型、敏捷型和混合型等方法）和任意的生命周期。

WWPMM 的一个基本要素是，它是动态的、响应性的、易于使用的和可适应的，以满足当今项目的要求，并使我们的全球项目经理受益。

帮助和使团队能够以一种简化的方式采用方法的主要好处包括：

- 解决方案和交付客户项目的方式更加一致。
- 能够利用方法和共同的工作实践获得更有效的项目交付。
- 跨业务部门能够更好地集成多产品项目和复杂项目。

项目管理方法只是 IBM 中存在的许多技术和交付方法之一。交付方法的另一个很好的例子是 IBM Garage，这将在本节后面讨论。

WWPMM 托管在 IBM 的 Method Workspace 平台上，以高度结构化的格式呈现经过批准的方法内容，使 IBM 的职员能够有效地查找、裁剪和采用，以适应他们的项目概况（根据需要可繁可简）。关键是用户能够轻松地使用最佳实践的工作惯例和最佳实践的产品。

使用 IBM 的 Method Workspace 如图 4-13 所示。

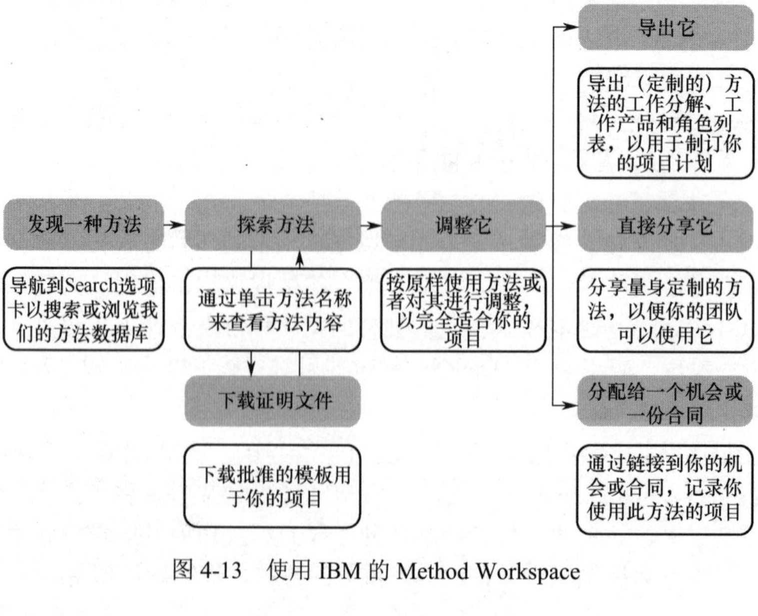

图 4-13　使用 IBM 的 Method Workspace

方法工作区为 IBM 的项目经理提供了一个项目最佳实践的中心资源。项目经理可以在商务领域或产品中选择合适的交付方法，其中嵌入了 IBM 的项目管理方法。工作空间为项目经理提供了灵活性，以剪裁交付方法和项目管理方法，用来满足区域事业部、商务部门或客户特定的需求，同时仍然保持方法采用的一致性。

—— Orla Stefanazzi, IBM 全球 PMCOE 通信项目负责人

（2）IBM 的项目管理工具。

在当今复杂的混合环境中，对一套易于采用、使用并且可以根据项目配置文件进行自我调整工具的需求从未像现在这样大。

IBM 的战略项目管理工具就是 IBM 项目集工作中心（IBM Program Work Center，IPWC）。IPWC 适合整个企业的各种项目和项目集，它以结合了最佳实践的、经过验证的模板形式呈现，同时支持针对特定客户需求进行定制。除全面的报告功能外，IPWC 还有内置的项目时间表及专门的工作中心，用来管理风险、假设、问题、依赖关系、变更、商业利益和文档。IPWC 具有与其他工具（如 IBM 的 Project Financial Tools、Jira、Box 等）的接口。IBM 的 WWPMM 与 IPWC 完全集成。

由 IBM 全球企业咨询服务部开发和使用的项目旅程指南（Project Journey Guide，PJG），是在设计时考虑到项目经理的另一个很好的应用程序示例。

该应用程序可以帮助用户轻松地浏览启动和关闭项目所涉及的复杂需求。它提供了一个循序渐进的指南。

- 需要做什么。
- 该做的时候做（When it needs to. be done.）。
- 完成任务需要遵循哪些步骤，以及任务之间的关系。
- 项目启动/结束的状态/进展。

PJG 为项目团队提供了一系列需要完成的活动，这些活动是与基于项目开始/结束日期的目标完成日期相结合的。PJG 的雷达视图允许团队将注意力集中在首先需要完成的活动上，然后继续处理那些可以稍后处理的活动。它很容易确定项目的启动或结束是在正轨上还是落后了。

PJG 提供了关于如何完成每个活动的几个级别的详细信息。新的和经验不足的项目经理可以在工作中学习，使用指南来帮助他们通过项目的关键阶段。

（3）IBM 的车库方法

IBM 车库（Garage）方法是一种采用若干灵活方法来满足不断变化的项目本质的方法。

IBM 车库方法体现了创业公司创造新工作方式的 DNA。在世界各地的车库，大大小小的公司都被授权创造引人入胜的解决方案。车库团队将帮助你在车间开始你的转型，在那里你可以设计和构建实际工作的 MVP，满足你的业务需求并在整个公司范围内扩展这些解决方案。

这些集成的实践以经验为基础（从全球范围的实施到文化变迁）形成一种单一的、无缝的端到端方法：IBM 车库方法（见图 4-14）。该方法推动了大规模的企业设计思维，为集中办公的团队和分散办公的团队构建了敏捷原则，利用 DevOps 工具和技术来持续交付和运营，培养数字化人才，实施文化变迁，并实现网站可靠性工程。

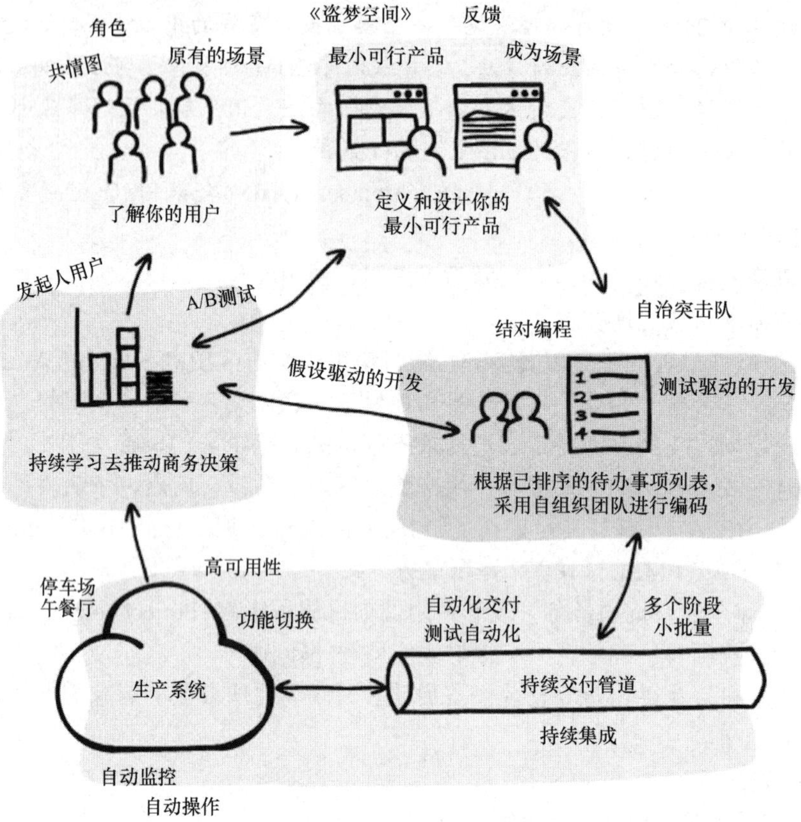

这是一个旅程示例：在云上创建新的应用程序。

图 4-14　在云应用中使用 IBM 的车库方法

从根本上说，车库方法是一种文化运动：一切都是关于人的（见图 4-15）。

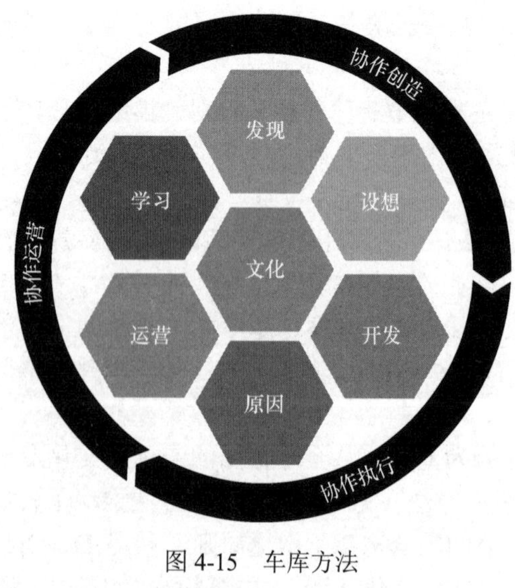

图 4-15　车库方法

该方法的主要原则：

- 设计和交付让消费者满意的解决方案，并实现可衡量的商业成果。
- 通过测试假设向用户学习，并根据结果进行调整。
- 快速迭代地交付价值。
- 通过自动化提高质量，减少劳动。
- 不要计划太多，不要期望太多；做足够有意义的事情。
- 当解决方案处于可靠、安全的生产中时，商业价值才会实现。
- 自主的团队效率更高。
- 多样化、多学科的团队创新和更快地解决问题。
- 有效的沟通是透明和愉快的。
- 原则指导实践。使你的实践适应你的文化和环境状况。

3. 项目管理职业资格证书

IBM 项目管理专业认证已经建立了一个端到端的过程，以“质量保证”参加认证的学员在项目管理认证旅程中的快乐前行。

专业人士可以根据他们的经验和技能以不同的级别进入该行业。参加认证学员的技能和专业知识的验证是通过认证过程完成的。认证流程如图 4-16 所示，由资格认可（初级和中级）、专业认证（高级、熟练级）和再认证（确保专业时效）组成。

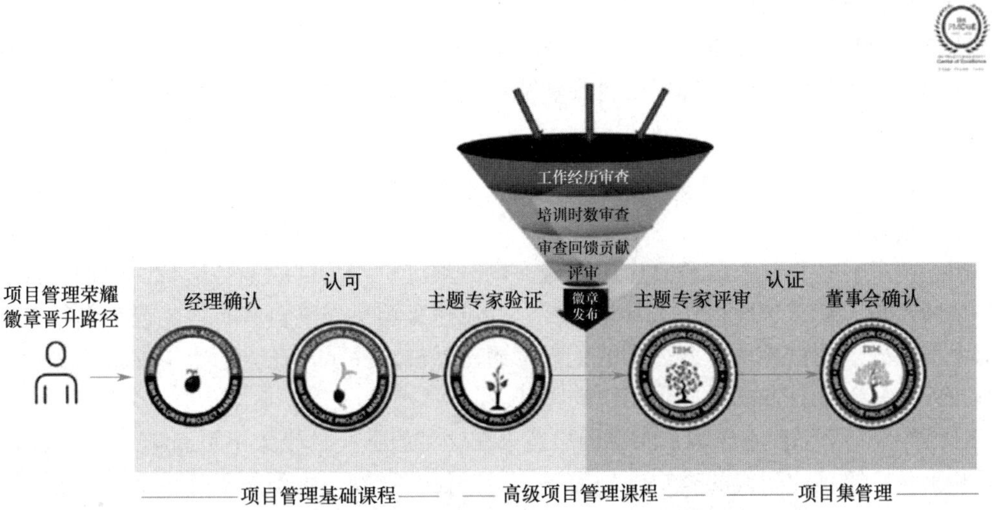

图 4-16　认证流程

每个徽章都需要教育和经验的结合，证明申请人具有跨越所有项目知识领域所需的技能水平和能力。认证级别还包括与主题专家的一系列验证访谈，以及对 PM 专业的回馈贡献证据。PMCOE 在 IBM 员工的认证过程中提供支持，包括训练营、网络研讨会、辅导和实训指导。

教育培训并不局限于项目管理的内容，在设计思维、敏捷思维、领导团队、协作和其他行为规范等领域的技能和传授越来越受到关注，这些已经成为他们成功的基础。

训练和/或指导也是跨 IBM 项目管理能力持续成功的关键。申请项目管理认证的 IBM 员工需要有一个 PM 导师/教练来支持他们在整个过程中管理自己的方式。成功获得认证的 IBM 员工被鼓励在他们的项目管理之旅中指导/训练其他后续参加认证的员工。事实上，指导后续 IBM 员工是再认证过程的强制性先决条件（也包括其他回馈方式）。

4．技能开发

我们对项目管理学习和项目经理学习做了重要区别。许多工作角色的员工都将受益于对项目管理的理解；而对项目经理来说，仅凭项目管理方面的强大技能是不足以成功的。

因此，我们的核心课程旨在向任何将受益的员工传授项目管理的学科知识，无论他们的工作角色如何，超过 50%的参培员工不是项目经理。除了结构化学习的核心课程，我们还提供广泛的课程内容，涵盖了额外的项目管理技巧、个人发展、领导力、行业洞察力、工具和技术等领域。

我们围绕核心课程提供结构化的学习路径，以确保我们的项目经理在项目管理学科的广度上有坚实的基础。然而，项目管理角色在其具体要求方面是非常多样化的，因此我们也提供了广泛的学习，可以最好地满足个人和角色的需求。

未来将不会是预测型项目管理与敏捷的两极分化世界。成功的项目经理将能够根据他们的具体情况选择正确的方法，并将它们整合到一个定制的项目管理系统中。在我们的课程中，我们越来越多地寻求将不同的方法融合在一起，并为我们的项目经理适应将要到来的混合世界提供装备。

也许最重要的是，在 PM 社区中鼓励成长心态和持续学习的文化是必不可少的。这与广泛的可用学习相结合，将确保项目经理能够欣然接受行业中的变化并蓬勃发展。

5．工作的未来

如前所述，新冠疫情不仅对健康和人类产生了前所未有的影响，而且使各行各业的企业产生了连锁反应。

组织的反应是将员工转移到家中避难，同时继续进行关键的业务运营。他们还调整了工作场所政策，部署了虚拟员工参与流程，并迅速采用协作平台来有效地虚拟执行工作。在这个不断发展的世界里，办公室的物理障碍已经被消除了，在一个虚拟的几乎等距的世界里，人们转向了分布式、自我授权的团队。

在这个新时代，IBM 全球企业咨询服务部在这种服务交付模式下重新构想了许多流程、方法和工具，不仅让我们的客户做好准备，帮助他们吸收不可预见事件带来的冲击，而且能够在中断的情况下帮助他们加速数字化转型。

根据 2020 年 IBM 商业价值研究所的一项研究，62%的高级管理人员现在计划在未来两年内加快数字化转型的工作。

然而，随着组织适应新常态，需要加速数字再造和加速云技术的采用，已成为增长的关键杠杆。

IBM 对数字再造的观点设想了一个由混合多云支持的智能工作流驱动的 Cognitive Enterprise™。然而，在远程的、非接触式工作的未知水域中航行，需要一种针对虚拟和物理工作模式设计的弹性交付模式。

IBM 全球企业咨询服务部已经发展并改善了其服务交付模型，以帮助他们的客户处理新的需求并继续推动持续的价值。他们称这种整体模式为动态交付。它将技术基础和网络中的人员与虚拟化方法整合在一起，并通过 AI 和自动化进行增强，以支持快速适应不断变化的商业环境。

它不仅仅是虚拟协作或自动化选择流程，它还代表了帮助企业在新常态下实现价值所必需的下一代服务交付。

动态交付包括三个关键组件，每个组件都具有一组已定义的功能：

（1）**交付基础：**满足灵活的服务交付模型所需的技术要求。

（2）**网络中的人：**为构建和管理虚拟团队、开发和部署新的参与方法、增强领导力模型及实现基于云的知识管理提供路线图。

（3）**非接触式交付：**使用由高度自动化和无缝虚拟协作支持的必要方法和工具框架。

这些组件和功能基于 IBM 全球企业咨询服务部在疫情暴发后对其全球运营进行虚拟化并成功交付多个客户参与项目所获得的见解。

“将所有这些整合到一个整体模型中，并使用一套强大且可扩展的工具、流程和方法，使我们的项目经理能够继续交付工作。”

—— Jim Boland, IBM 全球卓越项目管理中心负责人

4.17.5　结论

为了加深项目领导者对重塑世界的主要发展趋势的理解，项目管理协会确定了五大趋势，它们都有一个共同点：正在加剧已经悄悄进入我们社会的普遍排斥、破坏和不满。这些大趋势是新冠疫情、气候危机、民权运动、公民参与运动和平等运动、不断变化的全球化动态和主流人工智能。每一种趋势都会影响项目管理。

IBM 的持续承诺和重点是授权项目经理理解和接纳颠覆性技术，并为未来发展必要的技能，这将使我们的项目经理在未来的项目中取得成功。

他们必须敏锐地意识到他们所处的环境。

他们必须：

- 管理用虚拟工作方式工作了一年多的远程团队，了解如何在新冠疫情后适应病毒大流行的新现实。
- 领导雄心勃勃的创新项目，以应对气候危机，并了解气候影响项目决策。
- 促进项目团队和客户团队的多样性和包容性，在个人被边缘化或被排斥时大声疾呼。
- 鼓励和支持青年和英才参与项目计划。
- 利用智能自动化来增强项目交付，为 IBM 公司和我们的客户实现显著的利益。

在一个快速的技术进步和颠覆性变革的世界里，未来的项目经理肯定会面临若干挑战。但是，有谁能比那些了解变革规模和利害关系的人更能领导这场变革呢？这些人已经证明了他们敏捷、灵活和忠诚的能力，并且一次又一次地为他们的组织提供战略、财务、商业和运营方面的好处。项目经理和项目管理的未来看起来确实很光明。

作者简介

Jim Boland，IBM 卓越项目管理中心负责人。

Orla Stefanazzi，IBM 卓越项目管理中心通信项目负责人。

Noel Daly，IBM 卓越项目管理中心项目管理专业领导。

Michael Coleman，IBM 学习中心项目管理学习计划经理。

4.18 注重结果的工作

在未来的组织中，项目的执行将与商业价值有更紧密的联系。在过去的十年中，项目管理过程和原则的学习和成熟表明，项目团队已经准备好挑战传统的繁忙工作，并对如何看待成功的各个方面提出了质疑。围绕价值流的最大转变已经发生，人们注重关注结果而非产出。这种转变得到了数字化的有力支持。数字化使得更有效的模拟成为可能，并推动了增量交付思维的成功。这种思维开始主导项目工作。

未来将继续看到这种面向价值转变的思维主导项目工作。这也可能是跨整个组织决策层的情况，并被组织的董事会作为未来治理的一种出色方式的示例。数字化在此也已经为第二个子元素做好了准备，随着技术的发展，反馈的潜力越来越大，获取反馈的途径也越来越简单。丰富的数据分析使我们能够深入了解明显的问题原因、了解表面数字和趋势的原因，并更深入地了解根本原因和进行复杂的多因素分析，以便加快在跨项目组合中交付有意义的结果。

下一节迪拜海关的卓越案例说明了正在发生的颠覆，它有助于塑造未来的思维转变，提高组织对合作的理解，增强组织对合作的执行。

4.19 卓越行动：迪拜海关①

迪拜海关正在通过开发“人工智能虚拟助手”，颠覆项目管理角色。

在未来新一波颠覆性技术的推动下，数字化转型和第四次工业革命正在各行各业加速发展。在迪拜海关，我们将利用好技术颠覆可能创造的未来机会，坚持持续改进和不断创新。在许多方面，通过有效地利用不断涌现的新技术，可以成为全球舞台上的先锋。

随着数字化成为迪拜海关 DNA 中不断增长的一部分，我们考虑在未来的项目管理角色中，通过增强适应能力和终身学习来接受颠覆性技术，从被动转变为主动，从而提高我们的投资组合和项目管理实践的成熟度。根据我们下一步的改进和创新，迪拜海关目前正在探索使用人工智能来创造一个新的时代。在这个时代，人类和机器将合作交付项目，执行战略，并为我们的主要干系人提供洞察力。

使用今天的标准化项目交付能力，我们可以改善基本过程之间的协作，提高效率和有

① 本节资料由迪拜海关项目交付部高级研究主管/卓越专家 Ajith Nair 提供。版权归迪拜海关所有，经许可转载。

效性。此外，今天使用的项目管理工具将帮助我们的项目集经理和项目经理优化他们的效率，并根据 KPI 和项目里程碑跟踪关键指标。然而，这些当前的工具只是告诉我们在哪里需要提取与项目相关的信息。这些工具目前不能预测"如果……怎样"，不能预测未来的场景，也不能在重大问题出现之前主动提醒我们的项目经理。

根据预期的未来场景，迪拜海关项目交付部门已经开始概念化创建具有定制知识库的人工智能虚拟助手的需求。该虚拟助手将与我们的项目经理一起工作，提供所需的工具。这些工具将推出与项目相关的信息，以代表我们的项目经理主动思考和执行，并以更高的效率和更好的效果提供按需实时的项目信息（见图 4-17）。

图 4-17　AI 颠覆了项目管理

创意探索通过运用机器学习技术，从我们的历史项目数据中汲取洞见，从而使项目管理工具能够为决策过程提供更有力的支持和更高的准确度。这组算法将持续学习并适应，以优化未来的表现，连接所有必要的活动来计划、预算、执行和跟踪项目，从开始到结束有效地管理项目，同时有 AI 虚拟助手协助，帮助项目经理更好地驾驭他们的项目预测。

利用 AI 虚拟助手进行项目管理

在概念验证中，项目交付部门与创新部门合作，使用加速的探索性实验室方法，从 PMO 收集了大量与项目状态和进度报告相关的项目数据。这些数据是为不同的干系人和高层管理人员开发的。AI 虚拟助手将通过代表项目经理执行行政管理和承担重复性任务来协助他们，提高项目经理的技能（见图 4-18）。

图 4-18　构建 AI 模型

AI 虚拟助手需要执行的实时操作如下：

- 数据管理：输入、收集和分析。
- 项目进度表：从多个输入源准备和更新进度表。
- 状态报告：通过标记异常来生成状态报告，以提醒项目经理。
- 互动媒介：与项目经理积极互动，及时通知他们逾期任务、进度约束和项目干系人的请求，同时更新他们当前的工作量和任务管理。

- 自动分配：将任务分配给设定目标日期的人，发送当前行动和后续行动指令，组织会议，分析变化，并向各自的团队发送提醒。

协作团队为AI虚拟助手分析项目报告数据集，以提供有关趋势、预测和项目经理绩效的更好见解。风险和问题的项目管理工具数据库、变更请求、附有基线历史和项目经理信息的进度计划，以及资源利用信息，也为AI系统提供了重要的输入。

开发的AI虚拟助手提供了一个自然语言界面，允许用户以“类似人类的方式”查询数据，回应与项目相关的信息，提高可用性，允许实时访问信息，并给项目经理和项目交付主管采取行动提供建议。AI虚拟助手以极高的速度和准确性为任何高管和任何部门提供关键的实时信息访问，从而减少了项目经理的操作工作量。

在迪拜海关，我们相信持续改进和不断创新嵌入了我们的 DNA。2020 年，迪拜海关还为项目管理办公室及其组织和领导者赢得了世界上最大的专业奖项，赢得了“世界年度最佳项目管理办公室”和“亚太年度最佳项目管理办公室”奖项（见图 4-19）。

人工智能虚拟助手原型只是在项目管理中利用颠覆性技术潜力的“垫脚石”，并展示了项目经理和人工智能如何在数字时代共同应对未来的挑战。

图 4-19 PMO 全球奖

4.20 不断变化的工作方式

任何关于“常态”的讨论都不适合未来十年。在数字化的未来，以越来越快的速度去适应它，训练我们自己，不断地重塑我们自己和我们的互动，这是绝对必要的。框架的这个元素处理了两个子元素。第一个是干系人相关性的设计。数字化使我们对与干系人的密切关系有了非常不同的、更高的认识。在接下来的十年里，干系人的分析将不再是事后的想法。人工智能将极大地帮助人们找到有效参与的模式，以实现成功的可重复性，并建立一个前所未有的组织卓越模型。

数字化对项目工作的另一个关键影响是激发下一代劳动者的活力。未来十年，大量数字创始时代的员工将成为领导者，这种日益向数字化解决方案的转变也将成为一种必须。这将有助于创造更高层次的动机和能量，并与不断尝试不同事物的潜力联系起来，且能立即看到技术支持的游戏和测试的结果。

下一节中 Wuttke & Team 的例子很好地说明了在“全民开发”这个术语的保护伞下，如何将项目管理扩展到软件开发领域。这是对工作世界的巨大颠覆，并补充了组织在前进道路上必然遇到的许多转变。

4.21 卓越行动：Wuttke &Team 公司①

4.21.1 全民开发项目管理

在项目管理的广阔领域中出现了一种新的创举。这种创举被称为“全民开发”（Citizen Development）。乍一看，它的名字确实很奇怪。这种创举的有趣之处在于，它不是一种新的项目管理方法，也不是现有方法的任何变体。全民开发是一种软件开发方法。所以，一开始这一方法是关于软件的，而不是关于项目管理的，只是项目管理在这种方法兴起的后面发挥了作用。

4.21.2 全民开发到底是什么？

全民开发是由非专家开发的 IT 产品。因此，门外汉不叫门外汉，而叫公民。换句话说，全民开发听起来比由不懂 IT 的人进行软件开发要好。这是一种 IT 开发的民主化，因此最终每个人都可以在“LowCode/NoCode”应用系统的帮助下进行编程。

乍一看，这令人惊讶，好像世界上的 IT 部门都没有希望了，更别说是威胁了。就在昨天，IT 部门从业务部门收集了所有这些私人开发成果，并再次集中起来。这些私人的个人开展也有一个好听的绰号——“影子 IT”，指的是超出 IT 经理控制的增长。谁不知道大量的私人电子表格用有想象力的宏编程创造了许多奇迹，并使许多数据库崩溃？从这个角度来看，全民开发像将近年来的坏习惯合法化了。

然而，事实并非如此。一些半生不熟的编程和其他不为人知的增长与新的全民开发理念之间的巨大区别在于，这一次 IT 完全参与其中。在理想情况下，全民开发的引入也将在 IT 部门的领导下进行。

4.21.3 影子 IT

让我们再快速看看“影子 IT”。其实也没那么糟，不然它也不会传播得这么快。在越来越好的软件功能模块的帮助下，专业部门中的许多变通方法得以成功实现，并且它们也展示了它们有效的支持。

这是好的一面。笨拙的是不受控制的扩散：几乎没有任何记录。发展依赖个人，“影子 IT”变得越强大，头脑的垄断就越强大。然而，由于波动，它很快又会“归零”。如果“影子 IT”不仅读出数据，而且更改或处理数据，那么由于不一致造成的或多或少的伤害只是时间问题。

这些问题在某种程度上得到了彻底解决：人们试图用树桩和棍子铲除“影子 IT”。它

① 本节资料由 Thomas Wuttke（PMP、CSM）提供。他是 Gita 品牌 Wuttke & Team 公司的总裁兼首席执行官。Thomas 是项目和风险管理的作者、演讲者和高级培训师。版权归德国 Gita GmbH 公司所有，经许可可转载。

被禁止了、关闭了，只允许中央批准的模块、功能和/或应用程序运行。可以说，花园里的杂草是用橙色落叶剂清除的。

遗憾的是，这些优势也随之消失了。这正是需要“影子 IT”的地方。它只被那些确切地知道自己需要什么的人使用。它不需要编写范围说明书，也不需要提交任何内容。它的创作过程是“精简”的最佳意义。这是必要的，因为问题并没有减少。

4.21.4 全民开发=优势 IT

然而，那些试图通过专业人员在集成 IT 开发的意义上实现其本地部门需求的人得到了完全不可接受的截止日期（在最好的情况下）。

如何看待减少缺点和进一步利用优点？瞧，这就是全民开发。

IT 专业人员可以专注于真正的大挑战，并将资源集中在非专业人员无法解决的任务上。因为全民开发并不意味着从现在开始所有的事情都必须由外行人来做。但我们仍然面临着 IT 专家供不应求的问题，而且他们认为微不足道的问题堆积如山，而由于能力原因，这些问题根本没有得到解决。

在大多数情况下，这些主题的实现（不管它们是否微不足道）都需要请求者和执行工作的人之间进行密集的沟通。

如果请求者不必以复杂的方式描述他们的任务并与 IT 沟通，而是自己处理它们，你会怎么想？这些请求者不知道如何编程，然后有了 IT 的支持。

4.21.5 为普通人编程

程序生成器很少或根本不了解代码，也可以进行编程。这方面的技术术语是“LowCode/NoCode”。为简单起见，我们在下面将这些代码生成器缩写为 LoCoNoCo。

全民开发的目标是解决业务部门的简单需求。这些可以非常简单，如设计具有集成合理性的表单。许多工具本身已经可以做到这一点，但是工作流的映射与来自中央数据库的数据集成也是全民开发。在这里，渐进的复杂性已经变得清晰可见，从简单的合理性检查表单到使用全民开发的工作流再到专业应用程序的转换是流畅的；没有硬性的接口，可能影响的范围和边界需要在公司特定的基础上进行协商。

4.21.6 数字化需要全民开发

在接下来的几年里，日程上会有很多变化，IT 部门的人员短缺将不可能处理所有的工作量。为了跟上世界飞速发展的步伐，必须有一些方法，至少要将开发的部分权力交给专家甚至用户。根据领先咨询公司的保守估计，未来几年应用程序的数量将增长 10 倍。更糟糕的是，根据 Gartner 的数据，到 2025 年，大约 70%的应用程序甚至今天还没有被开发出来。这个庞大的数字化项目正在等待实施和处理。

然而，目前我们甚至没有考虑到公民和专业人员之间的接口，只要我们和公民在一起就够了。因此，如上所述，专业部门现在具有以简单的方式开发和实现自己的应用程序的理论能力。LoCoNoCo 解决方案的供应商也提出了这方面的建议。好好想想最后的结果就够了，我们在手机上有一个现成供应商质量控制的应用程序。嗯，不完全是。

4.21.7 全民开发和全民开发项目管理

也许通过 LoCoNoCo 平台，开发变得相对容易，而且可以做得很好。然而，这并不意味着底层项目（即使它相对较小）也很容易管理。

如果我们看一下典型的项目管理过程，很快就会发现范围一直是一个具有挑战性的问题。如果在 LoCoNoCo 环境中没有适当地引出需求，公民很快就会没有自己做 IT 工作的愿望。

这就是真正的挑战，也可以说是关键的全民开发风险。因为技术实现看起来如此简单，这种简单性也被投射到项目上（我们现在需要一个什么项目）。然而，如果产品开发和实施过程之间的这种不必要的混淆意味着没有适当地利用全民开发的机会，那将是一种耻辱。

4.21.8 公民项目管理是敏捷的

只有敏捷方法适合全民开发环境中的项目执行。干系人不会理解尝试用瀑布方法解决问题的想法。相反，他们需要快速成功，并不断扩大和扩展。另一方面，使用像 Scrum 这样的方法来实现全民开发项目是没有意义的，必要的框架条件甚至都不具备。我们需要的是一种敏捷方法，不是 Scrum，而是紧紧地依靠到目前为止收集到的好想法和好经验。

4.21.9 全民开发项目的特点

如果我们假设业务部门现在在某种程度上，在构建工具包的帮助下，在中央 IT 的支持下，他们自己创建了应用程序，那么这种环境通常具有以下实施全民开发项目的框架条件：

（1）与日常业务一起运行，因此始终具有优先权。

（2）整个部门很少从事开发工作。

（3）没有专属的开发团队。

（4）在团队内部角色是转换的。

（5）没有专门的“敏捷”或“Scrum”主管。

（6）产品负责人和团队也可以重叠，没有水晶般清晰的职责分开。

（7）根据应用程序的大小，这些也可以是简单的一个人项目。

（8）多任务处理的巨大危险，加上同时开发几个应用程序的诱惑。

现在的问题是全民开发应用程序的理想项目设置是什么样的。

虽然现在不太受欢迎，但我们还是会将全民开发项目划分为至少三到四个时间段。在过去，这些时间段被称为阶段。我们在这里也把它叫作阶段。

随着经验的积累成熟，第一阶段可以变得越来越短，最后它可以完全被省略，因为这个阶段涉及的是了解和熟悉全民开发方法，参加全民开发方法的应用培训，体验全民开发环境。

4.21.10 阶段 1：熟悉

假设需要的基础设施已经到位。选择了合适的 LoCoNoCo 平台，与 IT 部门建立联系并达成了合作协议。对于第一个项目，因培训和适应而增加的工作必须添加和考虑。也许使用这个工具的基本规则在部门内部达成了一致，但可以肯定地说，不是每个人都想同时尝试这个新工具。

4.21.11 阶段 2：构思范围

这里的核心问题是，我们想要实现什么？成千上万个项目的经验告诉我们，这个阶段不能被搁置或过快地跳过。应用程序实际应该采用什么范围？这里出现的问题是典型的项目管理问题，实际上完全独立于项目方法；或者正是因为我们在敏捷地开发整个东西，我们仍然被允许在完成之前使用我们的大脑。

非常典型的问题是，用户群的需求是什么？成功实施后的世界是什么样子的？必须考虑哪些框架条件？做出了哪些假设？系统必须在什么时候可用？谁会受到执行开发工作的影响？人们有什么变化？使用者需要接受培训吗？谁都能做出有意义的贡献吗？

如果你一开始就认为这太严格了，那么你就有可能重复同样的错误，因为几代项目经理在过去 50 年里一次又一次地经历过同样的错误。这时要抵制立即开始编码的诱惑。

问你自己一个关键的问题：你到底希望系统改进什么？让同事参与进来，并在创意过程中使用最重要的工具——便利贴，不管这个会议是在网上还是在现场进行。便利贴有真实的和虚拟的两种。让想法在头脑风暴会议中自由流动，也许有些方法你没有看到，甚至比你最初的想法更好。

根据这些想法构建未来应用程序的待办事项列表。什么是待办事项列表？简单地说，它是你的想法的统一汇总表。通常，要求单个待办事项完成也应该始终承诺获取一个好处，并且应该遵循一个清晰的句法。

在全民开发环境中，我们不会这么教条。巩固和总结这张想法清单就足够了。然后，总结会产生待办事项元素，这在 Scrum 中称为用户故事。你可以这么叫它，但我们叫它待办事项列表元素。从用户的角度描述此要素并描述其功能，如当采取某些行动时应该发生什么。

示例：当满足所有验收标准时，应打印日志。

现在，如果你的待办事项列表有 10 个、20 个甚至 50 个这样的元素，那都不成问题了。生成元素没有上限，也没有截止时间。你可以随时开发、继续、重写或折叠此列表。不过，对你来说，想出某种最小范围是个好主意。假设你的 36 项待办事项中，哪项需要完成才能使初始范围以有意义的方式工作。

这么多待办事项也有好处，当第一个版本部署并运行时，世界会变得更好一些。继续我们的例子：假设你已经确定了 36 个待办事项元素，但是如果列表中最重要的 11 个元素已经开始工作，你就会感到满意了。

4.21.12　阶段 3：进入循环

这样阶段 2 就完成了，但是我们可以在任何时候恢复积压的工作并继续循环。或者说，第二阶段已经完成了，但我们可以随时返回。

在第三阶段，我们考虑以下几点：

（1）我们想从例子中提到的 11 个元素中的哪一个开始？

（2）“唾手可得的果实”在哪里？

（3）我们第一次挥杆要花多少时间？

（4）谁能在不忽略日常业务的情况下，帮助开发？

（5）我们认为这项工作什么时候完成？这是在一开始就要问的一个非常重要的问题。在敏捷专业领域，这被称为完成的定义。通过尽早定义它，你可以节省大量的讨论。

在我们的例子中，假设我们为第一次挥杆选择了 4 个待办事项，并为它留出了一个月的时间，那么我们已经可以创建一个会议并邀请感兴趣的干系人了。这也让整件事更有约束力。

在这个月，我们会不会一次又一次地研究这四个待办事项，这取决于日常业务如何让我们获得这种乐趣。

我们停留在第三阶段，重复这个迭代，直到确定 11 个待办事项元素。如果因为加了别的东西，它变成了 13 个待办事项，那也没什么大不了的。

重要的是，我们总是在迭代开始时确定迭代的持续时间，而不会盲目地坚持 4 周或 3 周，也可以是 1 周或 6 周。固定的迭代持续时间适用于固定的团队和专业环境。我们保持它的灵活性。

4.21.13　阶段 4：给它注入生命

在我们的示例中，一旦我们完成了 11 个待办事项，那么现在是时候将应用程序转换为实际操作了。这种向实时操作的转换可以悄悄地完成，不需要进行重大查询，因为它是不言自明的。或者我们可能需要为一小群参与者组织一个培训课程，或者开一个研讨会，或者开一个简短的在线会议或网络研讨会。在任何情况下，都不要低估沟通对于操作的作用。

4.22　数字化与项目未来路径

未来的工作将继续看到数字化转型项目成为常态，以至于这个术语甚至可能不再被提及。正如“项目管理工作洞见连载：问题八”[①]中所提到的，当 10 倍规模的压力仍然是世界组织的战略优先事项时，拥有端到端的良好链接的生态系统方法对于数字化转型的成功

① Al Zeitoun，“项目管理工作洞见连载：问题八”，载于《项目管理》杂志 Vol. XI，2021 年 8 月。

至关重要。图 4-20 所示的成功模型是实现这种成功的建议模型。重要的是，我们要在文化、制度和流程之间保持适当的平衡，并密切检查，且与未来组织的卓越愿望保持一致。

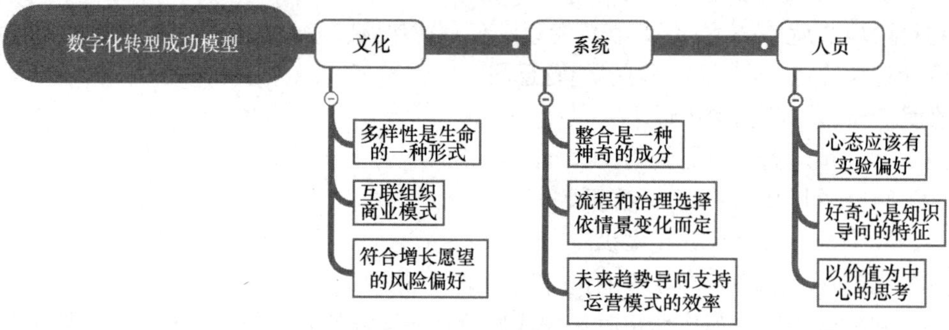
数字化转型成功模型
文化
多样性是生命的一种形式
互联组织商业模式
符合增长愿望的风险偏好
系统
整合是一种神奇的成分
流程和治理选择依情景变化而定
未来趋势导向支持运营模式的效率
人员
心态应该有实验偏好
好奇心是知识导向的特征
以价值为中心的思考

图 4-20　数字化转型成功模型

第 5 章 支柱 5：不断发展的项目交付技能

5.0 引言

项目经理所处的环境正在发生重大变化，尤其是那些涉及全球市场的战略项目。我们的项目正变得越来越复杂。时间和成本的重要性不再是客户和干系人心目中唯一的成功标准。客户希望看到他们资助的项目中确定的商业价值。

所有的新过程（如战略项目所需的灵活方法），都有其优点和缺点。有时，优点和缺点一开始并不明显，这在为潜在的项目团队成员设计新技能的培训计划时就会产生问题。一个例子就是使用灵活的方法所带来的需求管理实践的改进。

在传统的项目中，使用一刀切的方法存在对工作说明书的严重依赖，并伴随着这样一种信念，即一旦项目范围定义好了，它将在整个项目期间保持不变。灵活的方法明确指出，由于不断变化的客户需求，范围确认必须贯穿整个项目。与客户和干系人的合作应该持续进行，而不仅仅是在项目启动和项目结束时。

灵活的方法使得项目经理正在管理的工作内容不仅是一个项目，还是公司整体商务的一部分，因此期望项目经理做出决策时，既要考虑项目，还要考虑公司的商务。项目团队现在有权访问信息库和知识管理系统，并与高级管理人员保持联系，这样他们就可以承担以前由项目商务分析师担负的大部分职责。与商务相关的项目衡量标准现在是项目管理信息系统的一部分，这在分析不断变化的范围时变得很重要。需求管理实践现在被视为项目管理团队的核心能力，这导致了持续解决问题和决策所需的新技能的产生。

项目经理必须学习新的技能，为未来项目的挑战做好准备。项目决策不再是一个人的努力。历史上，与商业价值相关的关键决策是由项目发起人和高级管理层做出的。今天，人们期望项目经理来组建领导解决问题的团队和决策团队。这根支柱是由前面讨论的支柱所驱动的，即战略项目的增长，团队授权的需要，以及新的项目领导风格。

大多数项目经理从未接受过解决问题、头脑风暴、创造性思维技巧和决策方面的培训。他们把经验作为主要的老师，依照明确的商业论证和工作说明书办事。虽然这听起来是一种合理的方法，但对庸庸碌碌的项目经理来说，这可能是毁灭性的，因为他们最终只是从自己的错误中学习，而不是从别人的错误中学习。

5.1 问题解决与决策

项目问题解决能力和决策能力可能成为下一代项目经理面临的最大挑战。在传统的项目中，问题被解决，决策被做出，是基于定义良好的商业论证和工作说明书中的信息的。在标准表格、指导方针、模板和检查表中可以找到其他信息，这些信息是由万能的方法规定的。项目经理依靠经验行事，如有必要，还需要项目发起人的协助。

今天，项目经理所处的环境正在发生重大变化。我们的项目变得越来越复杂，许多项目都具有战略意义。在客户和干系人心目中，时间和成本的重要性达到了新的高度。未来的决策可能成为基于价值的决策。所有这些都给项目经理带来了挑战：他们如何识别问题并做出决策来解决问题。使事情更加复杂的是，项目经理现在有承担管理企业商务的部分职责，而商业决策可能是项目经理不熟悉的领域。项目团队必须接受问题识别技术和问题解决技术方面的培训，如果做不到这一点，可能会对战略项目的结果产生严重影响。

5.1.1 具有挑战性的项目管理情景

下面的六种情景说明即使一些简单的项目也会有复杂的问题，需要做出艰难的决策，尤其是项目经理不习惯做出的那些艰难决策。

1. 情景一：凤凰城项目

斯科特（Scott）听到了关于凤凰城项目陷入困境的传言。人们纷纷离开凤凰城项目。斯科特很庆幸自己与凤凰城项目没有任何关系。遗憾的是，这一切即将改变。

斯科特是一位训练有素的项目经理。他是 PMP，在遵循公司开发的企业项目管理方法方面表现出色。该方法提供的表格、指导方针、模板和检查表使管理项目变得容易。有时，斯科特甚至认为，作为一个项目经理，这就像一个“不需要动脑筋的人”。一切都为他安排好了，他所要做的就是遵守规定。

周五下午，斯科特被告知凤凰城项目的项目经理被重新任命：他将接管这个项目。此外，该高管还提出以下主张：

- “我们正在考虑取消这个项目，但我们想看看你能否拯救这个项目。”
- “我们知道我们需要一份新的商业论证，因为我们永远无法实现原商业论证所期望的所有商业价值。”
- “你必须想出一个不同的解决方案，一个有望奏效的解决方案。”
- “我不确定高管们能给你多少支持。你独自上任，当然你可以组建你的团队。”
- “我希望你在一周内拿出一份恢复计划给我看。”

斯科特习惯于所管理的项目开始时具有良好定义的期望、清晰的商业论证和良好的工作说明书。时间不再是一种摆设，甚至不再是一个简单的约束，它现在是一个关键的约束。

企业项目管理方法中的表格、指导方针、模板和检查表没有考虑到这种情况。此外，斯科特从未参加过任何需要头脑风暴、问题解决和关键决策的会议。现在很明显，斯科特没有资格担任恢复项目经理。

2. 情景二：布伦达的困境

布伦达（Brenda）以前在管理项目时从未被置于这样的位置。在过去，布伦达认为她应该根据技术做出基于项目的决策。但是在这个项目中，布伦达需要同时做出商务决策和项目决策。在此之前，布伦达在商务决策上严重依赖她的项目发起人。但现在，似乎大部分商务决策都落在了她的肩上。

她的项目发起人不再希望在没有额外数据的情况下听到问题。在过去，项目经理倾向于将他们的问题发送给他们的发起人，最终由发起人来解决问题。很快，发起人就把更多的时间花在解决项目问题上，而不是执行他们的工作描述所规定的活动。为了解决这个问题，发起人现在告诉项目经理："除非你也带来了备选方案和建议，否则不要带着问题来找我们！"

布伦达在根据时间、成本、范围、质量（有时还有风险）的约束条件来制定基于项目的决策方面经验丰富。但是，做出商务决策需要考虑额外的约束条件，即安全、形象、声誉、公益、干系人关系管理、文化、未来业务和客户满意度。

布伦达的项目团队主要由工程师组成，其中许多人从未参加过任何商务课程。他们懂得技术，懂得如何开发技术备选方案，但他们对市场和销售活动知之甚少。她团队中的许多工程师也是自以为是的人，他们认为自己的意见才是唯一重要的意见。

把所有这些人放在一个房间里，要求他们去制定和评估解决问题的备选方案，这当然是困难的。布伦达不知道从何说起。

3. 情景三：头脑风暴会议

保罗（Paul）很高兴所有的分包商都愿意派技术代表参加头脑风暴会议。保罗的公司从他们最重要的客户那里赢得了一份开发新产品的合同。这份合同涉及最先进的技术，保罗的公司只有通过分包才能获得这些技术。

客户在分包商的选择过程中与保罗合作。客户从项目一开始就知道项目存在风险，如果不做出重大权衡，产品可能无法开发。客户最初的工作说明书更多的是一份"愿望清单"的可交付物，几乎没有完成的机会。

随着问题越来越多，保罗和客户一致认为，项目的方向必须调整，以尽可能多地挽救项目的已有价值。分包商必须参加头脑风暴会议，因为他们拥有关于什么可以做、什么不可以做的专业知识。保罗对每个出席会议的人都能就项目的新方向达成一致抱有很大的期望。

保罗参加过其他头脑风暴会议，他知道所有的想法都应该被列出，但不要立即评估或批评，要到一段时间后甚至可能在会议结束后才能进行评估。但是由于有几个供应商不在本地，保罗选择使用名义小组技术来组织会议，每个人都将提出自己的想法，并立即接受评估和批评。

每个分包商都提出了他们的理由，说明为什么他们的方法是最好的。尽管几个分包商的想法可能会合并成一个可行的解决方案，但每个分包商都拒绝改变他们的立场。分包商的坚定立场表明，他们更感兴趣的是他们能获得多少后续业务，而不是什么是客户的最佳利益。

保罗现在有麻烦了。他怎样才能让分包商一起工作，提出一个大家都能接受的方向呢？保罗以前从未遇到过这种情况。显然，这不是保罗所期望的问题解决会议的结果。

4. 情景四：信息的缺乏

约翰（John）是一位经验丰富的项目经理，至少他认为自己是。他的公司有一套企业项目管理方法体系，其中包含适用于任何情况的表格、指导方针、模板和检查表。这是一种一刀切的僵硬方法。遗憾的是，对于约翰目前的困境，没有任何预警信息。

工作说明书对于项目应该采取的方向阐述得相当清楚。每个人都知道技术方法是乐观的，但可能无法实现来满足商业目标。在准备项目计划时，主要的计划目标是"最短时间"，以便将产品快速地推向市场。但是，由于技术方法不起作用，有必要重新为项目定向，制订一个新的项目计划。

约翰不知道计划目标是否仍然是"最短时间"，或者是否会改为"最小风险"或"最低成本"。

约翰还意识到他需要工程、制造、市场和销售方面的额外信息来解决他的问题和制订新计划。约翰第一次试图收集解决问题的信息时遇到了阻力。约翰很快意识到信息是权力的源泉，而这些职能部门不愿意给约翰提供他所需要的信息。关键信息的缺乏使约翰陷入了困境。工程部门无法确定哪些新的技术方法是可行的；在不了解工程设计的情况下，制造部门无法提供有关制造成本的任何信息；销售人员在不知道制造成本的情况下无法提供任何信息；在提供信息之前，市场部想要确定新设计是否有市场需求。

约翰多次去职能部门寻求帮助。答案总是一样的："让我考虑一下，然后再给你答复。"约翰还不愿意认输，也不愿意承认失败，他找到他的发起人营销副总裁，向他汇报了当前的情况。在了解约翰的困境后，项目发起人回答说："我可以从我们的营销人员那里给你一些信息，但你要自己搞定其他职能部门。我们的职能筒仓周围有砖墙，我无权动用其他职能领域的任何资源。你必须尽你所能做到最好。"约翰回到自己的办公室，开始考虑自己在公司的未来。

5. 情景五：信息泛滥的困境

安妮（Anne）被指派负责一个创造新产品的项目。虽然安妮在项目管理方面很有经验，但是她的许多新分配的团队成员在项目工作方面几乎没有经验。安妮知道，一旦项目开始，她就可以帮助他们，但在制订项目计划时，在问题解决和制定决策的过程中，更大的问题有可能已经出现。

在项目开工会议上，安妮详细地看了一遍工作说明书。她确信每个人都明白该怎么做。安妮指示每个人在一周内重新开会，告知各自在项目上的具体进程。安妮需要从每个人那里得到的信息是：

- 每个工作包所需的工时。
- 每个工作包所需工人的技能等级。

- 每个工作包的工时成本。
- 每个工作包的持续时间。
- 每个工作包的预期风险。

当团队被重新召集时，大多数团队成员都带来了备选方案。许多备选方案都有乐观的、最有可能的和最悲观的估计。一些团队成员带来了他们先前成功完成的五六个项目的历史数据。

这不是安妮所期望的。她现在被信息淹没了。更糟糕的是，安妮知道自己的局限性，她认为自己无法根据团队成员提供的大量文件做出决策。安妮必须想办法限制信息的泛滥。

6. 情景六：假设的影响

卡尔（Karl）是一位非常有才华的工程师，他的经验仅限于工程项目管理活动。卡尔理解他所管理项目的约束条件，但从未提供任何假设，特别是与项目的商务决策相关的假设。

对于卡尔过去管理过的项目，卡尔主要做与技术相关的基于项目的决策，所有与项目商务方面相关的决策都是由项目发起人做出的。但是对于卡尔现在管理的项目，卡尔被期望同时做出项目决策和商务决策。商务决策需要假设并理解假设。

卡尔意识到所选择的技术方法和预期的技术突破可能无法实现，选择一种新的技术方法肯定会延长项目工期并增加成本，但是调整项目的方向肯定会对市场和销售活动产生影响，特别是对一个长期项目。在项目实施期间，特别是在长期项目中，期望不发生变化的一些假设包括：

- 借款和项目融资的成本将保持固定不变。
- 采购成本不会增加。
- 技术上的突破将如期发生。
- 所需的技能资源将在需要时提供。
- 市场会欣然接受这种产品。
- 我们的竞争对手赶不上我们。
- 风险小，且容易降低。
- 政治环境稳定。

卡尔看着这些假设，想知道这些假设会如何影响问题解决和决策制定。

5.1.2　对新技能的需求

如前所述，决策不再是一个人的努力。然而，项目经理和项目团队必须具备必要的技能，将各个部分整合在一起，以达成最佳决策。有很多关于问题解决和制定决策的书，遗憾的是，书中大多从心理学的角度看待问题，决策应用程序并不总是与项目经理和项目集经理相关。在本节中，我们将提取与项目经理相关的问题解决和制定决策的核心概念，并帮助他们完成工作。

有些书用“问题分析”而不是“问题解决”。问题分析可以解释为简单地观察问题并收集事实，但不一定为以后的决策制定备选解决方案。这本书中，解决问题的方法贯穿对备选方案的识别。

问题解决和制定决策是相辅相成的。当我们有问题或面临选择时，我们就要做出决策。

一般来说，我们在做决策之前必须先有一个问题。但有一种观点认为，决策是必要的，而且必须作为确定问题和制定备选方案的一部分。

5.1.3 对信息的需求

在讨论解决问题和进行决策时，我们会考虑一些事实或概况，它们都与我们需要的信息直接或间接相关。其中包括：

- 今天的项目比以前复杂得多，必须处理的问题和做出的决策也比以前复杂得多。
- 问题解决的技巧不仅用来解决问题，而且用来抓住机会。
- 今天，我们似乎被信息淹没，以至于信息过载，无法辨别哪些信息是需要的，哪些信息对解决问题有用。
- 在讨论问题的技术方面时，中低层管理人员通常是有价值的资源。高级管理人员的作用在于：了解问题（及其解决方案）与企业整体业务的关系，了解企业环境因素对解决问题的影响。
- 问题解决能力如今已成为项目管理的核心能力，但大多数公司很少为员工提供解决问题和决策方面的培训。
- 项目团队可能由许多主题专家组成，但同一个人在解决问题时可能不具有创造性或无法创造性地思考。
- 制造问题的人可能没有能力解决他们制造的问题。
- 似乎很少有人知道创造力和问题解决能力之间的关系。

今天，由于信息系统技术和信息库的进步，项目团队似乎可以获得大量的信息。我们的主要问题是能够辨别哪些信息是重要的，哪些信息应该被屏蔽或被保存在档案中。

为简单起见，信息可以分为一手信息和二手信息。一手信息是我们可以随时获得的信息。这是我们可以从台式机或笔记本电脑直接访问的信息。这些信息可能来自信息库或商业智能系统。公司的敏感信息或专有信息可能有密码保护，但只要有密码仍然可以访问。

二手信息是必须从别人那里收集的信息。这通常是战略项目的标准。即使有信息库的海量信息，项目经理通常也得不到解决问题和做出及时决策所需的所有信息。这主要是因为项目的复杂性及需要解决的问题的复杂性。我们通常依靠问题解决团队为我们提供二手信息。二手信息往往比一手信息对决策更重要。很多时候，二手信息是由主题专家掌握的，他们必须告诉我们哪些信息是与这个问题直接相关的。

收集信息（无论是一手信息还是二手信息）可能非常耗时。信息过载常常迫使我们花大量的时间来搜索信息，而这些时间本应该花在解决问题上。未来的项目计划必须考虑解决问题和决策所需的时间。

项目经理面临的挑战不是获取信息，而是及时获取正确的信息。有时，项目经理需要的信息，特别是二手信息，是由不属于解决问题团队的人拥有的。例如，与政治、干系人关系管理、经济状况、资金成本等企业环境因素有关的信息。这些信息可能由高级管理层和干系人储存。

因为时间是宝贵的，项目经理应该有权直接与任何他们需要约见的人交谈，以获得必要的信息来解决问题。总是必须通过命令链来获取信息会产生问题并浪费宝贵的时间。信息通常被视为权力的来源，这也是一些公司控制指挥链的原因之一。

在公司的每扇门后面都隐藏着某种信息。项目经理必须能够在需要的时候打开这些门。如果项目经理没有权限进入这些门，那么有两个选择：遵循命令链，希望信息到达你手中时没有被过滤掉，或者邀请掌握信息的人参加问题解决会议。拥有信息的人员在组织层级结构中的位置通常决定了他们参加会议的可能性。他们的职位越高，他们就越不可能在短期内参加你的会议。因此，项目经理对信息的可访问性至关重要。

即使我们有海量信息库和访问二手信息源的权利，也不能保证我们将随时获得我们需要的所有信息。需要做决策的人必须接受这样一个事实，即他们通常不会掌握所需的所有信息。这可能发生在所有层级的管理中，而不仅仅是在项目中。我们必须愿意根据我们当时掌握的信息做出最好的决定，即使它是部分信息。

我们常常依赖命令链来获取信息以帮助解决问题。如果人们相信“拥有信息就是力量”，获取所需信息就会成为一个问题，尤其是当他们想隐瞒某些信息时。由于这些约束条件的严峻性，时间不再是一种摆设。项目经理必须有权利或获得授权访问那些拥有信息的人。当然，这是假设项目经理知道信息在什么地方。有时，这是一个更大的挑战，特别是如果所需的信息在公司中无处可寻时，我们就必须到公司外面去获取关键信息。

5.1.4　项目环境中的问题解决和决策

如今的项目经理认为，他们管理的每个项目都是业务的一部分，所以他们管理的内容也是业务的一部分，而不仅仅是一个项目。因此，项目经理不仅要做出项目决策，还要做出商业决策。然而，项目决策和商业决策是有区别的：

- 项目决策集中于满足基线、验证和确认，而商业决策的重点是市场份额、盈利能力、客户满意度和回头客。
- 项目决策涉及项目团队，而商业决策可能包括市场、销售和高级管理层。
- 项目经理用于项目决策的工具多种多样，但用于商业决策的工具主要是财务工具，如 ROI、NPV、IRR 和现金流量。
- 项目决策的重点是项目绩效，而商业决策的重点是财务绩效。
- 项目决策的结果很快就会出现，而商业决策的结果可能要好几年才会出现。
- 项目决策解决的大多数问题是维持项目基线，而商业问题集中在企业战略的一致性或变更上。

理解项目管理环境中的决策需要我们理解项目管理环境与我们所习惯的传统环境有何不同。项目管理环境是人、工具、过程和日常业务工作之间的相互作用，这些工作必须为公司和项目的生存而完成。项目管理活动可能被认为次于正在进行的商业活动。由于许多项目的高风险，以及一些最好的资源被分配给正在进行的商业活动的事实，决策过程可能导致次优或无效的决策。

在项目环境中，还有其他因素使决策变得相当复杂：

- 项目经理的决策权可能有限，即使这些决策权可能对项目的结果有严重影响。

- 项目团队成员可能无法对决策过程做出有意义的贡献。

由于项目经理的权力有限，一些项目经理只是简单地确定备选方案并提供建议，然后将这些建议提交给管理执行层或项目发起人，以做出最终决定。然而，有些人认为项目经理应该有权做出那些不改变项目可交付成果或不需要更改约束和基线的决策。

到目前为止，你应该对未来项目环境中的决策和问题解决方式有了一幅相当清晰的画面。其他需要考虑的重要因素包括：

- 这个项目受到许多约束。
- 在项目的整个生命周期中，约束条件的相对重要性可能发生变化，并且可能出现新的约束条件。
- 在项目开始时所做的假设随着项目的继续可能不再有效。
- 项目经理可能不知道所有的约束条件，即使其中一些在项目章程或商业论证中已经列出。
- 项目经理很可能不掌握问题所在领域的技术。
- 项目团队成员同样可能不掌握问题所在领域的技术。
- 项目经理和团队被期望及时做出必要的决策，即使他们可能没有完整的信息。
- 客户和所有相关干系人可能不同意最终的决策。
- 期望总是做出正确的决策是一厢情愿的想法。

5.1.5 真问题还是由人制造的假问题

我们普遍认为，大多数问题都是真实存在的，需要解决，但情况并非总是如此。有些问题是由个人的性格造成的。有些人故意制造不必要的问题，这样他们就可以从中受益，也许变成唯一有能力解决问题的人。一些例子包括：

- 解决问题会给你带来更大的力量。
- 解决问题会给你带来更多的权威。
- 解决问题将削弱他人的权力和权威。
- 你是唯一有能力解决问题的人，这将提高你的形象和声誉。
- 你会被认为是一个有创造力的思想家。
- 这会让你的简历更好看。
- 在绩效评估时，它会凸显你的功劳。
- 它将保住你的工作岗位。

重要的是首先要发现问题是否真实存在，是否存在一个简单的解决方案。许多年前，一位部门经理担心公司裁员，他会失去部门经理的职位。为了保护自己，他给了被分配到项目团队的工人相互矛盾的指示，因为他知道可能会出现问题，几个项目可能会受到影响。结果导致返工，确实给几个项目带来了问题。部门经理随后与那些已经延误的项目经理们召开了一个解决问题的会议。部门经理在会议上表示，他的员工几乎都是生手，需要经常监督，问题将由他来解决。他将对这些不熟练的工人进行更密切的监督。部门经理提供了虚构问题的备选方案，并表示他将在几个月内解决这些问题。

部门经理认为他的职位现在稳固了，但是项目经理们并没有被骗。项目经理们发现了真相，最终部门经理因为他的所作所为被解雇了。项目经理们发现，这些都不是真正需要使用问题解决技术和决策技术来解决的问题。

5.1.6　决定谁应该参加问题解决会议

问题不是在真空中解决的。会议是必要的，困难的部分是决定谁应该参加。如果人们没参与这个问题，或者这个问题与他们的工作无关，那么让他们参加这些会议可能是浪费他们的时间。对于某些团队成员来说也是如此。例如，如果问题与采购有关，那么制图人员可能不需要出席。

为简单起见，我们将只考虑两种类型的会议：问题解决会议和决策会议。问题解决会议的目的是对问题有一个清晰的认识，收集必要的数据，并提出一份可行的备选方案清单，且附有建议。此类会议可能需要召开不止一次。

发送一份议程是很重要的。议程应该包括一个问题陈述，清楚地解释为什么要召开会议。如果人们提前知道这个问题，他们将有机会思考这个问题，并带来必要的信息，从而减少一些收集数据所需的时间。也有可能收集到的信息将识别出真正的问题，它与最初认为的问题大不相同。

熟悉问题的主题专家出席会议是至关重要的。这些主题专家可能不是原始项目团队的一部分，可能只是为了解决这个问题而聘请的。主题专家也可能是被雇用来协助解决这个问题的承包商。

负责识别问题和收集数据的人通常会留下来开发备选方案。但在某些情况下，其他人可能只是为了考虑备选方案而参与。

5.1.7　决定谁应该参加决策会议

决策会议不同于问题解决会议。一般来说，所有参与解决问题会议的参与者都很可能出席决策会议，但解决问题会议可能还会有大量其他参与者。项目团队成员应该有能力解决问题，但并不是所有的团队成员都有权为他们的职能部门做决策。通常好的做法是，在项目开始时，项目经理就确定哪些团队成员拥有决策权，哪些没有决策权。没有决策权的团队成员仍然可以参加决策会议，但是在需要决策和投票时，可能需要由各自的职能经理出席或委托授权。

干系人出席决策会议实际上是强制性的。做出决定的人必须有权为解决问题投入资源。这一承诺可能涉及额外的资金或派遣主题专家和资深专家。项目经理负责解决方案的实施。因此，项目经理必须有权获得及时解决问题所需的资源。

5.1.8　制定一种会议框架

对于解决问题的会议，事先建立一种处理问题的心理框架是很重要的，包括在会议中应该完成什么，应设定什么限制条件。并不是所有参加解决问题会议的人都熟悉问题的细节，有些人可能对问题只有粗略的了解，有些人甚至在会议之前都不知道问题的存在。

心理框架应该包括迄今为止所知道的关于这个问题的所有信息。会议上很可能会提供更多的信息。如有可能，该框架应包括在会议邀请信和/或会议议程中。在会议之前告知参会人员要讨论什么问题，好让他们先思考这个问题，甚至可能在会议之前做一些初步的研究。当人们在会议前了解了主题和程序时，他们通常会更好地准备会议，甚至可能会向会议组织者推荐应该邀请的其他人。

5.1.9 设置限制

解决问题和决策可能要花很长一段时间，有些限制必须尽早确定。这些限制包括：

- 有多少时间可以解决这个问题？
- 项目愿意投入多少资金来解决这个问题？
- 可以分配多少资源来解决这个问题？
- 参会人员是否具备问题解决所需的技能？
- 哪些设施可用于测试或用于其他活动？
- 这个项目对公司有多重要？
- 这个项目对客户有多重要？
- 这个项目对干系人有多重要？
- 项目和问题的关键是什么？

在问题陈述中甚至在议程中设定限制并不罕见。如果人们很早就知道了这些限制，决策通常就会及时做出。

5.1.10 建立边界条件

前面讨论的限制是对会议的限制，还必须为问题的解决方案建立限制或边界条件。这些限制可能会影响将要选择的备选方案。

我们知道这是事实，在解决问题和确定备选方案时，我们没有无限的资金来实施解决方案，也没有我们想要的那么多时间。我们认为这些是约束条件，但它们也是边界条件。边界条件可以由客户、干系人和可交付物的最终用户来建立。下面列出的这些可能都是边界条件：

- 在项目的时间、成本、质量和范围的限制内实施项目。
- 不增加项目剩余工作的风险。
- 不改变项目剩余工作的范围。
- 不改变公司的正常工作流程。
- 不美化解决方案。
- 不包含不必要的功能。
- 知道只有有限的额外资源可用于解决问题和实施解决方案。
- 不违反职业安全与卫生条例及环境保护部门等监管机构的要求。
- 不抬高产品售价，避免超出消费者的支付能力。

5.1.11　适应性决策

项目团队可以使用几种决策技术。边界条件和问题类型往往决定了哪种技术可能是最好的。

适应性决策可能需要一定程度的直觉。问题通常被很好地确认了，项目团队则可以在没有外部支持或复杂工具和技术的情况下做出决策。适应性决策是项目中最常用的决策形式，通常应包括确定以下内容：

- 应出现在测试矩阵中的测试数。
- 一项活动何时开始或何时结束。
- 在不延迟下游工作的情况下，一项活动什么时间必须开始。
- 我们什么时间必须开始订原料。
- 工作是正常轮班还是加班。
- 是否有必要制订风险管理计划；如果有必要，该计划应包含多少细节。
- 测试应多久进行一次，以确认是否符合质量要求。
- 所需的资源技能集（假设存在选择）。
- 向干系人传递好消息和坏消息的最佳方式。
- 纠正不利的成本偏差和进度偏差的方法。
- 用来激励某些团队成员的领导风格。
- 如何最好地奖励团队成员的优异表现。

5.1.12　创新决策

许多战略项目将包括一定程度的创新，那么，项目团队就必须准备好做出战略创新决策。创新通常被认为是做某事的新方法。做某事的新方法应该与以前做此事的方法有本质上的不同，而不是像持续改进活动那样的微小增量变化。创新的目标是为公司、用户和可交付物本身创造持久的附加价值。创新可以被看作将一个想法转化为现金或现金等价物。

创新决策最常用于涉及研发、新产品开发和重要产品改进的项目。这些决策涉及的主题专家可能不是项目团队的一部分，并且可能需要使用更先进的决策工具和技术。这些决策可能需要从根本上背离项目的原始目标。并不是所有的项目经理都具备管理创新项目的技能。

虽然成功创新的目标是增加价值，但如果它导致团队士气低落、不利的文化变化或与现有工作方式的根本背离，则其效果可能是负面的，甚至是破坏性的。创新项目的失败可能会导致组织的士气低落，并导致有才能的人在未来工作中畏缩不前，不再勇担风险。

5.1.13　压力下的决策

在大多数项目中，时间是一个关键约束，这可能会严重影响理解问题和找到解决方案所必需的时间。例如，让我们假设一个关键测试失败了，客户说他们将在失败后的第二天与你会面，讨论你将如何解决这个问题。他们期待你给出备选方案和建议。

通常，你可能需要一周或更长时间与你的团队会面并诊断情况。然而，在这种情况下，你可能不得不根据可用的时间做出正确或错误的决定。这就是高压决策，因为担心资源闲置造成浪费，急需等待下一步该做什么的指示。如果有足够的时间，我们都可以分析甚至深入分析一个问题，并想出一系列可行的备选方案。

高压决策也可以是适应性和创新性决策的一部分。如果迫使决策者只关注那些对问题至关重要的属性，那么迫于压力做出决策可能会产生有利的结果。但是，通常情况下，高压决策只会导致次优结果。

考虑到这些情况会发生，你必须预料到你并不总是有完整或完美的信息来进行决策。大多数决策团队只能依据部分信息来决策。

5.1.14 决策会议

虽然一些日常的或适应性的决策可以在常规的团队会议中处理，但一般来说，解决问题的团队会议应该被设置为单独的会议。出席问题解决会议可能与出席常规团队会议大不相同。干系人和客户可能需要参加问题解决的团队会议，因为他们是最有可能受到决策影响的人；职能部门经理和主题专家也可应邀参加；具有关键专业知识的外部顾问也可能参与其中。

在这些会议中，项目团队可以使用各种各样的决策工具和技术来进行决策。最佳工具或技术的选择要考虑的因素有问题的复杂性、与决策相关的风险、做出决策的成本和决策错误时的影响、决策对谁重要、做出决策的可用时间、对项目目标的影响、项目团队的人数、对客户或干系人的相对重要性，以及支持数据的可用性。

可能需要召开一次以上的会议。第一次会议的目的可能只是确认是什么问题，并收集实际信息。然后，解决问题的团队可能需要额外的时间来思考问题并确定可选方案。在第一次团队会议上做出决策的可能性非常小。

有几个模型可用于项目团队做出决策。一个典型的四阶段模型可能包括：

（1）**熟悉阶段**。团队召开会议了解问题，并确认要解决的问题。

（2）**选项识别阶段**。团队进行头脑风暴，并列出解决问题有多少可选方案。

（3）**选项选择阶段**。这是团队决定最佳选择的阶段。选择首选选项的团队可能与开发选项列表的团队不是同一组人。

（4）**合理解释阶段**。团队将他们做出正确的决策合理化，并可能评估结果。

5.1.15 群体决策的优点和缺点

如前所述，在一些情况下（如日常决策），最终决策仅由项目经理做出。在这种情况下不需要群体决策，但是项目中出现的许多问题需要群体决策。

1. 群体决策的优点

- 群体比个人能提供更好的决策。
- 群体讨论有助于更好地理解问题。

- 群体讨论有助于更好地理解解决方案。
- 群体在选择备选方案时能做出更好的判断。
- 在解决问题时，群体比个人更愿意承担风险。
- 与个人决策相比，客户似乎不太可能质疑群体决策。
- 如果参与了决策过程，人们会更愿意接受最终的决定。

2. 群体决策的缺点

- 讨论可以被某人的个性所主导，而不管这个人是否这个领域的专家。
- 群体可能会接受更大的风险，因为他们知道失败了是群体所有成员来平等地共同承受指责。
- 即使你知道其他决策可能会更好，你也会被迫接受群体决策。
- 达成共识可能会花费太多时间。
- 群体倾向于过度思考问题和解决方案。
- 也许不可能让合适的人从其他工作中解脱出来参加会议。
- 找到一个让各方都满意的会议时间可能很困难。
- 如果有外部人员参与，差旅费用可能会相当大，尤其是需要召开不止一次决策会议的时候。

5.1.16　决策的心理障碍

不是每个人都想做决策，也不是每个人都能做决策。有些人喜欢让别人做所有的决策，尤其是关键决策。这种行为的原因可能包括：

- 曾经做过错误的决策。
- 情绪上害怕做出错误的决策。
- 害怕相关的风险。
- 对自己的观点缺乏信心。
- 高度焦虑。
- 无法处理决策中的政治问题。
- 不熟悉问题的相关事实，不愿意学习。
- 不熟悉团队成员。
- 应对能力差。
- 缺乏动力。
- 缺乏远见。
- 在讨论开始后很久才被带进讨论。
- 不能在高压力下工作。
- 害怕与卷入问题的工会合作。
- 害怕跟某些与问题相关的干系人合作。
- 害怕贡献是因为担心被嘲笑。
- 害怕暴露自己的不足。

- 害怕损害自己的事业和声誉。

这些障碍通常分为五个方面：

- 情绪障碍。
- 文化障碍。
- 感知障碍。
- 智力障碍。
- 表达障碍。

5.1.17 决策的个人偏好

偏好会潜入我们的决策过程。部分偏好可能包括：

- 事先相信你的解决方案是唯一可行的解决方案。
- 忽视支持不同结论的证据。
- 忽视去寻找问题的根本原因。
- 拒绝寻找支持决策的数据。
- 忽视错误决策对项目的影响。
- 害怕表达自己的观点，站在你认为能提供最佳解决方案的人一边。
- 害怕做决策，因为害怕做出错误的决策。
- 害怕自己的想法受到批评。
- 不愿以不同的方式思考或不愿打破常规。
- 采取一厢情愿的方法做决策。
- 采用选择性的感知方法，只看舒适区内的信息和可选方案。
- 做别人期望你做的决策，即使你坚信这可能是错误的决策。
- 做符合个人利益而非项目最佳利益的决策。
- 花太多时间忙于自己舒适区的小事或不重要的事，而不是专注于重要的事。

5.1.18 草率决策的危险

项目的约束常常使项目经理急于做出决策。有时仓促做出决策是必要的，但结果可能是有害的。草率决策会导致：

- 项目后期出现其他问题。
- 返工导致成本超支和进度延误。
- 过度加班。
- 客户和干系人对你正确地管理项目的能力失去信心。
- 对解决问题和决策过程缺乏信心。
- 人力资源负荷曲线有高峰和低谷，而不是更平滑（极差太大，导致成本增加。——译者注）。
- 治理委员会更多的实际参与。
- 更多的会议。

- 增加报告要求。
- 被客户拒绝的可交付物。

简单地说，决策速度是一件有风险的事情。

5.1.19　决策风格

并不是所有的决策都容易做出。有时你必须决定你是否准备好了，尤其当你只有部分而不是完整的信息时。此外，在某些情况下，不做任何改变的决策可能是最好的决策。如果团队认为他们可以忍受手头的问题，那么团队可能会等待，看看问题是否会变得更糟，然后再做出决策。

项目经理都有自己的决策方法，这可能因项目而异。选择的风格基于问题的定义和必须做出的决策类型。虽然有些方法效果很好，但也有些方法弊大于利。

关于决策的教科书提供了几种不同的风格。项目经理最常见的五种风格是：

- 专制型决策者。
- 恐惧型决策者。
- 循环型决策者。
- 民主型决策者。
- 自私型决策者。

专制型决策者通常不相信团队中的任何人，即使风险很大，而且讨论问题的时间很少，他们也会对决策发号施令。团队成员通常害怕提出备选方案和建议，因为项目经理可能会嘲笑他们的建议，认为自己的决策是唯一的。因此，团队成员即使被要求参与决策，也可能不贡献自己的智慧。

如果项目经理是必须做出决策的行业专家，那么专制风格就可以发挥作用。但总体来说，今天的项目经理似乎对技术有更多的理解，而不是掌握技术。因此，当你对问题的技术和解决方案的了解有限时，使用专制风格可能会导致快速决策，但通常不是最佳选择。

大多数时候，独断专行的决策者在没有他人参与的情况下自己做决策感觉更好，他们会根据内心的感觉当场做出决策。这通常是一种不成功就失败的方法。

专制型决策者喜欢及时做出正确或错误的决策，而恐惧型决策者害怕做出错误的决策。这通常被称为做决定的“鸵鸟”方法。在这种情况下，项目经理会把他/她的头埋在沙子里，希望问题会消失或者人们会忘记这个问题。项目经理也希望通过等待，奇迹般的解决方案会自己出现，这样就根本不需要做决策了。

有时，恐惧型决策者采取拖延的态度，等待足够的（或至少是最少的）信息，以便做出决策。这并不一定意味着避免做决策。恐惧型决策者知道最终必须做出决策。

恐惧型决策者害怕做出错误的决策可能会严重影响他/她的声誉和事业。不能邀请小组提供备选方案和建议，因为这将表明存在问题，必须做出决策。有关这个问题的信息甚至可能对高级管理层也保密，至少暂时保密。

项目经理可能会试图让其他人来做决策，他们可能更喜欢有人担任决策小组的主持人。如果必须做出决策，项目经理总会争辩说这是一个小组决策，而不是个人决策。如果可能的话，项目经理将避免对决策承担个人责任。

如前所述，时间是项目的约束，而不是摆设。在做决策时采取观望的态度可能会浪费宝贵的时间，而问题原本可以很容易地解决。我们等待做决策的时间越长，选择就越少。

循环型决策者类似恐惧型决策者。项目经理不仅要做决策，而且想要做出完美的决策。无数的团队会议都是为了讨论同样的问题。每次团队会议似乎都是从不同的角度讨论问题和可能的解决方案。团队成员被分配了行动项，这些行动项使他们不停地寻找额外的信息来支持完美的决策。

循环型决策者愿意做出决定，但会牺牲大量时间来寻找每个人都同意的完美决策。决策者愿意违反项目的时间限制来完成这个任务。决策者也可能认为，如果他们考虑的时间足够长，问题就会消失。

即使项目经理是问题所在领域的专家，也可以采用循环型决策方式。项目经理需要团队的支持，也可能是上级的支持，以确保做出了最好的决策。在项目经理的眼中，决策可能比项目的结果更重要。

民主型决策者允许团队成员参与最终决策。小组成员的投票至关重要，甚至可能是强制性的。公司甚至可能有一种使用指导方针或模板的结构化方法。即使项目经理是问题所在领域的专家，即使项目经理有权单独做出决定，也可能发生这种情况。

民主型决策会产生长期问题。团队成员可能会觉得他们也应该参与未来的所有决策，即使那些他们可能对问题了解有限的决策。如果团队成员对基于不完整的信息做出决策感到不舒服，那么要求团队成员对问题的解决方案进行早期投票可能会导致忧虑。等待太久才做决策会限制可用的方案，并使项目团队感到沮丧，因为时间被浪费在过度思考问题和解决方案上。

如果使用得当，民主型决策是一种强有力的激励工具。例如，如果项目经理认为他/她已经知道应该做出的决策，那么询问团队成员的意见，并对提出相同想法的团队成员给予信任是一个好方法。这就鼓励了人们参与决策，让他们相信自己的贡献会得到肯定。

每个人或早或晚都会处于这样的境地：他们必须决定，在做决策时什么更重要——是他们的个人价值还是组织价值。这种情况往往迫使人们做出有利于自己或有利于组织的决策。妥协似乎是不可能的。

这些自私自利的冲突可以渗透到所有的管理层。高管们可能会根据他们退休金的最大利益而不是公司的最大利益做出决策。有一位高管希望自己作为高速快捷交通的先驱载入史册。为了实现自己的个人抱负，他不惜牺牲自己资助的项目，他的公司也差点破产。

自私型决策者似乎只关注自己短期内的最佳利益，而常常忽视项目的最佳利益。在项目环境中，如果团队成员、干系人、客户和项目发起人都希望根据自己的最佳利益做出决策，那么就会使决策成为一个相当复杂的过程。由于各方都对结果非常不满意，因此最后只能达成次优解决方案。遗憾的是，自私自利的决定几乎总是为了项目最大的财务贡献者的最大利益而做出的，因为他们担心，如果最大的财务贡献者从项目中撤出资金，项目就可能会被取消。

5.1.20　决策工具

有许多复杂的工具可以用于更复杂的决策。SWOT 分析着眼于每种情况下的优势、劣势、机会和威胁。SWOT 分析最初是作为战略规划工具创建的，但现在已经适用于解决项目的复杂问题或商业风险中的复杂问题。它包括指定问题的目标或特定项目的目标，并确定有利于和不利于实现该目标的内部和外部因素。

SWOT 分析必须首先为手中的问题定义一个期望的最终状态或目标：

- **优势**。使团队有能力解决问题的特征。这可能是拥有的技术知识和专业知识。
- **劣势**。可能阻碍团队解决问题的特征。这可能是团队缺乏的技术能力。
- **机会**。问题解决后的外部机会。
- **威胁**。可能是给项目或业务带来麻烦的外部环境中的风险或因素，也可能是因干系人引起的风险因素。

优势和劣势是内部优势和劣势，看看内部资源解决问题的能力。机会和威胁是问题解决或不解决时可能出现的外部结果。优势和劣势表明你“能做什么”，这必须在你看到表明你“应该做什么”的机会和威胁之前进行。如果你有足够的资源来完成它，那么拥有一个能够安抚干系人的备选方案是很好的。

帕累托分析是决策中的一种统计技术，用于选择有限数量的任务。这些任务会产生显著的整体效果，如问题的解决方案。帕累托分析使用了帕累托原则：通过完成 20%的工作，可以产生完成整个工作 80%的优势。在质量改进方面，绝大多数问题（80%）是由几个关键原因（20%）产生的。在解决问题的过程中，通过执行 20%的工作可以获得 80%的理想解决方案。

帕累托分析是一种正式的技术，在许多可能的行动方案竞争解决一个问题时很有用。本质上，问题解决者估算每个行动所带来的收益，然后选择一些最有效的行动，而这些行动所带来的总收益合理地接近最大可能的收益。

帕累托分析是一种寻找问题原因的创造性方法，因为它有助于刺激思考和整理思路。然而，它的局限性在于它排除了可能重要的问题。这些问题最初可能很小，但随着时间的推移会逐渐变大。它应与其他分析工具相结合，如故障模式和影响分析，以及故障树分析。

这项技术有助于确定问题的前 20%的原因，需要解决这些问题才能解决其余 80%的问题。一旦确定了前 20%的原因，那么石川图或鱼骨分析等工具就可以用来确定问题的根本原因了。

多标准决策分析（Multiple Criteria Decision Analysis，MCDA）或多标准决策（Multi-Criteria Decision Making，MCDM）是一门学科，旨在支持决策者去处理所面临的大量有时相互冲突的评价。MCDA 的目的是在解决问题的过程中突出这些冲突，并得出妥协的方法。它是直觉和系统方法的结合。

与假设测量的可用性的方法不同，MCDA 中的测量被主观地推导或解释为各种偏好强度的指标。决策者的偏好各不相同，所以结果取决于谁在做决定，以及他们的目标和偏好是什么。由于 MCDA 涉及某种主观性元素，所以实施 MCDA 的人的道德和伦理对 MCDA

结论的准确性和公正性起着重要的作用。当一个人在做一个严重影响他人的决策，而不是只涉及个人的决策时，道德问题尤为重要。

目前有许多 MCDA / MCDM 方法在使用中。然而，对于同一个问题，不同的方法往往会产生不同的结果。换句话说，当用不同的 MCDA / MCDM 方法使用相同的问题数据时，这些方法可能会推荐不同的解决方案，即使非常简单的问题（即只有很少的备选方案和标准）。选择哪种模型最合适取决于手头的问题，并且可能在某种程度上取决于决策者最喜欢哪种模型。对于上述所有方法，以及其他方法，甚至未来的方法，一个问题是如何评估它们的有效性。

在配对比较分析（也称配对选择分析）中，每次比较两个决策备选方案，以了解其相对重要性。对所有的备选方案进行比较，然后对结果进行统计，以找出最终的获胜者。这个过程首先要确定一系列可行的选项。即将每个选项与其他选项进行比较，确定每种情况下的首选项；结果被统计，得分最高的选项是首选项。这项技术可以单独进行，也可以分组进行。它可能包括指导比较的标准或基于小组公开讨论后的直觉。可以构造成对选择矩阵或成对比较矩阵来帮助进行这种分析。

决策树是一种决策支持工具，它使用树形图或决策模型及其可能的结果，包括偶然事件结果、资源成本和效用。这是展示决策算法的一种方式。决策树是帮助你在几个行动方案中做出选择的优秀工具。它提供了一个非常有效的结构，你可以在其中列出选项并调查选择这些选项的可能结果。这些结果也可以帮助你形成一个与每个可能的行动过程相关的风险和回报的平衡图景。

决策树通常用于运筹学，特别是决策分析，以帮助确定最有可能达到目标的最佳方法。在决策支持工具中，决策树（和影响图）有几个优势：

- 简单易懂，易于诠释。通过简单的解释，人们可以理解决策树模型。
- 把问题摆出来，以便分析所有的选项。
- 让我们看到做决策的结果。
- 即使没有硬数据也有价值。重要的见解可以基于专家对情况（它的备选方案、概率和成本）的描述及他们对结果的偏好而产生。
- 使用白盒模型。如果一个给定的结果是由一个模型提供的，那么对这个结果的解释很容易通过简单的数学来复制。
- 可与其他决策技术（如概率树）相结合。

影响图（Influence Diagram，ID），也称关联图、决策图或决策网络，是决策情况的一种紧凑图形和数学表达。它是决策问题的简单可视化表示。影响图提供了一种直观的方式来识别和显示基本元素，包括决策、不确定性和目标，以及它们如何相互影响。它是对贝叶斯网络的一种概括，不仅可以对概率推理问题进行建模，还可以对决策问题（遵循最大期望效用准则）进行建模和求解。影响图在显示域结构（即决策问题的结构）方面非常有用。影响图包含四种类型的节点（决策、机会、确定性和价值）和两种类型的曲线（影响曲线和信息曲线）。

ID 最初是在 20 世纪 70 年代中期在决策分析社区中被开发的，具有易于理解的直观语义。它现在被广泛采用，并成为决策树的另一种备选方案。决策树通常受到每个变量建模的分支数量呈指数增长的影响。ID 直接适用于团队决策分析，因为它允许在团队成员之间进行不完全的信息共享，并对其进行建模。ID 的扩展在博弈论中也可以作为博弈树的另一种表示。

作为不确定情况下决策的图形辅助工具，它描述了在做出选择的时间内已知或未知的内容，以及每个变量对其他变量和选择的依赖或独立（影响）程度。它以一种明确的方式表示了一种现象或情况的因果关系，并有助于对关键问题的共同理解。

亲和图是一种将口头信息组织成视觉模式的技术。亲和图从具体的想法开始，助你进行更广泛的分类。这与因果关系图相反。因果关系图从广泛的原因开始，向具体的结果发展。你可以使用任何一种技术来探索问题的所有方面。亲和图可以帮助你：

- 对产生问题的一系列因素进行归类并结构化。
- 确定最需要改进的关键领域。

当存在大量数据时，此技术非常有用。亲和图是一种商务工具，用于收集创意和归纳数据。这个工具通常在项目管理中使用，它允许从头脑风暴中产生的大量创意被分类到小组中进行评审和分析。

其好处包括：

- 增加机构处理大的或复杂的问题。
- 把一个复杂的问题分成几个大类。
- 就问题的解决方案达成一致。

将博弈论模型或博弈应用于项目管理的问题解决和决策，使我们能够解决这样一个问题，即个人在做出选择时的成功取决于他人的选择。简单地说，这种技术考虑外部参与者的反应。它可以用于解决客户和干系人如何对选定的某些备选方案做出反应。

它不仅用于项目管理，也用于社会科学（最著名的是经济学、管理学、运筹学、政治学和社会心理学），以及其他门类的科学（逻辑学、计算机科学和统计学）和生物学（特别是进化生物学和生态学）。虽然最初是为了分析一个人以牺牲另一个人为代价而做得更好的竞争（零和博弈），但它已经扩展到处理根据几个标准分类的各种互动。这使得它适用于项目管理，特别是在存在多个干系人的复杂项目中，每个干系人都有相互竞争的需求。

成本效益分析对涉及财务决策的问题最有用。一个问题的备选方案通常是这样一些方案：获得利益的价值超过获得利益的成本。成本效益分析中考虑的因素包括：

- 投资回报率。
- 净现值。
- 内部收益率。
- 现金流。
- 投资回收期。
- 市场份额。

其他难以量化的、需要考虑的参数包括：

- 股东和干系人满意度。
- 客户满意度。
- 员工离职率。

- 品牌忠诚度。
- 上市时间。
- 商务关系。
- 安全。
- 可靠性。
- 声誉。
- 社会捐赠。
- 企业形象。

应用于项目管理的工作组或名义小组可以是研究人员或主题专家的跨学科合作，他们被召集起来确定和/或解决问题。这个小组也可能是外部顾问或承包商。工作组的存在期限可以是一天或几个星期。一旦分配的任务完成，这样的小组就倾向于发展成一种近乎永久的存在。因此，一旦工作组为其最初召集的问题提供了解决办法，就需要解散（或成员逐步退出）该工作组。

工作组可以将某一主题的专家（和未来的专家）召集在一起进行密集的工作。它不是向新手介绍主题的途径。偶尔，一个团队可能会接纳一位经验不足但热情高涨的人。但是，这些参加者应以观察员的身份出席会议，而且人数很少。

与会者必须认识到，工作组旨在成为一个合作和参与的论坛。参与者代表来自社会不同阶层的干系人的利益和观点，这些干系人恰好对问题的解决方案有既得利益。因此，保持和加强与所有相关方的沟通是必不可少的（这种责任是双向的，干系人被期望分享他们在这个问题上的信息、知识和专门技能）。

工作组的每个成员可能会被要求向小组的其他成员提出他们的解决方案以供分析，并愿意接受建设性的批评。工作组通常具有迅速做出合理决策的优点，但也有可能没有考虑到所有备选方案的缺点。

德尔菲技术是一种结构化的沟通方法，最初是作为一种系统的、交互式的预测和解决问题的方法发展起来的。它依赖一个专家小组。专家们可能不知道该小组的其他成员是谁，所有的回答都是匿名提供的。

在标准版中，专家回答两轮或两轮以上的问卷。在每一轮结束之后，主持人会提供一个匿名的总结，总结专家们在前一轮的预测（或提出的问题解决方案），以及他们做出判断的原因。因此，应鼓励专家根据小组其他成员的答复来修改他们先前的答复。人们相信，在这个过程中，答案的范围会缩小，群体会向“正确”的答案靠拢。如果结果不一致，专家组可能会被要求选出下一轮的五个最佳备选方案。然后在下一轮中，选出三个最佳方案。然后再在下一轮中，选出两个最佳方案。最后，该过程在预定的中止标准（例如，轮数、达成共识和结果的稳定性）之后停止，最后一轮的平均数或中位数分数决定结果。

德尔菲法基于这样一个原则，即来自结构化个人群体的预测（或决策）比来自非结构化群体的预测（或决策）更准确。“集体智慧”一词表明了这一点。这种技术的优点是，参与者将在不受他人偏见或公开批评的情况下提供他们的答案，人们可以自由地发表意见。不利的因素是，这个过程需要时间（这可能不是大多数项目所拥有的），最好的方法可能是结合两个或更多的备选方案而不是强迫人们只选择一个方案。

其他决策工具，其中一些可能需要更长时间来应用，包括：

- **线性规划应用**。包括管理科学和运筹学模型在决策中的应用。
- **试错法**。当因果关系相当清楚时，这些方法对小问题很有用。
- **启发式解决方案**。像试错解决方案一样，启发式实验是为了减少备选方案的列表内容。
- **科学方法**。涉及科学问题的解决方法。可以做额外的实验来证实问题和/或假设。

问题解决会议通常只涉及一个决策工具。大多数更复杂的工具使用起来都很耗时或昂贵，并且将其中的几个组合在一起可能会令人望而却步。

5.1.21　评估决策的影响

任何人都可以做决策，但困难的是做出正确的决策。决策者往往缺乏评估决策结果或影响的技能。项目经理所相信的是，正确的决策可能会被客户和干系人不同看待。

决策中有一部分工作是要求项目经理预测受决策影响的人将如何反应。在实施解决方案之前征求反馈似乎是件好事，但该决定的真正影响可能要等到解决方案全面实施后才能知道。例如，作为开发新产品的一部分，市场营销部告知项目经理，竞争对手刚刚推出了类似的产品，市场营销部认为我们必须在你正在开发的产品中添加一些额外的功能。项目团队增加了大量的"铃铛和口哨"，使产品的销售价格高于竞争对手，并且延长了投资回收期。当产品最终推出时，消费者不相信增加的功能值得花费那么多额外的成本。

当在备选方案中做出选择时，评估或预测决策的影响并不总是可能的，但在全面实施之前征求反馈是有帮助的。

一个帮助选择备选方案的有用工具是结果表，如图 5-1 所示。对于每一种备选方案，结果都是根据各种因素来衡量的，如每一个相互竞争的约束。例如，一种备选方案可能对质量产生有利影响，但对时间和成本产生不利影响。大多数结果表都是定量而非定性地确定的。风险也是考虑的一个因素，但是对风险的影响通常是定性的而不是定量的。

如果有三个选择和五个约束，那么结果表中可能有 15 行。一旦所有 15 个结果都被确定，它们就会被排序。它们可以根据有利或不利的结果进行排序。如果没有一种结果是可接受的，那么可能有必要在备选方案中进行权衡。这可能成为一个迭代过程，直到找到一个商定的备选方案。

竞争约束

可选方案	时间	成本	质量	安全	整体影响
#1	A	C	B	B	B
#2	A	C	A	C	B
#3	A	C	C	C	C
#4	B	A	C	A	B
#5	A	B	A	A	A

A = 高影响
B = 中影响
C = 低影响

图 5-1　结果表

准备结果表的人是组成项目团队的人，而不是作为特定问题的主题专家引入的可能的外部人员。项目团队成员知道，作为组织过程资产一部分的评估技术和工具，可以用来确定影响。

一个问题的解决方案有几个可能的备选方案是很好的。遗憾的是，最终选择的备选方案必须实施，这也可能产生问题。

分析影响的方法之一是创建一个影响—实现矩阵，如图 5-2 所示。所考虑的每个备选方案都可能对项目产生或高或低的影响。同样，每个备选方案的实现也可能很容易，也可能很困难。

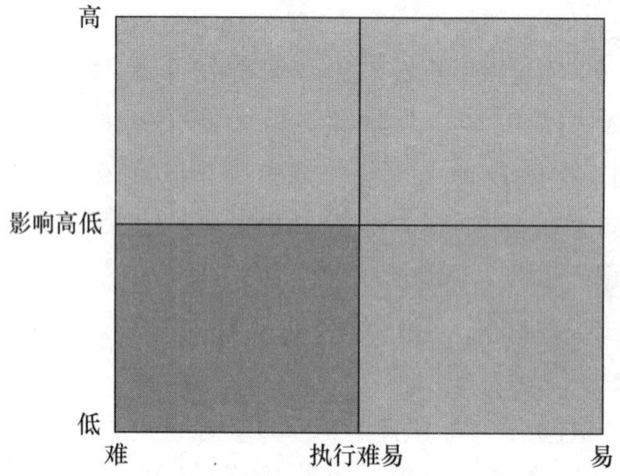

图 5-2 影响—实现矩阵

每个备选方案都会在其适当的象限中被标识。最明显的选择是影响小且易于实现的备选方案，但在这个象限中，我们通常找不到太多的选择。

5.1.22 实施解决方案的时间

在我的生活中，我有太多次坐在解决问题的会议上，听团队成员想出好的（通常是聪明的）解决问题的办法。每个人都迷恋于解决方案的辉煌，但似乎没有人关心实现解决方案需要多长时间。在实施解决方案上花费的时间比在决策上花费的时间多得多。

应考虑的问题包括：

- 我们必须改变我们的计划/基准吗？如果必须，需要多长时间？
- 需要多长时间才能批准必要的额外资金？
- 当需要时，具备所需技能水平的资源是否可用？
- 可以加班吗？
- 采购我们需要的那些材料需要多长时间？
- 在开始实施之前是否需要额外的审查和会议？
- 在我们实施解决方案的过程中，是否需要额外的审查和会议？

简单地说，决策很容易，执行决策通常是困难和耗时的。

5.2 头脑风暴

5.2.1 简介

我们是否经常听到高管和项目经理说，“我们需要想出一些新的想法”，或者“我们需要为这个项目问题找到一些解决方案”。然后，项目经理会给所有团队成员发邮件，希望把会议室里的每个空位都填满，因为他相信参加会议的人越多，产生的想法就越多。头脑风暴会议通常是解决问题和决策的组成部分。头脑风暴会议可以是虚拟的，也可以是现场的。然而，大多数项目团队经常在头脑风暴中失败。尽管头脑风暴已经成为一种流行的团队技巧，但当应用于传统的团队环境时，研究人员还没有发现证据表明它在提高产生想法的数量或质量方面有效。然而，它仍然可以提供好处，如提高士气、增加工作乐趣、增强团队合作。因此，已经有许多尝试来改进头脑风暴或使用更有效的基本技术的变体。随着我们开始将项目管理实践应用于更具战略性的项目，头脑风暴会议也将成为未来项目管理的一个组成部分。头脑风暴的内容不仅仅是提出解决问题的想法，还包括一个决策阶段。在这个阶段，想法会被评估，然后选出最好的想法。在任何项目的整个生命周期中，团队都将接受能力测试，看他们是否在规定的限制和界限内找到问题的最佳解决方案。头脑风暴会议可以在任何时候进行，无论做出的决策是大还是小。这可能发生在项目的计划阶段，使我们必须为计划提出最好的方法；也可能发生在出现问题的任何后期阶段，并且必须找到最佳解决方案。

当会议按计划进行时，参与者可能会为他们参与的创造力感到高兴。然而，对于一些人来说，他们可能会感到焦虑、失去权力，甚至根据过去的经验，对即将到来的会议产生仇恨。

虽然我们通常将头脑风暴作为确定问题的备选解决方案的一种手段来讨论，但头脑风暴也可以用于确定问题的根本原因。大多数人似乎都听说过头脑风暴，但很少有人参加过头脑风暴团队。

5.2.2 现场头脑风暴

在技术进步之前，大多数头脑风暴会议都是在现场进行的。现场头脑风暴会议开始时，项目经理会花不到五分钟的时间宣布本次会议要讨论的问题或目标，然后向参与者询问想法和解决方案。对大多数参与者来说，这可能是他们第一次听说这个问题或目标。他们惊讶地看着对方，开始考虑快速的解决方案而不是最好的解决方案。对其他人来说，这可能是他们发泄情绪的一次会议，他们认为自己被要求支持高级管理层或项目治理部门已经做出的决策。有些人可能认为这次会议是他们利用隐藏议程的机会。

有些人因为害怕被批评，即使被要求也拒绝说话。其他人可能喜欢被关注，想要花大量的时间来控制讨论和捍卫自己的立场。可能有些人没有什么想法可以贡献，他们支持第一个提出的想法。对一些人来说，对可能不相关的细节感到困扰并不罕见。有些人只是看着时钟等待会议结束，或者用手机或笔记本电脑同时处理多项其他事务。那些可能有好想法的人可能会感到害怕，尤其当房间里有主题专家在场时。

有些人可能希望表达他们的想法，但需要更长的时间来考虑这个问题。

会议原本可能安排一个小时，但在两个小时或更长时间结束时，只提出了一些想法，其中许多想法可能需要进一步评估。然后，项目经理准备了一份工作内容清单，并告诉每个人，后续的头脑风暴会议将通过另一封电子邮件告知。

5.2.3 失败的原因

大多数头脑风暴会议的确没有提供预期的结果，尽管开始的意图令人钦佩。不管你使用的是瀑布方法、敏捷方法还是 Scrum，这都是事实。这并不是因为头脑风暴过程不起作用，而是因为会议进行得不好。了解头脑风暴失败的原因通常可以作为纠正行动的动力。一些最关键的失败原因包括：

- **缺乏对主持人和与会者的培训。**大多数项目管理培训计划也讨论头脑风暴，但从未全面培训人们如何正确地进行头脑风暴会议。项目经理在没有得到充分培训的情况下召开头脑风暴会议可能弊大于利。有些人在头脑风暴实践方面受过专业训练，在这种情况下专业人员应该主持会议，项目经理可能只是一个参与者，在必要时做笔记，并回答问题。在理想情况下，每个人都应该接受头脑风暴技巧的培训，这样他们在参加这样的会议时就能很好地理解人们的期望。
- **人们在解决方案上花了太多时间。**人们倾向于在没有完全理解问题、目标的情况下迅速专注于解决方案。虽然让人们准备好想法和解决方案似乎是个好主意，但在产生想法之前，重点必须放在正确的问题上。必须给人们足够的时间来理解为什么要召开这次会议，即使在邀请邮件中解释了这一点，也应该在会议开始时强调一下，以便与手头的问题保持一致。解决错误的问题就是浪费宝贵的时间和金钱。
- **缺乏训练的主持人会在会议开始时立即征求意见。**会议应该从理解基本规则（如不要分心或打断）开始，建立正确的心态，解释对参与者行为的期望（遵循指示），说明会议将如何进行，并澄清会议的目的。即使人们以前可能参加过头脑风暴培训课程，花几分钟解释一下会议的基本规则也是有帮助的。
- **没有考虑到参与者的恐惧和忧虑。**有些人对头脑风暴会议有一种固有的恐惧，包括有经验的人。这些担忧可能包括害怕被批评，害怕被卷入冲突，以及害怕改变。
- **无法控制批评。**在头脑风暴中，对想法的批评会产生冲突，浪费产生最多想法所需的宝贵时间。当人们看到自己的想法受到批评时，他们往往会保留自己的想法，以避免受到批评。
- **会议时间过长。**有些公司的头脑风暴会议可能只有 15 分钟。超过一个小时的会议会让人焦躁不安，看着时钟，希望休会。阿姆斯特丹大学进行的一项研究表明，当人们独自工作时，他们往往会比在团队中工作时产生更多的主意。最好是让人们先单独工作，或者在小组中提出他们最好的想法，然后在更大的群体中分享信息以进行评估。

- **大群体会扼杀创造力**。有一个合理的论点认为，5～10 人的小群体能比大群体产生更好的结果。亚马逊前首席执行官杰夫·贝佐斯（Jeff Bezos）称其为“两个比萨规则”：如果一个群体能吃掉两个以上的比萨，那么这个群体就太大了。会议可能由主题专家组成，可能不包括以后会被指派执行所需解决方案的雇员。拥有一个庞大的群体并不意味着会有更多的想法出现。有些人可能会被群体的规模吓倒，即使有想法，也只贡献有限的想法。在大的群体中，人们担心别人会如何看待他们的想法，并且可能因为害怕批评而不敢说出来。在小群体中，人们倾向于贡献更有意义的结果。如果群体很大，最好在会议开始时将参与者分成几个小组来获取创意，然后在会议结束时将他们聚集在一起进行创意评估。为了防止最大的声音和最大的群体淹没较小的声音和个人贡献，强有力的领导是必要的。
- **不以别人的想法为基础**。有时候结合不同的想法可能会产生最好的解决方案。为了使这一机制发挥作用，人们必须有足够的时间来表达自己的想法，消化所听到的内容。应该从已经提出的想法的结合中鼓励新的想法。这就是为什么最初的小团队往往是最好的。最好的解决方案可能是多种想法的结合。
- **在会议中错误地平衡了经验和知识**。应该根据人们可以做出的贡献来邀请他们参加会议，而不是仅仅因为他们的级别、头衔或有时间参会。邀请对这个主题有兴趣的人，即使他们不是项目团队的一部分，也可能会带来好的想法。
- **没有多样化的团队**。拥有一个多样化的头脑风暴团队可能是有利的。更多的信息可能会导致不同的和更好的解决方案。多样化的团队通常在挑战假设、以不同的方式看待问题和解决方案、“跳出框框”思考和厘清工作需求方面做得更好。不同小组的每个成员都可能对解决方案的一部分提出好主意，当所有的部分组合在一起时，好的解决方案就可能产生了。
- **请人主导讨论**。有些人喜欢听自己说话，并试图主导讨论。这可能会使其他人士气低落，这种挫败感可能会阻止其他人说话。
- **信息过载**。头脑风暴会议有信息过载的风险。如果需要多次头脑风暴会议，这一点尤其正确。信息超载会让人士气低落，但可以通过使用创意管理软件加以控制。
- **过早评估**。头脑风暴会议的目的是使想法的数量最大化，包括好的和坏的。他们的假设是，想法越多，找到问题最佳解决方案的机会就越大。遗憾的是，有些团队倾向于迅速采纳第一个可接受的想法，并在没有适当评估的情况下就开始使用它。强迫参与者在没有充分考虑事实的情况下投票，可能会导致每个人都会质疑的次优解决方案的实施。

5.2.4　头脑风暴会议结构的必要性

简单地把一群人放在一个房间里，然后说“让我们想出好主意吧”，效果并不好。专业的指导和会议结构是实现预期绩效最大化的必要条件。进行头脑风暴会议不同于每周或每月的团队会议。

公司可以做的一些事情包括：

- 首先，最好有一位受过专业训练的主持人来主持头脑风暴会议，鼓励大家贡献想法，从混乱中恢复秩序，减少干扰。
- 尽早发出一份议程，清楚地说明会议的目的、基本规则和要讨论的话题。会议的目的必须是明确的，不要太大，并围绕一个具体的问题或议题。如果问题太大，主持人应该把它分解成更小的议题，且每个议题都有自己的问题。
- 如果要在会议中使用讲义，最好将讲义与议程一起提供，这样人们可以在会前查看，然后准备好提出正确的问题，并可能做出决策。
- 清晰地阐明会议的原因和目标，并确保在合理的时间框架内实现目标。
- 虽然要求人们“跳出固有思维”似乎是个好主意，但最好的解决方案可能是让参与者“墨守成规”。
- 邀请可能对该主题感兴趣的参与者，即使他们不是项目团队的一员。
- 如果是面对面的会议，请对方不要带手机、电子笔记本或便携式电脑等让人分心的东西。
- 不要批评任何想法，不管它们听起来有多糟糕。
- 如果需要进行市场调查，则要求参与者从最终用户而不是其他人那里获得信息。
- 鼓励每个人都做好发言的准备，分享他们的想法，无论想法是好还是坏。
- 记录所有的想法，因为有些想法可能对其他项目的问题有参考价值。有几个优秀的软件包可以处理创意管理和头脑风暴活动。
- 有些人好斗，可能会不断为自己的观点或对他人立场的厌恶而争斗。这些人必须受到控制，以防止会议失去预期的目的。

5.2.5　虚拟头脑风暴会议

前面的讨论假设参加头脑风暴会议的人在同一地点。一般来说，员工至少要花 25%的时间进行虚拟交流。随着公司开始进行虚拟头脑风暴会议，这一比例还在上升。越来越多的人在家办公，原因有几个，包括新冠疫情、办公室租赁空间的成本，以及会议所需的工作人员可能分散在多个大洲等。

虚拟头脑风暴比现场头脑风暴更困难，因为虚拟环境可能需要不同的工具和软件来进行交流、查看、记录和展示创意，以及参与者之间的互动。如果必须将群体分解为更小的组，则可能需要多个同时进行的虚拟会议。正确使用虚拟头脑风暴工具可以克服在现场头脑风暴中遇到的生产力损失，使每个人都能提出更多的创意，并在团队成员中产生更高的满意度。

虚拟头脑风暴有优点也有缺点，其中很多类似于现场头脑风暴。其优点包括：

- 员工的同行压力较小，不会被电话中的其他人吓倒。
- 组建一个多元化的参会群体可能会更容易。
- 人们独自工作或在小群体中工作，可能比在大群体中更能提出富有成效的想法。
- 大群体可以虚拟参与，而且不太可能有人想用自己的想法主导讨论。

- 大群体可以被细分成小团队，而不用担心头衔、级别和专业知识。
- 与现场会议相比，虚拟会议浪费的时间更少。

其缺点包括：

- 主持人必须确保使用合适的虚拟工具。
- 在会议开始时可能需要花更多的时间来确保每个人都在看同一页材料，关注同一问题。
- 共享文档可能会很困难。主持人必须确保所有参与者都有适当的会议材料。
- 沟通的方式可能会使员工难以在他人想法的基础上进行构建，或将他人的各种想法综合起来。
- 事实上，把大的团队分成小的团队可能很难。
- 与其他直接在会议室现场的团队成员相比，虚拟参与者不太可能提出问题。
- 专业主持人在情商和如何解读肢体语言方面接受过培训。他们可以观察人们脸上的表情，观察他们的手在做什么，或者他们坐着的方式，以此来表明他们是不高兴还是同意讨论。他们的恐惧和忧虑可以通过他们的行为表现出来。这是很难观察到的。
- 进行一场人人都能发言的公开对话可能很难执行。
- 团队太大可能会阻碍或阻止成员提供意见。
- 人们可能要同时处理多项任务，而主持人对会议的控制权有限。

5.2.6　决策的特征

头脑风暴的目的不仅仅是产生想法供其他人评估和选择。通常，在最后阶段，小组本身会评估这些想法，并选择一个作为向全组提出的问题的解决方案。基于选择的重要性，可能会邀请没有参与头脑风暴会议的决策者参与决策阶段的会议。

决策有一定程度的结构，头脑风暴阶段也是如此。决策涉及以下方面：

- 必须首先确立或重新确认目标。
- 目标必须分类并按重要性排序。
- 必须针对每个合理的解决方案制定备选行动。
- 备选方案必须根据所有目标进行评估。
- 能够实现全部或大部分目标的备选方案是试探性决策。
- 对这个临时决定进行评估，以考虑更多可能的后果。
- 采取决定性行动，并采取额外的行动，以防止任何不利后果成为问题，并重新启动两个系统（问题分析和决策）。

决策活动通常比头脑风暴的问题解决活动更耗时、更昂贵。这主要取决于可以确定的备选方案的数量，以及用于评估它们和确定优先级的方法。拥有大量合理的备选方案可能看起来不错，但麻烦的是无法决定采用哪一个方案。

人们可以使用几种类型的决策风格。还有许多工具可以协助决策过程。

在参加解决问题的会议和决策会议之前，人们必须了解如何做出决策。有几种可供选择的办法：

- 解决方案不应要求团队成员没有或无法获得的资源或技能。
- 如果获得额外的资源或技能是必要的，这需要成为解决方案的第一部分。
- 必须有一种方法来衡量进步和成功。
- 执行解决方案的步骤必须对所有人来说都清晰，并且可以分配给团队成员，以便每个人都有一个重要的角色。
- 必须有一个共同的决策过程，以使协调一致的工作继续进行，并随着项目的展开重新分配任务。
- 应该在里程碑阶段进行评估，以确定团队是否正在朝着最终解决方案前进。
- 应该有参与的激励机制，让参与者保持努力工作。

5.2.7 建议

有效的头脑风暴训练增加了成功的机会，并培养了团队合作。任何一家公司都可能运气好，偶尔会想出一两个绝妙的点子。但如果一家公司想要源源不断的好点子，那么对项目团队进行正确的头脑风暴实践教育是必需的。如果一家公司要保持持续的竞争优势，那么头脑风暴教育应该是所有员工的一项要求。头脑风暴培训教育必须包括虚拟头脑风暴会议和现场会议。

5.3 设计思维

许多未来的项目基于一个想法、目标或战略需要而被批准，但没有得到充分的描述。管理这些项目最重要的技能之一可能是设计思维。设计思维是一个结构化的过程，用于探索没有清晰表达的不明确的问题，帮助解决结构不合理的情况，并改善预期的结果。设计思维可以帮助解决绩效问题。“设计思维有助于构建团队互动，以培养更大的包容性，培养创造力，加深同理心，并使围绕特定的目标和结果的参与者保持一致。”（Mootee，2013）

在瞬息万变的市场中，突破性的想法可能是必要的，设计思维是一种创造性解决问题的合作方法。设计思维还要求在项目的整个生命周期中与团队成员和干系人保持密切、信任的关系。重点是客户需求和“跳出框框思考”。

作为设计思维的一部分，你必须知道你的客户是谁或将是谁。这些信息可能来自对竞争研究的理解（如 SWOT 分析），可能包括识别：

- 最赚钱、要求最高的客户。
- 要求不高的客户。
- 愿意接受“足够好”的产品或服务的新客户。

采访客户可能是非常有利的，然后可以将信息映射，如图 5-3 所示。

团队和项目经理还必须对什么是战略目标和增长目标有一个清晰的认识。没有明确的工具或路径来确定这些目标。有些人认为适当的目标设定可以改变项目的预期方向；而另一些人倾向于模棱两可，因为这样可以为创造性和创新性的想法创造空间，提供更多的备选方案，并且团队可以更容易地使用设计思维将想法转化为现实。当因为没有价值而决定“扼杀”一个想法时，你必须首先站在用户的角度考虑，考虑第一个用户，而不是你自己。未来的项目经理必须了解公司的有形和无形资产（能力和资源）。为客户重新定义价值的设计思维方法始于人，而不是始于产品。

干系人

干系人问题	客户	股东	政府	管理	员工
产品质量	A	C	B	B	B
产品安全	A	C	A	C	C
产品特性	A	C	C	C	B
产品成本	B	A	C	A	C
交付日期	A	B	C	A	A

A＝对干系人很重要
B＝对干系人有些重要
C＝对干系人不太重要

图 5-3　确定干系人需求的优先级

设计思考者不仅要理解他人的文化，也要理解自己的文化，认识到他们自己的情感、实践和信仰体系会告诉他们做什么、如何做、为什么做。

将设计思维嵌入企业意味着将其嵌入公司的战略、企业文化、流程和实践、系统和结构中。根据 Mootee（2013）的说法，“在商业问题解决中应用的设计思维结合了心理模型、工具、流程和技术（如设计、工程、经济学、人文科学和社会科学），以识别、定义和解决战略规划、产品开发、创新、企业社会责任等方面的商业挑战”。遗憾的是，传统的项目管理培训计划并没有涵盖这些主题，但这些主题对于培养未来的项目经理是必要的。

设计思维的好处：

- 更加关注客户需求。
- 有利于发现新的客户见解（例如，参与项目管理）。
- 能够通过创意生成和原型设计获得更多的创造力。
- 能够尽快创建解决方案。
- 能够营造学习型文化氛围。
- 能够更好地处理歧义。
- 能够更好地理解复杂的联系。
- 循序渐进、细水长流，而不是一蹴而就。

导致设计思维失败的原因有：

- 不理解问题和/或缺乏定义。
- 缺乏信息。
- 缺乏沟通渠道，尤其是与干系人的沟通。
- 匆忙进行原型开发。

- 期望通过使用一个原型获得最终解决方案。
- 寻找快速解决方案。
- 团队成员对他人的想法持封闭态度。
- 过分依赖历史和过去的客户行为。
- 过度注重手头的信息。
- 未能考虑并行路径。
- 公司重心（离开舒适区）。
- 愤世嫉俗。

项目经理将面临几个挑战，首先是面临模糊前端的挑战。管理良好的模糊前端通常会带来更好的结果。但是，由于前期的不确定性和快速做出选择的需要，特别是基于不完整的信息，管理模糊前端成为一种挑战。

原型设计是另一个挑战。在传统项目管理中出现的线性原型中，原型是在项目接近结束时开发的。在战略项目中最常见的非线性原型中，需要开发多个原型，这要从设计思维开始。“败得早，败得快，败得廉价”必须被“学得早，学得快，学得便宜”所取代。一项创新的全面验证可能需要几个原型和可能的全球范围测试。

组织摩擦将在设计思维过程中发生，且可能是有利的，并围绕无形资产（如知识产权的解释和某些决策的基本原理）产生内部竞争。然后，人们可能会带着额外的信息来支持他们的立场。

如果项目的结果是创造客户价值，那么就需要将设计原则、方法和这些新工具引入组织管理和商业战略开发（Brown，2008）。设计思维活动和项目管理都是随着企业和经济格局变化的转型因素和过程而迅速发展的。这两个领域都是以方法和工具为特征的实践为基础的，但它们正在超越运营视角，走向战略视角（Ben Mahmoud-Jouini 等，2016）。一个主要原因是，设计思维的输出可能不是产品，而是一种新的商业模式，其中包括客户管理实践的重大变化、未来的创新活动、监管和社会责任、组织因素和财务因素。

有超过 100 种工具可为设计思维所用（Kumar，2013）。一些常见的设计思维工具包括：

- 讲故事（提供叙事信息，而不是枯燥的事实）。
- 故事板（通过带有插图的故事描述创新需求）。
- 思维导图（连通所有的信息）。
- 情境地图（揭示用户体验的洞察力）。
- 客户旅程图（客户购买和使用产品所经历的阶段）。
- 干系人图谱（可视化干系人的参与）。
- 人物角色（确定谁是用户，谁不是用户）。
- 隐喻（与其他事物的比较）。
- 原型（测试不同的想法）。
- 生成式会议（关注干系人的经验）。

还可以使用其他工具，如信息库和商业智能系统。这些工具有助于识别客户及其需求。

5.4 卓越行动：迪士尼公司[①]

5.4.1 案例简介

由于公司独特的产品和服务，许多公司项目管理的未来可能需要偏离标准实践和传统的项目管理技能。新类型的项目将需要偏离标准的实践。项目团队可能需要学习新的技能。迪士尼大学的创建是为了让项目团队为迪士尼未来的挑战和当前的任务做好准备。

并非所有管理传统项目的项目经理都对自己的工作感到满意，他们通常认为换个行业可能会有所帮助。在具有挑战性且复杂的项目中，最快乐的项目经理可能是在华特·迪士尼公司工作的梦幻工程项目经理。三位梦幻工程项目经理（John Hench、Claude Coats 和 Martin Sklar）退休时在华特·迪士尼公司总共有 172 年梦幻工程项目管理的工作经验。但是，在其他行业中，有多少项目经理了解作为一名成功的梦幻工程项目经理需要哪些技能呢？是否许多梦幻工程项目管理技能已经或将适用于其他行业，而我们没有意识到这一点？

《PMBOK®指南》顾名思义，只是一个指南。每个公司可能都有他们所承担的项目所需要的独特技能或专业技能，超出了《PMBOK®指南》所包含的内容。尽管《PMBOK®指南》的原则仍然适用于迪士尼主题公园项目，但仍需要其他与传统项目管理课程中教授的许多材料明显不同的技能。也许在所有梦幻工程项目经理中最常见的技能是头脑风暴、问题解决、决策，以及从三维而不是二维的角度思考。虽然这些技能在传统的项目管理课程中没有深入教授，但它们很可能是所有未来项目经理的必备技能。然而，我们大多数人可能没有意识到这一事实。

5.4.2 华特·迪士尼梦幻工程公司[②]

华特·迪士尼梦幻工程（Walt Disney Imagineering，WDI，简称梦工厂）公司是华特·迪士尼公司的设计和开发部门，负责世界各地迪士尼主题公园的创作设计和建设。华特·迪士尼为了监督迪士尼乐园的建造而创立了这家公司，最初被称为 WED 分公司，这是公司创始人全名“华特·伊莱亚斯·迪士尼（Walter Elias Disney）”的首字母缩写。[③]

“梦幻工程”一词是美国铝业公司在 20 世纪 40 年代引入的，用来描述想象力和工程的结合。1957 年，联合碳化物公司在一份内部杂志上使用了这一术语，理查德·F. 塞勒（Richard F. Sailer）在一篇题为“头脑风暴即梦幻工程”的文章中使用了这一术语。迪士尼在 1967 年申请了这个词的版权，并声称在 1962 年首次使用了这个词。梦幻工程公司负

---

① 改编自《迪士尼（A）：梦幻工程项目管理》.《项目管理案例研究》（第 6 版），John Wiley & Sons 出版公司，2021。华特·迪士尼公司和迪士尼主题公园的任何人员都没有参与本案例研究的准备工作。版权归哈罗德·科兹纳所有。

② 本案例研究的部分内容改编自维基百科（免费百科全书）的“华特·迪士尼幻想工程”。

③ Wright 和 Alex，《梦幻工程：在华特·迪士尼世界魔法王国的梦幻工程现场指南》。纽约：迪士尼公司编写，2005。

责设计和建造迪士尼主题公园、度假村、游轮和其他各级娱乐场所的项目开发。梦幻工程师拥有广泛的技能和才能，因此有超过 140 个不同的工作头衔属于梦幻工程的旗下，包括插画师、建筑师、工程师、灯光设计师、节目作家、平面设计师等。可以说，所有的梦幻工程师都是项目经理，而华特·迪士尼梦幻工程公司的所有项目经理都是梦幻工程师。大多数梦幻工程师都在该公司位于加州格伦代尔的总部工作，但也经常被派往主题公园内的分支机构工作很长一段时间。

5.4.3 项目可交付物

与传统项目的成果是硬件或软件交付不同，主题公园景点的梦幻工程项目的成果是视觉故事。整个可交付物被设计成在一个受控的环境中运行，而且在这个环境中，可交付物的每个组成部分都有特定的含义，并有助于讲述一个故事。这是一种视觉叙事。与传统的二维电影或书籍不同，主题公园和相关人物在三维空间中栩栩如生。大多数项目经理不认为自己是讲故事的人，他们倾向于关注两个维度。

主题公园景点的目的是让人们在进入景点后脱离现实，让他们相信自己正生活在一个故事中，并可能与他们最喜欢的角色进行互动。主题公园让游客觉得他们是故事的参与者，而不仅仅是旁观者，这包括所有年龄段的游客。

虽然一些主题公园的游乐设施只吸引你的一种感官，但迪士尼的景点吸引了几种感官，因此当人们离开景点时会留下更深的印象。“人们必须学会用新的方式去看、去听、去嗅、去摸、去品尝。”一切都是为了给人们一种体验。在理想的情况下，人们会相信他们是故事的一部分。当新的景点启用时，梦幻工程师会注意游客从游乐设施上下来时的面部表情。这对于持续改进工作非常重要。

> 我想让你想到的是，当人们走过或接触到你设计的任何东西时，我希望，当他们离开时，脸上带着微笑。记住这一点。这是我对你作为设计师的唯一要求。
>
> ——华特·迪士尼

5.4.4 约束的重要性

大多数项目管理课程强调项目有三个约束条件，即时间、成本和范围。虽然这些限制也存在于梦幻工程项目中，但还有其他三个与之竞争的主题公园限制因素，它们通常被认为比时间、成本和范围更重要。这三个约束就是安全、质量和美学价值。

安全、质量和美学价值都是相互关联的制约因素。迪士尼永远不会牺牲安全。安全是主要约束中的第一约束，也是最重要的约束。所有景点每年 365 天每隔几分钟运行一次，因此必须满足最严格的建筑规范。有些游乐设施需要特殊效果，如火、烟、蒸汽和水。所有这些都是在安全意识的基础上完成的。特效包括不会燃烧的火，可以安全呼吸的模拟雾，以及不会破坏任何东西的爆炸。另一种特效是冒泡的熔岩，触摸起来实际上是凉爽的。

可靠性和可维护性对所有项目经理来说都是重要的质量属性，但对梦幻工程师来说尤其重要。除火、烟、蒸汽和水外，每个景点中还有大量的活动部件。可靠性考虑的是某物在不需要维护的情况下能运行多久。可维护性讨论的是修复的速度。景点的设计考虑了组件故障和最小化停机时间的方法。有些人可能会围绕特定的景点计划他们的整个假期，如果这些景点长时间停工维修，公园的游客会不高兴。

5.4.5　头脑风暴

在传统的项目中，头脑风暴可能以小时或天来衡量。头脑风暴小组的成员人数很少，可能包括市场营销人员（他们的目的是确定新产品或对现有产品的改进需求）及技术人员（他们说明需要多长时间和大约多少成本）。通常，传统的项目经理可能要在项目被批准、添加到队列中，并且工作陈述被明确定义之后才会被任命并加入董事会。在迪士尼的梦工厂组织中，头脑风暴可能以年为单位开展，大量的梦工厂人员将参与其中，包括项目经理。

大多数传统游乐园的景点都是由工程师和建筑师设计的。在迪士尼，梦幻工程的头脑风暴是由讲故事的人完成的，他们必须把自己的想法想象成二维和三维的图景。对梦幻工程师来说，头脑风暴可能是最关键的技能。头脑风暴要求梦幻工程师设身处地地为游客着想，为了看到游客将看到的东西，像小孩一样思考，也像成年人一样思考。在设计景点时，你必须了解你的主要受众。

头脑风暴可以是结构化的，也可以是非结构化的。结构化的头脑风暴可能需要根据新上映的迪士尼动画或非动画电影来构思一个景点。非结构化的头脑风暴通常被称为“蓝天”头脑风暴。为了想出最好的主意，可能需要开几次头脑风暴会议，因为人们需要时间进行头脑风暴。有效的头脑风暴要求我们对所有的想法都持开放的态度，即使每个人都同意这个想法。梦幻工程师总是会问：“我们能把它做得更好吗？”与传统的头脑风暴不同，在梦幻工厂，一个想法可能需要数年才能实现。

梦工厂的头脑风暴必须集中在一个受控的主题环境中，其中每个组件都是讲述故事的一部分。作为头脑风暴的一部分，有一些关键问题必须解决和回答：

- 我的景点有多大的空间？
- 游客需要多长时间来进行这种体验？
- 灯光景点是通过步行游览还是使用交通工具游览？
- 我们应该用什么颜色？
- 我们应该用什么音乐？
- 什么特效和/或幻象必须到位？
- 构建景点的技术是现有的还是必须创造新技术？
- 需要什么样的景观和建筑？
- 在这个景点之前或之后还有什么景点？

在头脑风暴完成之前，团队必须考虑成本。不管技术如何，我们能负担得起建造它的成本吗？这个问题必须在有组织的头脑风暴会议或“蓝天”头脑风暴会议中解决。

5.4.6 指导原则

在开发新概念和改善现有景点时，梦幻工程师受一些关键原则的支配。通常，新的概念和改进是为了满足特定的需求，使不可能的事情变得可能。许多解决问题的巧妙方案都是用这种方式梦幻出来的，如“飞越加州”景区的游乐设施。梦幻工程师知道他们想让游客体验飞行的感觉，但不知道如何以一种有效的方式把人们装上一辆过山车，让每个人都有一个最佳的观景位置。有一天，一位梦幻工程师在他的阁楼里发现了一套安装装置，并能够想象和设计一种可以有效模拟悬挂滑翔的乘坐工具。

梦幻工程师也因没有实现的创意（各种原因未能实现的景点和表演的想法）而闻名。也许多年以后，他们会重新审视这些想法。这些想法经常被重新设计，以不同的形式出现，比如怪异博物馆——一个拟议中的蜡像馆，最终成了鬼屋。

最后，还有“蓝天思量”原则。在这个过程中，梦幻工程师产生的想法没有任何限制。梦幻工程的习惯是从“洗眼”（一个人能想到的最大胆、最疯狂、最好的想法）开始创意过程，以绝对令人信服的细节呈现。许多梦幻工程师认为这是设计过程的真正开始，并在这样的理念下运作：只要有梦想，就能实现。迪士尼相信每个人都可以进行头脑风暴，每个人都想为头脑风暴的过程做出贡献。没有主意就是坏主意。有效的头脑风暴会议既不评估也不批评这些想法。它们被记录下来，并可能在几年后被重新审视。

梦幻工程师总是在寻求改进他们的工作，华特称之为“加成”。他坚信“只要世界上还有想象力，迪士尼乐园就永远不会完工”，这意味着创新和改进的空间总是存在的。梦幻工程也创造了许多从未实现过的想法，尽管有些想法当时没有实现（如乡村熊大会），但后来以这样或那样的方式实现了。创意和最终的未来景点也可以来自华特·迪士尼公司或其他电影制片厂制作的动画电影。

“当基本想法被所有成员定义、理解并同意时，头脑风暴就会结束。它属于我们所有人，保留着华特·迪士尼留下的丰富遗产。团队合作确实是梦幻工程公司的核心。本着这种精神，尽管梦幻工程公司是一个多元化的集合，包括建筑师、工程师、艺术家、支持人员、作家、研究人员、管理员、调度人员、估算师、机械师、财务人员、模型制作人员、景观设计师、特效和灯光设计师、音响技术人员、制片人、木匠、会计和电影制作人，我们都有幸分享同一个独特的头衔。在这里，你只能找到梦幻工程师。”

> 如果我能在这里选择一份工作，我会把我的办公室搬到梦幻工程公司大楼，沉浸在疯狂和自由的思考中。
>
> ——迈克尔·D. 艾斯纳，华特·迪士尼首席执行官

5.4.7 梦工厂的创新

多年来，华特·迪士尼梦幻工程公司在游乐系统、特效、互动技术、现场娱乐、光纤和先进音频系统等领域获得了超过 115 项专利。华特·迪士尼梦幻工程公司负责技术进步，如 360°全景电影技术和 FastPass 虚拟排队系统。

梦幻工程必须找到一种方法，将技术与故事结合起来。梦幻工程最为人所知的可能是其开发的音频—动画电子学。这是一种机器人技术，用于主题公园的表演和景点，使迪士尼能够以三维而不仅仅是二维的方式制作动画。这个想法源自迪士尼对他在新奥尔良购买的一只机械鸟的迷恋，最终促使了景点“魔法提基屋”的开发。提基屋是第一个使用这种技术的房间，里面有唱歌的电子鸟。1964 年的世界博览会展出了一个亚伯拉罕 • 林肯的有声电子人偶，它站起来发表了哥底斯堡演说的一部分（碰巧当时刚刚过了一百周年），用于“林肯先生的伟大时刻”人偶展览，这是第一个有声电子人偶。

如今，音频—电子动画在许多受欢迎的迪士尼景点中占据突出地位，包括加勒比海盗、闹鬼的豪宅、总统大厅、乡村熊大聚会、星际之旅之冒险继续和布提木偶视觉 3D。游客还有机会与一些视听电子角色互动，如幸运恐龙、WALL-E 和《料理鼠王》中的雷米。下一波音频—动画电子技术的发展重点是完全独立的人物或“自主电子人”。奥托（Otto）是第一个自主电子人，它能够看、听、感知人的存在，与人交谈，甚至能感知游客的情绪并做出反应。

5.4.8　故事板

大多数传统的项目经理可能不熟悉将故事板方法应用于项目。在迪士尼梦幻工程公司，这是项目的重要组成部分。梦幻工程的创意始于白纸上的二维构想。故事板能帮助梦幻工程师看到整个景点。故事板是一种以插图或图像的形式按顺序展示的图形组织者，目的是预先想象景点中时间和空间的关系。故事板也被用于电影、动画、动态图形和互动媒体。故事板提供了游客可以看到的事件的可视化布局。在华特 • 迪士尼和其他动画工作室使用了几年类似的流程之后，在 20 世纪 30 年代早期，华特 • 迪士尼制作公司开发了今天为人所知的故事板流程。

故事板本质上是事先制作的大型景点漫画，以帮助梦幻工程师将场景形象化，并在潜在问题发生之前发现它。故事板还有助于估算整个景点的成本并节省开发时间。故事板可以用来确定哪些地方需要改变音乐以适应场景的情绪。故事板通常包括指示移动的箭头或指令。当动画和特效是景点的部分内容时，故事板阶段之后可能会有简化的“动画”模型，以便通过动作和时间更好地了解场景的外观和感觉。简单来说，动画是将一系列静止图像编辑在一起并按顺序显示，且将粗略的对话和/或粗略的音轨添加到静止图像序列中（通常取自故事板），以测试声音和图像是否有效地协同工作。

故事板过程非常耗时且复杂。今天，故事板软件可以加速这个过程。

5.4.9　实物模型

一旦头脑风暴完成，想象的模型就被创造出来了。在建筑等其他行业，模型制作也很常见。简单的模型可以用纸、纸板、聚苯乙烯泡沫塑料、胶合板或金属制成。模型制作者是第一个让概念变成现实的梦幻工程师。将二维设计转化为三维的艺术是梦幻工程过程中最重要和最有价值的步骤之一。模型使梦幻工程师能够在微观上将一个概念的物理布局和尺寸可视化，使他们了解秀场布景之间或他们将要建造的各建筑之间的关系。

随着项目的展开，代表项目的模型也在细化。一旦项目团队对整体模型上描绘的安排感到满意，面向细节的缩小版真实模型就开始制作了。这反映了项目的建筑风格和颜色。

根据详细的建筑和工程图，创建一个更大的整体模型是模型构建过程的最后一步。“这个展示模型是项目最终建筑物的精确复制品，包括要突出的最微小细节，包括建筑外观、配套景观、配色方案、完整的游乐设施布局、运输车辆的大小及颜色、秀场布景、道具、人影，以及构想的照明和图形。”

接下来是整个景点的电脑模型，包括实际的游乐设施。它们是电脑生成的，这样梦幻工程师就可以从不同的位置看到最终产品的样子，而不必真正建立一个全尺寸的模型。计算机模型类似于 CAD/CAM 建模，可以在三维空间中显示所有必要的电气、管道、暖通空调、特效和其他需求的布局。

5.4.10 美学

梦幻工程师将受控主题环境中的景点美学价值视为一种约束。与大多数项目经理所熟悉的正常约束相比，这种审美约束更多的是对完美的热情。

美学是识别人物和整体主题并控制每个场景的环境和氛围的设计元素。这包括色彩、景观、树木、彩色花朵、建筑、音乐和特效。音乐必须支持大型游乐场的气氛。在景观中使用的岩石形状也很重要。尖头或尖锐的岩石可能预示危险，圆形或光滑的岩石则可能代表安全。因此，景观中的一切都是为了强化故事。梦幻工程师在支持故事所需的一切方面都达到了非常详细的完美水平，而不会用太多的细节使观众应接不暇。相互矛盾的细节会让游客对故事的意义感到困惑。

景点美学的主要贡献者是特效。特效是由“梦幻工程”制作的，它是“梦幻工程”的一个子集。特效可以有很多不同的形式。典型的投影特效包括：

- 蒸汽、烟云、漂流的雾气、旋涡效果。
- 喷发的火山，流动的熔岩。
- 电光闪烁，火花四溅。
- 水有波纹，有倒影，有瀑布，有流动。
- 旋转和翻滚的图像。
- 飞行、下降、上升、移动的图像。
- 带有动画部分的移动图像。
- 万花筒式的投影。
- 液体投影、气泡、波浪。
- 北极光，流光艺术，抽象光效。
- 闪烁的星星（当不能使用光纤时，如背投屏幕不能用时）。
- 透视出旋转的星系、彗星、旋转的空间站、脉冲星、流星雨、流星和任何天文现象。
- 火，火把，森林火。
- 膨胀环。

- 幽灵，扭曲的形象。
- 爆炸、闪光。

也许对景点美学价值最重要的贡献是颜色。传统的项目经理依靠销售或营销人员来选择可交付物的颜色。在梦幻工程中，它是由梦幻工程师完成的。颜色是一种交流方式，甚至花朵的颜色和景观也很重要。人们会有意识或潜意识地从某些颜色中感受到情感。梦幻工程师把颜色当作一种语言。有些颜色能迅速抓住我们的眼球，使我们的注意力集中在它上面。“我们不仅要问各种颜色是如何一起产生效果的，还要问它们在特定情况下给观众带来的感受。梦幻工程师的工作是理解色彩如何在视觉上相互作用，以及为什么它们能让游客感觉更好。”

“白色代表清洁和纯净。在许多欧洲和北美文化中，红色与婚礼和宗教仪式（如洗礼）联系最紧密。银白色表示喜悦、愉悦和高兴。在建筑和室内设计中，如果大面积使用白色，会显得单调。”“我们在梦幻工程中创造了一整套颜色词汇，其中包括我们发现的能激发人类本能（包括生存本能）的颜色和图案。”

美学也影响着演员的服饰和全身服装，这是景点的一部分。演员们的服装必须能衬托出景点的特征。与动画不同的是，动画中角色的身份或行动没有物理限制，而人们一旦穿上服装，动作可能就会受到限制。必须注意的是，全身服装上使用的颜色既要保持角色的身份，又不能与景点中使用的背景颜色相冲突。即使卫生间的颜色也必须与主题环境相匹配。

梦幻工程师还试图通过使排队成为一种愉快的体验来解决排队设计问题。当人们排队等候参观景点时，美学可以将他们引入景点的主题。美学还必须考虑人们从一个景点到另一个景点所花费的时间，以及在这个景点之前和之后发生的事情。为了使过渡顺利，必须将主题树叶、颜色、声音、音乐和建筑混合在一起。甚至你的脚底都能明显地感觉到路面的变化，并告诉你一些新的东西即将出现。

5.4.11　表演艺术

多年来，梦幻工程构思了一系列零售商店、画廊和酒店，旨在体验并创造和维持一种非常特定的情绪。例如，迪士尼当代度假村的情绪可以被称为“你好，未来的乐观主义”，度假村的 A 型框架结构、未来主义的建筑技术、现代的交通工具，以及每隔几分钟安静地穿过大厅的单轨铁路，这些都是未来的乐观主义情绪的显著特点。这些细节结合在一起，讲述了度假村的故事。

梦幻工程首先是一种讲故事的形式，参观迪士尼主题公园应该像进入一场表演。广泛的主题、梦幻的氛围和奇妙的细节是迪士尼体验的标志。影片《加勒比海盗》的氛围清晰可辨，故事情节通过细节和道具一目了然。根据梦幻工程传奇大师约翰·亨奇（John Hench）的说法，《加勒比海盗》唤起了一种“嬉戏的海盗冒险”，而迪士尼邮轮公司的船只则营造了一种优雅的航海氛围。就连主题公园里的商店和餐馆都在讲故事。从菜单到菜名，再到剧组成员的服装，每一个细节都经过仔细考虑。

迪士尼乐园的目的是通过所有感官来体验。例如，当游客走在美国的大街上时，他们可能会闻到新鲜出炉的饼干味道，这个小细节增强了几百年前美国小镇的故事。

迪士尼主题公园的故事通常是通过视觉来讲述的，梦幻工程师用他们所谓的“表演艺术”来设计游客的体验。约翰·亨奇喜欢把主题公园的设计比作电影制作，并经常在迪士尼主题公园中使用电影制作技术，如强迫透视技术。

强迫透视是一种设计技巧，即设计师通过物体的比例来影响观看者对物体大小的感知。迪士尼乐园中最引人注目的强迫透视的例子之一是灰姑娘的城堡。与地基相比，城堡上部的建筑元素规模要小得多，这使得它看起来比实际高度 189 英尺要高得多。

5.4.12 社交型领导的力量

项目经理和团队成员都喜欢自己的工作得到赞赏，这是一种激励他们继续努力的动力。然而，认可并不一定要用言语来表达，它可以来自结果。迪士尼的项目团队可以看到他们努力的成果和他们创造的价值。迪士尼的梦幻工程部看到每年有数百万游客穿过迪士尼主题公园的大门，这可能是他们最大的动力。

华特·迪士尼公司也用其他方式来赞赏一些梦幻工程师。迪士尼成立了一个名为“梦幻传奇”的协会。协会中三位最杰出的梦幻工程传奇人物是约翰·亨奇（在迪士尼工作了 65 年）、克劳德·科茨（Claude Coats，在迪士尼工作了 54 年）和马丁·斯克拉（Martin Sklar，在迪士尼工作了 53 年）。这三位梦幻工程师的贡献遍布世界各地的迪士尼主题公园的景点。迪士尼所有梦幻工程师的目标很可能是承认自己是一个梦幻传奇。

5.4.13 对额外技能的需求

所有的项目都有其特点，这些特点可能要求我们使用一套《PMBOK®指南》所教授的项目管理技能之外的独特项目管理技能。梦幻工程师可能需要的一些额外技能概括为：

- 构思故事的能力。
- 头脑风暴的能力。
- 能够创建故事板并在各个细节阶段搭建出实物的艺术造型。
- 愿意在团队环境中接受不同学科的工作。
- 了解主题公园设计要求。
- 认识到客户和干系人的范围从幼儿到老年人。
- 能够通过游客的眼睛和鞋子来构想有吸引力的事物。
- 理解安全、质量和美学价值作为额外竞争约束的重要性。
- 对美学细节的热情。
- 了解色彩的重要性，以及色彩与情感之间的关系。
- 理解音乐、电子动画、建筑和景观如何支持故事。

显然，这个列表并不包括所有的技能。然而它确实表明，并不是每个人都能实现自己成为迪士尼梦幻工程师的愿望，但这些技能确实适用于大多数项目经理都在努力解决的许多项目。在未来的项目中学习和应用这些技能，可以使我们所有人都成为更好的项目经理。

06 第6章

支柱6：项目领导力的新形式

6.0 引言

大多数人似乎都认同，项目管理中的有效领导力可以对成功的结果做出重大贡献。遗憾的是，与项目管理流程、方法、工具和技术相关的大量信息相比，关于项目管理领导力风格及其如何影响团队成员当前和未来任务绩效的实证学习和研究进展还是很有限的。

迄今为止，其他关于危机领导力的研究也不多。新冠疫情告诉我们，所有公司都可能受到危机的影响，并且危机领导力流程不一定使用与传统项目相同的流程、工具和技术。由于时机、风险、干系人的参与及企业环境因素的影响，危机领导力的行为预期可能与传统的项目行为会有很大不同。

过去，领导力研究的重点是确定项目失败的原因，并查看是否有原因可以归于所使用的领导力风格，其目的是确定领导力有效性模型，以解决与项目失败相关的许多问题。

6.1 有关领导力研究方面的问题

最近，项目管理领导风格研究的重点已从项目失败的原因转向确定除财务指标外对项目成功做出重大贡献的因素。研究人员认为，项目成功与项目领导力之间存在很强的相关性。他们发现的大部分问题在于如何定义项目成功。

项目的成功并不符合任何预先定义的标准。每个行业甚至同一行业对成功的定义可能都不同，并且成功的含义可能因项目不同、生命周期的不同阶段也不一样。成功的定义不再以我们以往认为的遵守时间、成本和范围要求的程度来衡量。项目的成功现在还包括其他组成部分，如创造有形或无形的商业收益、商业价值及其可持续性。

大多数早期领导力研究都集中在特定行业，如医疗保健、金融、IT、制药和建筑。一些研究人员关注大型项目与小型项目、性别、文化及合同类型对领导力的影响。Thamhain

在 2004 年进行的一项研究未能发现领导力和项目绩效之间存在任何显著的关联性。然而，一些研究成果只集中于特定类型的项目。Strang 在 2010 年确定了一种似乎在新产品开发项目中效果良好的领导力风格。

直到最近，确定项目管理团队领导力有效性这个问题还没有受到应有的重视。项目管理领导力侧重于管理传统项目，重点是短期盈利和解决问题，而不是激励团队成员，所以进行更多的研究，需要重点关注对团队成员当前和未来任务的影响，而不只是项目可交付物。

6.2 选择领导者

与传统组织不同，传统组织的管理职位被视为全职永久性职位，并且通常根据所选个人的领导风格来填补空缺，项目经理的任命更有可能根据项目的周期长度、人员的可用性、技术和范围要求或与某些客户和干系人的关系来安排。因为项目必须结束，而且通常越早结束越好，所以重点是项目经理的权威和权力，而不是他/她的领导能力。幸运的是，随着对有效的项目管理领导力所产生的人员行为和社会期望的更多研究，这种情况正在改变。公司不再依赖规则和法规来限定人们应该如何行动。

公司现在意识到，填补职能管理职位可能会受到公司项目管理成熟度的影响。一个一线汽车供应商过去主要根据个人的技术水平来填补职能管理职位，尽管他们也保持了一个技术职业发展阶梯，但随着对有效的项目管理需求变得明显，公司决定职能管理职位由那些能够与项目团队公开、诚实、合乎道德地沟通和合作的人员来担任，而且沟通和合作技能变得比技术技能更重要。

6.3 领导风格介绍

传统领导风格可以被定义为一个“社会过程”，即一个人必须寻求其他人（如个人、团队甚至整个组织）的帮助才能完成一项任务或一组任务。尽管定义看起来很简单，但在考虑环境和任务时可以选择多种领导风格。虽然可能存在共同的领导者属性或行为（如智力、可信度和勇气），但根据应用情况每种领导风格都各有优点和缺点。

在项目管理早期，公司采用一刀切的方法并伴随官僚主义领导力。项目管理由严格的政策和程序驱动，以便高级管理层能够保持对所有项目的指挥和控制。领导力的目标是项目的盈利能力，而很少关心实际的工作人员。这样就会限制项目经理激励员工和发挥创造力的能力，员工也常常仅为了获得报酬而完成最低限度的工作。所使用的领导风格通常是由高级管理层或项目发起人决定的。

项目管理中经常讨论的一些领导风格相对容易理解。Lewin 等（1939）研究的三种早期领导风格包括专制式、参与式和自由放任式。

- **专制式或独裁式：**所有决策权都集中在领导者手中。这样可以快速做出决策，领导者可以决定何时（如果有的话）通知团队他/她的决定，不必询问团队成员的想法或意见。

- **参与式或民主式：** 通常称为共享领导力。这种风格允许领导者与团队分享决策，团队成员提供意见和想法，但缺点是需要更多的时间来做决定。
- **自由放任式或自由支配式：** 在这种风格下，所有决策都可以交给下属完成。

这三种领导风格经常出现在项目管理教科书中。当项目经理由掌握技术的人担任时，在研发项目中可能会出现专制式或独裁式领导风格。独裁式风格经常被自以为是的人所使用。当项目经理对技术只有粗略的了解且必须依赖团队的决策支持时，就会出现参与式领导风格。当项目经理由营销或销售人员担任时，由于他们与客户和干系人的关系，并且团队做出了大部分决策，就会出现自由放任式领导风格。

项目管理课程中经常讨论的一种领导风格是情境式领导。这种方法假设每个项目可能由于不同的商业论证、干系人、持续时间、成本、约束和假设条件而具有独自的特点。因为每个项目都有其独自的特点，因此可能无法确定项目经理的最佳领导风格。几十年来，这个问题一直困扰着项目管理教育工作者寻找理想的领导风格。正如 Hemphill（1949）所说："一个人作为领导者时实际上所做的事情在很大程度上取决于他所处的环境特征。"

有时，为了让我们深入了解其他领导模式，领导风格可以被分解。例如，费德勒（Fiedler，1967）确定了一种注重领导者有效性的情境式应急领导风格。他定义了两种风格的领导者：一是关系导向型领导，他们倾向于通过与团队建立良好关系来完成任务；二是任务导向型领导，他们最关心执行任务本身。

关系导向型领导非常关注团队之间的关系，并且通常更关心团队成员的整体福祉和满意度。他们强调团队内部的沟通，对团队成员表现出信任和信心，并对所做的工作表示赞赏。然而，对人际关系的重视可能会导致生产力下降。

任务导向型领导专注于为实现特定生产目标而需要执行的任务。他们通常更关心为给定的问题或目标制定逐步的解决方案，严格确保在最后期限内完成项目、取得成果并达到目标结果。他们通过很少考虑团队成员的福祉。

费德勒认为没有理想型的领导者。如果任务导向型领导和关系导向型领导的领导风格都适合各自的具体情况，那么他们都可以发挥作用。当领导与团队成员关系良好、任务高度结构化、领导职位权力较高时，这种情况被认为是"有利情况"。费德勒发现，任务导向型领导在极其有利或不利的情况下效率更高，而关系导向型领导在中等有利条件下表现最佳。大多数情境/应急理论假设领导者可以随机改变自己的行为以适应不同的情况或扩大自己的行为范围，但在实践中，由于无意识的信念、恐惧或根深蒂固的习惯，许多人发现很难做到这一点。

项目管理的领导风格还有许多其他类型，其中一些是前面提到的领导风格的衍生物。包括：①

- **交易型：** 在这种风格中，领导者通过奖励和惩罚来促进追随者或团队的服从。这通常可以维持员工的积极性，但这只是短期的。项目负责人通常会为必须以特定方式执行的项目制定程序并设定效率标准，以便一切顺利进行。重点关注的是近期结果

① 本节部分内容改编自维基百科，即自由百科全书：领导力、交易型领导力和变革型领导力。

而不是前瞻性想法。交易型领导会在实现某些目标时通过设置奖金、绩效奖励或其他形式来表示对追随者工作的认可。

- **变革型**：变革型领导会与追随者密切互动，关注更高层次的内在需求，并提高对具体成果的重要性及实现这些成果的新方式的认识。变革型领导希望追随者获得内在动力和工作成就感。变革型领导是互动的、鼓舞人心的，而交易型领导通常是被动的。变革型领导务实，在解决问题时会跳出框框思考，而交易型领导则倾向于在条条框框内思考。

  变革型领导擅长通过多种机制提高下属的动力、士气和工作绩效。其中包括将追随者的认同感与项目和组织的集体认同联系起来；成为追随者的榜样，以激励他们并提高他们对项目的兴趣；激励下属对自己的工作承担更大的责任，并了解下属的优势和劣势。这使得领导者能够让下属与提高他们绩效的任务保持一致。了解变革型领导力可以给组织带来的积极影响也很重要。变革型领导具有较强的适应不同情况的能力、集体意识、自我管理能力及领导团队的激励能力。

- **真实型**：真实型领导风格是一种领导方法，强调通过基于道德的与追随者的诚实关系来建立领导者的合法性。一般来说，真实型领导是积极正向的人，拥有真实的自我概念，提倡开放。通过建立信任并获得下属的热情支持，真实型领导可以提高个人和团队的绩效。这种方法得到了许多领导者和领导力教练的充分接受，他们认为真实型领导力是强调利润和股价而不是人员和道德的领导者的替代方案。真实型领导风格是领导力学术研究中一个不断发展的研究领域，最近已经从默默无闻发展成为一个完全成熟的概念（Gardner 等，2011）。

6.4 项目管理的挑战

研究了这么多不同类型的领导风格，为什么定义适用于项目管理环境的领导风格还是如此困难？大多数领导风格都是通过在相当稳定和受控的环境中进行观察和测试而形成的（如销售人员与消费者合作），以便我们能够了解领导者和员工必须面临的挑战。一个例子可能是观察银行出纳员或服务员与顾客互动，以了解不同的领导风格对其绩效的影响，然后选择最佳的领导方法来实现预期的结果。

项目管理环境通常不稳定，并且可能因项目而异。即使在同一行业并拥有类似的项目，每个公司也可能会根据各种因素在不同的环境中运营。这就是为什么一些教育工作者认为，尽管没有推荐明确的领导风格，但项目管理与情境领导风格实践密切相关。

项目管理的环境和设置包含许多挑战，使得选择有效的领导风格变得很困难。其中一些挑战包括：

- 在某些组织中，担任项目经理可能是一项兼职任务，必须在正常工作之外完成。“临时”或代理项目经理对有效的项目领导力不感兴趣的情况并不少见，因为他们知道他们的项目即将结束，他们的绩效可能不会基于其兼职担任项目经理的成功或失败来评估。

- 项目经理可能无权雇用或解雇项目人员。项目人员配置由职能经理执行，但项目经理可以提出对特定资源的请求。
- 项目经理对分配的资源可能拥有很少的权力（如果有的话），但他们必须提供某种形式的领导力。职能经理可能拥有几乎所有的权力，并且项目经理经常需要职能经理频繁向员工提供有关如何执行任务的指示。
- 项目团队成员有着不同背景，必须快速合作。根据项目的周期长度，如果他们没有足够的时间相互了解并进行适当的调整，这可能会成为一个问题。
- 项目管理通常被员工视为“向多老板汇报”的环境。员工必须直接或间接向其职能经理及他们所从事项目的每个项目经理报告。员工可能同时被分配到多个项目，然后员工必须适应不同项目经理的多种领导力风格。
- 职能经理通常保留对项目经理所管员工的工资和薪金管理的所有权利。这可能会削弱项目经理使用预定义奖励和激励员工的效果，因为职能经理负责通过绩效评估来激励员工。
- 如果团队成员可以选择效忠的对象，无论是项目经理还是职能经理，那么这个决定几乎总是取决于他们的绩效由谁评估，答案当然是职能经理。即使项目经理被要求在绩效评估期间向职能经理提供有关员工绩效的意见，但奖励的最终决定权仍由职能经理掌握。
- 如果对员工没有一定的控制，项目经理可能不会将人员视为有价值的资产，而是视为应尽快从项目中剔除的项目劳动力成本。
- 根据项目的周期长度，许多项目经理不会考虑他们的领导力技能如何影响团队，因为一旦项目完成，项目经理将被重新分配到其他项目，并且可能永远不会再与这些人一起工作。这将是交易型领导风格的一个例子，但这类领导没有管理奖励或惩罚的权力。项目的周期长度、团队成员是全职还是兼职，以及项目经理是否期望将来再次与这些团队成员一起工作，都会影响项目经理提供领导力的方式。结果是项目经理可能对帮助员工提高未来项目的技能没有兴趣。
- 大多数团队成员可能会同时被分配到多个项目。如果没有职能经理的支持，项目经理无法“强迫”指定的来自职能部门的员工及时完成项目工作。

鉴于这些挑战的存在，并且几乎没有研究数据将它们与领导风格联系起来，项目管理研究人员只是将重点放在项目经理的角色及他/她成功所需的权力和权威上。正如 Clarke（2012）所述：

> 大多数项目管理研究侧重于了解项目经理的角色和权力地位，很少有研究致力了解领导风格对项目团队的影响。

几十年来，项目管理中发生的大部分研究和变革都是针对流程、工具和技术而不是项目管理领导力的。随着项目管理的发展，公司创建了企业项目管理方法。该方法包括多种工具，如表格、指南、模板和清单等。这些工具旨在增加可重复项目成功的机会，并用于多个项目。附加工具的想法通常来自对每个项目结束时捕获的最佳实践和经验教训的分析。许多新工具都来自从项目错误中学到的最佳实践，希望这些错误不会在未来的项目中重演。项目团队现在可以使用多达 50 种不同的工具，但大多数是定量工具而不是行为工具。公司认为，对可重复的项目成功而言，流程、工具和技术比领导风格更重要。

6.5 领导力和文化

大多数项目团队成员都了解同时在多个项目团队中工作的复杂性，其中每个项目经理都可能采用不同的领导风格。项目经理可以根据范围的复杂性和清晰度、环境风险、以前与某些干系人打交道的经验、管理层的期望、团队的情感成熟度及团队在项目管理环境中的工作经验来选择领导风格。团队成员通常可能愿意接受并忍受项目经理选择的任何领导风格，并期望它成为项目持续期间的文化。当项目经理在项目执行过程中改变领导风格而不了解这对预期项目结果的影响时，就会出现问题。

项目经理通常面临是成为独裁型领导（命令型领导）还是社交型领导的两难境地。独裁型领导期望团队成员遵守指示，并可能为团队成员提供有限的发挥创造力和预见问题的机会。社交型领导注重协作、信任和赋权。当团队成员认为自己失去权力且不再信任项目经理时，在项目期间将领导风格从社交型转变为独裁型可能会造成混乱并疏远团队成员。如果团队成员认为这是暂时的且可以很快改变回来，那么从独裁型转向社交型也同样糟糕。团队成员可能不得不生活在恐惧或不确定之中，这会产生不信任，并可能导致团队成员抵制变革。结果可能会对项目成果产生负面影响。

除非项目和企业文化保持一致，否则有效的项目领导风格通常很难维持。虽然项目经理或许能够创建一种合作的项目团队文化，但它必须得到类似的企业文化的支持。这种文化鼓励自由交流、了解人员的优势和劣势并对他们的能力充满信心。即使发生危机，但当企业和项目文化相似时，团队成员似乎也可以表现得更好。

6.6 卓越行动："英明使命"的项目领导力①

动态知识的自适应"能力"

2003 年 2 月 1 日，哥伦比亚号航天飞机（STS-107）在重新进入地球大气层时解体，7 名机组人员全部遇难。

随后哥伦比亚事故调查委员会表示，除故障的技术原因外，还有潜在的组织因素导致了故障。该报告指出需要一种致力于组织学习的文化，其中沟通、协作和思想开放将成为

---

① 本节资料由爱德华·霍夫曼博士、劳伦斯·普鲁萨克（Laurence Prusak）和马修·科胡特（Matthew Kohut）提供，他们三人合著了《英明使命：NASA 管理知识、人员和项目的经验教训》一书，麻省理工学院出版社（2022）。霍夫曼博士是美国宇航局计划、项目和工程领导学院的创始院长，也是美国宇航局首任首席知识官。他是哥伦比亚大学的高级讲师。马修·科胡特担任传播顾问已有十五年。劳伦斯·普鲁萨克是一位研究员、顾问和教师，在过去的 30 年里一直在研究知识和学习。版权所有，经许可转载。

常态。随后的研究也指出需要一种更有效的沟通和知识共享的文化。

六年后，爱德华·霍夫曼（Edward Hoffman）参加了 119 号航天飞机的飞行准备审查。他被要求进入决策会议室以观察项目团队工作和协作效率。一大早，有一个问题成了讨论的焦点：在之前的航天飞机飞行中，检测到航天飞机的一个主发动机出现意外的氢气流量增加，流量阀未按预期运行。工程师们尚未了解流量阀问题的原因，并且对于潜在影响也没有明确的一致意见。

在接下来 14 小时的评审中，他见证了在美国国家航空航天局（National Aeronautics and Space Administration，NASA）工作中最自豪的时刻之一：在 NASA 及其行业合作伙伴的广泛社区进行了积极对话、公开分享想法、透明决策和深度参与。在绩效压力下，这是一个巨大团队进行协作的最令人印象深刻的例子。

最终决定将启动涉及全国 1000 多人的团队沟通、协作、辩论和创新以找到解决方案。只有当 NASA 安全和工程方面的人说："继续！"发射才会再进行下去。工程团队最终设计出一种新的非侵入性检查技术并申请了专利。

这种情况提供了见证利用数据、信息、技术和社交能力的非凡合作的机会。那天晚上晚些时候，当爱德华开车前往酒店时，他很难相信这两起事件（一件是灾难性的，一件是成功的）发生在同一个组织中，时间间隔几乎整整六年。然而，两者都涉及相同的组织、相同的计划、大部分相同的人员和团队、相同的技术和流程，当然还有相同的行业。

那么，如何解释极端的绩效变化呢？如何创造条件，更好地确保敏捷的、协调的和高绩效的结果？这是项目组织生活的关键问题之一。随着项目团队中不确定性的增加和对领导力需求的增加，它变得更加重要。

一些前辈花了一个多世纪的时间来研究这个问题，我们的结论是，项目领导力代表了对创建英明使命的某些原则的承诺。英明使命是一个高绩效的团队，团队成员运用围绕知识、学习、团队、协作、故事和文化的标志性实践。

我们寻找的是既能带来富有成效的工作又能带来幸福的东西，这超出了我们在 NASA 工作的综合经验，旨在提高任务成功的可能性。它包括从不同领域开始的个人研究，但形成了关于领导力、团队绩效和组织成功的统一观点。

劳伦斯·普鲁萨克（Laurence Prusak）通过开创性的著作《工作知识：组织如何管理他们所知道的》（Davenport & Prusak，1998，哈佛商学院出版社）开始研究导致组织成长和成功的特征。这项有影响力的工作帮助确立了知识市场的重要性。最成功的项目取决于创建、寻找、获取专业知识和解决方案。项目团队和组织面临的挑战是创建一种重视知识共享和学习的文化。这违背了传统项目管理对低管理费用和成本的需求。学习和知识共享是有成本的，动态知识能力对资源的需求将越来越大。项目是工作场所变革扩展最迅速的一部分，需要新的工作、适应和响应方式。敏捷叛逆将学习、协作和适应性置于过程、控制和线性方法之上。在这样的背景下，知识文化是一个决定性的特征。

爱德华·霍夫曼在 20 世纪 80 年代末开始研究复杂的学习系统和项目团队。由于挑战者号航天飞机的灾难，爱德华被指派设计、开发和维持 NASA 计划、项目和工程领导学院，以建立 NASA 的学习、知识和项目团队绩效文化。正是在为项目领导者和团队学习设计一所学院的挑战中，他开始理解讲述故事作为项目世界中所需能力的重要性。自适应性领导力需要实验和反思，而故事代表了最基本的知识单元。他们鼓励权衡、对话和从重视协作、意义、尊重的角度应对挑战的领导思维。故事也需要时间（理解、沟通、适应和学习的时间）。(《项目管理成功案例：领导者的经验教训》，Laufer 和 Hoffman，2000)

马修·科胡特致力于发现导致领导影响力和欣赏的品质（《令人着迷：使我们具有影响力的隐秘品质》，Neffinger 和 Kohut，Hudson Street Press，2013）。这项工作不仅适用于个人，而且适合作为对项目领导能力的描述。其中关键的见解是，在一个依赖变革和新思想的世界中，领导力需要力量和热情。力量背后的概念是一种基于能力和自信而需要关注的能力。对项目领导来说同样重要的是能够表现出温暖、共同关心、兴趣和情感的能力，这些可以表现为共情或包容性，并打开信任之门。

项目领导力需要有能力创建和领导通过适应性和持续学习而表现出色的团队。这需要重新思考和取消不灵活的流程和控制，并将这些模型替换为动态知识和学习的世界。项目世界将受益于由以下六项原则组成的英明使命：

- 知识：快速创建、获取和整合能力。
- 学习：通过深度学习应对动态世界。
- 故事：通过共享客户需求的意义，建立能够实践包容和尊重的对话式团队。
- 团队合作：认识到绩效发生在团队层面，并提升团队能力。
- 文化：设计分享、心理安全和适应性的文化。
- 全球协作：了解项目是全球性的，并且只有通过协作型领导力才能发挥作用。

具有英明使命的项目领导认识到最重要的因素是人。我们无法充分表达这一点。大多数项目都用言语表达并认识到人的重要性，但对于这意味着什么缺乏明确性。当人们专注于工作的未来时，团队绩效就会很高。这包括分享知识和培养以学习和诚实为常态的文化。在“两架航天飞机的故事”中，一个显著的差异是每个团队处理学习的方式。在成功的案例中，有公开的交流、沟通、辩论、不同意见及通过对话学习的承诺。这就是“成功之声”：积极参与和互动的人们所带来的能量。在悲惨的哥伦比亚灾难中，交流和学习是有限的。

我们最成功的团队营造了一个尊重和包容的环境。所有成员都感到自己的声音被倾听并可以做出贡献。这是通过明确使命、愿景和目标，以及通过优先考虑英明使命六项原则的项目领导力来实现的。

6.7 领导力和干系人关系管理

干系人是指可能以某种方式受到项目结果或项目管理方式影响的个人、公司或组织。干系人可以直接或间接地在整个项目中受到影响，或者可以仅仅充当观察员。干系人可以从被动参与转变为团队的积极成员并参与关键决策。

干系人如何与项目互动通常取决于项目经理所表现出来的领导风格。一种是项目经理不管理干系人。另一种恰恰相反，他们通过选择针对每个干系人可能不同的有效领导风格来管理干系人。在项目管理的早期，项目经理担心干系人可能会干扰项目的执行，因此避免与干系人接触，即使他们的参与可能是有益的。如今，随着战略项目的增多，干系人关系管理实践变得至关重要。

在小型或传统项目中，项目团队通常只与作为主要干系人的项目发起人打交道，而发起人通常是从资助项目的组织中指定的。对于内部和外部项目都是如此。但项目越大，你必须接触的干系人数量就越多。如果你有许多干系人，而且这些干系人的地理位置分散，在各自的层级结构中处于不同的管理职级，每个人都有不同的权限范围，同时存在语言和文化差异，那么更会有潜在问题出现。尝试定期与所有这些人打交道，尤其是在大型、复杂的项目中，结果显示非常耗时，并且需要特殊的领导力技能。

6.7.1　干系人的复杂性

干系人关系管理的复杂性之一是需要选择一种适当的领导风格，既能安抚所有干系人，又不会牺牲公司的长期使命或项目愿景。此外，你的公司可能对此项目有长期目标，而这些目标可能不一定与项目的目标或每个干系人的目标一致。将所有干系人排成一排并让他们一致同意所有决策，这更多是一厢情愿而不是现实。你可能会发现不可能让所有干系人都同意的情况，你只能希望在给定时间点安抚尽可能多的干系人。每个干系人可能需要不同的领导风格。

没有所有干系人的承诺和支持，干系人关系管理就无法有效运作。如果干系人看不到项目完成后能为他们带来什么，即他们期望的商业价值和收益，那么获得这些承诺和支持可能会很困难。问题在于，对于一个干系人所认为的价值，另一个干系人可能有完全不同的看法或对不同形式的价值渴望。例如，一个干系人可以将该项目视为声望的象征，另一个干系人可能会认为这种价值只是让他们的员工保持就业，第三个干系人可以看到项目最终可交付物的价值及其内在质量，第四个干系人可以将该项目视为未来与客户合作的机会。

如果你愿意让每个干系人对项目、项目目标、成功标准和最终价值都有自己的看法，那么让干系人致力于项目并看到支持项目的最终价值是很容易的。即使不是不可能，但让所有干系人达成共识，也是很困难的，尤其是在有多个干系人的情况下。

另一种形式的共识涉及干系人如何互动。某些干系人可能有必要在资源共享、及时提供资金支持、知识产权共享等方面进行互动、相互支持。

虽然所有干系人都认识到共识的必要性，但它们可能会受到政治、经济状况和其他可能超出项目经理控制范围的企业环境因素的影响。某些国家可能因文化、宗教、人权观等因素而不愿意与其他国家展开合作。

对项目经理来说，在项目开始时达成共识至关重要。有些项目经理很幸运能够做到这一点，其他项目经理则不能。某些政府的领导层变动可能会导致在复杂项目上达成共识变得很困难。

项目经理充分了解每个干系人面临的问题和挑战非常重要。尽管这看起来不切实际，但一些干系人可能对项目的时间要求有不同的看法。在一些新兴国家，在人口稠密地区建设新医院会推动对该项目的承诺，尽管该项目可能会推迟一年或更长时间。人们只是想知道它最终会建成。

在某些文化中，员工不能被解雇。因为他们相信自己有工作保障，所以也许不可能让他们更快、更好地工作。在某些国家/地区，员工可能有多达 50 天的带薪假期，这可能会影响项目经理的日程安排。

尽管拥有相同的头衔，但并非每个国家的所有员工都具有相同的技能水平。例如，一个国家的高级工程师可能被认为与另一个国家的普通工程师具有相同的技能。在一些可能缺乏劳动力的地方，员工的任务分配取决于可用性而不是能力。

在一些国家，权力和权威都是威望的象征。担任这些职位的人员可能不会将项目经理视为平等的人，并且可能将所有沟通都指向项目发起人。在这种情况下，工资可能不如权力和权威重要。所有这些因素都会影响项目经理的领导风格。

重要的是要认识到并非所有干系人都希望项目成功。如果干系人认为他们可能会失去在公司的权力、权威、职位等级，或者在更糟糕的情况下，甚至失去工作，就会发生这种情况。有时，这些干系人要么保持沉默，要么成为项目的支持者，直到结束日期临近。如果项目被认为不成功，这些干系人可能会说“我告诉过你了”。如果项目看起来可能成功，这些干系人可能会突然从对手或沉默的大多数变成支持者。

识别这些人及其隐藏的想法非常困难。这些人可以隐藏自己的真实感受，不愿意分享信息，通常没有任何明显的或早期的警告信号来表明他们对项目的真实想法。然而，如果干系人不愿意批准范围变更、提供额外投资或分配高质量的资源，这可能表明他们也许对项目失去了信心。

6.7.2 对项目管理的理解不足

并非所有干系人都了解项目管理，并非所有干系人都知晓项目发起人的角色，并非所有干系人都了解如何与项目集经理或项目经理打交道，即使他们乐意接受并支持项目及其使命。简而言之，大多数干系人从未接受过如何作为干系人正确发挥作用的培训。遗憾的是，这一点无法尽早发现，但随着项目的进展会变得明显。

一些干系人可能会认为他们只是观察者，不需要参与范围变更的决策或授权。对于一些只想当观察者的干系人来说，这可能让人心里一惊。有些人会接受新角色，另一些人则不会。那些不接受新角色的人通常担心参与一个最终证明是错误的决定可能会结束他们的政治生涯。

一些干系人将他们的角色视为事无巨细的管理者，经常通过做出他们不一定有权做出的决策（至少不是单独做出的决策）来篡夺项目经理的权力。尝试进行微观管理的干系人对项目造成的损害比仍然作为观察者的干系人要大得多。

对项目经理来说，准备一份他/她对干系人的期望清单可能是个好主意。即使干系人支持项目，这一点也是至关重要的。干系人的角色澄清应该尽早完成，就如项目经理在项目初始开工会议上为团队成员提供角色澄清一样。

仅仅因为可交付物是根据预定的商业论证报告和一组约束条件提供的，并不能保证客户会感知可交付物的价值。客户确实会跟踪预算和进度，但最终的价值决定了项目的成功或失败。项目经理使用的领导风格必须强调商业收益和价值，而不仅仅是可交付物。

所有项目的最终目标应该是产生满足期望并实现期望价值的可交付物，这应该是项目经理和客户的目标。虽然我们在定义项目时似乎总是强调三重约束的重要性，但我们很少花时间来定义我们在最终可交付物中期望的价值特征。

价值的构成要素或价值定义必须是项目启动阶段客户和承包商（买方/卖方）之间的联合协议。此外，在理想情况下，价值的定义与干系人和项目经理的战略目标一致。

Warren Buffett 强调了价格和感知价值之间的差异，他说："价格是你付出的，价值是你得到的。"大多数人认为客户为交付物付费，这不一定是对的。客户为他们期望从交付物中获得的价值付费。如果交付物没有实现价值或价值有限，结果可能是客户不满意。

有些人认为客户最大的兴趣是质量。换句话说，"质量第一！"虽然表面上看起来确实如此，但客户通常不会期望仅仅为了高质量而支付大量金钱。质量只是价值方程式中的一个组成部分。价值不仅仅是质量。

项目管理中有一个普遍的理念，即无论谁对项目做出决策，都对项目的成功或失败负最终责任。这不是真的，虽然项目经理可能会发现客户和主要干系人正在做出大量决策，但成功或失败的最终责任在于项目经理。这就如质量一样：项目经理可以将工作委托给其他人，包括一些决策，但项目经理保留对项目结果质量的最终责任。

在大型、复杂的项目中，项目经理的角色更多地成为其他人（尤其是积极的干系人）做出决策的促进者或协调者，这种情况并不罕见。发生这种情况是因为项目经理很可能只是了解技术而不是完全掌握技术。项目越大，项目经理就越倾向于了解技术而不是掌握技术。

6.7.3　干系人关系管理的组成部分

在微观层面上，我们可以使用图 6-1 所示的六个步骤来定义干系人关系管理。

- **识别干系人**。这可能需要项目发起人、销售人员和高层管理团队的支持。即便如此，也不能保证所有干系人都被识别出来。
- **进行干系人分析**。这需要了解哪些干系人是具有影响力、决策能力和决策权力的关键干系人，并且可以决定项目的成败。
- **执行干系人参与**。这一步是项目经理和项目团队了解干系人的阶段。
- **识别干系人信息流**。这一步识别信息流网络并为每个干系人准备必要的报告。
- **遵守协议**。这一步强制执行干系人在项目启动和规划阶段达成的协议。
- **向干系人汇报情况**。这一步发生在合同结束后，旨在吸取经验教训和形成最佳实践，以改进涉及这些干系人的下一个项目。

干系人管理始于干系人识别。这说起来容易做起来难，特别是如果项目是跨国的。干系人可以存在于任何管理级别。公司干系人通常比政治或政府干系人更容易识别。

每个干系人都是项目难题的重要组成部分。干系人必须共同努力，通常通过治理活动与项目互动。因此，有必要了解哪些干系人将会参与治理，哪些不会。

作为干系人识别的一部分，项目经理必须知道他/她是否具有与干系人互动的权力或感知地位。一些干系人认为自己的地位高于项目经理，在这种情况下，项目发起人可能是维持互动的人。

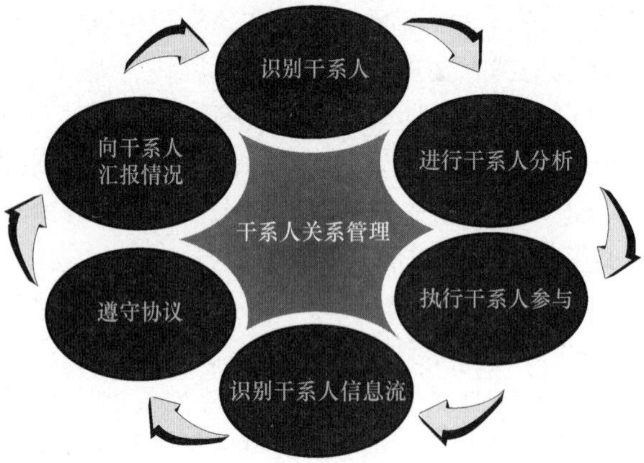

图 6-1　干系人关系管理的微观层面

6.7.4　干系人分类

有多种方法可以识别干系人，项目中可以使用不止一种方法。分类方法可以包括：

- **团体**：可能是金融机构或债权人。
- **个人**：可以按姓名或头衔来划分，如 CIO、COO、CEO；或者只是干系人组织中联系人的姓名。
- **贡献**：这可以根据财务贡献者、资源贡献者或技术贡献者来划分。
- **其他因素**：可能是决策的权限，也可能是其他因素。

图 6-2 显示了干系人的另一种典型分类系统。为简单起见，干系人可以分为：

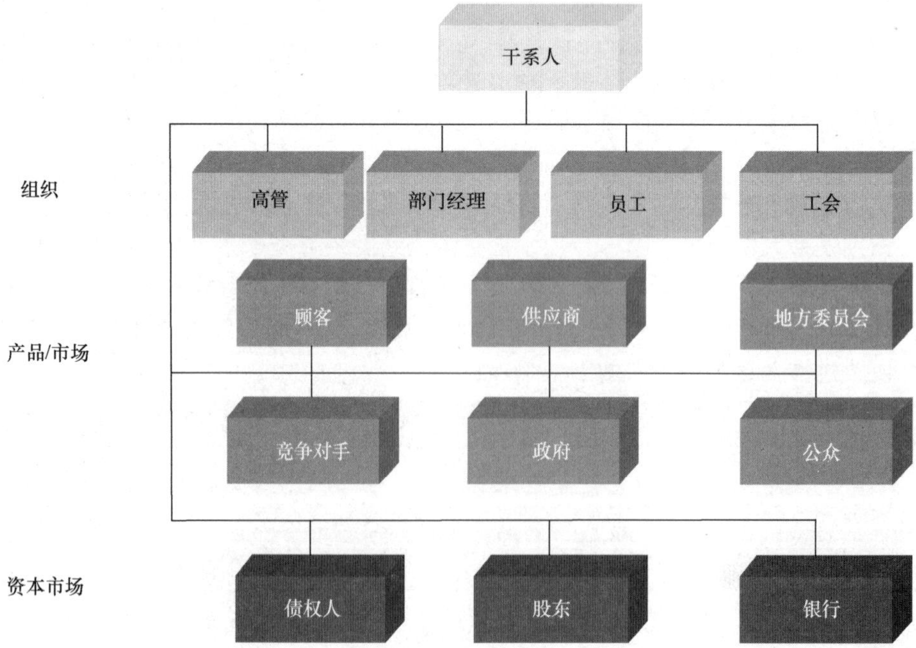

图 6-2　干系人分类

- 组织干系人。
- 产品/市场干系人。
- 资本市场干系人。

该系统的优点是，它显示为组织结构图，并且个人的姓名可以放置在每个类别下。

管理一个干系人具有不同利益的项目可能具有挑战性。考虑一家公司有一个复杂的项目来生产新的医疗保健产品：消费者希望相信所开发的产品是安全且适合使用的；股东更关心可以提高股票售价并增加股息的市场份额；贷款机构可能不太关心产品安全，而更关心产品的收入来源，以便用现金流偿还债务。

政府机构可能只关心一个问题：保护公众健康。管理层必须担心健康和产品安全，这样一旦出现任何坏消息就可快速做出应对，保护公司的形象和声誉不受损害。员工可能会口头上表达对产品安全的担忧，但他们真正关心的可能是公司的就业机会。

在具有众多干系人的大型复杂项目中，项目经理可能无法正确满足所有干系人的需求。因此，项目经理必须知道谁是最有影响力的干系人，能够为项目提供最大的支持。

并非所有干系人都具有平等的影响力、权力或及时做出决策的能力。项目经理必须知道谁排在干系人列表的首位。

重要的是要记住，干系人可以在项目的整个生命周期中发生变化，特别是如果它是一个长期项目。此外，某些干系人的重要性可能会在项目的整个生命周期和每个生命周期阶段发生变化。因此，干系人名单是一份动态文件，可能会发生变化。

6.7.5　干系人图谱

干系人图谱经常用网格象限表示，以比较他们的权力和对项目感兴趣的水平，如图 6-3 所示。

- **密切管理**：这些人权力很大、兴趣浓厚，可以成就或毁掉你的项目，你必须尽可能发挥领导力来努力满足他们。请注意，有一些因素可能会导致他们迅速改变象限位置。
- **保持满意**：这些人权力很大，兴趣不大，但他们也可以成就或毁掉你的项目。你必须付出一些努力来满足他们，但不要提供过多的细节，否则会导致他们感到无聊和完全不感兴趣。在项目接近尾声之前，他们可能不会参与其中。
- **保持了解**：这些人权力有限，但对项目非常感兴趣。他们可以被当作即将出现的问题的预警系统，并且可能在技术上很精通以协助解决一些技术问题。这些干系人通常会提供隐藏的机会。
- **仅监控**：这些人权力有限，除非发生灾难，否则可能对项目不感兴趣。向他们提供一些信息，但不要提供太多细节，以免他们不感兴趣或感到无聊。

干系人图谱也可以使用图 6-3 中适当象限中的人员姓名进行展现。名称可以用颜色编码来识别支持者或倡导者、反对者及那些看起来中立的人。

值得注意的是，支持者、反对者和中立的人可以出现在任何象限中，并且名称可以根据每个生命周期阶段发生的变化从一个象限移动到另一个象限。

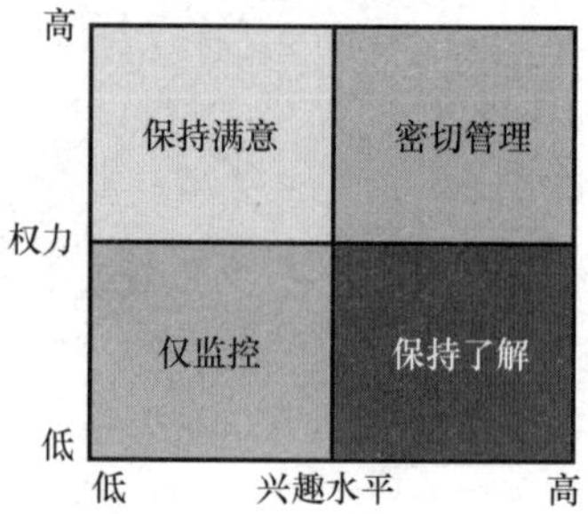

图 6-3　干系人图谱

项目越大，了解谁是、谁不是有影响力或关键干系人就越重要。尽管你必须赢得所有干系人的支持，或者至少尝试这样做，但关键干系人是第一位的。关键干系人可以为项目经理提供帮助，帮助他们识别可能影响项目的企业环境因素。这可能包括预测东道国的政治和经济状况、额外资金的可能性及其他此类问题。在某些情况下，干系人可能拥有可以支持项目经理的组织过程资产的软件工具。

到目前为止，我们已经讨论了赢得关键或有影响力的干系人支持的重要性。还有一个有效的论据可以赢得不重要的干系人的支持。虽然一些干系人可能看起来不重要，但这种情况可能会迅速改变。例如，一个不重要的干系人突然发现范围变更即将获得批准，并且范围变更可能会严重影响不重要的干系人，也许是政治上的影响。现在，不重要的干系人就变成了关键的干系人。

另一个例子发生在周期长的项目中，干系人可能会随着时间的推移而发生变化，可能是因为政治因素、晋升、退休或重新分配。新的干系人可能突然想成为一个重要的干系人，而他/她的前任则很可能只是一个观察者。

最后，由于参与有限，干系人在一个生命周期中可能相对安静，但在他们必须参与的另一生命周期中变得十分活跃。对早期生命周期阶段的关键干系人和后期阶段的观察者来说，同样的情况可能也适用。项目团队必须知道干系人是谁，团队还必须能够确定哪些干系人在特定时间点是关键干系人。

6.7.6　干系人参与

干系人参与是指你与干系人进行实际会面并确定他们的需求和期望：

- 了解他们和他们的期望。
- 了解他们的需求。
- 重视他们的意见。
- 寻找持续赢得他们支持的方法。
- 及早发现任何可能影响项目的干系人问题。

尽管干系人参与遵循干系人识别流程，但我们通常通过干系人参与来确定哪些干系人是支持者，哪些不是。

干系人的参与可以是单独的，也可以是团体的。这也可以被视为在项目经理和干系人之间建立信任关系的第一步。正如特雷斯 • 罗德（2013）所述：

项目经理应谨慎观察干系人在个人会议与团体会议中行为上表现出的差异。项目经理不应假设在个人会议中支持项目的干系人也会在群体环境中支持项目。群体动态很复杂，可能会导致个人表现出不寻常和意想不到的行为。众所周知，青少年之间的同辈压力可能会导致不知情的参与者采取他们原本不会采取的行动。这种动态也发生在成年人身上。群体和组织压力会影响干系人的观点。

项目经理要提高对干系人在群体环境中如何反应的认识，最好的方法就是在群体中观察他们。项目经理应注意与干系人的个人会议和与干系人的团体会议之间观点与观点上的任何差异。当观察干系人的群体互动时，精明的项目经理会注意到会议中还有谁。值得注意的是，如果特定人员出席，某些干系人会调整他们的观点。

作为干系人参与的一部分，项目经理有必要了解每个干系人的兴趣。实现这一目标的方法之一是询问干系人（通常是关键干系人）他们希望在绩效报告中看到哪些信息。此信息将有助于确定为该干系人提供服务所需的 KPI。

每个干系人可能有一组不同的 KPI 兴趣。对项目经理来说，维护多个 KPI 跟踪和报告流程的成本高昂，但这是成功的干系人关系管理所必要的。让所有干系人就一套统一的 KPI 报告和仪表板达成一致几乎是不可能的。

所有干系人面临的问题可能会很多，必须就每个干系人需要什么信息、何时需要信息及以什么格式呈现信息达成一致。一些干系人可能想要每日或每周的信息，而其他干系人可能只关注每月的数据。大多数情况下，信息将通过仪表板报告系统提供。

项目越复杂，对虚拟团队的需求就越大。虚拟团队依靠有效的沟通而蓬勃发展。如果绩效报告中提供的信息和 KPI 跟踪准确，项目团队和各个干系人之间就会建立信任。

由于虚拟团队可能远离工作地点，因此他们必须严重依赖沟通，他们还要感觉到他们收到的信息是真实的。作为虚拟和非虚拟团队的干系人信息流的一部分，项目经理必须：

- 准备一份沟通计划，确定每个干系人的报告需求（信息量、详细程度等）。
- 确定干系人特定的 KPI。
- 识别沟通协议。
- 确定任何专有信息要求或安全需求。
- 持续关注项目完成后的价值和收益。

有效的干系人沟通的必要性是显而易见的：

- 定期与干系人沟通是必要的。
- 通过了解干系人，你也许能够预测他们的行动。
- 有效的干系人沟通可以建立信任。
- 虚拟团队依靠有效的干系人沟通而蓬勃发展。
- 尽管我们按群体或组织对干系人进行分类，但我们仍然是在与人进行沟通。
- 无效的干系人沟通可能会导致支持者变成阻碍者。

项目评审会议有两种类型：与项目团队的会议和与干系人的会议。与干系人的团队会议有其自身的特点。干系人会议讨论的议题包括：

- 审查干系人特定的 KPI 信息。
- 讨论项目管理的运作情况。
- 预测项目结束时预期的时间、成本、收益和价值。

这些会议也用于解决问题。项目经理必须找到问题的解决方案，使多个干系人同时满意，否则项目经理将在会议中不知所措。如果有共同问题需要解决，可能需要让多个干系人参加同一次会议。

每个项目都有大量范围变更的机会。在大型、复杂的项目中，可能会指派一名或多名人员到项目办公室，仅负责管理范围变更。范围变更可以随着项目的进展逐步批准和实施，或者所有范围变更都可以保留到项目完成后，然后作为“优化项目”来实施。

在具有许多干系人的复杂项目中，范围变更对一个干系人的优势可能被视为对其他干系人的劣势。干系人经常为了自己的个人利益而建议和批准范围变更，而忽视了周围的人。

过去，大多数公司的企业项目管理方法都注重线性思维。所有项目工作都遵循完善的生命周期阶段，项目经理还为每个阶段准备了表格、指南、模板和清单。这种线性思维可能不适合当今的许多复杂项目。

当今的复杂项目可能需要一个流畅或灵活的框架。该框架可以进行定制设计，以针对每个客户和干系人进行不同的应用。每个客户可能有不同的工具。因此，项目经理可能需要使用跳出框框的思维来给予每个干系人自己所期望的关注。

干系人识别和参与的一部分是在干系人与项目经理及干系人本身之间建立协议。这些协议必须在整个项目中得到执行。项目经理必须：

- 确定干系人之间的所有协议（即资金限制、信息共享、变更审批周期等）。
- 确定政治因素如何改变干系人协议。
- 确定项目期间哪些干系人可能会被替换（即退休、晋升、任务变更、政治因素等）。

项目经理必须做好准备，因为并非所有协议都会得到遵守。

这些类型的干系人情况汇报会在项目结束时举行，通常是在合同结束后。有些公司在合同结束后有一个生命周期阶段，称为客户满意度管理，目的是与客户和干系人建立战略合作伙伴关系。这些会议的目的是确定：

- 在这个项目中，我们在绩效和干系人管理方面做得好的地方是什么。
- 在这个项目中，我们在绩效和干系人管理方面做得不好的地方是什么。
- 有哪些需要改进的地方。

参加会议的不仅限于项目经理和干系人。出席的人员可以包括向项目干系人推销产品的销售团队、与干系人互动的发起人及希望开展额外工作的高级管理层。

满意度管理调查可以在整个项目期间及项目结束时进行。这些调查关注三个领域：

- 满意度管理硬性数据，如 KPI 数据和里程碑/可交付物等绩效数据。
- 满意度管理软性数据，如有效的干系人接口和沟通。
- 道德行为数据。

一些公司为此使用模板，并带有要检查的框架，范围从完全不满意到完全满意。当选中不完全满意或刚刚满意类别时，可能存在关于下一步做什么以达到更高满意度的指导方针。

成功的干系人关系管理必须考虑以下关键因素：

- 有效的干系人管理需要时间，可能有必要与发起人、管理人员和项目团队成员分担这一责任。
- 根据干系人的数量，面对面解决他们的担忧可能是不现实的。你必须最大限度地发挥通过互联网进行交流的能力，这在管理虚拟团队时也很重要。
- 无论干系人的数量有多少，与干系人存在工作关系的文档都必须存档。这对未来项目的成功至关重要。

有效的干系人管理可能决定着巨大的成功和可怕的失败。成功的干系人关系管理可以促成协议，由此带来的好处将是：

- 更好、更及时的决策。
- 更好地控制范围变更，防止不必要的变更。
- 干系人的后续工作。
- 最终用户满意度和忠诚度。
- 最大限度地减少政治因素对项目的影响。

有时，无论我们多么努力，我们在干系人关系管理方面都会失败。典型原因包括：

- 过早邀请干系人参与，从而导致范围变更和代价高昂的延误。
- 邀请干系人参与得太晚，以致他们的观点无法在不造成代价高昂的延误的情况下得到考虑。
- 邀请错误的干系人参与关键决策，从而导致不必要的变更和关键干系人的批评。
- 主要干系人对项目变得不感兴趣。
- 主要干系人对缺乏进展感到不耐烦。
- 关键干系人相信他们的贡献毫无意义。
- 以不道德的领导风格管理项目或以不道德的方式与干系人打交道。

本章稍后讨论的项目管理社交型领导内容应该会显著改善干系人关系管理实践。

6.8 不断变化的领导力图景

项目管理最初用于在一开始就明确定义范围的传统或运营项目。大多数员工都清楚地了解项目的范围及他们需要完成的任务。即使员工不喜欢这项任务，他们也会忍受痛苦，因为他们知道项目最终会结束，他们可以继续执行另一个更令人愉快的任务。

项目管理培训计划主要侧重于教人们如何使用挣值管理系统（Earned Value Management System，EVMS），而不是行为或领导力问题。如果讨论领导力，重点是维持时间和成本限制，确保所有执行的工作都在范围内并与商业论证和工作说明书保持一致。除非出现问题，领导者和团队成员之间的沟通通常只在每周或每月的团队会议上进行。

项目管理流程、工具和技术的进步，以及越来越多的公司认识到良好的项目管理实践的好处，说服了高级管理层项目管理应该在整个公司范围内使用，而不仅仅在传统项目上。其中包括与战略规划、创新、研发、营销等相关的项目，这些项目定义不明确，需要创造力，需要有效的领导力和行为工具。正如管理大师Tom Peters所说：“我们现在正在通过项目来管理我们的（整个）业务。”

这些新的或战略性项目需要战略项目领导力模型，重点关注创造竞争优势、变革管理和跳出框框思考。实现战略目的和目标，清楚地表明了传统工具、技术和流程可能对这些类型的项目无效。战略领导力模型必须注重人际交往能力，并通过为团队提供愿景来激励他们。该愿景可能还要求团队在项目团队内部和外部建立关系，可能包括干系人的大力参与。

随着项目管理不断发展并在每个业务部门中传播，公司从集中办公团队转向分布式团队或虚拟团队。项目持续时间越来越长，员工被分配全职参与许多项目。现在，需要额外的工具，更具体地说是行为工具，用来帮助支持新形式的项目沟通和行为期望，这是在较长时间内与大量人员打交道所需要的。这包括对项目经理与项目团队互动方式的理解和期望。现在，项目经理及团队成员需要与所有人进行沟通，包括供应商、分销商、干系人和政府机构，必要时可以进行跨国沟通。

随着项目变得越来越大和需要更多的员工，项目管理组织环境变得更加复杂、要求更高，并且绩效风险也更高。项目经理认识到，他们无法仅使用基于权威和权力的传统领导力实践来应对所有新挑战，而必须依靠分配的多元化员工队伍来协助解决关键问题。

项目团队承受着更大的压力，必须应对棘手的客户和要求苛刻的干系人，但在与各方交往时仍保持热情和欢迎的表情。项目管理组织现在面临着许多以前在服务型组织中发现的相同问题。正如Lu等（2019）所说：“在生活和工作的压力下，许多员工会经历焦虑、愤怒、不满或抑郁等负面情绪，这是可以理解的（Jensen等，2013）。然而，大多数公司不鼓励员工在工作中表达这些情绪（Hochschild，1979、1983）。因此，员工必须管理它们以符合工作场所的期望（Scott和Barnes，2011）。自我管理这些情绪是一种工作：情绪劳动。”

6.8.1 理解情绪劳动

情绪劳动是员工管理自己的情绪以满足工作情绪要求的方式（Hochschild，1983；Grandey，2000）。这不仅仅是出于礼貌或尊重。在与客户、干系人、上级和同事打交道时，团队成员应该控制自己的情绪，无论是否有感觉。这包括抑制某些情绪，这些情绪可能导致客户和干系人对项目的绩效产生负面情绪，或产生不切实际的感觉来掩饰他们的实际感受。

Hochschild（1983）将情绪劳动分为两类：表面行为和深层行为。在表面行为中，员工被期望且常常被迫隐藏自己的真实感受并表达情感（也许使用他们实际上并没有感觉到的面部表情）。例如，女服务员应该微笑并对所有顾客表现出积极的态度。深层行为是指员工试图通过调整思维去感受自己的情绪来调节自己正在表达的内心感受。

6.8.2 管理情绪劳动

现在，项目管理工作场所中的情绪劳动管理及其对项目成功的影响比过去受到更多研究人员的关注。然而，关于不同的项目管理领导风格如何影响员工的情绪劳动的信息仍然很少。与服务组织相比，在项目管理环境中无法理解和管理情绪劳动可能会造成更大的战略损失和业务损失。仅一个重要客户的疏远和损失就可能导致未来业务损失超过 10 亿美元。对许多公司来说，解决方案似乎采用了一些面向服务公司所使用的方法，这些公司的管理层强调“客户永远是对的”。虽然这看起来是一个好方法，但它剥夺了团队成员表达负面情绪的权利：如果不遵守，常常会遭到领导的骚扰和不公正对待。其他问题，Sendjaya 等（2008）归纳如下：

当代组织受到系统性问题的困扰，如霸凌型领导力（Einarsen，1999）、滥用权力（Sankowsky，1995）、不道德行为（Currall 和 Epstein，2003）、有毒情绪（Frost，2003）、工作场所的社会孤立和疏远（Sarros 等，2002），以及违反员工心理健康和违反工作与生活平衡（De Cier 等，2005；Thornthwaite，2004；Wright 和 Cropanzano，2004）。

一些公司认为，员工表达情感的方式应符合公司的职业道德观。因此，公司举办了职业道德研讨会，讨论与客户和干系人的互动方式、情绪劳动的控制、可以和不可以发布的信息和知识产权类型，以及可以和不可以做出的承诺。

尽管企业举办这些道德研讨会的初衷是好的，但也产生了一些负面结果，特别是在利用表面行为来控制情绪劳动方面。当公司鼓励表面行为时，员工会因为自己的担忧得不到倾听而感到沮丧。他们在表达自己的真实感受时可能会感到不安全，因为他们害怕被解雇或扰乱管理层和现状，结果可能导致员工流失、倦怠、疲劳、沮丧、缺勤、绩效不佳，甚至可能出现精神障碍。

“微笑服务”要求的人力成本可能带来的问题多于好处，特别是在项目管理环境中，团队成员必须管理自己对领导、同事及客户的情绪。根据 Grandey 等（2015）的说法：

我们阐明了形式化的情感表达要求如何通过威胁员工的自主性、能力和归属感需求来限制自我决定。此外，通过组织正义的视角，我们认为情绪劳动是一种不公平的劳动行为，因为在这种情况下，员工可能被组织低估（构成分配不公），或者受到客户的不尊重（构成互动不公正），或者受到组织政策的自我破坏（构成程序不公正）。然后，我们主张通过一个“温和的建议”来揭示情绪劳动的阴暗面：组织和客户应该放弃形式化的情绪表达期望，并以更人性化的做法取而代之，支持和重视员工，营造积极的氛围和真正积极的员工队伍。

6.9 服务型领导力

1970 年 Greenleaf 提出服务型领导力的概念后，情绪劳动的重要性引起了学者和实践者的关注。过去二十年，越来越多的实证研究表明，服务型领导力能够使企业发展并保持竞争优势。服务型领导力是一种哲学，其中领导者的主要目标是服务团队，而不是团队为领导者服务。如果有效地做到这一点，员工将获得个人和职业发展的机会，公司也会通过员工的承诺和参与而发展。前面提到的情绪劳动的许多不利影响是可以减少或消除的。

与大多数关注并强调个人或组织利益的项目经理不同，服务型领导认识到了参与和互动对于让项目团队成员一起工作的重要性。这包括鼓励团队成员相互建立联系。服务型领导必须具有同理心，能够创造一个让团队成员可以安全表达个人和职业感受的环境。反过来，团队成员也会感到被赋予权力，有自由和自主权来表达他们的担忧、想法、意见和建议，并就如何执行任务做出决定。

服务型领导应该以道德的方式行事，并且必须在一定程度上体现出对员工需求和发展的关切，必须接受“不完美”的员工，并对陷入困境的员工表现出明显的同情心。服务型领导必须容忍错误而不做出判断。

当服务型领导力发挥作用时，领导者和员工之间就会建立起联系，从而最大限度地减少误解。员工对工作有更好的态度，表现出对领导的信任，并在工作中感到安全。他们会全身心投入工作，经常加班加点。服务型领导力有助于在项目团队和客户之间建立更好的工作关系，从而再次赢得商机。

自 20 世纪 70 年代以来，人们对控制情绪劳动与服务型领导力之间的联系进行了大量研究。Spear（1995、2002）通过确定服务型领导者的十个特征，详细阐述了 Greenleaf 的研究成果：

- **倾听**。倾听是指愿意公开接受员工的想法、意见和建议。
- **共情**。当领导者能够设身处地与互动对象感同身受时，共情就会延伸倾听。这才能了解互动对象的真实情况。
- **治愈**。这是指领导者帮助员工理解因梦想破灭、希望破灭和其他挑战失败而带来的失望和痛苦的能力。
- **意识**。这是指领导者在环境中识别线索和信号以帮助员工更好地工作的能力。
- **说服**。说服或说服映射使领导者能够识别员工的需求，并在不使用正式权威或合法权力的情况下关注他们工作的重要性。
- **概念化**。这是指领导者思考未来而不仅仅是当前需求的能力，并鼓励员工使用心智模型来扩展创造力过程。
- **远见**。这包括利用直觉来预测未来，以造福员工和组织。
- **管家精神**。管家精神涉及让组织及其成员为社会做出巨大贡献做好准备，从而愿意为他人服务。[①]
- **增长**。这是指与团队成员合作（可能是一对一的），以激发他们的积极性。反过来，这可以提高员工满意度，并鼓励员工完成额外的工作。
- **社区建设**。这是指鼓励员工将组织和团队视为一个社区，员工可以在其中相互沟通以解决问题。

这十个特征为服务型领导力理论的实证研究和大量文献打开了大门。有些论文仅讨论其中的一些特征。Barbuto 和 Wheeler（2006）提出了五个特征，即利他呼唤、情感治愈、智慧、说服映射和组织化管家精神。

大多数有关服务型领导力的研究都集中在传统组织环境而不是项目管理组织环境。

Krog 等（2015）的一项研究专注于项目管理环境中的服务型领导力，并包括使用 Barbuto 和 Wheeler（2006）讨论的五个特征的项目发起人角色：

大多数项目领导力研究侧重于了解项目经理的角色和权力地位，很少有研究了解领导风

① 有关管家精神的示例，请参阅“为什么社会影响很重要”，载于《PMI 职业脉搏》深度报告，2020 年。

格对项目团队和项目成功的影响。尽管在领导项目时没有明确的首选领导风格，但研究人员已经认识到服务型领导力是一种可以帮助克服项目领导者可能面临的许多挑战的模式。更具体地说，本研究旨在了解项目发起人的利他呼唤、情感治愈、智慧、说服映射和组织化管家精神等服务型领导力特征与项目团队的授权、承诺、信任和创新行为之间的关系。

尽管有效的服务型领导力具有实际可信度，但项目管理中的某些情况可能会使实施变得困难。如果领导者被认为是某个研究领域的专家或享有成功领导者的声誉，员工可能不会觉得自己有权提出自己的意见。另一个问题是项目的周期长度。服务型领导力的目标是让员工信任领导者的决策和管理风格。当信任存在时，团队成员通常愿意承担更多风险。这在短期项目中可能很难做到，而在长期努力中则有足够的时间来建立人际关系，并实现团队成员互动中的信任关系。

6.10 社交型项目管理领导力

严重依赖权威和权力的传统项目管理领导力正在转变为强调人际交往能力的社交型项目管理领导力。推动这一变化的因素有四个：

（1）**早期对服务型领导力的研究仅限于服务型企业**。如今，服务型领导力背后的概念已扩展到其他应用，包括项目管理。

（2）**非传统类型的项目有所增长**。许多新类型的项目最初并没有明确定义，并且在项目的整个生命周期中需要项目经理和团队成员之间的大量互动。项目经理不能再依赖具有明确定义的商业论证、工作说明书和需求列表的项目启动文档来确定所需的领导力风格。范围变化将比过去更频繁地发生，这将需要更多的相互沟通和交流活动。

（3）**新的工具和技术已经进入项目管理领域**。包括行为工具，其中许多工具是支持新型项目所必需的。有些技术需要集思广益、创造力、设计思维、创造性问题解决、积极倾听和情商。这些新技术具有强大的行为基础，要求项目经理和团队成员比过去更频繁地进行交互。新的灵活方法（如敏捷和 Scrum）的内容组件强调了传统瀑布方法中未解决的许多行为和人际问题。

（4）**公司想成为跨国公司。这一愿望可能是最令人关注的问题**。大多数项目团队成员都没有受过良好的培训（如果有的话），当项目管理远离母公司所在国家时，当地的宗教、政治和文化将如何影响项目，项目领导力又应如何发挥作用？宗教、政治和文化问题对服务型领导力和情绪劳动的影响仍然未知。考虑到我们正在使用虚拟项目管理团队，而没有充分了解领导力对人员配置多元化的团队的影响，因此必须解决这些问题。

好消息是，越来越多的研究正在开展，重点关注识别有效的领导力特质的研究（Muller 和 Turner，2007、2010；Shao 和 Muller，2011）。这些研究将领导能力分为情感能力、管理能力和智力能力。它们为更好地理解有效的社交型项目管理领导力打开了大门，并可能消除或解释早期研究中的不一致之处。

项目是由人而不是工具来管理的。公司及整个项目管理共同体必须一起努力，认识到在理解服务型领导力概念和情绪劳动的支持下，有效的社交型项目管理领导力日益增长的重要性和必要性。

随着项目管理指标的增长及衡量一切事物能力的增长，我们相信今天我们可以建立有形和/或无形的指标来衡量社交型项目管理领导力的成功。未来获得的最佳实践和经验教训还将包括项目管理领导力的有效性及其对项目团队的影响。

6.11 危机型领导力的重要性日益凸显

任何公司、任何时间都可能发生危机。新冠疫情向全球几乎所有公司表明，它们可能无法幸免业务的严重中断。公司往往没有意识到，传统的项目管理实践和领导风格在危机期间可能无效，即使意识到了也为时已晚。虚拟团队的领导力比在每周的团队会议上亲自见到全体员工要复杂得多。

危机型领导力需要检查组织及其管理层在处理危机时所必需的流程。尽管其中许多流程及相关的工具和技术都基于最佳实践和从经验中吸取的教训，但如果不进行一些修改，它们可能不适用于与危机相关的项目。

企业如何应对危机至关重要。由于媒体报道过多，全世界都在关注企业如何应对危机。根据危机管理结果的不同，公众将公司归类为受害者或恶人。

如今，大多数公司都会在项目执行和结束时总结最佳实践和经验教训。最佳实践着眼于公司可能做对和做错的事情。然而，直到最近，主要由于新冠疫情，我们还缺乏对所使用领导风格的有效性及团队成员如何应对的详细研究。对危机型领导力进行更深入的研究可以为公司提供指导，了解哪种类型的个人最适合未来管理危机项目。

项目经理已经习惯在结构化流程（如企业项目管理方法）内进行管理。工作说明书可能已经过多次迭代，现在已被明确定义。存在一个工作分解结构，每个人都了解责任分配矩阵（Responsibility Assignment Matrix，RAM）中定义的自己的角色和职责。所有这些都需要时间来完成。

这是我们都认为是理所当然的环境。但现在让我们稍微改变一下场景。公司总裁把你叫到他的办公室，告诉你有几个人刚刚因为使用你们公司的一种产品而死亡。你被任命负责这个危机项目。现在大楼的大厅里挤满了新闻媒体，他们都想与你交谈，听听你解决危机的计划。总裁通知你，媒体知道你已被任命为项目经理，并已安排一小时后召开新闻发布会。总裁还声称，他希望在晚上 10:00 之前看到你处理危机的计划。你从哪里开始？你应该先做什么？时间现在是一个极其不灵活的约束，而不仅仅是一个可以改变的约束。没有时间来完成你习惯做的所有活动。你可能需要快速做出数百个甚至数千个决定，其中许多是你从未想过但必须做出的决定。这就是危机项目管理。哪种领导风格最适合这种环境？

6.11.1 了解危机管理

人们普遍认为危机管理始于 1982 年，当时有七人因服用掺有氰化物的特强泰诺胶囊而死亡。泰诺（Tylenol）的母公司强生（Johnson & Johnson）处理这种情况的方式使其成为危机管理的标准。

今天，危机既不罕见，也不是随机发生的。它们是我们日常生活的一部分。危机并不总是可以预见或预防的，但当危机发生时，我们必须尽一切可能有效地进行管理。我们还必须总结经验教训和最佳实践，以免在未来肯定会发生的危机中重蹈覆辙。

有些危机在我们的脑海中根深蒂固，以至于商学院的各种课程中不断提到它们。一些已成为社会标志的危机包括：

- 卡特里娜飓风。
- 疯牛病。
- 挑战者号航天飞机爆炸。
- 哥伦比亚号航天飞机重返大气层灾难。
- 泰诺中毒。
- 印度博帕尔联合碳化物公司化工厂爆炸。
- 埃克森瓦尔迪兹漏油事件。
- 切尔诺贝利核灾难。
- 三哩岛核灾难。
- 俄罗斯库尔斯克号潜艇灾难。
- 安然公司和世通公司破产。

有些危机是天灾或自然灾害造成的。当这些事情发生时，公众通常是宽容的。然而，危机管理主要处理人为危机，如产品篡改、欺诈和环境污染。与自然灾害不同，这些人为危机并非不可避免，公众也知道这一点，并且非常不宽容。

埃克森瓦尔迪兹漏油事件发生时，埃克森美孚连续五天拒绝面对媒体。最终，埃克森公司将事故归咎于船长，并口头攻击阿拉斯加环境部阻碍其紧急救援工作，抵制媒体并采取防御姿态给埃克森美孚带来了广泛的负面影响。

大多数公司既没有任何流程来预测这些危机，即使他们进行了风险管理活动，也不知道如何在危机发生后对其进行有效管理。当人为危机造成生命损失时，急于知道真相的公众就会对应对危机负责的公司提出极端批评。企业声誉非常脆弱，花费数年时间建立起来的声誉可能会在几小时或几天内被摧毁。

一些人认为，通过有效的风险管理实践和更好地理解危机型领导力技能，可以预防这些危机或将损害降至最低。虽然研究风险触发因素确实可以预防某些危机，但并非所有危机都可以预防。然而，可以制定和实施危机管理的最佳实践，以便在危机发生时我们可以防止情况变得更糟。

一段时间以来，特定行业的公司发现有必要模拟和分析其产品和服务的最坏情况。产品篡改就是一个例子。这些最坏的情况被称为应急计划、紧急计划或灾难计划。这些场景是围绕“已知的未知”设计的，其中至少存在关于可能发生的事件的部分信息。

危机管理需要一种前瞻性的方法，具有非常快的反应时间，并可能需要所有员工的共同努力。非传统的领导风格是必要的。在危机管理中，必须迅速做出决策，通常甚至在没有部分信息的情况下，或者在了解损害的全部范围之前。事件发生得如此之快且如此不可预测，以至于不可能执行任何类型的计划。关键人物的角色和职责可能每天都在变化。大多数干系人可能会积极参与，其中许多干系人此前一直保持沉默。公司的生存可能完全取决于公司应对危机的能力。

任何公司，无论规模大小，都可能发生危机。卷入危机的公司规模越大，媒体的报道就越多。此外，当事情进展得非常顺利时，危机也可能发生。管理大师彼得·德鲁克指出，长期取得压倒性成功的公司往往会变得自满，即便最初的假设和环境条件已经发生了变化。在这种情况下，危机更容易发生。德鲁克称其为“成功的失败”。

6.11.2 危机的经验教训

重要的是要审查从以往危机中吸取的教训。从以往危机中吸取的一些教训包括：

- 未能意识到危机的存在可能会导致解决危机过程中出现灾难性的延误。
- 早期预警信号要么很少得到重视，要么没有得到认真对待。
- 未能立即对危机承担责任并制订危机管理计划可能会使情况变得更糟。
- 当涉及多家公司时，每家公司都会互相指责，让公众认为这些公司都不值得信任。
- 卷入危机的每家公司都采取不同的方法来解决危机。
- 行动必须强化言语，否则公众就不再相信你。
- 无视民意或对公众撒谎会使情况变得更糟。
- 承担社会责任至关重要：出现在危机现场并对受害者及其家人表示同情。
- 在危机项目中，（高级管理层）项目发起人可能会更积极地参与，并且最终也可能担任项目经理。
- 项目发起人可以作为企业发言人，负责所有危机沟通。因此，强大的沟通能力是必须具备的。
- 公司必须愿意向所有干系人寻求帮助，也可能向政府机构寻求帮助。
- 企业的社会责任必须比企业盈利能力更重要。
- 当明显在道德和伦理上不正确时，通过辩称这些行为在法律上是正确的来为这些行为辩护是毫无作用的。
- 利用媒体来发挥自己的优势。攻击媒体可能会使情况变得更糟。
- 危机在公众眼中停留的时间越长，公司就越容易被描绘成恶人而不是受害者。
- 有些危机是由于不良的组织文化造成的。
- 指挥系统不能让经理和高级管理层免受坏消息的影响。
- 管理层不得拒绝倾听员工的求助。
- 当对人的生命存在担忧时，其重要性远高于不惜一切代价维持进度的压力。

关于上面列出的经验教训和最佳实践的一个有趣事实是，它们缺乏与项目经理在管理危机项目时应考虑使用的领导风格相关的信息。几乎所有的管理问题都与高级管理人员或治理人员有关。

6.11.3 受害者与恶人

舆论法庭通常会就卷入危机的公司是否应被视为受害者或恶人进行决定性投票，这取决于公司处理危机的方式。两个决定性因素通常是公司在危机期间表现出的企业社会责任，以及它们与媒体打交道的方式。

在泰诺中毒事件中，强生公司对媒体的坦诚、愿意对产品承担全部责任、不计成本地快速应对危机，无疑受到了公众的好评。强生公司被视为这场危机的受害者。另一方面，其他公司却被视为恶人，尽管他们相信自己在为人类做好事。

6.11.4　危机生命周期阶段

危机可以经历如图 6-4 所示的生命周期。与传统的项目管理生命周期阶段不同，每个阶段都可以用小时或天而不是月来衡量。每个生命周期阶段可能需要不同的领导力。这些阶段中任何一个阶段的管理不成功都可能导致企业灾难。

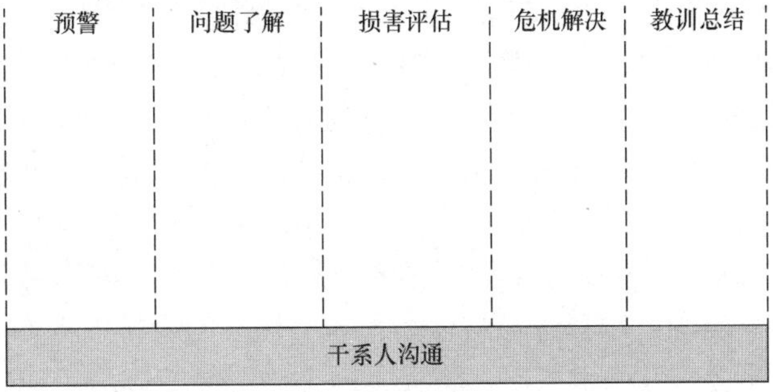

图 6-4　危机处理的生命周期阶段

大多数危机发生之前都会有早期预警信号或风险触发因素，表明危机可能发生。这是预警阶段。典型的预警信号可能包括违反安全规定、违反技术开发过程中的协议、政府机构的警告、公众的不满、客户的投诉及下层员工的警告/担忧。

从历史上看，许多公司对风险管理的理解很差，尤其是对预警信号的评估。如今，项目经理接受了风险管理概念的培训，而且特别与项目管理或产品开发相关。一旦产品商业化，最严重的预警指标就会出现，到那时，项目经理可能会被重新分配到另一个项目，然后其他人必须评估预警信号。

预警信号是潜在风险的指标。评估这些指标需要时间和金钱，这妨碍了评估所有风险的能力。因此，公司必须有选择性地考虑风险。

生命周期的下一个阶段是了解导致危机的问题。例如，在泰诺中毒事件中，一旦死亡事件与泰诺胶囊有关，首先要关注的是胶囊是否在制造过程（即内部作业）或分销和销售过程受到污染（即外部工作）。如果对危机没有基于事实的了解，媒体就可以自行阐述问题的原因，并迫使公司走上错误的道路。

生命周期的第三个阶段是损害评估阶段。损害的严重程度通常决定解决方法。低估损害的严重程度和拖延可能会导致问题升级，造成纠正问题的成本大大增加。

危机解决阶段是指公司宣布解决危机的方法。公众对公司处理危机的看法可能决定公司的成败。

最后一个阶段是教训总结，要求公司不仅要从自己的危机中学习，还要从他人处理危机的方式中学习。从别人的错误中学习比从自己的错误中学习效果更好。

也许图 6-4 中最关键的组成部分是干系人沟通。当危机发生时，指定的项目经理可能需要与以前不太重要的干系人进行沟通，如媒体和政府机构，以及所有与公司有竞争利益的人。这些相互竞争的利益要求项目经理了解干系人的需求和目标，并具备较强的沟通能力、冲突解决能力和谈判能力。因此，针对这些危机情况，项目经理应该具备哪些类型的技能或行为，以及我们如何确定或评估潜在的危机领导者，都是重要问题。

6.11.5 项目管理的影响

虽然每次危机都有其独特的特点，但也存在一些共性。这些共性可能会影响项目管理和适当危机型领导风格的选择。不是所有项目经理，即使是那些成功管理传统或战略项目的项目经理，都具备管理危机项目的必要资格。对项目经理来说，一些影响包括：

- **知道谁将领导危机团队**。了解谁将领导危机团队非常重要。项目经理很少会被赋予管理危机团队的责任，至少按照我们对危机的定义是这样的。许多需要做出的决策并不是项目经理在履行正常职责时做出的。项目发起人很可能承担双重角色，既是项目团队的领导者，又充当发起人。与泰诺案例一样，首席执行官通常承担管理危机团队的主要责任。危机团队的领导者必须拥有完全的权力将公司资源投入到该项目中。据我们所知，项目经理将以助理项目经理的身份发挥作用。
- **成立危机委员会**。发生危机时，将成立一个由最高管理层组成的危机委员会。危机委员会还将拥有多功能成员。然后，项目经理和助理项目经理将向委员会的全体成员报告，而不是向单个发起人报告。
- **有效沟通**。危机小组的领导者将是危机的主要发言人，并最终负责所有媒体传播。媒体不容忽视，它们有能力将公司描绘成受害者或恶棍。最高管理层，特别是具有专业沟通能力的高管，必须与媒体进行危机沟通。至关重要的是，公司必须以一个声音说话，迅速行动，对受害者及其家属要诚实、开放、真诚和同情，不得向公众隐瞒信息。以信息不完整为由向媒体隐瞒信息可能会被视为阻挠。
- **管理干系人的利益**。危机团队必须确定受危机影响的所有各方。这包括银行、股东、员工、供应商、客户、高层管理人员、政府机构等。每个干系人对于如何解决危机可能有不同的兴趣，如金融、医疗、环境、政治或社会利益。危机团队还必须愿意向联邦调查局、环境保护局、联邦紧急事务管理局和红十字会等外部机构寻求帮助。这些外部干系人的帮助是非常宝贵的。
- **承担责任**。公司必须主动为自己的行动或不作为承担责任，而不是被迫这样做。这很可能会受到媒体的欢迎。
- **快速响应**。在每次危机中，通常都会有一个很小的机会窗口，快速而果断的行动可以限制甚至减少损失。快速反应的另一个原因是媒体。公司采取行动的时间越长，媒体对公司进行负面评价的可能性就越大。
- **表现出同情心**。对人的尊重是强制性的。公司必须向所有受害者及其家人表达并表示出同情心，无论谁对危机负有责任，这一点都至关重要。可以预见的是，受害者及其家人的情绪将会非常激动，公众期望该公司表现出同情心。这还包括尽快赶赴灾难现场。推迟出现在危机现场可能会被视为缺乏同情心，甚至更糟糕的是，该公司隐瞒了某些事情。

- **记录一切**。由于危机期间可能会遇到多种法律问题，因此大多数决策都需要得到清晰记录。项目经理和相关团队成员应具备较强的写作能力。

6.12 胜任力模型的发展

未来几年的预期变化之一将是从项目管理职位描述到项目管理胜任力模型的转变，这主要是由于对前几节中讨论的高级领导力技能的需求。传统的项目管理职位描述基于三个词：角色、权威和权力。准备职位描述很简单，因为它们与公司的一刀切方法一致，并且仅适用于传统项目。正如第 1 章所述，项目经理现在需要管理战略项目和传统项目。新项目的角色和职责将有很大的变化，标准化角色可能不再适用。

6.12.1 职位描述与胜任力模型

一些专家认为，职位描述和胜任力模型是相同的，但也存在差异。职位描述往往侧重于特定的工作（即传统项目），以及可能符合客户或职能部门的最佳利益。胜任力模型侧重于整个公司长期最佳利益（即战略项目）所需的技能。支持职位描述所需的技能也许可以在短期内培养出来，而胜任力所需的技能可能需要数年时间才能培养出来，而且所需的技能是不断变化的。当考虑本章讨论的领导力风格和行为时，这一点变得极其重要。

另一个区别是，职位描述通常为员工提供职业发展机会，但这些机会仅限于其职能组织，胜任力模型则为整个公司提供了垂直和水平的职业发展路径。当项目管理能力被视为一种战略能力而不仅仅是另一个职业发展路径中的职位（如前面章节中讨论的那样）时，这对公司和员工来说都成为一个关键问题。在一些公司，基于职位描述的晋升机会是初级项目经理、项目经理和高级项目经理，并且可能以多年的经验为基础，而胜任力模型侧重于展示所需的技能。能力级别可以简单地定义为基础级、高级和专家级。

确定职位描述或胜任力模型的组成部分可能非常主观。过去，一些公司在准备项目管理职位描述时采取了简单的方法，即从 PMI 的 PMBOK®指南和项目管理标准中获取信息。如果职位描述是为传统项目设计的，那么它们可能会转移到其他公司。胜任力模型可能是特定于公司的，并且会随着业务基础的变化而不断更新。与职位描述不同，胜任力模型源自劳动力能力，可以创造可持续的竞争优势。

6.12.2 高层领导胜任力的类别①

几十年来，公司一直在使用胜任力，但针对的是特定的工作，如未来高层和管理职位的继任规划。3M 领导胜任力模型的驱动因素是其业务中发生的战略变化，即利润率下降、

① 改编自 M. E. Alldredge 和 K. J. Nilan (2000)，“3M 的领导胜任力模型：内部开发的解决方案”，载于《人力资源管理》第 39 卷(2, 3)。版权归 John Wiley & Sons 公司所有。

产品差异化缩小及降价压力。领导胜任力分为三类。

6.12.3 基础类能力

- **道德与诚信。**表现出毫不妥协的诚信品质和对 3M 企业价值观、人力资源原则、商业行为政策的承诺。通过相互尊重、持续沟通建立信任并传递自信。
- **智力。**快速吸收和综合信息，认识问题的复杂性，挑战假设并面对现实。能够处理多种、复杂和矛盾的情况。清晰、简洁、适当、简单地进行沟通。
- **成熟度和判断力。**在应对业务和企业挑战时表现出弹性和正确的判断力。认识到何时必须做出决定，并经过深思熟虑及时采取行动。有效地处理歧义并从成功和失败中学习。

6.12.4 必不可少的能力

- **客户导向。**不断努力为 3M 客户提供卓越的价值，使每一次互动都成为积极的互动。
- **员工发展。**在重视多样性和尊重个性的环境中选择并留住优秀的员工队伍。促进持续学习，以及自我和他人的发展，以发挥最大潜力。提供并寻求开放且真实的反馈。
- **激励他人。**积极影响他人的行为，通过目标感和合作精神激励他们实现个人满意度和高绩效。以身作则。
- **业务健康与业绩增长。**识别并成功创造产品、市场和地域增长机会，同时持续交付积极的短期商业成果。不断寻找增加价值和为组织未来成功定位的方法。

6.12.5 有远见的能力

- **全球视野。**基于对 3M 全球市场、能力和资源的了解而运营。发挥全球领导力，在多元文化环境中尊重他人，这对 3M 来说是有利的。
- **愿景与战略。**创建并传达以客户为中心的愿景，让所有员工团结起来，协作追求共同的目标。
- **培育创新。**创建并维持一个支持实验、奖励冒险、增强好奇心并通过不加评判的自由和开放挑战现状的环境。影响未来 3M 的优势。
- **建立联盟。**建立并利用内部和外部互惠互利的关系和网络，为 3M 创造多种机会。
- **组织敏捷性。**了解、尊重并利用 3M 的文化和资产。领导业务部门内的综合变革，以实现可持续的竞争优势。有意且适当地利用团队。

胜任力模型的独特性和针对性使得其很难转移到其他公司。例如，基本类别中的道德与诚信部分包括 3M 致力于将其作为建立信任的手段的价值观。以下是 3M 的价值观：

- 我们以卓越的品质、价值和服务让客户满意。
- 我们通过持续的优质增长为投资者提供合理的回报率。
- 我们尊重我们的社会和自然环境。
- 我们致力于使 3M 成为一家让员工引以为豪的公司。

虽然某些类别可能在多个管理职位和行业中很常见，但其他类别则是独一无二的。在医疗保健和临床工作中，危机管理和危机领导组成部分通常被列为领导和/或管理下的子类别。

6.13 项目管理核心胜任力模型

创建项目管理胜任力模型时，必须考虑除战略重要性之外的其他几个因素。许多因素与公司核心业务的项目类型有关，可能包括：

- 项目的价值。
- 项目周期长度。
- 项目的复杂性。
- 与项目相关的风险。
- 目标客户群。

基于第 5 章和第 6 章中提供的信息，项目管理核心胜任力模型的组成部分可以是如图 6-5 所示的组成部分。

公司为员工的未来做好准备的方法之一是提供培训。胜任力模型中的每个组成部分都可能伴有培训课程。我们假设图 6-5 中所示的组件可以分为三大类：基础、中级和高级项目管理技能。三个主要类别可以如图 6-6 所示绘制，在每个方向上，我们可以列出为员工提供的课程。

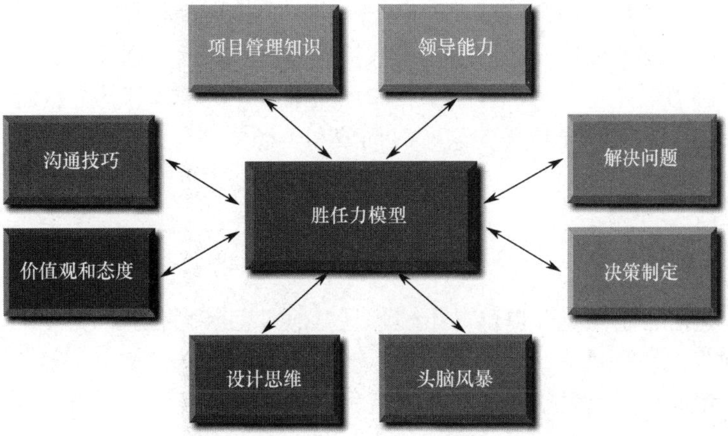

图 6-5　项目管理核心胜任力模型的典型组成部分

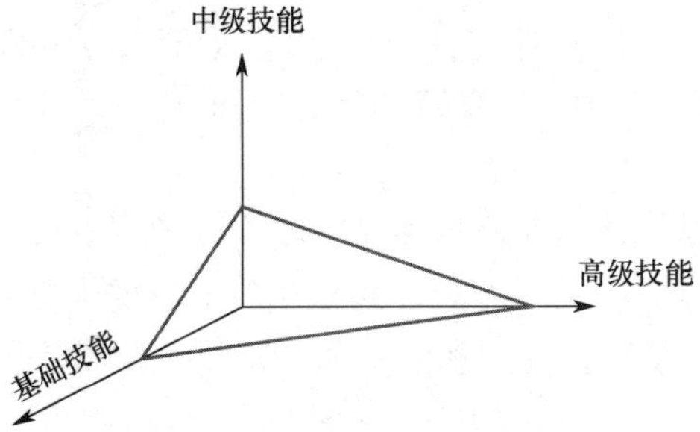

图 6-6　识别培训课程的主要类别

培训不仅仅限于每个方向所需的技能。胜任力模型侧重于公司的核心能力，并且仍然会有与执行公司业务模型所需的公司政策和程序相关的课程，以及它们现在如何与战略项目的项目管理实践交互相关的课程。

6.14 卓越行动：礼来公司①

礼来公司（Eli Lilly）可能拥有当今业界最全面、最有效的胜任力模型之一。该模型是15年前开发的，至今仍然是为创新和研发项目管理开发的最佳胜任力模型之一。该模型包含本书中讨论的许多核心能力。

制药项目管理（Pharmaceutical Projects Management，PPM）前总监马丁·海因斯三世（Martin D. Hynes III）是开发胜任力模型计划的主要发起人。托马斯·J. 科内奇尼克（Thomas J. Konechnik）曾任制药项目管理运营经理，负责胜任力模型的实施及PPM团队内其他流程的集成。这里描述了胜任力模型的基础。

礼来研究实验室的项目管理胜任力分为三个主要领域。

6.14.1 科学/技术专长

- 了解业务：了解药物开发过程和组织现实，承担决策职责。
- 采取行动：在出现情况之前主动采取措施解决需求或问题。
- 批判性思考：寻求事实、数据或专家意见来指导决策或行动方案。
- 管理风险：预测并允许优先级、时间表和资源的变化，以及由于科学/技术问题而发生的变化。

6.14.2 流程技能

- 清晰沟通：善于倾听并提供易于理解且对他人有用的信息。
- 注重细节：保留完整、详细的计划、会议纪要、协议记录。
- 构建流程：构建、调整或遵循逻辑流程以确保实现目标和目的。

6.14.3 领导力

- 注重结果：持续将自己和他人的注意力集中在现实的里程碑和可交付物上。
- 建立团队：在职能部门内部和跨职能部门间创造合作和相互问责的环境，以实现共同目标。
- 管理复杂性：组织、计划和监控多种活动、人员和资源。
- 做出艰难的决定：对自己的才能、判断和能力表现出自信；对行动承担责任。
- 建立战略支持：从高级管理层和其他人员那里获得支持和所需的帮助，以确保项目

① 版权归礼来公司所有，经许可转载。

步入正轨。

我们将在下面更详细地研究每一项胜任力。

1. 了解业务

了解药物开发过程和组织现实，承担决策职责。

表现出这种胜任力的项目经理/同事将：

- 认识礼来公司的其他职能如何影响开发工作的成功。
- 通过全面了解项目中正在进行的活动来建立可信度。
- 了解自己和其他职能部门的团队成员何时需要额外支持才能完成任务/活动。
- 根据对项目不同部分的非明显交互的理解提出问题。
- 将注意力集中在对特定项目活动或任务的成功影响最大的问题和假设上。
- 理解/认识组织的政治问题/结构。
- 利用对相互竞争的职能和业务优先级的理解来实际测试各职能部门的项目计划、假设、时间估算和承诺。
- 查明组织其他部门的决策和事件对项目的影响。
- 认识并应对组织不同部门的不同观点和运营现实。
- 考虑决策的长期影响（赞成和反对）。
- 了解不同选择的财务影响。

没有表现出这种胜任力的项目经理/同事将：

- 依赖负责某项活动或任务的人员对资源和时间的估算。
- 根据理想情况下应该发生的情况做出决策。
- 通过汇总个人进度表等来制订计划和时间线。
- 将延误视为组织其他部门有意识的行为。
- 假设团队成员了解他们的活动如何影响项目的其他部分。
- 将注意力集中在准确描述所发生的事情上。
- 避免改变计划，除非被迫这样做。
- 等待团队成员寻求帮助。

未能展示此胜任力对项目/业务选择的后果是：

- 项目经理或同事依靠高级管理层来解决问题并获取资源。
- 拟议的项目时间表可能会进行重大修改，以满足当前的指导方针。
- 注意力可能集中在次要问题而不是核心业务或技术问题上。
- 无论可靠性和价值如何，当前的承诺、供应商等都可以继续维持。
- 项目可交付物可能会因礼来公司其他部门的变化而受到影响。
- 项目计划可能会对组织的其他部分产生不利影响。

2. 采取行动

在出现情况之前主动采取措施解决需求或问题。

表现出这种胜任力的项目经理/同事将：

- 发生意外事件时立即跟进。

- 推动立即采取行动解决问题并做出选择。
- 为项目团队制定决策和选项，而不仅仅是促进讨论。
- 承担处理其他人不承担责任的问题。
- 当发现需求或差距时，给出建议并制订行动计划。
- 快速向项目团队和其他人提出问题。
- 当问题对项目产生重大影响时，尽早让其他人知道。
- 采取行动确保其他相关参与者参与关键流程或讨论。

没有表现出这种胜任力的项目经理/同事将：

- 集中精力确保问题的各个方面都得到探讨。
- 要求其他人针对问题或新出现的事件制订初步应对措施或计划。
- 让职能部门自行解决资源问题。
- 在充分了解困难或潜在问题的影响后提出问题。
- 避免干涉或介入自己专业领域之外的领域。
- 假设团队成员和其他人会尽快做出回应。
- 听从更有经验的团队成员的意见来处理问题。

未能展示此胜任力对项目/业务选择的后果是：

- 高级管理层可能会对项目相关事件感到惊讶。
- 项目活动可能因“沟通不畅”或等待职能部门响应而延迟。
- 工作付出和资源可能被浪费或未得到充分利用。
- 可以并行采用多种方法。
- 困难问题可能得不到解决。

3. 批判性思考

寻求事实、数据或专家意见来指导决策或行动方案。

表现出这种胜任力的项目经理/同事将：

- 向有专业知识或对问题有第一手知识的人寻求意见。
- 提出尖锐、敏感的问题来澄清时间估算或挑战假设并能够理解答案。
- 沉浸在项目信息中，快速全面了解项目现状和关键问题。
- 当问题或麻烦出现时，将注意力集中在关键假设和根本原因上。
- 快速、简洁地总结冗长的讨论。
- 收集过去项目的数据等，以帮助确定项目未来的最佳选择。
- 努力获取足够的事实和数据，以便做出正确的判断。
- 吸收来自许多不同来源的大量信息。
- 在适当的时候使用正式的决策工具来评估替代方案并识别风险和问题。

没有表现出这种胜任力的项目经理/同事将：

- 接受有关资源需求和时间估算的传统假设。
- 依靠团队成员提供所需的信息。
- 推动新的里程碑，但未确定错过前一个里程碑的原因。

- 总结讨论和争论的细节，但不得出结论。
- 限制对标准信息源的询问。
- 使用现成的程序和工具。
- 将角色狭义地定义为促进和记录团队成员的讨论。

未能展示此胜任力对项目/业务选择的后果是：

- 可能会针对不切实际或未经测试的日期做出承诺。
- 可能会在没有明确确认的情况下采用高风险方法。
- 项目完成的时间可能比必要的时间长。
- 新的发现和结果可能只会慢慢地融入礼来公司当前的实践中。
- 可能会出现意想不到的重大问题。
- 可能会重新讨论相同的问题。
- 尽管资源、人员和优先事项发生重大变化，但项目计划可能保持不变。

4. 管理风险

预测并允许优先事项、时间表和资源的变化，以及由于科学/技术问题而发生的变化。

表现出这种胜任力的项目经理/同事将：

- 在做出有争议或有潜在风险的决定之前，仔细检查关键数据和假设的有效性。
- 在寻求具有明显风险的选项时制订应急计划。
- 与“有风险”或关键路径的活动保持持续的直接联系，以了解进展情况。
- 推动团队成员识别他们的估算和承诺中隐含的所有假设。
- 与那些能够影响项目的决策者保持定期联系。
- 让管理层和其他人尽早了解与特定行动计划相关的风险。
- 仔细考量资源水平和时间估算，以应对可预测的“意外”事件。
- 查明科学风险的主要来源。

没有表现出这种胜任力的项目经理/同事将：

- 无论进展如何，都会保持乐观。
- 尽管存在风险，但仍重视创新和新想法。
- 在关键领域使用经验不足的团队成员。
- 给予个人探索不同选择的自由。
- 以最少的讨论接受估算和评估。

未能展示此胜任力对项目/业务选择的后果是：

- 项目完成的时间可能比必要的时间长。
- 项目可能难以响应组织优先级的变化。
- 如果所提出的创新方法被证明不合适，可能会出现重大延误。
- 已知的问题领域可能仍然是困难的根源。
- 项目计划可能会发生重大修改。

5. 清晰沟通

善于倾听并提供易于理解且对他人有用的信息。

表现出这种胜任力的项目经理/同事将：

- 以简洁、清晰和引人注目的方式提出技术和其他复杂问题。
- 有针对性地进行目标沟通或立场沟通，以满足接收者（如医疗、高级管理人员）的需求或理解程度。
- 过滤数据以提供最相关的信息（例如，不会探究所有细节，但知道何时及如何提供总体视图）。
- 及时让其他人了解可能影响他们的决定或问题。
- 促进并鼓励团队成员之间坦诚沟通。
- 建立与远程团队成员定期沟通的机制。
- 准确捕捉复杂或扩展讨论的要点。
- 花必要的时间为管理层准备演示文稿。
- 有效地沟通和表达自己专业领域之外的技术论点。

没有表现出这种胜任力的项目经理/同事将：

- 提供所有可用的详细信息。
- 将多个提醒或消息视为效率低下。
- 希望团队成员能够理解彼此专业的技术术语。
- 与不同受众重复使用沟通和简报材料。
- 将沟通限制为定期更新。
- 仅邀请那些（假定）需要出席或有贡献的人参加会议。
- 依靠技术专家提供专业技术领域的简报。

未能展示此胜任力对项目/业务的选择后果是：

- 直接团队之外的个人可能对项目了解甚少。
- 其他项目可能会因“消防演习”或计划的最后一刻变更而中断。
- 关键决策和讨论可能没有充分记录。
- 管理层简报可能会给团队和管理层带来考验。
- 资源/工作可能被浪费或误用。

6. 注重细节

系统地记录、跟踪和组织项目细节。

表现出这种胜任力的项目经理/同事将：

- 提醒个人截止日期和其他要求。
- 确保所有相关方都了解会议和决定。
- 及时、准确、完整地准备会议记录。
- 持续更新或调整项目文件以反映决策和变更。
- 检查制订计划时关键假设的有效性。
- 跟进以确保承诺得到理解。

没有表现出这种胜任力的项目经理/同事将：

- 假设其他人正在跟踪详细信息。
- 将正式评审视为干扰和浪费时间。
- 选择对跟踪细节要求最低的程序。
- 仅偶尔审查、更新或调整项目文件以反映决策和其他变更。
- 将项目文档限制为正式要求的内容。
- 依靠会议记录作为会议的充分记录。

未能展示此胜任力对项目/业务选择的后果是：

- 可能缺乏与组织其他部门的协调。
- 文档可能不完整或难以用于审查项目问题。
- 对于承诺的内容可能会出现分歧。
- 项目可能过度依赖经理或同事的实际存在。

7. 构建流程

构建、调整或遵循逻辑流程以确保实现目标和目的。

表现出这种胜任力的项目经理/同事将：

- 选择团队可用于评估进度的里程碑。
- 安排会议以确保议程项目得到涵盖。
- 确定执行项目管理流程所需的步骤顺序。
- 维护反映各个团队成员期望的最新文档。
- 使用可用的规划工具来标准化程序和组织活动。
- 创建简单的工具来帮助团队成员跟踪、组织和交流信息。
- 建立一个有效利用团队成员时间的流程，同时允许他们参与项目决策；所有的团队成员不应该参加所有的会议。
- 审查讨论或决策对项目计划的影响，作为总结和澄清讨论的机制。
- 通过指出分歧而不是试图当场解决来保持讨论的进展。
- 创建并使用流程来确保设定优先级并定义项目策略。

没有表现出这种胜任力的项目经理/同事将：

- 相信经验丰富的团队成员知道他们在做什么。
- 将复杂的活动序列视为一个整体。
- 分担召开会议、制定议程的责任。
- 创建尽可能完整和详细的计划和文件。
- 仅在要求时提供书面文件。
- 允许团队成员发表意见。

未能展示此胜任力对项目/业务选择的后果是：

- 项目可能受到不同程度的关注。
- 项目可能缺乏单一方向或焦点。
- 规划文件可能不完整或过时。

- 演示和简报可能需要大量额外工作。
- 会议可能会被认为没有成果。
- 关键问题可能仍未得到解决。
- 组织的其他部门可能不清楚预期的内容和时间。

8. 注重结果

持续将自己和他人的注意力集中在现实的项目里程碑和可交付物上。

表现出这种胜任力的项目经理/同事将：

- 强调保持项目相关活动持续推进的必要性。
- 持续关注最终交付物（例如，产品上市、确认/否定药物的优点、产品/项目对礼来公司的价值）（经理）。
- 根据需要完成的任务来选择行动，而不是寻求最佳解决方案或答案。
- 提醒项目团队成员关键的项目里程碑和时间表。
- 保持关键的里程碑对团队可见。
- 将项目的基本目标作为及时评估选项并推动决策的手段。
- 推动团队成员对可交付物做出明确和公开的承诺。
- 及时终止项目或低价值活动。

没有表现出这种胜任力的项目经理/同事将：

- 假设团队成员对项目可交付物和里程碑有清晰的了解。
- 仅在任务和问题变得绝对关键时才处理它们。
- 淡化或忽视负面结果或后果。
- 尽管出现新数据或重大变化，仍继续努力实现最初的目标。
- 从事与原始项目需求无关的活动。
- 相信一旦团队成员参与到项目中，明确的计划就会达成一致。
- 允许不合格的人员继续执行任务。
- 酌情参加项目规划会议。

未能展示此胜任力对项目/业务选择的后果是：

- 如果没有充分的解释，里程碑可能会被错过。
- 职能部门可能会对关键资源的需求感到惊讶。
- 可能会做出不合理或不切实际的目标或时间表的承诺。
- 项目完成的时间可能比必要的时间长。
- 不同团队成员的目标和优先事项可能存在显著差异。

9. 建立团队

在职能部门内部和跨职能部门间创造合作和相互问责的环境，以实现共同目标。

表现出这种胜任力的项目经理/同事将：

- 公开承认不同观点和分歧。
- 积极鼓励所有团队成员参与，无论其职能背景或在组织中的级别如何。

- 明确投入时间和资源来建立团队共识并建立一套共同的目标。
- 保持客观性，避免个性化问题和分歧。
- 与团队成员建立一对一的关系。
- 鼓励团队成员在职能范围之外的领域做出贡献。
- 让团队成员自始至终参与规划过程。
- 认可并利用每个团队成员所拥有的经验和专业知识。
- 在不同职能部门参与之前征求他们的意见和参与意向。
- 一旦做出决定，坚持让团队接受它，直到获得更多数据。
- 在解决有争议的问题时，推动团队成员做出明确承诺。

没有表现出这种胜任力的项目经理/同事将：

- 说明什么可以做，什么不能做。
- 假设成熟的专业人士几乎不需要支持或团队认可。
- 与团队成员的接触仅限于正式会议和讨论。
- 将影响团队成员绩效的问题视为职能部门管理层的责任。
- 仅在明确要求时才帮助他人。
- 公开批评其他团队成员的贡献或态度。
- 当团队成员重新提出问题时重新审视决策。

未能展示此胜任力对项目/业务选择的后果是：

- 团队成员可能不清楚自己的职责。
- 关键人物可能会转移到其他项目。
- 障碍和挫折可能会破坏整体工作。
- 项目团队内部关于优先级的冲突可能会升级到高级管理层。
- 项目责任可能会分散。
- 团队成员可能不愿意互相提供支持或满足特殊要求。

10. 管理复杂性

组织、计划和监控多种活动、人员和资源。

表现出这种能力的项目经理/同事将：

- 受到人身攻击或巨大压力时保持冷静。
- 经常且持续地监控进展情况。
- 将个人精力集中在最关键的任务上：应用 80-20 规则。
- 仔细记录承诺和责任。
- 为所有人定义任务和活动，以进行监控和了解取得的进展。
- 将活动和任务分解为看似可行的组件。
- 平衡和优化不同群体和个人之间的工作量。
- 迅速组建专门团队或聘请外部专家来处理紧急情况或异常情况。
- 进行总结以获取“最佳实践”和“经验教训”。

没有表现出这种胜任力的项目经理/同事将：

- 限制审核数量，以最大限度地延长团队成员的可用时间。
- 掌握所有细节。
- 依靠团队成员来跟踪各自的进度。
- 让其他人知道他们对某个问题或个人的感受。
- 依靠团队来解决问题。
- 假设个人会认识到自己的错误并从中吸取教训。

未能展示此胜任力对项目/业务选择的后果是：

- 项目可能受到不同程度的关注。
- 项目可能会自行发展，没有明确的方向或可实现的结果。
- 决策责任可能分散在团队成员之间。
- 项目的真实状态可能难以确定。
- 主要问题可能变得难以处理。
- 企业不同部门的活动可能不协调。
- 项目领导层与礼来公司其他部门之间可能会不断出现冲突。

11. 做出艰难的决定

对自己的才能、判断和能力表现出自信；对行动承担责任。

表现出这种胜任力的项目经理/同事将：

- 挑战做事的方式并就如何做事做出决定。
- 强迫他人应对令人不快的现实情况。
- 当获得新信息/数据时，推动管理层重新评估有争议的决策。
- 引起其他人注意具有重大影响的问题。
- 有意识地利用过去的经验和历史数据来说服他人。
- 直面不履行承诺的个人。
- 推动职能管理层更换未能达到期望的人员。
- 如果数据显示某个项目不会成功，则质疑对该项目的持续投资。
- 追求或采用创新程序，即使在现有经验有限的情况下也能带来显著的潜在收益。

没有表现出这种胜任力的项目经理/同事将：

- 听取更有经验的团队成员的想法。
- 对于未履行承诺的人，持宽容态度。
- 等到最后一刻再做决定。
- 寻求多种选择，而不是停止寻找替代方法。
- 在提出困难问题之前等待他人的明确支持。
- 接受高级管理人员的决定，“不容谈判”。
- 依靠团队做出有争议的决定。
- 为有问题的执行者提供额外的资源和时间。

未能展示此胜任力对项目/业务选择的后果是：

- 项目完成的时间可能比必要的时间长。

- 失败的项目可能会被允许拖延。
- 决策可以向上授权。
- 某些团队成员表现不佳可能会损害团队士气。
- “坏消息”可能要到最后一刻才传达。
- 关键人物可能会为了追赶进度而“精疲力竭”。

12. 建立战略支持

获得高级管理层的支持和所需其他人的帮助，确保项目步入正轨。

表现出这种胜任力的项目经理/同事将：

- 承担起支持项目的责任，同时表现出热情与客观性之间的平衡。
- 量身定制论点和演示文稿，以解决有影响力的决策者的关键问题。
- 熟悉礼来公司主要职能部门的运营和业务问题。
- 利用联系网络来确定提出问题或提出建议的最佳方式。
- 推动拥有使事情发生所需的经验和影响力的个人积极参与。
- 确定冲突情况下的影响力分布。
- 预先发布有争议的想法或信息。
- 选择演示者以确保发送适当的消息。
- 要求高级管理层帮助与其他高级经理解决问题。

没有表现出这种胜任力的项目经理/同事将：

- 仅在正式场合会见高级管理层和项目发起人。
- 在小组会议上提出方向的重大转变。
- 遇到障碍或问题时与关键决策者联系。
- 限制与“全球”合作伙伴面对面接触的次数。
- 对待个人同样重要。
- 避免出现政治活动。
- 依靠其他团队成员与礼来公司不熟悉的部门的高级管理人员进行沟通。

未能展示此胜任力对项目/业务选择的后果是：

- 如果没有明确阐明利益，可行的项目可能会被扼杀。
- “文化差异”可能会限制全球项目的成功。
- 决策可能在没有关键人物参与的情况下做出。
- 在了解提案的优点之前，对改变项目范围或方向的抵制可能会变得根深蒂固。
- 关键个人/组织可能永远不会认同项目的方向或范围。
- 小型冲突可能会升级并持续下去。

6.15 结论

项目管理胜任力模型的发展是不可避免的，重点很可能集中在领导过程和领导力行为上。随着项目管理扩展到战略项目上，危机型领导力实践也将被纳入胜任力模型中。

07 第 7 章 支柱 7：组织文化向项目工作方式的转变

7.0 引言

项目越来越成为组织的“运作方式”。正常流程和项目之间不再有任何区别。

这种方法需要组织处理项目的方式发生相关改变，从而塑造工作文化。

根据 Beswick、Toma 和 Vargas（2020）的观点，项目发展的生态系统由许多元素组成，这些元素需要同步工作才能实现增长。该生态系统由五个核心支柱组成：**战略、领导力、管理、文化和流程**。

如果不改变工作方式、决策过程、多样性及其他几个需要定制和适应当前环境的方面，就不可能使“想法成为现实”。

7.1 文化转变的必要性

组织文化可以定义为组织解决问题、制定政策和流程、开发新产品及处理与员工关系等主题的方法中确定的一组特征、假设和行为。

组织今天面临挑战的一个关键原因与不能满足市场和不同干系人当前需求的“工作方式”有关。

有四个因素与所需的文化变革有着内在的联系：新的劳动力行为；简化流程；灵活性、适应性和反应力；多样性。

7.1.1 新的劳动力行为

今天的项目经理或团队成员与过去的不同——不仅因为他们更年轻或拥有大学学位或背景。

他们之所以不同，是因为他们有不同的期望，并且不一定受到与十年或二十年前相同因素的激励。

新员工希望将自己的利益与组织联系起来。他们的个人成长与组织的发展相关联（Tabrizi & Terrell，2013）。

另一个重要方面是劳动力的概念。过去，劳动力仅限于组织内从事内部工作并由组织支付报酬的员工。

麻省理工斯隆管理学院与 Delloite 合作开展的研究（麻省理工学院，2021 年）指出，87%的受访者（近 5 000 名专业人士）对劳动力有更广泛的定义，其中包括供应商和承包商，而这一更广泛的干系人群体有自己的期望和变革之旅。

这种新行为催生了“Brightline 倡议”[①]在其转型指南针中探索的**以人为本的转型**概念，其中员工的利益和期望之间的联系与组织的利益和期望保持一致，以最大限度地改善结果并推动变革行为（见图 7-1）。

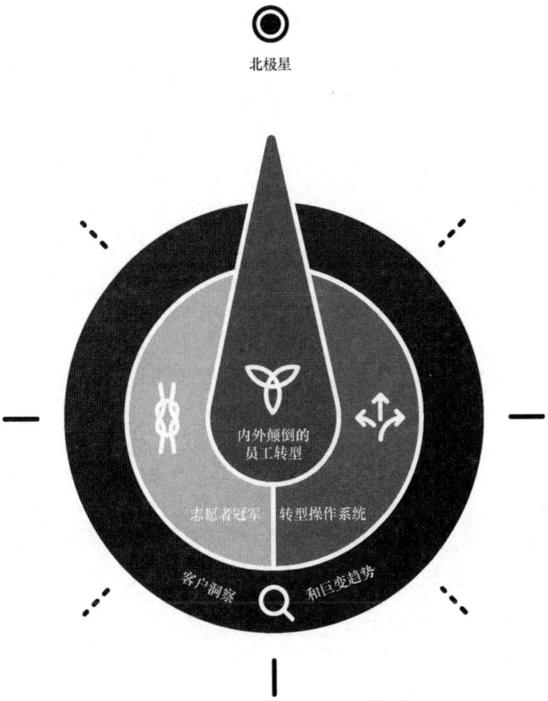

图 7-1　Brightline 转型指南针（PMI，2019）

7.1.2　简化流程

当前的挑战需要简单而有效的流程。当初创公司与现有企业进行比较时，由于其形式和构成，人们认为它们的方法要简单得多。促进变革是一个明显的优势。

挑战在于以某种方式在大型现有组织中复制简化的流程。除企业本身面临的挑战外，

① Brightline 倡议是 PMI 的一个智囊团，旨在支持高层管理人员了解将想法与现实联系起来的挑战。

劳动力文化也面临着明显的挑战。改变流程总是比改变人们的态度更容易。

大众汽车等公司采取的解决方案是创建一种所谓的“一种策略，两种方法”。它们没有破坏整个价值链，而是将战略执行和项目分成两个团队：一个团队负责传统汽车行业的改进，另一个团队像初创公司一样重新思考流动性（EIU & Brightline 2017）。

7.1.3 灵活性、适应性和反应力

与流程的简化相结合，组织必须培养其团队灵活、适应性强的能力，以应对不断变化的环境。

“控制狂”的做法已经结束。项目不可能表现得像一个封闭系统。如今，易变性、不确定性、复杂性和模糊性的各个方面都存在于所有类型的项目中。

然而，组织必须找到方法来增强工作中的心理安全，让人们自由地交流想法、担忧和问题，否则这些问题是不会被提出的（Edmondson & Hugander 2021）。

这种心理安全感提高了人们的适应能力和灵活性。

PMI 发布的项目管理标准和《PMBOK®指南》第 7 版（PMI，2021）强化了这些能力，以应对和适应项目管理的所有十二条原则。然而，其中有两条原则与这种行为有本质上的联系：

（1）拥抱适应性和韧性。

（2）应对复杂性。

7.1.4 多样性

提高劳动力的多样性是交付转型性变革和交付项目的关键因素之一。

多样性超越种族。它包括来自不同社会和种族背景、性别、性取向、宗教信仰的人。

由于以下因素，多样性可以培养适应性和不断变化的思维方式：

- 即使人们的想法不同，也会被接受和重视。
- 当人们感到心理安全时，他们更愿意分享风险、担忧和新的颠覆性想法。
- 多样性为分析带来不同的视角，提高创造性的反应和行动。
- 多样性可以提高创新和解决问题的能力。
- 提高了解客户需求的能力。
- 不同背景的人可带来不同的技能。
- 多样性会减少群体思维。

在本章中，我们将分享两个案例研究。第一个是 GEA 的项目管理方法。GEA 集团是一家领先的工程公司，为饮料、食品、乳制品、制药等行业提供工业化和制造工厂的解决方案。它的方法完全侧重于工程项目管理者的视角。

第二个是负责建造世界第四大水力发电厂（**贝洛蒙特**水电站）的负责人的感想。他分享了最具挑战性的运营环境之一：在亚马逊森林中管理庞大、复杂且多样化的干系人群体所面临的挑战。从处理“Piracema”（辛古河流域鱼类的繁殖周期）到更换复杂的涡轮机部件，最后按预期交付了项目。

7.2 卓越行动：GEA 工艺工程中的 GEA[①]项目管理：我们的未来愿景

7.2.1 导言

在过去的二十年中，项目管理理念发生了非常重大的变化。该学科不仅在方法论方面（瀑布、敏捷、混合）发生了变化，而且在战略方面也发生了变化。项目管理方法已经从单个项目的管理转变为项目组合的管理，贯穿于项目管理办公室的建立，作为增强公司内部决策的最佳工具，使业务更具可持续发展的潜力，以及更多地与公司和客户的优先事项联系起来。

这些变化对项目经理产生了影响，他们从考虑实现项目目标的"利己主义者"，主要受项目三重约束（成本、时间和范围）支配，转变为在关注三重约束的同时，更关注项目环境的其他方面；更重要的是，他们关注自己的决策对整个公司的影响。毫无疑问，必须考虑公司、客户和承包商内部关系的演变。在 21 世纪，没有什么是孤立的，过时的筒仓思维（封闭的模式）已经被抛在一边，取而代之的是多元文化、多学科和协作的方法。因此，项目管理必须像公司中的许多其他学科一样发展，以遵循这种模式。不考虑这一点可能会导致业务严重恶化，不仅给公司的财务带来惨重损失，而且会影响它们自身的生存机会。

此外，项目管理学科被认为是对整个经济非常重要的资产，并且有研究已经评估了该学科对 GDP 的贡献。从宏观经济角度来看，这赋予了项目管理非常重要的意义。

从我们的角度来看，我们可进一步勾勒出未来几十年项目管理及其环境的图景。

7.2.2 新挑战　新方法

是的，我们的社会、我们的经济和我们的文化已经从前几代人常见的线性/瀑布方式演变为一种影响着我们生活各个方面的复杂生活方式。不仅是持续的变化，而且变化的速度也永久地塑造着我们的生活，因此也塑造着我们的工作方式。随之而来的是，项目管理也随之发展。开发项目的方式已经发生了变化，在某些项目中开始使用不同的技术，如在 20 世纪 80 年代和 90 年代被称为敏捷或自适应的技术。我们不会试图描述这些技术（有大量关于这些技术的文献），而是将解释我们的公司如何适应它们。

基本上，我们的传统项目（主要致力于设计液体食品和饮料装置）已经适应了新技术带来的不断变化的环境。我们的客户不仅担心是否有一个能够在卫生和食品安全条件下正确处理他们的食谱的高效装置，他们还需要实时了解流程的运行情况，并监控主要业务的 KPI（生产率、能源消费、履行客户订单等）。然后，我们将范围主要集中在流程部分，包

① 本节资料由德国工程联盟（Germany Engineering Alliance，GEA）工艺工程分会液体和粉末技术部液体和食品技术 EMEA 南部项目管理办公室负责人 Miguel Antonio Martínez Carrizo 提供。版权归 GEA 所有，经许可转载。

括它的管理方面，使我们的客户能够在真正的实时环境中做出决策。

因此，控制系统在过去被认为是装置的次要方面，总是在幕后工作，现在已经真正成为装置的大脑，我们不仅关心它的控制，而且关心它与其他装置的连接。公司内部和外部的实体，为客户的最高管理层提供有价值的业务信息。

在这方面，不断变化的业务需求促使我们通过使用一些敏捷技术与客户、承包商和其他干系人进行密切互动来适应和管理至少部分项目。在这些项目中，我们已经从线性/顺序（瀑布）方法过渡到混合方法，其中至少控制系统及其周围环境受到高度自适应环境的影响。

此外，客户控制系统的不断更新在食品行业创建了一个新的项目类别，称为迁移，主要致力于升级控制系统并为客户提供新功能。它们是纯粹的敏捷项目，其成功很大程度上取决于客户和市场需求。

当然，尽管“传统”的项目实施方式仍将保留，特别是对于那些建筑过程占主导地位的大型和超大型项目，但混合和敏捷方法正在取得进展，并将继续存在，且将在未来更加频繁地出现。

独立于所使用的方法，让我们重点关注我们的项目管理人员正在建立的支持机制，以使这一新的现实和即将到来的未来更加坚实和可持续。

7.2.3 项目发起人的角色

有大量关于项目发起人在项目开发成功中的职能和相关性的文献。在这里，我们将描述我们如何理解公司内的这一角色，不是给出主题列表，而是让我们根据以下职能对他们进行分组。

1. 战略

- 项目发起人作为项目经理的后盾，保证项目执行过程中遵循公司政策和战略。此外，根据公司的战略确定项目的优先级。
- 项目发起人不仅要关心实现公司最高层设定的目标，还要关心实现这些目标的方式。道德和专业考虑是企业非常重要的一部分。并非一切都被允许，项目发起人要保证项目经理和项目团队（公司形象的重要展示窗口），在与内部和外部干系人（有时还包括公众）沟通时，其行为必须遵循公司的指令和项目管理的良好实践。
- 项目发起人在公司的战略发展中发挥着重要作用，特别是在持续改进和创新举措方面。项目发起人充当将项目中的学习成果转化为公司内部有效政策和实践的驱动力。从这个角度来看，现在许多公司的常见做法是将项目发起人（通常是项目管理负责人）纳入高级管理层，特别是当实施的项目是其核心业务之一时，更有必要。

2. 运营

除常规管理（计划、组织、协调和监控）外，还有其他职能值得在此提及：

- 确保项目的正确执行，并在发生冲突时在不同项目之间分配优先级。

- 维护公司确定的项目管理治理，是项目管理质量的担责人。
- 当项目面临压力并遇到项目团队无法管理的问题或危机时，为项目经理提供支持。项目发起人的干预有时对于从其他部门（或外部来源）释放资源或管理与干系人、项目团队成员的关系或项目的“蔓延”至关重要（在某些情况下，代表 GEA 和它的利益，是公司内部的发言人）。

3. 汇报

项目发起人与项目经理定期审查项目的状态，并根据他们的反馈，向更高级别的管理人员报告，通常遵循整体项目组合的观点，并特别关注战略性的、非常大的和/或复杂的项目。报告主要关注财务指标，但应考虑可能影响公司业务发展和可持续性的其他指标。

4. 接口

接口问题主要发生在公司的其他部门，特别是与他们的主管有关。公司中占主导地位的矩阵组织结构会产生冲突，特别是在为项目分配资源时。项目发起人有责任支持项目经理与不同部门的互动沟通，以提供所需的资源，尽可能用最好的方式开发项目，并根据公司战略确定优先级。另外，如上所述，与客户中高层管理人员的互动非常频繁，项目发起人有责任促进这种互动，以便在项目出现项目经理无法解决的问题时做好准备。

不用说，除精通项目管理学科外，项目发起人还必须拥有长期的项目管理经验。

总而言之，今天的项目发起人是项目开发过程中的主要影响因素，也是项目成功的最终担责人。但是，由于项目及公司内部和外部干系人关系的复杂性增加，发起人在未来将变得更加重要。他/她必须指导项目经理，确保他们能够在管理树木的同时看到森林。

7.2.4　项目指导委员会

正如我们所提到的，公司战略在项目开发中变得越来越重要，特别是当它们是非常大的、具有战略性的或复杂的项目时。

在这些情况下，GEA 会通过建立项目指导委员会来形成一种机制，以向项目经理提供管理项目的建议和咨询。这是一种寻求最相关的内部干系人参与的方式，这样他们就能最先了解项目开发情况，让项目经理有机会直接表达他们的意见和获得收益，不仅包括利用他们的专业知识，还包括借鉴他们对项目的看法，而且通常是从非常不同的角度。这也是避免误解和困惑并为项目经理乃至项目团队建立信任和信心的一种方法。

在特殊情况下，还有一个由客户干系人参与的项目指导委员会。在这样做时，项目获得了另一个讨论问题的平台，优先考虑业务角度而不是运营角度，并且每当出现冲突时，项目团队成员之间不会出现典型的摩擦。

从公司的角度来看，项目指导委员会的主要职能可概括（不一定按重要性排列）：

- 在项目及其相关业务的所有战略和重大问题上为项目经理提供支持和指导。
- 为项目提供高水平的监控和控制，使其专注于对项目开发至关重要的合同和非合同目标（如成本、质量、资源、干系人、财务管理等）。

- 确保遵从并遵守 GEA 的政策和规则。
- 确保工作付出和财务支出用于实现项目目标和项目完成。
- 批准阶段变更并最终结束项目。
- 代表参与项目的不同干系人（个人或团体）的合法利益，包括客户和承包商，并且在出现利益冲突时，以对项目和 GEA 最好的方式进行协调。

为了完成上述职能，指导委员会成员（再次强调，重要性排序不分先后）：

- 不仅可以参加指导委员会会议，还可以通过审查项目经理提前提供的文件来积极参与。周期将由其成员在第一次会议上决定，但通常大约每六周或八周一次。
- 必须了解项目的战略意义和成果，并对它们真正感兴趣。
- 不仅愿意成为项目的倡导者，而且愿意建设性地质疑项目经理提供的反馈。
- 如果与指导委员会其他成员存在利益冲突，应灵活地达成一致的解决方案。

最后，要强调高级管理层干系人参与大型的、战略性的和复杂的项目对于促进新时代所需的文化变革的重要性。在两个团队（高层管理人员和项目经理）之间的互动中充当催化剂，从上到下（反之亦然）构建了公司关系的新格局，这不仅非常有利于建立信心和信任，而且可以从不同的角度更好地了解业务情况，推动决策过程，提升战略思维，并最终促进公司的可持续发展。

7.2.5 项目管理办公室

如果没有真正推动私营和上市公司专业发展的工具，21 世纪项目管理所需的新格局就无法完成。项目经理仅仅遵循项目管理主要机构的规定是不够的。即使通常的实践和知识体系已经达到了政府标准，也还需要有部门来确保项目管理各个方面的良好实践。

在这方面，PMO 也发生了变化。在 20 世纪的最后几十年中，PMO 只是为特定项目（大多数情况下是内部项目）而临时创建的部门，其寿命和范围都非常有限。但在过去的几年里，它们已经成为完善的项目管理实践的基石。PMD 的责任和职能是发展项目管理战略能力的关键，为组织内的专业人士提供了更多的影响力，并在 VUCA 时代提供可遵循的参考。

必须考虑 PMO 的几个方面：

- 项目经理必须感到自己有一个舒适的家。他们属于公司某个部门的旧时代已经一去不复返了。该行业有自己的特点、机制、标准和实践，即使项目的技术范围很大，专业的项目经理也会对项目的成功产生影响。
- 除归属感外，PMO 也是为项目经理提供专业所需的传统能力和新能力，以及公司 DNA 的关键部门。通过这样做，PMO 将实现与项目经理的完美匹配，并在公司内部培养和发展人才，为建设领导梯队做好准备。
- PMO 通过实施项目治理，成为项目经理良好实践的守护者。由于项目成功的定义不断变化，因此必须有人以正确的方式确保项目的开发。在这方面，PMO 的负责人（通常是项目的发起人）负责计划、保证和控制项目执行的质量。

- 必须提供适当的工具来促进项目经理的工作。现在及将来，项目经理都必须致力于为项目和组织增加价值的项目任务，而 PMO 有责任掌握支持项目的最新技术和工具管理任务。拥有一套好的工具来进行数据分析、报告、项目控制等将是未来几年的挑战。人工智能、数据管理、可视化和通信技术、决策树及数字化工具将在项目经理的日常工作中发挥重要作用，使他们能够更坚定地做出决策并真正做有价值的工作（而不是那些纯粹重复的任务）。
- 提高公司的项目管理成熟度，从认识价值和管理需求转变为以优化的方式满足战略执行的需求。这将使公司从只执行常规项目转向复杂和创新的项目。PMO 还负责将公司的项目管理实践从另一种能力转变为核心技能，能够以长期愿景、协作、整体和多学科的方式开展工作。
- 基于数据存储和财务报告的传统职能必须转移到价值驱动的办公室，管理和领导层在这里找到自己的位置，公司的战略商业目标通过规划、优先级排序、促进、协作、沟通、培训、辅导、持续改进等来实现。

因此，PMO 作为项目经理的家，作为把握公司脉搏的重要部门，必须有一个框架，一个坚实的框架，要负责将项目实践中的优秀成果传播到公司的各个部门，以成就新时代的辉煌。

最后，我们不得不评论 PMO 对于当前最重要趋势之一的相关性，特别是在致力于开发项目的公司中，即从项目管理转向组织级项目管理（Organizational Project Management，OPM）。OPM 的整体方法允许“项目化”公司处理其不同的公司结构，将其组织格局从当前的垂直分层视角转向一组项目的扁平化组织，能够在互动、黏附和凝聚的基础上促进新的关系。它将使 PMO 能够在不断变化的环境中应对项目中存在的挑战，并显著提高公司的成熟度。

7.2.6 结论

我们认为，应对项目管理新挑战的最佳方法是为项目经理提供正确的教育、正确的支持工具和机制，特别是从人的角度（在咨询和建议方面）。如果辅之以一个地方/部门，作为业务和公司文化基础（治理、能力、动机、道德、愿景和使命等）的守护者，包括提供正确的工具，使项目经理的工作更具价值，那么我们将有能力确保现在和将来项目的成功，进而确保公司的成功。

此外，如果我们增加公司及其组织设置的成熟度方面的好处，那么我们将能够让公司做好准备，以稳健可靠的方式面对不断变化的未来。

总而言之，如果我们想要被激情和享受所驱动（而不是恐惧和焦虑），并促进战略思维、创新和整体行为（而不是抵制变革和筒仓思维习惯），就必须将成功的管理和领导力结合起来（而不是在管理或领导之间进行选择），这绝对是要遵循的道路。

7.3 卓越行动：贝洛蒙特水力发电厂[①]

7.3.1 使命

面对某些挑战，即使是经验丰富的项目经理也会犹豫不决。因此，想象一下我听到要接管建设贝洛蒙特水力发电厂（HPP）时的感觉：即将面对的状况是该发电厂有 9 个涡轮发电机联合机组（GU）待安装，但完成期限仅为 18 个月。

即使我已经了解了 HPP 实施现状和项目本身的情况，但必须在项目良好的基础上才能做出同意的决定。甚至事实上，我在前一整年中一直在北方能源公司（Norte Energia Sociedade Anônima，NESA）担任监管和商业化（DRC）总监，这是一家负责贝洛蒙特 HPP 特许经营的特殊目的的公司，并且自 2012 年起担任公司董事会和技术委员会成员之前，对我没有什么帮助。

相反，这些经历让人们对我的期待更大，并且不允许有丝毫出错的余地。

贝洛蒙特水电站是世界第四大水电站，装机容量 11 233 兆瓦，主厂房有 18 台机组，单机标称容量 611.11 兆瓦；副厂房有 6 台机组，单机容量 38.38 兆瓦。主厂房一台机组的发电量几乎与安格拉一号核电站（位于里约热内卢州安格拉杜斯雷斯市的巴西核电站，发电量 640 兆瓦）相同。

该水电站自 2016 年 1 月起开始运行，其主、副两座水库都满负荷运营，水库之间的互连通道已经建好，27 座堤坝和 6 座大坝（包括主坝及其泄洪道）也已经建好，船只过大坝的换位系统和辅助动力室也已经建成，238 kV 变电站和鱼类迁移系统都已建成（后六部分位于距贝洛蒙特遗址 50 公里的 Pimental 遗址）。

2018 年 6 月，这些结构和设备的调试工作仅剩少数悬而未决的合同问题，凸显了水坝和堤坝的安全状况。[②]主电厂于 2016 年 2 月开始运行，配备一台机组。2018 年 6 月，8 台机组已投入运行，第 9 台机组正在试运行，其余第 10 号至第 18 号机组正在安装。尽管该项目总投资的 80%以上已经落实（128 亿美元），但实际上 HPP 仅有 49%的名义发电量可供运营。

贝洛蒙特水电站是一个世界知名的项目，特别是其政治和社会环境影响所引发的争议，因为它位于巴西亚马逊的中心地带，辛古河沿岸，并且由于土著人的担忧而引起了一些问题。

然而，很少有人知道它为当地带来的好处。其实这要归功于人类的发展，扭转了几十年来社会和当地生物群落恶化的状况。更重要的是，从国家的角度来看，该项目具有战略

① 本节资料由北方能源公司前董事 Flávio Dutra Doehler 提供。Flávio 在 HPP 拥有 30 多年的经验，并于 2017 年至 2020 年在贝洛蒙特工作。版权归 Flávio Dutra Doehler 所有，经许可转载。

② 根据 DPI 新管理下的相关巴西大坝安全法 N° 1334/10，重新制定了 33 项紧急援助计划（PAE），作为 NESA 调试和接收 33 座堤坝和大坝的要求之一，在此之前，这些工作均由土建工程总承包商负责，直到这次由其控制、监测和报告，并接受电力政府机构的检查，始终按照法律和监管规定进行。

意义，不仅可以增加能源消费者的数量，提高清洁电力和低成本能源在整个能源中的占比，从而凸显其对巴西电力行业（Setor Elétrico Brasileiro，SEB）[①]的重要性，还因为它是巴西人的工程，由巴西人建设，几乎 100%实现了本土化。

回到我思考接受这一挑战的邀请时，时间因素带来了额外的影响。因为我必须立刻做出决定。一般情况下，项目经理在 HPP 实施阶段的责任非常大。在贝洛蒙特水电站案例中，由于其规模之大，以及围绕它的争议在世界范围内蔓延，项目经理的责任又变得更重大了。然而，我当时考虑的首要任务只是试图在很短的时间内找出如何提出客观的解决方案来应对挑战。

另外，我知道，通过接管项目实施，作为生产和实施总监（DPI）[②]的法定持有人，我将直接承担对公司和/或受影响的第三方可能造成损害的责任风险，而且可能要用我的个人资产对他们负责。[③]

因此，主观因素必须限制在对贡献机会的认识上，以便通过我直接参与实施，使花费在该项目的所有投资都能以计划的结果回报股东和社会。

我花了一个周末来分析合同文件和进度报告，从而为自己的决策做好准备。虽然需要更准确的诊断，以及对所需补充资源的评估，但我觉得在我的职业生涯中不会再有类似的机会，并意识到我不会开始冒险，而是要面对我的使命。由于交付期限要求具有前所未有的生产力，因此必须采取强有力的措施。不过，应首先确定采取此类措施的先决条件。

因此，要了解现场实施情况的最新信息，这些信息目前仅限于记录，无法从团队收集口头反馈，从而加剧了现有的管理危机。我列出了实施所需的新的主要目标及达到它们的关键点，然后我将它们介绍给首席执行官。

我接受这个任务的唯一条件是整个公司都应该致力于相同的实施目标，并将其作为业务承诺。在与执行董事会和董事会进行必要的事先协调后，我们与整个 DPI 团队举行了一次由这些机构的成员参加的会议。

我简洁地介绍了我上周末列出的情况诊断、主要目标和关键点。这次会议的作用更多的是启动一个所谓的新项目，确认了我对管理层和员工的承诺，而不是新董事的就职典礼。因此，下文中每次提及时均指定为开工会议。

事实上，一年多来，NESA 已经发生了显著的变化。它是在去年 5 月确定的新执行董事会及其各自成员就职典礼时启动的，当时该董事会由四个席位组成，而不是之前的七个席位。

董事会的使命是扭转对贝洛蒙特商业计划的威胁和影响，建立和制定相关承诺，并确保他们的忠诚度，最重要的是最终确定实施方案，但也要尊重未来的运营参数指标，一直到特许权结束。

---

① 贝洛蒙特水电站占巴西装机容量的 6.6%。尽管它没有像前一个项目（称为 Kararô-Babaquara）中最初规定的那样，是在“径流”上运行的调节水库，但在辛古河流量高峰的月份，这个百分比占目前该国能源消耗的 36%。这些能源大部分消耗在东南部和东北部，通过由两个直流输电线路和多个连接组成的输电系统输送到东北部和东南部输电子系统，从而使这些地区的调峰水电站能够蓄水。

② 同时担任首席运营官（COO）和项目经理（PM）。

③ 根据《巴西民法典》第 10,406/02 号法律和《公司法》第 6,404/73 号法律规定。

自2017年以来，重要的基本问题已经得到解决：突出了基于股东额外付款贡献的项目财务方程式①；与电力能源交易商会（Câmarade Comercializaçãdoe Energja Elétrica，CCEE）解决了未决财务问题，金额约为2.12亿美元，原因是2017年水文资料短缺使得能源交付相对于合同金额出现赤字；对特许权合同实施的进度计划进行了修订，承认主电厂最后一个机组的启动延迟一年，且不受处罚。

由于我负责DRC，所以我以一种特殊的方式参与了日程安排。在这种情况下，尽管董事会的决定是集体做出的，但承诺实施的负担变得更加沉重，因为同样的代理人承担了要遵守的客观责任。

7.3.2 识别关键点

因此，在确立了上述重要的初步承诺后，DPI应更加集中精力，以确保在最近商定的条款和条件下实施，从而证明所采取的所有努力都是合理的。然而，DPI当时才发生所有权变更这一事实并不意味着去年在这方面没有采取具体行动。

新职能结构的整合本身就是一项创新。新的组织结构是由之前两个部门的团队合并而成的，一个专门负责土建工程，另一个专门负责设备供应，现在都纳入了一个新的运营和维护团队，而这种结构在当时是不存在的。

由于无法履行合同，应重点关注主发电厂聘请的机电安装联合体的更换。机电安装承包商的更换是一个特殊且困难的过程，涉及公司整个管理层所付出的巨大努力，包括选择和雇用新的机电安装承包商（COMGEV）。

所以具体使用的逻辑是寻求“先做最重要的事情”。换句话说，对更敏感点的排序可以为优先事项提供线索。这种逻辑是显而易见的，因为仅三份合同的价值总和就占上述资本支出价值的88%左右。

然而，明确了机电安装方面的转型行动，还应制定与土建工程和机电设备供应相关的转型行动。但事实并非如此：只是在与安装承包商进行相关谈判后很长一段时间，与CCBM合作的土建工程及与ELM安装联合体合作的机电供应的几个零件仍尚未到达。到2018年7月，新的组装合同生效六个月。

然而，迄今为止的绩效还不足以满足与Aneel商定的安装进度计划的恢复要求。在施工进度的跟踪和控制中，生产和延误风险水平指标呈现出与预期相反的变化。换句话说，为了达到所需的目标，步伐一直在减慢而不是加快。由此，NESA团队和新安装联合体的代表之间已经就调整进度计划达成了非正式谅解，并预计会推迟②。

还有其他问题，如与旧安装承包商的过渡所产生的未决事项，由于不可预见的事件而确定范围增加的条款与仅在提案期间进行的参考调查之间的矛盾，但条款检查应在整个合

① 预计财务来源和用途之间的不匹配主要是由于新的、不可预见的环境制约和限制、司法停工和社会变动导致直接和间接成本增加，而且股东之间关于在向自由市场分配平均914兆瓦的能源（占HPP生产能源的20%）方面的责任定义陷入僵局。由于市场上这种能源的预期价值下降，不允许采取其他出售方式，因此与国家经济发展银行签订的融资协议中规定了出售方式，降低了杠杆程度和额外的股权出资。

② Alvarez & Marsal的一家咨询公司向管理团队和董事会提交了这一发现。该咨询公司评估了生产和恢复能力，并就当时的生产力和风险而言，预测最后一批机组的交付将从八个月推迟到一年。

同期间通过测量来确认，除此要支付的总金额外还有其他费用。

最后，合同之间的衔接问题十分严重，直接影响其绩效，以及土建工程和机电供应合同。除范围的变化外，这些合同的条款还由于社会环境原因造成的延误和社会变动造成的停工而恶化。所有这些项目的特点是承包商和公司共同承担责任。

实际上，土建工程、安装工程和设备供应等主要合同是独立运作的。共同点是它们都有一个促进总进度的承诺条款，这意味着承包商有义务采取积极的姿态，避免出现可能限制或阻碍整个部署正常进展的问题。但他们还有另一个条款，该条款规定如果第三方在其合同范围之外引起问题，则排除其责任。

合同范围之间的接口不是 NESA 的责任，而是其协调的主题。由于 NESA 面临财务问题，并且合同条件日益恶化（如上所述），这样承包商责任的排除就已经压倒了其履行义务的积极意愿。

DPI 团队由不到一百名专业人员组成。尽管其规模较小，但鉴于其人员的丰富经验和专业化，以及高水平的服务和供应外包（大多数是通过一次性合同批量雇用的），其规模已满足了预期要求。①

该组织有 6 名主管和 15 名管理人员。其中，并不打算另行组建两个监管机构，即运行和维护监管机构及周边地区工程监管机构。②另外两个监管机构被指定为商业监管机构，一个专门负责土建工程的合同绩效衡量的监管，另一个负责机电合同绩效衡量的监管。

还有两个技术主管部门分别协调土建工程及安装工程和机电供应的合同实施。材料的调度和控制服从于这些监管机构。事实上，这个组织结构基本上代表了先前部门、前土建工程、供应和安装承包商团队现有监管权的总和。

正如上文所述，整个团队从 2018 年中期开始组建，直到 2019 年初才取得成功，使 HPP 的大部分工作得以启动。尽管由于不在项目管理团队控制范围内的因素造成了不少延误，但正如 Aneel 后来接受的那样，这是由于即将到来的社会和环境问题造成的。

这些小调整是为了优化资源，当然更多的是为了集中和减少执行人员的数量，而不是改变其成员的本质或职能。

优先考虑的不是流程或项目管理，而是 HPP 建设。垂直管理方式只有在临时发生的特殊情况下，经过授权后，在各片区老板的严格领导下，才能变得更加灵活。

简而言之，技术认证比流程或管理认证更有必要。水电站的启动运行标志着主要土建工程的结束，然而承包商和 NESA 团队之间的项目管理角色发生了倒置。

实施速度越来越慢，这主要是由于 NESA 的财务问题造成的，而由于需要重新弥补已经存在的工程延误缺口，情况变得更糟糕。所以，要解决的主要问题是安装能力下降（即使在新合同范围内），以及新条款未在合同范围内，还有土建工程和设备供应引起的额外范围蔓延。③

---

① 据了解，截至 2019 年年底，DPI 现有合同数量为 86 份，其中 38 份为实施合同，20 份为运营和维护范围合同，28 份为咨询合同。

② 在更换 DPI 责任人的同时，为受影响的城市建设建筑物和基础设施作为环境补偿，其中团队的一部分人（约 20 人）参与了环境工程项目，并由首席执行官领导。

③ 如上所述，对于延误、社会环境变动造成的停工和范围的变化，通过附加条款进行合同调整是必要的，不仅在新的安装合同中，而且在机电供应和土建工程合同中，同时也相互作用，因为社会变动造成的延误、停工造成的损失和范围的改变，都是承包商和公司之间的共同责任。

这些最后的需求正在成为具体安装要求的担忧事项，而合同经理总是忽视这些需求，声称属于例外情况，并且经常从 NESA 的立场提要求，实际上这本应是承包商自己的主动行动。

随后，NESA 团队开始采取更多措施消除障碍或限制，而不是积极管理生产的和谐性，以及合同交付的质量。工程局与供应和装配团队合并为一个生产和实施局，以及随后安装工程联合体的更换，所造成的不稳定加剧了这种情况。

NESA 和承包商的许多专业人员一直在采用与过去决裂的工作方式，现在已经成为一种制度条件。无论是对于那些在前一阶段发挥领导作用的人，并采取这种姿态来保护自己免受负面结果的责任，还是对于那些在新管理层中开始扮演相关角色的人，他们也持负面态度，不赞成过去的路线，在大多数情况下豁免他们，这样在团队中，从恢复和采用新行为方式的义务到专注于结果与否认过去的尝试已经成为一种常态。

最后，否认过去执行过程的方式构成了一个强有力的论点，营造了一种“破旧立新”的氛围，所以证明用全新的做法取代过去的做法是合理的，而没有承诺重建。

当然团队还存在需要整合的问题。由于它是由来自工程委员会的土建工程专业人士和来自供应和安装委员会的机电工程专业人士组成的，不同的文化和态度经常导致对曾经发生的工作接口问题的争议和相互指责，现在这些都变得站不住脚，因为它们肯定会损害预期结果。所有这些，再加上施工即将结束，使团队明显缺乏动力；与之相反，团队对所寻求结果的实践也都缺乏承诺。

除 DPI 团队的相关问题、流程连续性中断、项目参考资料丢失，以及由此对施工历史资料、安装和机电供应合同造成的威胁外，这些问题也已经受到影响。在第一个案例中，将棚屋和院子里找到的清单与旧安装承包商离开时本应留下的清单进行比较后发现，新安装承包商声称施工现场的工具、材料、用具和设备的可用性存在差距。

此清单代表了上一份合同中支付的金额，并被视为新合同中的扣除额。它的可用性对于新安装承包商的工作至关重要。然而，根据旧安装承包商离开时的终止合同条款及新承包商接手工作的规定，本应由 CMBM、COMGEV 和 NESA 进行的这些项目的联合清查却从未找到其报告。现在，COMGEV 要求 NESA 立即更换丢失的物品，或修复损坏的物品，以免危及安装进度的物品。这是因为排除这些资源的具体责任的条款使新的安装团队免受延误合同制裁。

但问题并没有就此结束。

存放在施工现场的待安装设备和零件也存在缺陷，同时装箱单中列出的交付物品存在缺陷或物理损坏，而且这些物品的恢复和更换不能等待索赔或仲裁程序结束再进行。

实现关键里程碑的时间安排很紧，需要立即提供组件。在这种情况下，新进度计划自诞生以来就有更多的风险。有几个关键问题（如由于处理和储存不当，两个涡轮轴①发生氧化）影响了包装，导致轴承和制动轨道的相应区域损坏。

如果通过机械加工进行适当的整改，可能意味着要将这个设备返回距离贝洛蒙特水电站 3000 多千米的工厂，但要克服道路、河流和海上运输条件差的问题，这代表着巨大的风

① 直径 3 米、高 9 米、重 112 吨的零件。

险，所以可能会严重威胁交货时间。

这样前安装承包商的缺席及供应商拒绝对此类缺陷承担全部责任成了僵局。这是因为 CMBM（Belo Monte Assembler Consortium）在“受托人”的形象下负有法律责任，受托人与前安装承包商签订了合同，负责所有材料到达现场后的安装工作。

与机电供应和土建工程合同固有的其他问题相关，尽管最初并未作为紧急问题提出，但推迟解决这些问题可能会从现在开始带来影响，并在对应方面不断扩大。更不用说，此类未经处理或不当处理的问题可能会形成“滚雪球”后果，即使在交付结束后，除合同责任外，其重大影响仍在合同条款范围内。

因此，让我们首先处理土建工程合同。它有三个完成部分工程的预定日期，与特许权最初的施工进度计划一致。第一个是 2018 年 4 月 30 日，标志着施工现场和营地的运营和维护结束。相关服务将被终止，但在此日期之后服务仍然是必要的，因为它们的重点是为 NESA 及其他承包商提供结构和产品。

然而，即使在没有合同覆盖的两个月后，CCBM（Construtor Belo Monte Consortium）仍继续提供电力供应、膳食、运输、给排水、污水和垃圾的收集与处理，以及财产监督等服务，在此之前总是以信函的形式保留该项目合同终止日期之后的费用构成 NESA 的债务。2018 年年中，3800 多人工作，其中很大一部分人住在建筑工地和营地。根据更新后的进度计划，预计土建工程的资源调动将持续到 2019 年年底。

合同完成的第二个里程碑与 2018 年 9 月 20 日主厂房或其周边地区的最后一次混凝土浇筑有关。新进度计划规定最后一次混凝土浇筑将于 2020 年 1 月进行。

第三个合同完成里程碑确定该施工人员住宅营地的活动将于 2019 年 1 月 31 日结束。这个日期不需要更改，因为 NESA 有时间安排一家专门从事公寓管理、安全和保护的公司，从那时起，直到施工人员离开为止，都需要使用该住宅营地。计划将于 2020 年中期进行。

CCBM 还有其他关于合同问题的辩解，如 NESA 及其他承包商在主电厂二期土建工程的前端场地开放方面存在障碍、限制和干扰，导致无法归咎的工程延误。此外，发电厂自己的起重设备（由 NESA 提供）也出现问题，除对其维护产生影响外，还导致 CCBM 和新组装机组之间的接口问题。

关于合同履行还有一个悬而未决的问题，这次对 NESA 有利，即 CCBM 向 NESA 赔偿合同方向承包商交付的建筑钢材和水泥数量与金额之间的差额。对于这些材料在工程结构中实际使用的数量，其余额和结算应在混凝土浇筑完成后进行。

CCBM 合同中最后一个重要但悬而未决的问题是，根据项目要求和标准完成堤坝和水坝的建设，同时还要对是否遵守适当的水坝安全程序进行检测和验证，以便允许其最终移交给 NESA。直到 2018 年 7 月，这些问题和要求还没有正式提交给高级管理层和董事会。

关于供应合同，预期似乎不会出现任何重大问题，因为发生的施工延误将导致任务和交付的时间比预计的时间更长，从而使承包商受益。然而，ELM 声称保留了实物交付，但存储和再次付费的成本增加，并且由此产生了站点内运输距离的增加。此外，它还要求支付安装监督流动范围的固定费用，按照合同条款的规定，监督员根据适用于所发生情况的到场工时费也要包括在内。制造商缺乏监管也被视为设备开始运行后的保证排除条款，这不仅对于 NESA 的安全至关重要，而且对于 BNDES 的融资协议也是不可或缺的。

施工现场储存的零部件和设备的短缺并非单一原因造成的。它们也起源于 ELM 合同的管理。在这里，由于以下三个因素，预先支付工厂准备的零件最终失去了与现场交付控制的联系。

一是共同责任。虽然验证包含交付材料清单及其价值的最终税务文件是 DAF 的责任，但接收库存材料是 DFM 的责任。两个地区之间的沟通障碍加剧了这一问题。

二是具体落实滞后。交付进度计划的变化无法再得到充分解决，导致实际交付和正式交付之间出现差距。

三是终止与第一家汽车制造商的合同。通常供应商交付的到达施工现场的零件，会在强有力的法律保障下放置在安装承包商处，以保护承包商作为受托人的权益。

这种情况要求同样严格的交付流程。由于交付中的控制问题，前安装承包商最终无法就离开施工现场时交付的零件的完备性和整合一致性给出具体答案。

如果以上问题还不够严重，那还存在发生环境事故的风险。2018 年 3 月，在 Piracema 季节，①使用了 9 号机组进行带水调试测试，结果出现了鱼死亡的事件，随后巴西环境研究所发出了处罚通知，该研究所负责许可和环境事务项目检查。

此后，NESA 社会环境团队与该研究所进行了多次协商，决定禁止在没有防鱼装置保护的情况下进行机组运行。②

这些电网应及时安装，以使仍待实施的 9 台机组中的 7 台投入运行，将在“Piracema”季节之外投入使用。③

7.3.3 主要的转型

一旦接受挑战，在采取改变措施之前，就有必要分析贝洛蒙特已经发生的事情及其后果。在一年多的时间里，尽管传统的建议是在项目实施过程中不要推动代理变更，但在本案例中这是可以理解的。因此，为了应对执行董事会重组和安装承包商变更而导致的危机，相关管理决策已被采纳。

它们可能是由于董事会的组成变化和替换所采用的安装承包商而发生的。然而，自 2018 年以来，时间延误和额外成本的风险一直在增加，这可能会带来对 DPI 更换引发的更激进变革的负面预期。事实上，既没有替代资源，也没有时间进行重大改变，因为需要立即逆转结果。

---

① Piracema 是巴西鱼类洄游的季节，鱼类会逆流而上产卵。在此期间捕鱼可被视为环境犯罪。在亚马逊地区，法定期限为 11 月 15 日至次年 3 月 30 日。

② “巴西环境研究所”通过信函确定了这一条件。该条件具有改变环境许可的效力，但不放弃驱鱼作业的其他程序。例如，使用声纳识别机组附近的浅滩，相邻机组的交替运行甚至是在水域中发出噪音和制造水体扰动等，将鱼驱赶至安全距离之外，以便新的机组能顺利启动。

③ 作为上述禁令的替代方案，带电网的机组在证明其有效性后可以运行。由于在最初的发电厂项目中没有预见到它们，它们将安装在与停机闸门相同的凹槽中，位于涡轮机外壳的出口结构中，即尾水管处。因此，它们需要可拆卸的，以便在干燥维护期间使用停机闸门，并且必须配备自动化设备，使它们能够在机组运行发生任何停止时立即下降，再次暂停，随着机组缓慢地重新启动，逐渐打开尾水管出口，以便提供水流将鱼排出，而不会伤害它们。

领导层唯一的重点是让已经改变的组织结构发挥作用，因为资源几乎是和原来一样的。因此，第一步必须是调整期望：每个人都在同一条船上。每个人都可以发挥重要作用，除非他们不与所施加的紧急情况保持一致，也不与领导层保持一致。

因此，描述我们所处情况的最佳比喻是一架飞机因某些设备故障而坠毁，并且未经事先维修就无法着陆。我们更换了一台涡轮机，机械师正在进行调整以恢复所需的性能，但仍有几项维修需要完成，包括对其他现有涡轮机的维修。

其间，指挥官发生了变化。重点需要放在协调未完成的维修与飞机运行之间的关系上。不仅必须要逆转可能坠落的发生，还必须提高飞行的速度和安全性。当然，这里的飞机意味着实施过程，涡轮机意味着承包商。

考虑到 DPI 团队能满足必要的工作要求、经验丰富且专业，他们不应该是所需改造的对象，要改造的是其代理人。从这个词在企业界有其特殊的意义：没有再造的余地，而是为了拯救优秀的工程。无论如何，这不会自发地发生。

需要消除不良做法及其后果，以协调并使整个团队的关键能力发挥作用。“不要把婴儿和洗澡水一起倒掉”这句话就是一个说明了要做什么的很好的例子。一旦明确了目标和指导方针，后续的变革就可以由团队自己来完成，并反馈与结果的整合和一致性，这当然就没有时间和空间进行试错了。如果不巩固定义阶段，尽管基于良好的管理和工程实践，即使是对结果的必要要求，也可能会受到怀疑。

事实是，随着水电站建设施工结束的临近，大多数带着家人住在水电站建设工地周边的专业人士开始感受到的不仅是工作合同终止的威胁，还有一种不确定的感觉，那就是他们家人的生活将会发生改变。

领导层无法传达“反向奖励”的信息。虽然它要求争取、参与和情感交流，但不能像对应的旧管理方法那样，只有协议和冷漠的态度。他们需要对团队做出新的承诺。必须有趋同的目标，以达到相同的结果。所以共同的焦点转化为成功实施所带来的公司成果和专业资产。

解决这一挑战的办法应该是延长雇佣合同，即使是在最后一次交付和准备过渡工作之后，此外还有基于结果的传统可变薪酬。

当然，需求会出现，但是会在一个客观、互惠且没有两极分化的环境中发生。各级领导者和专业人士之间的调整，应根据不断更新的目标，清晰而有序地交换职位。

因此，领导层和团队之间应通过持续沟通和融合来不断更新相互承诺，并小心翼翼地使整个实施过程中的关系保持紧密。

一种“连续自组织的转型”将会发生。这个想法基于这样一个原则：巨大的潜在差异是在无组织的环境中发现的，并且会带来成比例的收益。就像在一个封闭的能量系统中一样，调整合适的转化方式来启动它就足够了。因此，从激活能量开始，这个过程将以一种连续的方式发生，中间结果不仅作为新成就的平台，而且将自己融入转型的过程中。

以贝洛蒙特为例，开工会议结束后，就开始了培养所谓“团队精神”的紧张而持续的工作。所采用的行为准则并不是什么新鲜事，正如多份人事管理手册中所建议的那样。然而，其实际实施需要非详尽的、持续的整合工作，并明确关注可交付物。

在管理层会议上，从来没有宣布对团队行为的预期，而始终是公司对团队的尊重和体贴。为日常生活、例行事项或突发事件制定的互动，强化了实施所需的流程。

职能结构的具体变化、调整名称、交换职位都得到了谨慎的沟通和论证，直接感兴趣的人及整个团队都参与。它们开始被广泛接受，甚至被要求纳入专业人士自己的倡议。开始构建工具和便利手段，以便在与人相关的管理中有效监测、沟通、互动、融合和参与。尽管这里没有详细说明，但一些例子值得在下面的报告中说明。

在生产线上，责任的僵局阻碍了承包商和 DPI 团队的态度。鉴于合同界面问题的恶化和专业人员与过去的决裂，报告中承包商的被动姿态需要扭转。

已开始对设备安装中使用的物品和待组装的部件所涉及的问题的事实和责任进行调查研究，但目的不是满足交货要求，而是在将来的任何时候恢复所造成的损坏。在类似情况下，为了建立一个有效的程序，且以“缓冲”的方式，按照“经验教训手册”的建议是选举一位深入参与合同管理和库存控制的常任顾问。他必须从团队经理中选出，提供可靠的信息并提出行动建议，以及时弥补部件缺货，同时不影响过去做出的承诺的连续性。然而，这一决定将带来增加团队整合不足的风险。因此，需要一个“开箱即用”的决策，同时满足重新构建供应和整合团队流程的要求。

当时，DFM 原董事担任首席执行官的社会环境工作顾问。我可以看出他受到了团队大多数成员的尊重。据报道，他出任 DPI 顾问的责任范围将比挽救合同条件更广泛，并将打破过去的负面影响。

自从开工会议以来，他就已经工作在现场了。因此，任命他为顾问是自然而然的事情，更重要的是他的处事行为被纳入了恢复实施的过程中，并且因为团队的认可，而不是仅仅走形式，所以这成了必然的结果。[①]

DPI 的组织重组也不可能以不同的方式进行。自开工以来，我们所设想的是功能基础，旨在促进土建工程和机电工程之间，以及 DPI 团队和承包商之间的整合，而且更多地关注流程而不是活动。因此，对其有效性的假设是以矩阵组织和多学科的方式行事的，使其组成部分能够发挥合同管理人员、业主工程检查员的作用，并在合同双方因接口方面而出现立场分歧或陷入僵局的情况下充当仲裁员。

三个监管机构就足够了。除贝洛蒙特水电站的网络和电力保护系统的连接外，现有的运行和维护监管机构将继续负责管理和负责运行中的所有结构、设备和发电机组。它与其他监管机构有着重要的联系，因为它还将继续负责积极调试主发电厂的机组和设备。

合同规划和管理监管机构将协调土建工程合同和机电合同的合同付款计量与发放。在以前的组织中，这是由两个独立的商业监管机构负责的。这种监管也由负责土木和机电工程技术领域安装的团队负责。

规划的重点将从计划检查的整合中获得，包括接口。这些接口将通过监督和控制反馈来对计划内容进行检查。实施监管机构通过检查来直接监督现场实施情况。这样构成的现

① 奇怪的是，在我任命顾问时，我收到了一些扭转局势的建议，因为我将成为一名“并行负责人”，我将很快被踢出这一过程。想起保时捷前首席执行官彼得·舒尔茨的一句话：“雇用品格，培养技能。”我对此毫不怀疑。那么，我和前任总监之间要培养的技能就属于关系领域了。不管产生什么差异，该项目的直接和最终结果不言自明。

有组织功能结构的逻辑应该是保守且传统的[①]。

为了支持上述组织结构发展中提出的紧密互动，应通过采用自己的项目管理工具和流程来加强监督和控制实施的过程。规划和合同管理监管部门不可能不进行协调。然而，由于无法培训或纳入受过项目管理工具培训的现有团队专业人员，以补充该监管部门的职能（简而言之，该监管部门将运营一个虚拟小组），因此立即聘请了一家专门从事项目管理的咨询公司，它将与整个 NESA 团队以互动和持续的方式进行工作。[②]

鉴于实施过程中外包程度高、合同责任大，还同时聘请了一家专门从事合同管理的律师事务所，旨在使 NESA 与承包商 COMGEV、CCBM 和 ELM 之间的沟通适当正规化。[③]

为了保持 DPI 团队和承包商之间的持续互动，每周举行的几次会议重新聚焦于产出和投入、活动的相互依赖性及中间和最终交付目标。在每周议程中，增加了新的具体现场会议。

其中有一种形式受到重视，即每日监督会议（RAD）。这个缩写成为官方每日参考的代名词，指导整个团队优先解决问题或干扰，设定每日目标，成为企业新时期的象征。会议有半小时的时间，每天一开始，整个工作战线的团队都会站在电站主厂的大厅里开会，讨论前一天发生了什么，除了验证合同的履行情况，如工作日志的记录和不符合项的文件，还会讨论需要调整什么及谁来负责。

该进度计划变成了交互式的、每日的，结合了如何采取先前的措施，以及被证明是必要的路线修正的资源。

每月与整个董事会举行管理层会议。在会上，我一直认可首席执行官对向他提出的要求的回应，即整个公司应致力于实施，因为其他领域的主要问题已暴露并得到公开且立即解决。

在 NESA 首席执行官的领导下，安装工程、土建工程和设备供应三个主要联合体的所有董事每月都会在现场举行会议，我们称之为“P to P 会议”。相互问责很常见。然而，在 DPI 层面上协调不了和处理不掉的问题不再是个体主观的，而是企业整体的问题。

在提供结构和职能（包括提供项目办公室作用的结构和职能）的同时，建立了项目沟通和整合系统，改变了程序和办事态度，旨在遵守合同规则、技术标准和需要建立更好的 UHE 实施和项目管理实践。他们实际上是在开工后的第二天开始的，当时我有机会扭转三个不合规的操作流程。

在第一个事件中，供应和安装技术总监找到了一份完整的协议表格（称为采购订单），要求我紧急批准它，这个订单的金额相当大，因为它略低于委托人的最大批复能力限制。我认为应该进行预算调整，因为之前没有对该合同的预测。这次涉及租赁一辆 23 轴、250 吨的专用拖车和一台 150 吨的起重机。该拖车主要用于运输存放在主厂房外的四台涡轮机中的一台，对供应合同中确定的厂房内组装区履行的条件可进行例外处理。

---

① 在其余五名监管人员中，两名现任者被任命为专家顾问，另一名则辞职。因此，为了承担新的规划和合同管理监管机构的职责，来自原土木工程商业和技术监管机构的三名经理进行了三轮选拔过程。

② 与 Alvarez & Marsal 签订合同，分析、量化、限定实施和风险暴露的演变，扩展现有工具，同时提供事前视图。

③ 与 Demarest Lawyers 签订合同，就索赔和反索赔提供建议，并组织数据库和与 CCBM 就此事交换的信函，以及分析新信函和参与合同以管理供应和组装合同。

NESA 承认了这个合同条件的例外情况。起重机将解决关键的装配点问题，有时为安装承包商服务，有时为土建工程承包商服务，这将解决接口纠纷，自然也是 NESA 的责任。

其实关于涡轮机的运输，通过对各个合同的快速分析，我了解到供应商所声称的特殊交付并没有得到描述。我还注意到租金价格高于市场价格，但考虑到所谓的紧迫性，设备已经部署在工作中，这是合理的。除不批准拟议的合同外，我还通知供应商自行将所有四台涡轮机运输到发电厂并承担费用，因为合同明确规定了他们对摆放地点的义务。如果在十五天内没有这样做，NESA 将利用其合同特权，从未来支付的发票中扣除等量金额，以冲销此项服务的费用。①

在对另一份关于 NESA 承包起重机的、表面看上去挺好的合同分析中，发现其安装承包商提交的设备清单中包含一台与其所需容量相当的起重机（被列为安装承包商的责任范围），但一直尚未动用。

在与安装承包商的一次会议上，我记录了需要调动上述起重机的决定，并隐藏了相当于其应已投入工作的月份的金额。这样做的重要目的是要强调这些态度的象征意义，要鼓励团队积极行动，当然这仅是利用合同条款的权宜之计。面对他对我不友好态度的惊讶，我不厌其烦地解释这些决策的顺序。所以必要的活动，即使明显未包含在合同中，也应首先向承包商提出要求，以寻求轻松的谈判，然后再将其强制解释为 NESA 的义务。

单是这种态度的改变就可以防止长期将不适当的责任归咎于 NESA，因为它主动要求提供缺少的和必要的资源，这歪曲了 NESA 的目的，从而成为一系列关于其他排斥的指控的开端。②

在我履行新职责的第三天，之前的同一主管部门的一位经理要求我批准运送两台特殊的焊接机到圣保罗进行维护。该设备用于连接发电机转子棒和定子的端部，据称这两台焊接机会对实施计划造成不可挽回的风险。

在询问了同样的常见问题后，我发现，虽然没有此类活动的预算，但它会重复出现，并且在合同中有所规定。不过我不同意这项活动应该由 NESA 负责。除将时间转移到合同管理上外，对于安装承包商的任何行为（代表生产力损失但取决于 NESA 工具的可用性），这将继续作为一种“通行证”。

我给负责 COMGEV 的总监打电话，告诉他从那天起，任何工具或支持设备的恢复或更换都将由安装承包商联合体负责，之后我们将协商商务条件。根据未来附录中的谅解备忘录，在与安装承包商进行了一些会议后，该程序正式确定，成为双方会议上的问责事项之一。

第三个事件具有更大的象征意义。在我到岗上班之前，我就收到了土建工程联合体总监的一封电子邮件：祝贺我的新工作，并要求我讨论一份会议纪要提案。如上所述，提案是关于合同结束的条款，应该按账户规范合同范围内没有包含的日常活动。

我记得我偶然遇见了土建工程技术总监办公室的主任，我告诉他，只要 CCBM 没有充分承担某些交付承诺，并得到 NESA 董事会的批准，就不会签署此类会议记录。

尽管他当时的反应并不友好，但这种态度为后续多次谈判开辟了空间，这将允许在没

① 此类性质的若干程序已被采用，并得到了合同管理聘请的律师意见的支持。

② 为了实现团队与公司的另一项整合原则，主管坚持采用违反合同的程序，导致他被免职。

有合同保障的情况下继续提供服务，而不会成为一种责任，此外还可以与 NESA 实现更大的力量平衡，对各自的合同附录可以协商并批准，以便必要时有利于土建工程的完成。

除这些具有象征意义的单独事件外，实施管理程序本身也将带来必要调整的机会，以及双方商定的额外程序，并由公司高级管理层实时验证。

我们需要小心的是，所采取的立场一方面并没有表明在面对不可预见的事件和缺乏合同保障时的严谨态度，也没有表明接受承包商惰性的长期存在，另一方面也没有表明默许的重新谈判，未经主管批准而进行的变更将在未来给三份高优先级的合同带来无法估量的额外成本。此外，管理这些合同的接口需要在管理层和必要的干系人的参与下，同时、持续地重新审视所有文档。

在个人联系的关系中，重点应始终放在如何在原则、范围和程序方面重建原始参考资料。在合同范围不足的限度内，未来重组的规则将由更高层级验证。

当我接手 DPI 时，正是衡量项目绩效的时候。这样安装工程承包商提供服务的公告就到达了我的手中，要求批准付款。其实我有机会理解为什么随着时间的推移，财务进展和实际进展会相互偏离。DPI 团队给出的一致解释是，占合同总额 20%的高额合同首付款已经打击了承包商追求生产效率的积极性。

事实上，大部分预付款并没有对合同管理产生相应的有益影响。按理说，财务进展曲线的趋势应该与实际进展曲线的下降趋势相一致，而不是单纯反映两者之间的差距。

所以对合同文件进行了新的检查，并模拟了时任 DPI 主管 3 月份的信函，其中传达了对合同进度计划和里程碑的调整，以解决发电站安装前端现场释放不足的问题，这将由 NESA 负责。这些信函代表了合同里新的预付款，这将是董事会的责任。最后所采用的解决问题的逻辑是将最终地点的组装活动改为现场预组装活动，从而维持支付流程。

在澄清了生产力低下的主要原因后，我与首席执行官进行了沟通，修订后的里程碑进度计划取消了预付，与 COMGEV 正式确定了这一点，并对与原始合同里程碑进度计划不符的事件暂停付款。此外，还需要通知承包商保持合同目标和进度计划的正式程序。这样留存资金价值达数千万美元。不出所料，安装承包商进行了大规模动员以发放款项，这为寻求联合解决方案以释放工作面和为提供其他资源恢复生产创造了机会。

另外，支付事件的权重将被重新定义，使这一关键路径及其他关键活动开始的必要先决条件更有价值。因此，随着 NESA 恢复谈判权，合同的原始前提得以恢复，使双方能够共同寻求超出原始合同范围的解决方案。

为了避免争议阻碍生产的增长，我们找到了一种方法，通过建立一种非正式的支票账户，在资产负债表上为将来贷方和借方项目之间的对账做准备，所以双方立即商定了规则，为未来合同附录的正式化和最终进度计划协议提供了参考要素。

因此，原则和主要合同条款得以保留，不妨碍因不可预见的情况或立即解决合同缺陷而进行的小幅调整，从而使缔约方知道所有超出预见的努力都将得到补偿。执行董事会、技术委员会和董事会逐渐了解了其演变情况，直到会议纪要的签署，会议纪要就开始作为合同文件的组成部分发挥作用。因此，所采用的所有程序都得到了主管审批机构的支持。

就主厂房的土建工程而言（更具体地说是二期混凝土浇筑，涉及剩余的结构混凝土浇筑和缺失的屋顶），NESA 的兴趣只是完成工程任务，无论是由 CCBM 还是由其他机构进行。因此，我们分析了三种备选方案：①通过补充条款（不增加总成本）的方式维持 CCBM 作为承包商完成工程；②立即终止 CCBM 合同，聘请第三方开展其他工作；③终止 CCBM 合同，由 NESA 自行开展其他工作。

经过几项研究（包括独立顾问的参与），一致认为第一种选择是最好的。我们发现这种替代方案与其他两种方案之间的成本存在巨大差异。此外，由于现有合同关联，不同选择的风险可能是巨大的，并且延误已经影响了现有合同的平衡。即便如此，面对这种不确定的环境，在 2018 年 9 月 13 日与 COMGEV 就新的最终进度计划进行重新谈判之前，有必要与 CCBM 举行几次会议。

对于大多数建筑工地和住宅营地服务，无论采用何种替代方案完成土建工程，即使是追溯性的，NESA 都需要接管其中的一些工作，因为 CCBM 对这些服务的责任已于 2018 年 5 月结束。因此，DPI 假设直接向第三方支付这些服务总价值的 80%，或者向 CCBM 偿还其已支付的同等金额，另外 20%将是 CCBM 自己与全球合同中包含的活动相关的消耗费用，无论施工工地和员工居住营地的运营和维护完成日期如何。

双方的理解是，在合同违约之前，无论现场和营地的维护量如何，混凝土生产或发电厂房屋顶的施工仍由 CCBM 负责。

一旦收到 CCBM 与 NESA 签署的修正案提案，与施工现场和营地运营中包含的服务绩效补偿相对应的金额，以及剩余的混凝土项目和发电厂房屋顶，将作为待签署的新修正案的条款，在与最终进度计划相兼容的付款事件中进行分配。

当然合同的最终价格不会改变。如上所述，由于固定成本和期限延长而产生的项目总额通过重新分配工作表第 7 页的“支持服务”合同的余额来满足，其中包含项目不再需要的单价项目。NESA 提议，作为其签署的一个条件，广泛、统一、一般、不可撤销和完全对等地履行截至本协议签署之日已履行的所有义务，但一些排除条款除外，这些条款是双方未来讨论的争议主题，以免妨碍工作的恢复。

土建工程合同修正案于 2018 年 12 月才签署。然而，由于上述管理形式，出于双方之间的严格信任，利用现行合同的边际和机制，根据需要立即逐步采取了非正式措施，消除了相互沟通的障碍。

ELM 合约的策略重组有所不同。首先，该联合体的两个组成部分也是安装工程联合体的成员。因此，一旦定义了满足 COMGEV 最终进度计划的条件，相同的进度计划就已经非正式地内化到了 ELM 中。其次，面临的主要问题不是合同附录，而是对缺乏安装零部件这一关键问题的调查。

随着寻找缺失零部件的行动不断深入，人们的担忧与日俱增。对于 COMGEV 合同的初始安装工作（第 9 号至第 12 号机组），非常谨慎地允许将在未来的机组中使用等量的“贷款”，因为这是一个例外，只是为了节省调查和评估的时间。在调查方面，聘请了专业顾问来进行新库存和材料控制流程验证。之后找到的解决方案是对每个机组的所有组件和零件进行物理分离。

在六个多月的工作结束后，缺失的零部件按供应商分类列出，并在双方会议纪要中商定更换。会议纪要确定了未来的责任归属。如果责任被确认属于 ELM 的联合体成员，那么将不允许未来付款或使用备用金来担保相应金额的报销。如果责任被确认属于 NESA（据了解，这包括以前的安装承包商），则供应商将免除责任。

其中一些问题不仅限于 DPI 的权限，还被提交给“P to P”会议。安装工程结束时，没有任何零部件缺失，并保留了合同中规定的备件。

ELM 附录是最后签署的一份文件。这种延迟是 NESA 应对缺少组件风险的一种方式，这些用来组装的组件应由供应商管理。因此，当就 ELM 合同的修订进行谈判时，主要目的是将合同条款调整为最终进度计划，承包商的主要利益是在原定期限之外提供装配监督员，确保将担保期限从 13 号机组延长至 18 号机组。更换缺失零部件的条件已在会议纪要中商定，其内容已纳入最终附录中。

关于防渔网，2018 年 12 月，前四套机组已经在测试中运行，预计可以互换使用，当时由于南北 SIN 传输系统的能量流中断，一些已经运行的机组停止运行，导致新的鱼类死亡。

因此，巴西环境研究所在第二年 1 月通知了 NESA，当时正是允许 HPP 增加能源生产的流量高峰期，禁止其未配备防渔网的机组和设备运行。这一限制发生在 SIN 的关键时刻，恰逢 UTN Angra 2 号机组因维护而关闭，以及 Rondônia - São Paulo 系统的能源调度受到限制。因此，由于当时对 SIN 的需求没有得到满足，应国家统计局的要求，有必要与巴西环境研究所进行新的谈判。

暂时商定，即使没有足够的防鱼网，也允许瘫痪的机组启动，因为 NESA 承诺在与每个机组相关的调试测试之前配备一套防鱼网。

由于 DPI 团队付出了巨大的额外努力，所有设备都与一家公司签订了合同，并以符合最终进度计划的方式按时实施。

7.3.4　创新

一旦如上所述建立了相关管理程序，那么它将开始在各方举行的各种普通会议和特别会议上占据大部分议程，即要求解决恢复最后期限的问题。第一个是开发了一套具有旋转功能的机器来加工被氧化的两个轴。

具体是功能将被逆转。切割工具将围绕轴线旋转，垂直停放，而不是围绕轴线本身旋转，从而促进加工。在 ELM 和 NESA 之间达成谅解后，考虑到前安装承包商和供应商之间的并发问题，确定此类操作的成本将按同等比例分摊。

要求供应商应采取与设计和管理相关的所有措施来执行加工服务。NESA 将为项目审批和执行提供专门的咨询服务和监督。

另一个值得强调的创新是颠倒了 3 号机组中定子-转子组件的装配顺序。正常顺序规定发电机定子必须在转子之前安装到位。碰巧的是，“转子及其联轴器下降到涡轮轴”是涡轮机和转子之间封闭空间内一系列互补装配服务的要求。在安装定子之前降低转子可能意味着在组装过程中节省约 20 天的时间，因为这些服务可以与定子的组装并列进行。

创新的安装方式不仅取决于安装承包商和供应商的参与，还取决于他们对维持担保的认可。这要靠自 2018 年 6 月以来建立的成熟的工作环境才有可能实现。

7.3.5 完成使命

经过一年四个月零二十天，九台机组全部投入运行、调试并进入保修期。

每台机组的平均安装时间大约为 70 天。根据全球水力发电厂实施的经验，安装预测显示，每个机组的安装时间增加了一倍以上。

这样做的结果是实现值与预测值没有显著偏差：将超出范围的服务和安装合同中规定的付款变化、技术监理确认的永久性价格变化及损坏的装配部件加起来，相对于合同价值的附加价值不到 0.5%，并且也不到第 9 台机组安装费用的 10%。①

7.4 结论

这两个案例研究是相关的例子，说明了打破过去以适应未来的重要性，以及敏捷性、自我组织和快速决策如何塑造新的组织文化，从而实现成功的项目交付。

① 这些是大约的百分比，因为大部分额外金额已经被预见为合同范围，或者不是由于执行过程中的偏差，而是由于合同中的错误、待组装零部件的损失及在此考虑的期限之前发生的延误。

第 8 章 支柱 8：自适应框架和生命周期

8.0 引言

在项目管理的早期，高管们担心项目经理可能会做出本应留给高层管理人员的决策。对此高管们很快意识到，可以使用单一方法，伴随着可以不断更新的表格、指南、模板和清单来获得对所有项目决策的有效指挥和控制。

还有一种观点认为，通过可用于每个项目的重复流程更有可能实现项目管理的卓越性或成熟度。这种重复的过程被称为“一刀切”的项目管理方法。这样公司就只维护并支持单一的项目管理方法。一些公司建立了内部组织，如 PMO，以便持续改进原有的单一方法。

经过多年的实施和使用，好的方法体系的特征被定义为：

- 管理层可接受的建议详细程度。
- 模板的使用。
- 标准化计划、进度规划和成本控制技术。
- 供内部和客户使用的标准化报告格式。
- 在限制范围内灵活地应用于所有项目。
- 快速改进的灵活性。
- 易于客户理解和遵循。
- 在整个公司范围内易于接受和使用。
- 使用标准化生命周期阶段（可以重叠）和阶段结束门径审查会议。
- 基于指导方针而不是政策和程序。
- 以合作文化支持的良好职业道德为基础。

使用单一方法体系的好处已在项目管理书籍中公布并在培训课程中教授。一些好处包括：

- 通过更好地控制项目范围来缩短“上市时间”。
- 可以降低整体项目风险。
- 获得更好的决策流程。

- 获得更高的客户满意度，这可能会带来业务增长。
- 有更多时间用于增值工作，而不是内部政治斗争和内部竞争。

8.1 使用单一方法体系的风险

对大多数公司来说，单一方法体系被视为一套原则，公司认为可以对其进行定制，然后应用于具有一定程度共性的特定情况或一组活动。项目管理方法体系通常被称为瀑布型方法，其中一切都按顺序完成，成为项目“命令和控制”的主要工具，为工作执行和决策过程控制提供了一定程度的标准化。不过标准化和控制是有代价的，并且对何时可以有效使用该方法体系带来了一定程度的限制。典型的限制包括：

- 项目类型：大多数方法体系都假设项目的需求在项目开始时就已得到相当明确的定义。主要权衡的是时间和成本而不是范围。该方法体系局限在传统或运营项目中使用，这些项目在项目批准阶段已被相当充分地理解，并且未知数有限。战略项目（如那些涉及创新且必须与战略商业目标而不是明确的工作说明书保持一致的项目）无法使用瀑布方法体系进行轻松管理，因为存在大量未知因素，并且它们可能经常变化。
- 绩效跟踪：在对项目需求有合理了解的情况下，主要利用时间、成本和范围的三重约束来完成绩效跟踪。非传统或战略项目有更多的限制，需要监控，因此使用其他跟踪系统而不是项目管理方法体系。简而言之，传统方法体系在应用于无法运作的项目时灵活性极其有限。
- 风险管理：风险管理对于所有类型的项目都很重要。但对于非传统或战略项目，由于在项目生命周期中存在大量可能频繁变化的未知因素，传统方法体系中包含的标准风险管理实践可能不足以进行风险评估和风险减轻。
- 治理：对于传统项目，治理是由一位项目发起人来提供的。该方法体系成为发起人指挥和控制的主要工具，并错误地认为所有决策都可以通过监控时间、成本和范围限制来做出。

认识到了风险和局限性，公司决定使用单一方法体系来满足几乎所有传统或运营项目，但其他类型的项目，特别是与战略问题相关的项目，将由职能经理而不是项目经理管理。包括创新、研发和创业在内的战略项目现在都由职能经理管理，他们通常被允许使用自己的方法来管理这些项目，而不是遵循一刀切的方法。部分问题在于，从事战略项目的团队希望“能够自由地发挥他们认为合适的创造力”，因此不希望受到必须遵循任何形式的严格方法体系的束缚。

8.2 项目管理格局的变化

公司开始从自身的成功、汲取的经验教训和最佳实践，以及发布的研究数据中认识到使用项目管理的好处。此外，公司确信其内部的几乎所有活动现在都可以被视为一个项目，因此他们通过项目来管理他们的业务。

最初，随着一刀切的方法开始应用于非传统或战略项目，单一方法体系的弱点变得显而易见。战略项目，特别是那些涉及创新的项目，在项目启动时可能无法被完全定义，而且工作范围在项目执行过程中可能会频繁变化，治理可能以委员会治理的形式出现，客户或企业主的参与程度显著增加，并且通常需要不同形式的项目领导力。

用于运营项目的传统风险管理方法似乎不足以用于战略项目。例如，战略项目需要强调 VUCA 分析的风险管理方法：

- 易变性。
- 不确定性。
- 复杂性。
- 模糊性。

战略项目中出现的风险要大得多，因为这些项目的需求可能会迅速变化，以满足动荡的业务需求。这在高度依赖缺乏灵活性的传统瀑布方法的 IT 项目中变得非常明显。敏捷方法或灵活方法的引入解决了一些问题，但也带来了其他问题。敏捷是一种灵活的方法或框架，主要关注更好的风险管理活动，但需要大量的协作。每种方法或框架都有其优点和缺点。

敏捷方法的引入让公司可以在严格的一刀切方法和非常灵活的敏捷框架之间进行选择，这两种方法都有利于特定的项目。可惜的是，并非所有项目都完美地适合极其规范的方法或极其灵活的方法。有些项目是混合项目，可能介于严格的瀑布方法和灵活的敏捷框架之间。

8.3 需要多种灵活的方法体系

公司正在认识到需要多个框架，从中选择可以针对给定项目定制的最佳方法。选择框架过程中的第一个主要障碍是确定项目的哪些约束是灵活的，哪些是非灵活的。图 8-1 对此进行了说明，其中时间、成本和范围由三角形的角而不是边表示。

对于传统的项目管理，范围被视为非灵活的约束。项目经理接受过培训，以确保在制定预算和进度计划之前明确定义项目范围，预算和进度计划可能会随着项目的持续时间而变化。使用敏捷和 Scrum 等技术，时间和成本被视为非灵活的约束，项目团队必须确定在时间和成本约束内可以创建多少范围。

随着《PMBOK®指南》（第 7 版）的推出，PMI 开始推广竞争约束概念而不是传统的三重约束观点，如图 8-2 所示。这使得项目经理在评估项目管理绩效时需要考虑更多限制。

图 8-2 确定了八种可能的竞争约束。每个项目的相对重要性可能因项目而异，并且还会影响项目成功的定义。根据企业环境因素和 VUCA 环境的影响，一些项目可能具有明显多于八个的竞争约束。

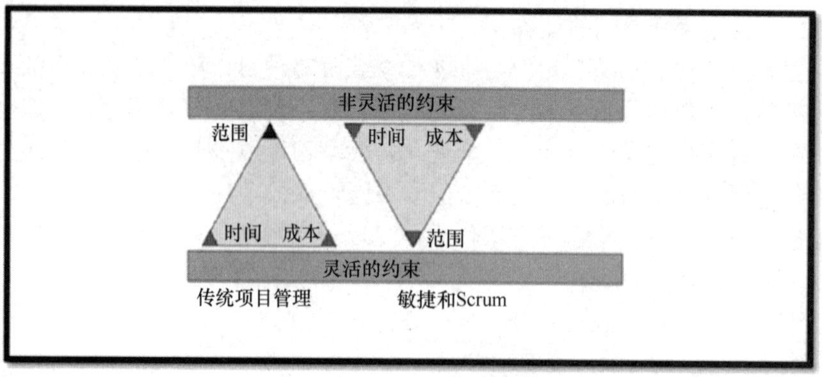

图 8-1 灵活与非灵活的约束

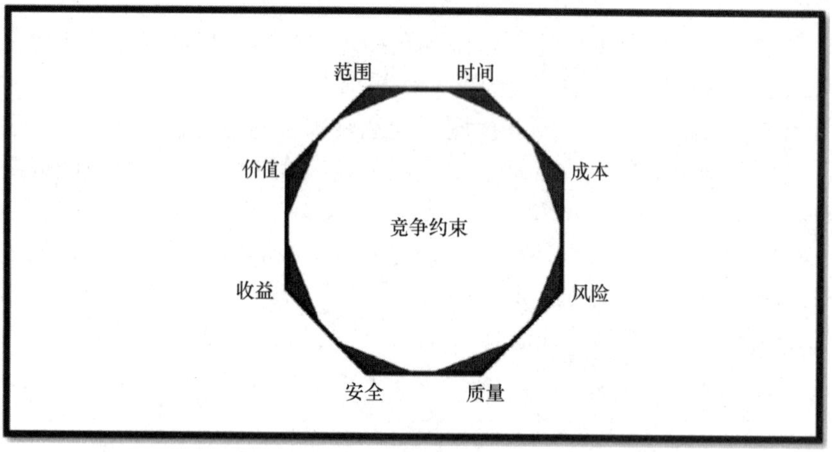

图 8-2 可能的竞争约束

如果将图 8-2 中的竞争约束八边形转换到图 8-1 上，结果如图 8-3 所示，此时项目团队必须做的第一步就是确定哪些竞争约束是非灵活的，哪些是灵活的。由于存在许多相互竞争的约束，并且基于约束的灵活性，不难看出，公司未来可能会根据项目的特点需要许多不同类型的框架来执行项目。

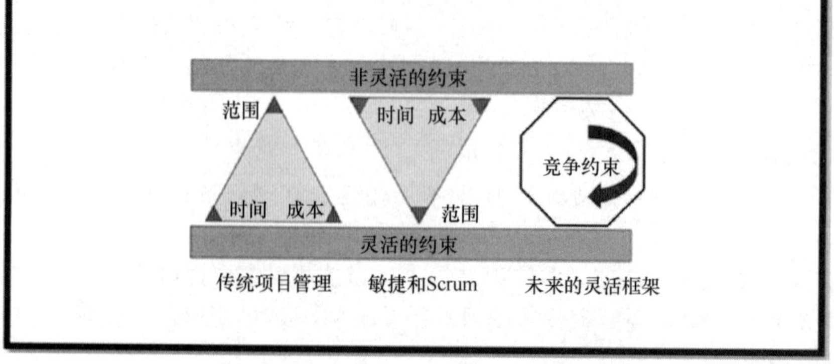

图 8-3 竞争约束的灵活性和非灵活性

每个框架可能需要一组不同的生命周期阶段、不同类型的阶段结束审查会议，以及基于约束的灵活性或非灵活性的不同类型的流程文档。

过去四十年从使用单一方法体系的公司中学到的最重要的经验教训之一是流程文档对于有效指挥和控制项目管理实践的重要性。良好的流程文档将加速项目管理成熟度的进程，促进各级管理的支持，并大大改善项目沟通。

创建流程文档的方法有很多，而所选择的流程文档类型很大程度上取决于框架类型，以及我们是否希望正式管理或非正式管理项目。项目管理政策、程序、表格和指南可以提供一些用于描述流程的工具，以及以有序的、标准化的格式收集、处理和交流项目相关数据的格式。然而项目规划和跟踪不仅仅涉及文档工作的生成，它们需要整个项目团队的参与，包括支持部门、分包商和高层管理人员。这种参与可以促进团结。流程文档有助于：

- 提供指导方针和统一性。
- 鼓励有用但最少的文档。
- 清晰有效地传达信息。
- 标准化数据格式。
- 统一项目团队。
- 提供分析依据。
- 确保协议形成文件以供将来参考。
- 强化承诺。
- 尽量减少文档工作。
- 尽量减少冲突和混乱。
- 描绘工作包。
- 引进新的团队成员。
- 为未来的项目建立经验跟踪和方法。

如果公司采用多个框架，流程文档的开发和控制可能会产生问题，但可以使用信息库和商业智能系统进行控制。

8.4 选择正确的框架

一些从业者设想，未来只是在瀑布型、敏捷和 Scrum 方法之间做出决定，看哪一种最适合给定的项目。另一些人则认为，可以根据每种方法的最佳功能创建新框架，然后将其应用于项目。我们有足够的信心知道，具有很大灵活性和定制能力的新框架将来肯定会出现。确定哪种框架最适合给定项目将是一项挑战，项目团队可以选择使用哪个框架。

未来的项目团队将通过确定哪种方法最适合他们的需求来开始每个项目。这可以通过针对项目特征的清单和问题来完成，如灵活性要求、所需的领导力类型、所需的团队技能水平及组织文化。然后，问题的答案将被拼凑在一起形成一个框架，该框架可能对特定项目来说是独一无二的。典型的问题可能包括以下几个。

1．需求和战略业务目标的联系有多清晰？

在某些项目中，尤其是需要创新和/或研发时，即使战略商业目标的关注点众所周知，也可能很难为项目提出明确的目标。这些项目可能更关注宏大、复杂、大胆的目标（BHAGs），而不是更明确的目标。

当需求不明确时，该项目可能是临时性的，可能会被取消。你还必须预料到需求在项目的整个生命周期中都会发生变化。这些类型的项目需要高度灵活的框架和深度的客户参与。

2．在项目的生命周期中需求发生变更的可能性有多大？

对变更的期望越大，就越需要高度灵活的方法。由于消费者品位、需求或期望的变化，可能会发生变更。允许发生太多变更可能会使项目偏离轨道，并导致项目失败，无法产生任何收益或商业价值。项目的规模也很重要，因为较大的项目更容易受到范围变更的影响。

除可能需要的变更数量外，了解发生变更所需的时间也很重要。在紧急情况下，变更可能需要在几天或几周内发生，因此可能需要采取快节奏、灵活的方法，并需要干系人和决策者的持续参与。

3．客户是否期望在项目结束时获得所有特性和功能，或者客户是否允许增量式范围变更？

增量式范围变更允许项目被分解并以较小增量完成，这可能会提高结果的整体质量和有形商业价值。这也可能减轻决策压力。

4．团队是集中办公还是虚拟办公？

需要大量协作进行决策的项目可以通过集中办公来更轻松地管理，特别是在预计会有大量范围变更时。

5．如果项目需要为产品创建功能，从何处获取信息来确定功能的必要性？

这个问题的答案可能需要项目团队经常与业务营销人员和最终用户互动，以确保这些功能是用户想要的。团队与最终用户交互的便捷性可能至关重要。

6．是否有成功（和/或失败）标准可以帮助我们确定项目何时结束？

如果缺乏明确的成功标准，该项目可能需要大量的灵活性、测试和原型开发。

7．干系人对所选框架的了解程度如何？

如果干系人不熟悉该框架，则可能会浪费大量时间来教育客户所选择的框架，以及他们在框架中的预期角色和责任。这可能会给那些抵制变革的干系人带来问题。

8．干系人和企业主需要哪些指标？

瀑布型方法体系侧重于时间、成本和范围指标。灵活的方法允许有其他指标，如商业收益和实现的价值。

当承包商使用单一方法体系时，作为竞标的一部分，承包商会在其提案中推销其方法体系。单一方法体系通常与承包商的业务模式一致。然而，当承包商可以选择多个框架时，选择一种与客户的业务模式密切相关的方法体系可能会更受欢迎，也有利于改善客户和干系人的关系，并为客户后续业务提供机会。

8.5 慎重许愿

选择正确的框架似乎是一件相对容易的事情。然而如前所述，所有方法体系和框架都有其优点和缺点。项目团队必须抱着最好的希望，做最坏的打算。他们必须了解可能出现问题的地方，并选择一种可以轻松、及时解决问题的方法。随着公司对框架的使用越来越了解，中途改变方法体系可能成为一种选择。一些问题集中在“哪里出错？”在最终确定要采取的方法之前应解决的问题包括：

- 客户的期望是否现实？
- 项目的需求是否会不断变化或一开始就已知？
- 是使用小型工作包和冲刺来分解和管理所需的工作，还是使用一种全有或全无的方法？
- 客户和干系人是否会及时提供必要的支持？
- 客户和/或干系人是否会过于强势并尝试自行管理项目？
- 需要多少文件？
- 项目团队是否具备必要的沟通、团队合作和创新/技术技能？
- 团队成员是否能够为该项目投入必要的时间？
- 合同类型（即固定价格合同、成本补偿合同、成本分摊等）是否适合所选框架？

从表面上看，选择高度灵活的方法似乎是最好的方法，因为可以及早发现错误和潜在风险，进而更快地采取纠正措施并防止灾难发生。但人们似乎没有意识到，灵活性越高，可能需要的管理和监督层数就越多。

如今，有多种方法和框架可供项目团队使用，如敏捷、瀑布、Scrum、Prince2 和快速应用程序开发。我们预计未来可用的方法和框架的数量将显著增加，同时必须建立某种类型的标准来为给定项目选择最佳方法。

8.6 战略选择的意义

所有公司都致力于增长。制订战略计划，确定要开发的新产品和服务，以及要渗透的新市场。当新流程和工具的选择或转换影响供应商、分销商或其他战略合作伙伴必须执行其工作以满足你的需求方式时，则可能会出现问题。

战略规划通常需要与拥有自己的项目执行方式的公司进行收购。当项目操作系统不兼容时，即使准备最充分的战略计划也常常会失败。太多的高管仅将战略规划视为规划，而很少考虑项目管理流程的实施阶段，而在这个阶段中工具和技术至关重要。实施的成功在收购过程中至关重要，因为它会影响到需要做出的有关选择适当方法、框架、生命周期阶段和本章讨论的门径的决策。一些公司将收购视为房东与租户的关系，其中房东做出所有项目管理的实施决策，而租户必须接受结果。更好的方法是，他们都将彼此视为平等的合作伙伴，并做出满足每个人需求的决策。

收购集中于两个组成部分：收购前的决策和收购后的流程整合。华尔街和金融机构似乎更感兴趣的是收购的短期财务影响，而不是通过更好的项目管理和整合流程可以实现的长期价值。20 世纪 90 年代中期，公司急于进行收购，所用的时间比公司获得资本支出批准所需的时间还要短。这实际上没有考虑对项目管理的影响及预期的最佳实践是否可以转让给所有各方。结果似乎是失败多于成功。

当一家公司匆忙进行收购时，它通常只投入很少的时间和精力在收购后的整合上。然而，这正是项目管理实践真正产生影响的地方，特别是当人们离开自己的舒适区时。如果有足够的时间用于收购前的决策，两家公司都会考虑合并项目管理流程、共享资源、转让知识产权及联合运营的整体管理。如果这些问题在收购前决策阶段没有得到解决，那么在收购后的整合阶段可能会出现对抗性文化，从而导致抵制和不良结果。

8.7 卓越行动：现代服务公司①

8.7.1 介绍

适应性项目框架的出现是为了应对业务战略和市场不断加快的变化速度。为了确保持续与战略目标保持一致，PMO 必须具有不断调整的灵活性，不仅可以适应进度和预算的变更，还可以适应项目或项目集要求和风险的变更。适应性可以定义为 PMO 管理多种方法体系和时间尺度以交付业务成果组合的能力。

8.7.2 敏捷的兴起

近年来，许多公司已经明确从传统的瀑布型方法转向敏捷方法。敏捷方法提供了许多好处：主要是能够在更短、更快从项目或计划中交付价值。

由于这种优势，敏捷方法已经传播到了企业的其他部分——从探索策略以重新设计员工体验的人力资源团队，到寻求加速战略规划的高级管理人员。许多企业计划可以从遵循敏捷方法中受益，这些方法依赖于小团队、持续交付、频繁迭代（或冲刺），以及对商业价值、用户满意度和速度的关注。

这种方法可以加快上市时间，并可以及早发现缺陷，从而提高产品质量。通过敏捷方法，交付侧重于交付给客户的价值，而不是传统的时间、范围和成本限制。

这在商业需求不明确但需要更快交付的环境中尤其有价值。通过拆分项目并将其分配给自治团队，公司可以更快地测试新想法、衡量成功或失败，并随着市场条件变化或突发

① 本节资材料由 Simon Grice（创新高级总监）、Doug Page（产品管理高级经理）、Rani Pangam（IT 项目管理高级总监）和 Tony Pantaleo（产品成功总监）提供。版权归现代服务公司（ServiceNow, Inc）所有，经许可转载。

事件（如全球健康危机）从根本上改变战略优先事项而快速调整。

这标志着传统项目管理的突破。在传统项目管理中，企业可能会在雄心勃勃的多年计划中投入数百万美元，而不知道这些计划在完成后是否或如何创造价值。

例如，在短短一年多的时间里，一家财富 500 强住房和生活方式解决方案公司转向敏捷方法，通过使用专注于持续产品交付的项目组合而不是由年度预算资助的项目来评估进度，从而加快了产品和服务的交付速度。

自从采用敏捷方法以来，该公司已经取得以下成果：

- 第一年产品投入市场的时间缩短了 30%。
- 可预测性（定义为对业务和干系人的成本和发布日期等承诺的可靠性）同期提高了 50%。

通过遵循敏捷方法，公司可以清楚地认识到其提供的价值，并能够专注于未来：掌握快速迭代，更快地为变革推动者提供支持，并使用灵活的模型更好地拥抱变革。

8.7.3　需要混合型方法

虽然敏捷方法可以提供当前商业环境所需的灵活性，但在实践中，公司将面临短期、快速变化的需求，以及较长时间跨度的投资需求。大多数公司将继续拥有不同的项目组合，这些项目的需求、时间周期和期望的结果各不相同。

敏捷方法体系提供战术敏捷性（快速迭代以响应不断变化的需求的能力）但不一定提供战略敏捷性。在业务部门或组织层面，战略敏捷性为公司提供了洞察力和规范性，以消除系统瓶颈，并将资源快速分配给有望带来最高回报的项目。

战略敏捷性的关键是遵循一种混合型方法：根据正确的需求应用正确的框架（无论是瀑布型还是敏捷）的方法。瀑布型和敏捷方法的组合会因企业的不同而有所不同（有些可能是 50/50 的比例，另一些则是 20/80 或 80/20），但很少有企业会只使用一种方法来运作（见图 8-4）。

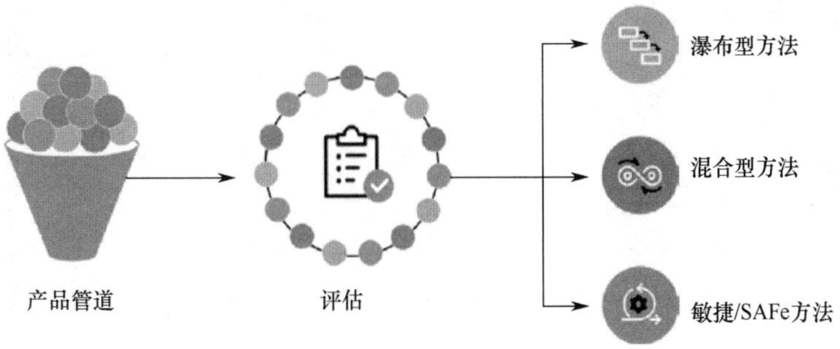

图 8-4　混合项目管理方法

（一旦项目进入产品管道，项目经理就会通过需求、进度、资源和成果对每个项目进行评估，然后选择最合适的执行方法以实现投资回报率。混合型方法使公司能够轻松考虑与他们业务相关的因素）

8.7.4 混合型方法需要 PMO 具备两种能力

1. 调整正确的框架以交付价值

虽然敏捷方法发挥着主导作用，但它并没有完全取代需要传统瀑布方法的项目。管理和监督不再与治理有关，而更多地与确保使用正确的框架来交付价值有关。

以一家眼保健公司为例，该公司使用混合型方法来提升整个企业的价值，其部分产品受多个国家/地区的法规管辖。该公司使用瀑布型方法来管理需要合规性的产品的高度复杂、严格的流程。公司内的其他团队使用敏捷方法来推动产品和服务创新并加快上市时间。

另一家财富 500 强公司采用 50/50 的方法来应用瀑布型方法和敏捷方法。瀑布型方法提供了复杂的大型项目所需的正式结构，而敏捷方法使 IT 能够在短时间内生成连续的可交付物，较少强调控制而更多强调透明度和速度。多年资助周期消除了年度预算不可避免的延误，从而提高了规划和吞吐量。

2. 提供跨不同框架的可见性

管理混合框架所需的第二个能力是可见性。PMO 需要跨不同框架的可见性，以便为企业领导者提供有关其项目组合的建议。PMO 还需要了解整个企业的瓶颈，指出哪些项目是孤立的或与战略目标不相符的。通常这种可见性受到与特定方法相关的系统的限制。

一些公司选择投资一系列一流的系统，并在这些系统之间建立整合。然而，由于项目数据位于不同的系统中，项目组合级别指标的实时可见性可能会受到限制。合并来自多个系统的数据进行报告可能非常耗时且容易出错，并且管理多个系统可能既复杂又昂贵（见图 8-5）。

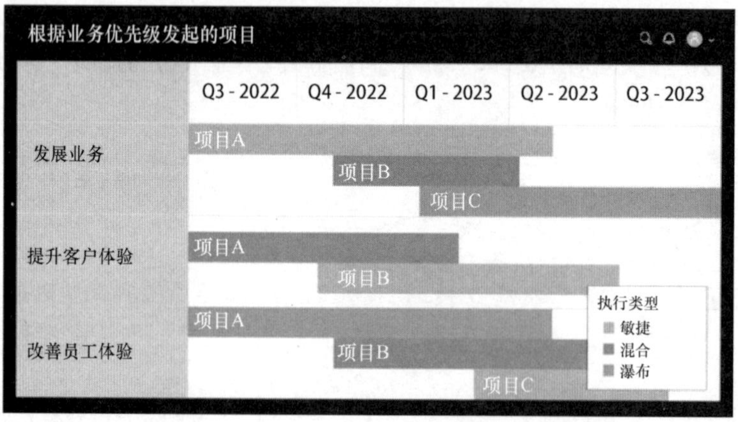

图 8-5 项目按业务优先级排序的视图［平台方法为项目经理提供了一个根据方法体系（敏捷、混合或瀑布）和交付日期进展情况的项目和项目集的中心视图］。

我们需要的是一个单一的数字平台，它能够涵盖整个公司的所有项目组合（包括敏捷项目和瀑布项目）的影响、回报和进度，以实现可见性和行动。单一平台使用单一数据存储库和单一的、统一的工作流引擎或平台。这种方法可以实时洞察项目组合中发生的情况，因此从项目经理到职能主管再到高级管理人员，每个人都可以了解投资的表现及其与战略目标的一致性。

8.8 卓越行动：国际学习研究院[①]

8.8.1 国际学习研究院的转型之旅

2016 年年底，国际学习研究院（International Institute for Learning，IIL）决定对研究院的运作方式进行变革。这一决定得到了组织卓越的两大支柱的支持：组织文化向项目工作方式的转变，以及自适应框架和生命周期。

8.8.2 转型是如何开始的

这个想法是在参加 Scrum 培训（认证 Scrum Master、认证 Scrum 产品负责人和大规模 Scrum）后产生的。很明显，敏捷的主要原则在改善 IIL 开展业务的方式上具有巨大潜力，涵盖销售、营销、媒体制作、财务、运营等领域。是的，你没看错，最初的重点并不是信息技术。

同样明显的是，如此重大的流程变革和文化转变将具有挑战性，必须妥善规划和实施。人们事先就预测这不会是一件容易或短暂的事情。首席执行官的认可和支持至关重要。

8.8.3 原因

在 2016 年与 IIL 首席执行官的讨论中，我提出了这样的论点：提高我们的业务敏捷性和实施敏捷方法将从多个方面帮助 IIL。然后，我们简要描述了该组织的潜在收益。

- **提高绩效**：根据从世界各地不同公司、行业和地区的案例中收集的所有数据，认为敏捷实施可以改善结果，如缩短上市时间、增加销量、降低成本、获得更好的团队合作等。所以我们认为这值得尝试。
- **赋予员工权力**：这意味着允许员工定义“怎么做”，而高层管理人员定义“做什么”（目标）和“为什么做”。许多组织仍然让高层管理人员告诉团队他们应该做什么及如何工作。这种心态的改变对让团队自我组织并定义实现目标的最佳方式非常重要。当然，所有这些都必须符合组织政策和道德规范。
- **允许实验**：这是我最喜欢的好处之一，与任何公司的生存都密切相关。没有实验，就没有创新；没有创新，公司迟早会失去竞争优势。允许员工和团队进行实验、尝试新事物并接受失败对于改进至关重要。组织应该对犯错持开放态度，并从中吸取教训。不犯错的唯一方法是，不尝试任何新的东西，不做任何不同的事情。正如我

① 本节资料由国际学习研究院首席敏捷官兼全球企业解决方案高级副总裁 Leon Herszon 博士（他是 PMP、CSM、CSPO、DASSM）提供。版权归国际学习研究院所有，经许可转载。

们之前都听说过的，试图通过重复同一件事来获得不同的结果就是精神错乱的定义。

- **改善团队合作**：团队的概念是一群拥有共同目标的个人，他们需要彼此来共同实现该目标，并且他们的共同努力所创造的东西不仅仅是各个部分的总和，更被强调并与所有参与者分享。我们的期望是创造一个开放、充满勇气、彼此尊重、重承诺和能专注的环境。一旦你减轻或消除个人和自私的心态（自我、我自己和我）并开始专注于团队工作以实现目标，结果就是更多的协作、开放的对话、更好的沟通和更好的透明度。
- **激励人们完成目标**：根据牛津词典，激励是指某人做某事的普遍愿望或意愿。考虑到上述好处，我们可以说，加入一个互相帮助并朝着共同目标努力的团队往往会激励人们完成目标。对喜欢单独工作而不喜欢协作的团队成员来说，情况可能并非如此（这些人通常不会在敏捷组织中待太久）。

除好处外，我们还分享了组织可能面临的常见情况。这些情况可能会影响投资此类转型之旅的决定，例如：

- 财务问题（现金流、收入减少，成本高等）。
- 团队士气低落，人员缺乏积极性。
- 组织内没有透明度，也没有共享明确的战略。
- 害怕尝试新事物。
- 失去市场份额。
- 对市场反应迟缓。
- 客户不满意。
- 结果不可预测。

在介绍了好处之后，组织开始分析这一举措的原因，并批准了我们的实施计划，我们得到了“继续向前”开始转型过程的许可。

8.8.4 初步问题和实施计划

在规划过程中，实施之前必须回答几个问题。下面列出了其中一些问题。

1. 使用哪种敏捷方法？

在所有现有适合我们组织的敏捷方法中，我们决定将 Scrum 作为我们的指南。原因有三个：①Scrum 是全世界最常用的敏捷方法；②我们已经掌握了内部知识；③我们相信我们可以根据现实情况做出适当的调整。

2. 实施应该从一个区域（试点）还是整个组织（大爆炸）开始？怎么做？

尽管每种策略都有好处，但我们决定从销售领域开始。这不是人们一开始就会想到的最常见或最简单的领域，但考虑到 IIL 的业务性质，这似乎是有道理的。支持我们决定的是 Solligen、Sutherland 和 Ward 撰写的论文《销售中的 Scrum》，他们分享了在销售团队中实施 Scrum 的可行性案例。

为了确保我们在销售团队内部拥有共同的语言和理解，我们最初使用外部咨询公司为整个团队提供了培训。之后，每个 Scrum Master 都被 Scrum 联盟认证为“Scrum Master”，每个产品负责人也被认证为“Scrum 产品负责人”。

3. 我们应该使用更具规范性的模型还是应该适应我们业务和领域的特点？

我们没有按照规定的方式遵循 Scrum 方法，而是根据自己的现实和开展业务的方式进行了调整。以下改编的敏捷宣言（2001）的一般原则可作为指南：

- 个体与互动优于流程和工具。
- 可用的软件优于详尽的文档。
- 客户协作优于合同谈判。
- 响应变化优于遵循计划。

在我们撰写本文时，PMI 的规范敏捷方法（选择你自己最适合的工作方式！PMI 2020）更接近我们实施敏捷转型的方式。规范敏捷的建议是考虑你的组织/项目的背景并使其适应你的工作方式。

4. 使用哪些角色，谁来做什么？

遵循更传统的 Scrum 角色分配，包括 Scrum Master、Scrum 产品负责人和团队成员。

对于内部参与，首席执行官是我们的首席产品负责人，她定义了整个组织的目标（做什么和为什么做）。此外，每个团队都有一名产品负责人，他们代表我们客户（外部或内部）的利益。

在 Scrum Master 的推动下，团队将讨论如何实现每个目标。Scrum Master 的角色是促进工作、消除障碍并充当服务型领导者。下面描述了角色的概况。

- **产品负责人（PO）**：产品负责人将确保满足客户（内部或外部）需求，与团队共享要交付的项目，并与团队合作对积压的项目进行排序。PO 充当客户/首席 PO 和团队之间的联络人。
- **Scrum Master**：Scrum Master 将根据最佳实践安排会议（规划会议、每日会议、回顾会议），支持 PO 和团队，激励团队，推动日常 Scrum 活动，并直接或通过其他方式消除障碍或升级至决策者。
- **团队**：团队以自组织的方式定义工作将如何完成，以及谁将做什么。客户（内部或外部）不会直接干扰团队，也不参加站立会议。我们为团队成员提供了轮流担任 Scrum Master 的机会。

5. 我们的冲刺频率是多少？

这当然取决于我们所指的领域。Scrum 最佳实践建议冲刺的持续时间应限制为一到四个星期。

例如，销售团队每四个星期就有一个要实现的目标，但他们会每天举行站立会议，并每周举行一次会议来讨论、回顾并为下一周做好计划。

其他部门可能有一周的冲刺，也可能有两周的冲刺，具体取决于正在做什么。

6. 如何将我们的人员分解为团队？

在不涉及太多细节的情况下，再次以销售团队为例，我们首先考虑到不同时区，将整个销售团队分解为九个团队：四个团队负责美洲，三个团队负责欧洲、中东和非洲，两个团队负责亚洲太平洋地区。我们确保每个团队中至少有一名高级销售人员。根据推荐的Scrum最佳实践，每个团队的人数限制为九人。

7．使用支持工具有用吗？如果有用，是哪一个？

在分析了几个选项后，我们决定使用Trello，因为它是一个简单但功能强大的工具，易于学习并提供适当的视觉支持。

我们决定Trello看板有几个必填栏：目标、要做的、正在做的、已经完成的和已经执行的。团队可以自由地向Trello看板添加其他列，如已解决的障碍、过去的结果、目标状态、待处理事项、想法等。

如前所述，并非所有参与者都在同一地点，因此在线协作工具非常重要。对于沟通和远程日常站立会议，我们使用Skype或其他可用平台。这在新冠疫情期间尤其有用。

8.8.5 旅程：挑战及如何克服它们

每个敏捷转型都是不同的，并且在实施过程中可能会面临挑战。根据Scrum Inc.的说法，下面的列表显示了一些需要解决的功能障碍：

实施Scrum（也适用于其他敏捷方法）：

- 正在进行中的项目过多。
- 所有的项目优先级都是最高的。
- 完成任务的压力会延误项目并降低质量。
- 每个项目都有新的团队。
- 缺乏对Scrum的理解。
- 管理层没有专注于消除障碍。

根据第十届年度敏捷状况报告（2016年，第一版）及更多文献的支持，采用敏捷的五个最大障碍是：

- 46%的公司文化与敏捷价值观不一致。
- 41%的公司缺乏敏捷经验。
- 38%的公司缺乏管理层支持。
- 38%的公司缺乏文化转型支持。
- 38%的公司敏捷实践和流程不一致。

此外，在J. LeRoy Ward几年前进行的一项调查中，他问道："在实施敏捷方法时，您所做的真正产生最大影响的一件事是什么？"这个问题是向PMO和前PMO总监、总监或产品组合管理、项目和项目集管理实践全球主管、数字化转型领导者、关键行业顾问和受人尊敬的行业思想领袖提出的，涉及金融服务等多个行业，如金融、交通、信息技术、软件开发、食品加工、电信、非营利性组织等。答案可总结如下：

- 使用通用的敏捷方法。
- 吸引客户并赋予产品负责人权力。

- 让高管参与进来。
- 试点一个项目以证明其有效性。
- 建立正确的指标。
- 培训每个人。
- 制定敏捷战略和路线图。

尽管有多个答案，但所有答案中都存在一个要素：高管和业务支持的重要性。由于我们的首席执行官兼创始人从一开始就支持该计划，因此我们在实施过程中拥有很大的优势。

我们当然也面临挑战，并且必须采取一些行动来减轻我们转型之旅中的不利影响。所面临的挑战如下。

1．抵制变革

大多数人不喜欢改变，有很多方法可以管理这个过程。我参与并管理了几种不同类型的变革，如战略变革、运营变革和技术变革，这对我很有帮助，其中包括反应性变革（当你回应外部因素时）、主动变革（当你主动采取行动时）、增量更改（当你对现有流程进行较小的增量更改时）等。拥有具有管理变革经验的人对于转型计划的成功非常重要。

变革管理是一个广阔的领域，但通常包括几个步骤，包括但不限于：①了解个人对变革的不同反应并定义如何管理每个案例；②通过让所有干系人参与变革过程并不断沟通来处理阻力；③制定适当的变革管理流程；④不断庆祝胜利并从错误中吸取教训；⑤确保高管支持。即使列在最后，如果没有高管的支持，在全公司范围内实施重大变革的机会也是微乎其微的。

2．个人主义代替团队合作

一些团队成员强烈反对团队合作，以及必须与其他人合作实现共同目标。我们了解到，管理层不需要关心如何找到这些人，因为他们要么离开公司（不适应协作环境），要么团队会与管理层分享他们的担忧。

我们有这样的案例，那些无法适应的人离开了我们的组织，但大多数人能够接受变革并成为团队中富有成效的一部分。请注意，当组织更看重个人绩效而不是协作时，从长远来看，敏捷转型计划往往会失败，事情通常会回到“旧方式”。考虑到多年来所付出的所有努力和精力，这是最糟糕的结果之一。

3．对尝试和失败的担忧

这种担忧在具有“错误文化”的组织中很常见，错误会受到惩罚并影响人们的职业生涯。寻找罪魁祸首而不是失败的原因可能会成为创新的障碍。

我们很幸运拥有一个团队可以进行实验并与其他团队分享成功和失败的环境。我们从实验中吸取了教训，并产生了伟大的想法。

4．站立会议、规划会议或回顾会议只是状态报告会议

最初，我们对每日站立会议有一些负面反应。有些人认为频繁见面是浪费时间，哪怕只是 15 分钟。其他人则很难将时间限制在 15 分钟之内。另一个小组发现这破坏了他们现

有的流程——必须停止他们一天的工作来开会。规划和回顾会议得到了更好的接受，我们在这些方面没有受到重大阻力。

每日站立会议的内容也发生了变化。人们习惯于召开状态会议或简单的报告会议，而不是关注前一天为目标所完成的工作、今天的目标是什么及分享任何障碍。通过解释如何召开有效的站立会议来解决这个问题，表明这些会议可以在需要时提前结束，轮流担任 Scrum Master 角色，以便每个团队成员都能获得有关如何促进会议的知识（更好的方法之一，学习就是尝试教授这个主题，对吧），并理解人们在采用新事物时有不同的时机。

8.8.6 结果和总结

五年后，工作方式发生了变化。一些变化和改进是有计划的，另一些则是外部影响的结果。

在我们的案例中，一些结果来得更早（大约六个月），而另一些结果仍有待获得。总的来说，我们可以列出这段旅程的以下结果和好处：

- **透明度**：每个团队成员都可以看到彼此的成果、团队的绩效。
- **精简团队**：团队更少，但效率更高。
- **团队合作**：我们现在拥有更具凝聚力和综合性的团队合作环境，而不是大量的个人表演者。
- **准确度**：考虑到了销量，预测的准确度大大提高。管理层对即将到来的销售有了更好的了解并做出了适当的规划。
- **更短的上市时间**：对市场变化的响应时间比推出新产品和服务的时间更短，这使得公司能够保留更多的客户和业务。
- **授权**：CEO 较少参与日常运营，团队有权定义方法并交付结果。
- **工具**：工具为组织服务，而不是相反。我们最初使用的一些工具已被其他工具所取代，这些工具可以使团队更加高效。获得了良好的信息跟踪和决策支持。
- **会议**：从每日站立会议、每周规划和回顾，我们转向更灵活的方法，由团队决定举行哪些会议、会议的持续时间和形式，为实现目标增加更多价值。更少的规定性，更适合每个领域。
- **实验**：我们开始更频繁地进行实验，收集不同的想法并进行尝试。许多想法没有奏效，但有些想法以新的方式为我们的客户服务或改进我们的流程发挥了重要作用。分享经验教训也是一个重要的进步。
- **障碍**：在团队会议上分享障碍变得更加有效，而不是从不同的人那里收到单独的电子邮件来要求解决同一问题。Scrum Master 可以解决障碍，如果无法解决，则将其升级到适当的级别。
- **入职流程**：在敏捷的团队环境中，新成员的入职和培训速度更快。

综上所述，如果有人问敏捷实施何时完成或转型何时实现，那么答案并不是一个确切的时间点。这是一个没有特定终点的旅程，一路上都会取得成果。对 IIL 来说也是如此。旅程会根据不断变化的市场和外部经济、政治、社会、技术因素进行调整。旅程仍在继续。

8.9 模糊前端

选择一个框架并不像许多人想象的那么容易。大多数框架没有结构化的生命周期阶段或门径审查。项目的类型将决定生命周期的阶段，以及审查的数量和类型。在瀑布型方法中，几乎所有项目工作都是线性的，建立传统的生命周期阶段和门径审查相对容易。未来的选择过程将更加困难，因为项目的复杂性和战略性将使其变为非线性。

在传统的项目管理中，大多数项目都是从明确定义的范围说明书、需求列表和详细的商业论证开始的。但随着我们更多地参与未来的战略性和复杂性项目，项目的前端可能是高度非结构化的，并且仅基于一个想法或目标来开始。在这些类型的项目中，开始通常被称为模糊前端（Fuzzy Front End，FFE），FFE 中的信息量可能决定应选择哪些生命周期阶段和门径审查。FFE 是在完成更正式和明确定义的要求和规范之前采用的一组活动。

未来可能包含创新项目的前端将是新产品开发过程中最大的弱点。这主要是因为 FFE 通常是混乱的、不可预测的且非结构化的。遗憾的是，这是为以后的开发和商业化做出许多决定的地方。它包括从寻找新机会、形成想法到发展精确概念的所有活动。当组织批准并开始概念的正式开发时，FFE 阶段结束。

然而历史告诉我们，大多数项目经理都是在 FFE 活动发生后才加入项目的。将来项目经理必须参与这些活动，并愿意提供有关某些想法所需的资源技能、时间安排问题和粗略成本估算的信息。在项目选择过程中，项目经理提供的信息非常宝贵。FFE 可能是选择框架的时间，让项目经理和可能的团队成员参与决策是一个很好的方法。

虽然 FFE 可能不是项目总成本中昂贵的一部分，但它可能会消耗 50%的开发时间，并且通常在其中做出涉及时间、金钱和产品性质的重大承诺，从而为整个项目确定方向及最终产品或可交付物。因此，此阶段应被视为开发的重要组成部分，而不是“开发之前”发生的事情，并且应包括在整个项目周期中。

对于需要创新的项目，我们针对 FFE 进行了大量研究。大多数研究都与渐进式创新有关，即对现有产品的微小改变。关于涉及新产品或服务的激进或颠覆性创新的研究是有限的。通过渐进式创新，往往会加强现有的核心能力，有关技术和市场的信息是已知的，并且出现的许多想法都是内部产生的，因此可以开发一个商业论证，其中战略业务目标驱动 FFE 中的决策过程。这允许使用传统方法。对于彻底的创新，情况恰恰相反，灵活的方法可能是必要的。

技术和竞争可能是未知的，因此 FFE 的结果可以推动战略规划流程，然后根据该流程准备商业论证。有关技术和所选技术轨迹的知识可能仅来自一个人，也可能来自一个小团队，个人愿望可能会影响他/她的决定。决策仍然必须得到高级管理层的批准，但无论是渐进式创新还是激进式创新，决策过程都可能有很大不同。组织可能不了解 FFE 流程。在激进创新的 FFE 期间必须做出更多的假设，并且通常可获得的信息较少。FFE 决策可能需要大量高质量信息。这是支持需要专门用于信息库和商业智能系统的未来支柱的原因之一。

科恩等（2001）认为，区分 FFE 活动期间必须考虑的五种不同的前端元素包括：

（1）机会识别。在这个元素中，以结构化的方式识别大量或增量的业务和技术机会。使用此处建立的指导方针，资源最终将分配给新项目，然后形成结构化的 NPPD（新产品和流程开发）策略。

（2）机会分析。这样做的目的是将已识别的机会转化为对公司特定业务和技术环境的影响。在这里，可以做出广泛的努力，使想法与目标客户群体保持一致，并进行市场研究和/或技术试验和研究。

（3）创意产生。这被描述为一个从机会诞生到成熟为有形创意的演进和迭代过程。创意产生的过程可以在内部进行，也可以来自外部输入，如提供新材料/技术的供应商或有不寻常要求的客户。

（4）创意选择。其目的是通过分析某个想法的潜在商业价值来选择是否追求该想法。

（5）理念和技术开发。在前端的这一部分中，商业论证是根据对可用市场总量、客户需求、投资要求、竞争分析和项目不确定性的估计来开发的。一些组织认为这是 NPPD 流程的第一阶段（即阶段 0）。

迄今为止，尚未制定出普遍接受的项目 FFE 定义或主导框架，原因是渐进式创新的 FFE 似乎比激进式创新更容易理解，而且关于渐进式创新的文献比激进式创新要多得多。随着项目管理应用于具有新的或激进期望的战略项目，这种情况在未来将会改变。然而大多数项目中 FFE 的结果预计是：

- 使命宣言。
- 客户需求。
- 所选创意的详细信息。
- 产品定义及规格。
- 产品经济分析。
- 开发进度。
- 项目人员配置和预算。
- 业务计划与公司战略相一致。

未来的项目经理必须被允许参与 FFE 活动以产生这些预期成果，而不是在 FFE 流程结束时被引入，并在没有解释的情况下将这些结果强加给项目。项目经理还可能比高管更了解人员需求及组织是否拥有必要的能力。

8.10 视角

战略规划是一项通常由最高管理层进行的活动。高管们制定公司愿景和使命宣言，然后将其推广到组织的各个级别以获得他们的支持。正如通用电气前董事长兼首席执行官杰克·韦尔奇所说：

优秀的商业领袖创造愿景，阐明愿景，热情地拥抱愿景，并不懈地推动它实现。

该规划的执行是通过一系列项目在各个较低级别进行的。并非所有项目都需要详细了解战略规划。根据这些信息对于决策至关重要的项目（如在新产品开发的 FFE 活动中），高管、战略规划人员和项目团队之间必须保持一致的信息共享视野，以确保项目决策与战略业务保持一致的目标。一些高管认为信息就是权力，拒绝分享。如果进行共享，通常会根据所要了解的需要、层级、任期和项目类型而有所不同。

如果不了解策略，项目团队成员可能会不知如何有效地做出贡献。他们可能会制定相互冲突的目标，从而干扰管理层的期望。然后，自由思考可能会被简单地遵循别人给他们的命令所取代。

即使在 FFE 中，战略规划和项目组合管理也必须与项目规划和执行保持一致。如果不存在这种一致性，我们最终可能会取消潜在成功的项目，或者将宝贵的资源浪费在几乎没有商业价值的项目上。视角对于这种协调的发生至关重要，并有助于风险缓解活动。

8.11 建立门径

项目门径是每个生命周期阶段结束时的结构化决策点。使用瀑布型方法的项目管理流程通常不超过六个门径，而灵活的方法可能有更多。项目管理用于管理各个阶段之间的关系。门径审查清单至关重要。如果没有这些清单，项目经理可能会浪费大量时间来准备审核报告。好的清单侧重于回答以下问题：

- 我们今天在哪里（即时间和成本）？
- 我们最终会去哪里（即时间和成本）？
- 当前和未来的风险是什么？
- 需要管理层提供哪些帮助？
- 需要干系人提供哪些帮助？

项目经理绝不能充当自己的把关人。把关人是由高级管理层指定的个人（即发起人）或个人团体，并有权执行结构化决策流程。把关人有权根据预定标准评估迄今为止的绩效，并向项目团队提供额外的业务和技术信息。

把关人必须愿意做出决定。四个最常见的决定是：

- 按照原定目标，前往下一个门径。
- 根据修改后的目标前进到下一个门径。
- 推迟做出门径决定，直至获得进一步的信息。
- 取消项目。

把关人还必须有勇气终止项目。门径的目的不仅是获得继续进行的授权，而且是尽早发现失败，以便资源不会浪费，而是分配给更有前途的活动。

也许建立门径项目中最困难的阶段是在 FFE 中。典型的 FFE 活动包括：

- 风险管理。
- VUCA 分析。

- 企业环境因素分析。
- 竞争因素。
- 商业收益和价值的确定。
- 商机识别与分析。
- 与业务战略保持一致。
- 公司的能力。
- 主动的客户导向和对接。
- 技术成熟度。
- 知识产权控制。
- 创意评估与筛选。

根据项目类型，上述每个项目都可能需要一个门径。因此，FFE 中可以有多个门径。

8.12 未来模糊前端门径

FFE 的定义正在发生变化。从历史上看，在不需要创新的传统项目中，FFE 涉及问题解决和决策，通常由高层管理人员负责。大多数传统或运营项目的 FFE 不需要集思广益和创造性地解决问题，而是根据以前使用的路径选择一种项目方法。这些路径定义明确，通常包括捕获的最佳实践，因此 FFE 的门径和生命周期阶段被认为是不必要的。

公司现在意识到，以“旧方式”开展业务可能会导致灾难。他们必须提出新的创新产品和服务的想法。对创新想法的需求很可能要渗透到每个项目中，尤其是那些被视为战略性的项目。未来的 FFE 将包括如图 8-6 所示的典型门径，每个项目的 FFE 中还可以有一组不同的入口和生命周期阶段。

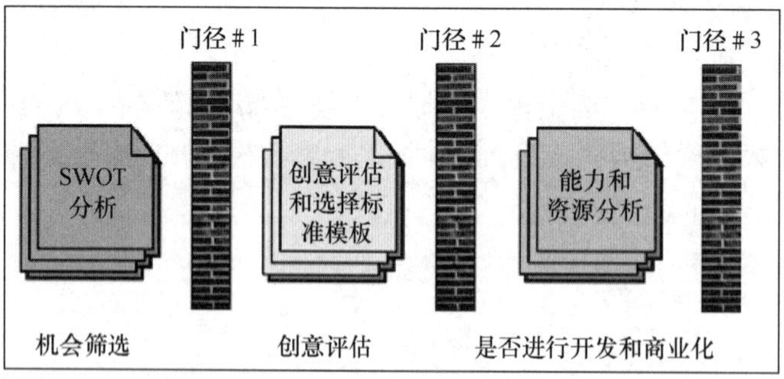

图 8-6 典型的 FFE 门径

因此，未来的 FFE 将成为具有门径和生命周期阶段的结构化流程。表格、指南、模板和清单将为流程提供一些结构，但这为决策者提供了很大的灵活性。未来 FFE 的增长将伴随着信息库和商业智能系统的增长。信息库的一部分将是想法收集和评估软件。

8.13 卓越行动：IdeaScale 公司[①]

创新经理经常将缺乏流程视为好创意取得进展的关键障碍。事实上，在对我们最成功的客户（那些声称自己已经达到或超过了所有创新目标的客户）的评估中，他们大多数人的共同特点是拥有可重复的创意过程。81%的受访者表示他们确实拥有正式的创意管理流程，而事实上只有 30%的项目拥有用于实施创意的专门预算。这些项目如何在没有任何预算的情况下成功达到或超过其目标？他们是利用机构能量并利用其影响已有预算的具有领导力的专家。

出于这个原因，IdeaScale 公司经常建议创新者在一张白纸上规划他们的流程，以使事情顺利进行。我们要求你绘制出你所在组织中的想法（从提交到实施）的生命周期。在此过程中应该参与的主要干系人、专家和决策者是谁？谁将最终使这个想法成为现实？在想法进展的不同时刻，这些人需要采取什么行动？也许专家需要尽早添加信息，而决策者需要在中间评估和选择想法。也许你的决策者是高级副总裁，也许决策者就是执行者。

首先，假设业务照常进行，画出一个想法在你的组织中的生命周期。然后，画出你认为更有效或更高效的流程。但无论企业的条件如何，我们发现几乎每个创新计划都会发生这五项活动，作为任何新想法开发的一部分：**理解、创意、完善、评估和实施**。这些是项目管理的基石，从一个想法到一个创新。可能会有其他阶段或多轮某些阶段，或只是为了几个想法的阶段，但没有想法就无法实现创新，也无法推动每个想法向前发展。你必须了解更多并做出决定。下面是一系列的阶段解释和示例。

8.13.1 阶段 1：理解

在预测需求和创造变革时，了解你想要解决的需求或问题非常重要。正是由于这个原因，大多数创新理念都是从某种程度的问题定义开始的。在设计思维中，他们将其称为挖掘和定义。在以人为本的设计中，他们提到“发现”和“理解”。无论是什么行业，无论面临什么挑战，重要的是，这个理解阶段包括收集和回顾现有知识、对那些感受到痛点的人的同情及对成功的阐述。

能源部在 Sunshot 项目挑战中做得非常出色。Sunshot 项目致力于到 2020 年使太阳能发电的成本与所有其他形式的电力相比具有竞争力。创新挑战采用多个阶段来有效解决太阳能安装中成本最高的问题。在第一阶段，他们对问题有了敏锐的理解，邀请提交者分享太阳能技术及其制造中花费最多的障碍。只有在这个需求阶段结束后，他们才会开始寻找解决方案并将有前景的想法原型化为新的太阳能计划。这种水平的地面实况在解决最紧迫的问题和吸引公众方面非常有效。

① 本节资料由 IdeaScale 公司的 Jessica Day 提供。版权归 IdeaScale 公司所有，经许可转载。

8.13.2 阶段 2：创意

创意经常用来描述头脑风暴或提出新想法。就 IdeaScale 而言，人们在线上和线下聚集在一起讨论公司、机构、非营利性组织和政府实体的想法。在这个阶段，重要的是你要把你的骄傲放在一边，接受可能会显著改变你最初愿景的意见，允许改变优先事项，并收集尽可能多的想法（毕竟有些想法可能会增强其他想法，即使它们不会自行前进）。此阶段的目的是让尽可能多的想法被接受并创造动力来实施它们！

例如，多年来，EA SPORTS 培养了一个活跃的超级粉丝社区，称为游戏改变者（Game Changers）。EA SPORTS 希望为他们的游戏规则改变者提供一个在产品开发过程中进行协作和沟通的论坛。IdeaScale 和 EA SPORTS 合作创建了一个完全融入 EA SPORTS 网络体验的创意论坛。游戏规则改变者可以分享关于许多不同产品线的想法。在社区开放期间，EA SPORTS 收集了超过 7 800 个想法。其中一些想法已被吸收在游戏的新版本中，包括《麦登橄榄球联盟 13》。

8.13.3 阶段 3：完善

一旦创新想法开始流入你的系统，团队成员和领导者就会进行额外的研究，收集需求，并开始将所有这些数据组织成更强大的提案。许多人会使用商业模式画布或 CO-STAR 等预先构建的模板来进一步阐明复杂的想法。这项额外的研究成为商业论证的基础，能够帮助决策者评估想法并成为制定实施路线的第一步。例如，环境合作委员会（Commission for Environmental Cooperation，CEC）发起了 CEC 青年创新挑战赛，旨在召集和支持加拿大、墨西哥和美国的一群具有环保和社会意识的年轻创新者和企业家，并将他们相互联系起来。

该挑战赛邀请 18～26 岁的年轻人提交科学、技术和商业创新，并向他们提供向北美高级环境官员推销他们想法的机会，以及获得 5 000 加元的项目种子资金并与 CEC 专家会面的机会。挑战赛分为两个阶段：创意阶段，所有社区成员都被邀请提交想法，并对其他人的想法进行投票和评论；提案阶段，半决赛入围者制订完整的商业计划书，随后将由评审团进行评估，选出三名获奖者。

8.13.4 阶段 4：评估

准备好实施许多令人惊叹的创新固然很棒，但如果你的组织的预算不允许立即完成所有这些创新，那么这也是一个问题。这就是第四阶段的用武之地。你可以评估最佳创新想法，并决定优先考虑和支持哪些想法。有很多方法可以做到这一点：通过投票来评估人群数据，以评估创新想法的可取性和受欢迎程度，由领导者衡量想法与组织目标的一致性，但最终结果应该是一个将项目向前推进的优先顺序列表。

例如，亚特兰大市发起了城市创意计划，这是一项全市范围的员工创意竞赛，旨在就亚特兰大市如何减少浪费、减少繁文缛节和节省运营资金征求可行的解决方案。

对于每一份提交的创意书，创意作者都需要描述它们的概念，估计潜在价值或节省费用，并选择一个部门来支持该创意。想法已被提交给部门负责人审核，每个部门的前十名会被提交给跨部门评估委员会，该委员会将根据每个想法的可行性和运营影响程度对每个想法进行评估。作为一个团队，他们能够确定所需的初始投资和年度运营成本，以及每年和五年的预计节省费用。

最有前途的想法由首席运营官和市长审查，并做出最终的奖励决定。获胜的想法获得奖励资金，想法作者根据与其想法相关的可能的成本节省获得金钱奖励。仅前三个选定的想法每年就可以节省 710 万美元的成本。

8.13.5 阶段 5：实施

对于到达最后阶段的想法，最重要的是实现它们。如果领导层已经签署了这些想法，如果社区已经验证了它们，那么创新领导者就要承诺原型并实现这一集体愿景。不过从这里开始，实施项目管理路径可能会根据想法的范围、变革的范围和团队的能力而有很大不同。然而，如果让社区参与实施过程，最终的产品往往会因为这种参与而更加丰富。

例如，2013 年创科集团（TTi）的品牌营销经理布赖恩 • 斯特恩斯（Brian Stearns）受邀到家得宝讨论如何重振水暖部门。他想到了利用公司的可充电电池技术在无处不在的橙色家得宝水桶顶部安装风扇和水泵。该“桶顶先生”产品成为该公司有史以来最快的产品发布之一。斯特恩斯在秋天有了这个想法，“桶顶先生”产品在春天就上架了。他利用自己的专业知识为这个“桶顶先生”产品创建了公司第一个纯粹的社交营销活动。该成果被家得宝评为年度最具创新性的产品之一。

HG 电视台和《大众机械》对它进行了专题报道。它在第一年就创造了数百万美元的销售额。南卡罗来纳州安德森市甚至给斯特恩斯颁发了奖项，因为该产品为该市创造了就业机会。家得宝向创科集团请求提供更多该类别的产品。你的收集想法的漏斗是什么？你的项目阶段是什么？你的决策点是什么，标准是什么？这些问题将帮助你进一步定义创新管理流程，但至少要确保包括这五个阶段。

8.14 项目选择标准

FFE 中必须做出的一个关键决策是选择项目。当公司采用一刀切的方法时，只会选择那些适合该方法的项目。由于使用单一方法体系时可能出现风险，好的项目创意可能不会被考虑。传统上，在项目选定并确定优先级后，项目经理才被分配。

未来随着越来越多的公司接受使用灵活的方法体系，项目的选择将会显著增加，并且项目经理必须在 FFE 参与进来，因为他们可以为项目选择过程做出贡献。

项目经理将参与项目选择的 SWOT 分析。经验丰富的项目经理可以成为组织与该潜在项目相关的优势和劣势讨论中的宝贵资产。

优势：

- 员工的能力。

- 需要创新技能。
- 现有技术的能力。
- 发起人和治理的有效性。

劣势：

- 高级管理层的预期视角。
- 缺乏能力。
- 关键资源的可用性。
- 不可用的技术。
- 风险过高。

通常根据人力和非人力资源来分析优势和劣势，还可以根据每个职能部门（如工程、采购和营销）的能力及他们必须为此项目提供的支持来讨论优势和劣势。

机会和威胁通常由参与 FFE 的高级管理人员从业务角度进行分析。企业环境因素和 VUCA 分析可能会影响如何看待机会和威胁。

另一个重要的商务因素是该项目在项目组合中的位置。我们假设一家公司有四类项目，如图 8-7 所示。内部项目侧重于持续改进工作，如实施最佳实践以提高运营效率和有效性。财务项目是你提供的用于产生现金流的产品和服务。未来的项目可能涉及创新和研发。客户项目是特殊的或独一无二的项目，用于支持客户的特定需求。公司可能需要平衡每个象限中的项目。

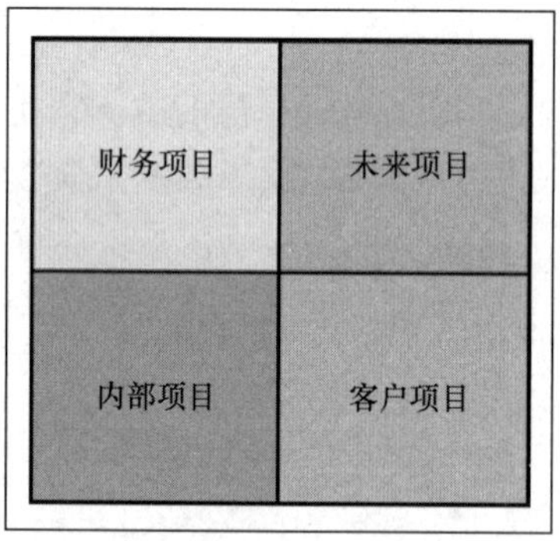

图 8-7 项目的分类

每个象限中的项目预计将由项目经理管理。每个象限可能需要不同类型的灵活或非灵活的方法，以及不同的项目管理流程、工具和技术。

组织可以通过建立项目选择标准来帮助缓解评估想法和潜在项目时的一些痛点。图 8-7 中每个象限的标准可能不同。新产品的选择或适用性标准可能包括：

- 使用类似技术。
- 使用类似的营销和分销渠道。
- 由现有销售人员销售。
- 由现有客户群购买。
- 符合公司理念、利润目标和战略计划。

- 适合现有的生产设施。
- 支持组织的核心价值观。

当公司在 FFE 中只考虑一个项目时，总是有理由违反选择标准的。但是当一家公司必须考虑项目组合时（如本章稍后讨论的空客公司），选择标准就变得至关重要，因为它可能会长期关注多个项目。

如果我们现在看看图 8-6 中的第 3 个门径，最终的继续或不继续决策可能会受到项目经理对所需资源估计的影响，如图 8-8 所示。当项目经理不参与 FFE 时，项目通常会在不考虑所需资源的能力或可用性的情况下得到批准和优先排序。当项目经理参与 FFE 时，预计会做出更好的项目选择决策。

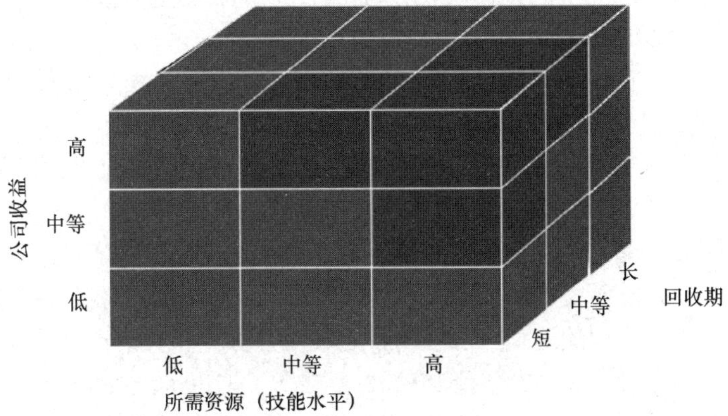

图 8-8　资源需求模型

8.15　卓越行动：阿斯利康（AstraZeneca）公司①

8.15.1　混合型项目管理方法在监管提交中的使用

1. 介绍

项目管理最近才被引入制药行业，尽管它已在其他行业中得到了成功的应用，但仍然是一个新鲜事物。制药公司可以在药物开发过程中使用它，从发现到提交、上市和生命周期管理，包括技术开发、临床试验、新分子实体的监管提交、技术转让和上市后活动（Tripathy 和 Mohanty，2016）。项目管理方法不仅可用于领导项目，还可用于支持项目组合中的计划。此过程的一个特殊示例是药品监管提交，其中记录了产品在获得批准后到推向市场前必须向监管机构提交的特定数据和分析。此过程在制药行业是强制性的（DS Informatics，2020）。

① 本节资料料由以下人员提供：阿斯利康（AstraZeneca）波兰华沙分部临床药理学和定量药理学部、临床药理学和安全科学部研发中心的 Dorota A. Andrzejewska - Górecka 博士和他的同事 Diana M. Malewicka；阿斯利康美国马里兰州盖瑟斯堡分部临床药理学和定量药理学部、临床药理学和安全科学部研发中心的 Alison M. Burden 和他的同事 Kyle Wolfe 和 Paramjeet Subramony 博士。版权归阿斯利康公司所有，经许可转载。

监管提交需要组织内跨职能团队的参与。信息和数据包必须由高度专业化的主题专家收集和分析。资源通常是有限的，这些专家通常一次处理多个项目。制药行业受到严格监管，因此风险是实现在规定的时间内生成高质量文件目标的关键。项目管理方法和工具有助于提高监管提交流程的效率。

项目管理可以概括为组织用来实现其目标和成功的策略（PMI，2021）。项目经理通过实施成功的管理框架并促进整个团队的信息和知识流动，协助项目团队保持项目正常进行（Kisielnicki，2014）。这种知识流动对处于制药行业核心的研发项目尤其重要。

项目管理的一个基本概念是知识的“吸收能力”，它是指团队利用现有知识和经验吸收新信息并将其应用于当前任务的能力。从本质上讲，吸收能力通过促进组织学习来推动创新。文献中的证据表明，项目管理有助于提高团队的吸收能力，从而提高其整体效率（Vicente - Oliva 等，2015）。

传统上，制药行业关注的是刚性和线性的框架，这导致了漫长的时间表（Vaidyanathan 等，2019）。项目传统上是使用刚性且线性的框架开发的，其中大多数任务只有在完成前一个任务后才能完成。项目计划是预先创建的，并且不会重新审视已经完成的任务。

“敏捷宣言”是由一群软件工程师于 2001 年创建的一组原则，旨在定义更高效的软件开发框架（Pathak 和 Saha，2013）。创建者的目标是建立一套促进项目完成的价值观和原则。尽管最初是为了软件开发而实施的，但所谓的“敏捷”实践已经扩展到各个领域，包括药物研究和开发。这一项目管理的迭代方法有助于通过增强协作和灵活性来提高效率和质量。

Scrum 是一种流行的敏捷项目管理框架，其中整个项目被分为称作“冲刺”的较小部分。通过这些较小的迭代和频繁的“Scrum 会议”，团队在整个项目中保持灵活性。通常，敏捷团队参加每日的 Scrum 会议来讨论项目的进展和问题。在基于研究的项目中，每日会议可能是多余的，但即使每周一次或两次会议对团队来说也可能非常有价值。Scrum 允许不同的团队或个人异步处理不同的任务（Hidalgo，2019）。

敏捷流程可以通过促进创新以更快地向患者提供新药来极大地拓展药物开发领域。敏捷项目管理定义的协作和迭代方法可促进更高质量的工作，以及个人和团队之间的透明度。文献报告表明，对团队目标和角色的集体理解可以促进科学环境中的成功（Hidalgo，2019）。敏捷实践的实施可能很复杂，尤其是在研究背景下。从传统项目管理框架到敏捷框架的过渡过程需要整个组织的支持（Pavlović 等，2018）。

一般来说，监管提交项目是根据传统方法进行的，尽管也可以使用敏捷方法。这里介绍阿斯利康临床药理学和定量药理学（Clinical Pharmacology and Quantitative Pharmacdogy，CPQP）功能领域监管提交中使用的项目管理方法，描述了为监管提交准备文件的过程，并对该过程中使用的项目管理方法进行了分析。此外，还介绍了经验教训和案例研究，以显示可衡量的收益。

2. 术语表

下面列出了本节使用的缩写词及其定义。

ADA：抗药物抗体。

ADaM：分析数据模型。

BLA：生物制品许可证申请。

B&I：生物识别和信息。
CPQP：临床药理学和定量药理学（阿斯利康的职能领域）。
CSR：临床研究报告。
CST：临床小组。
eCRT：电子病例报告表格。
eCTD：电子通用技术文件。
EMA：欧洲药品管理局。
ERES：疗效和安全性的暴露-反应关系。
EU：欧盟。
FDA：美国食品和药物管理局。
ISI：免疫原性综合总结。
MAA：营销授权申请。
MAST：营销申请提交团队。
NDA：新药申请。
PD：药效学。
PK：药代动力学。
PO：采购订单。
PopPK：群体药代动力学。
RSDT：监管提交交付团队。
SDTM：研究数据列表模型。
SOW：工作说明书。

8.15.2　CPQP 中的监管提交项目

在本节中，“监管提交”一词是指向监管机构提交的任何备案、申请。此过程的目的是验证潜在的新人类药物对于特定患者群体的指定用途是否安全有效，以及它们是否符合质量标准（Hearns - Stewart 等，2021）。

新分子或适应证的申请通常首先提交给美国或欧盟市场。审批流程由美国食品和药物管理局和欧盟欧洲药品管理局管理。

向 FDA 提交监管申请的请求称为非生物制品的“新药申请”或生物制品的“生物制品许可申请”，向 EMA 提出的请求称为“营销授权申请”（MAA）。

向 FDA 或 EMA 提交的监管报告必须准备为电子通用技术文件。eCTD 是一份结构化文件，其格式已得到包括美国和欧盟在内的参与国同意，可提交给监管机构。eCTD 分为五个模块。模块 1 特定于区域，而模块 2～5 通常适用于所有区域。

模块 1. 区域行政信息和处方信息
模块 2. 通用技术文档摘要
2.1 模块目录
2.2 CTD 介绍

2.3 质量总体总结
2.4 非临床概述
2.5 临床概述
2.6 非临床书面和表格总结
2.6.1 药理学
2.6.2 药代动力学
2.6.3 毒理学
2.7 临床总结
2.7.1 生物制药研究和相关分析方法
2.7.2 临床药理学研究
2.7.3 临床疗效
2.7.4 临床安全性
2.7.5 文献参考
2.7.6 个别研究概要
模块 3. 质量
模块 4. 非临床研究报告
模块 5. 临床研究报告

除 eCTD 外，分析和报告中使用的所有数据包和模型都必须以电子病例报告表格的形式提交给监管机构（美国食品和药物管理局，2017；欧洲药品管理局，2021）。

8.15.3 CPQP 在监管提交中的责任

在阿斯利康，CPQP 职能领域支持临床药物开发各个阶段的所有治疗领域，包括小分子、新分子实体和生物制剂。CPQP 负责与剂量相关的一切，包括：

- 设计正确的试验。
- 创建正确的检测方法。
- 选择正确的剂量。
- 准备正确的标签。
- 确定合适的患者群体。

在监管提交项目中，CPQP 负责准备 eCTD 的模块 2.7.1 和 2.7.2。这包括临床药理学、生物药剂学、生物分析、群体药代动力学（PopPK）、功效和安全性的暴露反应，以及开发计划的免疫原性综合总结方面的总结。对于模块 2.7.1 和 2.7.2，大部分内容可以在第三阶段研究结果公布之前编写，特别是对于首次提交。目前仅针对生物制品提供项目管理支持。NDA 申请流程与生物制剂相似，但 ISI 除外。

在 CPQP 中，临床药理学负责人负责监管提交项目中的临床药理学交付成果。作为 CPQP 的一部分，项目经理支持临床药理学监管提交、流程改进和业务运营任务。项目经理与 CPQP 团队成员合作，实现其他领域的目标。

需要项目管理支持来确保满足最后一组可交付物，并且 CPQP 不是申请的速率限制。

对于临床药理学监管提交，项目经理与临床药理学负责人合作，临床药理学负责人赞助 CPQP 的提交项目。他们共同制定项目策略。项目经理负责所有组织问题、沟通、资源和时间表管理，而临床药理学负责人负责科学和技术问题，以及文件协调（见表 8-1）。

表 8-1　阿斯利康临床药理学负责人和项目经理的工作范围和职责

临床药理学负责人	项 目 经 理
• 领导新药申请或生物类似药申请/药品上市许可临床药理学团队 • 与 NDA-BLA/MAA 团队成员合作，制订 2.7.1 和 2.7.2 模块的内容计划 • 与医学撰稿人合作，准备 2.7.1 和 2.7.2 模块及 ISI 内容 • 审查 2.7.1、2.7.2、2.7.3、2.7.4 和 2.5 模块，以及 ISI 和 CSR • 对 2.7.1 和 2.7.2 模块的最终内容和交付负责 • 与药物代谢动力学师和程序员合作，准备数据包 • 与临床药理学团队成员合作，准备 PopPK/ERES、ISI 和 CSR 可交付物，包括创建请求表单、对齐预算和审查可交付物 • 与跨职能团队（如编程、监管、医学撰稿人）合作，确保临床药理学可交付物的一致性 • 负责在与 FDA/MAA 的会议材料中提供临床药理学意见 • 与营销申请提交团队、监管提交交付团队、临床分队合作；与临床运营负责人和监管负责人进行临时会议	• 确定所有 NDA 或 BLA/MAA 团队成员（核心团队和临时团队） • 为与临床药理学和生物分析可交付物相关的 NDA 或 BLA/MAA 提交准备时间表（模块 2.7.1 和 2.7.2） • 与跨职能团队（如编程、监管、医学撰稿人）合作，确保时间表一致 • 与医学撰稿人和供应商（支持数据包）共同制订计划，监控文件审查流程 • 支持里程碑跟踪和风险管理 • 协助 NDA 或 BLA/MAA 团队准备与 FDA/EMA 的临床药理会议 • 组织定期与团队成员举行 NDA 或 BLA/MAA 会议，跟踪里程碑，审查文件，进行风险管理和分配资源 • 与临床药理学主管、临床运营主管和监管主管合作，并参加 MAST、RSDT 和 CST 的会议，以及与临床药理学主管、临床运营主管和监管主管的临时会议，以协调时间表 • 为临床药理学主管提供运营支持，包括合同、供应商管理（SOW 执行）和采购订单的创建 • 促进 CPQP 中跨职能团队的经验教训交流会议

在监管提交期间，项目经理与其他干系人合作，包括：

- 临床药理团队（BLA/MAA 团队）。
- 致力于准备模块 2.7.1 的小组。
- 致力于准备模块 2.7.2 的小组。
- 致力于准备 ISI 的小组。
- 供应商。
- 全球团队（MAST、RSDT、CST）。

项目经理与临床药理学团队合作，通过安排会议和工作方式、制定时间表和管理风险来支持文件的准备。项目经理负责沟通和协调不同小组准备的文件。项目经理还与 MAST、RSDT 和 CST 等全球团队合作，收集所需信息并调整时间表。

在一些监管提交文件中，PopPK、ERES 或 CSR 可交付物是由外部供应商外包和准备的。在这些情况下，项目经理负责协商时间表和预算，以及其他组织任务，如提供访问权限和安排会议。项目经理还负责建立供应商和 NDA 或 BLA/MAA 团队之间的工作方式。

8.15.4 临床药理学监管提交流程

临床药理学监管提交项目需要阿斯利康内部许多职能部门的投入和合作，因此需要各种资源（包括供应商）来完成提交过程。

临床药理学监管提交项目可以分为两个主要步骤，即通过/不通过决定之前和之后。有些项目可能会因为“不进行”决定而终止。时间表也可能发生重大变化或项目被搁置。关键里程碑如图 8-9 所示。

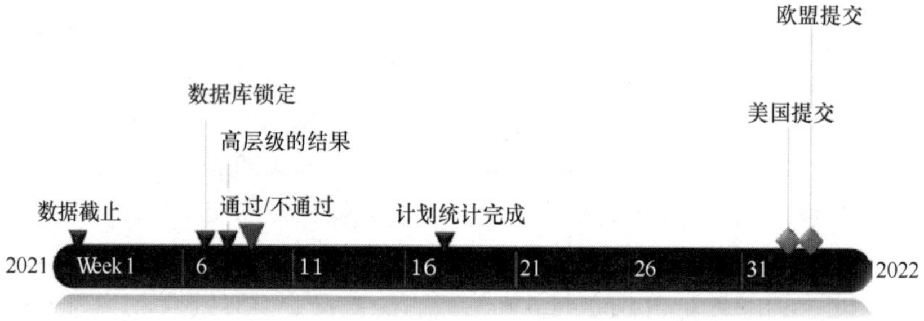

图 8-9 关键里程碑

提交的通过/不通过决定将取决于关键的第三阶段的结果。如果在研究方案中预先定义了中期分析（Dey 和 Croft，2018），那么第一个关键里程碑就是数据截止。下一个里程碑是数据库锁定。高层级的结果会在数据库锁定后一到两周出现，并提供进行或不进行决策。一旦做出决定，下一个关键里程碑就是计划统计完成。数据包将由程序员提供，用于计划的 PopPK、ERES 和 ISI 分析。所有这些报告及 CSR 将在模块 2.7.2 中使用。

模块 2.7.1 和 2.7.2 的文件分两个阶段准备。第一步，团队准备原型，其中不包括分析和数据包。第二步，致力于整合分析、数据包和结论。临床药理学跨职能数据流程如图 8-10 所示。

在数据流的第一步中，原始 PK/ADA 数据包由供应商或内部编程团队传输给临床数据管理。生物识别与信息（B&I）的程序员与生物统计学家合作创建 SDTM（研究数据表格模型）和 ADaM（分析数据模型）格式的数据包。数据包准备好后，PK 程序员将根据数据规范准备数据包，以用于 PK/ERES 建模。在下一步中，药理学家创建 PopPK 模型和 ERES 分析并生成报告。PopPK 模型和 ERES 分析可以单独或合并报告，并得到临床药理学团队的批准。报告的最终版本被纳入模块 2.7.2，同时供应商或程序员准备 eCRT 包以供发布。模块 2.7.2 中的一些部分需要合并到模块 2.7.3 和 2.7.4 中，这些模块将直接输送到模块 2.5 中。与此同时，临床药理学团队致力于模块 2.7.1，其中包括所有支持制剂和/或设备开发的临床研究报告，以及有关 PK、免疫原性、中和抗体和生物标志物的生物分析测定报告。模块 2.7.1 直接输入模块 2.7.5，并且 CSR 的完成时间早于模块 2.7.1 和 2.7.2。CSR 中的一些内容直接输入模块 2.7.1、2.7.2、2.7.3 和 2.7.4。

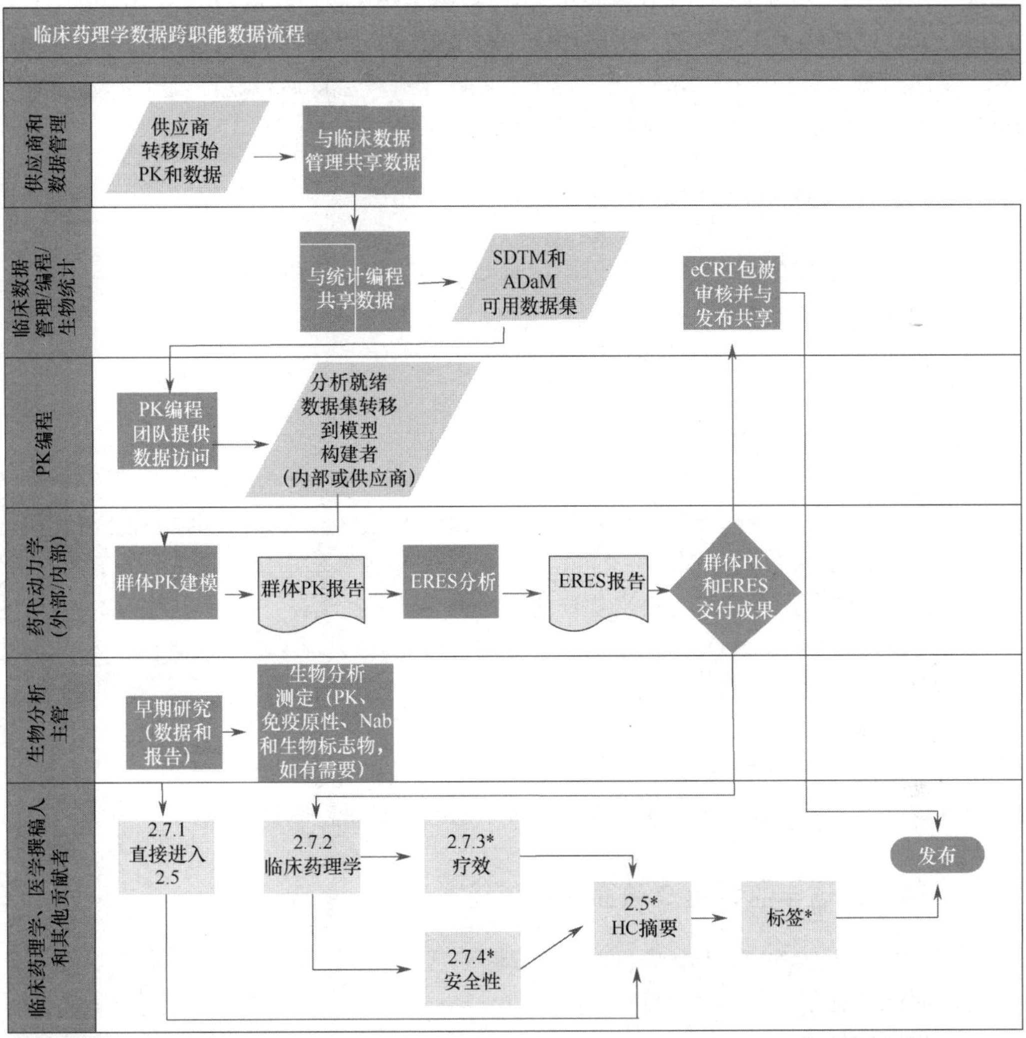

*临床药理学范围之外的模块，这里用来展示从2.7.2到发布的交付流程

注意：临床研究报告（CSR）进入2.7.1、2.7.2、2.7.3、2.7.4和ISI报告。研究水平的TFL进入CSR。集成的TFL进入模块2.7.2、2.7.3、2.7.4和ISI报告。

图 8-10　临床药理学跨职能数据流程

8.15.5　审核流程

原型和最终文件的准备和审查分为几个步骤。模块准备和审查的时间表将与 BLA/MAA 团队成员讨论，并与全球团队（MAST、CST、RSDT）保持一致。跨职能团队通过创建内容计划开始准备原型。医学撰稿人从团队收集信息，并开始处理数据集附带的文档文本，然后由团队审核。经过这次审查，医学撰稿人整理团队的意见并组织临床解释会议，之后医学撰稿人合并意见并最终确定文件。然后当团队等待数据集时，这些文档被搁置或“停放”。根据研究和团队的偏好，原型可能会被审查一次或两次。

最终文件需要经过两轮审查。NDA-BLA/MAA 团队成员和跨职能团队成员参与第一次审查，高级审查人员进行第二次审查。在第二次临床解释会议后，进行质量检查。该流程的最后两天专门用于交付预批准文件和获得最终批准。

8.15.6 临床药理学监管提交中的项目管理

在这里，术语“项目”是指包含以下所有要求的任何任务和活动序列：

（1）根据规定的规格制备的最终产品。

（2）时间轴。

（3）预算。

（4）人力和非人力资源。

（5）多功能团队和跨学科知识（科兹纳，2003）。

根据这些要求，监管提交符合项目的定义。最终产品包括准备并发布的临床药理学交付成果：模块 2.7.1 和 2.7.2，以及 ISI 和 CSR。时间表和预算是指定的，并取决于内部和外部因素。最后，临床药理学监管提交需要的资源分为以下几类：

- 人力资源。
- 学习知识。
- 数据包和分析。
- 外包 PopPK/ERES、CSR 可交付物或外部咨询的预算。

项目需要多功能团队负责准备提交包的各个部分并具备跨学科知识。

8.15.7 临床药理学监管提交项目中的传统方法

在传统的项目管理方法中，项目由五个阶段组成：

（1）项目启动。

（2）项目规划。

（3）项目执行。

（4）项目监督与控制。

（5）项目收尾。

在项目启动时，领导层批准项目，并确定高层级范围、里程碑、预算、关键资源和风险。此阶段不属于项目经理的职责范围，项目经理的责任在项目获得批准后开始。

在项目规划阶段，项目经理支持临床药理学负责人准备项目计划、高层级时间表、可交付物和资源。项目经理确认来自各个职能部门的资源并创建团队架构。团队架构由核心团队和特设团队组成。核心团队在临床药理学交付成果上进行合作，特设团队提供全球时间表和要求的关键信息。这些团队的结构如表 8-2 所示。

表 8-2　核心团队和特设团队的角色与责任

角　色	责　任
核心团队	
临床药理学负责人	• 负责提交的临床药理学策略和相关交付成果 • 向 NDA 或 BLA/MAA 团队提供临床药理学提交策略、临床药理学交付成果的情况及任何相关风险的信息
项目经理	• 组织 NDA 或 BLA/MAA 团队会议，收集议程事项，安排会议时间，分发会议纪要，跟踪行动事项 • 制定并维护临床药理学提交时间表，与临床/注册提交团队保持联系以确保时间表一致 • 提供运营支持以促进 NDA 或 BLA/MAA 团队交付成果的顺利执行
药效学负责人	• 负责提交的所有药效学相关交付成果 • 提出与药效学相关的议题 • 向 NDA 或 BLA/MAA 团队提供药效学分析计划、药效学交付成果的情况及任何相关风险的信息
免疫原性负责人	• 负责免疫原
PK 生物分析负责人	• 负责所有与生物分析测定相关的提交材料 • 就测定相关的交付成果（如测定验证报告、生物分析报告）及相关风险向 NDA 或 BLA/MAA 团队通报时间表/状态
PD 生物分析负责人	• 负责所有提交的 PD 生物标志物 • 就生物标志物相关的交付成果及相关风险向 NDA 或 BLA/MAA 团队通报策略/计划的时间表/状态
医学文档编写	• 主导模块 2.7.1 和 2.7.2 的开发，并根据需要为其他相关临床药理学提交文件，以提供医学写作支持（如 PopPK、ERES、ISI 报告） • 就提交文件及相关风险向 NDA 或 BLA/MAA 团队通报时间表/状态
特设团队	
监管项目经理	• 从法规角度为所有提交策略和计划提供意见
全球临床负责人	• 从临床角度为所有提交策略和计划提供意见
生物统计学负责人	• 从生物统计角度为所有提交策略和计划提供意见 • 负责与 PK、ADA、PD、PopPK 和 ERES 相关的数据集/输出交付
编程负责人	• 向 NDA 或 BLA/MAA 通报与 PK、ADA、PD、PopPK 和 ERES 相关的编程可交付物的时间表/状态，以及相关风险
临床运营项目经理	• 从整体申报计划的角度提供意见 • 了解临床药理学提交计划和时间表，并与项目经理密切合作，确保整体项目时间安排的一致性
临床项目负责人	• 负责监督临床疗效/安全

在某些情况下，分析需要由供应商准备。在这些情况下，项目经理应与供应商就未来的合作进行协调，并在需要时制定新的合同或工作说明书。

项目规划的最后一部分是开工会议，项目经理和临床药理学负责人共同介绍团队结构、角色和职责、可交付物、项目信息、高层级时间表和工作方式。最初，NDA 或 BLA/MAA 会议每月举行一次，在做出“继续”决定后，会议召开的频率会更高。项目经理负责设置 Microsoft Teams 和 SharePoint 网站等工具作为项目文档的存储库。

项目执行阶段通常在“继续”决策之前和开工会议之后开始。在此阶段，项目经理通过使用各种工具分配和执行项目任务来支持多种类型的干系人（见表 8-3）。

表 8-3 项目经理使用的工具

干系人	会议	行动事项	议程/会议记录	风险报告	时间表	评审者矩阵
临床药理学主管	每周	展示，更新	准备，发送	展示，更新	准备，更新，展示	准备，展示
BLA/MAA 团队	根据团队需求，每周、每两周、每月	展示，更新	准备，发送	展示，更新	准备，更新，展示	准备，展示
负责准备模块 2.7.1、2.7.2、ISI 的小组	根据团队需求，每周、每两周、根据需要	展示，更新	准备，发送	收集风险并予以缓解	准备，更新，展示	在审查过程中使用
供应商（负责准备 PopPK/ERES 或 PK/ADA）	每周	展示，更新	准备，发送	收集风险并予以缓解	准备，更新，展示	在审查过程中使用
全球团队	与 MAST、RSDT、CST 每周一次	由全球团队准备	由全球团队准备	更新全球风险登记册	与全球团队保持一致	在全球评审者矩阵中更新

项目经理的主要职责是与临床药理学负责人和医学撰稿人合作，准备和管理模块 2.7.1 和 2.7.2，以及 ISI 文件的时间表。此外，项目经理负责根据干系人的需求组织定期或临时会议。对于临床药理学监管提交，会议是收集和提供信息并及时做出决定的有效工具。会议的持续时间取决于主题；状态会议可能需要 15～30 分钟，而 NDA 或 BLA/MAA 会议可能需要长达 1～1.5 小时。会议之前，项目经理通过收集主要成员的主题来准备议程。会议结束后，项目经理负责准备会议纪要和行动项目并发送给团队。

确定合适的审稿人是临床药理学监管提交项目的一项关键活动。为此，项目经理使用评审者矩阵，其中包括有关审阅者、高级审阅者和批准者的信息。

项目经理还负责风险管理，包括风险识别和团队成员的定期审查。风险根据概率和对项目的影响进行分类，并包含在风险登记册中。

项目经理监督和控制 NDA 或 BLA/MAA 团队的项目范围和时间表。更改范围或时间表的请求可能来自全球团队（MAST、RSDT、CST）、NDA 或 BLA/MAA 团队成员。在这种情况下，项目经理与 NDA 或 BLA/MAA 团队成员及临床药理学负责人讨论策略或变更请求。扩大项目范围的决定由高层级干系人做出。项目经理负责识别和管理变更要求。

在项目收尾阶段，项目经理负责收尾文件并举行经验教训会议。经验教训会议对于未来项目的流程改进和知识数据库具有可衡量的好处。项目阶段如表 8-4 所示。

表 8-4　项目阶段

项目阶段	主要活动和工具
项目启动	项目获得领导层的批准。超出项目经理的范围
项目规划	规划和描述主要可交付物、团队结构、任务细节时间表、资源
	工具：与临床药理学负责人和其他干系人的会议、团队架构、时间表
项目执行	分配和执行里程碑和任务
	工具：会议、议程/会议纪要、进展报告、详细时间表、评审者矩阵、风险报告
项目监督与控制	项目经理监督和控制项目的范围和时间表
	工具：会议、议程/会议纪要、进展报告、详细时间表、风险报告
项目收尾	在提交里程碑之后结束或继续提供支持
	工具：NDA 或 BLA/MAA 团队会议、经验教训、项目收尾文件

8.15.8　经验教训

经验教训会议的目的是收集知识并分享从一个提交项目到下一个提交项目的最佳实践。举办经验教训会议并分享成果可为团队规划提交活动提供有价值的信息。经验教训会议在项目完成或任何关键里程碑完成后举行。对于使用 Scrum 框架的敏捷方法的项目，经验教训讨论是回顾会议的一部分。

吸取经验教训的过程对改进组织内开展的业务流程和后续项目做出了重大贡献。吸取经验教训的过程如图 8-11 所示。

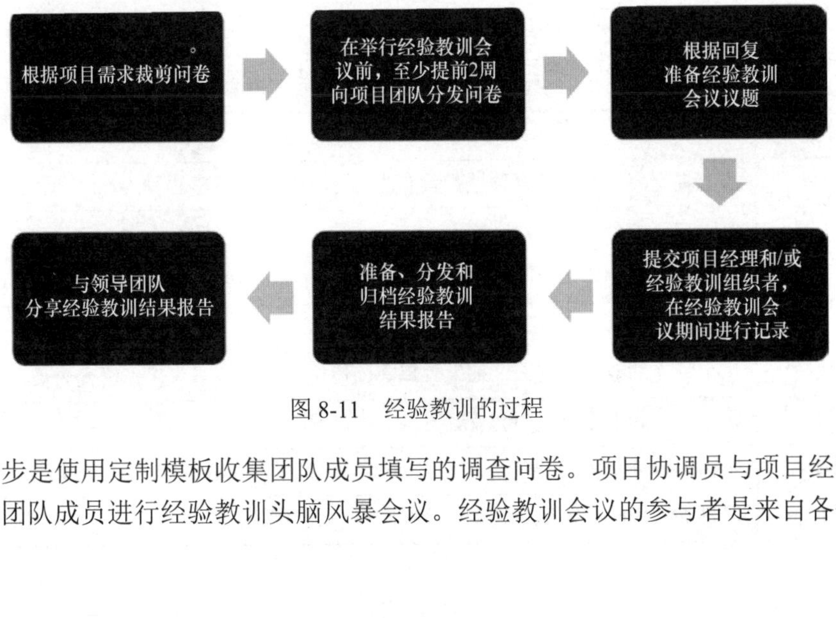

图 8-11　经验教训的过程

第一步是使用定制模板收集团队成员填写的调查问卷。项目协调员与项目经理合作，组织并与团队成员进行经验教训头脑风暴会议。经验教训会议的参与者是来自各个工作领域（临床药理学、药理学、生物分析、统计学、转化科学、医学写作、监管和项目管理）的团队成员。项目团队成员在会议前提供的见解可作为讨论的起点。最后的总结中，会议中的建议和行动项目包含在经验教训报告中。该报告与团队和 CPQP 领导团队共享，并存储在 SharePoint 网站上。在经验教训中识别出的一些业务流程变革想法被实施后成为“快速胜利”的成果，而其他想法可能会成为未来业务转型项目的举措。

8.15.9 临床药理学监管提交项目中的敏捷方法

尽管在研究中实施敏捷方法可以提高产出质量，但并非所有项目都可以无缝地融入敏捷框架（Pavlović 等，2018）。传统方法和敏捷方法之间的差异如表 8-5 所示。传统和敏捷的项目管理方法都可以适用于监管提交项目。在阿斯利康，NDA 或 BLA/MAA 团队正在转向敏捷方法，但由于工作性质所施加的某些限制，尚未完全采用该框架。

表 8-5 传统方法和敏捷方法之间的差异

类　别	传 统 方 法	敏 捷 方 法
1 事件顺序	事件顺序是固定的	事件顺序可以改变
2 最终产品	最终产品已确定	最终产品可以改变
3 文档	文档是有结构的	文档是可选的
4 技术	技术是标准的	技术可以适应变化
5 需求	需求在项目开始时已被定义	需求在项目过程中可以改变
6 会议	会议数量有限	项目过程中会有很多会议
7 团队	团队结构化	分成多个自组织的子团队完成不同任务
8 决策	决策由上而下	决策由团队内部做出

临床药理学监管提交中使用的不同项目管理方法如表 8-6 所示。项目管理的要素分为八类。第 1 类、第 2 类和第 3 类使用传统方法，第 4 类和第 6 类涉及敏捷方法，第 5 类、第 7 类和第 8 类结合了这两种方法。

表 8-6　各种支持监管提交的项目管理方法

敏捷/传统	解　释
1 传统	监管提交属于科学研究领域，具有明确定义的事件顺序
2 传统	监管提交的最终产品定义明确
3 传统	文档按照高度规范化的提交流程进行结构化
4 敏捷	使用各种工具来促进沟通和协作
5 传统和敏捷	每个提交的要求根据地区卫生管理部门设定，分析要求可以由研究人员自行决定
6 敏捷	团队成员和干系人之间会议频繁
7 传统和敏捷	结构化和分支团队
8 传统和敏捷	项目管理团队在团队内具有决策权，自上而下的决策

在传统方法中，使用定义的事件序列，明确定义最终产品，并根据地区卫生部门的要求构建文档。在敏捷方法中，召开了许多会议，并使用各种工具来帮助促进沟通和协作。

在某些类别中，这两种方法可以结合起来使用。NDA 或 BLA/MAA 团队结构分为多个子团队。每份提交的要求是根据地区卫生当局设定的，分析可以由研究人员自行决定。根据项目需求，决定决策是集中的还是分散的。对于临床药理学监管提交，最好结合使用传统方法和敏捷方法来顺利执行项目。

8.15.10　案例分析

项目管理负责监督临床药理学监管提交，以确保任务按时高质量完成。这种方法提供了许多好处，如召开有效的会议、提供运营支持，以及管理时间表、干系人、供应商、风险和资源。

表 8-7 显示了项目经理在临床药理学监管提交中花费的大约小时数。平均而言，项目经理每月提供 25 小时的支持，使临床药理学主管能够专注于多项科学活动。

表 8-7　案例研究

每个项目的项目经理活动	活动所需的时间（小时/月）
NDA 或 BLA/MAA 团队定期会议，其他会议（组织：安排、准备议程和会议纪要）	4
为 PopPK/ERES、CSR 和模块 2.7.1、2.7.2 准备、监控和调整时间表，与关键干系人同步	8
注册、监控问题和风险	4
项目行动项跟踪，项目进展报告	4
运营支持（SOWs，POs，发票）	2
供应商管理问题和合同问题的支持	3
专家的总节省时间	25

8.15.11　总结

CPQP 在阿斯利康向监管机构提交新药以供患者使用的过程中发挥着重要作用。CPQP 负责设计正确的试验、创建正确的测定、开发适当的剂量、准备正确的标签及确定适当的患者组。临床药理学负责准备和完成模块 2.7.1 和 2.7.2、ISI 文件和 CSR 可交付物。监管提交项目需要许多职能领域的输入和协作，尤其是在第三阶段研究公布之后，此时可以获得一些需要成为最终交付成果一部分的关键数据。完成提交过程需要各种资源，包括文件审查。CPQP 的临床药理学负责人负责所有科学和技术问题。项目经理负责总体组织问题，沟通、资源和时间表管理。临床药理学负责人和项目经理合作，在规定的时间内高质量地实现项目目标。混合项目管理工具已用于临床药理学监管提交，这种传统方法和敏捷方法的结合是在 CPQP 中成功引导提交项目的高效且有效的方法。

8.16 卓越行动：空客公司[①]

在产品管理生命周期中，概念阶段对于定义行业的关键开发项目至关重要，这将为业务带来更多收益，最重要的是这些项目将提高产品的竞争力。

本节介绍了一个称为**商务驱动项目路线图**（Business Driven Program Roadmap，BDPR）的流程。该流程被用作在组合产品管理中确定研究和开发项目的优先级并对其进行仲裁的工具。

在拥有复杂且广泛的产品组合的大型企业中，了解要研究的领域并促进渐进式开发以提供更高的投资回报和更强的竞争力是关键。与仲裁一样重要的是正在进行的增量开发项目的透明度，以及投资组合中不同产品之间如何相互关联。

BDPR 的使命是确保投资组合计划和项目从商务角度提供中期（第 1～5 年）和长期（第 6～10 年）的产品和服务组合。因此，从长远来看，BDPR 应与每个项目集及其战略愿景完全一致，并确保所有项目集的一致性。图 8-12 说明了典型的 BDPR 的关键原则。

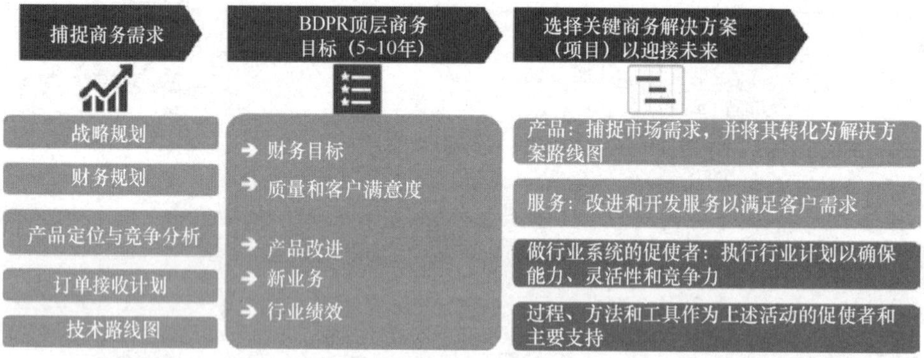

图 8-12　BDPR 的关键原则

BDPR 是关于产品和服务计划、项目的增量开发及其财务影响的年度周期治理，它构成公司关键治理控制的一部分。治理是按照运营计划周期“从右到左”建立的，目标是在第三季度内实现执行委员会验证计划框架的最终结果。BDPR 年度周期治理围绕一次开工会议、一次指导委员会和一次结束会议建立，这些会议作为执行委员会会议的一部分举行，具体如下：

- BDPR 启动，以捕获商务需求（第一季度），并在 BDPR 时间范围（*N*+5 年和 *N*+10 年）内确认首要商业目标。这一交付成果是通过全球营销分析、将我们的产品与竞争对手的产品进行比较及客户之声来构建的，以确定潜在的新产品功能需求。另外，项目战略开始收集客户和干系人的意见，以巩固并提出有关产品开发的潜在方案。

① 本节资料由空客公司提供。版权归空客公司所有，经许可转载。

- BDPR 指导委员会在第二季度选择关键商务项目，审查 BDPR 可交付物以提供战略指导，并确保和确认增量开发项目和财务整合的优先顺序。
- BDPR 结束，在第三季度对关键项目进行优先级排序和仲裁，最终确认 BDPR 数据包及其增量开发项目。这些项目将包含在研发预算中。

此外，为了确保完全一致性（在 BDPR 开工会、指导委员会和收尾会议之前），应与计划和推动职能（工程和行业）举行一系列协调会议。

关键的可交付物之一是 BDPR，它是一个基于时间的 5～10 年协作计划，通过直观地表示业务所处位置、想要实现的目标及如何实现目标来展望未来。

图 8-13 所示的 BDPR 是一种有效的沟通和决策方法，它将战略愿景和市场/客户需求联系起来，以实现产品和服务业务的未来理想状态。它代表了业务解决方案/项目之间的相互依赖性，其中的解决方案/项目预测了优化资源分配和最小化风险的替代路线。此外，它还允许评估技术变革，并支持项目和服务对商业机会进行优先级排序和仲裁，这对于实现所期望的未来目标至关重要。

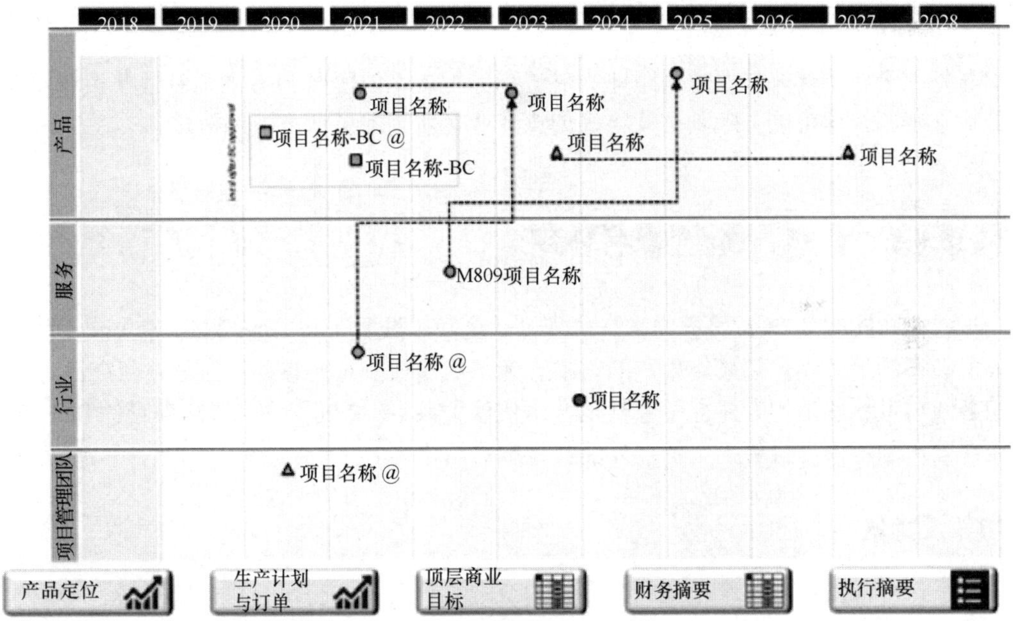

图 8-13　BDPR 十年示例

最后，BDPR 作为一个整合流程为公司带来以下收益：

- 提高了产品组合增量产品开发的透明度，并成为公司内部增量开发的仅有的一个事实点。
- 促进了不同项目中业务需求驱动的项目的优先级排序和仲裁。
- 推动了不同产品增量开发的标准化，提高了研发投入的附加值。
- 减少了官僚主义并加强了所有干系人在共同治理中的协调一致。
- 加强了项目开发中需求与服务、工业和流程、方法和工具推动者等层级之间的整合。

8.17 与模糊前端合作

当我们审视组织的优势和劣势时，我们往往只关注内部优势和劣势。我们还假设整个FFE 流程仅涉及内部资源。今天的公司已经认识到，他们不能完全依赖自己的研究，而应该征求公司外部的想法，包括消费者、竞争对手公司、学术机构、许可和合资企业。企业与其环境之间的界限现在是可渗透的。

苹果和脸书（Facebook）等公司希望利用成千上万人的知识，为新产品和服务产生创意。在 FFE 活动期间与这些人合作可以为实施全球协作计划的公司带来多种收益：

- 降低创意生成成本。
- 降低自主研发成本。
- 在开发过程的早期就让客户参与进来以获得支持并获得部分所有权。
- 更准确地了解目标细分市场和客户。
- 提高生产力和效率的潜力。

与外部合作伙伴合作要求公司建立对流程的控制，如使用 FFE 的强制性模板和可能的项目实施规则。这可能会限制公司将好创意商业化所需的灵活方法的数量。

8.18 卓越行动：脸书公司

一些公司吹嘘其产品/服务的客户群规模达到数千或数十万，但脸书、苹果和微软等其他公司必须满足可能数亿最终用户的需求。为了成功做到这一点并不断开发新产品/服务，他们必须与世界各地的人建立关系甚至合作伙伴关系。这降低了许多战略项目的开发成本，并允许公司利用不支付员工工资之外的其他智力资本。

8.18.1 背景

为了让外部人员能够轻松地在许多新的或战略项目上与公司合作，脸书等公司创建了平台。脸书于 2007 年 5 月 24 日推出脸书平台，为软件开发人员和其他志愿者提供了一个框架，以创建与脸书核心功能交互的应用程序；同时推出了名为 Facebook Markup Language 的标记语言，它用于定制开发人员创建的应用程序的“外观和感觉”。脸书利用该平台推出了几款新应用程序，包括 Gifts（允许用户互相发送虚拟礼物）、Marketplace（允许用户发布免费分类广告）、Facebook events（为用户提供一种向朋友通知即将举行的活动的方法）、Video（视频）、让用户彼此分享自制视频，以及社交网络游戏，用户可以利用与朋友的联系来帮助他们在正在玩的游戏中取得进步。许多流行的早期社交网络游戏最终都会结合各种功能以求持续发展。例如，Green Patch 是最早登上应用榜首的游戏之一，它将虚拟礼物与向朋友发送的活动通知及通过 Causes 向慈善机构捐款相结合。

第三方公司提供应用程序指标，并且针对脸书应用程序的需求出现了一些博客。2007

年 7 月 4 日，Altura Ventures 宣布成立“Altura 1 Facebook 投资基金”，成为世界上第一家仅限脸书的风险投资公司。

该平台上创建的应用程序包括国际象棋，它们都允许用户与朋友一起玩游戏。在此类游戏中，用户的动作会保存在网站上，以便可以随时进行下一个动作，而不是在上一个动作之后立即进行。

截至 2007 年 11 月 3 日，脸书平台上已开发出 7 000 个应用程序，并且每天还会有 100 个应用程序被创建。到 2008 年 7 月 23 日第二届年度开发者大会时，申请人数已增长至 3.3 万人，注册开发者人数已超过 40 万人。脸书还创建了多种语言的应用程序。

马克·扎克伯格表示，他的脸书团队正在开发脸书搜索引擎。“脸书非常适合回答人们的问题。在某些时候，我们会的。我们有一个团队正在研究这个问题。”马克·扎克伯格说。对他来说，传统搜索引擎返回的结果太多，而这些结果不一定能回答问题。“搜索引擎确实需要发展出一套答案：‘我有一个具体的问题，请回答我这个问题。’”

8.18.2　结论

脸书拥有超过 400 000 家提供商，它似乎已经成功地管理和发展了与应用程序提供商的战略合作伙伴关系。这种类型的战略合作伙伴关系方法可能成为项目管理未来的一部分。

8.19 生命周期阶段

多年来，学术界一直教导说，传统的项目生命周期阶段在项目获得批准并指定项目经理后开始，在可交付物创建后结束。然而，当收益实现和价值管理变得重要时（正如现在正在发生的并将在未来继续发生的那样），则必须包括额外的生命周期阶段，如图 8-14 所示。

项目经理现在比以前更早上任（如在 FFE 中），并在交付物产生后留下来衡量所创造的业务价值。图 8-14 所示比传统项目生命周期更能代表投资生命周期。如果要创造价值，就必须在整个投资生命周期中管理收益。传统的项目生命周期属于投资生命周期。在投资生命周期中可以确定六个以上的生命周期阶段，但为了简单起见，这里仅考虑这六个阶段。

灵活的方法将使项目团队能够建立最适合项目和干系人要求的生命周期阶段。未来干系人可能会参与生命周期阶段和相关门径的选择。

创意生成阶段与 FFE 类似，通常包括可行性研究和成本效益分析，是项目创意的起源。这个想法可以起源于客户或企业主的组织、母公司，或客户公司的高层或低层管理人员，或资助该项目的组织内部。创意生成阶段的输出通常是创建商业论证。

尽管创意发起者可能清楚地了解项目的最终价值，但商业论证是根据预期收益而不是价值来定义的。价值是在项目接近结束时根据已实现且可量化的收益确定的。由于前面所述的许多因素可能引发变化的原因，所实现的收益可能与项目启动时定义的预期收益显著不同。

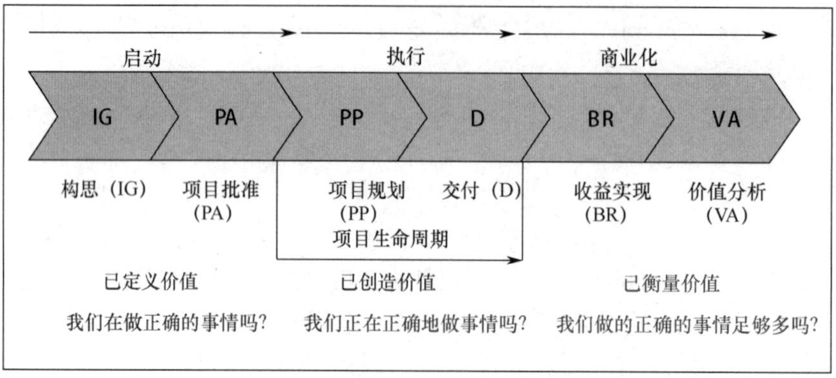

图 8-14　投资项目的生命周期

并非所有项目都需要编写商业论证。标准商业论证可能适合监管机构合规性所必需的项目，并且要易于理解或简化，以便为了允许企业商务或部分商务更有效地继续发展。

准备好商业论证后，就要向 PMO 发送项目批准请求。如今的公司正在建立投资组合 PMO，以控制项目审批阶段并在交付期间监控项目组合的绩效。

PMO 必须根据整个公司的最佳收益做出决策。与公司所有待批的其他项目相比，对一个业务部门极其重要的项目可能具有较低的优先级。PMO 必须通过适当平衡关键资源和适当确定项目优先级来最大化投资组合的业务价值。PMO 必须解决表 8-8 中所示的三个关键问题。

表 8-8 中第三个问题所确定的活动通常是投资组合 PMO 职责的一部分，用于确定是否获得了所有收益或者是否需要将其他项目添加到队列中。

表 8-8　典型的投资组合项目管理办公室角色

关 键 问 题	考 虑 因 素	投资组合工具和流程
我们是否在做正确的事情？	- 与股东价值、客户满意度或盈利能力等战略目标的同步 - 内部优势和劣势的评估 - 可用和合格资源的评估	- 评估商业论证的严谨程度的模板 - 战略适应性分析和与战略目标的关联 - 显示项目之间关系的矩阵 - 资源技能矩阵 - 容量规划模板 - 优先级排序模板
我们是否在正确地做正确的事情？	- 满足期望的能力 - 实现收益的进展能力 - 管理技术的能力 - 最大化资源利用的能力	- 收益实现计划 - 正式的、详细的项目计划 - 建立跟踪指标和关键绩效指标 - 风险分析 - 问题管理 - 资源跟踪 - 收益/价值跟踪
我们是否在做足够多的正确的事情？	- 与战略目标的比较 - 满足所有客户期望的能力 - 捕捉公司资源能力范围内的所有商业机会	- 总体收益跟踪 - 使用项目管理信息系统进行准确报告

大多数公司倾向于认为，在项目获得批准并添加到公司项目队列中后，应该让项目经理加入该项目。争论的焦点是，项目经理不是业务人员，他们掌握的有助于审批过程的信息有限，而且他们的报酬只是做出基于项目的决策。这当然不是真的。在当今世界，项目经理将自己视为管理商务工作的一部分，而不仅仅是管理一个项目。因此，项目经理的报酬是针对其项目做出基于项目的决策和与商务相关的决策。

当项目经理在项目批准后加入时，他们会受到商业论证和收益实现计划中信息的支配。遗憾的是，这两份文档并不总是包含所有假设和约束，也没有讨论创建项目的思维过程。

也许让项目经理尽早加入（如在 FFE 中）的最重要原因是为了资源管理。项目通常会被批准、添加到公司项目队列中并确定优先级，而很少考虑合格资源的可用性。然后，当收益没有按计划交付时，项目经理就会因没有正确地为项目配备人员而受到指责。

项目经理很可能是最有资格批判性地确定所需资源数量和指定员工技能水平的人，这使得项目组合治理人员更容易根据图 8-15 所示执行有效的资源管理实践。

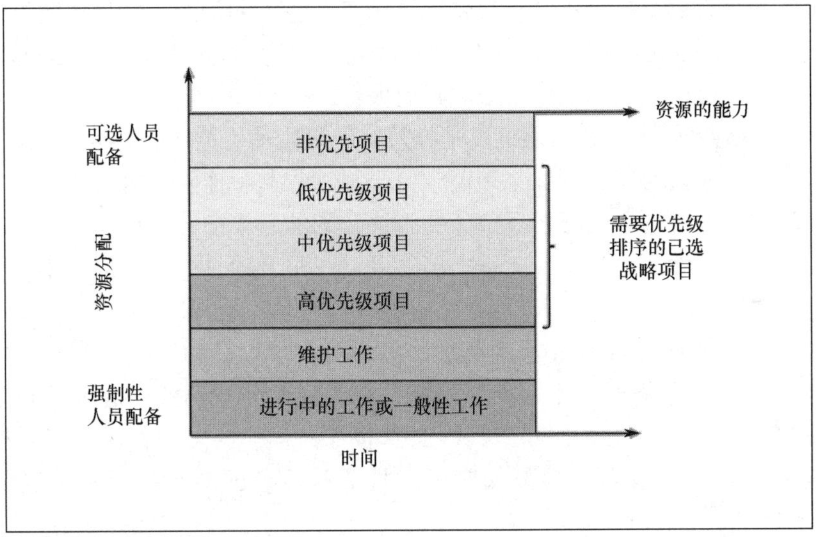

图 8-15　资源管理实践

即使在投资生命周期的早期分配项目经理，也可能会出现资源管理缺陷，例如：

- 并未捕获所有资源需求。
- 对所需资源技能水平的了解仍然不足。
- 由于范围变化，项目的资源需求可能会发生变化。
- 如果需要转型活动，则可能无法考虑所需资源。
- 优先事项可能会因其他关键项目需要“救火”而发生变化。
- 可能存在不切实际的收益和价值估计。

如果缺点没有被识别和有效管理，其结果可能是：

- 收益实现计划失败。

- 投资组合业务价值没有最大化。
- 产品组合不断变化。
- 不断调整优先顺序。
- 持续的人力冲突。

生命周期的第三个阶段是项目规划阶段。此阶段包括初步规划、详细规划及收益实现规划的更新。尽管商业论证可能包括假设和约束，但 PMO 可能会提供与整体业务目标及企业环境因素可能对项目产生影响相关的其他假设和约束。作为商业论证的一部分所创建的收益实现计划可能会在此阶段发生重大变化。

收益实现计划与项目计划不同，但必须与项目计划相结合。收益实现计划及配套的项目计划可能会随着项目的进展、根据业务状况的变化而不断变化。

生命周期的第四个阶段是交付阶段。此阶段及项目规划阶段通常基于《PMBOK®指南》（第 6 版）中确定的传统领域。在此阶段，项目经理与项目管理办公室、企业主和指导/治理委员会密切合作，以最大限度地实现项目收益。

绩效报告必须提供给投资组合项目管理办公室及适当的干系人。如果项目不再与交付期间可能发生变化的业务目标保持一致，PMO 可能会建议重新调整甚至取消该项目，以便将资源分配给可以提供最大化组合收益的其他项目。

图 8-14 中的最后两个生命周期阶段是收益实现阶段和价值分析阶段。无论在生命周期的哪个阶段制定，收益实现计划都必须确定用于跟踪收益和伴随价值的指标。收益和价值指标识别是收益实现规划中的薄弱环节。关于该计划的组成部分已经写了很多，但关于要使用的指标却很少。然而，公司现在正在创建可以在整个项目中而不是仅在项目结束时进行衡量的价值指标。

最后两个生命周期阶段通常包括收益收获活动，即收益和伴随价值的实际实现。收获可能需要实施组织变革管理计划，这可能会让人们离开他们的舒适区。充分实现收益可能会面临来自管理者、工人、客户、供应商和合作伙伴的阻力。人们可能有一种固有的恐惧，即变革将伴随着晋升前景的丧失、权威和责任的减少，以及可能失去同事的尊重。

收益收获还可能增加收益实现成本，因为需要：

- 招聘和培训新员工。
- 改变现有人员的角色并提供培训。
- 重新安置现有人员。
- 提供额外或新的管理支持。
- 更新计算机系统。
- 购买新软件。
- 制定新的政策和程序。
- 就工会合同进行重新谈判。
- 与供应商、分销商、合作伙伴和合资企业发展新的关系。

8.20 项目结束

在范围明确的传统项目中，一旦交付成果被创建并被客户接受，项目通常就会结束。项目团队执行行政和合同收尾工作，然后继续执行其他任务。

对于未来预期的战略项目，项目团队的某些成员可能需要继续分配到该项目中，以验证项目预期收益的存在和价值，如图 8-16 所示。

战略项目结束时，我们所拥有的是成果或可交付物。传统项目一旦创建可交付物，收益和价值就会显现出来；而战略项目不同，它需要时间来提取收益和价值。项目团队成员可能仍需要被指派支持干系人从结果和交付物中识别、提取收益和价值。必须有人拥有所有权才能获得收益，并且可能包括也可能不包括创建可交付物的团队成员。收益收获时间可以以月或年为单位来衡量，并且可能需要重新调整活动。因此，未来的项目经理可能在项目执行完成很久之后仍被指派到该项目中。

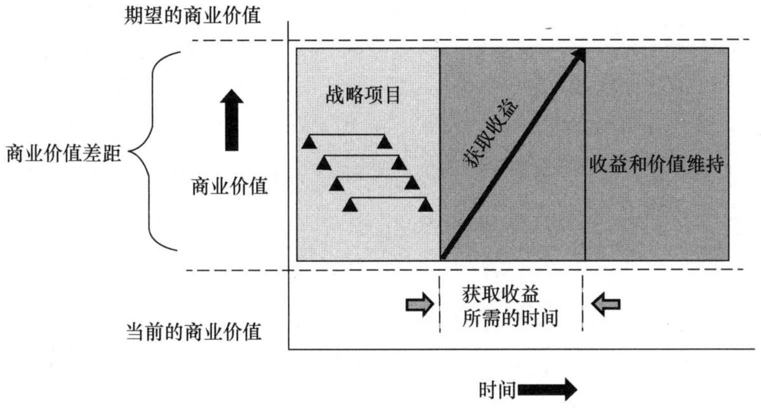

图 8-16　收益获取

8.21 卓越行动：摩托罗拉公司[①]

九十多年来，摩托罗拉一直被认为是创新的代名词，不仅在产品和服务方面，而且在领导力和项目管理方面也是如此。摩托罗拉历来的优势在于通信和半导体行业的技术创新，但现已扩展到其他行业。摩托罗拉在其一些战略项目管理实践中设定了标准，以便在创新活动期间接近最终用户并了解客户的业务模式。摩托罗拉还在收益收获和价值维持过程中与客户密切合作。

① 本节改编自格雷厄姆・马歇尔的“在摩托罗拉，设计研究成为战略资产”，《设计管理杂志》，2009 年，第 4 卷第 1 期，第 61～67 页。

8.21.1 背景

接近客户以了解他们的需求有助于做出正确的项目决策。在大多数公司中，创新和战略研究只是询问客户现在和未来的需求是什么，而摩托罗拉进一步推进了他们的研究。摩托罗拉利用其设计研究和创新项目团队进行“深入”的客户研究，不仅阐明用户如何使用摩托罗拉的产品，还阐明客户如何运行其业务流程及他们未来的需求。摩托罗拉还观察客户如何使用其产品，其中大部分是在 FFE 活动期间完成的。

摩托罗拉的研究不仅仅是了解产品的使用方式，还包括了解为什么产品对于客户的业务成功至关重要，以及产品如何适应客户的业务模式。这使得摩托罗拉能够进行有针对性的创新。客户知识不仅仅基于最终用户的需求，了解产品解决方案的业务方面可以让工业设计团队有机会明确产品开发方向。

摩托罗拉的生成性研究是由客户和合作伙伴访谈，以及观察性研究驱动的。正如格雷厄姆·马歇尔（Graham Marshall）所说：

根据第一轮客户拜访和生成研究，团队确定了在产品定义阶段要重新拜访的特定客户。此时，研究人员将带来展示形式、特征和功能的样本模型。产品定义阶段可帮助团队在做出开发承诺之前明确定义和测试合适的产品。

我们使用模型工具包和故事板与客户沟通潜在的设计方向。通过提出具体问题，我们可以更好地了解客户需求的复杂性：“您需要展示什么信息？您需要输入多少信息？您的空间的采光情况如何？产品是在库房还是在店面使用，还是两者兼而有之？您需要携带或移动产品或设备多远才能完成交易？”

摩托罗拉还要进行验证，以确保重点关注客户解决方案。正如马歇尔所说：

在开发计划过程中，创新和设计团队需要验证所收集信息、产品方向和开发权衡的完整性。这确保了随着产品开发的进展，设计始终以客户的需求为目标。

8.21.2 结论

通过了解客户的业务并与客户保持密切联系，摩托罗拉已经证明了以客户为中心的创新解决方案可以带来好处。简而言之，摩托罗拉已发展成为一家有针对性的业务解决方案提供商，这始于 FFE 活动。

8.22 完全失效或部分失效的新原因

无论我们多么擅长收益实现和价值管理，总会有失误导致灾难。整个项目生命周期可能发生的 14 种此类故障的原因包括：

（1）企业主或干系人不积极参与。

（2）决策者不确定自己的角色和责任，尤其是在生命周期的早期阶段。

（3）项目在没有商业论证或收益实现计划的情况下获得批准。

（4）收益和价值的定义存在高度的不确定性和模糊性，因此无法在收益实现计划等文件中对其进行充分描述。

（5）为了获得项目批准和高度优先权，对收益做出过于乐观或不切实际的估计。

（6）未能认识到有效资源管理做法的重要性，以及与效益实现管理的联系。

（7）重点关注项目的可交付物，而不是收益实现和商业价值的创造。

（8）使用了错误的项目成功定义。

（9）项目按传统阶段而不是投资生命周期阶段进行管理。

（10）采用错误的指标、不可靠的指标或没有指标会导致跟踪收益和价值变得困难。

（11）没有在整个生命周期中跟踪收益和价值。

（12）对于何时取消失败的项目没有制定标准。

（13）没有任何转型过程，只能通过组织变革管理来实现收益和价值。

（14）没有吸取经验教训和最佳做法的流程，从而导致错误不断重演。

最后一条通常是纠正前 13 个原因重复发生的解决方案。

8.23 结论

由于收益和价值的重要性，今天的项目经理更像业务经理，而不是过去纯粹的项目经理。今天的项目经理应该做出业务决策及基于项目的决策。项目经理需要比他们的前任更多地了解业务。

随着绩效衡量技术的发展，公司已经开始创建衡量收益和价值的指标。虽然许多绩效衡量技术仍处于起步阶段，但我们期待未来几年会有更快速的增长。

09 第 9 章 支柱 9：项目管理办公室和治理的演进本质

9.0 引言

如果我们回顾一下项目管理办公室的概念，过去 15 年或 20 年来唯一没有改变的就是其缩写：PMO。

而其他一切都以相关的方式发展，以应对新型项目、组织转型的性质及 VUCA 环境，PMO 在我们如何适应和应对变化、颠覆方面发挥着主导作用。

根据组织需求定制 PMO 是成功的关键因素。项目管理办公室不是“控制”或“检查”区域或团体。它是项目经理和交付团队的合作伙伴，可以对变化做出反应，可以改进风险应对措施并关注价值。

9.1 如何在敏捷和易变的世界中应用治理

通常在考虑治理时，首先想到的就是官僚主义、报告信息、控制链、速度降低等对当前业务场景不友好的术语。

另一方面，缺乏治理可能会产生混乱，降低企业应用内部合规政策和程序的能力，并产生因开发不够成熟而可能成为业务风险的产品和服务。

解决方案是开发一个支持组织的结构，但不增加额外的不相关的工作和官僚机构。它是一个“轻量化”和“精益”的流程、框架和结构，专注于支持人员和团队交付成果，同时促进文化变革和塑造期望的行为。

接下来的章节将介绍几个案例研究。第一个案例研究是航空运输行业领先的 IT 和电信服务提供商 SITA，以及它在 VUCA 环境中管理和运营 PMO 的挑战。

第二个案例研究是美国软件公司 ServiceNow 及其作为“战略实现办公室”的 PMO 方法。它还包括现代 PMO 的四项能力。

第三个案例研究由 PMO 全球联盟提供（注：已于 2023 年被 PMI 收购）。该联盟是一个项目管理办公室的全球社区，成员遍布一百多个国家。他们提供了会员的不同案例，并介绍了 PMO 价值环。

最后，还有一个案例研究是用数学模型来计算 PMO 组织结构的一些“无形”价值，将故障率和减少的损失转化为 PMO 可以提供的收益。

9.2 卓越行动：SITA[①]的机场系统集成项目呼唤灵活的治理

你可能至少有一次乘坐飞机的经历。在多数大陆洲际旅行中，只要在空中飞行几小时，你就会到达一个语言、气候和文化不同的地方，更不用说风景、氛围或食物了。机场和航空公司努力让你的旅程尽可能顺利，在从一个现实时空飞向另一个现实时空时创造一种轻松的体验。当然，在这种看似简单的事情背后隐藏着大量的项目管理。

当你从 A 地飞往 B 地时，涉及 20 多个组织：航空公司、旅行社、地勤人员、机场运营、移民、安检……当你跨境时，多达 19 个实体和组织会关注旅行者的身份、凭证和旅行资格。每个干系人都受到严格的、健康和安全要求的约束。可持续性日益成为进一步必须考虑的因素。当你在机场喝咖啡、等飞机时，你可能没有意识到，你周围的每一位乘客都需要不同的团队服务来尽可能地让他们的旅行保持愉快。这使机场成为互动的迷宫，因此机场系统集成项目可能是管理起来最复杂、最具挑战性的项目之一。

项目管理变得越来越 VUCA：易变的、不确定的、复杂的和模糊的。

- 易变的：意味着存在大量持续变化，而且不同的变化以不同的速度发生。技术变革在某种程度上可能是可预测的，监管和政府的变化也是如此。其他变化可以进行“风险管理”，但人们永远不知道它们何时会发生，其中包括降雪、火山爆发、台风、地震等自然事件，也包括恐怖袭击和流行病。
- 不确定的：意味着难以预测。在机场环境中，这主要与自然事件、流行病和恐怖袭击有关。尽管机场对此类活动进行了总体规划，但供应商却很少这样做，而是用合同条款来掩盖自己。
- 复杂的：由于移动部件的多样性，如上所述。
- 模糊的：是指相关信息已掌握，但总体含义尚不清楚。假设的未来将被证明是错误的。一个典型的例子是航空旅行增加（以及相应投资）的预测，但这一预测被新冠疫情打破了。

对于机场项目尤其如此。

毫无疑问，技术的飞速发展弥补了复杂性带来的不足；解决方案支持灵活的业务模式；开发新的平台是为了降低成本和提高灵活性；发明了更巧妙的方法来使集成系统容易实施。但在实践中，这是不够的。

系统集成项目管理的问题在于，每个涉及的干系人和系统都处于不同的项目管理成熟

① 本节资料由 SITA 的高级项目组合经理萨莉安娜・贝南（Sarianna Benain）提供。她专注于问题项目恢复和项目盈利管理。萨莉安娜目前在 SITA 欧洲管理面向客户的机场项目，同时担任欧洲持续改进 SPOC 的职务。萨莉安娜拥有 PMP、Prince2 和精益六西格码绿带认证。“观点是作者的观点，不一定是其雇主的观点。”

度水平，处于数字化、虚拟化、敏捷转型、云支持或机器人化之旅的不同阶段。供应商处于不同的国家，对共同语言的掌握程度不同，同时有不同的价值观和商业惯例。

在一个典型的机场系统集成项目中，集成了 20 多个系统和供应商（如航班登机口分配、空中交通管制、安全通道数量预测、航班信息显示、噪声监控、机场计费等），每个系统都可能使用不同的技术，从 20 年前的技术到未经证实的未来技术，在项目管理方面具有不同的成熟度水平，从什么都没有到“传统”项目管理再到“现代”敏捷方法。这些项目涉及多种治理模型和方法，或者缺乏这些模型和方法。同一项目的所有 20 多家供应商都有一个共同点，那就是必须签订合法的双方工作合同。

各个系统提供商可能已经成功地在自己的公司完成了敏捷转型（众所周知），这既不快速也不容易，并且需要数年时间才能实现。他们可能有崇高的目标，以敏捷的方式为客户提供灵活的解决方案；然后客户签约的悲惨现实打击摧毁了崇高的原则。机场通常至少部分归国家所有，并受到复杂的反腐败和其他法规的监管。

这种设置在承包范围中强加了静态和缓慢的瀑布思维，需要提前定义范围到 N 个层级，必须避免变更并严格控制变更。签订合同的过程可能需要数年时间，在 VUCA 环境中，随着变化的速度，这意味着在签订合同时，世界已经改变，你的产品已经改变，客户需求也已经改变。作为项目经理，你会发现自己穿着合同紧身衣，受到过时且变化缓慢的管理流程中最小的活动空间的限制。

僵化的合同与 20 多家相互作用的公司和系统因素相乘，再加上不断变化的法规，将这些与现实环境相结合，即处理变更所需的时间比新变更到达的时间更长，从而影响你尚未正式实施的变更。这样你得到的是一个必须有超级英雄项目经理的项目：他/她必须具有创新思维，对多种方法、合同和干系人管理有深入的了解，具备谈判和解决问题的能力，注重价值，平衡灵活性和控制力强，能够掌控风险。

一种转型可以让成功变得更容易：迫切需要对政府监管机构及企业的控制和承包实践进行现代化改革和创新。合同需要定义价值和收益目标而不是范围，为框架提供寻找最佳解决方案的空间，并快速轻松地进行更改。预算需要逐步确定。

干系人需要在项目期间参与集成的多对多设计思维，而不是单独定义交钥匙解决方案合同的前期要求。我们不仅需要在技术和项目管理方法方面进行彻底变革，而且需要在合同实践方面进行彻底变革。

下次你在机场喝咖啡时请环顾四周，你会感到：旅行越智能，技术、项目管理和合同实践就越智能。

9.3 卓越行动：现代服务公司[①]——从项目管理到战略实现

PMO 正在进入下一个发展阶段，它有可能将自己定位为“战略实现办公室”，使命是确保企业项目组合与公司的战略优先事项保持一致，并产生预期的投资收益。在充满不确

① 本节资料由 Simon Grice（创新高级总监）、Doug Page（产品管理高级经理）、Rani Pangam（IT 项目管理高级总监）和 Tony Pantaleo（产品成功总监）提供。版权归现代服务公司所有，经许可可转载。

定性的商业环境中，企业领导者需要此功能来帮助他们实现战略目标并驾驭变革。

过去，PMO 一直专注于降低风险和合规性，将自己定位为治理中心。在结果至上的商业环境中，PMO 必须转变态度。企业 PMO（EPMO）致力于扩展规模以管理更复杂的项目，这是向前迈出的一步，但其本身还不足以提供战略敏捷性。

转向战略敏捷性要求 PMO 将自己定位为对业务线内和跨业务线运行的所有项目发起、项目集和项目都具有可见性。项目管理办公室应该能够分析跨策略的投资组合，并报告投资的健康状况和价值。

它应该能够分析不同企业计划之间的依赖关系，并帮助选择正确的方法和框架来交付所需的业务成果。它应该能够衡量项目和产品所引入的变更的采用情况，以确保实现商业论证的好处。

凭借这种洞察力和视角，PMO 可以成为数字化转型工作中不可或缺的一部分。

9.3.1　现代 PMO 的四项能力

利用这些智慧做出更好决策的能力将是 PMO 成功的关键因素。在持续变革的未来，PMO 将需要加强四个领域的能力，包括推动组织变革的技能和用户采用新功能的技能（见图 9-1）。

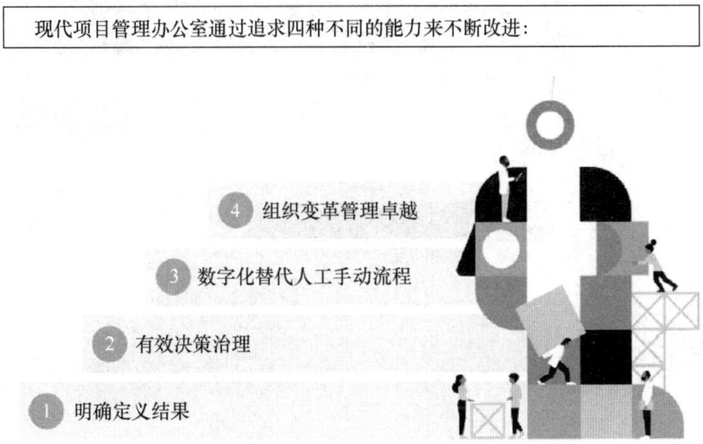

图 9-1　现代项目管理办公室的四种能力

1. 明确定义结果

在变革的喧嚣中，PMO 需要发挥更强有力的作用，确保业务和投资案例具有明确的、可衡量的结果，以及向高级管理人员报告进展情况的标准方法。将项目组织成计划并围绕价值流确定计划可以为此报告提供架构，特别是公司已转向投资集体融资时。

随着业务兴趣从传统的按时和按预算指标转向商业成果和价值，这种架构还促进了跨项目投资收益率的同类比较。

先决条件：

- 具备围绕投资组合和项目管理组织的运营模式。

- 能够定义项目商业论证的咨询模型，包括可衡量的结果。
- 以清晰的测量分析来跟踪项目和成果实现。
- 具备以数据分析和经验为导向的项目经理技能。

2. 有效决策治理

一旦确定了结果，PMO 就要建立决策框架，团队和项目经理可以使用该框架来指导资源分配和活动以实现这些结果。治理的目标不应该是强制执行标准的工作方式，而是为团队提供管理多个项目或项目组合的特定结果的方法，确保在正确的时间做出正确的决策，以使成果最大化并减少障碍。

在战略层面，治理涉及询问投资是否增加了预期价值并支持企业目标（见图 9-2）。

- 这些是正确的项目吗？
- 它们的预期价值是多少？价值已经实现了吗？
- 它们符合哪些目标？
- 资源是否得到适当分配以实现成果最大化？
- 实现价值的瓶颈或障碍在哪里？
- 我们能以多快的速度将想法转化为产品或服务？

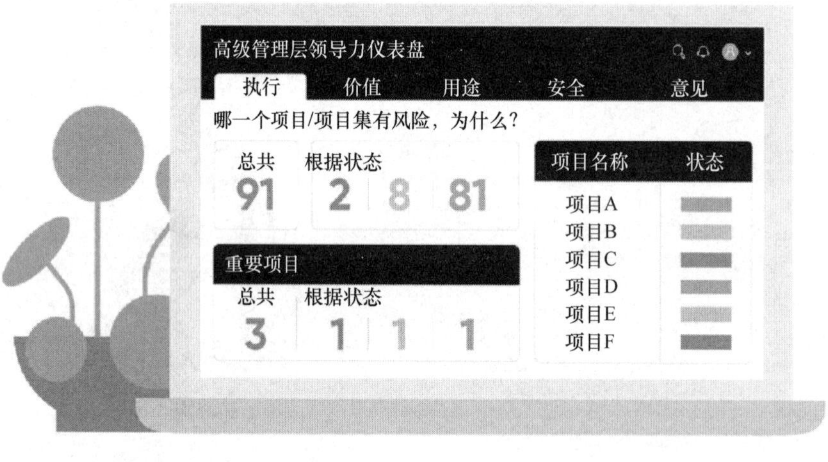

图 9-2　通过仪表盘实现战略治理

> 领导者需要对项目和状态有清晰的企业层面的看法。PMO 仪表盘提供了可视化参考来显示投资组合如何针对关键里程碑执行。只需点击几下，领导者就可以深入了解项目细节。

在项目层面，治理不是规定的，而是根据 PMO 提供的建议和工具进行定制的，以交付业务成果并确保特定项目的适当资源分配，从而实现规范和敏捷性之间的平衡。

- 我们应该使用什么方法来支持交付？
- 哪些触发因素会导致我们取消超出预算的项目，转而采用更新的创新？
- 我们应该使用什么指标来确定项目是否偏离了最初的目标，从而给成果带来风险？

- 如何在需要时添加临时资源以更快地进入市场？

先决条件：

- 定义的项目管理方法和工具集与特定项目类型保持一致。
- 使方法和工具符合项目需求的决策框架。
- 有围绕咨询指导和支持的项目经理技能。

3. 数字化替代人工手动流程

为了发挥更具战略性的作用，大多数项目经理需要释放目前被锁定在管理费用和管理方面的能力。数字工作流程技术可以成为推动者。机器人已经能够帮助减轻项目管理流程的负担。自动化将继续取代手动、重复的流程。这些模型提供了推动整个企业快速迭代以实现预定结果所需的结构化规则。

先决条件：

- 有清晰的项目管理业务架构或运营模型，用于评估技术改进的需求。
- 项目经理接受了先进技术的培训。

4. 组织变革管理卓越

在快速变化的环境中，实现价值的最后一英里是组织变革管理（Organizational Change Management，OCM）。然而，许多企业低估了 OCM 的价值，尤其是当项目面临交付压力且预算紧张时。

麦肯锡的研究表明，大约 70% 的项目由于“员工抵制和缺乏管理层支持”而未能实现目标。

麦肯锡的另一项研究发现，采用正确的变革管理方法，转型成功的机会可以从 30% 跃升至 80%。

随着数字化使项目经理摆脱手动流程的负担，项目经理可以花更多时间帮助业务合作伙伴适应变革。许多业务线低估了创造持久变革所需的复杂工具和方法的努力或需求，而战略实现办公室可以填补这一关键空白。

围绕采用新功能的计分卡可以帮助 PMO 基于历史数据的基准了解组织变革的成功因素和障碍（见图 9-3）。简单的评分框架可以使 PMO 评估项目是否有望达到其采用结果，查明可能造成瓶颈的领域，并确定对相关领域的影响。此类框架还有助于明确关注组织变革和利用作为 PMO 的能力，它可以直接与其他项目管理活动联系和整合。

> 可选用的计分卡提供了项目成功的变革管理风险的整体视图。项目经理可以识别并解决影响价值实现的根本原因。

先决条件：

- 定义好的 OCM 方法和工具集。
- 围绕 OCM 的项目经理技能。
- OCM 明确的、可衡量的结果和成功标准。
- 评估与拟议项目和计划投资相关的变革能力的明确方法。

一种可选用的计分卡

变革条件						平均分数
定义目的	项目集目标 4	商业论证和收益 2	成果 5	路线图 1	资源可用性 5	3.4
设计影响与参与	跨职能领导力 3	高管干系人 5	项目集信息流 3	双向反馈 4	资源可用性 5	4
发展能力	流程/技术变更 2	新角色和行为 4	培训和启动 1	技能要求 4	资源可用性 1	2.4
定义绩效	组织模型对齐 1	定义指标 3	绩效衡量 2	治理 1	资源可用性 2	1.8

需要关注1　适度支持2/3　积极支持4/5　　整体评分：2.90

图 9-3　一种可选用的计分卡

有了这些工具和技能，PMO 就可以帮助企业更有效地实现数字化转型目标。它们还可以作为改进公司开发和提供产品、服务方式的催化剂——更加关注结果而不是流程，并灵活地帮助企业领导者适应不断变化的市场需求。

9.3.2　调整项目经理的技能和心态

PMO 转向“战略实现”将要求项目经理个人的技能和思维方式发生重大转变，从严格遵守治理框架转向围绕有效战略沟通、跨方法管理及具备多种能力的新工作模式，帮助领导者和团队应对变革并取得成果。

习惯于注重细节、可预测性和控制的工作环境的项目经理需要转向战略思维，使用数据驱动的见解来帮助业务合作伙伴消除变化的噪声，并促进跨职能沟通和问责。

最重要的是，项目经理需要成为变革领导者，更加关注用户体验的质量，并为那些处于转型前线的人所采用。衡量变革是否被吸收和应用，为衡量项目和业务在转型中的成功提供了关键的人性方面。

凭借跨业务线的优势，项目经理可以为业务领导者提供建议，以帮助他们成功应对充满不确定性的业务环境。

9.4　卓越行动：PMO 全球联盟①——转型中的 PMO

三十多年来，实施 PMO 一直是寻求更好绩效和更有效项目成果的组织的常见解决方案。

多年来，PMO 发生了显著的转变，重新设计了其目的，扩大了其业务影响力，对世界各地许多组织的成功变得越来越重要，但所有这些转变并没有让 PMO 领导者的生活变得

① 本节资料由 PMO 全球联盟的创始人 Americo Pinto 提供。该联盟是一个项目管理办公室的全球社区，在一百多个国家拥有活跃成员。版权归 PMO 全球联盟所有，经许可转载。

更加轻松。PMO 在为其组织创造有效价值方面正面临越来越多的挑战。

过去几年，许多组织中出现了项目文化，现在他们不仅使用更复杂、更有效的实践、技术和工具，而且也更加成熟。这对 PMO 应提供的收益提出了更具挑战性的期望。

考虑到世界发生的重大变化对组织和人员产生了深远影响，所以重新思考我们的 PMO 不仅成为一项必要且紧迫的任务，而且变得越来越频繁。

不可否认，PMO 正在经历重大转型过程，将重点从技术方面转向价值创造方面，但这是一个复杂的转型，甚至负责领导 PMO 的人往往都没有完全理解这一转变。

那么，PMO 产生的真正价值是多少？ 我们如何衡量和证明它？

作为对其组织日益增长的需求和期望的立即和紧急回应，这些问题的答案是世界各地许多 PMO 不断寻求成功的关键。

对下一代 PMO 来说，交付价值将不再是一个简单的目标，确保其价值被组织认可也不再仅仅是一个愿望。这些都是证明 PMO 存在合理性并让其蓬勃发展的真正原因。

如果你认为你的 PMO 目前的成功足以确保它在未来几年继续存在，那么你要明白，这是你的 PMO 走向衰落和不可避免失败的第一步。

向全球 PMO 社区学习

PMO

北美一家大型零售公司的企业 PMO。

背景内容

该公司的企业 PMO 一直在为高级管理人员提供定义和监控投资组合项目的服务，为组织的投资组合提供支持，所有这些工作都与组织战略充分相关。

此外，公司高管，尤其是总裁，一直公开承认 PMO 的重要性，并重申他们对该倡议的支持。

从十年的角度对公司项目组合进行摸底和定期监控是 PMO 提供的最受好评的服务之一。

问题

全球新冠疫情暴发几个月后，该公司陷入了严重的财务危机。因此，PMO 主管要求 PMO 经理将她的工作重点从长期的项目组合管理活动转移到短期持续的项目组合绩效控制上。

新的方向让 PMO 经理感到沮丧，她认为这是一个难以理解的挫折。

对她来说，优先级的改变没有意义，因为 PMO 应该提供具有高战略价值的服务，而不是满足运营需求。

经验教训

经过最初的、可以理解的挫败感之后，PMO 经理意识到公司正在经历一个非常规的时刻，这使得新的紧急需求出现。

不难理解，此时讨论未来十年的项目组合将完全脱离公司的危机现实。

新方向旨在确保公司能够按时交付当年计划的关键项目，且不会出现成本超支。

当然，这并不意味着投资组合和战略对高管来说不再重要。在资源严重受限的情况下，还是有必要冒着集中一切力量的风险，保证项目能够按期交付。

PMO 应成为这项工作的一部分，了解并适应组织的新优先事项。

PMO 没有强制性职能，就像 PMO 不应该履行任何职能一样。

PMO 提供功能的价值取决于当前的需求，而当前的需求可能因不同的公司和时刻而异。

PMO 必须始终保持开放态度，以了解和适应新的需求，无论它们是什么。

9.4.1 下一代 PMO 的新思维模式

PMO 全球联盟是世界上第一个也是最大的 PMO 和 PMO 专业人士社区。在过去六年中，它进行了一系列研究，旨在更好地了解 PMO 现象。

这项工作吸引了来自多个国家的数百名经验丰富的 PMO 领导者参与，他们都贡献了自己的知识和经验，为 PMO 制定了一种新的创新思维方式，一种实用且与现实世界相联系的思维方式，并且允许任何人实施或重新设计 PMO，为其组织创造价值并因此得到有效认可。

常识可能会让我们认为 PMO 只是组织业务的另一个支持领域，如信息技术、会计或法律部门。然而，理解新提出的思维方式的第一步是认识到 PMO 实际上是一个“服务提供商”，需要通过为其“承包商”产生明显的收益来证明其存在的合理性，否则就会失去支持，甚至可能被取消“合同”，这意味着 PMO 将逐步解散，最终关闭。

这种简单的名称更改可能看起来不太相关，但了解此更改的影响对于 PMO 因其可为组织产生的价值而得到认可至关重要。

对服务提供商来说，没有什么比他们的客户更重要的了，深入了解客户是其成功的关键因素，因为了解客户的需求将使 PMO 能够提供有效满足他们期望的服务。

向全球 PMO 社区学习

PMO

西欧一家医疗保健公司的企业 PMO。

背景内容

该公司的 PMO 专注于支持项目经理更好地规划和控制他们的项目。

项目经理属于业务领域组织，而不属于 PMO。因此，他们在项目管理实践方面没有深厚的知识和经验，需要 PMO 的支持来开展他们的活动。

问题

PMO 是根据项目经理需求的确定而设立的，这些需求是通过对来自四个业务部门的 84 名专业人员进行访谈而收集的。

PMO 的职能被定义为提供满足项目经理期望的解决方案、满足紧急支持需求及对业务领域知识转移的长期承诺。

项目经理对 PMO 抱有很高的期望，但由于支持需求超出了 PMO 的满足能力，因此需求未能被完全满足。

经验教训

PMO 职能是根据客户的需求建立的，这是一个很好的实践。然而，还应实施两项额外的实践，以确保 PMO 客户的期望与 PMO 职能之间完全一致。

必须为每个 PMO 职能设计一个正式流程，该流程将构成 PMO 服务目录。本文档演示了 PMO 如何提供服务并定义每个职能的角色和职责。

流程还应该有关键指标和目标，使 PMO 能够监控其绩效，以及如何为客户创造价值。

目标应反映 PMO 满足需求的能力。例如，对于“提供规划支持”职能，PMO 假定考虑到其当前的资源能力，每周最多可以为五名项目经理提供服务。

此级别的服务必须与 PMO 客户进行沟通并达成一致。如果需求超出了 PMO 的能力并且需要更高水平的服务，则有必要审查 PMO 团队的人数。

9.4.2　PMO 的价值

最近经常尝试凭经验证明 PMO 对组织业务的货币价值。然而，尽管这些学术举措对于更好地理解 PMO 现象具有价值，但遗憾的是，在试图证明 PMO 对组织业务的预期影响时，它们却呈现出不确定的结果。

研究表明，寻找通用模型受到许多变量的阻碍，如组织的文化、组织的项目管理成熟度、高管发起人的支持、每个组织的具体需求，以及如何设立 PMO 来满足这些需求。这些变量会影响 PMO 对业务产生影响的方式。

“价值感知”是我们满足客户期望时的预期结果。这一概念基于营销、客户服务和消费者心理学领域广泛且先前巩固的知识，适应了 PMO 的实际情况。

对价值的感知是一种“感觉”，因此它是主观的，与无法反映组织对 PMO 相关性的真实感知的更客观的技术指标相比，这可能会导致其重要性被企业低估。

然而，我们可以管理和衡量 PMO 如何为其客户产生价值感知。过去研究的数百名世界级 PMO 的经验及 PMO 全球联盟社区几年的运营经验表明，PMO 产生价值感知的能力是其生存和连续性的关键因素。

不能始终如一地产生感知价值的 PMO（无论其工作的技术质量多么出色）都会不断受到挑战和质疑，并且必须承受持续被终止的风险。

如果服务提供商无法产生证明此类合同合理的收益，你愿意维持该合同多久？如果你的 PMO 无法让你的客户意识到为你的组织产生的价值，那么这个问题的答案应该接近你的 PMO 的生命周期。

9.4.3 理想的 PMO 模型

在实施或重新设计 PMO 时，许多组织都会搜索文献以寻找可以用作参考的模型。新的模式会时不时地出现，并且成为许多公司的趋势和/或渴望的对象（至少在更新、更流行的模式出现之前是这样）。

如果查阅过去 15 年来世界各地出版的有关 PMO 的主要书籍，我们会发现每本书都提出了完全不同的模型。选项太多了，几乎可以用所有字母表来表示：

- 敏捷管理办公室（AMO）。
- 福利管理办公室（BMO）。
- 变革管理办公室（CMO）。
- 企业项目管理办公室（EPMO）。
- 卓越项目管理中心（PMCoE）。
- 项目管理办公室（PMO）。
- 战略管理办公室（SMO）。
- 价值管理办公室（VMO）。

这些只是文献中最常引用的一些 PMO 模型，所有这些模型都被许多组织在建立 PMO 时作为主要参考。

但在众多选择中，哪一个模型是正确的呢？ 如果其中之一是正确的，或者是更完整、更现代、更有远见的，或者是最有可能成功的，那么就可以得出结论，即所有其他模型都是错误的或过时的，应被忽视或放弃。

这就是理想的 PMO 逻辑，完美的模型通常代表当前的趋势，并且一般来说，它是应该解决我们所有问题的“灵丹妙药”。

换句话说，只要选择你认为完美的模式，你的问题就会消失，如果不起作用，那就等待下一个新趋势（它肯定会有一个更迷人的名字），然后再试一次。

令人惊讶的是，这正是世界各地无数组织在建立 PMO 时所使用的策略。在寻找快速、简单的解决方案时，他们忽略了最显著的特征之一，也是关于 PMO 的少数共识之一：它们的独特性。

各种现有的项目、项目集和项目组合管理标准表明，通过将具有必要资格和经验的专业人员聚集在一起，可以就管理这些领域的最佳实践达成共识。

我们一致认为，有一种“最佳方法”来管理范围、时间、成本和风险，或者选择项目组合中的项目并确定其优先级。可能存在或多或少复杂的变化，但这些仍然符合大多数情况下被认为有效的最佳实践。

另一方面，PMO 是一种不同的现象，它增加了复杂性，这使得达成共识变得不可能，或者至少是相当值得怀疑的。

可以找到可靠且通用的实践参考，使项目、项目集和项目组合更加成功。然而，对于 PMO 来说，还没有任何经过经验证明的、通用的、理想的或更有效的模型。

PMO 现象的复杂性解释了为什么文献中有如此多不同的模型，而且所有这些模型都得到了有价值的作者的技术辩护和论证，这些作者也都根据自己的 PMO 经验和知识提出了自己的建议。然而，想象一下所有这些作者都被蒙住眼睛并站在一头大象周围，他们被要求触摸它并说出他们面前的动物的名字。我们的作者很可能不会说这种动物是大象；相反，他们说出的是完全不同的动物。

经过第一次分析，我们可以说所有作者对问题的回答都是错误的，因为他们都没有提到大象作为选项之一。然而，这是因为他们只接触了动物的某些部位，如躯干、耳朵或尾巴。在进一步分析情况后，我们可以了解到答案并不完全错误，而是符合他们的观点，因为答案具体取决于他们最接近动物的部位。虽然他们都是在面对同一头大象，但他们从自己的观点和经验中提出了自己的建议，这在某种程度上都是正确的。

几位经验丰富且知名的作者提出的不同的现有 PMO 模型是每个人从不同角度对 PMO 现象的看法。如果我们不将它们视为一条可供选择的路径，而是将它们视为可以根据需要进行组合的替代方案，那么它们当然是有效和有价值的。

常识让我们相信，当我们选择公司实施的几种 PMO 模型之一时，我们正在将“一刀切”的格言付诸实践。我们正在众多可用选项中选择最佳选项。然而事实是，当我们实施其中一种模型时，我们总是会迫使组织适应一种通常毫无意义的观点。

实际上，预先建立的模型可能会导致 PMO 提供的功能（尽管模型推荐）无法为我们的客户带来“优先”的收益，这是价值的主要原因之一（许多 PMO 并未得到认可），尽管它们提供的服务成熟度较高。正如彼得 • 德鲁克所说：“没有什么比有效地做根本不应该做的事情更无用的了。”

经验表明，因产生高价值认知脱颖而出的 PMO 通常表现出文献中确定的几种模型的特征。他们并不寻求与特定模型保持一致，而是真诚地致力于确定客户的期望并建立一个 PMO 来满足这些期望。

不同的 PMO 模型是宝贵的经验和观点，可以激励我们创建独特且完全根据客户期望和组织需求量身定制的 PMO。因此，请巧妙地使用这些模型，并始终记住，尽管它们很有吸引力，但“灵丹妙药”并不存在，尤其是当讨论的主题是 PMO 时。

向全球 PMO 社区学习

PMO

南亚某政府机构的企业 PMO。

背景内容

高管们最终相信 PMO 可以给组织带来好处。为此，该组织聘请了一家知名咨询公司来实施 PMO。咨询公司提出了一种创新的专有 PMO 模型，并表示，对任何希望与未来趋势保持一致的组织来说，该模型是最现代、最完整的。推荐的模型要求实施一系列功能，这对于任何高级 PMO 都是强制性的。

问题

咨询公司建议的 PMO 模型实施了六个月。从实施时起，它对 PMO 工作的阻力就越来越大。该咨询公司认为，这些问题是典型的，也是预料之中的，很快就会出现好的结果。相反，PMO的许多行为都被高管忽视，甚至被项目经理破坏。结果，最初从高级管理层获得的发起人支持几个月后就消失了，PMO的颓势似乎不可逆转。

经验教训

该组织由于缺乏成熟度和经验，试图实施一种流行的 PMO 模型，但实施过程完全忽视了组织的需求、PMO的客户期望、组织文化。

预先建立的模型可以成为建立适合特定组织需求的 PMO 的重要灵感来源。然而，它们永远不应该被盲目实施，因为它们就像可以在任何情况下和任何组织中使用的灵丹妙药，而不需要适应或与当前的期望保持一致。

9.4.4 如何确定 PMO 客户的期望

我们已经知道，没有什么比PMO的客户更重要的了，创建致力于产生价值感知的PMO的第一步就是确定其客户是谁。PMO的客户是所有以某种方式受到PMO工作服务或影响的人。一些最常见的 PMO 客户是总监、项目经理、职能经理和项目团队成员，因为他们有共同的兴趣、需求和期望。

第二步是找到客户的期望，这将使PMO能够专注于满足他们的真正需求。

以下是PMO价值环方法体系的一部分。该方法体系由PMO全球联盟社区开发。它介绍了世界各地PMO中最常见的 26 种职能：

（1）支持项目规划。

（2）为项目经理执行专门任务。

（3）管理项目之间的资源分配。

（4）管理与项目客户的接口。

（5）管理组织变革。

（6）管理项目人员。

（7）管理项目或项目集。

（8）管理项目中的干系人。

（9）对项目进行审计。

（10）管理项目文档。

（11）管理经验教训数据库。

（12）进行标杆分析。

（13）管理经验教训会议。

（14）促进组织内的项目管理。

（15）为项目经理提供指导。

（16）提供培训和项目能力开发。

（17）提供项目管理工具和信息系统。

（18）提供项目管理方法。

（19）监督和控制项目或项目集。

（20）为高层管理人员提供项目或计划状态报告。

（21）提供战略项目计分板。

（22）支持项目组合定义。

（23）管理项目或项目集收益。

（24）监督项目组合绩效。

（25）参与战略规划。

（26）为高层管理人员提供决策建议。

首先，我们可以想象，发现 PMO 客户期望的最佳方法是要求他们指出他们期望 PMO 提供哪些功能（即服务）。这样，上面的列表就可以作为一个“功能菜单”来收集每个 PMO 客户的期望。

这个想法乍一听还不错，但在实践中行不通。通过向客户提供潜在的 PMO 职能列表并要求他们陈述他们的期望，这是我们正在犯的一个致命错误，因为该列表不是用 PMO 客户的“语言”编写的，因此他们无法做出我们要求的决定。PMO 客户的“语言”不是技术性的；它更加以收益为导向，这意味着他们最关心能够解决他们现实生活中实际问题的有效结果。

说实话，总监并不真正对 PMO 提供的报告感兴趣，他们只对在需要决策时能够充分获得可靠和完整的信息感兴趣。项目经理的期望并不是项目管理办公室能够提供项目管理方法，而是他们的项目会更加高效、更具成本效益和更可预测，因为它们是以结构化的方式进行管理的。在 PMO 客户所说的和理解的语言中，PMO 提供的功能并不重要，重要的是收益和结果。

现在想象一下一位医生和他的各种患者的画面，每个患者都患有由一系列原因导致的不同类型疼痛的疾病。患者有明确的期望，希望医生能够消除他们的痛苦并治愈他们。如果医生能够满足患者的期望，那么他们工作的价值一定会得到认可。每种类型的疼痛都有其原因，并且需要不同的治疗方法。没有一种药物可以治愈所有类型的疼痛，因此每个患者都需要满足其特定需求的药物组合。不同的药物治疗不同类型的疼痛并治疗不同的疾病。医生必须开出最合适的药物来消除疼痛并治愈患者。

在我们的故事中，医生是 PMO，患者是 PMO 的客户，患者的痛苦代表了 PMO 客户的收益。例如，总监可能会抱怨无法清楚地看到公司战略与其项目之间联系的“痛苦”；项目经理可能会说，他们最大的“痛苦”是缺乏决策的可靠信息；团队成员可能会因为没有动力从事项目而感到“痛苦”。可以为这三类患者开出的药物是一个 PMO 可能会提供的潜在功能；某些功能更有可能产生特定的收益，就像某些药物更适合治疗特定的疾病一样。

例如，为了解决战略和项目之间缺乏联系的“痛苦”，PMO 可以提供“支持组合管理”功能；为了治愈缺乏可靠决策信息的“痛苦”，最好的良药是“提供集成系统和项目状态报告”；如果团队成员的“痛苦”是缺乏从事项目的动力，那么最合适的药物可能是“提供培训”或“提供指导”。

通过要求 PMO 客户告知他们希望 PMO 提供的功能来确定他们的期望，就像医生简单地提供所有可用药物的清单并要求患者选择他们想要的药物一样须遵医嘱。显然，我们的“患者”（即 PMO 客户）不是专家，无法决定哪些功能最适合满足他们的期望和需求。因此，解决这一困境的办法是确保我们与 PMO 客户的沟通使用他们能够理解的语言，即一种关注收益和结果的语言。

以下也是 PMO 价值环方法体系的一部分，我们根据我们全球社区的经验，介绍了 PMO 通常产生的 30 个潜在收益：

（1）通过项目管理技能更好地利用资源。

（2）更好地获取有关以往经验教训的信息。

（3）有效传递项目管理知识。

（4）加强组织内各领域之间的沟通。

（5）加强项目团队之间的沟通。

（6）加强与高层管理人员之间的沟通。

（7）提高所提供信息的可靠性。

（8）获得更可靠的时间和成本估算。

（9）提高信息的可用性以做出更好的决策。

（10）更好地控制项目团队。

（11）更好地控制项目时间和成本。

（12）更好地控制第三方和分包商。

（13）获得高层管理人员的项目支持。

（14）增加动力和个人承诺。

（15）更好地定义角色和职责。

（16）项目管理决策更加敏捷。

（17）更好地跨项目分配资源。

（18）缩短组织内的项目生命周期。

（19）减少风险暴露。

（20）组织内各领域之间获得更大整合。

（21）提高项目生产力。

（22）项目成果质量更高。

（23）提高客户满意度。

（24）更好地对项目优先级排序。

（25）提高项目与战略之间关系的可见性。

（26）提高项目之间关系的可见性。

（27）全组织范围内对结果做出更大承诺。

（28）提高项目进展的可见性。

（29）提高资源需求的可见性。

（30）提高决策的可预测性。

如果你现在正在考虑使用上面的收益列表作为收集客户期望的“菜单”，那么你肯定走在正确的道路上，因为这个过程将允许你使用适当的语言。通过要求每个客户从上面的列表中选择一些收益并确定其优先级，你可以了解 PMO 的优先收益集。

在 PMO 价值环方法体系中，要求每个客户从上面的列表中选择五个优先收益，并按优先级排序。在确定了 PMO 应产生的优先收益后，我们将到达一个关键时刻，此时必须分析 26 种潜在 PMO 职能与客户选择的预期收益之间的关系。

例如，如果预期的优先收益是“更好地利用项目管理技能的资源”，那么常识表明“提供培训和项目能力开发”职能比“监督和控制项目或项目集”职能更有潜力产生预期收益。

通过评估每种职能可能产生各个收益的程度，可以确定 PMO 实现预期收益的最关键职能，并且进一步使我们能够观察到，考虑到客户的收益期望，预先建立的模型推荐的某些职能可能并不是最适合我们的 PMO。

PMO 价值环方法体系由数据库支持，该数据库汇集了来自不同国家和行业的数百名 PMO 领导者的集体经验；因此，26 种潜在 PMO 职能中的每一种都可以产生 30 个潜在 PMO 收益中的每一个。

通过基于网络的工具[①]，你可以自动收集 PMO 客户的收益期望，并根据 PMO 全球联盟社区成员集体智慧生成的功能和收益之间的相关性，确定最适合 PMO 推荐的功能。

向全球 PMO 社区学习

PMO

非洲一家电信公司业务部门的 PMO。

背景内容

PMO 已经运行了近十年，经历了风风雨雨。它一直为客户提供一套一致的功能，并且对 PMO 的总体评价非常好。

问题

与另一家公司的合并，导致 PMO 领导者质疑 PMO 是否仍然有能力满足新客户群的期望。

经验教训

首次确定 PMO 客户的收益期望，以验证 PMO 现有职能与公司需求的一致性。

PMO 建立了三组客户：高管、项目经理和项目团队成员。各自的相关性为 50%、35% 和 15%。

PMO 提供了一份潜在收益列表，并要求每位客户选择对他们最重要的前五项收益。

PMO 客户从 30 个收益中选择了 13 个收益。考虑到每个收益被选择的次数及选择者的相关性，一组 11 个收益可以代表 PMO 客户的优先期望，这应该是审查 PMO 所提供职能的关注焦点。

---

① PMO 全球联盟社区开发了 PMO 价值环方法，为全球项目管理社区做出贡献。该方法可以选择通过基于网络的工具来支持；该工具可以自动执行上述步骤，并提供一个数据库，其中包含来自不同国家和行业的数百名 PMO 领导者的集体经验。除其他有价值的信息外，该数据库还提供了 26 种潜在 PMO 功能中的每一种功能生成 PMO 的 30 个潜在收益中每一个的概率。基于网络的工具允许用户自动收集 PMO 客户的收益期望并对 PMO 最关键的职能提供建议。这些建议基于功能和收益之间的相关性；这些相关性是通过定期调查确定的，样本由最有经验的 PMO 全球联盟社区成员组成。

9.4.5 如何让 PMO 价值得到认可

在确定了 PMO 客户应产生的优先收益后，我们到达了一个关键时刻，此时必须分析 26 种潜在 PMO 职能与客户选择的预期收益之间的关系。

例如，如果预期的优先收益是“通过项目管理技能更好地获得资源”，那么即使常识也表明提供“培训和项目能力开发”职能似乎比“监督和控制项目或项目集”职能更有可能产生预期收益。

通过评估每种职能能够产生多少收益，就可以确定 PMO 实现预期收益最关键的职能。它还将使我们能够观察到，考虑到客户的收益期望，某些职能（可能是由预先建立的模型推荐的，或者我们认为对 PMO 总是必要的）可能并不是最适合我们的 PMO。

现在很清楚为什么你永远不应该遵循预先建立的 PMO 模型，就好像它们是你的组织的交钥匙解决方案一样。这些模型将指示 PMO 配置及实现它们所需的职能，但这些配置不一定能让你提供客户真正需要的优势。

结果是你的 PMO 将通过提供错误的“药物”来浪费资源和金钱，这些“药物”无法产生价值感知，但可以治疗那些不困扰客户的“痛苦”。

每当 PMO 提供了高成熟度的职能和服务，但其价值仍未得到组织认可时，就应该敲响警钟。

如果你的 PMO 经常受到质疑，你责怪你的客户不能看到你所做事情的“美”，请记住“萝卜白菜，各有所爱”。

向全球 PMO 社区学习

PMO

中东一家能源公司的企业 PMO。

背景内容

PMO 由一位经验丰富的专业人士实施创建，他在一家大公司领导 PMO 超过 15 年。完成部署过程后，这一专业人士将成为新创建的 PMO 的领导者。

问题

由于之前在另一家公司拥有丰富的经验，这位未来的 PMO 领导者认为，最好的选择是创建一个与他之前领导的并且非常成功的 PMO 类似的 PMO。

经验教训

在收集 PMO 客户的收益期望并了解要考虑的优先事项后，PMO 领导者评估并审查了哪些职能最有可能产生优先收益。这让他发现，新的 PMO 应该提供的职能至少有 40% 与他之前工作中体验到的不同。此外，他认为对 PMO 至关重要的一些职能将无法为新公司的 PMO 带来任何预期收益。

9.4.6　实施新思维

PMO 价值环方法体系提出的新思维将人（PMO 的客户）作为取得成功的中心焦点。其他一切，包括所有 PMO 技术方面，都必须是组织的特定需求和客户期望的结果。

该方法体系提出了六个实际步骤循环来设计“价值感知驱动的 PMO”：

（1）确定 PMO 的关键客户群体及其与实现平衡和一致成功的相关性。

（2）将 PMO 客户分配到各自的组，并使用最合适的“语言”收集他们的收益期望。

（3）根据相关性和提及最关键收益期望的 PMO 客户数量，对最关键的收益期望进行优先级排序。

（4）根据你自己的经验（或参考可信来源）确定每个 PMO 职能产生每种收益的概率。

（5）确定 PMO 应履行哪些职能，优先考虑那些最有可能实现客户期望的职能。

（6）定义 PMO 的职能组合，以及一组关键指标和目标，而且这些指标和目标可以衡量并提供 PMO 绩效及其如何为客户创造价值的可见性。

经验表明，年度周期是建议重新启动该周期的理想频率。但请注意，组织中的重大变化可能需要预测新周期的开始，因为这些变化可能会产生新的需求和不同的期望。

9.4.7　PMO 成熟度的影响

根据 PMO 价值环方法体系，PMO 职能执行的复杂程度定义了 PMO 成熟度的概念。

许多 PMO 可以提供项目管理方法体系。然而，它们可以在不同的细化级别上执行该功能。

例如，假设我们有来自不同公司的两个 PMO，两者都提供项目管理方法体系。

仔细分析后，我们发现第一家公司的方法体系采用率只有 40%，只有少数项目经理知道如何使用它。

第二家公司的方法体系采用率达到了 100%，并且所有项目经理都接受了培训。

可以肯定的是，我们可以预期在第二家公司中更有可能观察到某种方法体系所带来的好处，因为该公司的 PMO 在该特定职能方面更加成熟。

新的思维方式强调了选择适合 PMO 客户期望收益的职能的重要性，但这些职能必须具备所需的成熟度才能实现预期收益。

换句话说，在没有适当成熟度的情况下提供正确的职能意味着以错误的方式做正确的事情。

向全球 PMO 社区学习

PMO

中欧一家工业公司的企业 PMO。

背景内容

该 PMO 一直提供最高水平的复杂性和成熟度的服务，以至于在当地竞赛中被正式认可为本国最好的 PMO 之一。

问题

在被公认为是该国最成熟的 PMO 之一几个月后，该 PMO 被公司执行董事会解散。

经验教训

对该案例进行更深入的研究表明，尽管 PMO 提供的服务成熟度很高，但在高管层看来，它并没有为公司产生有效价值。它表明 PMO 提供的职能与高管层预期的收益之间存在偏差。

9.4.8 未来是现在

对一个成功的 PMO 来说，没有什么比让客户始终认识到 PMO 的价值（通过交付预期收益将实现的价值）更重要。否则，PMO 的持续性生存迟早要面临风险。

世界各地的许多 PMO 表明，人们越来越关注为组织创造价值。但许多 PMO 领导者仍然依赖“灵丹妙药”来建立和管理他们的 PMO，这导致了羊群效应，使失败看起来比应有的更加普遍。

未来几年要蓬勃发展的 PMO 必须拥有接受并拥抱其服务角色的领导者。他们必须真正关心客户的需求，并致力于创建灵活的、现实的解决方案，为其组织创造实际价值。

这样，PMO 的价值就会被客户感知和认可，PMO 也将成为组织成功不可或缺的合作伙伴。

9.5 卓越行动：确定 PMO 实施的数学模型投资收益率①

9.5.1 概括

本节的目的是提出、讨论和应用基于蒙特卡罗模拟的数学模型，结合项目成功/失败率的研究，开发一个十步模型来计算数学模型投资收益率，用于 PMO 实施。

本节旨在提供指导，说明与管理不善的项目相比，项目规划和控制产生的无形结果如何与潜在的时间节省和成本节约联系起来（Kwak 和 IBBS，2000）。证明良好的项目管理实践的积极影响不是本节的范围。本节主要目标是讨论衡量结果的可能方法，以便对 PMO 设置的价值进行更清晰的成本效益分析（Hubbard，2010）。

本节还将讨论考虑文化、社会和价值感知维度来量化收益的主要挑战，以便将收益转化为清晰且可衡量的数字。

① 本节资料由 Ricardo Viana Vargas 提供，最初在美国新奥尔良 2013 年 PMI 全球大会上发布。版权归 Ricardo Viana Vargas 所有，经许可可转载。

9.5.2　明确收益衡量的重要性

大多数时候，PMO 实施等业务改进流程与间接收益的实现相关。过去，项目集、项目或流程的成功是通过活动来衡量的：参与的人数、花费的资金、完成的天数。很少考虑这些活动带来的收益，因为它们被认为不可能被清楚地衡量（Philips 和 Philips，2007）。

明确衡量收益的意图可以基于以下论点：

- 价格/金钱是价值的代表。
- 可衡量的成果有助于与金融系统绩效更好地协调和整合。
- 更具体的结果支持识别关键价值来源。
- 促进沟通并使结果量化为有形。

理解项目管理流程、工具和现有支持对项目结果的明显影响，以及这种结构如何有助于产生更好的项目结果，成为理解项目管理价值的关键驱动因素（EIU，2009）。

9.5.3　模型概览

提议的模型基于十个流程，这些流程被分成六组（见图 9-4）。流程和组都是相互关联的，以便产生所需的步骤来了解项目管理实施带来的实际成本和收益。

这些流程是按照《PMBOK®指南》（PMI，2016）提出的结构定义的，包括输入、工具和技术、输出。

1. 项目组合

项目组合这个组描述了应该制定的流程，以了解潜在 PMO 应该管理的范围。目的是确保确定 PMO 支持的潜在项目，并计算这些项目的成本、时间框架和收益（价值）。

项目组合这个组的流程如下：

- 创建项目组合。
- 计算投资组合中项目的财务回报。
- 分类项目（可选）。

（1）创建项目组合。

该流程负责创建项目组合。它以工作组的合作和专家的支持为基础，旨在创建一个由 PMO 管理的项目清单，包括一些初步信息，如项目目标、预计的工期和预算（见图 9-5）。

项目组合可以用不同的方式呈现，但最适合支持即将进行的流程的是包含项目名称、预计工期和预算的列表（见图 9-6）。如果 PMO 将支持公司层面的各种项目，则项目列表可以包括一组非常不同的举措。

初步信息可以包括有关项目的所有支持内容，即主要目标、产出、预期效益和基本范围（见图 9-7）。该初步信息也可称为项目简介或商业论证报告大纲（英国内阁办公室，2011）。

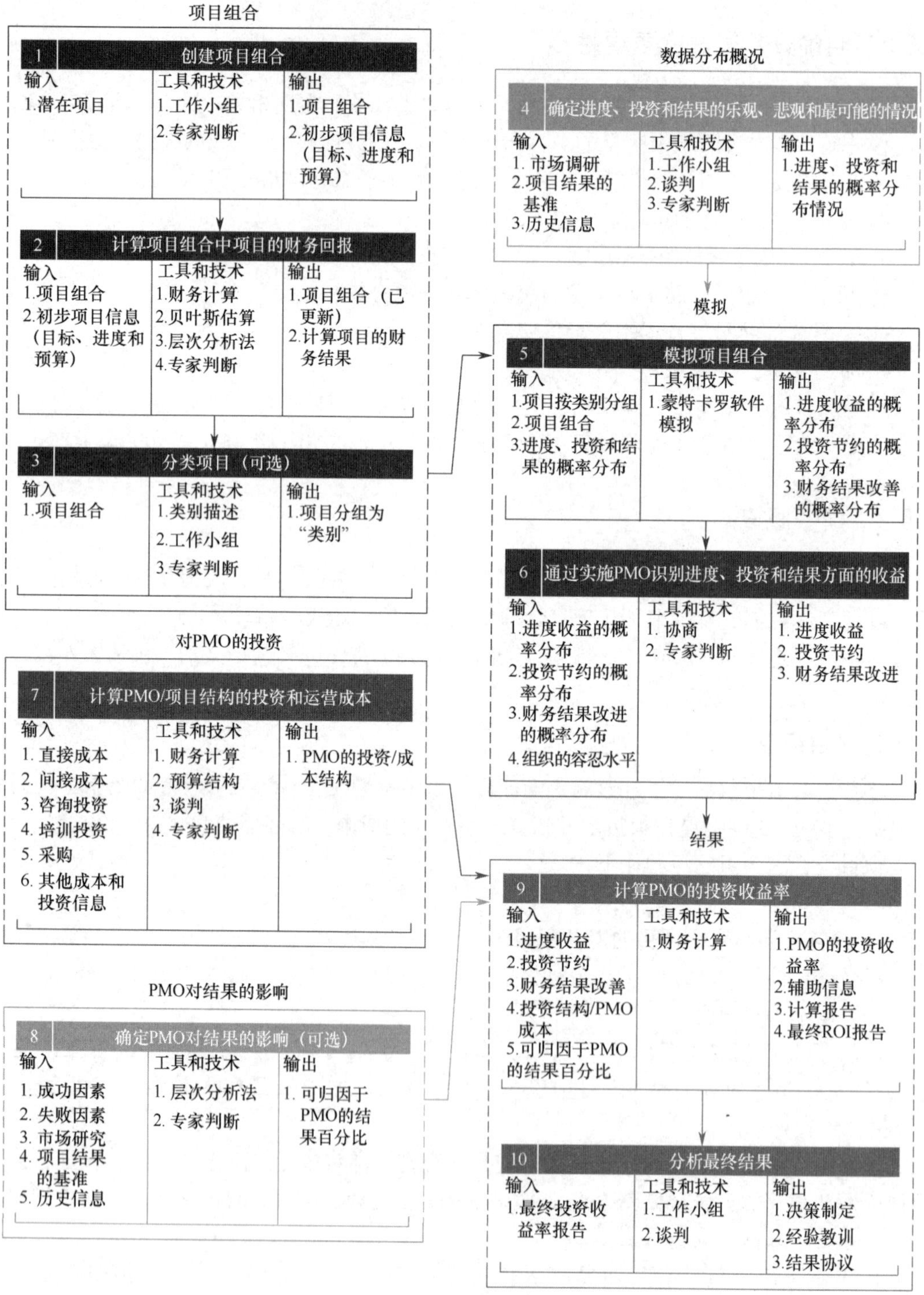
项目组合
1 创建项目组合
输入 1.潜在项目
工具和技术 1.工作小组 2.专家判断
输出 1.项目组合 2.初步项目信息（目标、进度和预算）
2 计算项目组合中项目的财务回报
输入 1.项目组合 2.初步项目信息（目标、进度和预算）
工具和技术 1.财务计算 2.贝叶斯估算 3.层次分析法 4.专家判断
输出 1.项目组合（已更新） 2.计算项目的财务结果
3 分类项目（可选）
输入 1.项目组合
工具和技术 1.类别描述 2.工作小组 3.专家判断
输出 1.项目分组为“类别”
数据分布概况
4 确定进度、投资和结果的乐观、悲观和最可能的情况
输入 1. 市场调研 2.项目结果的基准 3.历史信息
工具和技术 1.工作小组 2.谈判 3.专家判断
输出 1.进度、投资和结果的概率分布情况
模拟
5 模拟项目组合
输入 1.项目按类别分组 2.项目组合 3.进度、投资和结果的概率分布
工具和技术 1.蒙特卡罗软件模拟
输出 1.进度收益的概率分布 2.投资节约的概率分布 3.财务结果改善的概率分布
6 通过实施PMO识别进度、投资和结果方面的收益
输入 1.进度收益的概率分布 2.投资节约的概率分布 3.财务结果改进的概率分布 4.组织的容忍水平
工具和技术 1. 协商 2. 专家判断
输出 1. 进度收益 2. 投资节约 3. 财务结果改进
对PMO的投资
7 计算PMO/项目结构的投资和运营成本
输入 1. 直接成本 2. 间接成本 3. 咨询投资 4. 培训投资 5. 采购 6. 其他成本和投资信息
工具和技术 1. 财务计算 2. 预算结构 3. 谈判 4. 专家判断
输出 1. PMO的投资/成本结构
结果
9 计算PMO的投资收益率
输入 1.进度收益 2.投资节约 3.财务结果改善 4.投资结构/PMO成本 5.可归因于PMO的结果百分比
工具和技术 1.财务计算
输出 1.PMO的投资收益率 2.辅助信息 3.计算报告 4.最终ROI报告
PMO对结果的影响
8 确定PMO对结果的影响（可选）
输入 1. 成功因素 2. 失败因素 3. 市场研究 4. 项目结果的基准 5. 历史信息
工具和技术 1. 层次分析法 2. 专家判断
输出 1. 可归因于PMO的结果百分比
10 分析最终结果
输入 1.最终投资收益率报告
工具和技术 1.工作小组 2.谈判
输出 1.决策制定 2.经验教训 3.结果协议

图 9-4　PMO 投资收益率计算的十个流程

1	创建项目组合	
输入	工具和技术	输出
1. 潜在项目	1. 工作小组 2. 专家判断	1. 项目组合 2. 初步项目信息（目标、进度和预算）

图 9-5　创建项目组合

ID	PROJECT	DURATION	BUDGET	FIN. RESUL. ($)	ROI	AREA	RISK	COMPLEXI TY
1	产品组合审查	6	460,000	128,800	28%	市场营销和销售	高	高
2	零事故	12	300,000	123,000	41%	行业	低	中
3	生产单元的国际化	23	6,350,000	11,430,000	180%	规划	非常高	高
4	仪器系统的现代化	8	2,420,000	1,573,000	65%	行业	中	中
5	电子商务	4	350,000	126,000	36%	信息技术	中	中
6	企业办公项目	7	450,000	364,500	81%	规划	低	低
7	新市场	13	360,000	248,400	69%	市场营销和销售	高	高
8	通用虎牌螺丝	7	350,000	258,110	74%	人力资源	低	低
9	石油行业的新产品线	18	2,850,000	598,500	21%	研发	高	高
10	新的配送中心	19	3,600,000	2,124,000	59%	物流	非常高	高
11	进口成品	22	2,080,000	4,430,400	213%	市场营销和销售	非常高	高
12	开放资本	24	1,200,000	660,000	55%	财务	高	高
13	社交媒体	5	225,000	41,116	18%	市场营销和销售	非常低	None
14	ERP系统	9	1,240,000	347,200	28%	信息技术	高	高
15	新的维护政策	17	680,000	95,200	14%	行业	中	中
	Total	194	22,915,000	22,548,226				

图 9-6　基本项目清单示例

8 领域　人力资源

虎牌螺丝

通用虎牌螺丝

描述

这是一个建立内部技术中心的项目，旨在为工业岗位的员工进行资格认定

该项目支持的战略地图目标

1. 提高客户服务
2. 减少误工事故
3. 开发人力资源

基本数据

开始	3月12日
结束	9月12日
持续时间	7个月
预算（美元）	35 000

工作分解结构（WBS）

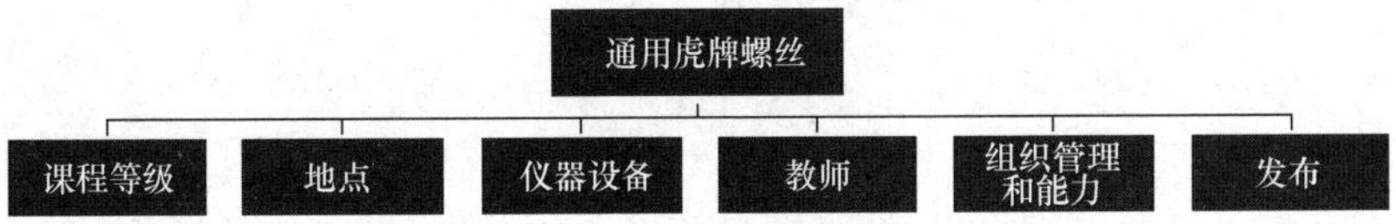

图 9-7　项目初步信息示例

（2）计算投资组合中项目的财务回报。

在确定了要管理的潜在项目组合后，根据每个项目的财务结果计算收益变得很重要。这是计算 PMO 投资收益率最具挑战性的步骤之一。使用初步信息，将衡量所有提议的收益，以找到明确的结果（见图 9-8）。

2	计算投资组合中项目的财务回报	
输入	工具和技术	输出
1. 项目投资组合	1.财务计算	1.项目组合（已更新）
2.初步项目信息（目标、进度和预算）	2.贝叶斯估算	2.计算项目的财务结果
	3.层次分析法	
	4.专家判断	

图 9-8　计算投资组合中项目的财务回报

在某些情况下，这很容易通过产量、市场的增长等来衡量。在其他项目中，无形结果必须转换为估计的结果。例如，“虎牌螺丝”项目的主要成果之一是开发现有员工的新能力，以减少额外雇用人员的投资。

定义了一系列潜在的节省，并通过使用层次分析法（Analytic Hierarchy Process，AHP，Saaty，1980，Saaty，2009 和 Vargas，2010）进行成对比较，可以估计收益的预期值（见图 9-9）。

在接下来的5年中，招聘过程对经济的影响	影响		1 10%经济	2 7%经济	3 5%经济	4 2%经济	5 没有经济	
			待评估的小组名称					
10%经济	USD 871 670.43	1		概率一样	概率最大	概率很大	概率很大	1
7%经济	USD 610 169.30	2			概率一样	概率最大	概率很大	2
5%经济	USD 435 835.22	3				概率一样	概率最大	3
2%经济	USD 174 334.09	4					概率一样	4
没有经济	USD -	5						5

预期值		1 10%经济	2 7%经济	3 5%经济	4 2%经济	5 没有经济
USD 608,110.28	概率	39.75%	28.43%	16.57%	9.16%	6.10%
					不一致指数	5.4%

图 9-9　使用 AHP 估计项目收益的预期值

该项目的主要成果是更新的项目清单，包括估算的财务收益。

（3）分类项目（可选）。

对于拥有众多项目的组织来说，分类项目可以增加工作分析和分层的价值（见图 9-10）。

这个可选过程将项目分为不同的类别（见图 9-11），例如：

- 部门。
- 风险。
- 价值。
- 发起人团体。
- 地理位置。

3	分类项目（可选）	
输入	工具和技术	输出
1.项目组合	1.类别描述 2.工作小组 3.专家判断	1.项目分组为“类别”

图 9-10　分类项目

ID	项目	持续时间	预算	财务结果（美元）	投资收益率	领域	风险	复杂性
1	产品组合审查	6	460 000	128 800	28%	市场营销	高	高
2	零事故	12	300 000	123 000	41%	行业	低	中等
3	生产单位国际化	23	6 350 000	11 430 000	180%	规划	非常高	高
4	仪器系统现代化	8	2 420 000	1 573 000	65%	行业	中等	中等
5	电子商务	4	350 000	126 000	36%	信息技术	中等	中等
6	公司办公项目	7	450 000	364 500	81%	规划	低	低
7	新市场	13	360 000	248 400	69%	市场营销	高	高
8	虎牌螺丝	7	350 000	258 110	74%	人力资源	低	低
9	石油行业新生产线	18	2 850 000	598 500	21%	研发	高	高
11	进口成品	22	2 080 000	4 430 400	213%	市场营销	非常高	高
12	开放资本	24	1 200 000	660 000	55%	财务	高	高
13	社交媒体	5	225 000	41 116	18%	市场营销	非常低	无
14	企业资源计划系统	9	1 240 000	347 200	28%	信息技术	高	高
15	新维护政策	17	680 000	95 200	14%	行业	中等	中等
	总数	194	22 915 000	22 548 226				

图 9-11　具有凸显计算收益的项目分类表

2. 数据分布概况

数据分布概况旨在确定投资组合的最佳风险状况，以归档收益，它包含确定进度、投资和结果的乐观、悲观和最可能情况的过程。

利用市场研究、以前项目的历史信息和基准测试，该过程的目标是定义每个项目的持续时间、成本和财务结果的乐观、悲观和最可能的情况（见图 9-12）。

可以使用不同的外部资源来支持决策，这些资源如下：

- 斯坦迪什集团混沌宣言（STG，2013）。
- IPA 研究所资本项目数据库（IPA，2013）。
- 《PMI 职业脉搏》报告（PMI，2013）。
- 管理咨询公司的报告和研究。

4	确定进度、投资和结果的乐观、悲观和最可能的情况	
输入	工具和技术	输出
1.市场调研 2.项目结果的基准 3.历史信息	1.工作小组 2.谈判 3.专家判断	1. 进度、投资和结果的概率分布情况

图 9-12 确定进度、投资和结果的乐观、悲观和最可能的情况

这个过程需要大量的谈判来为项目设定正确的阈值，而不会受到过度乐观或过度悲观行为的个人的偏见。

在确定概况时，可以考虑项目持续时间、成本和财务结果遵循相同的分布（见图 9-13）或每个要素的不同分布集。

	无PMO			有PMO		
复杂性	乐观的	最有可能的	悲观的	乐观的	最有可能的	悲观的
高复杂性	+25%	+50%	+75%	+0%	+5%	+15%
中等复杂性	+25%	+50%	+75%	+0%	+5%	+15%
低复杂性	+15%	+30%	+45%	+0%	+5%	+15%
无复杂性	+10%	+20%	+30%	+0%	+5%	+15%

图 9-13 基于项目复杂性水平的概率预测（在这种情况下，一个价值为 1 000 000 美元的高复杂性项目将在没有 PM 支持的情况下耗费 1 250 000～1 750 000 美元，在有适当的 PM 支持的情况下耗费 1 000 000～1 150 000 美元）

3. 模拟

模拟过程组描述了与项目组合中项目持续时间、相关成本和财务结果的蒙特卡罗模拟相关的分析过程。

蒙特卡罗是一个绝密项目的昵称，这个项目与数学家约翰·冯·诺伊曼（John von Neumann）开发的原子武器的图纸和项目有关（Poundstone，1993）。他发现一个简单的随机样本模型可以解决某些当时无法解决的数学问题。

然而，模拟技术是指通过连续重新计算项目数据来产生可能结果的分布的方法，从而允许开发多个场景。在每一次计算中，都使用新的随机数据来表示重复和交互的过程。所有这些结果的组合创建了结果的概率分布。

输出分布的可行性依赖这样一个事实，即对于大量的重复，生成的模型反映了原始分布的特征，将分布转化为可信的分析结果。仿真可以应用于进度、成本和其他项目指标。

模拟过程组的流程如下：

- 模拟项目组合。
- 通过实施 PMO 识别进度、投资和结果方面的收益。

（1）模拟项目组合。

该流程负责模拟进度收益、投资节省和财务业绩的改善（见图 9-14）。

5	模拟项目组合	
输入	工具和技术	输出
1.项目按类别分组 2.项目组合 3.进度、投资和结果的概率分布	1.蒙特卡罗软件模拟	1.进度收益的概率分布 2.投资节约的概率分布 3.财务结果改善的概率分布

图 9-14　模拟项目组合

模拟是使用模拟软件生成的，结果是在持续时间、预算和财务结果方面的一系列改进及其各自的置信水平（见图 9-15、图 9-16 和图 9-17）。

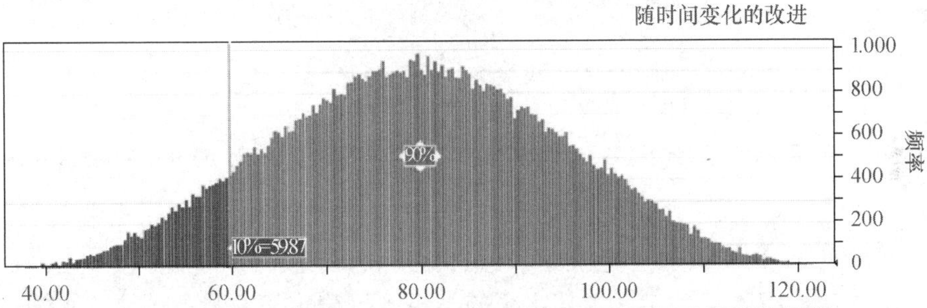

统计		百分位数				结论
试验	100 000	0%	3129	60%	83.80	使用PMO的时间收益有90%的概率至少为59.87个月
均值	79.77	10%	59.87	70%	88.08	
中位数	79.78	20%	66.53	80%	93.03	
标准差	15.02	30%	7152	90%	99.69	请注意，时间收益的目标是评估项目工作量的减少，而不一定是更快地完成工作
		40%	75.77	100%	126.78	
		50%	79.78			

图 9-15　使用 PMO 节省项目总时间的模拟输出（在这种情况下，有 90%的置信水平认为节省时间将超过 59.87 个月）

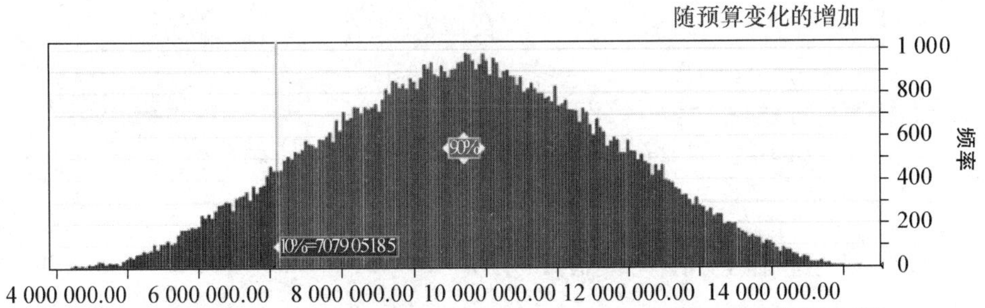

统计学		百分位数				结论
试验	100 000	0%	3 606 978.10	60%	10 226 382.08	使用PMO节省财务投资(预算)的概率为90%，至少节省7 079 051.85美元。
均值	9 702 355.47	10%	7 079 051.85	70%	10 798 999.79	
中位数	9 710 732.45	20%	7 949 33.15	80%	11 453 496.87	
标准偏差	1 974 491.61	30%	8 615 088.26	90%	12 322 497.62	
		40%	9 182 361.04	100%	15 765 007.69	
		50%	9 710 723.29			

图 9-16　使用 PMO 节省项目预算的模拟输出（在这种情况下，有 90%的信心可以节省至少 7 079 051.85 美元）

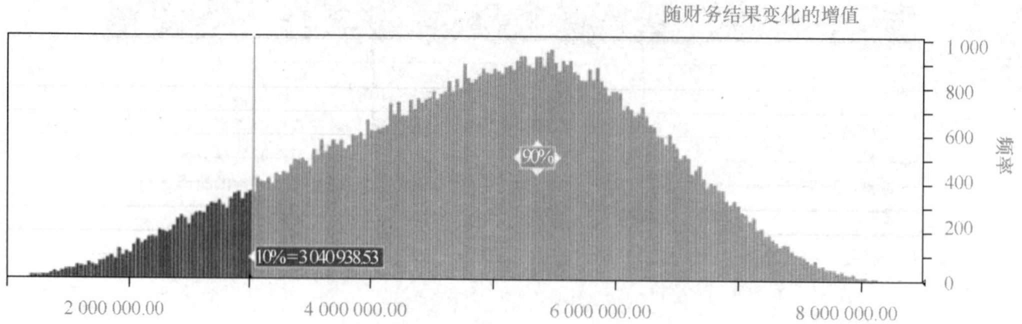

统计学		百分位数				结论
试验	100 000	0%	658 194.03	60%	5 338 818.99	有90%的可能性，使用PMO的财务结果的收益将至少为3 040 938.53美元。
均值	4 885 464.95	10%	3 040 938.53	70%	5 679 229.44	
中位数	4 990 530.57	20%	3 697 475.40	80%	6 058 075.00	
标准差	1 318 293.80	30%	4 204 554.59	90%	6 544 955.20	
		40%	4 622 957.56	100%	8 315 454.74	
		50%	4 990 451.82			

图 9-17　使用 PMO 项目的财务结果增值模拟输出（在这种情况下，有 90%的可能性可以节省至少 3 040 938.53 美元）

（2）通过实施 PMO 识别进度、投资和结果方面的收益。

模拟结束后，将收集预定义置信水平的结果，以确定可测量的改进（见图 9-18 和图 9-19）。

6	通过实施PMO识别进度、投资和结果方面的收益	
输入	工具和技术	输出
1.进度收益的概率分布 2.投资节约的概率分布 3.财务结果改进的概率分布 4.组织的容忍水平	1.协商 2.专家判断	1.进度收益 2.投资节约 3.财务结果改进

图 9-18　通过实施 PMO 识别进度、投资和结果方面的收益

财务结果增值（$） 由预算削减和财务结果的改善导致增收	10 119 990.38美元
财务收益/投资组合价值	44.16%
时间节省或工作效率提高（有90%的可能性）的收益	59.87个月

图 9-19　根据模拟结果获得的收益（见图 9-16、图 9-17 和图 9-18）

4. 对 PMO 的投资

评估项目实施的投资收益率时必须考虑的另一个方面是计算组织创建和维护 PMO 所需的成本金额（见图 9-20）。

7	计算PMO/项目结构的投资和运营成本	
输入	工具和技术	输出
1.直接成本 2.间接成本 3.咨询投资 4.培训投资 5.采购 6.其他成本和投资信息	1.财务计算 2.预算结构 3.谈判 4.专家判断	1.PMO的投资/成本结构

图 9-20　计算 PMO/项目结构的投资和运营成本

与 PMO 相关的最常见成本（Aubry、Hobbs、Müller 和 Blomquist，2010）是：

- 个人费用。
- 软件和硬件。
- 咨询服务。
- 培训。
- 其他。

此过程的主要输出是在预定义的时间框架内建立和运行 PMO 的总成本（见图 9-21）。

	第1年	第2年	第3年	第4年	第5年	总计	总的现值
基础设施	50.000	50.00	20.000	30.000	50.000	200.000	161.368,16
咨询	800.000					800.000	800.000,00
个人	420.000	420.000	420.000	420.000	420.000	2.100.000	1.669.277,96
设备	100.000					100.000	100.000,00
其他	10.000	10.000	10.000	10.000	10.000	50.000	39.744,71
总计	1.380.000	480.000	450.000	460.000	480.000	3.250.000	2.770.390,83

图 9-21　五年时间框架内 PMO 设置和运营成本示例（所有价值应调整为现值）

5. PMO 对结果的影响

根据流程第 4 步中讨论的研究，必须强调的是，并非所有收益和积极成果都完全源自该流程的存在和 PMO 运作本身。许多其他外部因素也可以从这些结果中受益，并且超出了项目经理及其团队的控制范围。

与项目管理实施无关的收益/不利驱动因素的一些例子是（英国内阁办公室，2011）：

- 货币汇率、利率等外部经济因素。
- 市场变化。
- 立法的变化。
- 高层领导变动。
- 其他。

在此流程中（见图 9-22），建议使用 AHP 来比较 PMO 带来的收益与其他可能收益来源的可能性（Saaty，1980；Vargas，2010）。

8	确定PMO对结果的影响（可选）	
输入	工具和技术	输出
1.成功因素 2.失败因素 3.市场研究 4.项目结果的基准 5.历史信息	1.层次分析法 2. 专家判断	1.可归因于PMO的结果百分比

图 9-22　确定 PMO 对结果的影响

该流程的输出是 PMO 相对于其他收益来源的权重（见图 9-23）。

		1	2	3	4	5	
		市场变化	立法	(PMO)	低技术技能	其他	
市场变化	1		可能	不太可能	非常可能	可能	1
立法	2			非常不可能	非常可能	相同	2
PMO	3				很有可能	非常可能	3
低技术技能	4					不太可能	4
其他	5						5
		1	2	3	4	5	
不一致指数:6,8%		市场变化	立法	PMO	低技术技能	其他	
概率		23,36%	11,61%	52,20%	3,63%	9,21%	

图 9-23　AHP 在项目管理实施中比较不同利益来源的示例（在此情况下，表明有 52.20%。的收益可以通过 PMO 的建立和运作来证明）

6. 结果

最后一组流程旨在计算投资收益并对结果进行分析和讨论。

结果组包括以下流程：

- 计算 PMO 的投资收益率。
- 分析最终结果。

（1）计算 PMO 的投资收益率。

该流程对模拟中获得的结果进行比较，并将其与 PMO 相关的投资及 PMO 所占结果的百分比进行比较（见图 9-24）。

该流程的输出是计算出的投资收益及补充信息（见图 9-25）。

9	计算PMO的投资收益率	
输入	工具和技术	输出
1.进度收益 2.投资节约 3.财务结果改善 4.投资结构/PMO成本 5.可归因于PMO的结果百分比	1.财务计算	1.PMO的投资收益率 2.辅助信息 3.计算报告 4.最终ROI报告

图 9-24　计算 PMO 的投资收益率

财务业绩收益（由预算削减和财务业绩改善所导致）	10 119 990.38美元
财务收益/投资组合价值/%	44.16%
时间/工作量的可靠性改进达到了90%	59.87个月
PMO对结果的重要性/%	52.20%
财务收益调整为PMO对结果的重要性/美元	5 282 634.98
PMO投资/美元	2 770 390.83
PMO投资收益/美元	2 512 244.15
PMO投资收益率/%	90.68%

图 9-25　基于仿真结果的财务计算和结果中 PMO 的成本/相关性

（2）分析最终结果。

收到最终的 ROI 报告后，工作组和 PMO 发起小组需要开会分析和讨论结果，以做出最终决定（见图 9-26）。

10	分析最终结果	
输入	工具和技术	输出
1.最终投资收益率报告	1.工作小组 2.谈判	1.决策制定 2.经验教训 3.结果协议

图 9-26 分析最终结果

9.5.4 最后的评论

所提出的模型是价值计算的主线，因此可以定制并适应不同的场景。需要强调的是，该模型是非常复杂环境的简化，其中不同的感知价值可以为不同的干系人提供不同的方向。

为了避免在模拟无形结果期间遇到阻力和批评，需要以团队的形式进行这项工作，以避免在此过程中出现个人偏见。

最后，重要的是要了解在不知道选择哪些项目及支持它们的策略的情况下确定投资收益率的挑战。负责多个不同的数百万项目的 PMO 与需要控制简单工作包的 PMO 的工作截然不同。

9.6 结论

项目管理办公室可以根据组织的业务、项目管理成熟度水平、提供的产品和服务类型，以不同的形状与形式进行创建和管理。

然而，这些努力的一个方面是相同的：提供支持、指导及相关信息以改进结果并提供更好的成果。

第 10 章
支柱 10：价值驱动和业务相关的指标显著增加

10.0 引言

正如前面的支柱所述，项目经理已经意识到他们的工作不再只是管理传统项目来创造成果或可交付物。相反，项目经理管理着部分业务，并被视为业务经理。我们使用的传统指标（如时间、成本和范围）可能不足以协助做出一些项目决策，并且可能无法捕捉项目可交付物的真正业务价值。

今天，我们生活在一个数字化日益重要的世界。此外，应用于项目的衡量技术也取得了重大进展。因此，项目指标类型显著增加，如图 10-1 所示。

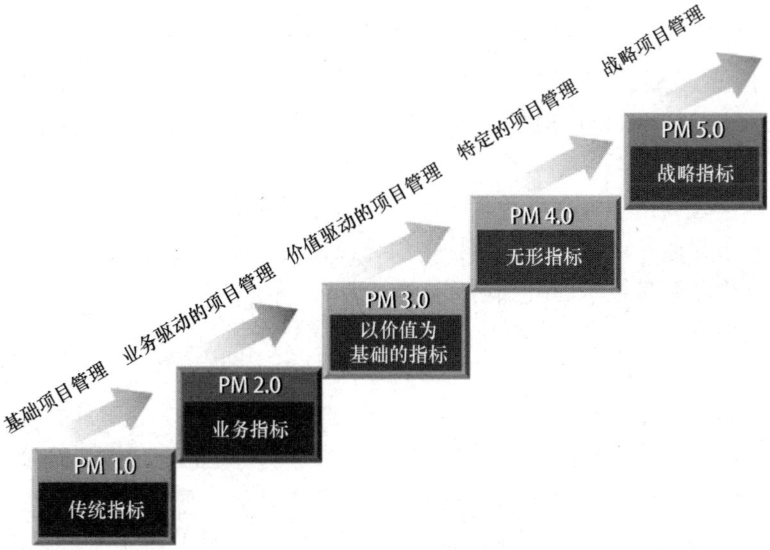

图 10-1　指标的发展

图 10-1 中确定的五个级别可描述如下：

（1）基础项目管理（PM 1.0）。这是传统的或可操作的项目管理，它专注于明确定义的需求，主要关注时间、成本和范围指标。创建可交付物后，项目经理将项目移交给其他人并继续执行另一项任务。

（2）业务驱动的项目管理（PM 2.0）。项目经理被视为业务经理，参与一些影响项目业务的相关决策。项目经理必须捕获并报告某些业务指标，以便管理层能够根据事实和证据而不是猜测及时做出决策。这里提到的业务指标通常是与项目可交付物的客户相关的指标，可能包括新客户数量、流失客户数量，以及目标客户群的维护和支持信息。业务指标不是战略指标，而是用于帮助项目发起人为他们提供治理的项目做出必需的决策。

（3）价值驱动的项目管理（PM 3.0）。正如前面的支柱中提到的，项目现在与战略商业目标保持一致，其中成功是通过可交付物创造的商业收益和价值来衡量的。项目经理必须识别、捕获、报告收益和价值指标，并将此信息提供给项目战略商务组合的高管和经理。

（4）特定的项目管理（PM 4.0）。一些项目的成果需要衡量无形资产而不仅仅是有形成果。本章稍后将讨论无形指标。无形指标可能侧重于持续改进工作，以更好地管理或治理项目和项目集。

（5）战略项目管理（PM 5.0）。作为业务经理，一些项目经理可能会被要求管理战略项目（如涉及创新和新业务模式的项目），因此除其他指标外，项目经理还必须监控和报告战略商业指标。

10.1 指标衡量技术的发展

从图 10-1 中的五个级别中选择指标和 KPI 并不困难，只要它们可以衡量。这是度量选择的主要障碍。从表面上看，指标似乎很容易测量，但存在复杂性。对于传统的项目管理，指标是通过企业项目管理方法体系建立的，并且在项目生命周期的持续时间内通常是固定的。将来，项目团队可以选择使用灵活的方法体系，在生命周期阶段和随着时间的推移，指标也会因项目而异，因为：

- 客户和承包商在项目启动时共同定义什么是项目成功。
- 客户和承包商在项目启动时就特定项目应使用哪些指标及何时使用达成一致。
- 跟踪软件和衡量技术的新版本或更新版本。
- 改进企业项目管理方法和配套的项目管理信息系统。
- 企业环境因素变化。

即使有最好的指标，衡量一些必需品（如创造的商业价值）也可能很困难。在项目选择过程中，收益减去成本通常表明项目的商业价值并决定是否应该完成该项目。挑战在于并非所有成本都是可量化的。此外，有些成本很容易衡量，而另一些则比较困难。易于衡量的指标通常称为软性指标，它通常由企业项目管理方法建立并在项目生命周期内固定。难以衡量的指标通常被视为无形指标。表 10-1 说明了一些容易衡量和难以衡量的指标。表 10-2 显示了与衡量相关的有形指标和无形指标的一些问题。

表 10-1 典型的财务价值指标

易于衡量的（软性/有形）指标	难以衡量的（无形）指标
	股东满意度
	干系人满意度
投资收益率计算器	客户满意度
净现值（NPV）	员工留存率
内部收益率（IRR）	品牌忠诚度
现金流	上市时间
回收期	商业关系
盈利能力	安全性
市场份额	可靠性
	商誉
	形象

表 10-2　衡量价值指标的问题

易于衡量的（软性/有形）指标	难以衡量的（无形）指标
假设通常没有完全披露并且会影响决策	几乎总是基于进行衡量的人的主观属性
衡量非常泛化	更像艺术而不是科学
衡量从未真正捕捉到正确的数据	现有的模型用于进行衡量非常有限

未来的衡量技术很可能是定量和定性衡量之间的折中。衡量的时机也很关键。在项目的过程生命周期中，可能需要从定性评估到定量评估来回切换，并且实际指标或 KPI 可能会发生变化。

在某些战略项目中，使用指标来评估项目结束时的商业收益和价值可能很困难。我们可能需要建立一个时间框架，规定在创建可交付物后我们愿意等待多长时间，以衡量项目的最终（或实际）价值或收益。如果直到项目完成后某个时间才能确定实际价值，那么这一点尤其重要。因此，如果项目的真正经济价值要到未来某个时候才能实现，那么在项目结束时可能无法评估其是否成功。

10.2 选择正确的指标

由于衡量技术的发展，公司现在正在跟踪项目的十几个或更多指标。虽然这听起来不错，但它却带来了潜在信息过载的额外问题。拥有太多的性能指标可能会为评审员提供超出他们需要的信息，并且他们可能无法辨别真实状态或哪些信息是关键的，可能很难确定什么是重要的、什么是不重要的，尤其是在必须做出决策的情况下。提供太少的指标可能会让评审员难以做出明智的决定。与指标测量相关的成本也是存在的，我们必须确定使用这么多指标的好处是否超过测量成本。成本很重要，因为我们倾向于选择比我们所需要的更多的指标。

指标分为三类：

- 传统指标。这些指标更多地用于衡量所应用的项目管理学科的绩效，而不是项目的结果及我们根据预定基线（例如成本差异和进度差异）进行管理的情况。这些指标对所有类型的项目都是通用的，包括创新。
- KPI。这些是可用于跟踪和预测项目是否成功的少数指标。这些 KPI 用于验证项目启动时所定义的关键成功因素（Critical Success Factors，CSF）是否得到满足（例如，完工时间、完工成本和客户满意度调查）。这些 KPI 对特定项目来说可能是唯一的。
- 价值（或价值反映）指标。这些是特殊指标，用于表明干系人对项目价值的期望是否正在或即将得到满足。价值指标可以是传统指标和 KPI（完成价值和实现全部价值的时间）的组合。

每种类型的指标都有一个主要受众，如表 10-3 所示。

表 10-3 各种指标的受众

指标类型	受众
传统指标	主要是项目经理和团队，但也可能包括内部发起人
KPI	内部使用，但主要用于客户和干系人的状态报告
价值指标	对所有人都有用，但主要是为客户及共创团队成员提供参考

一个项目可以有三个信息系统：

- 一个系统供项目经理使用。
- 一个系统给项目经理的上级或母公司使用。
- 为每一位干系人、客户或合作伙伴提供一个系统。

项目经理必须谨慎，不要对项目进行微观管理并建立 40～50 个指标，其中许多指标不能提供有用的信息。传统项目的典型指标可能包括：

- 已分配资源数量与计划资源数量。
- 已分配资源与计划资源的质量。
- 项目复杂性因素。
- 客户满意度评价。
- 关键约束的数量。
- 成本修订次数。
- 关键假设的数量。
- 无人值守小时数。
- 加班占总工时的百分比。
- 成本差异。
- 进度绩效指标。
- 性价比指标。

这显然不是一个包罗万象的清单。这些指标对项目经理可能具有一定的重要性，但对客户和干系人来说不一定具有相同程度的重要性。

客户和干系人对关键指标或 KPI 感兴趣。这些选定的指标将报告给客户和干系人，并提供是否有可能成功的指示。然而，他们不一定能确定是否能够实现期望的商业价值。KPI 的数量通常由计算机屏幕上的实际空间量决定。大多数仪表盘可以显示 6～10 个图标或图像，可以轻松地查看信息。

要理解 KPI 的含义，就要剖析每个术语：

- 关键：决定成功或失败的主要因素。
- 绩效：可衡量、可量化、可调整、可控制的要素。
- 指标：合理表示当前和未来的业绩。

显然，并非所有指标都是 KPI。KPI 有六个属性，这些属性在识别和选择 KPI 时非常重要。

- 预测性：能够预测这一趋势的未来。
- 可测量：可以定量地表达。
- 可操作：触发可能需要的更改。
- 相关性：KPI 与项目的成败相关。
- 自动化：报告最大限度地减少人为错误的可能性。
- 数量很少：只有必要的。

将这六个属性应用于传统指标是非常主观的，并且将基于商定的成功定义、所选的 CSF 及干系人的突发奇想。根据每个干系人对项目成功和最终项目价值的定义，每个干系人可以有一组不同的 KPI。这可能会显著增加测量和报告的成本，特别是当每个干系人都需要具有不同指标的不同仪表盘时。

10.3 收益实现与价值管理

10.3.1 介绍

项目管理的未来将是价值驱动的项目管理。如图 10-1 所示，项目经理需要识别、跟踪、报告与商业收益和价值相关的指标。

公共和私营部门的组织一直在努力创建能够提供可持续商业价值的项目组合。很多时候，公司会将所有项目请求添加到交付队列中，而没有进行适当的评估，并且很少考虑项目是否与商业目标一致或在成功完成后提供了收益和价值。提交的项目常常没有附带商业论证。许多项目都有附带的商业论证，这些商业论证基于高度夸大的期望和不切实际的收益，只是为了获得继续进行的授权。其他项目的创建是由于管理层的突发奇想，项目完成的顺序取决于请求者的级别或头衔。仅仅因为高管说“完成它”并不意味着它就会发生，结果往往是项目失败或浪费宝贵的资源，在某些情况下，商业价值被侵蚀或破坏而不是被创造。

10.3.2 理解术语

了解本章开头讨论的与收益和价值相关的基本术语非常重要。如果没有清楚地理解术语，项目团队可能会失去对价值驱动项目管理含义的洞察。

收益是被认为对特定个人（例如企业主）或一组个人（例如干系人）重要或有利的行动、行为、产品或服务的结果。一般收益可能包括：

- 质量或生产力的提高。
- 避免或降低成本。
- 运营效率。
- 增加收入。
- 改善客户服务。

收益，无论是战略性的还是非战略性的，通常都与最终获得收益的发起组织的商业目标保持一致。收益通过项目创建的可交付物或产出体现出来。项目经理有责任创建可交付物。

项目的商业论证中确定了收益。有些好处是有形的并且可以量化。其他福利（如员工士气的提高）可能难以衡量，因此被视为无形的收益。然而，它们可能仍然是可衡量的。收益之间也可能存在依赖性，其中一项收益依赖另一项收益的结果。例如，收入产生的期望改进可能取决于质量的改进。

收益实现管理是有效管理组织投资的流程、原则和可交付物的集合。项目管理侧重于维护既定基线，收益实现管理则通过监控潜在浪费，分析项目与商业目标之间的关系，以及与预期收益相关的可接受的资源、风险、成本、质量和时间水平。

决策者必须明白，在项目的生命周期中，情况可能会发生变化，需要变更需求、改变优先级并重新定义期望的结果。甚至完全有可能出现收益由正变负的状况，导致项目被取消或暂时中止，等待以后再考虑。一些可能导致收益和最终价值发生变化的因素包括：

- 商务责任人或高级领导层发生变动。在项目的整个生命周期中，领导层可能会发生变化。最初制定该项目的高管可能已将其移交给其他人，而其他人要么很难理解其好处，要么不愿意提供相同水平的承诺，要么认为其他项目提供了更大的好处。
- 假设的变化。根据项目的长度，假设可能且很可能会发生变化，特别是与企业环境因素相关的假设。必须建立跟踪指标，以确保原始或变化的假设仍然与预期收益保持一致。在考虑 VUCA 环境时，这一点至关重要。
- 约束条件的变化。市场条件（即所服务的市场和消费者行为）或风险的变化可能会引起约束的变化。公司可能会批准范围变更，以利用额外的机会或根据现金流限制减少资金。指标还必须跟踪约束的变化。
- 资源可用性的变化。具有必要关键技能的资源可用性或损失始终是一个问题，如果需要技术突破来实现收益或找到风险较小的、更好的技术方法，则可能会影响收益。

项目**价值**是给某人带来收益的价值。项目或商业价值可以量化，而收益通常可以定性解释。当我们说投资收益率应该提高时，我们讨论的是收益。但当我们说投资收益率应提高 20%时，我们正在讨论价值。价值创造的进展比收益实现更容易衡量，尤其是在项目执行期间。收益和价值一般是密不可分的，很难单独讨论其中一个。

10.3.3　重新定义项目成功

五十多年来，我们错误地试图仅根据时间、成本和范围的三重约束来定义项目的成功。几十年前我们就知道定义中应该包含其他指标，如价值、安全、风险和客户满意度，而这些都是成功的属性。遗憾的是，当时我们对指标衡量技术的了解还处于起步阶段，我们只选择了那些最容易衡量和报告的指标，即时间、成本和范围。

如今，指标衡量技术已经日趋成熟，我们相信我们几乎可以衡量任何东西。也许最高水平的研究是在衡量和报告商业价值方面。价值很可能成为项目经理词汇中最重要的词，尤其是在我们定义项目成功的方式上。一个项目可以定义为：

- 计划实现的可持续商业价值的集合。

项目成功的定义几乎总是在时间、成本和范围的三重约束内完成项目。因此，成功的定义可能是：

- 在竞争性约束下实现期望的商业价值。

在报告收益实现和价值管理活动的成功时，包含价值参考的项目成功定义变得极其重要。通过传统的项目管理，我们创建预测报告，其中包括完工时间和完工成本。如果使用成功的新定义，我们现在就可以在预测报告中包含完工收益和完工价值，这样的话项目绩效报告就可以上报到公司董事会。

将价值作为项目成功标准的一部分还有另一个固有优势。我们现在可以建立一个终止或“拔掉插头退出”的标准，即根据价值或利益来定义，告诉我们何时应该考虑在额外的资金和资源被浪费之前取消一个项目。很多时候，项目会拖延并继续浪费宝贵的资源，因为没有人愿意放弃失败的项目。在商业论证或收益实现计划中建立取消标准，并附有跟踪指标，可以解决此问题。

10.3.4　商业论证

收益实现和价值管理从准备商业论证开始。收益实现和价值管理举措有四个主要参与者：

（1）由至少具有粗略项目管理知识的成员组成的治理委员会。

（2）收益责任人或商务责任人。

（3）变革管理负责人（如果需要组织变革管理才能在项目完成时获得收益）。

（4）项目经理和/或项目集经理。

商务主管负责准备商业论证并为收益实现计划做出贡献。通常，编写商业论证包括以下步骤：

- 识别机会，如提高效率、有效性、减少浪费、节省成本、新业务等。
- 从商业和财务角度定义收益。
- 收益实现计划。
- 预计项目成本。
- 跟踪收益和价值的推荐指标。

- 风险管理。
- 资源需求。
- 高层级进度计划和里程碑。
- 项目复杂程度。
- 假设和约束。
- 技术要求，包括新的或现有的。
- 项目必须终止时的退出策略。

可以为商业论证中的大多数项目建立模板。对大多数公司来说，新鲜事是制订收益实现计划作为商业论证的一部分。收益实现计划的模板可能包括以下内容：

- 收益描述。
- 识别每项有形或无形收益。
- 识别每项收益的接受者。
- 如何实现收益。
- 如何衡量收益。
- 每项收益的实现日期。
- 将活动移交给另一个可能负责将项目可交付物转化为收益实现的小组。

10.4 衡量收益和价值

指标衡量技术的发展使得衡量几乎任何事物都成为可能。这包括收益和价值。但目前，由于许多新指标的衡量技术还处于起步阶段，获得准确的结果仍然存在困难。绩效结果将定量和定性地进行报告。决定何时进行衡量也很困难——随着项目的进展或完成而逐步进行。随着项目的进展，收益和价值的衡量比在项目结束时更难以确定。

价值通常是可以量化的，且比收益更容易衡量。对于某些项目，项目收益的价值要在项目完成几个月后才能量化。举个例子，政府机构扩建了一条道路，希望减少交通拥堵，项目的价值可能要在建设项目完成并进行交通流量测量几个月后才能得知。随着项目的进展，项目结束时或项目结束后不久的价值衡量通常比正在进行的价值衡量更准确。

收益的实现和商业价值不仅仅来自拥有优秀的资源或卓越的能力。相反，它们来自组织如何使用资源。有时，即使拥有深思熟虑的计划和优秀人才的项目最终也不会创造商业价值，甚至可能破坏现有价值。一个例子可能是一位首席技术官，他将此项目视为他/她获得荣耀的机会，并试图超越要求，导致进度延误和错失商机。当团队成员认为个人目标比商业目标更重要时，就会发生这种情况。

10.4.1 将收益转化为价值

价值是指在项目结束时或将来某个时候所带来收益的价值。尽管收益可能有望实现，但最终价值可能与基于所产生的可交付物、所做的财务假设及干系人或消费者接受程度的计划价值不同。以下是将收益转化为价值的两个示例：

- 一家公司批准开发定制软件包，其预期好处是减少订单输入处理时间，每年可节省约 150 万美元。开发该软件包的成本估计为 750 000 美元。价值计算如下：

$$价值 = (60工人) \times \frac{(5小时)}{星期} \times \frac{(\$100)}{小时} = \$1.5每年节省$$

- 一家公司决定创建仪表盘项目绩效报告系统，以减少文书工作并消除许多非生产性会议。价值计算如下：
  - 每月消除 100 页材料或报告和讲义，每页的全部负担成本为 1 000 美元，即节省 120 万美元。
  - 每周减少 10 小时的会议，持续 50 周，每次会议 5 人，每小时 100 美元，即节省 250 000 美元

$$价值 = \$1\,200\,000 + \$250\,000 = \$1.45每年节省$$

在这两种情况下，公司都从项目中获得了多年的收益和价值。

10.4.2 项目组合的利益和价值

时间、成本和范围的项目跟踪指标旨在跟踪各个项目。然而，有一些具体的指标可以用来衡量项目组合的有效性。表 10-4 显示了可用于衡量项目管理对单个项目、传统 PMO 和组合项目 PMO 所创造的总体价值的指标。单个项目管理下列出的指标和传统 PMO 下的许多指标都被视为侧重于战术目标的微观指标。组合项目 PMO 下列出的指标是宏观层面的指标，代表整个投资组合的收益和价值。可以通过将多个项目的指标分组在一起来创建这些指标。收益和价值指标也用于帮助创建投资组合指标。

表 10-4　特定类型 PMO 的衡量指标

单个项目管理	传统的 PMO	项目组合的 PMO
• 遵守进度基线	• 客户满意度增长	• 业务项目组合的盈利能力或投资收益率
• 遵守成本基线	• 风险项目数量	• 项目组合健康状况
• 遵守范围基线	• 方法体系的符合性	• 成功项目组合的百分比
• 遵守质量要求	• 减少范围变更的方法	• 项目组合收益实现
• 有效利用资源	• 年工作量的增长	• 实现的项目组合价值
• 客户满意度水平	• 时间和资金的验证	• 项目选择和项目组合的混合
• 项目绩效	• 缩短项目结束时间的能力	• 资源可用性
• 产出的可交付物总数		• 项目组合的能力和能力的可用性
		• 项目组合的人员利用
		• 每个项目组合的工时
		• 员工短缺
		• 战略对齐
		• 业务绩效
		• 项目组合预算与实际情况比较
		• 项目组合截止日期与实际情况比较

传统的 PMO 和项目组合的 PMO 通常都被视为管理费用，并且可能会缩小规模，除非 PMO 能够通过指标显示组织如何通过其存在而受益。因此，还必须建立衡量标准来衡量 PMO 为上级组织带来的价值。

重要的是要了解，我们用于跟踪收益的一些微观指标对于客户或最终消费者可能具有不同的含义。例如，我们假设你正在为外部客户管理一个项目，可交付物是你的客户将在向其客户（即你的客户的客户或消费者）销售的产品中使用的组件。表 10-5 显示了每个指标的不同解释方式。重要的是要认识到收益和价值就像评价什么是“美丽”一样：“萝卜白菜，各有所爱。”客户和承包商对收益和价值的含义，以及相关指标可能有不同的看法。

表 10-5　指标解释

收益指标	项目经理的解释	客户的解释	消费者的解释
时间	项目持续时间	上市时间	交付日期
成本	项目成本	销售价格	采购价格
质量	绩效	功能性	可用性
技术和范围	符合规格	战略适配	安全购买和可靠性
满意度	顾客满意度	消费者满意度	所有权的尊重
风险	该客户无未来业务	利润和市场份额损失	需要支持和过时的风险

10.5 卓越行动：飞利浦商业集团医院的患者监护①

10.5.1　背景

迈克尔·鲍尔（Michael Bauer）和玛丽·艾伦·斯基恩斯（Mary Ellen Skeens）描述了如何将客户成功管理和成果实现与可扩展解决方案设计和交付服务框架成功集成。

在第 4 版《实现全球卓越的项目管理最佳实践》中，迈克尔·鲍尔概述了飞利浦的 SOLiD 框架，以及有关可扩展方法如何帮助组织实现解决方案实施和卓越服务的关键要点。

在《创新项目管理：管理创新项目的方法、案例研究和工具》中，迈克尔·鲍尔和玛丽·艾伦·斯基恩斯描述了医疗保健推动解决方案创新、了解客户需求、考虑解决方案复杂性，以及实现卓越解决方案设计和交付服务的推动因素。

在本节中，我们将回顾向医疗保健客户价值驱动的解决方案项目转变的多样性，包括：

- 主要医疗保健趋势，以及对解决方案和成果的需求。
- 解决方案创新、开发和商业化。
- 解决方案设计和交付服务，以及具体能力。
- 解决方案服务、客户成功和成果的集成框架。

① 本节资料由飞利浦商业集团 HPM 服务和解决方案交付（医院患者监护）能力领导者兼全球 SSMO（解决方案和服务管理办公室）负责人迈克尔·鲍尔及飞利浦商业集团 HPM 服务和解决方案交付的解决方案服务能力总监玛丽·艾伦·斯基恩斯提供。版权归飞利浦商业集团所有，经许可转载。

- 针对客户生命周期的全面且完全集成的方法。
- 解决方案项目中的客户成功及如何衡量其对客户的价值。
- 卓越的解决方案和持续改进以实现客户成功。

10.5.2　帮助客户在医疗保健解决方案业务中取得成功：皇家飞利浦

皇家飞利浦（NYSE：PHG　AEX：PHIA）是一家领先的健康技术公司，致力于改善人们的健康，并在整个健康过程中实现更好的结果：从健康生活和预防，到诊断、治疗和家庭护理。飞利浦利用先进技术及深入的临床和消费者洞察来提供集成解决方案。该公司总部位于荷兰，是诊断成像、图像引导治疗、患者监测、健康信息学及消费者健康和家庭护理领域的领导者。飞利浦 2020 年的销售额达 173 亿欧元，拥有约 77 000 名员工，在 100 多个国家/地区提供销售和服务。

飞利浦的医院患者监护（HPM）业务板块涵盖患者监护及其功能的软件和解决方案业务。HPM 解决方案每年覆盖超过 5 亿人，是先进的智能平台，可随时随地为临床医生提供关键见解和信息。HPM 业务板块的最终优先事项是为护理人员、管理人员和患者提供明智的决策，以便工作流程得到改善，成本得到控制，效率得到提高，更重要的是支持更好的健康结果。

10.5.3　医疗保健创新解决方案的大趋势

医疗保健行业正在迅速发展。数字技术和创新解决方案正在塑造行业，以支持个人掌控自己的健康。

有四个主要趋势正在推动医疗保健技术发生颠覆性变革。它们包括：

（1）由于全球资源限制，护理从数量型护理转向基于价值的护理。世界卫生组织（World Health Organization，WHO）估计，到 2030 年，还需要增加 1 800 万名医护人员来缩小缺口，以满足系统的需求。

（2）老年患者数量不断增加，心血管疾病、癌症和糖尿病等慢性疾病增加。预计未来 30 年世界老年人口将超过年轻人口。

（3）患者作为消费者对医疗保健决策和选择使用哪些医疗保健组织拥有更多的控制权。通过使用数字医疗工具和减少自付费用的激励，患者可以在护理方面做出更谨慎、明智的决定。

（4）新冠疫情加速了医疗保健数字化，引发了对综合护理协调解决方案不断增长的需求，以实现快速决策。医生现在可以利用数字和人工智能解决方案来自动收集数据，并将其转化为有用的信息，以做出基于证据的医疗决策。

这些趋势导致医疗保健组织努力寻找解决方案，以实现改善临床、患者和财务结果的目标，同时解决医疗保健员工的福利和参与问题。这些解决方案的一个具体例子是早期预警系统，该系统使用提醒临床医生患者病情正在恶化的算法，以便他们可以进行干预以防止病情急剧恶化，从而防止入住 ICU（重症监护病房）。这些解决方案支持在不同护理领域进行适当的患者管理，并降低院内意外死亡率，从而对财务结果产生积极影响。

飞利浦采用了以解决方案为导向的方法，通过集成解决方案为客户提供价值。在这种方法中，飞利浦将解决方案定义为飞利浦（和第三方）系统、设备、软件、耗材和服务的组合，并以解决客户（细分市场）特定需求的方式进行配置和交付。

10.5.4 不同客户需求和不同解决方案的复杂性

解决方案满足客户的需求，可以最大限度地提高临床决策、行动和患者信息使用的速度和一致性，以减少临床变化并提高其 IT 生态系统内的临床绩效。

设计和交付解决方案项目是每个国家/地区的医院组织进行的本地活动，通常使用当地语言。飞利浦利用本地和集中资源来支持这一点。这种全球/本地组织设计通常会产生具有特定要求的虚拟工作环境，以有效地推动解决方案价值创造。每个国家、市场和医院客户的要求和成熟度水平差异很大。医院中的每个项目都是独一无二的，并且持续时间（从几周到几年）、规模（高达数百万欧元/美元）和复杂性（从一名临床医生的独立解决方案到数千名用户的区域分布式解决方案）各不相同。医疗保健解决方案项目的规模和复杂性范围很广，包括简单的产品、高度可配置的信息系统，以及包括技术和临床咨询在内的软件和服务。它受到不同客户情况、需求、现有技术和新技术的影响。显示不同客户需求和要求的典型规模如下：

- 从单一科室到跨国多医院部署。
- 从团体诊所或小部门的独立解决方案到跨多个部门的医院基础设施中完全集成不同系统、软件、服务的复杂解决方案。
- 从简单的临床流程到旨在优化患者治疗效果的精心设计的工作流程。
- 从跨所有模式和应用程序的“未开发地区”实施到现有医院环境的定制解决方案。

全球医疗保健组织在数字化转型方面的成熟度各不相同。其范围包括从基础设施有限的农村卫生诊所到具有电子健康记录的、强大的 LAN/WAN 网络基础设施和精益组织文化的集成交付网络，以快速将技术创新融入临床实践。这种成熟度水平对医疗保健客户如何成功实现解决方案价值创造发挥着重要作用。医疗保健信息和管理系统协会（Healthcare Information and Management Systems Society，HIMSS）开发了数字健康指标，用来指导医疗保健组织评估其迈向数字健康生态系统的成熟程度。

图 10-2 概述了医疗保健项目中的复杂性驱动因素。

客户需求的变化推动了解决方案商业化进程。考虑的重要因素包括产品和服务设计中的可扩展解决方案要求、解决方案交付准备情况及市场执行质量。

当在一个简单、独立的网络上，在一个医院科室设计和交付复杂性低的单一解决方案时，销售客户经理领导解决方案可交付成果的定义，项目经理和项目团队执行基本的交付任务，其中包括干系人识别、计划制订、执行安装、范围控制及获得客户认可。当在卫生系统内交付高复杂性的解决方案时，涉及许多干系人和各种解决方案，解决方案设计和交付模型变得更加详细，包括各解决方案项目团队成员的标准工作。临床专家通过执行来发现临床解决方案需求。根据这些要求，解决方案架构师开发参考架构规范和解决方案设计。在解决方案交付阶段，项目经理和多学科解决方案项目团队将执行五个过程组的其他任务，其中包括执行客户期望分析、开发干系人 RACI 矩阵、执行工作流程分析、执行解决方案集成测试、控制风险、成本和劳动力预算，以及总结经验教训。

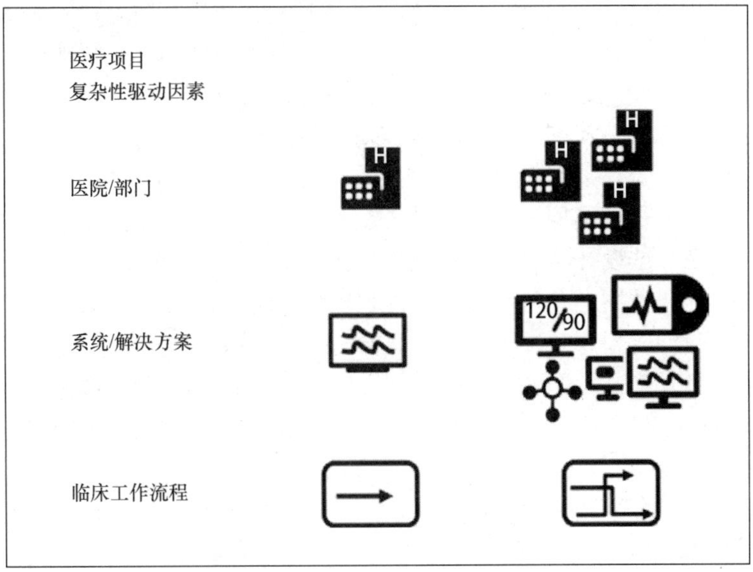

图 10-2　医疗项目：不同的驱动因素影响复杂性

不同的复杂性驱动因素导致不同的复杂性级别（见图 10-3），它分为三个不同的级别（低、中、高）。

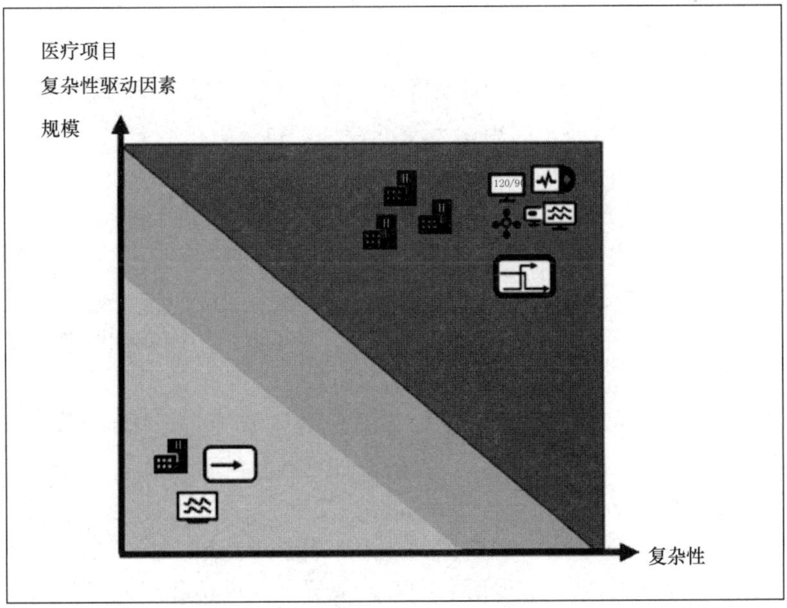

图 10-3　医疗保健项目：复杂性水平

10.5.5 对解决方案创新开发和商业化的影响

解决方案创新开发和商业化流程是有效且高效地创造解决方案价值的关键推动因素。这些流程支持新解决方案的开发和启动，定义新的工作方式并推动支持基础设施的必要变革。

为了开发包含系统、设备、软件、消耗品和服务的解决方案，我们遵循五个步骤：

- 第一，我们依靠一流的项目管理来实现产品、服务及市场启动。
- 第二，我们根据需要添加新功能（流程、工具、内容），为客户提供完整的解决方案。一个例子是订阅服务等新的业务交易方式。
- 第三，我们通过设计、部署和实施解决方案所需的人力资源能力（技能）来支撑两者。这可能包括新的角色或整个组织的新工作方式。
- 第四，当我们转型为解决方案合作伙伴时，我们将评估我们的组织结构并确保遵循端到端系统方法。客户体验正在推动我们做出有关内部流程和组织变革的所有决策。
- 第五，最后但非常重要的是，衡量客户成功和解决方案特定结果的能力需要从一开始就完全嵌入。

所有这些要点都强调了业务转型的必要性，以改进当前的工作方式，特别是：

（1）解决方案商业化的新流程。

- 推动客户解决方案要求，以考虑产品和服务设计及其为客户带来的价值。
- 将解决方案的具体内容输送到解决方案标准工作框架中。
- 考虑通过与客户的售前互动来诊断客户问题，包括识别特定的 KPI。
- 确保持续协调和执行已接受的要求。
- 通过可扩展、可重复的门径过程进行商业化，并利用启用实现过程。
- 确保解决方案在市场上的交付准备和质量执行。

（2）通过分析能力来支持解决方案项目，以衡量客户的成功和成果。

- 定义采用措施以了解客户对解决方案的消耗，包括数量和利用率。
- 包括跟踪客户互动，包括服务级别协议的管理。
- 促进将数据转化为洞察力，使解决方案功能与客户成果相联系。

由于解决方案创新的性质，项目管理的传统方面是必要的，但还不够。

关注人的方面对帮助受影响的各方（内部、合作伙伴、客户）通过变革进行过渡是必要的。它有助于确保采用并维持变革。其关键是要由各级领导层传递强有力的、一致的信息，阐明业务和客户收益，以及对这种收益的贡献。

另一个考虑因素是持续性商业模式（如订阅）及与客户的长期合作伙伴关系的趋势。这需要采用不同的方法来与客户互动，以及确定如何在供应商方面进行操作。技术服务行业协会（Technology Service Industry Association，TSIA）发布了地区、采用、扩展、更新（LAER）客户参与框架，该框架可以被视为技术即服务（XaaS）公司的行业参考。它描述了如何塑造整体客户参与模式，实现所需的客户成果，从而优化供应商的财务成果。虽然 TSIA 强调了 LAER 模式对持续性商业模式的重要性，但我们认为，对客户成功和成果实现的关注在传统业务模式中也很重要。这需要从与客户的互动开始。我们需要尽早考虑如何分析解决方案将为客户带来的价值，以及如何解决潜在的复杂问题。

10.5.6　解决方案服务和能力

解决方案项目需要特定的服务组合，由销售客户经理、项目经理、解决方案架构师、技术顾问、临床顾问和现场服务工程师组成的多学科团队确定范围和执行。有些与解决方案相关的服务是特定于解决方案的，有些则更通用，独立于解决方案。对于任何解决方案，它都是两者的组合，如图 10-4 所示。

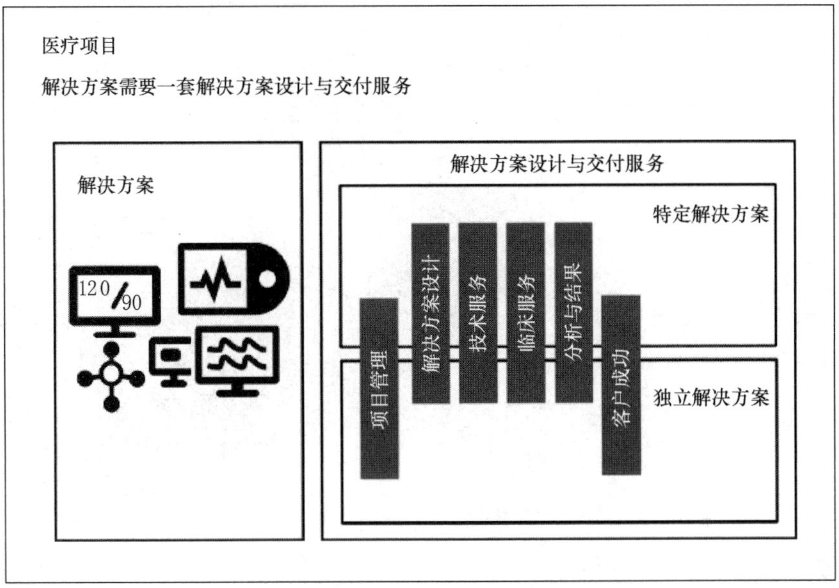

图 10-4　解决方案项目需要一组服务和能力

提供解决方案设计和交付服务需要一组能力。飞利浦认为以下能力对于解决方案设计和交付服务很重要：

- 技能。受过良好教育、经过认证、熟练（硬、软）、持续培训的跨职能项目团队，由销售客户经理、解决方案架构师、临床转型经理、项目经理和专业服务顾问组成，具有专业的心态、外表和行为。这还包括招募最优秀的人才，并提供共同的文化、职业道路和商业环境，以促进团队之间的一致性。
- 流程/方法。持续改进的高效、标准化、精益、可重复且记录齐全的流程。
- 工具。从项目获取到项目结束的高度集成的、自动化的、高效的工具、模板和应用程序。
- 内容。专门特定于角色的内容（模板、培训材料、图表）。

一些与解决方案相关的功能是特定于解决方案的，一些则更通用并独立于解决方案。对任何解决方案来说，它都是两者的组合。解决方案特定的功能与解决方案创新直接相关。为了在销售、设计和交付解决方案项目方面取得完全成功，需要准备、设计这些能力并将其部署到各国的执行组织。

为了实现卓越的解决方案服务、客户成功和成果，我们定义了三种类型的集成框架（见图 10-5）：

- 解决方案设计和交付服务框架。
- 客户成功管理框架。
- 解决方案分析和结果框架。

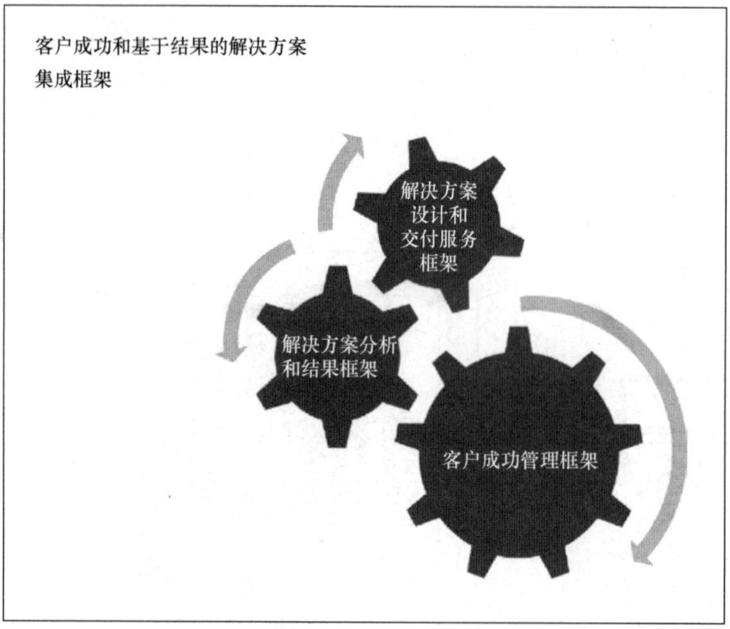

图 10-5　集成框架以实现最佳客户成功

10.5.7　解决方案设计和交付服务框架

SOLiD 设计和交付框架具有集成器功能，可以将任何解决方案的特定解决方案和独立解决方案的功能结合起来，从而使每个角色都能成功地为项目做出贡献（见图 10-6）。

通过与全球飞利浦解决方案和服务社区的密切合作，开发了 SOLiD 框架。SOLiD 框架现在是飞利浦解决方案的方法，用于设计、管理、执行和服务面向客户的解决方案的实施项目和服务。SOLiD 是缩写，代表：

- 可扩展（Scalable），可以灵活地满足低、中、高复杂度项目的需求。
- 运营敏捷（Operationally agile），意味着采用快速、以客户为中心的开发方法。
- 精益（Lean），仅包括可为项目和服务团队增加价值，甚至对医院客户更重要的任务。
- 以 IT 为中心（IT focused），包括在 IT 解决方案环境中成功管理项目和服务所需的结构、工具和流程。
- 交付（Deliver），通过提供标准和精益的工作方式，交付一致的结果并带来商业价值。

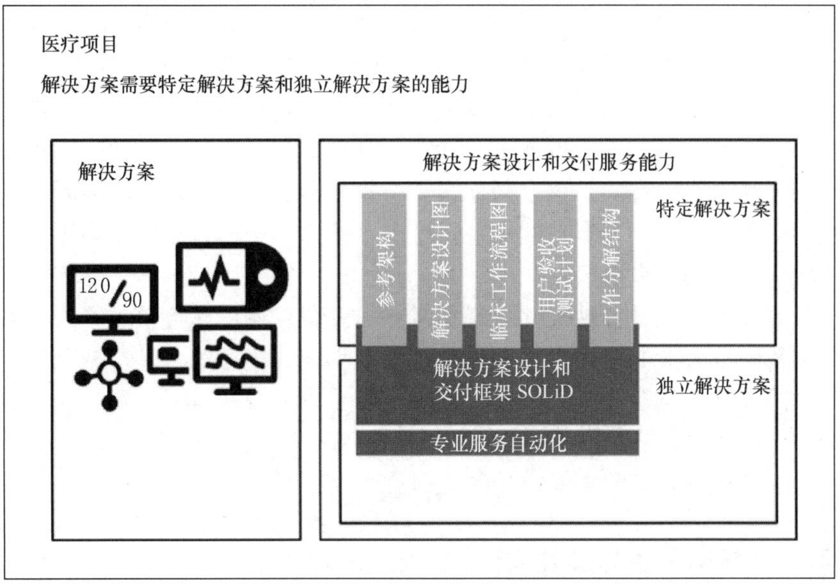

图 10-6　解决方案设计和交付服务需要一组能力

该框架的基础是 PMI 在《PMBOK®指南》中定义的启动、规划、执行、监督/控制和收尾流程组。每个流程组都进一步细分为更具体的流程和程序，详细说明解决方案项目和服务的实施。所有项目团队成员的角色，以及每个人在解决方案设计和交付阶段负责的相关活动都包含在框架中。该定义使组织能够交付高质量的实施，并包括解决方案设计和测试的整体方法。该方法的一个重要元素是定义解决方案的客户参考体系结构。这是定义使用模型、应用程序/配置和基础设施元素的解决方案的愿景。参考架构规范用于开发系统设计并定义解决方案测试计划。

项目实施的可扩展性是为每个项目提供正确、灵活、敏捷和高效的方法的关键，也是利用丰富工具集的关键。解决方案项目是根据其复杂程度来定义的。定义复杂性时的典型因素包括项目总成本、涉及的团队成员数量、可交付物的数量和规模、可交付物的复杂性，以及客户环境和所涉及时间范围的复杂性。

10.5.8　客户成功管理框架

客户成功管理（Customer Success Management，CSM）从售前开始，与解决方案设计和交付密切相关，但在整个解决方案采用过程中及与客户互动的整个生命周期中持续进行。

CSM 特别关注客户的全面成功、解决方案的采用及临床、技术、运营、财务价值的实现和优化。TSIA 提供了一个全面的客户成功能力框架。它首先定义客户成功战略，然后解释机会管理、客户成功交付和运营，以及分析的实现。TSIA 将客户体验和客户旅程映射纳入 CSM 框架。

全面客户成功的管理需要创建和执行客户成功计划，并定期与客户进行跟进和审查。

这通常由位于客户所在国家/地区（这里是医院或医疗机构）的客户成功经理完成。

客户成功经理需要工具包来提供对计划、相关行动及其实现和客户角度的全方位内容。这可能包括不同医院单位或部门的不同解决方案。所有客户交易的完全可见性是一方面，这涵盖从机会、现有合同、解决方案设计和交付计划、权利到服务事件或变更请求。越来越多的客户选择软件维护合同，该合同使客户有权安装和使用最新的软件版本，通常具有新的和增强的功能，这有助于客户的成功。顺利、快速、轻松地处理服务事件和软件升级对于客户体验和成功非常重要。

另一个关键方面是通过各种 KPI 来衡量绩效，从供应商的角度深入了解与客户的所有互动。这需要与解决方案的采用和从客户角度实现特定成果相结合。稍后我们将看到飞利浦如何专门关注与客户成功 KPI 和结果 KPI 相关的客户体验 KPI。客户成功管理不仅仅是一个框架、一个工具、一组 KPI 或一个特定角色（客户成功经理），而是一种心态，以及整个组织对客户成功思维和主动行为的采用。

10.5.9 解决方案分析和成果框架

解决方案分析和成果框架是有效的客户成功管理的基础。解决方案分析通过从数据中获取见解，促进客户临床、运营和财务成果的改进。在医疗保健领域，这需要使用数据科学、分析技能和深厚的临床专业知识。ICU、手术室、心导管实验室、超声心动图实验室等医院各个部门都会测量操作和临床 KPI。运营 KPI 的示例包括手术室利用率和每月手术量。

支持这些部门的医疗保健解决方案汇总来自医疗设备的数据，并可以集成到实验室信息系统或电子病历等其他系统。这些解决方案可以提供丰富的数据来支持部门 KPI 的管理。例如，患者管理解决方案可以通过分析患者警报数据（即护理单元每个患者床位的警报）来深入了解护理单元管理患者警报的情况。

通用 TSIA LAER 模式描述了采用阶段的三个分析层级：

- 描述性分析总结当前和过去的数据集。
- 预测分析利用统计数据分析模型和算法来识别数据模式和相关性以预测未来。
- 结果分析支持将运营改进转化为客户的价值。

每个分析元素都支持解决方案的扩展和最终更新。

医疗保健数据分析对改善临床、财务和运营结果非常重要。如今，很少有医疗保健组织能够发挥数据的巨大潜力。它是医疗保健系统未来转型的关键要素，包括人工智能等概念。数据是成果 KPI 和价值实现的基础。除医疗保健解决方案外，可能还需要数据专业服务将数据转化为对客户有意义的见解。这些服务的示例包括：

- 数据质量保证包括数据集的测试、验证和清理。
- 数据报告包括根据规范生成报告。
- 数据可视化包括以最终用户可以轻松使用的方式对数据进行图形表示。
- 隐私影响评估有助于确定与数据隐私相关的不同法律要求。相关服务包括数据匿名化、数据导出为特定格式及数据迁移。

- 网络安全评估有助于防止潜在的数据泄露和恶意软件入侵并识别系统漏洞。
- 数据治理包括设计有效且有用的数据策略。它将定义数据收集的地点和方式，以及该机构希望关注的主要目的和研究领域。

10.5.10　贯穿客户生命周期的解决方案服务

飞利浦针对如何从流程和方法的角度提供并实施解决方案和服务制定了完全整合的方法。

随着飞利浦产品组合越来越多地转向解决方案和服务业务，这一点变得越来越重要。更全面的方法是在整个客户生命周期为客户确定范围、设计、交付和服务解决方案的关键（见图 10-7）。飞利浦在这里考虑使用客户旅程图技术来定义客户的所有接触点与企业的整个生命周期都有关系。这些接触点从与公司的第一次接触开始，跨越售前、解决方案发现、解决方案设计、整个生命周期，直到与公司的接触结束。这些接触点通过不同的渠道发生：可以是数字和人员、销售和服务，或其他代表。飞利浦致力于与客户建立长期战略合作伙伴关系。这意味着这些合作是深入的，并且有志于实现客户的全面成功。特别是这些长期而深入的参与需要优化客户旅程图，以实现全面的客户成功和成果。

图 10-7　贯穿客户生命周期的解决方案服务

客户生命周期从**解决方案发现**开始。这需要与客户进行深入对话，以充分了解客户的需求。接下来是售前期间的解决方案设计阶段，参考架构和设计指南有助于塑造强大的客户解决方案。此阶段对于后续解决方案阶段至关重要，它构建了真正的基础。“拥有坚实的基础是实现卓越项目的基本要素。”解决方案设计阶段执行的工作会被捕获、记录到工作说明书中，并在项目的其余部分引用。麦肯锡咨询公司强调技术和商业能力的重要性：“投资于这种能力的公司能够在新业务中实现 40%～50%的胜率，在更新业务中实现 80%～90%的胜率。”在**解决方案设计**阶段之后，多年的解决方案生命周期和成功计划将与客户保持一致。然后执行解决方案交付阶段以初步实施解决方案，并在整个生命周期中提供附加服务以充分创造客户价值。

在接下来的**客户成功管理**阶段，重点是确保“在使用你的产品或服务时实现他们期望的结果”。这需要深入、持续地参与和了解与产品、系统、解决方案相关的客户流程，以及提供或实施的服务。持续的客户参与是全面成功和实现所需客户成果的关键（包括持续的合作伙伴关系和进一步协作）。

在整个客户生命周期中，需要强调几个关键方面（有关持续的客户参与见图 10-8）：

1. 解决方案发现

- 了解客户的临床、技术和操作要求。
- 与客户干系人就解决方案愿景达成共识。
- 识别并定义预期结果。
- 利用诊断工具和分析方法。

2. 解决方案设计

- 技术上可行且可实施。
- 得到提供商和客户的支持。
- 财务透明且有利可图。
- 符合客户期望。

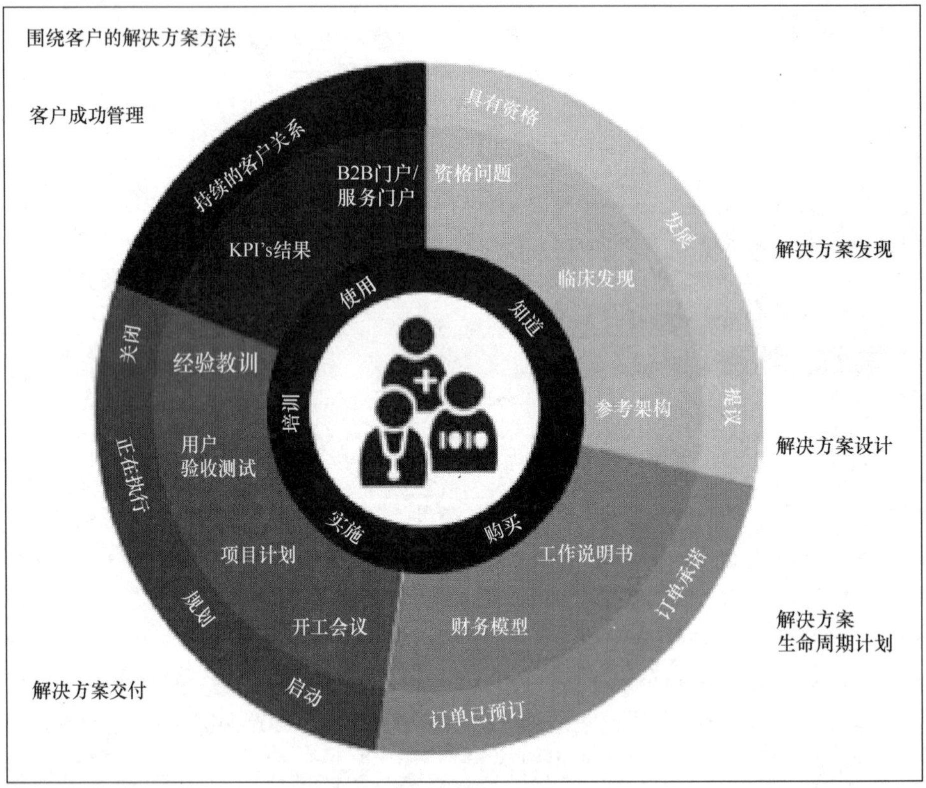

图 10-8 围绕客户的持续参与

3. 解决方案交付

- 成功实施，符合范围。
- 实现精益且可扩展的项目管理方法。

- 提供合适的工具来提供卓越的客户体验。
- 统一所有市场的工作方式。
- 对内和对外以服务为导向。

4. 客户成功管理

- 为客户的成功做好准备并执行成功计划。
- 推动解决方案的采用。
- 通过结构良好的客户旅程来实现他们想要的业务成果。

10.5.11　解决方案项目中的客户成功及如何衡量其对客户的价值

飞利浦致力于与客户建立长期战略合作伙伴关系，这超出了在时间、成本和范围的限制内“仅仅”交付传统项目成果的范围。为医疗保健客户设计和提供真正的解决方案需要与他们深入接触，包括从客户的角度分析确定收益、成果和价值。

考虑到这一点，我们认为需要超越传统视角，对衡量标准和 KPI 进行更强的区分，并朝着完全以客户为中心的 KPI 方向发展，以展示与客户合作的全部价值创造和收益。时间范围自然比解决方案设计和交付项目本身更长。

其中一些基于结果或客户成功的 KPI 直接与解决方案创新周期相关，并且特定于临床领域；其他的则更通用。需要强调的是，所有人都需要全面了解供应商的表现，以及客户可以从供应商的产品、系统、解决方案或服务中获得多少收益。

在下面的部分中，我们想要描述从以供应商为中心到以客户为中心的 KPI 的演变（见图 10-9）。

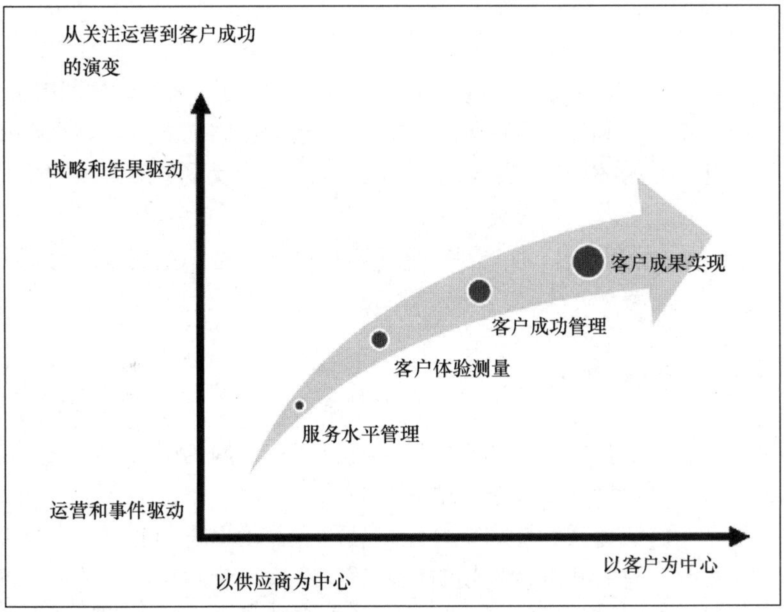

图 10-9　从以供应商为中心到以客户为中心的 KPI 的演变

- 服务水平管理。
- 客户体验测量。
- 客户成功管理。
- 客户成果实现。

重要的是，所有这些围绕客户的观点都是必要的，它们是互补的。这种考虑服务水平管理、客户体验测量、客户成功管理和客户成果实现 KPI 的整体方法需要更深入地理解和分析框架。

10.5.12 服务水平管理 KPI

这通常是衡量供应商履行承诺情况的“合同”基础。ITIL（信息技术基础设施库）在此提供了丰富的标准和框架工具箱。根据设置，可以使用各种 KPI。它们的重点是成功执行已定义的流程，并用于定期审查内部或外部客户。

典型的重点领域是合同平台或服务的可用性、事件管理的运营绩效（由于容量或安全事件）或供应商的变更流程。通常，这些 KPI 以供应商为中心。它们对客户很重要，但它们没有显示客户对自己的流程的收益或成果。

服务层级 KPI 示例：

- 系统正常运行时间百分比：解决方案可用的时间百分比。
- 按时完成预防性维护百分比：包括在服务级别协议中定义的特定时间范围内应用的系统更新和补丁。
- 呼叫中心的呼叫放弃率。

10.5.13 客户体验 KPI

飞利浦意识到，每个组织都会给客户留下印记。一种由理性和感性两方面组成的体验，决定了医疗保健客户与飞利浦品牌的联系，以及飞利浦对它们的意义。这在服务业中尤其明显。客户体验是关系的核心，关系可以转化为客户是否反复依赖组织的能力并将其视为值得信赖的顾问。

因此，另一个重要方面是，考虑到完整的客户旅程，组织如何在所有能力（如工具、流程和技能）方面主动整体“设计”端到端（E2E）客户体验。

10.5.14 管理/客户/客户体验

飞利浦努力在整个客户生命周期中应用这种以客户体验为中心的方法，从客户通过解决方案设计、交付、持续参与和改进分享他们的愿景开始。

在这种背景下，解决方案设计和交付、卓越服务是确保飞利浦可靠、反复提供所需客户体验的关键。因此，建立和维持卓越的项目解决方案设计和交付服务，并通过解决方案实施项目达到高水平的项目管理成熟度，对客户和飞利浦来说都是至关重要的目标。

客户体验 KPI 的示例是净推荐值（NPS）。

飞利浦要求客户提供有关安装、服务和关系体验的反馈。所有这些结合在一起有助于获得客户的良好反应。

调查中的示例问题包括：

- 根据你的飞利浦实施情况，你推荐飞利浦的可能性有多大？你的成绩下降的原因是什么？
- 根据你最近的服务活动，你推荐飞利浦的可能性有多大？你的成绩下降的原因是什么？
- 你对飞利浦作为战略合作伙伴的偏好程度如何？你对与飞利浦的关系有何看法？

尽管客户体验 KPI 对于了解客户如何看待其供应商非常重要，但它并不能显示客户为自己的流程带来的确切收益或成果。

10.5.15　客户成功管理 KPI

客户成功管理的概念将视角从供应商转移到客户。“客户成功是确保客户在使用你的产品或服务时实现预期成果的业务方法。”

客户成功管理需要对与所提供或实施的产品、系统、解决方案和服务相关的客户流程的实际可见性。这需要更深层次的供应商与客户之间的关系。

“客户成功是指你的客户通过与你的公司的互动实现了他们期望的成果。”这就是客户在使用供应商提供的解决方案时实现了期望的成果。它基于分析或诊断方法，与预售、期望和承诺联系起来。

客户成功管理由整体框架、工具、面向客户的角色、采用计划、定期跟进及与客户的互动组成。

TSIA 在此特别强调了有关客户成功管理的三个 KPI：

- 保留率。
- 流失率。
- 扩张率。

10.5.16　客户成果实现 KPI

医疗保健解决方案项目旨在解决特定的客户痛点和需求。衡量医疗保健解决方案成功与否的最终标准是实现预期成果的 KPI 目标。这些可能与临床、运营或财务相关，通常与医疗保健组织的使命相关，并与四重目标保持一致：患者满意度、员工满意度、更好的临床结果和财务可持续性。

临床结果可能很难与医疗保健解决方案相关联，因为影响结果衡量的因素有多种，包括患者群体和病情严重程度。衡量可转化为一种或多种结果的 KPI 非常重要。例如，患者流动时间可以触发与节省资金、增加手术量和减少患者等待时间相关的行动。

成果 KPI 示例：

- 再入院率：出院后 30 天内发病的患者再入院率。

- 每 1 000 名患者的用药错误率：在医疗保健专业人员的护理下给予患者不恰当的药物。
- 医疗保健相关感染率：患者在医院接受侵入性医疗设备和/或医疗程序治疗时感染。
- 医护人员满意度和流动率。
- 每个病人每天被护理的时间。
- 患者 NPS。

10.5.17 卓越的解决方案和持续改进以实现客户成功

飞利浦致力于提供卓越的解决方案，这需要围绕所有服务和功能进行持续改进。尽管它本身并不是一个绝对的目标，但它被认为是预测和满足客户在解决方案项目管理、客户成功和成果实现方面需求的主动方式。以下方面对于构建和改进解决方案相关能力至关重要：

- **解决方案设计和交付服务卓越很重要**。这是价值和提高能力（技能、流程和工具）的关键方面。有些功能是特定于解决方案的，有些功能是任何解决方案都通用的。
- **流程协调和标准化**。这对于全球运营组织的成功和降低复杂性非常重要；对于上游流程（如销售、投标管理、结果测量分析）和下游流程（如整个生命周期）的紧密集成也非常重要。这也包括框架集成。
- **变更管理**。识别、推动和实施组织中的改进和变革。
- **持续学习**。根据需要培训、审查和指导所有项目团队成员。
- **促进所有不同职业的实践社区发展**。这是实现共享、学习、利用、网络和沟通的关键方面。

实现客户成功和基于结果的解决方案的关键要点可总结如下：

- 努力寻找解决方案以实现改善客户运营和财务成果（在我们的案例中为医疗保健）的目标。
- 针对客户生命周期的整体且完全集成的方法是为医疗保健客户确定范围、设计、交付和服务解决方案的关键。
- 客户旅程图是一种结构化方法，用于审查、理解和设计客户拥有的所有接触点，以获得最佳质量和结果。
- 凭借卓越解决方案服务、客户成功和成果实现的雄心壮志，我们看到了三个集成框架：
  - 可扩展且特定于角色的解决方案设计和交付框架。可帮助不同复杂性项目和所有项目团队成员取得成功。
  - 客户成功管理框架。包括清晰的客户成功战略，以及基于结构化工具集的多年客户参与管理。在组织内部建立以客户为中心的文化和心态是关键。
  - 解决方案分析和结果框架。这对于将数据转化为分析见解并量化客户的解决方案价值非常重要。
- 衡量客户成功需要不断发展超越传统观点（通常以供应商为中心）的 KPI，并朝着完全以客户为中心的 KPI 方向发展，以展示与客户合作的全面可持续价值和收益。

10.6 衡量无形资产的指标

有效的项目管理教育不仅关注项目成果所带来的长期收益和价值，而且关注项目管理过程本身所带来的长期收益和价值，特别是在高级管理层。许多收益和价值都是难以衡量的无形资产创造的结果。幸运的是，衡量技术已经发展到我们相信我们可以测量任何东西的程度。现在的项目既有财务指标，也有非财务指标，并且许多非财务指标被视为无形指标。无形指标的一个例子可能是治理的有效性，如图 10-10 所示。

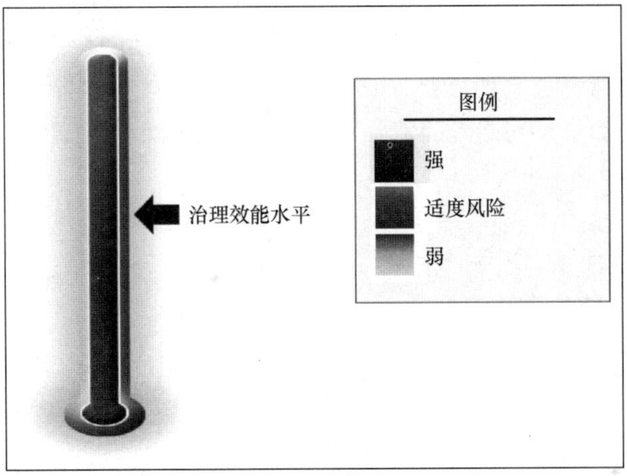

图 10-10　治理的有效性

无形资产的价值对长期因素的影响比对短期因素的影响更大。管理层对无形资产价值计量的支持还可以防止短期财务主导项目决策。无形资产的衡量取决于管理层对所使用的衡量技术的承诺。衡量无形资产确实能提高绩效，前提是我们掌握了有效的、不受操纵的衡量方法。

以下各项通常被视为无形项目管理资产并可以进行衡量：

- 项目管理治理（我们是否有适当的治理，治理是否有效，治理人员是否了解他们的角色和职责）。
- 项目管理领导力（项目经理是否提供了有效的领导力）。
- 承诺（高层管理人员是否致力于持续改进项目管理）。
- 经验教训和最佳实践（我们是否吸取了经验教训和最佳实践）。
- 知识管理（最佳实践和经验教训是知识管理系统的一部分吗）。
- 知识产权（项目管理是否创造了专利和其他形式的知识产权）。
- 工作条件（项目组人员对工作条件满意吗）。
- 团队合作和信任（项目团队的人员是否作为一个团队一起工作，他们是否信任彼此的决定）。

企业需要了解并创建新的指标和 KPI，以衡量无形资产及它们如何影响未来的决策和绩效。

尽管大多数高管似乎了解衡量无形资产的好处，但仍然存在阻力。例如：

- 无形资产是长期衡量标准，大多数公司只注重短期结果。
- 公司认为无形资产不会影响利润。
- 公司对结果表示担忧。
- 公司声称缺乏衡量无形资产的能力。

如果结果是无形资产，我们使用的传统指标（如时间、成本和范围）可能无法捕捉项目可交付物的真正商业价值。

今天，我们生活在一个数字化变得越来越重要的世界。此外，可应用于项目的衡量技术也取得了重大进展。因此，对于企业的成功和发展可持续的竞争优势而言，无形资产所产生的成果变得比有形资产更加重要。

有许多类型的无形资产对企业有利，将来可能会被用于企业计划。示例包括：

- 信誉。
- 客户满意度。
- 我们与客户的关系。
- 我们与供应商和分销商的关系。
- 品牌形象和声誉。
- 专利、商标和其他知识产权。
- 我们的业务流程。
- 行政治理。
- 公司文化和理念。
- 人力资本，包括保留的知识和合作能力。
- 战略决策。
- 战略执行。

企业需要了解并创建新的指标和 KPI 集，以衡量无形资产及它们如何影响未来的决策和绩效。

多年来，我们很难回答有关无形资产的问题：

- 所有公司资产都是有形资产、无形资产还是两者兼而有之？
- 我们可以定义无形资产吗？
- 无形资产能否以财务形式表达及其对企业资产负债表的影响？
- 无形资产可以计量吗？
- 无形资产是否具有附加值？我们能否建立无形的项目管理指标？
- 无形资产会影响组织未来的绩效吗？

如今的无形资产不仅仅是信誉或知识产权，它们还包括最大限度地提高人的绩效。无形资产包括企业文化、智力资本、相应的知识管理体系、高管和项目领导力与项目治理、员工才能、员工满意度、信任和信誉、员工创新能力等内容。了解和衡量无形资产价值可以提高绩效。虽然其中许多可能难以衡量，但它们并非不可衡量。

10.7 战略指标的必要性

由于指标衡量技术的进步，我们已经开发了模型。通过这些模型，我们可以显示项目与战略商业目标的一致性。图 10-11 就是这样一个模型。几年前，我们使用的唯一指标是时间、成本和范围。今天，我们可以包含与战略价值和商业价值相关的指标，这使我们能够评估整个项目组合及单个项目的健康状况。

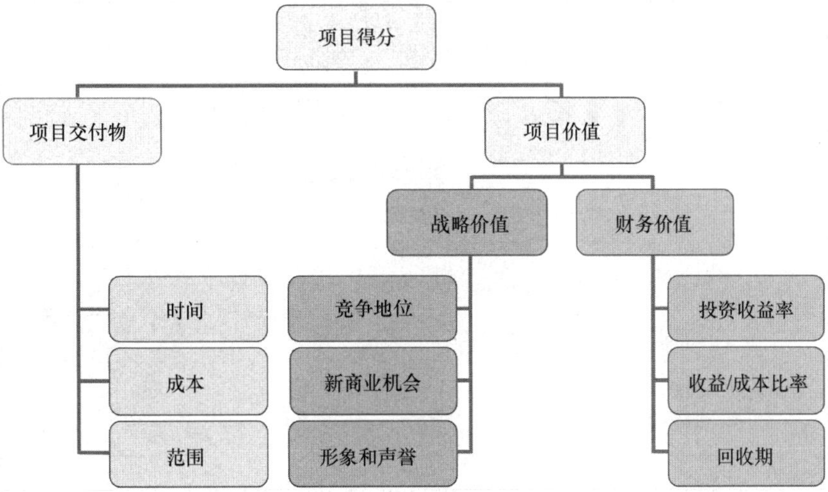

图 10-11　项目评分模型

由于所有指标都设定了目标，因此我们可以根据我们与目标的接近程度为每个指标奖励分值。所选指标有助于支持可能必要的战略决策。图 10-12 显示图 10-11 中确定的项目迄今为止已获得了 80 分（满分为 100 分）。图 10-13 显示了项目组合中的项目与战略目标的一致性。如果图 10-12 中的总分是 0～50 分，我们会假设该项目此时对战略目标没有贡献，这将在图 10-13 中显示为零或空白单元格。51～75 分表示了对目标的“部分”贡献，在图 10-13 中显示为 1。76～100 分表示实现了目标，如图 10-13 中的“2”所示。我们可以定期总结图 10-13 中的结果，以向管理层展示图 10-14，它说明了我们创造期望收益和最终价值的能力。

在之前的支柱中，我们指出项目管理已成为一种战略能力，并且大多数项目都与战略商业目标保持一致。为了选择和评估项目，除价值驱动和无形指标外，还必须存在战略商业指标。

战略商业指标必须能够结合起来回答高管可能提出的问题。以下列出了高管做出有关商务和投资组合健康状况决策时所需的指标。

- 商业盈利能力。
- 投资组合健康状况。

- 投资组合收益实现。
- 实现的投资组合价值。
- 项目组合。
- 资源可用性。
- 产能利用率。
- 项目的战略调整。
- 整体经营业绩。

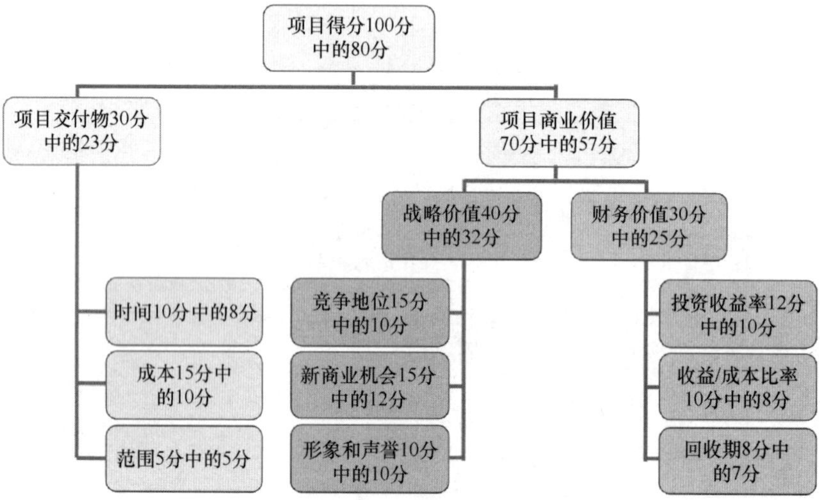

图 10-12　项目评分模型及分配的分数

	项目								
战略目标:	项目1	项目2	项目3	项目4	项目5	项目6	项目7	项目8	得分
技术优势	2		1			2		1	6
降低运营成本				2	2				4
缩短上市时间	1		1	2	1	1		2	8
增加业务利润			2	1	1	1		2	7
增加制造能力	1		2	2		1		1	7
得分列	4	0	6	7	4	5	0	6	

	无贡献
1	支持目标
2	实现目标

图 10-13　将项目与战略商业目标匹配

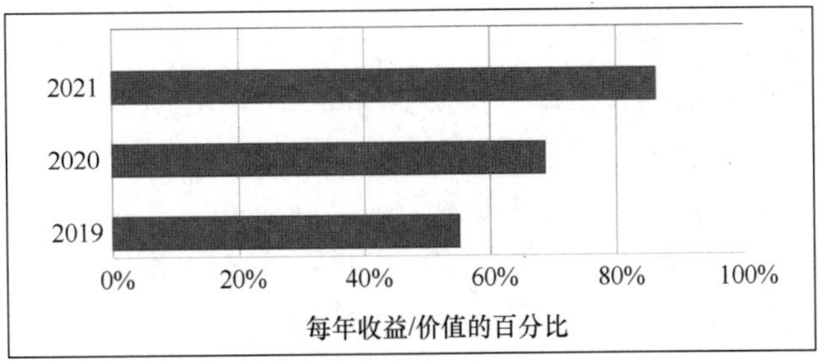

图 10-14　达成周期性收益和价值

项目经理将需要提供支持这些指标使用的项目绩效信息。基于项目的战略商业指标必须能够组合起来，以创建高管进行商业决策和战略规划所需的指标列表。高级管理层必须解决的典型问题（需要使用这些指标）包括：

- 是否有任何薄弱的投资需要取消或替换？
- 是否必须合并项目集和/或项目？
- 项目是否必须加速或减速？
- 项目与战略目标的一致性如何？
- 投资组合是否需要重新平衡？
- 是否创造了价值？
- 我们是否了解风险及如何降低风险？
- 我们能否预测未来的企业业绩？
- 我们是否需要进行投资组合资源重新优化？

10.8 项目健康状况检查

项目似乎进展很快，直到完成 60%～70%。在那段时间里，每个人都称赞工作正在按计划进行。然后，也许在没有任何警告的情况下，真相就会浮出水面，于是我们发现该项目遇到了麻烦。出现这种情况的原因是：

- 我们不相信使用项目指标的价值。
- 选择了错误的指标。
- 我们担心项目健康状况检查可能会揭示什么。

一些项目经理对项目指标和数字有着难以置信的执着，相信指标是确定状态的“圣杯”。大多数项目似乎只重点关注两个指标：时间和成本。这些是所有挣值衡量系统中的主要指标。虽然这两个指标“可能”合理地代表了你今天所处的位置，但使用这两个指标来提供对未来的预测属于灰色地带，并且可能无法表明未来可能会妨碍成功完成项目的问题领域。用于健康检查的指标可能与用于性能报告的传统指标不同。另一方面，我们的管理者对指标没有信心，因此专注于愿景、战略、领导力。

与其单独依赖衡量标准，不如对项目执行定期健康检查，而不是等待严重问题出现。为此，必须解决三个关键问题：

- 谁来进行健康状况检查？
- 受访者是否会诚实地回答问题且不受内部政治的影响？
- 管理层和干系人是否会对事实反应过度？

以前未知或隐藏的问题出现可能会导致失业、降职或项目取消。然而，项目健康检查为早期纠正行动提供了最好的机会，可以通过尽早降低风险来挽救可能失败的项目。

健康状况检查还可以发现未来的机会，并验证项目是否仍然符合公司战略目标。使用正确的指标至关重要。

10.8.1 了解项目健康状况检查

人们倾向于将审计和健康状况检查视为同义词。两者都是为了确保成功的可重复项目成果而设计的，并且两者都必须在似乎正在走向成功的项目及那些似乎注定会失败的项目上执行。从成功和失败中都可以发现经验教训和最佳实践。此外，对一个看似成功项目的详细分析可能会暴露一些问题，它表明该项目实际上已经遇到了麻烦。

表 10-6 显示了审计和运行状况检查之间的一些差异。尽管有些差异可能很细微，但我们将把注意力集中在健康状况检查上。

表 10-6 审计与健康状况检查

变　量	审　计	健康状况检查
焦点	现在	未来
意图	合规	执行效果和可交付物
时间安排	通常安排和较少的频率	通常无固定安排，需要时进行
搜索的项目	最佳实践	潜在的破坏性问题和可能的解决方法
面试者	通常是内部人员	外部顾问
面谈的方式	整个团队	一对一会议
时间框架	短期	长期
分析深度	摘要	调查取证审查
衡量标准	使用现有的或标准的项目衡量标准	可能需要特殊的健康检查衡量标准

面对的情况：在团队会议上，项目经理询问团队：“工作进展如何？” 回应是：“我们做得相当不错。我们只是稍微超出了预算，有点落后于计划，但我们认为我们已经通过在下个月使用较低薪水的资源并让他们加班来解决了这两个问题。根据我们的企业项目管理方法，不利的成本和进度差异仍在阈值范围内，并且不需要为管理层生成异常报告。到目前为止，客户应该对我们的结果感到满意。”

这些回应代表了项目团队未能承认项目的真实状态，因为他们过多地参与了项目的日常活动。同样，我们的项目经理、发起人和高管也忙于自己的日常活动，很容易盲目地接受这些判断，从而看不到大局。如果进行了审计，结论可能是相同的，即该项目成功地遵循了企业项目管理方法，并且时间和成本指标都在可接受的限度内。但是，通过进行项目健康状况检查可能会揭示问题的严重性。

仅仅因为项目按时完成和/或在分配的预算范围内并不能保证项目成功。最终结果可能是交付的成果质量较差，以致客户无法接受。除时间和成本外，项目健康状况检查还重点关注质量、资源、收益和要求等，显然需要比我们现在使用的更多的指标。项目未来成功的真正衡量标准是客户在项目完成时看到的价值。因此，健康检查必须以价值为中心。另一方面，审计通常不关注价值。

健康状况检查可以作为一种持续的工具，在需要时随机执行或在各个生命周期阶段定期执行。然而，有一些特定情况表明应该快速完成健康状况检查。它们包括：

- 范围显著蔓延。
- 成本不断上升，价值和收益下降。
- 无法纠正的进度延误。
- 错过最后期限。
- 士气低落，项目关键人员变动。
- 低于阈值水平的指标测量值。

如果正确执行并使用良好的指标，那么定期进行健康检查就可以消除歧义，从而确定真实状态。健康检查的好处包括：

- 能够确定项目的当前状态。
- 能够及早发现问题，以便有足够的时间采取纠正措施。
- 能够识别支持成功结果的关键成功因素或阻碍成功交付的关键问题。
- 有利于确定可用于未来项目的经验教训、最佳实践和关键成功因素。
- 有利于评估企业项目管理方法的遵守情况和改进情况。
- 有利于验证项目指标是否正确并提供有意义的数据。
- 有利于确定哪些活动可能需要额外资源或从额外资源中受益。
- 有利于识别当前和未来的风险，以及可能的风险缓解策略。
- 有利于确定完成后是否会带来收益和价值。
- 有利于确定是否需要"安乐死"才能使项目摆脱困境。
- 有利于制订修复计划或提出建议。

对项目健康状况检查存在各种误解。其中一些是：

- 健康状况检查人员不了解项目、不了解企业文化，浪费时间。
- 对我们通过执行健康状况检查所能获得的价值来说，健康状况检查的成本太高。
- 健康状况检查占用了访谈中的关键资源。
- 当我们得到健康状况检查结果时，要么已经来不及做出变更，要么项目的性质可能已经改变。

10.8.2　谁执行健康状况检查

公司面临的挑战之一是健康状况检查应该由内部人员还是外部顾问进行。使用内部人员的风险在于，他们可能与项目团队中的人员有忠诚度或其他关系，因此在确定项目的真实状态或确定谁有过错时可能不完全诚实。

使用外部顾问或协调员通常是更好的选择。外部协调员可以带来：

- 其他公司和类似项目中使用的大量表格、指南、模板和清单。
- 公正和保密的承诺。
- 只关注事实，希望不受政治影响的环境。
- 人们可以畅所欲言、发泄个人感情的环境。
- 相对没有其他日常问题的环境。
- 项目指标的新想法。

10.8.3 生命周期阶段

项目健康状况检查分为三个生命周期阶段：

（1）审查商业论证和项目历史。

（2）事实的研究和发现。

（3）健康状况检查报告的准备。

审查商业论证和项目历史可能需要健康状况检查负责人能够访问专有知识和财务信息。领导者可能必须签署保密协议和非竞争条款才能被允许进行健康状况检查。

在研究和发现阶段，领导者需要准备一系列需要回答的问题。该列表可以根据《PMBOK®指南》中讨论的标准实践来准备。这些问题也可以来自顾问公司的知识库，可以是模板、指南、清单或表格。这些问题可能因项目和行业的不同而不同。

必须调查的一些关键领域包括：

- 性能对比基准。
- 满足预测的能力。
- 收益和价值分析。
- 治理。
- 干系人的参与。
- 风险缓解。
- 应急计划。

如果健康状况检查需要一对一访谈，则健康状况检查负责人必须能够从对项目状态有不同解释或结论的受访者中提取真相。有些人会说实话，而另一些人要么会说他们认为访谈者想听的话，要么会歪曲事实作为自我保护的手段。

最后阶段是报告的准备阶段。这应该包括：

- 问题列表。
- 根本原因分析，可能包括识别造成问题的个人。
- 差距分析。
- 纠正措施的机会。
- 康复或修复计划。
- 应用于跟踪的新指标。

项目健康状况检查不是“老大哥在监视着你”的活动。相反，它们是项目监督的一部分。如果没有这些健康状况检查，项目失败的可能性就会大大增加。项目健康状况检查还为我们提供了如何控制风险的见解。尽早进行健康状况检查并采取纠正措施肯定比管理陷入困境的项目要好。

10.9 行动事项

许多公司都饱受“会议狂”的困扰，项目经理每天都要参加不同的会议，但往往收效甚微。“会议狂”是一个代价高昂的诅咒。假设你正在管理一个为期一年的项目，要求项目经理每月参加 10 次会议。如果每次会议有 15 名与会者参加，持续两小时，满载时薪为 200 美元，那么该项目每年的会议成本将超过 70 万美元。如果公司同时进行 50 个项目，所有项目的年度会议费用将超过 3 500 万美元！有效的会议准备可以显著减少这一费用。

召开会议是为了共享信息、报告绩效和做出决策。遗憾的是，许多会议最终都是采取行动而不是做出决策。根据维基百科的说法，**行动事项**通常由一群人就一个或多个主题开会，在讨论过程中发现需要采取某种行动。接着，所需的行动被记录为行动事项，通常分配给某人，此人一般是项目小组的成员。然后，被分配该行动的人员有义务执行该行动并向小组报告结果。

行动事项通常被记录在会议纪要中，并被记录在小组的任务列表中。当人们完成行动事项时，这些事项将被记录为已完成，并且该事项将从未完成的行动事项列表中删除。

许多属性可以与行动事项关联，例如：

- 标识符，引用事件或事项的唯一标记。
- 描述，要执行的活动的简要说明。
- 工作流程，业务需求、技术设计、用户界面、提交清单、提交关口审查材料等（可选）。
- 问题或风险，与项目问题或风险相关。
- 状态，开放、进行中、已解决、已取消。
- 紧急性/优先级，对项目的关键路径有何影响。
- 评论，描述目前正在采取哪些措施来解决该问题。
- 责任人，谁负责积极解决该问题。
- 创建日期，创建问题的日期。
- 计划完成日期，这个问题什么时候能得到解决。
- 实际完成日期，问题结束日期。

行动事项的出现常常是因为出席会议的人可能无权解决问题。部分解决此决策问题的一种方法是找出哪些人可以、哪些人不能为各自的职能团队做出决策。这应该在每个项目开始时完成。如果某些人无权做出决策，那么他们的职能经理将被邀请参加会议。

一些职能经理可能会问，在会议期间什么时候他们的参与是必要的，因为他们不想参加一个两小时的会议，其中只有 15 分钟涉及他们的职能领域。详细的会议议程可以让职能经理更容易知道确切的出席时间。

虽然会议议程和了解哪些团队成员拥有其职能领域的决策权可以减少一些会议，但仍然存在需要客户参与和客户决策的行动事项问题。由于出差时间、机票、餐饮和住宿等原因，涉及客户的会议比单纯的内部会议要贵得多。大多数与客户的会议都会以讲义作为讨论要点。在会议开始时给客户一份讲义副本，然后期望他们快速理解所有内容并准备当场做出决定是不现实的。这会产生更多的行动事项，并且往往会产生比预算更多的差旅费用。解决方案可能是在会议前至少一周向客户发送讲义副本，这让他们有时间消化材料并准备做出决策。

公司治理现在要求项目经理准备一个指标，说明某些行动项目已在系统中存在多长时间且尚未得到解决，如图 10-15 所示。在某些情况下，未解决的行动事项可能无法很好地反映项目经理的领导能力。

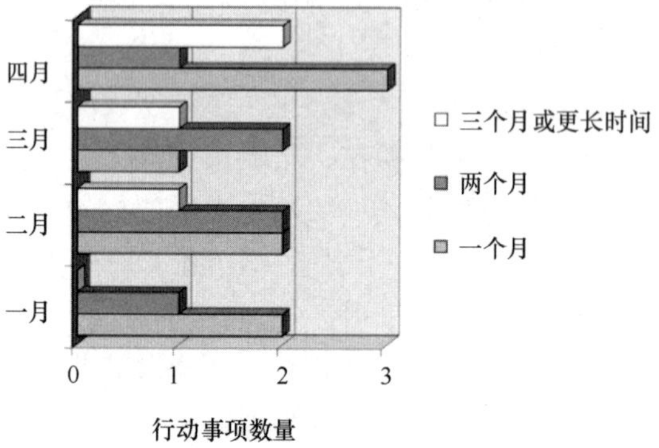

图 10-15　未完成的行动事项

10.10 传统指标和关键绩效指标的失效

尽管有些人对指标和 KPI 信以为真，但失败的案例可能多于成功的案例。衡量失败的典型原因包括：

- 绩效仅以传统或财务术语表达。
- 进行相反的衡量；使用错误的指标。
- 绩效指标与需求、目标和成功标准没有联系。
- 绩效指标与客户是否满意没有联系。
- 缺乏对哪些指标表明项目价值的理解。
- 客户没有关于使用价值的反馈。

用于商业目的的指标往往以财务术语表达所有信息，但项目管理指标并不总是用财务术语来表达的。此外，在项目管理中，我们经常会确定无法有效预测项目成功和/或失败且与客户需求无关的指标。

10.11 建立指标管理计划

项目管理的未来必须包括指标管理。被许多人忽视的是，指标的选择往往是基于对创新团队施加的约束：

- 限制太少会给创新团队带来太多的自由，而管理层可能无法跟踪绩效。
- 太多的约束可能会导致严重的限制。
- 施加的约束必须得到相对容易衡量的指标支持。
- 约束（以及伴随的优先级）可能会在项目的生命周期中发生变化，从而导致所选指标发生变化。

我们现在可以确定有关指标管理的某些事实：

- 除非你还可以确定可测量的指标，否则你将无法有效地向干系人承诺可交付物。
- 良好的指标可以让你在错误导致其他错误之前发现它们。
- 除非你找到一个可以理解和使用的测量标准程序，否则你将注定失败。
- 指标计划可能需要调整，而人们往往不喜欢改变。
- 良好的指标是项目管理团队和干系人的凝聚点。
- 组织在建立某些商业指标（例如基于价值的指标）时还面临着重大挑战。
- 项目风险和不确定性可能使项目团队难以确定正确的指标并执行有效的衡量。
- 项目越复杂，建立有意义的指标就越困难。
- 项目之间的竞争和优先级冲突可能会导致指标管理计划创建过程中的混乱。
- 管理层和干系人减少预算和压缩进度的压力可能会对指标选择产生严重影响。

指标管理计划还必须考虑与供应商和承包商的关系：

- 供应商、承包商和干系人必须了解所使用的指标。
- 指标必须采用各方都能理解的形式，以便在需要时采取有效的纠正措施。
- 一些决策指标必须足够详细，而不是显示高水平。
- 如果可能，指标应该是实时指标，以便治理人员能够对不断变化的市场状况做出快速反应。
- 必须选择足够的指标才能确定市场的变化。
- 可能需要结合衡量标准来了解市场和竞争定位。一项指标本身可能还不够。
- 对于合作伙伴和合资企业，必须在整个项目生命周期中建立和跟踪知识转移指标，以验证联盟运作良好。
- 指标能使我们验证是否建立了共识和系统化的规划合作，而不是复杂性和僵化性的合作。
- 终止联盟的代价可能会很高。

必须制订指标管理计划。制订此类计划时需要考虑的一些事实包括：

- 必须对指标管理计划的价值有一个制度性的信念。
- 这种信念必须得到高级管理层的明显支持。

- 这些指标必须用于做出明智的决策。
- 指标必须与公司目标和项目目标保持一致。
- 人们必须持开放态度并乐于接受变革。
- 组织必须愿意使用指标来确定绩效改进的领域和绩效改进的目的。
- 组织必须愿意支持指标的识别、收集、测量和报告。

正确、有效地使用指标管理，可以确定最佳实践和收益。一些最佳实践包括：

- 通过成功案例可以建立对指标管理的信心。
- 显示指标“墙”供员工查看是一种激励力量。
- 高级管理层的支持至关重要。
- 如果偶尔选择了错误的指标，人们不能反应过度。
- 专业指标通常能比通用或核心指标提供更有意义的结果。
- 最大限度地减少指标测量中的偏差至关重要。
- 公司必须能够区分长期价值、短期价值和终身价值。

10.12 结论

由于PMI和其他专业组织在项目管理标准中倡导的新材料和思想领导力，以及项目管理将在随之而来的全球增长中发挥的战略作用，项目管理将在未来十年继续发生重大变化。

未来十年预计将发生的大多数关键的未来工作变化都可以集中到本书涵盖的主题中，这些主题将包含所提出的未来项目管理的十个支柱。主题将围绕作为战略载体的项目管理、项目经理角色的变化、项目经济的重要性，以及交付文化中的透明度和自主性与商业卓越之间的相关性而出现。